Praktische Hinweise A–Z
Isle of Purbeck – Exeter

Land und Natur
Exeter – Plymouth

Staat und Gesellschaft
Südliches Cornwall

Menschen und Kultur
Nördliches Cornwall

Dover – Eastbourne
Hartland Point – Bristol

Brighton – Portsmouth
Bath – Canterbury

Isle of Wight
London

Southampton – Bournemouth
Anhang

Atlas

Hans-Günter Semsek
England – Der Süden

„Was für ein Land!
Überall saftige Wiesen mit großen Viehherden, überall die schönsten Dörfer, wo junge,
reinlich gekleidete Mädchen mit fliegenden Haaren und offener Brust stehen und in
niedlichen Körben Blumen verkaufen; überall die reizendsten, mit Parks und Teichen
umgebenen Landsitze und, so weit das Auge reicht, Wagen, Kaleschen und Reiter,
die aus London kommen oder dorthin wollen ..."

Nikolai Karamzin, „Briefe eines reisenden Russen", 1790

Impressum

Hans-Günter Semsek
England – Der Süden

erschienen im
Reise Know-How Verlag Peter Rump GmbH
Osnabrücker Str. 79
33649 Bielefeld

© **Peter Rump** 1994, 1995, 1997, 1999, 2001, 2004, 2007
8., neu bearbeitete und komplett aktualisierte Auflage 2010

Alle Rechte vorbehalten.

Gestaltung
  Umschlag: Günter Pawlak, Peter Rump (Layout)
    Barbara Bossinger (Realisierung)
  Inhalt: Günter Pawlak (Layout)
    Kordula Röckenhaus (Realisierung)
  Fotos: der Autor (se), Astrid Schwieder (as), Wolfram Schwieder (ws),
    www.fotolia.de © Rebecca Capell
  Titelfoto: Thomáš Míček (Motiv: Stonehenge)
  Karten: Cathérine Raisin, Bernhard Spachmüller und der Verlag

Lektorat (Aktualisierung): Barbara Bossinger

Druck und Bindung: Wilhelm & Adam, Heusenstamm

ISBN 978-3-8317-1886-3
Printed in Germany

Dieses Buch ist erhältlich in jeder Buchhandlung Deutschlands, der Schweiz, Österreichs, Belgiens und der Niederlande.
Bitte informieren Sie Ihren Buchhändler über folgende Bezugsadressen:

Deutschland: Prolit GmbH,
  Postfach 9, D-35461 Fernwald (Annerod)
  sowie alle Barsortimente
Schweiz: AVA/Buch 2000
  Postfach, CH-8910 Affoltern
Österreich: Mohr Morawa Buchvertrieb GmbH
  Sulzengasse 2, A-1230 Wien
Niederlande, Belgien: Willems Adventure,
  www.willemsadventure.nl

Wer im Buchhandel trotzdem kein Glück hat, bekommt unsere Bücher auch über unseren
Büchershop im Internet:
www.reise-know-how.de

Wir freuen uns über Kritik, Kommentare und Verbesserungsvorschläge, gern per E-Mail an info@reise-know-how.de.

Alle Informationen in diesem Buch sind vom Autor mit größter Sorgfalt gesammelt und vom Lektorat des Verlages gewissenhaft bearbeitet und überprüft worden.

Da inhaltliche und sachliche Fehler nicht ausgeschlossen werden können, erklärt der Verlag, dass alle Angaben im Sinne der Produkthaftung ohne Garantie erfolgen und dass Verlag wie Autor keinerlei Verantwortung und Haftung für inhaltliche und sachliche Fehler übernehmen.

Die Nennung von Firmen und ihren Produkten und ihre Reihenfolge sind als Beispiel ohne Wertung gegenüber anderen anzusehen. Qualitäts- und Quantitätsangaben sind rein subjektive Einschätzungen des Autors und dienen keinesfalls der Bewerbung von Firmen und Produkten.

Hans-Günter Semsek

*England –
Der Süden*

REISE KNOW-HOW im Internet

www.reise-know-how.de
- Ergänzungen nach Redaktionsschluss
- kostenlose Zusatzinfos und Downloads
- das komplette Verlagsprogramm
- aktuelle Erscheinungstermine
- Newsletter abonnieren

Direkt einkaufen im Verlagsshop mit Sonderangeboten

Inhalt

Hinweise zur Benutzung 11

Praktische Hinweise A–Z
(unter Mitarbeit von E.H.M. Gilissen)

Ausrüstung	14
Autofahren	14
Diplomatische Vertretungen	17
Einkäufe	18
Ein- und Ausreisebestimmungen	19
Elektrizität	20
Essen und Trinken	20
Feste und Feiertage	25
Geld	26
Gesundheit	28
Hin- und Rückreise	29
Informationsstellen	33
Maße und Gewichte	34
Mit Kindern unterwegs	35
Lernen in England	35
Nachtleben	37
Öffnungszeiten	37
Orientierung	37
Post und Telefon	37
Radfahren	38
Reisezeit	39
Routenplanung	39
Sicherheit	41
Sport und Erholung	41
Uhrzeit	43
Unterkunft	43
Verkehrsmittel	47
Versicherungen	51

Land und Natur

Englands Süden	54
Klima	62
Flora und Fauna	63
Umwelt- und Naturschutz	67

Staat und Gesellschaft

Geschichte	72
Monarchie und Regierung	77
Medien	80
Wirtschaft	83

Die Menschen und ihre Kultur

Bevölkerung	88
Architektur	90
Englische Literatur	94

Städte und Landschaften

Dover – Eastbourne

Dover	108
Hythe	110
Die Romney Marsh	112
Rye	112
Winchelsea	117
Hastings	118
Battle	121
In das Hinterland von Hastings	123
Eastbourne	128
In der Umgebung von Eastbourne	132

Brighton – Portsmouth

Brighton	144
Ditchling	151
Arundel Castle	152
Petworth House	152
Bignor	155
Bognor Regis	155
Chichester	156
Portsmouth	159

Isle of Wight

Anreise	167
Ryde	168
Seaview	169
Bembridge	169
Brading	170
Culver Cliffs	171
Sandown und Shanklin	172
Godshill	175
Ventnor	176
Bonchurch	177
St. Catherine's Point	178
Niton und Chale	179
Blackgang Chine	179
Brighstone	180
Freshwater Bay	180
Farringford	180
The Needles	182
Alum Bay	182
Yarmouth	183
Calbourne	184
Newport	184
West und East Cowes	184
Osborne House	186
Praktische Hinweise	187

Southampton – Bournemouth

Southampton	188
Romsey	194
Mottisfont Abbey	195
Winchester	196
Salisbury	202
Old Sarum	208
New Forest	209
Bournemouth	211
Kingston Lacy	215

Isle of Purbeck – Exeter

Isle of Purbeck	220
Wareham, Clouds Hill und Moreton	221
Milton Abbas	223
Dorchester	227
Nach Sherborne	229
Follies in Barwick	232
Montacute House	233
Weymouth	236
Isle of Portland und Chesil Beach	238
Die Schwäne von Abbotsbury	239
Lyme Regis	241

Exeter – Plymouth

Exeter	244
A la Ronde	249
Torquay	251
Dartmouth	254
Wanderungen im Dartmoor	256
Burgh Island	278
Plymouth	280

Südliches Cornwall

Polperro, Fowey, Mevagissey und St. Mawes	286
Truro	290
Falmouth	291
St. Michael's Mount	294
Penzance	295
Rund um Penzance	297
Isles of Scilly	302
St. Ives	313
Küstenwanderungen in Cornwall	318

Nördliches Cornwall

Newquay	340
Padstow	342
Tintagel	343
Boscastle	345
Camelford	346
Bodmin Moor	347
Bude	349
Morwenstow	350

Hartland Point – Bristol

Hartland Point	352
Clovelly	353
Exmoor Forest	356
Glastonbury	366
Wells	369
Cheddar Gorge	375
Burnham-on-Sea	376
Bristol	377

Bath – Canterbury

Bath	386
Longleat	400
Stourhead	406
Lacock, Castle Combe	411
Wiltshire	412
Stonehenge und Avebury	412
Wilton House	419
Highclere Castle, Guildford	422
Polesden Lacy	423
Sheffield Park Garden	425
Hever Castle	428
Chartwell	433
Knole und Sissinghurst	440
Leeds Castle	448
Canterbury	451
Sandwich	458
Deal/Walmer	459

London

Spaziergang 1
Von St. Paul's Cathedral über Fleet Street und Trafalgar Square ins Viertel St. James's – Londons Presse- und Clubland 464

Spaziergang 2
Das Westend – Rund um Piccadilly Circus, Soho und Covent Garden 470

Spaziergang 3
Westminster – Parlament, Paläste und Corridors of Power 476

Spaziergang 4
Hyde Park, Kensington und Knightsbridge – Parks, Museen und High Society 482

Spaziergang 5
Rund um den Tower von London 485

Spaziergang 6
Durch die Docklands nach Greenwich 490

Spaziergang 7
Southwark und Bankside – Shakespeare und die elisabethanischen Theater 493

Praktische Informationen 498

Anhang

Literaturhinweise	504
Register	509
Der Autor	516
Hilfe!	516
Atlas (I–XXIV)	nach S. 516
Kartenverzeichnis	XXIV

Exkurse

Britische Pub-Besonderheiten 24
British Rail – Ein Witz? 50
Seevögel an Englands Küsten 65
Britische Nationalsymbole 79
William Shakespeare – Leben und Werk 100
Der Englische Kanal 113
Henry James – Ein Amerikaner in England 116
National Trust und English Heritage 125
Lebenshilfe auf gut Englisch 138
Virginia Woolf – Ein Leben am Rande des Wahnsinns 140
Lord Nelson, die Victory und die Schlacht von Trafalgar 164
Neues zur Titanic 190
Heinrich V. und der neueste Stand der Langbogenforschung 192
Lawrence von Arabien 224
Thomas Hardy – Leben und Werk 230
Sir Walter Raleigh – Günstling der Königin 234
Agatha Christie in Greenway 253
Francis Drake und die Spanische Armada 282
Ein Theater am Meer – Das Minack Theatre 298
Zinnschürfer in Cornwall 301
Schiffskatastrophen vor den Scilly Islands 306
Die Legende der Burg Tintagel 344
William Morris in Standen 426
Leben und Regierungszeit von Heinrich VIII. 430
Winston Leonard Spencer Churchill – Ein Politikerleben 436
Mord im Dom 450
Cinque Ports – Die mächtigen Hafenstädte 460

Hinweise zur Benutzung

Dieses Buch gliedert sich in vier Teile: Am Anfang stehen die **praktischen Reiseinformationen,** die mit dem Stichwort „Ausrüstung" beginnen und bis zur Rubrik „Verkehrsmittel" alle Informationen enthalten, die man für die Reisevorbereitung und während der Fahrt benötigt.

Danach folgen die **landeskundlichen Beschreibungen,** die den Leser mit der Landschaft, der Historie und mit Wirtschaft und Gesellschaft vertraut machen.

Der dritte Teil dieses Bandes besteht aus den **Orts- und Routenbeschreibungen** und führt zu den Sehenswürdigkeiten und den Naturschönheiten Süd-Englands. Ein großes Kapitel widmet sich zudem der Hauptstadt London, die auf jeden Fall einen Abstecher wert ist! Am Ende jedes Kapitels finden sich Adressen und Hinweise zu Unterkünften, zu Pubs und Restaurants sowie zu Verkehrsmitteln. Die Verweise in den Kopfzeilen sowie hinter den Ortschaften und vielen Sehenswürdigkeiten (z. B. Fowey ⚑ **XII/B3** = Karte Seite 12 im Planquadrat B3) verweisen auf den **Atlas** am Ende des Buches.

Auch zehn **Wanderungen** – fünf für das Dartmoor und fünf entlang der Küste in Cornwall – sind im Reiseteil detailliert beschrieben.

Durch den ganzen Band ziehen sich eine Reihe von **Exkursen** zu Sonderthemen. So lernt der Leser beispielsweise die Biografien einiger großer Briten etwas genauer kennen oder erfährt von besonderen Ereignissen der Region.

Im Kontrast zu den „seriösen" Kapiteln stehen die **lustigen, vorurteilsbeladenen Zitate** über England und die Engländer von frühen Reisenden, die im 18. und 19. Jh. das Inselreich entdeckten.

Der **Anhang** enthält Literaturhinweise für das weitergehende Beschäftigen mit England sowie ein ausführliches Register.

Abkürzungen

NT	National Trust for Places of Historic Interest or Natural Beauty (kurz: National Trust, s. S. 125)
EH	English Heritage (s. S. 125)
p	Pence
d	alte Pence
£	Pfund

Du Land der „Times"
und Land der großen Charte,
Du Land von Löwenherz in jedem Strauß,
Besiegerin du des Kaisers Bonaparte,
Erbweisheitsland,
der Freiheit Hort und Haus;
Ach, frag ich mich,
was schließlich ganz aparte Du hast
vor uns und andrem Volk voraus,
So ist das: Es fehlen hier die Semmeln,
Doch bist du groß
in Rindfleisch und in Hämmeln.

Ein ironischer *Theodor Fontane*

Praktische Hinweise A–Z

Praktische Hinweise A–Z

Praktische Hinweise A–Z

Beim Steam Festival
im Floating Harbour von Bristol

Der Reetdach-Pub Royal Oak von Dunster

Newquay

Ausrüstung

Regenfeste Kleidung und vor Feuchtigkeit schützendes, **rutschfestes Schuhwerk** gehören auf alle Fälle ins Reisegepäck. Ein Schirm leistet weniger gute Dienste, da die Windböen dafür sorgen, dass man dann eben unterhalb des Kopfes nass wird. Ideal ist eine dreiviertellange Jacke aus Goretex oder Sympatex mit Kapuze. Für kurze Spaziergänge zu landschaftlichen Höhepunkten abseits befestigter Wege eignen sich gut leichte Wanderschuhe mit dicker, rutschfester Sohle. Ein dicker Pullover wärmt an kalten Sommertagen. Aber auch Eleganteres sollten Sie ins Urlaubsgepäck packen; die guten Restaurants sehen bei Herren einen Sakko mit Krawatte und bei Damen ein Kleid als Muss an.

Selbst wenn Sie kein Hobby-Ornithologe sind, nehmen Sie trotzdem ein **Fernglas** mit, an den Küsten kann man schon zum Vogelliebhaber werden; viel Freude kommt auf bei Jung und Alt, wenn zum Beispiel der lustig aussehende Papageientaucher *(puffin)* ins Blickfeld des Feldstechers gerät.

Ein Schweizer **Offiziersmesser,** ein Leatherman (ein höchst intelligentes Mini-Werkzeugset für breiteste Anwendungsbereiche) und eine Taschenlampe gehören natürlich in jedes Reisegepäck. Nützlich erweist sich ein kleiner **Rucksack,** neuerdings *Day Pack* genannt, um alle Tagesutensilien beisammen zu haben.

Wenn Sie wandern wollen – und das ist in Süd-England sehr empfehlenswert – benötigen Sie selbstverständlich ein paar gute Wanderschuhe, einen **Kompass,** ein kleines **Erste-Hilfe-Set** und eine **Feldflasche.**

Autofahren

Sieht man einmal vom Linksverkehr ab, so sind im Wesentlichen die gleichen Verkehrszeichen und -regeln wie bei uns auch gültig. Es gelten die folgenden **Höchstgeschwindigkeiten:**

Ortschaften	30 mph	(48 km/h)
Landstraßen	60 mph	(96 km/h)
Autobahnen	70 mph	(112 km/h)

Kreisverkehre (*Roundabout*) ersetzen in Großbritannien große wie kleine Kreuzungen und lassen den Verkehr wesentlich schneller fließen als die hiesigen Stop-and-go-Kreuzungen mit Ampelanlagen. Die Autos im Roundabout haben Vorfahrt und fahren im Uhrzeigersinn.

In Süd-England gibt es so gut wie keine Autobahn, der gesamte Verkehr führt über **Landstraßen,** die kurvenreich und nicht sonderlich breit sind. Zudem säumen hohe Hecken die Straßen, deren Ausläufer in 5 m Höhe dann über der Fahrbahn aufeinander zuwachsen, sodass man das Gefühl hat, sich in einem Tunnel fortzubewegen. *Wolfgang Hildesheimer* nannte es in seinem Band „Zeiten in Cornwall" „fahren, wie in einem Labyrinth".

Auf den unübersichtlichen, schmalen und recht kurvenreichen Sträßchen empfiehlt sich dringend eine **defensive Fahrweise.** Ein einsamer Rad-

Autofahren

Verkehrs- und Straßenhinweise

bend	Kurve
car park	Parkplatz
cattle/sheep	Kühe/Schafe
concealed exit	unübersichtliche Ausfahrt
fallen rocks	Steinschlag
ferry terminal	Fähranleger
heavy lorries	schwere Lastwagen
keep left	links halten
keep right	rechts halten
level crossing	Eisenbahnübergang
loose chippings	Rollsplit
no entry	keine Einfahrt
no through road	keine Durchfahrt
reduce speed now	jetzt Fahrt verlangsamen
road blocked	Straße gesperrt
road works	Straßenbauarbeiten
slippery	Schleudergefahr
slow	langsam
speed limit	Geschwindigkeitsbegrenzung
traffic lights	Ampelanlage
uneven surface	unebene Fahrbahnoberfläche

Wichtige Vokabeln rund ums Auto

Abblendlicht	dipped lights
abschleppen	to tow
Abschleppseil	tow rope
Abschleppwagen	recovery vehicle
Anhänger	trailor
Anlasser	starter
Antenne	aerial
Auspuff	exhaust (pipe)
Batterie	battery
Benzin	patrol
Benzinpumpe	fuel pump
Beule	dent
bleifrei	unleaded
Bremsen	brakes
Bremslicht	brake light
Dichtung	gasket
Ersatzrad	spare wheel
Ersatzeile	spare parts
Fernlicht	main beam
Gas geben	to accelerate
Gaspedal	accelerator
Getriebe	gear box
Handbremse	hand brake
Hupe	horn
Kanister	can
Karosserie	body work
Keilriemen	fan belt
Krankenwagen	ambulance
Kühler	radiator
Kupplung	clutch
Lenkung	steering
Lichtmaschine	generator
Motor	engine
Öl	oil
Ölstand	oil level
Ölwechsel	oil change
Panne	breakdown
Radarfalle	speed control
Rad	wheel
Reifen	tyre
Reifendruck	tyre pressure
Reifenpanne	puncture
Reifenventil	tyre valve
Reparatur	repair
Rückleuchte	rear light
Schaltung	gears
Scheinwerfer	headlight
Schraube	screw
Schraubenzieher	screwdriver
Sicherheitsgurt	safety belt
Standlicht	parking light
Steinschlag	fallen rocks
Tank	tank
Tankstelle	petrol station
Türgriff	door handle
Unfall	accident
Vergaser	carburetor
Wagenheber	jack
Wasser, dest.	destilled water
Werkstatt	garage
Zündkerze	sparking plug
Zündverteiler	distributor
Zylinder	cylinder
Zylinderkopf	cylinder head

AUTOFAHREN

fahrer nahe an der Hecke oder auch ein Fußgänger sind durch rasende Automobilisten hochgradig gefährdet. Süd-England ist kein Land für Rennfahrer!

Viele unklassifizierte Straßen sind sogar nur einspurig und bieten dafür alle Paar Meter Ausbuchtungen, so genannte **Passing Places,** an, in denen man den Gegenverkehr vorbeilassen kann.

Selbstverständlich ist die **Tankstellendichte** in Englands Süden hervorragend und alle *Petrol Stations* führen bleifreies Benzin *(unleaded)*.

Bilderbuchidylle: Hauptstraße in Hythe

In den Ortschaften finden sich in der Regel große **Parkplätze** nahe dem Zentrum. Hier gilt die Regel *Pay and Display*; aus einem Ticketautomaten zieht man je nach gewünschter Parkdauer mit Kleingeld einen Zettel, der die Rückkehrzeit anzeigt und klebt diesen dann von innen an die Windschutz- oder Seitenscheibe. Ohne eine solche Maßnahme sollten Sie Ihren Wagen keineswegs auf gebührenpflichtigen Parkplätzen oder an Straßenrändern abstellen. Da ausländische **Parksünder** ihre Strafmandate nicht bezahlen, werden ihre Autos zumeist mit einer *Clamp*, einer Radkralle, verziert, die am Wegfahren hindert, oder abgeschleppt. Ziert eine solche *Clamp* Ihren Wagen, so haben Sie zuerst die

DIPLOMATISCHE VERTRETUNGEN

Strafe zu bezahlen (Adresse auf dem Bußbescheid), gehen dann zu ihrem Wagen zurück und warten, bis das *Clamp Removal Unit* kommt und die Kralle abmontiert. Unter Umständen müssen Sie bis zu fünf Stunden ausharren, bis die Einheit erscheint und den Wagen freigibt.

Vor und hinter **Fußgängerüberwegen** zeigen weiße Zickzacklinien die absoluten Parkverbotsbereiche an, und an den Bordsteinrändern weisen eine gelbe Linie auf das Parkverbot und zwei gelbe Linien auf das absolute Halteverbot hin.

Autopanne/ -unfall

Bei einem **Unfall** sollten Sie immer und unbedingt die Polizei rufen; die zentrale **Notfallrufnummer** für Polizei, Krankenwagen und Feuerwehr ist **999.**

Bei einer **Autopanne** wenden Sie sich an einen der beiden nationalen Automobilclubs. Telefonnummer des *Breakdown Service*: vom *Royal Automobile Club* (RAC) 08705-722722; von der *Automobile Association* (AA) 0800- 887766 oder 0121-2753746.

Hilfe ist z. B. für ADACPlus-Mitglieder oder ÖAMTC-Mitglieder teilweise kostenlos. Man kann sich auch direkt an seinen Automobilclub wenden. Hier die drei größten für Deutschland, Österreich und die Schweiz:

- **ADAC,** (D)-Tel. 089 222222, unter (D)-Tel. 089 767676 gibt es Adressen von deutschsprachigen Ärzten in der Nähe des Urlaubsortes (Liste auch vorab anforderbar).
- **ÖAMTC,** (A)-Tel. 01 2512000 oder (A)-Tel. 01 2512020 für medizinische Notfälle.
- **TCS,** (CH)-Tel. 022 4172220.

Diplomatische Vertretungen

Wird der Reisepass oder Personalausweis im Ausland gestohlen, muss man diesen Diebstahl bei der örtlichen Polizei melden. Darüber hinaus sollte man sich an die nächste diplomatische Auslandsvertretung seines Landes wenden, damit man einen Ersatz-Reiseausweis zur Rückkehr ausgestellt bekommt (ohne Pass oder Ausweis kommt man nicht an Bord eines Flugzeuges!).

Auch in **dringenden Notfällen,** z. B. medizinischer oder rechtlicher Art, Vermisstensuche, Hilfe bei Todesfällen o. Ä. sind die Auslandsvertretungen bemüht vermittelnd zu helfen.

- **Deutschland:** Botschaft in London, 23 Belgrave Square, Tel. 020-78241300; Konsulat in Bristol, 1a Alfred Place, Kingsdown, Tel. 07901-825811; Konsulat in Cardiff, c/o Berry Smith, Solicitors, Haywood House, Dunmfries Road, Tel. 029-20345511.
- **Österreich:** Botschaft in London, 18 Belgrave Mews West, Tel. 020-73443250.
- **Schweiz:** Botschaft in London, 16–18 Montagu Place, Tel. 020-76166000; Konsulat in Cardiff, c/o Morgan Cole Solicitore, Bradley Court, Park Place, Tel. 029-20488533.

In Deutschland, Österreich oder der Schweiz lebende Staatsbürger anderer Länder sollten sich bei der zuständigen britischen Botschaft nach der Notwendigkeit für ein Visum erkundigen:

- **Deutschland:** Wilhelmstr. 70, 10117 Berlin, Tel. 030-204570, www.britischebotschaft.de.
- **Österreich:** Jauresgasse 12, 1030 Wien, Tel. 01-716130, www.britishembassy.at.
- **Schweiz:** Thunstrasse 50, 3000 Bern 15, Tel. 031-3597700, http://ukinswitzerland.fco.gov.uk.

Einkäufe

Einkaufen in nostalgischem Ambiente

Einkäufe

Der Süden Englands ist nicht unbedingt ein Einkaufsparadies, es gibt nichts, was es hierzulande nicht auch gäbe; zudem sind fast alle Artikel in England teurer als hierzulande, und auch die **Mehrwertsteuer** ist höher.

Rigide **Ladenschlusszeiten** kennen die flexiblen Briten nicht, während der Saison sind in den Badeorten die Geschäfte manchmal bis 21 Uhr geöffnet; die normalen Öffnungszeiten liegen zwischen 9 und 18 Uhr. Überall findet sich ein Inder oder Pakistani, dessen kleiner Tante-Emma-Laden oft bis in die späten Nachtstunden geöffnet ist.

In kleinen Orten schließt der Kaufmann seinen Laden gerne über die **Mittagszeit,** und hier gibt es auch einmal in der Woche den so genannten **Early Closing Day** – ab Mittag ist für den Rest des Tages dann Feierabend.

Alkoholische Getränke kann man nicht in jedem Geschäft kaufen, son-

Ein- uns Ausreisebestimmungen

dern nur in den so genannten *Off-Licence*-Läden. Auch diese Geschäfte sind bis in den späten Abend hinein geöffnet.

Große Supermärkte haben selbstverständlich eine Off-Licence-Abteilung, ansonsten halte man Ausschau nach den im ganzen Land verteilten Läden der Ketten *Odd Bins* oder *Victoria Wine*.

Ein- und Ausreisebestimmungen

Besucher aus EU-Ländern benötigen für die Einreise nach Großbritannien lediglich einen gültigen Personalausweis.

In allen EU- und EFTA-Mitgliedstaaten gelten weiterhin **nationale Ein-, Aus- oder Durchfuhrbeschränkungen,** z. B. für Tiere, Pflanzen, Waffen, starke Medikamente und Drogen (auch Cannabisbesitz und -handel). Außerdem bestehen weiterhin Grenzen für die steuerfreie Mitnahme von Alkohol, Tabak und Kaffee. Bei Überschreiten der Freigrenzen muss nachgewiesen werden, dass keine gewerbliche Verwendung beabsichtigt ist.

Freimengen innerhalb EU-Ländern

- **Alkohol** (für Personen über 17 Jahre): 90 l Wein (davon max. 60 l Schaumwein) oder 110 l Bier oder 10 l Spirituosen über 22 Vol.-% oder 20 l unter 22 Vol.-% oder eine anteilige Zusammenstellung dieser Waren.
- **Tabakwaren** (für Personen über 17 Jahre): 800 Zigaretten oder 400 Zigarillos oder 200 Zigarren oder 1 kg Tabak oder eine anteilige Zusammenstellung dieser Waren.
- **Anderes:** 10 kg Kaffee und 20 l Kraftstoff im Benzinkanister.

Freimengen für Reisende aus der Schweiz

- **Alkohol** (für Personen ab 17 Jahren): 1 l Spirituosen (über 22 Vol.-%) oder 2 l Spirituosen (unter 22 Vol.-%) oder eine anteilige Zusammenstellung dieser Waren, und 4 l nichtschäumende Weine, und 16 l Bier.
- **Tabakwaren** (für Personen ab 17 Jahren): 200 Zigaretten oder 100 Zigarillos oder 50 Zigarren oder 250 g Tabak oder eine anteilige Zusammenstellung dieser Waren.
- **Andere Waren:** 10 l Kraftstoff im Benzinkanister; für Flugreisende bis zu einem Warenwert von insgesamt 430 €, über Land Reisende 300 €, alle Reisende unter 15 Jahren 175 €.

Freimengen bei Rückkehr in die Schweiz

- **Alkohol** (für Personen ab 17 Jahren): 2 l bis 15 Vol.-% und 1 l über 15 Vol.-%.
- **Tabakwaren** (für Personen ab 17 Jahren): 200 Zigaretten oder 50 Zigarren oder 250 g Schnitttabak oder eine anteilige Zusammenstellung dieser Waren, und 200 Stück Zigarettenpapier.
- **Anderes:** neuangeschaffte Waren für den Privatgebrauch bis zu einem Gesamtwert von 300 SFr. Bei Nahrungsmitteln gibt es innerhalb dieser Wertfreigrenze auch Mengenbeschränkungen.

Nähere Informationen

- **Deutschland:** www.zoll.de oder beim Zoll-Infocenter Tel. 069 46997600.
- **Österreich:** www.bmf.gv.at oder beim Zollamt Klagenfurt Villach Tel. 01 51433 564053.
- **Schweiz:** www.ezv.admin.ch oder bei der Zollkreisdirektion in Basel Tel. 061 2871111.

Haustiere

Seit dem Jahr 2000 bestimmt das so genannte *Pet Travel Scheme (PETS)* die Bedingungen für die **Einreise von**

Elektrizität, Essen und Trinken

Haustieren nach Großbritannien. Es gilt für Hunde, Katzen, Vögel, Kaninchen und einige andere Haustiere. Für Hunde und Katzen müssen folgende Maßnahmen in der angegebenen Reihenfolge durchgeführt werden (**Vorbereitungszeit: mindestens 7 Monate**):

- Dem Haustier muss ein **Mikrochip** eingesetzt werden.
- Das Tier muss **gegen Tollwut geimpft** werden und regelmäßige Auffrischungen bekommen.
- Ca. 30 Tage nach der Impfung muss durch den Tierarzt ein **Bluttest** vorgenommen werden, aus dem hervorgehen muss, dass der Impfstoff dem Tier einen ausreichenden Schutz gegen die Tollwut gibt.
- **Achtung:** Die Einreise des Haustieres darf frühestens sechs Monate nach der positiv getesteten Blutprobe erfolgen.
- In den letzten 24–48 Stunden vor der Abreise muss das Haustier **gegen Bandwürmer und Zecken behandelt** werden. Der Tierarzt muss hierüber eine amtliche PETS-Bescheinigung ausstellen (der Tierarzt sollte das Formular vorrätig haben).
- Hunde und Katzen dürfen in den sechs Monaten vor der Einreise nach Großbritannien nicht außerhalb der EU gewesen sein.
- Vor der Einreise nach Großbritannien werden Sie aufgefordert, eine Erklärung über den **Ort der Haltung** zu unterschreiben.
- **Informationen zum Pet Travel Scheme** auch unter www.defra.gov.uk.

Elektrizität

Auch in England gibt es 230 Volt Wechselstrom wie hierzulande – doch damit ist das Ende der Gemeinsamkeiten schon erreicht. Wollen Sie Ihren Haarfön nutzen, so hilft nur ein dreipoliger **Zwischenstecker,** den es in jedem englischen Haushaltswarengeschäft zu kaufen gibt; dort erstehen Sie einen *Plug*, in den der *Continental Plug* hineinpasst. Vorsichtshalber sollten Sie den Zwischenstecker schon zu Hause besorgt haben.

Für Herren, die sich trocken rasieren, gilt dies alles nicht. Im Bad befindet sich der uns bekannte Stecker mit der Aufschrift *Shavers only* – Nur für Rasierer. Den Fön treibt dieser Stecker trotzdem nicht, eine Sicherung (*Fuse*) lässt nur die wenigen Ampere durch, die der Rasierapparat benötigt. Das Handy kann man aber über diese Steckdose aufladen.

Ist der Stecker in der Dose, aber nichts tut sich, so untersuchen Sie die **Steckdose** (*Socket*); sie werden einen kleinen Kipphebel finden, den man umlegen muss. Funktionieren also Fernseher oder Teekessel nicht, so beschweren Sie sich nicht gleich bei Ihrer Landlady, sondern werfen Sie erst einen Blick auf die Steckdose. Bleibt es im Hotelzimmer dunkel, so ist sicher die Glühbirne hinüber.

Essen und Trinken

Die Mahlzeiten

Den miserablen Ruf, den das englische Essen hat, werden die Briten sicher nie los. Der Urlauber sei deshalb vorab informiert, dass er auf einer Süd-England-Rundfahrt durchaus gastronomische Highlights erleben kann.

Essen und Trinken

Kleine Vokabelliste rund ums Essen

Vorspeisen

smoked salmon	Räucherlachs
seafood cocktail	Meeresfrüchte-Cocktail

Hauptgerichte

leg of lamb with mint sauce	Lammkeule in Minzsoße
roast rib of beef	geröstete Rippe vom Rind
gammon steak	Schinkensteak
grilled sirloin steak	Rumpsteak
fried fillet of plaice with tartare sauce	Schollenfilet Remouladensauce mit Kapern
grilled salmon	gegrillter Lachs
lamb cutlets	Lammkoteletts
saddle of lamb	Lammrücken
pork	Schweinefleisch
cockles	Herzmuscheln
lobster	Hummer
mussels	Muscheln
oysters	Austern
prawns	Garnelen
scalops	Jakobsmuscheln
trout	Forelle
turbot	Steinbutt

Beilagen

brussels sprouts	Rosenkohl
mushrooms	Champignons
celery au gratin	überbackener Sellerie
creamed potatoes	Kartoffelpüree
baked potatoes	Folienkartoffel
vegetables	Gemüse
peas	grüne Erbsen
cabbage	Grünkohl
cauliflower	Blumenkohl
leeks	Lauch

Desserts

lemon meringue pie	Zitronenbaisertorte
hot apple pie with custard	warmer Apfelkuchen mit Vanillesauce
fruit salad	Obstsalat
with fresh cream	mit Schlagsahne

Zubereitungsarten

smoked	geräuchert
poached	gekocht
deep fried	mit Semmelbrösel in heißem Fett gebraten

Doch beginnen wir erst einmal mit dem außerordentlich sättigenden, aber auch den Cholesterinspiegel in ungeahnte Höhen treibenden **Frühstück.** Es geht los mit *Cereals* (Cornflakes oder Müsli), hartgesottene können auch *Porridge* (Haferschleim) ordern. Weiter geht es mit dem *Cooked Breakfast*: *Bacon and Scrambled Eggs with Sausages and Baked Beans*; gebratener Schinken und Rühreier, Würstchen und (süße) Bohnen in Tomatensauce. (Ein Tipp: Verzichten Sie auf die Würstchen!) Außerdem wird Toast mit Butter und Marmelade gereicht. Häufig gibt es eine schrumplige, gegrillte Tomate zum *Cooked Breakfast* oder gebratene Champignons *(Mushrooms)*. Statt Rührei kann man auch Spiegeleier *(Fried Eggs)* bestellen. Trinken Sie Tee zum Frühstück, der englische Kaffee ist nicht berühmt!

Essen und Trinken

Hier macht man gerne Rast

Über die Mittagszeit, zum **Lunch**, trifft man sich gerne in den Pubs und Inns und greift dort zum *Pub Grub*. Ausnahmslos alle Tavernen haben auf dem Land eine weite Palette an Snacks im Angebot. Sandwiches sind obligatorisch, aber meist langweilig. Bestellen Sie einen *Ploughman's* oder **Fisherman's Lunch**; ersterer besteht aus einer dicken Scheibe Käse, Brot mit Butter und etwas Salat, letzterer hat statt Käse eine Räuchermakrele auf dem Teller. Salate mit Schinken oder Fleischbeilage sind ebenfalls sehr beliebt und weit verbreitet, gleiches gilt für **Currys** – also indische Hühner-, Rind- und Schweinefleischgerichte mit Reis. Auch eine *Soup of the Day* – Tomaten-, Hühner-, Gemüse- oder Spargelcremesuppe – ist immer im Angebot und wird stets mit gerösteten Brotstücken obenauf sowie mit Brot und Butter serviert.

Zwei Arten von *Pies* sind heißbegehrt: *Steak and Kidney Pie*, Rindfleisch- und Nierengulasch in Teighülle, sowie *Shephard's Pie*, Hackfleisch mit überbackenem Kartoffelpüree. Fragen Sie den Wirt, was er sonst noch im Angebot hat; häufig hängt aber drinnen oder draußen eine große schwarze Wandtafel, auf der alle Gerichte verzeichnet sind.

Am späteren Nachmittag schlägt dann die Stunde der *Tea Rooms*. Hier, in einer gemütlichen Wohnzimmeratmosphäre, nimmt der Brite gern seinen **Cream Tea**, und hat der Kontinentaleuropäer erst einmal damit Bekanntschaft gemacht, so wird auch er die Sitte bald nicht mehr missen wollen. Ein Cream-Tea-Gedeck beinhaltet eine Kanne Tee, frische, warme und leicht süßliche *Scones* (ein Fruchtrosinenbrötchen), *Clotted Cream*, dicke Buttersahne, und *Jam*, Marmelade.

Ein abendliches **Dinner** ist dann der gastronomische Hochgenuss und rundet den Tag des Gourmets ab. Leider sind Restaurantbesuche weitaus teurer als in unseren Gefilden, dennoch dürfen Sie sich das eine oder andere gute Restaurant nicht entgehen lassen.

Entlang der Küste finden sich immer wieder gute **Seafood Restaurants**, doch sollten Sie auch die ganz spezifisch britische Küche nicht aus den Augen verlieren; so etwa Lamm in Minzsoße oder Roastbeef und Yorkshire Pudding. Sie werden erstaunt sein, wie schmackhaft die englische Küche ist.

Restaurants der gehobenen Kategorie erwarten eine angemessene **Kleidung**; dazu gehört bei Herren ein Sakko mit Krawatte und bei Damen ein Kleid.

Pubs

Den unerfahrenen Pub-Besucher werden sicher die **Schilder an den Türen** irritieren, die aus einer Zeit stammen, als das Standesbewusstsein in England noch hoch war. Heute haben sie zwar keine Bedeutung mehr, doch sollte man wissen, was es damit einst auf sich hatte:

- **Public Bar,** für die untersten gesellschaftlichen Schichten, rustikale Einrichtung, harte Stühle, Sägespäne auf dem Boden;
- **Saloon Bar,** für den Bürger, gemütlicher eingerichtet und etwas teurer;
- **Lounge Bar,** für den gutbetuchten Bürger oder den kleinen Landadligen, elegante Ausstattung, manchmal gar mit Bedienung;
- **Private Bar,** für distinguierte Aristokraten oder alleinreisende Damen.

Das **Verhalten in englischen Pubs** unterscheidet sich grundlegend von dem in deutschen Kneipen. In den Tavernen wird man nicht am Tisch bedient, sondern holt sich die Getränke an der Bar selbst ab. Auch ordert man nicht einfach „Ein Bier", was als grobe Unhöflichkeit gilt, sondern gibt die Menge und die Sorte an: *Half a Pint of Bitter* (ca. 0,25 l) oder *A Pint of Lager* (ca. 0,5 l), dann schließt man mit einem markigen *Please*. Man zahlt sofort und gibt kein Trinkgeld. Hat man eine Lieblingssorte, die im Pub auch ausgeschenkt wird, so bestellt man gezielt: *A Pint of Bass*, oder *Half a Pint of Yorkshire Bitter*.

Gutes britisches Bier reift erst im Keller des Pubs, denn die Brauereien liefern exzellente Gebräue noch im Gärzustand aus, welche je nach Fassart, Kellertemperatur und Lagerdauer dann ihren vollen Geschmack entfalten. Dieses Bier wird in seinem Aroma von den gasbetriebenen Steigleitungen geschmacklich zerstört, sodass die Anzahl der **Handpumpen** in ei-

Britische Pub-Besonderheiten

Viele **Namen von Pubs** gehen auf die biblische Geschichte oder auf christliche Zeichen zurück; so etwa *The Cross*, *The Mitre* (Die Mitra), *Adam and Eve* oder *The Angel Inn*. Bezeichnungen wie *Four Bells* oder *Bell Inn* erinnern an die Kirchenglocken oder geben gleich die Anzahl der Glocken der heimischen Kirche an. Ist ein Gotteshaus St. Peter geweiht, so heißt der Pub nahebei mit Sicherheit *Cross Key*, das nämlich sind die beiden Schlüssel, mit denen Petrus entweder die Hölle oder den Himmel aufschließt.

The Lamb and the Flag ist weit verbreitet, dies war das heraldische Zeichen der Templer-Ritter; *The Star* bezeichnet den Stern, der die drei Weisen nach Bethlehem führte, und *The Anchor* ist nicht nur ein nautisches Symbol, sondern auch ein Zeichen der Hoffnung; viele Pubs heißen denn auch zur Verstärkung *Hope and Anchor*. The Cock Inn hat seinen Namen nicht vom Hühnerhof, sondern erinnert an Simon Petrus: Noch ehe der Hahn dreimal gekräht hat, wirst Du mich verraten haben! Unvergessen auch die Taverne, die *Ye Olde Trip to Jerusalem* hieß.

Viele Pub-Namen gehen auf uralte heraldische Zeichen zurück. Am bekanntesten ist *Red Lion*, von jeher das Wappentier der schottischen Könige, das mit dem schottischen *Jakob VI.*, der in England 1603 König *Jakob I.* wurde, in den Süden der Insel kam. Auch *Unicorn*, das Einhorn, geht auf die schottischen Herrscher zurück. Der *Greyhound* war das heraldische Zeichen der Tudors und die Hannoveraner führten *The White Horse* in ihrem Wappen.

Manchmal findet der durstige Zecher in England auch recht **seltsame Pub-Namen** vor und kann sich gar nicht vorstellen, was damit wohl gemeint sein soll. Welchen Sinn macht beispielsweise *The Goat and Compasses*? Hier war ein Atheist am Werke, der den betulichen Puritanerspruch *God encompasses you* recht pfiffig verballhornt hat. Heißt eine Taverne *Bag o'Nails*, ist man durchaus richtig vor Ort, der Name geht auf eine Verfremdung vom *Bacchanal* des römischen Weingottes zurück. Beim *Pig and Whistle* bläst keineswegs ein Schwein die Pfeife, sondern hier wird a *pail of health*, ein Eimer voll Gesundheit, verballhornt. Bei *Elephant and Castle* geht es gleich zweimal um die Ecke. Der gleichnamige Londoner Stadtteil geht auf Königin *Eleonore von Kastilien*, die *Infanta of Castile*, zurück, was die verballhornungsfreudigen Londoner zu *Elephant and Castle* mutieren ließen. Ein Elefant mit einem Burgturm auf dem Rücken ist aber auch ein altes heraldisches Zeichen. Heißt ein Pub so, dann gehört er jedoch mit großer Wahrscheinlichkeit zur Cutlers Brauerei, die nämlich führt diese Insignien in ihrem Wappen.

Biere werden in Pubs in **Half Pints** und **Pints** ausgeschenkt, was ungefähr unserem Viertelliter bzw. einem halben Liter entspricht. Ganz selten findet man noch einen **Yard of Ale**, eine ca. einen Meter lange Glasröhre, die ungefähr drei Pints enthält. Wie man hört, ist das lange Ding bei Trinkwettbewerben noch sehr beliebt.

Der Wirt bestellt sein Bier bei der Brauerei in **Casks**, in Fässern. Noch heute gelten die **Cask-Maße**, die auf dem Neunersystem beruhen:

1 Pin = 4,5 Gallonen (20,5 l);
1 Firkin = 9 Gallonen (41 l);
1 Kilderkin = 18 Gallonen (81,8 l);
1 Barrel = 36 Gallonen (163,7 l);
1 Hogshead = 54 Gallonen (245,5 l).

Das Butt, das 108 Gallonen (491 l) fasste, ist nicht mehr im Gebrauch.

… nem Pub sehr viel über die Bierqualität aussagt. Man sollte immer das Bier aus diesen Pumpen vorziehen.

Da die meisten Pubs im Besitz weniger Großbrauereien sind, versuchten diese in den 1960er und -70er Jahren billig gebrautes Instant Bier an die Bars zu bringen. Die Wirte, keineswegs selbstständige Unternehmer, sondern Pächter, konnten sich nicht dagegen wehren, und schnell wurden die Pubs mit den so genannten **Keg-Bieren,** pasteurisierten und künstlich mit Kohlensäure versehenen Bieren versorgt.

Nur die **Free Houses,** Pubs also, die keiner Brauerei gehörten, wehrten sich dagegen, und riefen zusammen mit der Consumer's Association 1975 die CAMRA ins Leben, die **Campaign for Real Ale.** Der Erfolg war überwältigend; wie ein Mann standen die britischen Pub-Besucher hinter den Verbraucherschützern, und die Brauereien produzierten wieder Real Ale.

Nach wie vor haben die Free Houses mehr und interessantere Biersorten im Angebot als die brauereieigenen Häuser, die natürlich nur das in ihren Steigleitungen haben, was der Konzern herstellt. Ein Free House ist in diesem Führer immer besonders gekennzeichnet.

Alle Pubs servieren zwischen 12 und 14 Uhr einen Lunch (auch vegetarisch); viele haben auch abends kleine Gerichte im Angebot, in der Regel schließt aber die Küche um 21 Uhr.

Kinder unter 14 Jahren dürfen laut Gesetz nicht in Pubs, und so gibt es separate **Familienräume;** im Biergarten darf man sommertags mit den Kleinen natürlich auch sitzen. Viele Pubs auf dem Land haben einen kleinen Spielplatz oder führen an sommerlich schönen Wochenenden gar Punch and Judy Shows (Kasperle-Theater) für die Kleinen auf.

Im Jahr 2005 wurden die noch aus dem Ersten Weltkrieg stammenden, rigiden **Sperrstunden** der Pubs von der Regierung **aufgehoben.** Tausende von Kneipenwirten haben sich daraufhin um eine verlängerte Schanklizenz bemüht, sodass Pub-Besuche nun bis spät in die Nacht möglich sind.

Feste und Feiertage

Zusätzlich dazu gibt es zwei so genannte **Bank Holidays,** freie Tage, die die Gewerkschaften in früheren Jahren einmal erkämpft haben. Spring Bank Holiday ist der letzte Montag im Mai und Summer Bank Holiday der letzte Montag im August. Traditionell sind die Briten dann auf Achse; Hotels und Pensionen sind ausgebucht, die Restaurants voll.

Feste

Vor allem im Sommer gibt es in den vielen Örtchen und Städtchen Süd-Englands eine ganze Reihe von Festivals oder Shows, örtliche Kulturveranstaltungen oder Flower Shows bis hin zu Straßenfesten und jahrmarktsähnlichen Veranstaltungen.

Auch **Wohltätigkeitsbasare** sind während der Saison an der Tagesord-

Geld

Offizielle Feiertage

- Neujahr (New Year's Day)
- Karfreitag (Good Friday)
- Ostermontag (Easter)
- 1. Montag im Mai (Labour Day)
- Letzter Montag im Mai (Bank Holiday)
- Letzter Montag im August (Bank Holiday)
- 1. und 2. Weihnachtsfeiertag

nung. Solche Charity-Veranstaltungen werden beispielsweise für die RNLI (die *Royal National Lifeboat Institution*) abgehalten, die die gesamte Küste mit ihren Seenotrettungskreuzern überwacht, für die Vogelschutzfreunde der RSPB (*Royal Society for the Protection of Birds*), für die Tierschutzgesellschaft RSPCA (die *Royal Society for the Prevention of Cruelty to Animals*) oder auch für die Kinderschutzorganisation NSPCC (*National Society for the Prevention of Cruelty to Children* (nicht nur Zyniker weisen darauf hin, dass die Vogelschutz- und Tierschutzgesellschaft sich mit dem werbewirksamen Vorsatz *Royal* schmücken dürfen, nicht jedoch der Kinderschutzbund); aber auch lokale Themen stehen auf einem solchen Wohltätigkeitsprogramm, so etwa die Rettung des Kirchturms von Salisbury.

Das Pfund hat 100 Pence, und es gibt eine ganze Anzahl von Münzen in gleichem Wert, aber unterschiedlicher Größe oder Form. Pence wird nicht ausgesprochen, sondern kurz als „p" (pi) bezeichnet. Alle Münzen und Scheine tragen das Bild der Königin.

Der Geldautomat ist der ideale Ort zur Bargeldbeschaffung. Sowohl mit der Maestro-Karte (EC-Karte) als auch mit der Kreditkarte muss man dazu den jeweiligen **PIN-Code** eingeben.

Ob und wie hoch die **Kosten für die Barabhebung** sind, ist abhängig von der kartenausstellenden Bank und von der Bank, bei der die Abhebung erfolgt. Man sollte sich daher vor der Reise bei seiner Hausbank informieren, mit welcher britischen Bank sie zusammenarbeiten. Im ungünstigsten Fall wird pro Abhebung eine Gebühr von bis zu 1 % des Abhebungsbetrags per Maestro-Karte oder gar 5,5 % des Abhebungsbetrags per Kreditkarte berechnet.

Für das **bargeldlose Zahlen per Kreditkarte** innerhalb der Euro-Länder darf die Hausbank keine Gebühr für den Auslandseinsatz veranschlagen; für Schweizer wird ein Entgelt von 1–2 % des Umsatzes berechnet.

Geld

Da Großbritannien (noch) nicht zur Eurozone gehört, muss man weiterhin in **Englischen Pfund** (abgekürzt £) bezahlen und somit Bargeld tauschen.

Wechselkurse

1 € = 0,88 £;	1 £ = 1,14 €
1 SFr = 0,59 £;	1 £ = 1,68 SFr

Stand: Februar 2010

GELD

Bei Verlust/Diebstahl der Geldkarte sollte man diese umgehend sperren lassen! Für deutsche Maestro-(EC-) und Kreditkarten gibt es die **Sperrnummer (0049) 116116,** im Ausland zusätzlich (0049) 30 40504050. Für österreicherische und schweizerische Karten gelten:

- **Maestro-Karte,** (A)-Tel. 0043 1 2048800; (CH)-Tel. 0041 44 2712230, UBS: 0041 848 888601, Credit Suisse: 0041 800 800488.
- **MasterCard,** internationale Tel. 001 636 7227111.
- **VISA,** Tel. 0043 1 7111 1770; (CH)-Tel. 0041 58 9588383.
- **American Express,** (A)-Tel. 0049 69 9797 1000; (CH)-Tel. 0041-44 6596333.
- **Diners Club,** (A)-Tel. 0043 1 501350; (CH)-Tel. 0041 58 7508080.

Wesentlich gängiger als hierzulande ist das Bezahlen mit **Kreditkarten.** An Tankstellen, in Geschäften aller Art und selbstverständlich in Hotels und im B&B wird oft nur noch mit *Plastic Money* bezahlt. Genügend Bargeld sollten Sie dennoch immer dabei haben.

Geldnot

Wer dringend eine größere Summe ins Ausland überweisen lassen muss wegen eines Unfalles oder Ähnlichem,

Geldbeschaffung: Wohltätigkeitsbasar im Örtchen Wilmington

kann sich über **Western Union** Geld nach Großbritannien schicken lassen. Für den Transfer muss man die Person, die das Geld schicken soll, vorab benachrichtigen. Diese muss dann bei einer Western Union Vertretung (in Deutschland u. a. bei der Postbank) ein entsprechendes Formular ausfüllen und den Code der Transaktion telefonisch oder anderweitig übermitteln. Mit dem Code und dem Reisepass geht man zu einer beliebigen Vertretung von Western Union in Großbritannien (siehe Telefonbuch oder unter www.westernunion.com), wo das Geld nach Ausfüllen eines Formulares binnen Minuten ausgezahlt wird. Je nach Höhe der Summe wird eine Gebühr ab derzeit 10,50 Euro erhoben.

Gesundheit

Die kostenlosen Leistungen des **National Health Service** stehen auch jedem Urlauber offen, doch sind sie nicht gerade zu den besten zu rechnen. Die gesetzlichen Krankenkassen von Deutschland und Österreich garantieren eine Behandlung im akuten Krankheitsfall auch in Großbritannien, wenn die Versorgung nicht bis nach der Rückkehr warten kann. Als Anspruchsnachweis benötigt man die **Europäische Krankenversicherungskarte,** die man von seiner Krankenkasse erhält.

Im Krankheitsfall besteht ein Anspruch auf ambulante oder stationäre Behandlung bei jedem zugelassenen Arzt und in staatlichen Krankenhäusern. Da jedoch die Leistungen nach den gesetzlichen Vorschriften im Ausland abgerechnet werden, kann man auch gebeten werden, zunächst **die Kosten der Behandlung** selbst zu tragen. Obwohl bestimmte Beträge von der Krankenkasse hinterher erstattet werden, kann ein Teil der finanziellen Belastung beim Patienten bleiben und zu Kosten in kaum vorhersagbarem Umfang führen.

Deshalb wird der Abschluss einer **privaten Auslandskrankenversicherung** dringend empfohlen.

Bei Abschluss der Versicherung – die es mit bis zu einem Jahr Gültigkeit gibt – sollte auf einige Punkte geachtet werden. Zunächst sollte ein **Vollschutz ohne Summenbeschränkung** bestehen, im Falle einer schweren Krankheit oder eines Unfalls sollte auch der **Rücktransport** übernommen werden, denn der Krankenrücktransport wird von den gesetzlichen Krankenkassen nicht übernommen. Diese Zusatzversicherung bietet sich auch über einen **Automobilclub** an, insbesondere wenn man bereits Mitglied ist. Diese Versicherung bietet den Vorteil billiger Rückholleistungen (Helikopter, Flugzeug) in extremen Notfällen. Wichtig ist auch, dass im Krankheitsfall der **Versicherungsschutz über die vorher festgelegte Zeit hinaus** automatisch verlängert wird, wenn die Rückreise nicht möglich ist.

Zur Erstattung der Kosten benötigt man ausführliche **Quittungen** (mit Datum, Namen, Bericht über Art und

Atlas Seite I

Umfang der Behandlung, Kosten der Behandlung und Medikamente).

Eine **Arztpraxis** erkennt man an dem Schild *Surgery*, einen **Zahnarzt** an der Aufschrift *Dentist*. **Apotheken** heißen *Dispensing Chemist* oder *Pharmacy* und sind häufig in Drogerien integriert. *Boots*, landesweit die größte Drogerie- und Apothekenkette, hat in jedem kleinen Örtchen einen Laden. Rezepte von Ärzten nennt man in Großbritannien *Prescription*.

Der landesweit gültige **Notruf** für Krankenwagen, Feuerwehr und Polizei ist **999**.

Hin- und Rückreise

Mit der Fähre

Die weitaus meisten Süd-England-Besucher werden mit dem eigenen Auto auf unsere Nachbarinsel reisen. **Die beliebtesten und kürzesten Fährverbindungen** gehen von Calais und Dünkirchen nach Dover, von Cherbourg nach Poole sowie von Roscoff und Caen nach Portsmouth.

Der **Tarifdschungel** auf den unterschiedlichen Linien ist dicht, und das Studium der Broschüren unterschiedlicher Fährfirmen artet zu einer Geduldsprobe aus. Es ist daher ratsam, sich für Preisinformationen und Buchungen an ein Spezialreisebüro wie Richtig Schiffen zu wenden (s. u.). Für die Fahrpreise gilt generell: Wer früh bucht, zahlt am wenigsten. So ist mit etwas Glück die Überfahrt von Calais nach Dover schon für weniger als 46 Euro zu haben – inklusive aller Kosten.

●**Richtig Schiffen,** www.richtig-schiffen.de, Tel. 01805-546463 (0,14 Euro/Min.)

Mit dem Zug

Seit Inbetriebnahme des **Ärmelkanaltunnels** wurden fast alle Zug-Schiff-Zug-Verbindungen abgeschafft. Zwar sind einzelne Varianten immer noch möglich, doch wegen der schlecht abgestimmten Fahrpläne, den weit von den Bahnhöfen gelegenen Häfen und der unattraktiven Preise nur etwas für Hartgesottene.

Stattdessen benutzt man heutzutage die „**Eurostar**"-**Hochgeschwindigkeitszüge,** die Brüssel und Paris via Tunnel mit London verbinden. Auch wenn die Fahrt durch den längsten Tunnel der Welt ein Superlativ ist: Die rund 20-minütige Tunnelquerung hat nichts Spektakuläres.

Wer in London einen Übernachtungsstopp einlegen will, kann die Tour bis dorthin bequem in einer Tagesreise bewältigen. So geht es zunächst im ICE nach Köln, von dort weiter per Thalys oder ICE nach Brüssel und schließlich mit dem Eurostar an die Themse. Aus dem südlichen Deutschland sowie aus der Schweiz bietet sich die Fahrt mit dem TGV über Paris an. Der Ankunftsbahnhof London St. Pancras ist für sich schon eine Sehenswürdigkeit: sehr aufwendig renoviert wurde er im Herbst 2007 von der Königin wieder seiner Bestimmung übergeben und wird mit Recht als einer der schönsten Bahnhöfe der Welt bezeichnet.

Fahrtzeitbeispiele bis London: ab Zürich, Frankfurt oder Hannover rund 9 Stunden, ab Köln rund 6 Stunden – gerechnet von Stadt zu Stadt.

Von London zu allen größeren Orten an der südenglischen Küste oder im Binnenland gibt es direkte und schnelle Züge meist jede halbe Stunde ab Victoria oder Waterlooo Station. Von St. Pancras zu diesen Bahnhöfen Station braucht man eine knappe Stunde und nimmt dazu am Besten die U-Bahn.

Mit dem einen Monat gültigen **Tourist-Return-Ticket** bekommt man Hin- und Rückfahrt praktisch zum Preis der einfachen Fahrt, außerdem gibt es Ermäßigungen für Junioren und Senioren. Die Fahrt kann beliebig oft unterbrochen werden. Außerdem gibt es etliche Pass-Angebote für preiswertes und flexibles Reisen vor Ort – siehe Kapitel „Verkehrsmittel, Eisenbahn". **Achtung:** die Pässe und das Tourist-Return-Ticket sind nur auf dem Kontinent und nicht in Großbritannien erhältlich!

Für die **Fahrpreise** gilt generell: Wer früh bucht, zahlt am wenigsten. So ist mit etwas Glück die Fahrt von Köln oder Freiburg nach London und zurück schon für weniger als 120 Euro zu haben – inklusive aller Kosten.

Einen vollständigen Überblick über alle Sonderangebote zu geben, ist kaum möglich, zumal die beteiligten Bahngesellschaften ständig wechselnde Sonderangebote auf den Markt bringen. Selbst die Fahrkartenverkäufer auf den Bahnhöfen kennen meist nur einen Teil der möglichen Varianten. Auch sind viele der speziellen BritRail-Angebote dort nicht erhältlich. Es empfiehlt sich deshalb, die Beratung durch ein spezielles Bahn-Reisebüro in Anspruch zu nehmen, wie zum Beispiel:

●**Gleisnost,** Bertoldstr. 44, 79098 Freiburg, Tel. 0761-383031, www.gleisnost.de

Mit dem Flugzeug

Wer mit dem Flugzeug anreist, wird sicherlich in London ankommen. Von vielen deutschen Flughäfen gibt es Direktverbindungen in die britische Metropole. Die meisten Linienmaschinen landen im westlich vom Zentrum gelegenen Heathrow, einige gehen südlich von London in Gatwick nieder, die Billiganbieter landen vorwiegend im nördlich gelegenen Stansted oder nordwestlich in Luton. Kleinere Maschinen fliegen den City Airport in den Docklands an.

Von Heathrow verkehrt die Piccadilly Line der Londoner U-Bahn während der Hautverkehrszeiten im Minutentakt und benötigt ca. 45 Min. bis ins Zentrum. Die so genannten Air-Busse A 1 und A 2 fahren je nach Verkehrsaufkommen innerhalb von 80 Min. ins Herz der Metropole. Die schnellste Verbindung bis ins Zentrum bietet der Heathrow Express, der alle 15 Min. fährt und bis Paddington Station auch nur 15 Min. Fahrzeit benötigt. Von Paddington Station aus er-

HIN- UND RÜCKREISE

reicht der Besucher mit der U-Bahn sein weiteres Ziel.

Von Gatwick aus verlässt der Gatwick Express tagsüber alle 15 Min. den Flughafen und hält in Victoria Station, und **von Stansted** aus gibt es eine ähnlich schnelle Verbindung zur Liverpool Street Station. Vom **Flughafen Luton** aus verkehrt ein Shuttle-Bus zum Bahnhof, und von dort geht es mit dem Zug nach London hinein.

Flugpreise

Ein Economy-Ticket von Deutschland, Österreich und der Schweiz hin und zurück nach London bekommt man je nach Jahreszeit und Aufenthaltsdauer **ab knapp über 100 Euro** (einschl. aller Steuern, Gebühren und Entgelte). Am teuersten ist es in der Hauptsaison im Sommerhalbjahr, in der die Preise für Flüge in den Sommerferien besonders hoch sind und über 300 Euro betragen können.

Kinder unter zwei Jahren fliegen ohne Sitzplatzanspruch für 10 % des Erwachsenenpreises, ansonsten werden für ältere Kinder die regulären Preise je nach Airline um 25–50 % ermäßigt. Ab dem 12. Lebensjahr gilt der Erwachsenentarif.

Indirekt sparen kann man als Mitglied eines **Vielflieger-Programms** wie www.star-alliance.com (Mitglieder u. a. *Adria, Air Canada, Air New Zealand, ANA All Nippon Airlines, Asiana Airlines, Air China, Austrian Airlines, Blue1, bmi, Continental Airlines, Croatia Airlines, Egypt Air, LOT Polish Airlines, Lufthansa, SAS Scandinavian Airlines, Shanghai Airlines, Singapore Airlines, South African Airways, Spanair, Swiss, TAP Air Portugal, Thai Airways, Turkish Airlines, United Airlines, US Airways*), www.skyteam.com (Mitglieder u. a. *Aeroflot, Aeromexico, Air France, Alitalia, China Southern Airlines, Czech Airlines, Delta Air Lines, KLM, Korean Air, Northwest Airlines*) sowie www.oneworld.com (Mitglieder u. a. *American Airlines, British Airways, Cathay Pacific Airways, Dragonair, Finnair, Iberia, Japan Airlines, LAN Argentina, LAN Ecuador, Malev, Mexicana, Qantas, Royal Jordanian Airlines*). Die Mitgliedschaft ist kostenlos und mit den gesammelten Meilen von Flügen bei Fluggesellschaften innerhalb eines Verbundes reichen die gesammelten Flugmeilen dann vielleicht schon für einen Freiflug bei einer der Partnergesellschaften beim nächsten Flugurlaub. Bei Einlösung eines Gratisfluges ist langfristige Vorausplanung nötig.

Buchung

Für die Tickets der Linienairlines kann man bei folgenden **zuverlässigen Reisebüros** meistens günstigere Preise als bei vielen anderen finden:

●**Jet-Travel,** Buchholzstr. 35, 53127 Bonn, Tel. 0228 284315, Fax 284086, info@jet-travel.de,

---

Buchtipps
●*Erich Witschi:* **Clever buchen – besser fliegen**
●*Frank Littek:* **Fliegen ohne Angst**
Beide Bücher: Praxis-Reihe, REISE KNOW-HOW Verlag

Mini „Flug-Know-how"

Check-in

Nicht vergessen: Ohne einen **gültigen Reisepass oder Personalausweis** (letzteres nur für EU-Staatsbürger) kommt man nicht an Bord.

Bei den innereuropäischen Flügen muss man mindestens **eine Stunde vor Abflug** am Schalter der Airline eingecheckt haben. Viele Airlines neigen zum Überbuchen, d. h., sie buchen mehr Passagiere ein, als Sitze im Flugzeug vorhanden sind, und wer zuletzt kommt, hat dann möglicherweise das Nachsehen.

Das Gepäck

In der Economy-Class darf man in der Regel nur **Gepäck bis zu 20 kg pro Person** einchecken (Ausnahme z. B. Ryanair mit nur 15 kg) und zusätzlich ein Handgepäck von 7 kg in die Kabine mitnehmen, welches eine bestimmte Größe von 55 x 40 x 23 cm nicht überschreiten darf. In der Business Class sind es meist 30 kg pro Person und zwei Handgepäckstücke, die insgesamt nicht mehr als 12 kg wiegen dürfen. Man sollte sich beim Kauf des Tickets über die Bestimmungen der Airline informieren.

Seit 2006 dürfen Fluggäste **Flüssigkeiten** oder vergleichbare Gegenstände in ähnlicher Konsistenz (z. B. Getränke, Gels, Sprays, Shampoos, Cremes, Zahnpasta, Suppen, Käse) nur noch in der Höchstmenge von jeweils 0,1 Liter als Handgepäck mit ins Flugzeug nehmen. Die Flüssigkeiten müssen in einem durchsichtigen, wiederverschließbaren Plastikbeutel transportiert werden, der maximal einen Liter Fassungsvermögen hat. Da sich diese Regelungen jedoch ständig ändern, sollte man sich beim Reisebüro oder der Fluggesellschaft nach den derzeit gültigen Regelungen erkundigen.

Aus Sicherheitsgründen dürfen **Taschenmesser, Nagelfeilen, Nagelscheren,** sonstige Scheren und Ähnliches nicht mehr im Handgepäck untergebracht werden. Diese sollte man unbedingt im aufzugebenden Gepäck verstauen, sonst werden diese Gegenstände bei der Sicherheitskontrolle einfach weggeworfen. Darüber hinaus gilt, dass Feuerwerke, leicht entzündliche Gase (in Sprühdosen, Campinggas), entflammbare Stoffe (in Benzinfeuerzeugen, Feuerzeugfüllung) etc. nichts im Passagiergepäck zu suchen haben.

---

www.jet-travel.de. Sonderangebote auf der Website unter „Schnäppchenflüge".
● **Globetrotter Travel Service,** Löwenstr. 61, 8023 Zürich, Tel. 044 2286666, www.globetrotter.ch. Weitere Filialen, siehe Website.

Die vergünstigten Spezialtarife und befristeten Sonderangebote kann man nur bei wenigen Fluggesellschaften in ihren Büros oder direkt auf ihren Websites buchen; diese sind jedoch immer auch bei den oben genannten Reisebüros erhältlich. Im Übrigen sollte man wissen, dass die günstigsten Flüge keineswegs immer online im Internet buchbar sind. Häufig haben Jet-Travel und der Globetrotter Travel Service auf Anfrage preiswertere Angebote.

Billigfluglinien

Preiswerter geht es mit etwas Glück nur, wenn man bei einer Billigairline **sehr früh online bucht.** Es werden keine Tickets ausgestellt, sondern man bekommt nur eine Buchungsnummer per E-Mail. Zur Bezahlung wird in der Regel eine Kreditkarte verlangt.

Im Flugzeug gibt es oft **keine festen Sitzplätze,** sondern man wird meist schubweise zum Einstieg aufgerufen, um Gedränge weitgehend zu vermei-

INFORMATIONSSTELLEN

den. **Verpflegung** wird extra berechnet, bei einigen Fluggesellschaften auch aufgegebenes Gepäck. Für die Region interessant sind:

- **Air Berlin,** www.airberlin.com. Von vielen deutschen Flughäfen sowie ab Salzburg, Wien und Zürich nach London-Stansted.
- **Easy Jet,** www.easyjet.com. Von München, Genf und Amsterdam nach London-Stansted; von Hamburg, Berlin, Dortmund, Zürich, Wien und Amsterdam nach London-Luton; von Hamburg, Berlin, Dortmund, Köln/Bonn, Düsseldorf, Basel-Mulhouse-Freiburg, Genf, Zürich, Salzburg, Wien und Amsterdam nach London-Gatwick.
- **Flybe.com,** www.flybe.com. Von Düsseldorf nach London-Gatwick.
- **Germanwings,** www.germanwings.com. Von Köln/Bonn und Stuttgart sowie von vielen anderen deutschen Flughäfen sowie ab Zürich, Salzburg, Klagenfurt und Wien über Köln/Bonn oder Stuttgart nach London-Stansted.
- **Ryanair,** www.ryanair.com. Von Bremen, Lübeck, Berlin, Altenburg, Hahn im Hunsrück, Weeze am Niederrhein, Karlsruhe-Baden, Memmingen, Friedrichshafen, Salzburg, Linz, Graz und Klagenfurt nach London-Stansted.

Last-Minute

Wer sich erst im letzten Augenblick für eine Reise nach Süd-England entscheidet oder gern pokert, kann Ausschau nach Last-Minute-Flügen halten, die von einigen Airlines mit deutlicher Ermäßigung **ab etwa 14 Tage vor Abflug** angeboten werden, wenn noch Plätze zu füllen sind. Diese Last-Minute-Flüge lassen sich nur bei Spezialisten buchen:

- **L'Tur,** www.ltur.com, Tel. 00800 21212100 (gebührenfrei für Anrufer aus Europa); 165 Niederlassungen europaweit.
- **Lastminute.com,** www.lastminute.de, (D)-Tel. 01805 284366 (0,14 €/Min.), für Anrufer aus dem Ausland Tel. 0049 89 4446900.
- **5 vor Flug,** www.5vorflug.de, (D)-Tel. 01805 105105 (0,14 €/Min.), (A)-Tel. 0820 203 085 (0,145 €/Min.).
- **Restplatzbörse,** www.restplatzboerse.at, (A)-Tel. (01) 580850.

Informationsstellen

Zentrale Anlaufstelle für Informationen aller Art über Großbritannien in **deutscher Sprache** ist:

- **Visit Britain,** Dorotheenstr. 54, 10117 Berlin, Tel. 030-31571974 (Mo-Fr 10–14 Uhr), Fax 31571910, info@visitbritaindirect.com, www.visitbritain.de.

Im Süden Englands verfügt jedes noch so kleine Örtchen über eine **Tourist-Information,** in der Sie Broschüren, Prospekte, Bücher, Landkarten etc. erhalten und von dem bemühten Personal hilfreiche Auskünfte bekommen. Hier bucht man auch Bed-&-Breakfast-Pensionen oder Hotelzimmer für Sie.

In **London** befindet sich die Tourist Information in der Regent Street (U-Bahn: Piccadilly Circus).

Informationen aus dem Internet

In vielen der in diesem Buch beschriebenen Orte werden Sie Filialen der Restaurantketten **Café Rouge** und **Ask** finden. Über die nachstehenden Web-Adressen können Sie sich über Angebot und Standorte der einzelnen Lokalitäten vorab informieren:

- www.caferouge.co.uk
- www.askrestaurants.com

Maße und Gewichte

Wenngleich in Großbritannien inzwischen das metrische und dezimale System offiziell gültig ist, sind die Maßeinheiten aus den Zeiten des Empire nach wie vor gebräuchlich.

Längenmaße

1 Inch	=	2,54 cm
1 Foot	=	30,48 cm
1 Yard	=	91,44 cm
1 Mile	=	1,609 km

Hohlmaße

1 Fluid Ounce	=	0,0284 l
1 Pint	=	0,5683 l
1 Quart	=	1,136 l
1 Gallon	=	4,5459 l
1 Barrel	=	163,656 l

Gewichte

1 Grain	=	0,0648 g
1 Ounce	=	28,35 g
1 Pound	=	453,59 g
1 Stone	=	6,35 kg
1 Quarter	=	12,7 kg
1 Hundredweight	=	50,8 kg

Temperatur

Die Temperatur wird oft noch in Fahrenheit (F) angegeben; folgende Formel dient der Umrechnung:

$$\frac{(°F - 32) \times 5}{9} = °C$$

Danach sind 32 °F = 0 °C, und 86 °F entsprechen der sommerlichen Temperatur von 30 °C.

$$\frac{(86 - 32) \times 5}{9} = 30 °C$$

Konfektionsgrößen (Deutschland – GB)

Damen

36	10
38	12
40	14
42	16
44	18
48	22
50	24

Herren

46	36
48	38
50	40
52	42
56	46
58	48
60	50

Schuhe

36	3–3,5		41	7–7,5
37	4–4,5		42	7,5–8
38	5–5,5		43	8,5–9
39	5,5–6		44	9–9,5
40	6,5–7		45	9,5–10

Mit Kindern unterwegs

Die Briten sind ein **kinderfreundliches Volk,** und die Familien sind wesentlich größer als bei uns. Drei oder vier Kinder in Orgelpfeifengröße sind keine Seltenheit, und während die Kleinste noch im *Pram* sitzt, schiebt der Größte schon den Wagen.

Englands Südküste ist ein ideales Ferienparadies für Familien. Was gibt es für die Kleinen Schöneres, als mit Förmchen und Schäufelchen am **Strand** zu spielen. Leider besteht ein großer Teil der südöstlichen Küste aus Kieselstränden; auf der Isle of Wight und westlich von Bornemouth gibt es Sandstrände.

In den Seebädern wird viel für die Kleinen getan; da fahren Mini-Eisenbahnen an der Promenade entlang, Vergnügungsparks säumen die Küste, deren Besuche für die gestressten Eltern zur reinen Erholung werden; in den Landhäusern findet man Abenteuerspielplätze, und selbst die Pubs haben nicht selten eigene Spielplätze. Auf den Promenaden und Piers der großen Seebäder finden regelmäßig **Punch and Judy Shows** statt, die englische Version des deutschen Kasperletheaters.

Beliebt ist das **Brass Rubbing;** in jeder englischen Kathedrale hält man den Nachwuchs dadurch still, dass man ihn mit Stift und Papier alte Grabdenkmäler abpausen lässt.

Audiovisuelle **Multimediashows** mit Krach- und Donnereffekten, Blitzen, sprechenden Hexen, rauschenden Meereswellen usw. sind überall zu finden, etwa auf der Burgruine in Hastings, in Plymouth, Land's End und gar in den Tropfsteinhöhlen von Cheddar.

Sind die Eltern wanderbegeistert, so nehmen sie auch den Nachwuchs mit auf die Tour. Von den zehn in diesem Band beschriebenen **Wanderungen** sind vier für Eltern mit Kindern gedacht. Diese längeren Spaziergänge halten auch Kinder problemlos durch. Besonders interessant für Kinder dürften die Spaziergänge in der Lydford Gorge im Dartmoor sowie entlang Land's End in Cornwall sein. Oder machen Sie mit Ihren Kleinen eine Fahrt in der **Minischmalspurbahn** von Romney über Hythe bis an die Spitze der Dungerness-Halbinsel und zurück, oder zockeln Sie von Torquay bis nach Kingswear.

In Bournemouth gibt es jährlich im August das **Kids Free Fun Festival** mit Straßengauklern und Clowns und dem sympathischen Drachen Bournoceros.

Leider sind **Eintrittspreise** zu Sehenswürdigkeiten stets hoch. Oft gibt es aber eine Familienermäßigung.

Denken Sie daran, dass Kinder unter 14 nicht in **Pubs** dürfen; fragen Sie den Wirt nach dem *Family Room*.

Lernen in England

Die großen Seebäder Eastbourne, Brighton und Bournemouth haben eine Reihe von hervorragenden **Sprachschulen;** wenn Sie also Ihr Englisch verbessern wollen oder Spezialkurse für Wirtschaftsenglisch oder techni-

LERNEN IN ENGLAND

Schulklasse im New Forest bei Butler's Hard

sches Englisch benötigen, werden Sie an Englands Südküste fündig. Es bleibt während des Unterrichts genügend Zeit für Ausflüge und Badefreuden.

- **Bournemouth Business School International,** 2 Owls Road, Boscombe, Bournemouth BH5 1AA, Tel. 01202-393112, www.bbsi.co.uk.
- **Eurocentre Language School,** 26 Dean Park Road, Bornemouth BH1 1HZ, Tel. 01202-554426, Fax 293249.
- **King's School of English,** 58 Braidley Road, Bornemouth BH2 6LD, Tel. 01202-293535, Fax 01203-293922.
- **Language Studies International,** 13 Ventnor Villas, Brighton BN3 3DD, Tel. 01273-722060, Fax 746341;
- **St. Giles College,** Regency House, 3 Marlborough Place, Brighton BN1 1Ub, Tel. 01273-682747, Fax 689808.

In Deutschland geben die **British Councils,** die englischen Gegenstücke zu den Goethe-Instituten, Auskünfte über Sprachschulen an der Südküste.

- **British Council,** Alexanderplatz 1, 10178 Berlin, Tel. 030-3110990, www.britishcouncil.de.

Buchtipps

- *Doris Werner-Ulrich:* **Englisch – Wort für Wort,** Kauderwelsch-Reihe, REISE KNOW-How Verlag (begleitendes Tonmaterial erhältlich)
- *Alexandra Albert:* **Sprachen lernen im Ausland,** Praxis-Reihe, REISE KNOW-HOW Verlag

Nachtleben

Das südenglische Nachtleben beschränkt sich auf die größeren Badeorte, und selbst dort ist in der Regel mit dem Schließen der Pubs Feierabend. Die eine oder andere Disco hält Nachtschwärmer dann noch bis zwei Uhr in der Früh auf den Beinen – das war's dann aber auch.

Öffnungszeiten

England hat kein Ladenschlussgesetz, und so sind **Läden und Geschäfte** in der Regel von 9 bis 17.30 Uhr geöffnet. Längere Öffnungszeiten bis in die Abendstunden hinein sind keine Seltenheit.

Einmal in der Woche kommt es in ländlichen Gebieten zum **Early Closing Day,** dann ist schon ab der Mittagszeit Feierabend.

Banken öffnen ihre Schalter zwischen 9/9.30 und 15.30/16 Uhr, und die **Postämter** stellen ihren Service dem Kunden zwischen 9 und 17.30 Uhr zur Verfügung.

Orientierung

Unbedingt sollte man sich vor Ort einen **Straßenatlas** kaufen. Sehr bewährt hat sich der Michelin Motoring Atlas Great Britain and Ireland im Maßstab 1:300.000; 1 cm auf der Karte entspricht hierbei 3 km in der Realität. Hierin findet sich auch eine ganze Anzahl von Innenstadtplänen. Für die Gesamtübersicht empfiehlt sich eine **Straßenkarte** von Großbritannien, so z. B. die Karte von Kümmerley und Frey „Britische Inseln" im Maßstab 1:1.000.000.

Vor Ort sind die **Ordnance-Survey-Karten** zu erhalten, die im Maßstab 1:25.000 Großbritannien kartografisch erfassen und besonders für Wanderungen unabdingbar sind.

> **Buchtipp**
> • *Wolfram Schwieder:* Richtig Kartenlesen, Praxis-Reihe, REISE KNOW-HOW Verlag

Post und Telefon

Postdienste

In ganz winzigen Dörfchen kann es schon mal sein, dass die Post im örtlichen Lebensmittelgeschäft untergebracht ist, ansonsten sind die Ämter der **Royal Mail** nicht zu verfehlen. Öffnungszeiten siehe oben.

Für den **Standardbrief** oder die Postkarte an die lieben Daheimgebliebenen muss man 56 p berappen.

Telefonieren

Das Telefonnetz untersteht nicht der Post, sondern der **British Telecom,** die dabei ist, die berühmten roten Telefonzellen durch hässliche graue Plastikhäuschen zu ersetzen.

Öffentliche Fernsprecher nehmen 10-, 20-, 50-p-Stücke und 1-£-Münzen.

Kosten, wenn man von zu Hause angerufen wird (Mailbox abstellen!). Der Anrufer zahlt nur die Gebühr ins heimische Mobilnetz, die teure Rufweiterleitung ins Ausland zahlt der Empfänger. Preiswerter ist es sich auf **SMS** zu beschränken, der Empfang ist in der Regel kostenfrei.

Radfahren

Süd-England ist nicht gerade die Region für den Fahrrad-Enthusiasten, denn die Straßen sind schmal, vielbefahren und gesäumt von hohen Hecken. Die Mitnahme des eigenen Drahtesels lohnt daher nicht. An einigen Orten lohnt jedoch die Erkundung mit dem Rad. So z. B. im New Forest, im Dartmoor, im

Auch in England setzen sich immer mehr die **Cardphones** (Kartentelefone) durch. Es gibt *Phonecards* für 20, 40, 100 und 200 Einheiten. Aus allen Telefonzellen kann man ins Ausland telefonieren und sich in der Zelle auch anrufen lassen, die Nummer ist gut sichtbar am Telefon angebracht – steht also jemand untätig in einer Zelle herum, so hat das seinen Grund.

Mobiltelefonieren ist aus Süd-England über unterschiedliche Netze problemlos möglich. Wegen hoher Gebühren sollte man bei seinem Anbieter nachfragen oder auf dessen Website nachschauen, welcher der Roamingpartner günstig ist und diesen per **manueller Netzauswahl** voreinstellen. Nicht zu vergessen sind die **passiven**

Vorwahl von England
- **Deutschland:** 0049
- **Österreich:** 0043
- **Schweiz:** 0041

Vorwahl nach England
- von Deutschland, Österreich oder der Schweiz aus: 0044
- Vorwahl nach **London:** 020

Wichtige Telefonnummern
- **Nationale Auskunft:** 192
- **Vermittlung** von Hand beim freundlichen *Operator*: national 100, international 153.
- **Notruf** für Polizei, Krankenwagen und Feuerwehr: 999.

REISEZEIT, ROUTENPLANUNG

Exmoor, in der Region zwischen Penzance, St. Ives und Land's End, auf der Isle of Wight etc. Fragen Sie in den Tourist Offices nach ausgearbeiteten Routen und Fahrradverleihern, die es in fast jedem Ort gibt.

Reisezeit

Die beste Reisezeit reicht von Anfang Mai bis Anfang Juli; zwar können dann nur die abgehärtetsten ins Meer springen, aber zum Baden ist man ja schließlich nicht nach Süd-England gekommen. In dieser Zeit steht alles in schönster Blüte; Hotels, Pensionen und Restaurants sind nicht überfüllt, und auch die Niederschlagsmengen halten sich in Grenzen. Anfang Juli dann beginnen die Sommerferien, und die Südküste gehört zu den beliebtesten Urlaubsgebieten der Briten. Im Juli und August strömen auch die Kontinentaleuropäer in die Region, und die Folge ist ein rechtes Chaos. Hotels und B&B sind ausgebucht, die Restaurants voll, und ausnahmslos alle Orte sind überlaufen. Selbst romantische Dörfer verlieren nicht selten ihren Charakter. Im September ist es dann wieder schön ruhig, und auch die Temperaturen sind noch durchschnittlich so hoch wie im Juni. England im Herbst ist sehr schön! Ausführliche Wetterdaten siehe „Klima".

Routenplanung

Die in diesem Band beschriebene Strecke folgt von Dover dem Verlauf der Südküste bis Cornwall und weiter dann nach Land's End, zum westlichsten Zipfel Großbritanniens. Von dort geht es entlang der Ufer des Bristol-Kanals nach Nordosten und auf der Höhe von Bristol zurück gen Osten. Um diese große Rundreise in halbwegs ruhigem Tempo hinter sich zu bringen, dabei für einige Tage noch die Isle of Wight und für zwei Tage die Scilly Isles zu besuchen und vielleicht sogar noch die ein oder andere Wanderung im Dartmoor oder entlang der Felsenküste Cornwalls zu machen, benötigen Sie mindestens fünf Wochen Zeit. Doch dann haben Sie einen fantastischen Urlaub gemacht!

Wer nicht so lange reisen kann, findet hier einige Hinweise für einen kürzeren Aufenthalt in Süd-England.

Wichtige Vokabeln rund ums Fahrrad

Achse	spindle
Felge	rim
Felgenbremse	caliper brake
Gangschaltung	gear shift
Kettenblatt	chain ring
Kettenwerfer	changer
Kurbelkeil	crank wedge
Lenker	handlebar
Nabe	hub
Reifen	tyre
Sattel	saddle
Schlauch	inner tube
Schutzblech	mudguard
Tretlager	bottom bracket bearing
Tretkurbel	crank

Routenplanung

Eine Woche Aufenthalt

Der Südosten Englands: Dover, Castle, Rye, Winchelsea, Eastbourne mit Beechy Head, Charleston Farmhouse, Brighton, Standen, Chartwell, Hever Castle, Knole und Sissinghurst.

Zwei Wochen Aufenthalt

Zusätzlich zu den oben genannten Städtchen und Landhäusern weiterhin Petworth House, Portsmouth, Broadlands, Bournemouth, Clouds Hill, Weymouth, Salisbury, Wells, Bath, Longleat, Stourhead, Wilton House, Avebury und Stonehenge.

Drei Wochen Aufenthalt

Zu den oben genannten Sehenswürdigkeiten kommt nun der gesamte Westen hinzu, sodass Sie ganz Süd-England erkunden können: Abbotsbury und Chesil Beach, Exeter und A la Ronde, Dartmouth und Dartmoor National Park, Polperro, St. Michael's

Clovelly,
bei einer Routenplanung für einen
Aufenthalt von drei Wochen empfohlen

SICHERHEIT, SPORT UND ERHOLUNG

Mount, Land's End, Minnack Theatre, St. Ives, Padstow, Clovelly, Exmoor National Park und Bristol.

Sicherheit

Großbritannien ist ein relativ sicheres Reiseland, und gerade in ländlichen Gebieten geht es so ruhig zu wie hierzulande auch.

Wer sein Auto in London oder anderen großen Touristenzentren mit voller Ausrüstung parkt, darf sich allerdings nicht wundern, wenn der Wagen aufgebrochen wird. Sowohl Kofferraumabdeckung als auch Handschuhfachklappe sollte man auflassen, damit potenzielle Diebe kein Interesse bekommen. Auch das Radio gehört – wenn von der technischen Seite her möglich – ausgebaut.

Sport und Erholung

Fahrrad fahren

Das Fahrrad ist genau wie hierzulande auf dem Vormarsch. Immer mehr Engländer schwingen sich auf einen Drahtesel, mit dem man ohne große Kondition 40 km am Tag zurücklegen kann. Einige Regionen Süd-Englands sollte man jedoch nicht unterschätzen, dort ist es ganz schön hügelig. Genaueres zum Radfahren s. o.

Wandern

Die ideale Fortbewegung in der arkadischen Landschaft von Englands Süden ist das Wandern. In diesem Band sind zehn **Wandertouren** beschrieben, davon fünf im Dartmoor und fünf entlang der Küste in Cornwall.

Vier Wanderungen sind auch für Familien mit Kindern geeignet. Grundsätzlich sollten Sie nur mit guten Wanderstiefeln starten (dies vor allem bei den rauen Klippenwanderungen in Cornwall) sowie Kompass und Erste-Hilfe-Set dabeihaben. Wollen Sie über die in diesem Band gemachten Wandervorschläge hinaus die Gegend erkunden, so benötigen Sie die detailreichen *Ordnance-Survey*-Karten im Maßstab 1:25.000. Gut sind auch die **Wanderführer** von *Ordnance Survey*, die so genannten *Pathfinder;* für den Süden Englands sind im Programm „Dartmoor Walks", „Cornwall Walks", „Exmoor and Quantock Walks".

In Süd-England gibt es eine Reihe von **Fernwanderstrecken,** die sich der passionierte Wanderfreund nicht entgehen lassen sollte; so der ca. 140 km lange *South Downs Way,* der in Eastbourne beginnt (oder endet) und schon nach wenigen Kilometern mit dem Felsabsturz Beachy Head und der Kreideklippenformation Seven Sisters atemberaubende Landschaftsszenerien bietet.

Zwischen Bournemouth und Weymouth darf man den *Dorset Coast Path* nicht versäumen, der mit der fantastischen Kimmeridge Bay, der sanft geschwungenen Lulworth Cove und dem Durdle Door, dem riesigen steinernen Torbogen im Meer, ebenfalls an landschaftlichen Höhepunkten nicht arm ist.

Durch das Exmoor führt der 130 km lange Rundwanderweg *Tarka Trail*, der seinen Namen von dem in England vielgelesenen und berühmten Kinderbuch „Tarka, the Otter" hat; dieser 1927 erstmals erschienene Band von *Henry Williamson* (This classic tale of an otter's life and death in Devon is as true as a man's account of a wild animal can possibly be) hat unzählige Auflagen erlebt und beschreibt auf unnachahmlich schöne Weise das Exmoor und die Landschaft von Nord-Devon.

In Lynmouth, dort, wo das Exmoor am Meer endet, beginnt der *Somerset and North Devon Coast Path*.

Die Tourist Information Centres entlang der Strecke und in der Umgebung halten exaktes Kartenmaterial und Unterkunftsvorschläge bereit.

Hier zwei Adressen, wo man **ökologisch verträgliche Wander- und Fahrradferien** buchen kann und von einem naturerfahrenen Guide durch die schönsten Stellen Süd-England geführt wird. Unter beiden Adressen kann Info-Material bestellt und auch gebucht werden.

●**Connect with Nature** von Martin Hunt, North Trefula Farm, Redruth, Cornwall TR16 5ET, Tel. 01209-820847, www.adventureline.co.uk
●**Combe Lodge Hotel** von Bryan und Janet Cath, wo Wanderer und Fahrradfahrer willkommen sind und von dort auf die schönsten Touren geschickt werden: Combe Lodge Hotel, Chambercombe Park, Ilfracombe, Devon EX34 9QW, Tel. 01271-864518, Fax 867628.

Golf

Vor allem Golfer kommen in Süd-England auf ihre Kosten, denn ein dichtes Netz von 9- und 18-Loch Plätzen überzieht den Süden von Kent bis Cornwall. In Großbritannien ist Golf keineswegs ein so elitäres Vergnügen wie hierzulande, und die *Green Fees* betragen um die 10 £ pro Tag.

Tennis

Wer sein Tennis-Racket auch im Urlaub nicht aus der Hand legen will, findet in den großen Seebädern wie Eastbourne, Brighton, Bournemouth, Torquay, Newquay und Weymouth eine ganze Reihe von Anlagen.

Reiten

Wer nur Glück auf dem Rücken der Pferde erfährt, sollte im New Forest, einer wunderschönen Wald- und Heideregion, reiten. Die New Park Manor Stables an der Lyndhurst Road in Brockenhurst/New Forest sind die ideale Anlaufstation für den Pferdefreund.

Tauchen

Tauchen lernt man im Sub Aqua Club am Albert Pier von Penzance in Cornwall.

Gruppenbild mit roter Zelle:
Dorfhotel in Rye

Uhrzeit

Alles ist in Großbritannien anders, auch die Uhrzeit. Es gilt nicht die hierzulande bekannte Mitteleuropäische Zeit (MEZ), sondern die *GMT*, die **Greenwich Mean Time,** die eine Stunde hinter der unsrigen herhinkt.

Denken Sie auch daran, dass es in England keine 24-Stunden-Einteilung gibt; zwischen Mitternacht und 12 Uhr hängt man ein a.m. (*ante meridiem*) und zwischen 12 Uhr mittags und 0.00 Uhr ein p.m. (*post meridiem*) an die Zahl. 6 a.m. meint also sechs Uhr morgens, 6 p.m. ist 18 Uhr am Abend.

Unterkunft

Selbstverständlich verfügt die Urlaubs- und Ferienregion in Englands Süden über eine reichhaltige Palette an Unterkunftsmöglichkeiten, die jedoch in der **Hauptsaison** Juli und August hoffnungslos überbelegt sind. Buchen Sie in dieser Zeit immer schon einige Tage telefonisch im Voraus, sei es über das örtliche Tourist Office (*Book-a-bed-ahead*) oder indem Sie sich direkt an eine Bed-&-Breakfast-Pension oder ein Hotel wenden.

Achtung: Bei den im Reiseteil aufgeführten Hotels und B&B's werden Prei-

se für ein Doppelzimmer (2 Pers.) angegeben. Diese sind nur **Richtwerte,** da die Zimmer in der Vorsaison billiger, in der Hauptsaison teurer sind. An Wochenenden sind Zimmer in touristischen Hochburgen wiederum teurer als in der Woche: In Städten aber sind die Zimmer am Freitag und Samstag billiger, da dann keine Geschäftsreisenden unterwegs sind und die Hoteliers mit ihren reduzierten Preisen Touristen anlocken wollen.

Zu allen genannten Unterkunftsmöglichkeiten finden Sie in den Tourist Information Offices dicke **Adressenlisten;** diese können Sie auch beim British Council, Alexanderplatz 1, 10178 Berlin, Tel. 030-3110990, www.britishcouncil.de, erstehen.

Bed & Breakfast

Die klassische englische Unterkunftsart ist das Bed & Breakfast in einem Privathaushalt. Während der Saison werden verfügbare Zimmer freigemacht und für Logiergäste hergerichtet. Wer ein neues Haus baut, plant gleich einige Gästezimmer etwas abseits von den Familienräumen mit ein.

In den niedlichen, handtuchgroßen Vorgärten weist ein großes **Schild** den Besucher auf eine solche Familienunterkunft hin: B&B (*Bed and Breakfast*), weiterhin *Vacancies*, wenn noch Zimmer frei sind, bzw. *No Vacancies*, wenn dies nicht der Fall ist. Angepriesen wird auch die Ausstattung. Also etwa: *Tea-Making Facilities* heißt, dass ein Kochkessel sowie Teebeutel und Tassen bereitstehen, C/TV verspricht einen Farbfernseher im Zimmer, *Rooms En Suite* oder *Private Facilities* weisen auf ein eigenes Bad hin.

Detektivischen Spürsinn gilt es ohnehin immer im Bad zu entfalten, vorausgesetzt, Sie möchten **heiß duschen.** Mischbatterien sind dem Briten fremd, stattdessen hängt in der Dusche eine abenteuerliche Elektroinstallation, die jedem Sicherheitsingenieur des deutschen TÜV den Angstschweiß auf die Stirn treiben würde. Bevor dieser Elektrodurchlauferhitzer Heißwasser produziert, müssen Sie irgendwo im Bad entweder einen Schalter umlegen, häufiger jedoch an einer Schnur ziehen, die von der Decke hängt. Damit ist der Strom für den Durchlauferhitzer freigegeben, dessen Wasser Ihnen nun die Haut verbrüht oder Sie frösteln lässt. Die Feinabstimmung eines solchen Geräts ist nur selten funktionstüchtig.

Guest Houses und Private Hotels

Guest Houses oder Private Hotels bezeichnen eigentlich größere Bed-&-Breakfast-Unterkünfte, vergleichbar unseren Pensionen, bieten den gleichen Standard wie die B&B, sind aber einige Pfund teurer als diese.

Die Engländer, denen man ja nachsagt, dass ihr Home ihr Castle ist, lieben **prachtvolle Namen** für ihr Heim, und das zeigt sich auch in den Bezeichnungen für B&B und Guest Houses. Da werden Unterkünfte mit wohlklingenden Namen wie Orchard House, im Bay View Private Hotel, im

Das Royal Castle Hotel in Dartmouth

Blue Lagoon Lodge House, im Dolphin & Anchor Guest House oder im White Cliff Lodge angeboten.

Doppelzimmer verfügen häufiger über zwei getrennte Betten als über ein großes Doppelbett; dies sind *Twin Beds* oder *Twin Rooms* genannte Unterkünfte, während der *Double Room* ein Doppelbett hat.

In jedem Tourist Information Office können Sie für einige Pfund ein Buch mit allen vom Tourist Board empfohlenen B&B kaufen.

Hotels

Hotels folgen dem Internationalen Sterne-Standard und beginnen preislich bei 20 £ für das Einzelzimmer.

Hervorragend sind die **Country House Hotels**, kleinere Häuser mit 15–20 Zimmern und mit einem sehr individuellen Service sowie herzallerliebst eingerichteten Zimmern im Landhausstil. Eine kleine Bar und ein kleines Restaurant runden die Angebotspalette ab. Leider gibt es dabei wohl nichts unter 45 £ pro Person. Country Houses sind ideal für frisch Verliebte, die die Einsamkeit suchen, in rauer windiger Landschaft ausgedehnte Spaziergänge machen und sich beim exzellenten

UNTERKUNFT

abendlichen Dinner lange in die Augen sehen möchte.

Ferienhäuser

Ferienhäuser *(Holiday Homes)* bieten sich für Familien mit kleinen Kindern an, ähnliches gilt für Ferien auf der Farm. Besonders interessant sind in diesem Zusammenhang die Häuser des Landmark Trust und des National Trust; beide Organisationen restaurieren alte Cottages, Mühlen, Farmhäuser und vermieten sie als Ferienwohnung. Urlaub im historischen Ambiente! Auskünfte und Kataloge sind erhältlich bei:

- **National Trust,** Holiday Booking Office, PO Box 536, Melksham, Witshire SN12 8SX, England, Tel. 0044-870-4584422, www.nationaltrustcottages.co.uk.
- **Landmark Trust,** Shottesbrooke, Maidenham, Berkshire SL6 3SW, England, Tel. 0044-1628-825925, Fax 825417, www.landmarktrust.org.uk.

Jugendherbergen

Es gibt auch in Süd-England viele Jugendherbergen, die dem internationalen Jugendherbergsverband (www.hihostels.com) angeschlossen sind. Hat man einen **internationalen Jugendherbergsausweis** aus dem Heimatland, schläft man auch bei diesen Jugendherbergen zum günstigeren Tarif, sonst muss man eine Tagesmitgliedschaft erwerben. Hat man noch keine Jahresmitgliedschaft bei den Jugendherbergsverbänden daheim, kostet diese 12–20 Euro in Deutschland (www.jugendherberge.de), 10–20 Euro in Österreich (www.oejhv.or.at) und 22–55 SFr in der Schweiz (www.youthhostel.ch). Tipp: Kann man auch als Familie beantragen. Eine Übernachtung in den englischen Youth Hostels sollte man jedoch auch schon in der Vorsaison vorab telefonisch buchen. Sämtliche englischen Jugendherbergen findet man mit genauen Angaben im Internet unter www.yha.org.uk; dort sind auch die E-Mail-Adressen für eine elektronische Buchung aufgelistet.

- Bei bestimmten Unterkünften, Veranstaltungsorten, Museen, Tourveranstaltern, Sportstätten etc. kann man Rabatt bekommen, wenn man im Besitz eines **internationalen Studentenausweises (ISIC)** ist (siehe Stichpunkt „Discounts" unter www.isic.de). Dies gilt mit Einschränkungen auch für den Lehrerausweis (ITIC) oder Schülerausweis (IYTC). Den Ausweis muss man allerdings schon zu Hause bei STA Travel oder beim Studentenwerk u. Ä. erworben haben (12 Euro (D), 10 Euro (A), 20 SFr (CH)). Man muss eine Immatrikulationsbescheinigung bzw. einen Schülerausweis, Personalausweis und Passbild vorlegen.

Camping

Camping ist auch in Großbritannien sehr beliebt, davon zeugen die unglaublich landschaftsverschandelnden **Caravan Sites,** deren zumeist fest installierte, nicht mobile, in viele tiefgestaffelte Reihen stehende Wohnwagen als billiges Landhaus oder Ferienwohnung dienen; solche Plätze sollten Sie möglichst meiden. Selbstverständlich gibt es durchaus eine ganze Reihe anheimelnder **Camping Sites.** 2900 detailliert beschriebene Plätze bietet die Internetseite www.ukparks.com.

Verkehrsmittel

Eisenbahn

Wer Großbritannien mit der Bahn erkunden möchte, hat mit den unterschiedlichen **„BritRailPass"-Angeboten** sehr gute Karten. Dabei handelt es sich um Netzkarten, die sehr individuell einsetzbar sind. Der „BritRail Consecutive Pass" gilt 2, 4, 8, 15, 22 Tage fortlaufend oder einen ganzen Monat am Stück, während der „BritRail Flexi-Pass" innerhalb eines Monat-Zeitraums an 2, 3, 4, 8 oder 15 frei wählbaren Tagen gilt.

Beschränkt man sich nur auf das Gebiet „England", also ohne Wales und Schottland, findet man die entsprechenden Angebote als „England Consecutive-" bzw. „England Flexi-Pass".

Alle diese Pässe gibt es dann noch als Junior- bzw. Senior-Variante, sowie alle dann wiederum zusätzlich in einer Nebensaison-Variante über den Winter. Sie gelten für beliebig lange und viele Fahrten innerhalb ihrer Geltungsdauer und ihres Geltungsgebiets, auf jedem beliebigen Zug zu jeder beliebigen Zeit. Da es weder Zuschläge noch Reservierungspflicht in Großbritannien gibt, spart man sich damit jegliches weitere Anstehen um eine Fahrkarte, sondern man steigt einfach in den Zug und fährt los.

Wichtig zu wissen: Diese günstigen und praktischen BritRail-Angebote gibt es nicht vor Ort zu kaufen, sondern nur auf dem Kontinent. Eine Verkaufsstelle in Deutschland ist z. B.

●**Gleisnost,** Bertoldstr. 44, 79098 Freiburg, Tel. 0761-383031, www.gleisnost.de

Nutzt man die Bahn nur einmalig oder nur für kurze Strecken, so gibt es auch eine Reihe von wechselnden Sonderangeboten, etwa spezielle Wochenendtarife, besondere Regionaltarife, über die man sich am Besten vor Ort erkundigt.

Rund um die Gegend von London ist das **Bahnnetz** von British Rail besonders dicht, da jeden Morgen Abertausende von Pendlern (*Commuters*) aus dem *Commuter Belt* rund um Britanniens Kapitale ihren Arbeitsplatz per Zug erreichen müssen. Dies ist das dichtgewobene *Network Southeast*. Je weiter man allerdings nach Westen kommt, umso grobmaschiger wird das Bahnnetz, aber alle wichtigen touristischen Orte sind mit der Eisenbahn erreichbar.

Bahnreisen sind teurer als Busreisen, und ebenfalls sehr unerquicklich ist es, dass im Gegensatz zu unseren Bahnhöfen die britischen oft weit, manchmal sogar etliche Kilometer, außerhalb der Ortszentren liegen.

Busse

Die Alternative zur Bahn sind die Busse des **National Express.** Von London aus wird das gesamte Land, somit auch der Süden, von den komfortablen weißen *Coaches* befahren. Während der Saison werden die größeren Seebäder gar mehrfach am Tag bedient. Wie bei der Bahn ist auch hier der **Tarifdschungel** der Sonder-, Wo-

VERKEHRSMITTEL

chenend-, Regional-, Kinder-, Jugend- und Seniorenpreise undurchdringlich dicht. Generell gilt, dass die Busse wesentlich billiger sind als die Bahn.

Ein öffentliches Verkehrsmittel in der Romney Marsh: die kleinste Schmalspurbahn der Welt

Taxen

In England hält man Taxen per Handzeichen auf der Straße an; einen freien Mietwagen erkennt man an einem beleuchteten Schild mit der Aufschrift *For Hire*. Kurze Strecken sind relativ **preiswert;** geht die Fahrt über einen Sechs-Meilen-Radius (ca. 10 km) hinaus, so darf der Fahrer die Beförderung ableh-

nen, in der Regel jedoch versucht er, einen höheren Fahrpreis auszuhandeln. Obwohl per Gesetz dazu verpflichtet, weigern sich viele Fahrer, einen Gast in Gegenden zu bringen, in denen sie keinen Kunden für die Rückfahrt finden.

Mittlerweile sind die meisten Mietwagen mit einem elektronischen **Taxameter** ausgerüstet, der den endgültigen Preis anzeigt; wenn noch eine alte Uhr in Gebrauch ist, so weist eine Tabelle an der Trennscheibe den richtigen Tarif aus. Es gibt **Zuschläge** für jeden weiteren Passagier sowie für große Gepäckstücke und für Fahrten zwischen 20 und 6 Uhr. **Trinkgeld** ist obligatorisch und sollte ca. 10 % des Fahrpreises betragen.

British Rail – Ein Witz?

Vor allem bei den Abertausenden Pendlern im Großraum London, die bei ihrer morgendlichen Anreise pünktlich im Büro und vor allem beim abendlichen Nachhauseweg gerne rechtzeitig bei Frau und Kindern sein möchten, ist British Rail, wie die Meinungsforscher herausfanden, das meistgehasste Unternehmen im Land.

Die British Rail fährt seit Jahren massive Verluste ein. Was der verschnarchten Managerriege von British Rail als Sanierungskonzept einfällt, ist, gelinde gesagt, eine Ungeheuerlichkeit. So nahm die schwache „Unternehmensführung" im Großraum London aus Kostengründen gleich eine ganze Anzahl Verbindungen aus dem Fahrplan. Die noch fahrenden Züge waren nun natürlich vollständig überfüllt, was British Rail als verstärkte Nachfrage interpretierte und mit diesem Argument die Preise erhöhte.

Wenn die britische Bahn ihre Kunden schon nicht mit Verlass ans Ziel bringt, so bereichert sie doch die Comedy Shows und ist bemüht zu beweisen, dass die Realität die Satire weit hinter sich gelassen hat.

Aufgrund der vielen Verspätungen und Totalausfälle ist die Bahnführung stets in Schwierigkeiten, dem Publikum die Gründe dafür zu erklären. Immer wieder gibt es Probleme mit kaputten Signalanlagen oder defekten Weichen, was durchaus kein Wunder ist, da ein Großteil dieser Anlagen noch aus der viktorianischen Ära datiert – und die ist seit über 90 Jahren vorbei! Doch eines Tages – in weiten Bereichen Süd-Englands hatten aus welchen Gründen auch immer eine ganze Anzahl von Zügen erhebliche Verspätungen – wollte man dem Publikum keine derart profanen Gründe wie defekte Weichen und ähnliches mehr zumuten, und es kam zu einer Jahrhundertdurchsage: *All Services are running late because of ...* („Alle Züge haben Verpätung ...") – und nun kommt der Kracher, die Stimme sprach: ... *because of leaves on the line* („... weil Laub auf den Schienen liegt"). Homerisches Gelächter erscholl aus Tausenden von Pendlerkehlen, allgemeine Heiterkeitsausbrüche ließen Bahnhöfe in ihren Grundfesten erzittern. Wenn der Zug nicht kommt, so wird eben Unterhaltung geboten, ja British Rail ist auf dem Weg der Gesundung, echtes Pionierdenken aus den Zeiten des Empire, bravo!

Doch weit gefehlt! Verspätungen wurden nicht durch weitere intelligente Entschuldigungen wettgemacht, stereotyp hieß es fortan, dass eben Laub auf der Strecke die Züge behindere.

Nachdem *Leaves on the line* nicht mehr belächelt wurde, stellte sich British Rail flugs das nächste Fettnäpfchen auf.

Sieht man einmal von den rauen Highlands Schottlands ab, so hat das golfstromerwärmte England wenig unter der Last hoher Schweewehen zu leiden. Stolz verkündete das Staatsunternehmen vor kurzem, dass Millionen in eine neue Schneebeseitigungstechnik investiert worden seien und Verspätungen aufgrund von Schneefällen damit ein für allemal der Vergangenheit angehörten. Als jedoch die ersten weißen Flocken fielen und sich ein millimeterdünnes, hastig dahinschmelzendes Schneedeckchen über das Land breitete, da standen die Pendler stundenlang auf den zugigen Bahnsteigen, und alle Züge hatten Verspätung. Auf die Schlappe angesprochen, ließ British Rail verlauten: *It was the wrong kind of snow* („Es war die falsche Art von Schnee"). Das Geheimnis, auf welche Art von Schnee sich die Experten von British Rail vorbereitet hatten, wurde von der Staatslinie allerdings bis heute nicht gelüftet.

Leaves on the line und *the wrong kind of snow* gehören heute zum anerkannten Sprüchekanon der englischen Sprache.

Versicherungen

Egal welche Versicherungen man abschließt, hier ein Tipp: Für alle abgeschlossenen Versicherungen sollte man die **Notfallnummern** notieren und mit der **Policenummer** gut aufheben! Bei Eintreten eines Notfalles sollte die Versicherungsgesellschaft sofort telefonisch verständigt werden!

Der Abschluss einer **Jahresversicherung** ist in der Regel kostengünstiger als mehrere Einzelversicherungen. Günstiger ist auch die **Versicherung als Familie** statt als Einzelpersonen. Hier sollte man nur die Definition von „Familie" genau prüfen.

Zum Thema Auslandskrankenversicherung, siehe Kapitel „Gesundheit".

Ist man mit einem Fahrzeug unterwegs ist der **Europaschutzbrief** eines Automobilclubs eine Überlegung wert. Wird man erst in der Notsituation Mitglied, gilt diese Mitgliedschaft auch nur für dieses Land und man ist in der Regel verpflichtet fast einen Jahresbeitrag zu zahlen, obwohl die Mitgliedschaft nur für einen Monat gültig ist.

Ob es sich lohnt, weitere Versicherungen abzuschließen wie eine Reiserücktrittsversicherung, Reisegepäckversicherung, Reisehaftpflichtversicherung oder Reiseunfallversicherung, ist individuell abzuklären. Gerade diese Versicherungen enthalten viele **Ausschlussklauseln,** sodass sie nicht immer Sinn machen.

Die **Reiserücktrittsversicherung** für 35–80 € lohnt sich nur für teure Reisen und für den Fall, dass man vor der Abreise einen schweren Unfall hat, schwer erkrankt, schwanger wird, gekündigt wird oder nach Arbeitslosigkeit einen neuen Arbeitsplatz bekommt, die Wohnung abgebrannt ist u. Ä. Nicht gelten hingegen: Terroranschlag, Streik, Naturkatastrophe etc.

Die **Reisegepäckversicherung** lohnt sich seltener, da z. B. bei Flugreisen verlorenes Gepäck oft nur nach Kilopreis und auch sonst nur der Zeitwert nach Vorlage der Rechnung ersetzt wird. Wurde eine Wertsache nicht im Safe aufbewahrt, gibt es bei Diebstahl auch keinen Ersatz. Kameraausrüstung und Laptop dürfen beim Flug nicht als Gepäck aufgegeben worden sein. Gepäck im unbeaufsichtigt abgestellten Fahrzeug ist ebenfalls nicht versichert. Die Liste der Ausschlussgründe ist endlos ... Überdies deckt häufig die Hausratsversicherung schon Einbruch, Raub und Beschädigung von Eigentum auch im Ausland. Für den Fall, dass etwas passiert ist, muss der Versicherung als Schadensnachweis ein Polizeiprotokoll vorgelegt werden.

Eine **Privathaftpflichtversicherung** hat man in der Regel schon. Hat man eine **Unfallversicherung,** sollte man prüfen, ob diese im Falle plötzlicher Arbeitsunfähigkeit aufgrund eines Unfalls im Urlaub zahlt. Auch durch manche (Gold-)**Kreditkarten** oder eine **Automobilclubmitgliedschaft** ist man für bestimmte Fälle schon versichert. Die Versicherung über die Kreditkarte gilt jedoch meist nur für den Karteninhaber!

52 Land und Natur

LAND UND NATUR

Land und Natur

Die Küste bei Land's End

Im Fischerdorf Polperro

Im Hafen von Padstow

ENGLANDS SÜDEN

Englands Süden – eine arkadische Landschaft

„Keine Grafschaft Englands ist mit Kent vergleichbar, so wenig als irgendein Land mit England zu vergleichen ist", soll *Winston Churchill* eines Tages einmal gesagt haben. Und hier, in der Grafschaft **Kent,** die auch auf den lieblichen Namen „Garten Englands" hört, beginnt unsere Rundreise durch den Süden der Insel. Fruchtbar ist die Grafschaft, große Obstplantagen und endlose **Hopfenfelder** sind sacht eingepasst in die sanft geschwungene, grüne Landschaft. Vor allem der Hopfen, der ja zum Bierbrauen benötigt wird, hat dieser südöstlichsten Region des Inselstaates seinen Stempel aufgedrückt, und so ist Kent nicht nur der Garten Englands, sondern auch das *Hop Country*, das Hopfenland des Reiches.

Turkeys, heresey, hops and beer/ Came into England all in a year; hier ist dieser alte Vers noch lebendig, wonach Truthahn, Glaubenskämpfe, Hopfen und Bier gleichzeitig ins Land gekommen sind. Meterhoch ragen die Pfosten und Stangen auf, zwischen denen straff verspannte Drähte den Pflanzen Halt geben; solche Spaliere ziehen sich endlos dahin und verschwinden in der Ferne am Horizont.

Typisch für Kent sind auch die **Oast Houses** mit ihren hohen kegelförmigen Dachtürmen und dem weißen Aufsatz, der sich keck in den Wind reckt. In diesen Darrehäusern wurde früher der Hopfen getrocknet, heute sind sie fast alle zu Wochenendhäusern umgebaut, und betuchte Manager eilen an Sonn- und Feiertagen mit der Familie aus der nahen Steinwüste London in die ländlich erholsame Region.

Aber Kent ist nicht nur der Garten, sondern auch das **Tor zu England,** *The gateway to England,* wie die Briten noch heute sagen, wenn sie den Kanal überqueren oder auf der Rückreise die weißen Kreidefelsen von Dover ausmachen. Hier landeten über Jahrhun-

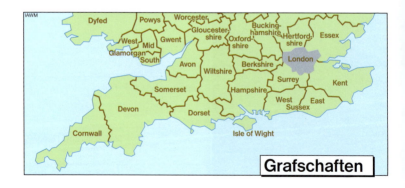

Grafschaften

Englands Süden

derte die fremden Eindringlinge, die Römer, die Sachsen, die Dänen und zum Schluss, *Ten Sixty Six*, wie es in England heißt, die Normannen – 1066 setzte *Wilhelm der Eroberer* seinen Fuß auf den Strand des heutigen Hastings (das allerdings schon in Sussex liegt). Welche Gefahren vom nur 33 km entfernten Kontinent drohten, bezeugen die vielen **Küstenbefestigungen,** welche die Gestade säumen und bis in jüngste Zeit genutzt wurden – wie etwa Dover Castle.

Zwei Millionen Einwohner hat das kleine Kent, von denen viele Morgen für Morgen die Bahn besteigen und nach London zur Arbeit fahren. Denn die Grafschaft ist auch im Griff der alles beherrschenden Metropole, und immer weiter wächst das steinerne Stadtungetüm in die liebliche Landschaft hinein.

Nahe dem stimmungsreichen Puppenstubenörtchen Rye überschreitet der Besucher die Grenze zu **Sussex.** Hier dominieren die beiden eleganten und gepflegten Seebäder Eastbourne und Brighton an der Küste, und auch eine ganze Menge kleiner **Seaside Resorts** harrt zu Beginn des Sommers auf die sonnen- und meerhungrigen Besucher. Im Hinterland rollt die sanft geschwungene, leicht hügelige und von kleinen Laubwäldchen durchzogene Landschaft des **Weald.** Von Westen nach Osten durchziehen die anmutigen Rundungen der **South Downs** die Region. Die vielen kleinen Städtchen haben ihren einstigen ländlichen Marktcharakter noch wahren können, wenngleich sie heute weitgehend von in London arbeitenden Pendlern, den *Commuters*, bewohnt werden.

„Seltsam, wie das heidnische England an einzelnen Stellen hält", beschwörte *D. H. Lawrence* einmal die Atmosphäre von Sussex, „wie hier auf diesem mit zottigem Ginster bewachsenen Angern und in den sumpfigen, von Schlangen bewohnten Ebenen am Fuße der Downs. Die urweltliche Landschaft hatte sich hier gehalten wie sie war, als die Sachsen kamen, vor so langer Zeit."

Landschaftlicher Höhepunkt von Sussex ist ganz zweifellos die 170 m hoch steil aus dem tiefblauen Meer in den Himmel schießende, schneeweiße Klippe **Beachy Head** und die sich daran anschließende, etliche Kilometer lange, senkrecht aufragende Kreideformation **The Seven Sisters.**

Die Grafschaft **Surrey,** die sich unmittelbar an die Stadtgrenze von London schmiegt, ist ganz im Griff des Molochs und Teil des **Pendlergürtels,** der die Hauptstadt umschließt. Schienentrassen und Straßen durchschneiden die Landschaft. Da die Anfahrtswege nicht so lang sind wie von Sussex aus, wohnt hier die Crème der leitenden Angestellten, und so gelten diese Pendler als so genannte *Gin and Tonic Commuters* und ihre Grafschaft Surrey als *Stockbroker Belt*.

In Surrey übrigens war es, wo die Adligen König *Johann Ohneland* im Jahre 1215 die *Magna Charta* abtrotzten und damit Rechtssicherheit für jeden Bürger schufen.

Southampton und **Portsmouth,** zwei der großen britischen Hafen-

ENGLANDS SÜDEN

städte, sind die industriellen Zentren der Grafschaft **Hampshire.** Hier wurde englische Seefahrtsgeschichte geschrieben, von hier lief die Mayflower mit den Pilgervätern in die neue Welt, von hier starte *Lord Nelson* mit seinem Flaggschiff Victory, um Großbritannien in der Schlacht von Trafalgar für mehr als ein Jahrhundert die absolute Vormachtstellung zur See zu sichern.

In Hampshire finden wir aber auch die Stadt **Winchester,** ehemals die Kapitale des ersten angelsächsischen Königreiches Wessex, Standort einer prachtvollen Kathedrale und durch einen riesigen Round Table ins mythische Netz von König *Artus* eingewoben.

Im Hinterland der Grafschaft wird Landwirtschaft betrieben, und Schafe grasen an den seichten Hängen der North Downs. Der Südwesten Hampshires wird bestimmt von der Heide- und Waldlandschaft des **New Forest,** in dem wilde Ponys grasen, violett die Erika und gelb der Ginster in der Sonne eines schönen Tages leuchten.

Südlich von Southampton und Portsmouth liegt die, vom Festland durch die schmale, *Solent* genannte Meerenge getrennte, **Isle of Wight** – im Kleinen ein genaues Abbild des großen Englands. Steile Kreidefelsen, anmutig geschwungene Sandbuchten, eine leicht gewellte Landschaft, verschlafene Dörfer mit reetgedeckten, heimeligen Cottages und Badeorte mit zurückhaltendem Charme machen sie bei Jung und Alt zu einem gern besuchten Orte. Golfstromumspült ist die Insel eine der wärmsten Regionen Großbritanniens und zählte daher schon immer viele berühmte Besucher. *Karl Marx* war vor Ort, Hofdichter *Alfred Lord Tennyson* hatte ein Haus auf dem gastlichen Eiland, *Charles Darwin, D. H. Lawrence* und *Charles Dickens* schrieben ihre Bücher auf dem sonnenverwöhnten Fleck, und Queen *Victoria* liebte ihr von *Albert* erbautes Osborne House über alles. Nach hierhin zog sie sich in ihrem unermesslichen Schmerz über den Tod ihres geliebten Mannes zurück und versuchte ihr Leid zu mildern.

In der Grafschaft **Dorset** beherrschen das große, mondäne Bournemouth und das kleinere, intimere Weymouth die Gestade; zwischen beiden Seebädern erstreckt sich eine spektakuläre Küstenszenerie, die in der verträumten, halbmondförmig geschwungenen **Lulworth Cove** und dem großen im Meer stehenden Torbogen **Durdle Door** ihre Höhepunkte findet. Von Weymouth dann weiter gen Westen schützt die mächtige Kieselbarriere **Chesil Beach** die Küste vor dem Ansturm des Meeres. In der schmalen Lagune hinter dem natürlichen Wellenbrecher haben viele Seevögel einen geschützten Lebensraum gefunden, und am Ende von Chesil Beach liegt die weltweit wohl einmalige **Swannery von Abbotsbury;** in dieser Schwanerei verbringen Tausende von Schwänen den Winter und brüten ihre Jungen aus.

Strebt der Besucher fort von der Küste, so findet er seinen Weg in das behäbige **Dorchester,** in die Stadt von *Thomas Hardy*, der wie kein anderer sein dichterisches Lebenswerk dieser

ENGLANDS SÜDEN

Die Kamine drehen sich immer aus dem Wind: Oast Houses – Darrehäuser in Kent

Region gewidmet hat. Auf den Spuren seiner Charaktere kann der literaturbegeisterte Leser Südengland durchwandern: Bournemouth wird in *Hardys* Romanen zu Sandbourne, Weymouth zu Budmouth, Winchester zu Wintonceaster, die Isle of Portland gilt ihm als das Gibraltar von Wessex und heißt Isle of Slinger, Dorchester gerät ihm zu Casterbridge und aus Shaftesbury wird Shafton. – Und noch ein Großer verbrachte seine letzten Lebensjahre in Dorset; kein Geringerer als **T. E. Lawrence,** der *Lawrence von Arabien*, hatte sein Refugium in dem winzigen, einsamen Häuschen Cloud's Hill; hier schrieb er sein Lebenswerk, den kongenialen Band „Die sieben Säulen der Weisheit", nicht weit entfernt ist er zur letzten Ruhe gebettet – sein Grab ist leicht zu finden.

Wiltshire, das sich nördlich an Dorset anschließt, ist außer Surrey die einzige südenglische Grafschaft, die nicht ans Meer grenzt. Verwaltungskapitale ist das ungemein schöne, vor Atmosphäre und Charme sprühende **Salisbury** mit seiner prachtvollen frühgotischen Kathedrale, die von einem ele-

ganten, nadelspitzen Turmhelm gekrönt wird – Salisbury ist eine der schönsten Städte Großbritanniens. Weitere Attraktionen des lieblichen Wiltshire sind die prähistorischen Steinkreise von **Stonehenge** und **Avebury** – letzterer der größte in Europa.

Hier finden wir **Stourhead,** einen der schönsten und verspieltesten Landschaftsparks, nachgerade Synonym für den englischen Garten, sowie **Longleat** und **Wilton House,** zwei der herausragenden Herrenhäuser im Süden der Insel. Den Norden von Wiltshire bestimmen die lieblichen, rollenden Kreidehügel der **Marlborough Downs,** in die eine ganze Reihe von großen, weithin sichtbaren weißen Pferdefiguren geritzt sind (siehe auch den Exkurs zu den weißen Pferden).

Avon, benannt nach dem friedlichen Fluss mit seinen lieblichen Auen, der durch Bath sprudelt und bei Bristol ins Meer strömt, ist eine der kleinsten Grafschaften Großbritanniens, doch sind die beiden genannten Städte touristische Anziehungspunkte ohnegleichen. **Bath,** neben Salisbury die schönste Stadt im Inselstaat, kann das gelungenste Ensemble georgianischer Architektur aufweisen, eine einmalig prachtvolle Stadtplanung des 17. Jh., die weltweit ihresgleichen sucht. Zusammen mit dem grandiosen Römischen Bad, durch das heute wie zurzeit *Cäsars* Tag für Tag 1 Mio. Liter

Im Garten von Sissinghurst Castle

ENGLANDS SÜDEN

Wasser aus den heißen Quellen fließen, und dem unvergleichlichen Charme des Ortes, ist Bath von einer Lebendigkeit, die jeden Besucher in ihren Bann zieht und ihn mit heiterem Gemüt durch die schönen Straßen wandeln lässt.

Bristol ist trotz der verheerenden Zerstörungen im Zweiten Weltkrieg auf angenehme Weise neu erbaut worden und glänzt nicht durch sterile Betonarchitektur wie beispielsweise Portsmouth und Southampton. Am Floating Harbour, der sich von West nach Ost durch die Stadt zieht, ist ein hervorragendes Naherholungsgebiet entstanden.

In der Grafschaft **Somerset** blühen die Mythen und Legenden, allen voran die des edlen Königs *Artus*, seiner geliebten Herrscherin *Guinevere* und seiner Tafelrunde von unerschrockenen Rittern, wie *Lancelot* einer war. In **Glastonbury** soll der sagenhafte Keltenherrscher begraben sein. Der kleine und anheimelnde Ort **Wells** hat die prächtigste Kathedrale von England innerhalb seiner Mauern; dem herrlichen Anblick ihrer Westfassade entzieht sich keiner der Besucher.

Im Westen von Somerset erstreckt sich der **Exmoor-Nationalpark,** in dem wilde Ponys im Galopp am einsamen Wanderer vorbeidonnern und ihm Rotwild aus sicherer Entfernung lange nachschaut. Durchzogen wird

Clovelly an der Nordküste von Devon

ENGLANDS SÜDEN

das Moor-, Heide- und Waldgebiet von tief eingeschnittenen Schluchten und Tälern, den *Combes*, die früher den Schmugglern und Räubern als ideale Verstecke dienten.

Devon, die größte Grafschaft in Englands Süden, grenzt im Norden an die Gestade des Bristol-Kanals, und landschaftlich wie historisch ging es hier rau zu. Eine Unmenge von Schiffen, die auf den sicheren Hafen von Bristol zuliefen, strandeten am **Hartland Point;** der letzte Frachter, den hier sein Schicksal erst vor wenigen Jahren ereilte, liegt zerschmettert auf den Mammutkieseln vor der Steilküste. In früheren Tagen lockten zudem *Shipwrecker*, üble Strandpiraten, mit falsch gesetzten Lichtern die Schiffsbesatzungen ins Verderben.

Im Süden endet Devon an der warmen, golfstromumspülten Kanalküste, wo Palmen die Straßen des großen Seebades **Torquay** säumen. In **Plymouth** war die Heimat der vier *Devon Sea Captains*, zu denen *Sir Francis Drake* gehörte; von hier lief auch die Flotte aus, welche die Spanische Armada vom Invasionsversuch abhalten sollte.

Nördlich von Plymouth lockt die raue Landschaft des **Dartmoor-Nationalparks,** eine neblige, schauerliche Gegend, in der *Sherlock Holmes*, der Hund von Baskerville und viele ausgebrochene Mörder des Dartmoor Prison durch den gefährlichen Sumpf platschten. Das Dartmoor mit seinen wilden Ponys, den urwüchsigen, zotteligen Rindviechern und den weißen Schafen an den grünen Hügelschultern ist bei aller Rauheit eine wunderschöne Heide-, Moor- und Waldlandschaft, eine ideale Gegend für beschaulich lange Wanderungen, von denen fünf in diesem Band ausführlich beschrieben werden.

Dartmouth, sehr schön am Mündungstrichter des Dart gelegen, eingerahmt von hohen grünen Bäumen, mit efeuumrankten alten Fachwerkhäusern und blumengeschmückten Straßen, ist ein kleines Juwel an Devons Südküste.

Hier werden die Worte von *Henry James* verständlich, der über Devon schrieb: „Der Inbegriff Englands, ein Meisterwurf allmählich gewachsener Schönheit."

Hoch über dem River Tamar führt direkt hinter Plymouth eine Brücke hinein ins West Country, nach **Cornwall,** für viele gleichbedeutend mit Süd-England schlechthin. An **Land's End,** dem westlichsten Punkt Großbritanniens, branden unermüdlich die Wellen des Atlantiks an die spektakuläre Klippenszenerie, hier senden Leuchttürme ihre Lichtfinger weit hinaus auf die See, um den Schiffen den sicheren Weg in den englischen Kanal zu weisen. Rau und rissig, steil und steinig ist die Küste rund um Cornwall, doch gleichzeitig von unvergleichlicher Schönheit, weil ungezähmt und naturbelassen. Hoch über dem tosenden Meer schreitet der einsame Wanderer auf schweren Kieseln den Klippenpfad daher und genießt von Sekunde zu Se-

Küstenlandschaft in Cornwall

Land und Natur

kunde neue und dramatische Bilder. Donnernd krachen tief unten die Wellen gegen die Felsen, schäumend spritzt die Gischt auf, vom Wind mit Leichtigkeit hundert Meter hoch auf die Spitze der Klippe getragen, wo der Wanderer den salzigen Atem des Meeres spürt.

Dort auch, im äußersten Westen der Insel, ist ein kleines Theater nur wenige Meter oberhalb des Wassers halbrund in die Felsen geschlagen. Wenn an schönen, ruhigen Sommerabenden in der Ferne die Sonne langsam glutrot im Meer versinkt, die Schiffe auf der spiegelglatten See in den englischen Kanal einlaufen, eine Möwe krächzend ihren heimischen Namen Kittiwake ruft und unten auf der Bühne *Shakespeares* lieblicher Sommernachtstraum den Besucher in eine Welt voller Fantasie und Zauber entführt, entschwindet die Schwermut der Tage für lange Zeit.

Klima

„Der Engländer redet so viel vom Wetter, dass man sich ebensogut mit einem Barometer unterhalten kann."
A. J. B. Defauconpret, „London und seine Einwohner", 1817

Das Wetter in Süd-England ist geprägt vom **atlantischen Klima;** das heißt nur mäßig warme Sommer und milde Winter mit über das Jahr hin verteilten gleichmäßigen Niederschlägen. Vor allem während der Sommermonate

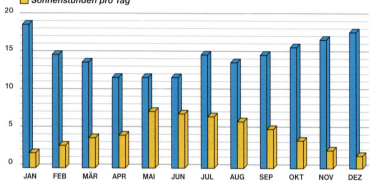

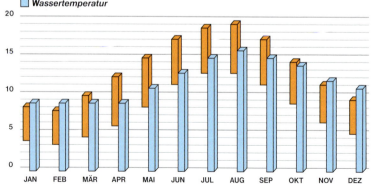

sind die auftretenden Schauer häufig nur von kurzer Dauer.

Der **Golfstrom** sorgt hauptsächlich im Westen dafür, dass die Temperaturen nicht in unerquickliche Tiefen fallen. Diesem Wetter angemessen ist die liebliche sattgrüne Landschaft in Englands Süden.

Auf der **Isle of Wight** und den **Scilly Isles** – wo subtropisches Klima herrscht – liegen die Temperaturen um rund 4 °C höher, die Sonnenscheindauer ist länger als auf dem Festland, und es regnet bedeutend weniger.

Flora und Fauna

Englands Süden ist eine dicht besiedelte, landwirtschaftlich genutzte Landschaft, in der wenig an natürlicher Flora und Fauna erhalten ist. Doch ist die Region reich an **Landschaftsgärten,** in denen die heimischen Bäume, Sträucher und Pflanzen gepflegt werden.

Aufgrund des Golfstroms wachsen in Cornwall, auf den Scilly Isles wie auch einigen anderen geschützten Flecken des Südens **subtropische Pflanzen,** so etwa Zitronen, Bananen, neuseeländische Harthölzer, burmesisches Geißblatt, indische Fächerfarne, südamerikanische Lilien, mexikanische und afrikanische Palmen.

In den ausgedehnten **Moorgebieten** findet man die typischen Wollgräser sowie fleischfressende Pflanzen. Viele Felder werden immer noch von Bäumen, Sträuchern und Hecken vor dem Wind geschützt, und diese parkähn-

liche Kulturlandschaft ist von großer ökologischer Bedeutung, da sie vielen **Kleintieren** einen natürlichen Lebensraum gewährt.

Hase, Igel und Fuchs sind in Englands Süden weit verbreitet. Vom gestiegenen Umweltbewusstsein haben vor allem die **Füchse** profitiert, deren Population stark zugenommen hat und die bei den Farmern mittlerweile wieder als Landplage gelten.

Subtropischer Garten in Abbotsbury

FLORA UND FAUNA

Wie im Süden: Im subtropischen Garten der Scilly-Insel Tresco

Im New Forest, im Dartmoor und im Exmoor streifen **wilde Ponys** über die Heidekraut- und Moorebenen. Im Exmoor gibt es zudem den größten **Rotwildbestand** der Region; nach Schätzungen durchziehen an die 2000 Rehe und Hirsche die Gegend. Mit ein wenig Glück bekommt man in den beiden Sumpfregionen – die übrigens ausgewiesene Nationalparks sind – noch einen possierlichen **Otter** zu Gesicht. Wenn nicht, sollte man zum Kinderbuch „Tarka, the Otter" von *Henry Williamson* greifen, hierin wird das Exmoor umfassend beschrieben.

Reich ist die **Vogelwelt** entlang der Küste und *Bird Watching* gehört bei vielen Briten zur liebsten Feierabend- und Ferienbeschäftigung, ist doch die RSPB, die **Royal Society for the Protection of Birds** eine der mitgliederstärksten Institutionen im Inselreich. Mehr im Hinterland findet der Hobby-Ornithologe den Teichrohrsänger (*Sedge Warbler*), das Goldhähnchen

Seevögel an Englands Küsten

Der **Tordalk** *(Alca torda)* ist leicht an seinem schwarz-weißen Gefieder erkennbar. Kopf, Hals und Oberseite sind bräunlichschwarz mit einer weißen Flügelbinde. Die Unterseite ist weiß. Charakteristisch gezeichnet ist auch der Schnabel. Im vorderen Drittel ist er schwarz-weiß quergestreift.

Außerhalb der Brutzeit halten sich die Tordalken auf dem Meer auf, wo sie nach kleinen Fischen, Krebsen, Meereswürmern und -schnecken tauchen. Sie brüten an felsigen Steilwänden mit Gesimsen und Nischen in kleineren Gruppen. Die Eier werden ohne Unterlage auf dem Fels abgelegt und von beiden Partnern bebrütet. Die kreiselförmige Gestalt der Eier bewahrt sie einigermaßen vor dem Absturz. Brutzeit ist von Anfang Mai bis Juni. Die Jungen verlassen rund 25 Tage nach dem Schlüpfen den Brutfelsen und schwimmen im Meer.

Die **Dreizehenmöwe** *(Rissa tridactyla)*, so genannt nach den drei Zehen an jedem Bein, ist überwiegend weiß. Rücken und Schwingen sind grau gefärbt. Davon setzen sich die schwarzen Spitzen der Schwingen deutlich ab. Der Ruf klingt „gägägä" oder „kitti-weck". Besonders in der Brutzeit ist dieser Vogel sehr ruffreudig. Daher rührt auch die englische Bezeichnung *Kittiwake* für die Dreizehenmöwe.

Dieser Hochseevogel hält sich fast nur am oder auf dem Meer auf, da er sich nahezu ausschließlich von Seetieren wie Fischen, Krebsen, Meeresschnecken und Plankton ernährt. Die Brut erfolgt immer in großen, teilweise riesigen Kolonien an felsigen Küsten und auch an Gebäuden. Spezielle Verhaltensnormen erlauben das Brüten selbst an kleinsten Vorsprüngen. Die Brutzeit dauert von Ende Mai bis Juni. Die Dreizehenmöwe überwintert auf dem Atlantik, am Mittelmeer und recht vereinzelt im Inland.

Die **Krähenscharben** *(Phalacrocorax aristotelis)* gehören zu den Kormoranen. Sie haben ein schwarzes Kleid mit starkem grünlichem Metallglanz. Die Vögel sind meist stumm, am Brutplatz sind sie mit „arrck, arrck" oder „kroack, kraick, kroack" zu hören.

Diese Vögel halten sich das ganze Jahr an felsigen Meeresküsten mit steilen Klippen und Wänden auf und brüten dort von Anfang April bis in den Juni in Nischen und Bändern. Die Brutpaare finden sich jeweils für eine Saison. Nestbau und Brüten obliegt vorwiegend den Weibchen. Die Jungen verlassen nach ca. 50 Tagen das Nest und werden noch rund 30 Tage geführt. Krähenscharben fischen zwar wie die Kormorane, d.h. schwimmend oder tauchend, jedoch ausschließlich im Meer.

Die **Papageitaucher** *(Fratercula arctica)* erkennt man vor allem am sehr hohen, rotgelb-schwarz gestreiften Schnabel sowie an den rot leuchtenden Beinen (in der Brutzeit gelb). Die Oberseite ist schwarz, die Unterseite ist weiß. Die Vögel geben raue und knarrende Laute wie „arr" oder „orr" von sich.

Während der Fortpflanzungszeit trifft man den Papageitaucher an steilen, höhlenreichen Felsklippen und grasbewachsenen Hängen, wo er sich mit Schnabel und Krallen meterlange Röhren gräbt. Am erweiterten Röhrenende wird Anfang bis Mitte Mai das einzige Ei abgelegt. Nachdem die Jungen flügge sind, ziehen sich die Vögel auf die offene See zurück. Papageitaucher erlangen Fische und andere kleine Meerestiere tauchend. Selbst mit einer Anzahl Fische im Schnabel können sie noch weiterjagen.

(Goldcrest), den Reiher (Heron), das Blesshuhn (Coot), Regenpfeifer (Plover), Brandente (Sheldrake), den schillernden Eisvogel (Kingfisher) und die Eiderente (Eiderduck).

An der Küste geraten in das Blickfeld des Feldstechers die majestätischen Kormorane (Cormorant), die lustig aussehenden Papageientaucher (Puffin), Austernfischer (Oystercatcher), die gemeine Seeschwalbe (Common Tern), Seetaucher (Grebe), Tordalk (Razorbill), Trottellumme (Guillemot), die rasant durch die Lüfte fetzende Sturmschwalbe (Storm Petrel), die unermüdlich ihren englischen Namen *Kittiwake, Kittiwake* krächzende Dreizehenmöwe und die an Land recht unbeholfenen und daher treffend benannten Basstölpel (Northern Gannet), die aus großer Höhe in Sturzflügen ins Meer schießen.

Der mächtigste Vogel ist die Große Seemöwe (Great black-backed gull), die eine Spannweite von mehr als 1,50 m erreichen kann. Wohlgelitten ist sie bei den *Birdwatchern* nicht, denn sie bringt die allseits beliebten, putzigen Papageientaucher ums Leben, greift sich allerdings auch Ratten, Mäuse und Kaninchen.

Swannery in Abbotsbury

Umwelt- und Naturschutz

Erfreulich ist, dass **Prince Charles** seinen Ländereien großes Interesse entgegenbringt, seine pflegende Hand recht segensreich über die Besitzungen hält und große Teile von Devon, Dorset sowie ganz Cornwall nach allen Regeln des Umweltschutzes umhegt. Bestes Beispiel sind seine Initiativen auf den Isles of Scilly, wo umweltzerstörender Tourismus eingedämmt und das nicht bewohnte Land dem Schutz eines *Environmental Trust* überantwortet wurde.

Nachgerade epochal arbeitet Seine Königliche Hoheit in Dorchester mit einer großen Supermarktkette zusammen, die zahlreiche Produkte aus biologischem Anbau mit dem Wappen des Prinzen schmücken darf. *Charles*, dessen *Duchy of Cornwall* (Herzogtum Cornwall) allein 66.500 Hektar Agrarland umfasst, will anderen Bauern beweisen, dass sich umweltverträgliche Landwirtschaft auch finanziell lohnt. Im Rahmen eines Pilotprojektes bringt der Thronfolger derzeit Kekse auf den Markt, deren Rohstoffe organisch gedüngt wurden. Angeboten werden die Biscuits in einer umweltfreundlichen Verpackung; sollten die Kekse ein Erfolg werden, dann plant Charly die Gründung einer neuen Lebensmittelmarke: *Duchy Original* (etwa: Herzogliches Originalprodukt).

Wie ernst es hingegen britische Politiker mit dem Umweltschutz nehmen, verdeutlicht die unter Naturschutz stehende **Romney Marsh**, ein ökologisch fragiles Biotop, in dem die Stromproduzenten ein gigantisches Atomkraftwerk und die Militärs einen Truppenübungsplatz einrichten konnten.

Überhaupt entsteht mittlerweile der Eindruck, dass der anheimelnden und landschaftlich ungemein schönen englischen Countryside nun in einem monströsen Rundumschlag der Garaus gemacht werden soll.

Der **Umwelt-** und **Naturschutz** bleibt vor allem dann auf der Strecke, wenn es um wirtschaftliche Interessen geht. In der Mitte der 1990er Jahre begann die Regierung mit der Realisierung eines gigantischen Straßenbauprojektes in Süd-England, dem auch die Twyford Downs zum Opfer fiel. Diese Gegend rund um Winchester war eine ausgewiesene *Region of outstanding Beauty*, eine Region von außergewöhnlicher Schönheit, und besaß gleich zwei *Sites of Specific Scientific Interest* (*SSSIs*), also zwei Örtlichkeiten von besonderem wissenschaftlichen Interesse: Rundgräber aus der Bronzezeit und keltische Feldsysteme. Ein Sprecher der staatlichen Einrichtung *English Heritage* beschrieb die Twyford Downs „als bedeutendste archäologische Landschaft Süd-Englands." 20 Jahre lang kämpften Bewohner, Bürgerinitiativen, Wissenschaftler und Ökologen um die Region, selbst die EU-Bürokraten mischten sich ein und drohten eine Klage beim Europäischen Gerichtshof an – doch es hat alles nichts genützt. Schwere Planierraupen haben die Region niedergefurcht und rettungslos zerstört.

UMWELT- UND NATURSCHUTZ

Die Twyford Downs vor ihrer Zerstörung

Die Engländer begreifen so langsam, was ihnen droht. Die Countryside ist ihr liebstes Freizeitgut, wer es sich auch nur irgendwie leisten kann, hat ein kleines Häuschen auf dem Land, wo die Wochenenden und die meisten Ferien verbracht werden. Auf dem Land, eben in der Countryside, ist für die Briten die Welt noch in Ordnung. Hier in der heimeligen Umgebung von schmalen, heckengesäumten Sträßlein, kleinen verschlafenen Örtchen mit reetgedeckten Cottages, efeuumrankten alten Fachwerkgemäuern, blumengeschmückten Straßenrändern und Hausfassaden, da fühlt er sich wohl, dort möchte er leben, dort sollen die Kinder ungestört aufwachsen und im Frühjahr den Ruf des Kuckucks und das Klopfen des Buntspechtes hören. Genau eine solche Landschaft von arkadischer Schönheit haben die englischen Dichter und Literaten im 19. und 20. Jahrhundert beschrieben, und die Maler haben sie gemalt. *William Wordsworth* hat sie in seinen Gedichten festgehalten, die Romane von *Thomas Hardy, D. H. Lawrence* und *Jane Austen* wären nicht entstanden, *Emily Brontë* hätte ihre „Wuthering Heights" nicht geschrieben, wäre keine beschreibenswerte Landschaft vorhanden gewesen, und die Maler *Cons-*

UMWELT- UND NATURSCHUTZ

table, Turner und Gainsborough hätten keine Szenerie gehabt, um ihre Bilder zu malen. Der in England so beliebte Landhausstil, der auf William Morris zurückgeht und der von Laura Ashley in einen Massengeschmack umgesetzt wurde, erfreut sich bei den Briten nach wie vor eines regen Kaufinteresses. Den Traum vom Landleben träumt in der Welt niemand tiefer als die Briten – das gilt es zu wissen, will man sich vorstellen, was das unnütze Straßenbauprogramm der Konservativen in den Seelen der Inselbewohner angerichtet hat.

Schlimme Zahlen legte das *Council for the Protection of Rural England* vor und forderte die Regierung auf, der Landschaftszerstörung endlich Einhalt zu gebieten. Seit 1945 hat Großbritannien knapp 30 % seiner Moor- und Heidegebiete verloren, 445.000 Hektar fruchtbares Ackerland wurden zubetoniert.

Der Widerstand gegen umweltzerstörende Maßnahmen eint im Inselreich ganz unterschiedliche gesellschaftliche Gruppen vom Punker bis zum Lord im Oberhaus und militante Umweltschützer zerstörten schon Baumaschinen an den Großbaustellen.

Großprojekte sind dabei jedoch nur eine Seite der Medaille, denn auch jeder einzelne Engländer ist dabei, der geliebten Countryside das schnelle Ende zu bereiten. Immer mehr Menschen leisten sich das Häuschen auf dem Lande – erfreulich für die marode Bauindustrie, die Lockerungen der Bauverordnungen fordert, diese auch bekommt und die Regierung drängt, immer mehr Flächen als Bauland auszuweisen. Wer sich kein Häuschen leisten kann, begnügt sich eben mit einem **fest stationierten Caravan,** um der geliebten Natur nahe zu sein; nichts verschandelt einen Landstrich mehr, als Aberhunderte von diesen Caravans in endlosen, tiefgestaffelten Reihen bis an den Horizont.

Dort, wo es die Leute an Wochenenden und in den Ferien hinzieht, versucht die Freizeitindustrie ihnen das Geld aus der Tasche zu ziehen, und an den allerschönsten landschaftlichen Orten gibt es Genehmigungen, lärmende **Kirmesparks** anzulegen; so z. B. an der Südwestspitze der Isle of Wight bei den Needles und an Großbritanniens westlichstem Punkt, Land's End.

Schlecht sieht es mit der **Wasserqualität** an der Kanalküste Süd-Englands aus. Zwischen Dover und Hastings sowie rund um Brighton ist das Meer mit Schadstoffen aller Art extrem belastet. Die Stadtverwaltung von Brighton hat sich schon den Zorn der EG-Umweltschützer zugezogen, da der Nobelbadeort täglich 45 Mio. Liter Abwässer ungeklärt ins Meer pumpt. Immerhin wollen die Wasserwerke der Region in den nächsten Jahren 100 Mio. £ in Klärwerke investieren. Als ebenfalls hoch belastet gilt die Region von Portsmouth und Southampton, wo zudem industrielle und landwirtschaftliche Abwässer in die See geleitet werden. Besser, wenngleich immer noch besorgniserregend, muss man die Küstenstreifen bei Lyme Regis, rund um Plymouth sowie von Falmouth bis Land's End ansehen.

Staat und Gesellschaft

Staat und Gesellschaft

Knole

Picknick mit Rotwild

Cottage in Selworthy

Geschichte Süd-Englands und Londons

Römische Zeit (55 v. Chr. – 449 n. Chr.)

54/55 v. Chr.	Strafexpeditionen unter *Julius Caesar* dringen auf die Insel vor.
43 n. Chr.	Kaiser *Claudius* befiehlt die **Invasion Britanniens,** und mit vier Legionen unterwerfen die Römer die Insel und gliedern sie ins Römische Reich ein. Am Nordufer der Themse gründen die Invasoren die Stadt Londinium.
286	*Carausius*, Befehlshaber der Flotte, rebelliert gegen Kaiser Diokletian und lässt sich zum Herrscher Britanniens ausrufen.
410	Die römische Garnison wird aus England abgezogen, um Rom von den Westgoten unter *Alarich* zurückzuerobern.

Angelsächsische Zeit (449–1066)

449	Die **Angeln und Sachsen** unter ihren halblegendären Führern *Hengist* und *Horsa* drängen ins Land; die Briten leisten vergebens Widerstand unter ihrem ebenfalls sagenumwobenen König *Artus*. Aufgrund der ungenügenden Quellenlage heißt die folgende Ära auch das **Dark Age** in der englischen Geschichte.
um 596	Der heilige *Augustinus* missioniert in Südostengland, gründet die **erste Kirche** in Canterbury und wird erster Bischof des Landes.
ab 789	Überfälle und Plünderungen durch **Dänen und Wikinger;** zwischen 839 und 1035 wird London mehrfach belagert und zerstört.
827	*Egbert* eint die angelsächsischen Stämme und begründet in Süd-England das **Königreich Wessex** mit der Hauptstadt Winchester; *Egbert* gilt als erster Herrscher eines Reiches in Großbritannien.
871–899	*Alfred der Große von Wessex* schlägt mehrfach die Dänen und Wikinger, die sich in den Norden der Insel zurückziehen.
1016–1035	Die Dänen schlagen die untereinander zerstrittenen Angelsachsen, und der Nordmann *Knut* regiert über England, doch schon sein Sohn muss bald die Vorherrschaft des südenglischen Wessex wieder anerkennen.
1042–1066	*Eduard der Bekenner*, ein Normanne, ist König von England; unter seiner Herrschaft wird die Verteidigungsliga der **Cinque Ports** (siehe Exkurs) gegründet; zu den fünf Häfen zählen Sandwich, Dover, Hastings, Romney und Rye, später kommen Hythe und Winchelsea hinzu.

Normannische Zeit (1066–1154)

1066	Der Normanne *William the Conqueror* (Wilhelm der Eroberer) wird nach der Schlacht bei Hastings in der Westminster Abbey zum König gekrönt.
1086	Das **Domesday Book,** Englands erstes Katasterwerk, verzeichnet den Besitz von Städten, Dörfern und Kirchsprengeln.
1100–1135	Während der Regierungszeit von *Heinrich I.* erlangt **London** endgültig den Rang einer **Hauptstadt;** 1130 gewährt ein königliches Dekret *(Charter)* der Metropole Stadtfreiheiten und Ämter der Selbstverwaltung *(Lord Mayor* = Bürgermeister, Stadtrat).

Geschichte Süd-Englands und Londons

Haus-Anjou-Plantagenet (1154–1399)

1170	Ermordung des Erzbischofs *Thomas Becket* in der Kathedrale von Canterbury durch vier sehr nahe Gefolgsleute von *Heinrich II.*; Heinrich, der den Mord nicht befohlen, doch durch Äußerungen zumindest angeregt hatte, tut öffentlich Buße und wird am Schrein von *Becket* gegeißelt.
1176–1209	Bau der **Old London Bridge,** der ersten Steinbrücke über die Themse und noch für viele Jahrhunderte die einzige Themseüberspannung Londons (bestand bis 1832).
1215	König *Johann Ohneland*, böse und grausam, bis heute der unpopulärste britische Herrscher, wird vom Adel gezwungen, die **Magna Charta** zu unterschreiben; in England besteht nun Rechtssicherheit für jeden Bürger.
1215–1272	Regierungszeit von *Heinrich III*. Gegen den Willen von Heinrich, aber mit Unterstützung des Adels und der Cinque Ports beruft *Simon de Montfort* ein **erstes Parlament** ein.
1337–1453	**Hundertjähriger Krieg** gegen Frankreich. Trotz anfänglicher Siege der Engländer verlieren sie bis auf Calais alle französischen Besitzungen.
1348/49	Eine verheerende **Pest** rafft fast die Hälfte der Bevölkerung dahin; Versuche, den wirtschaftlichen Niedergang mit höheren Steuern auszugleichen, führen zu Bauernaufständen und Bürgerkriegswirren.

Haus Lancaster (1399–1461)

1415	*Heinrich V.* siegt unerwarteterweise in der **Schlacht bei Agincourt** gegen die Franzosen.
1455–1485	Zeit der **Rosenkriege.** Das Haus York (Weiße Rose) kämpft gegen das Haus Lancaster (Rote Rose) um die englische Krone.

Haus York (1461–1485)

1473	**Hansekaufleute** aus Köln lassen sich in London nieder (bis 1598).
1476	*William Caxton* eröffnet die **erste Buchdruckerei** in London.
1483	**Richard III.** lässt im Tower von London seinen Neffen *Eduard*, den rechtmäßigen Thronnachfolger, und dessen Bruder *Richard* ermorden und reißt die Krone an sich.

Haus Tudor (1485–1603)

1485	*Heinrich VII.* begründet die Tudor-Dynastie.
1509–1547	Unter der Herrschaft von *Heinrich VIII.* kommt es zur Trennung von Rom und zur Gründung der **Anglikanischen Staatskirche.**
1532	Der Augsburger **Hans Holbein** d. J. wird Hofmaler von *Heinrich VIII.*
1535	Der Humanist **Thomas Morus,** von 1529 bis 1535 Lordkanzler von *Heinrich VIII.*, wird nach Auseinandersetzungen mit dem König hingerichtet.
1558–1603	Herrschaft von *Königin Elisabeth I.*, die Wissenschaft und Künste fördert; das Inselreich erlebt eine große kulturelle und wirtschaftliche Blüte.
1563	Einführung der ersten geregelten **Sozialhilfe** für die Armen Londons.
1577–1580	**Francis Drake** umsegelt auf seiner *Golden Hind* die Welt.
1588	Der spanische König *Felipe II.* schickt aufgrund der englischen Unterstützung der Freibeuterei (Kaperfahrten von *Sir Francis Drake* gegen

Geschichte Süd-Englands und Londons

	spanische Gold- und Silbertransporte) und der Handelsbeziehungen Englands mit spanischen Kolonien die Armada gen Norden, um England militärisch in die Knie zu zwingen; die als unbesiegbar geltende Flotte wird vernichtend geschlagen (siehe Exkurs „Lord Nelson, die Victory und die Schlacht von Trafalgar").
1592	Erste Erwähnung von **William Shakespeare** (1564–1616), der als Stückeschreiber in London lebt.
1597	*Shakespeare und seine Truppe spielen in London im* **Globe Theatre.**

Haus Stuart (1603–1714)

1603	Mit *Jakob I.*, Sohn von *Maria Stuart*, beginnt die Herrschaft der Stuarts.
1605	Katholiken unter Führung von *Guy Fawkes* versuchen das Parlament in die Luft zu sprengen (**Gunpowder Plot**); die Verschwörung scheitert.
1620	An Bord der *Mayflower* laufen die Pilgerväter aus dem Hafen von Southampton in die Neue Welt aus. Die intensive **Besiedelung Nordamerikas** mit europäischen Auswanderern beginnt.
1642–49	Machtkampf zwischen Parlament und König. London unterstützt im Bürgerkrieg die Anhänger des Parlaments (Rundköpfe) gegen die Sympathisanten des Königs. *Oliver Cromwell* lässt Karl I. hinrichten und übernimmt als *Lord Protector* die Regierungsgeschäfte (1653–1658).
1652	Das **erste Kaffeehaus** öffnet in London seine Pforten.
1660	Restauration des Herrscherhauses der Stuarts; der lebenslustige und vergnügungssüchtige **Merry Monarch** *Karl II.* ist neuer König. London hat mehr als eine halbe Million Einwohner, damit wohnen 10 % aller Engländer in der Hauptstadt.
1665	In London wütet die **Pest** und fordert 70.000 Menschenleben.
1666	Beim **großen Brand von London** fallen vier Fünftel der Stadt in Schutt und Asche. Der kongeniale Architekt *Sir Christopher Wren* (1632–1723) wird zum Leiter des Wiederaufbauprogramms ernannt, kann sich mit seinen städtebaulichen Plänen jedoch nicht durchsetzen; neben weiteren 50 City-Kirchen entsteht nach seinen Plänen und unter seiner Bauaufsicht die neue St. Paul's Cathedral.
1685–1688	*James II.* versucht, den Katholizismus wieder einzuführen, wird von seinem protestantischen Schwiegersohn *Wilhelm von Oranien* gestürzt und muss ins Exil fliehen. Wichtige verfassungsrechtliche Schritte, so die Verabschiedung der **Bill of Rights**, stärken die Macht des Parlaments und die Rechtssicherheit der Bürger.
1710	Der deutsche Komponist **Georg Friedrich Händel** siedelt nach London über, wo ihm vorerst ein größerer Erfolg jedoch versagt bleibt.

Haus Hannover und Windsor (1714 bis heute)

1714	*Georg I.* begründet die Herrschaft des Hauses Hannover. Händel wird Leiter der neuen Oper von London.
1721	*Sir Robert Walpole* wird **erster Premierminister** Großbritanniens.
1727–1760	Siegreiche Kriege *Georg II.* gegen Spanien und Frankreich und die **Einverleibung von Indien und Kanada** ins Empire sichern dem Inselstaat weltweit eine Sonder- und Vorreiterrolle zu.
1759	Eröffnung des **Britischen Museums** in London, das aus einer 1753 erfolgten Stiftung hervorgeht.

Geschichte Süd-Englands und Londons

1760	Die Londoner Stadtmauer und alle -tore werden niedergerissen, um die Ausdehnung der Metropole zu ermöglichen.
1775	**William Turner,** Maler und Wegbereiter des englischen Impressionismus, wird in London geboren (gest. 1851).
1801	**Erste Volkszählung**: England und Wales haben 10 Mio. Einwohner, London 860.000.
1802–1828	Der **Londoner Hafen** wird ausgebaut, bekommt eine Reihe neuer Docks und avanciert zum größten Hafen des Landes.
1805	*Lord Nelson* läuft mit seinem Flaggschiff *Victory* und einer Kriegsflotte aus dem Hafen von Portsmouth aus und verabreicht der französischen Marine bei **Trafalgar** eine vernichtende Schlappe; *Nelson* kommt in der Schlacht ums Leben.
1824	Gründung der **National Gallery** in London.
1837–1901	Regierungszeit von **Königin Victoria.** Großbritannien ist das reichste und industrialisierteste Land der Welt. Die sozialen Missstände des **Manchesterkapitalismus** haben für die Masse der Bevölkerung verheerende Auswirkungen. Armut und Elend breiten sich aus.
1847/48	*Karl Marx* und *Friedrich Engels* gründen den Bund der Kommunisten und publizieren das **Kommunistische Manifest.**
1851	**Erste Weltausstellung** in London; *Joseph Paxton* baut den architektonisch bedeutsamen Ausstellungspavillon Crystal Palace.
1886–1894	Nach den Plänen und unter der Bauleitung von *Horace Jones* und *John Wolf-Barry* entsteht in London die **Tower Bridge.**
1908–1911	Der Schatzkanzler und spätere Premierminister *Lloyd George* führt die Altersrente ein und ruft ein **Sozialversicherungsprogramm** ins Leben.
1910	*Georg V.* besteigt den Thron.
1911	Eine **Volkszählung** für London ergibt 7 Mio. Einwohner.
1914–1918	**Erster Weltkrieg;** durch deutsche Luftangriffe mit Zeppelinen kommen ca. 2000 Hauptstadtbewohner ums Leben.
1918	Nach langem Kampf der Suffragetten erhalten **Frauen das Wahlrecht.**
1936	*Edward VIII.* dankt ab, um die geschiedene Amerikanerin *Wallis Simpson* heiraten zu können. **Krise der Monarchie,** deren Ansehen bei der Bevölkerung auf den Nullpunkt sinkt.
1939–1945	**Zweiter Weltkrieg;** ab 1940 zahllose Luftangriffe auf London, bei denen rund 30.000 Menschen getötet werden. In der Stadt lassen sich viele vor dem faschistischen Regime geflüchtete Exilregierungen nieder.
1952	In Westminster Abbey wird **Elisabeth** zur Königin gekrönt.
1968	**Großer Streik von London;** das wirtschaftliche Leben in Großbritanniens Metropole kommt völlig zum Erliegen.
1977	Große Feiern zum 25-jährigen Thronjubiläum von *Elisabeth II.*
1979	**Margret Thatcher** wird Premierministerin.
1982	Protestdemonstrationen im Inselreich gegen den zwischen Großbritannien und Argentinien entbrannten **Falkland-Krieg.** Rassenunruhen und Konflikte aufgrund steigender Arbeitslosigkeit erschüttern das öffentliche Leben in der Hauptstadt.
1988	Große **Ausstellung im National Maritime Museum** in Greenwich zum 400. Jahrestag der Vernichtung der spanischen Armada.
1990	Steuererhöhungen führen zu weitreichenden Protesten in der Bevölkerung. Nach parteiinternen Machtkämpfen muss *Margret Thatcher* zurücktreten, ihr Nachfolger als Regierungschef wird **John Major.** Gleichzeitig wählt man ihn zum neuen Vorsitzenden der Konservativen Partei.

Staat und Gesellschaft

GESCHICHTE SÜD-ENGLANDS UND LONDONS

1992	Obwohl der Labour Party Gewinnchancen eingeräumt werden, gewinnen die Konservativen erneut die **Parlamentswahlen.** Das britische Königshaus steckt aufgrund der **amourösen Eskapaden** von *Charles* und *Diana*, *Edward* und *Fergie* in einer schweren Krise. Ein Brand zerstört weite Teile von Windsor Castle.
1994	Nach langjähriger Bauzeit wird im Mai der **Tunnel** eröffnet, durch den man innerhalb von 35 Minuten den Ärmelkanal unterqueren kann.
1995	Die **konservative Regierung** steckt in einer tiefen **Krise.** Premierminister *John Major* gilt als der unbeliebteste Regierungschef überhaupt. Mitglieder der eigenen Partei feinden ihn an oder intrigieren gegen ihn.
1996	Während der **Fußball-Europameisterschaft** in England wird von IRA, die katholische Untergrundbewegung Nord-Irlands, mit der größten Bombe, die je im Mutterland gelegt wurde. Das Stadtzentrum von Manchester in Schutt und Asche gelegt.
	Tony Blair, Führer der oppositionellen Labour Party, hat in einem Rechtsruck seine Partei an die Spitze der Umfragen geführt. Unter dem Stichwort **New Labour** hat sich die Partei von den Gewerkschaften abgewandt und den Begriff des Sozialismus aus ihrem Programm gestrichen.
1997	Im Mai gewinnt nach fast zwei Jahrzehnten in der Opposition die **Labour Party** wieder die Macht und stellt die Regierung. Premierminister wird **Tony Blair.** Zügig werden **Reformen** umgesetzt; die Bank von England wird nach deutschem Vorbild unabhängig, Schottland und Wales bekommen ein eigenes Parlament.
1998	Trotz vieler Rückschläge durch protestantische wie katholische Hardliner wird ein **Friedensvertrag** in Nordirland beschlossen und ein Parlament für die nordirische Provinz gewählt, das im Herbst des Jahres zu seiner ersten Sitzung zusammentritt.
2001	Nachdem England sich gerade etwas von der **BSE-Krise** erholt hatte, bricht im Februar mit **Maul- und Klauenseuche** eine weitere Tierseuche aus und breitet sich von hier nach Irland, Holland und Frankreich aus. Das miserable Krisenmanagement der Regierung lässt die Seuche über Monate im Land wüten. Im August treten neue Fälle von MKS auf.
2003	Wegen seiner Beteiligung am **Golf-Krieg** gerät der britische Premierminister stark unter Druck. Als dann der Waffenexperte Kelly als Quelle für einen regierungsfeindlichen BBC-Bericht enttarnt wird und Selbstmord begeht, muss Blair einen Untersuchungsausschuss einsetzen. Die Labour-Regierung gerät unter den Dauerbeschuss der Medien.
2007	Toni Blair tritt nach 11 Jahren im Amt im Juni 2007 **als Premierminister zurück.** Nachfolger wird der bisherige Schatzkanzler **Gordon Brown.** Er handelt gleich zu Beginn seiner Amtszeit politisch derart unglücklich, dass seitdem die Konservativen in der Wählergunst erstarkt sind.
	Ab dem 1. Juli ist in England in sämtlichen öffentlichen Gebäuden, also auch in Pubs und Restaurants, das **Rauchen ausnahmslos verboten.** In Wales und Schottland gilt das Rauchverbot bereits seit 2006. Im Februar wird in einer Geflügelfarm der **Vogelgrippe-Erreger H5N1** festgestellt.
2008/2009	Die aus Amerika hereinschwappende **Finanz- und Wirtschaftskrise** trifft Großbritannien besonders stark, da hier nach amerikanischem Vorbild die Finanzinstitutionen – im Gegensatz zu anderen europäischen Ländern – besonders stark dereguliert sind.

Monarchie und Regierung

Beim Parlament, bestehend aus dem **Oberhaus** (*House of Lords*) und dem **Unterhaus** (*House of Commons*), liegt in Abstimmung mit dem König die souveräne Gewalt des Vereinigten Königreiches – ausgedrückt durch die verfassungsrechtlichen Begriffe *The King in Parliament*, womit der Ort der höchsten Gewalt veranschaulicht wird, und *His Majesty's Government* als Bezeichnung für die Regierung.

Bereits in angelsächsischer Zeit gab es die Gewaltenteilung zwischen dem Herrscher und einer freien, alle Teile des Landes vertretenden Versammlung, dem so genannten **Witenagemot**. Dieser Rat hatte große Machtbefugnisse, konnte den König wählen bzw. absetzen, und nur in enger Zusammenarbeit mit dem Rat durfte der Monarch Gesetze erlassen, geistliche wie weltliche Würdenträger ernennen, Lehen vergeben und Gerichte einberufen.

Nach der Invasion der Normannen im Jahre 1066 hatten sich deren Könige während ihrer Herrschaft mit den **Great Councils** auseinanderzusetzen – Versammlungen, die aus den Lehnsträgern bestanden und den Herrscher in allen wichtigen Fragen von nationalem Interesse berieten. Im Laufe der Zeit entwickelte sich daraus eine recht machtvolle Institution, die den König heftig unter Druck setzen konnte, wie das Jahr 1215 zeigte. In jenen Tagen zwangen die Adligen König *Johann Ohneland* (*John Lackland*) – bis heute bei den Briten der unpopulärste aller Könige – die **Magna Charta** anzuerkennen. Darin wurde der Monarch unter anderem verpflichtet, Steuererhöhungen mit dem Council abzusprechen. Dieser Rat bestand aus geistlichen Würdenträgern und Mitgliedern adliger Familien sowie den königlichen Lehnsträgern. 1254 entsandte jede Grafschaft vier gewählte Ritter in diese Versammlung, und ein gutes Jahrzehnt später konnten auch die Städte Repräsentanten (*Commons*) in den Council schicken.

1295 kam es in der Regierungszeit von *Eduard I.* mit dem **Model Parliament** zu einer weiteren Entwicklung der demokratischen Tradition in England. Dieser Rat setzte sich aus Bischöfen und hohen Adligen zusammen; die geistlichen Würdenträger brachten Mitglieder des niederen Klerus mit, die Aristokraten Ritter aus jeder Grafschaft und Bürger aus jeder Stadt. Dieses Parlament bestimmte die Steuern und äußerte sich zu Gesetzesvorlagen; es war darüber hinaus das höchste Gericht des Landes (*The High Court of Parliament*).

In der Mitte des 14. Jh. trennte sich diese Versammlung dann in **zwei Häuser;** die Ritter tagten zusammen mit den Bürgern und die weltlichen zusammen mit den geistlichen Würdenträgern. Damit war die Urform des heutigen Unter- bzw. des Oberhauses gefunden.

Bei den Auseinandersetzungen während der Zeit von *Karl I.* (1625–1649), die schließlich zur Hinrichtung des

Monarchie und Regierung

Herrschers führten, ging es um die Frage, wem die Souveränität gebührte: dem König allein oder dem König im Parlament (**King in Parliament**). Letztere Auffassung setzte sich durch, und ab nun hatte der Herrscher bei allen wichtigen Entscheidungen das Parlament zu konsultieren.

In den **Bill of Rights** wurden 1689 die Rechte und Pflichten des *King in Parliament* formuliert und festgeschrieben: Der König benötigte nun die Zustimmung der Versammlung, wenn er Gesetze erlassen, suspendieren oder ein stehendes Heer in Friedenszeiten aufstellen wollte. Damit war auch in England die konstitutionelle Monarchie eingeführt.

1701 wurde durch den *Act of Settlement* die **Erbmonarchie** eingeführt und die Thronfolge geregelt. Stirbt der Herrscher, so geht die Krone auf seinen ältesten Sohn (bzw. auf die älteste Tochter) über. Der König muss der Anglikanischen Staatskirche angehören und darf nicht katholisch verheiratet sein. Seit Mitte des 19. Jh. hat der Monarch nur noch Repräsentationspflichten, seine politischen Statements müssen die Regierungspolitik widerspiegeln. Die Regierung hat gegenüber dem König nur noch Informationspflichten, er wird bei Entscheidungen vorher nicht mehr konsultiert; seine Haltung muss parteipolitisch neutral sein.

Das Oberhaus, das **House of Lords,** ist aus dem *Great Council* (s. o.) hervorgegangen; im 14. Jh. trennten sich die Adligen und der hohe Klerus *(Lords)* von den bürgerlichen Repräsentanten *(Commons)*. Mit Auflösung der Klöster durch *Heinrich VIII.* nahm der Einfluss der Geistlichkeit zugunsten der Mitglieder des Adels *(Peers)* ab. Die *Reform Bill* aus dem Jahre 1832 beschnitt dem Oberhaus das Recht, die Mitglieder des Unterhauses zu bestimmen, und mit dem *Parliament Act* von 1911 wurde dem House of Lords die Beteiligung an der Gesetzgebung weitestgehend genommen. Das Kabinettsystem der Regierung hat die Einflussnahme des Oberhauses zusätzlich reduziert. Und 1998 gab die Labour-Regierung bekannt, dass sie seine Rechte noch weiter beschneiden will.

Alle Mitglieder des *House of Lords* sind dort aufgrund ihrer adligen Herkunft *(Peers)* mit Sitz und Stimme vertreten. Seit dem *Life Peerage Act* von 1958 kann die **Peers-Würde** auf Lebenszeit vergeben werden, auch an Frauen *(Peeresses)*. Der *Peerage Act* aus dem Jahre 1963 gibt Politikern, die wichtige Ministerposten innehaben, aufgrund ihrer adligen Herkunft aber nicht im Unterhaus sitzen dürfen, die Möglichkeit, ihre Peers-Würde abzulegen.

Das House of Lords ist das **oberste englische Gericht,** es bearbeitet die Gesetzesvorlagen des Unterhauses, unterbreitet Änderungsvorschläge und diskutiert wichtige außen- und innenpolitische Fragen.

Etwa seit dem Jahr 1375 wird im *House of Commons*, im Unterhaus, aus der Mitte der Abgeordneten der Sprecher (**Speaker**) gewählt, der allein berechtigt ist, die politischen Ansich-

MONARCHIE UND REGIERUNG

Britische Nationalsymbole

Höchstes Nationalsymbol ist bei der Jahrhunderte alten monarchistischen Tradition natürlich die **Krone** (*Crown*), die den Herrscher und damit gleichzeitig den Staat symbolisiert, weiterhin die Regierung verkörpert, die wiederum im Namen der Krone ihre Legitimität findet.

Der **Löwe** (*Lion*) ist ein ebenfalls Jahrhunderte altes Symbol der Kraft und steht als König der Tiere symbolisch für die Macht des Herrschers. Oft findet sich beim Löwen das **Einhorn** (*Unicorn*), das als Sinnbild der Reinheit gilt und sowohl im englischen als auch im schottischen Wappen erscheint. Viele Pub-Namen wie etwa *Red Lion* oder *Lion and Unicorn* haben hier ihren Ursprung.

Die Figur des **John Bull** wurde erstmals Anfang des 18. Jh. in einer Satire als ehrlicher Leinenhändler dargestellt und dann vor allem ein Jahrhundert später vielfach mal als dummer August, mal als kluger Brite variiert. Er trägt häufig eine Weste im Union-Jack-Look und hat eine Bulldogge zu seinen Füßen.

Die **Bulldogge** (*Buldog*) steht für die militärische Stärke Großbritanniens und soll potentielle Aggressoren abschrecken.

Die **Britannia**, eine sitzende Frau, die mit Dreizack und Helm über die Meere herrscht, ist die Personifizierung des Landes; der Besucher kann sie auf der 50-p-Münze bewundern.

Der **Union Jack** ist die Landesfahne und zeigt das rote Kreuz des hl. Georg, des Schutzpatrons Englands, weiterhin die zwei diagonalen weißen Streifen auf blauem Grund, das Kreuz des hl. Andrew, Schutzpatron Schottlands, und das rote Kreuz von St. Patrick, des Schutzheiligen Irlands.

An Pflanzensymbolen stehen **Leek** und **Daffodil** (Lauch und Narzisse) für Wales, die **Thistle**, die Distel, für Schottland und die **Rose** für England.

---

ten des Hauses gegenüber dem Monarchen darzulegen. Urkundlich erwähnt ist die Funktion des *Speakers* ab 1547, da man erst in diesem Jahr damit begann, Sitzungsprotokolle zu führen.

Während des 15. Jh. erlangte das Unterhaus die Rechte über die **Finanzgesetzgebung,** 200 Jahre später begann es, die steuerlichen Maßnahmen festzusetzen. Seit den vier Wahlrechtsreformen im 19. Jh. repräsentiert das *House of Commons* die britische Bevölkerung. 1918 wurde das **allgemeine Wahlrecht** eingeführt.

Der Regierung gehören über 100 Mitglieder an. Es obliegt dem Premierminister – ein Amt, das erst 1721 mit *Robert Walpole* eingeführt wurde –, die Ressortchefs der einzelnen Ministerien ins **Kabinett** zu berufen, der Außen- und der Innenminister, der Finanz- und Verteidigungsminister sowie der Lordkanzler (*Lord High Chancellor*) sitzen jedoch auf alle Fälle am Kabinettstisch.

Der Führer der Mehrheitsfraktion im Unterhaus wird vom König zum **Premierminister** berufen, auf Vorschlag des Regierungschefs ernennt der Herrscher die Mitglieder der Regierung. Der Premierminister bestimmt die Richtlinien der Politik, er kann das Unterhaus auflösen und Neuwahlen ausrufen.

Die jährliche **Parlamentseröffnung** nimmt der König in einem großen

Staatsakt vor, ausgerichtet werden die Feierlichkeiten vom Großzeremonienmeister des Hofes. Bekleidet mit einem historischen Kostüm fährt der Monarch in der Staatskarosse zum Parlamentsgebäude, wo die Festrobe angelegt und die Krone aufs königliche Haupt gesetzt wird. Begleitet vom Hofstaat betritt der Herrscher nun das Oberhaus; ihm vorangetragen werden das Reichsschwert und die *Cap of Maintenace*, eine Samthaube, deren genaue Bedeutung nicht mehr bekannt ist. Nachdem der Monarch, der ja nicht ins Unterhaus darf, im House of Lords Platz genommen hat, schreitet der so genannte *Black Rod*, der oberste Beamte des Parlaments, zum Unterhaus, um die dort versammelten Parlamentarier ins House of Lords zu bitten. Dreimal klopft er mit seinem Stab an die Tür des Sitzungssaales (damit wird dokumentiert, dass die Mitglieder des Unterhauses nicht auf Abruf bereitstehen), dann wird ihm Einlass gewährt, und er führt die Abgeordneten ins Oberhaus, wo der König die vom Premierminister verfasste Rede verliest.

Medien

Die Briten und ihre Zeitungen

Überall wo der Brite steht, sitzt oder wartet, holt er sofort seine Zeitung aus der Tasche und beginnt sich in seine Lektüre zu vertiefen – in der Enge der U-Bahn ebenso wie auf dem Klappstuhl hoch oben auf der Klippe.

„Nichts kennzeichnet die britische Psyche besser als ihre Leidenschaft für das Pressewesen", schrieb der Dichter *William Cowper* schon vor über 200 Jahren, und daran hat sich bis heute nichts geändert. Kaum ein anderes westeuropäisches Land hat eine solche Fülle an täglich erscheinenden überregionalen Zeitungen wie Großbritannien. Für den Besucher, der mit der **englischen Presselandschaft** nicht vertraut ist, stellt sich die Frage nach dem richtigen Blatt. Die folgende, recht subjektive Übersicht will ein wenig Hilfestellung geben.

Ganz unten auf der Qualitätsskala rangiert die so genannte **Gutter Press**, vergleichbar mit der hiesigen Bildzeitung. Das Schmierenblatt *The Sun* hat die höchste Auflage von sämtlichen Gossenblättern, 4 Mio. Exemplare dieses Blut-und-Busen-Blattes werden täglich ausgeliefert, und Schätzungen zufolge lesen 10 Mio. Menschen Tag für Tag in der *Sun*, deren Redaktionsdevise *Boobs, more boobs and bums* (Busen, mehr Busen und Hintern) lautet. Weiterhin gehören der *Daily Mirror* und der *Daily Star* zur *Gutter Press*.

Kaum besser, wenngleich vom Selbstverständnis der Zeitungsmacher im höheren Qualitätsbereich liegend, sind die Blätter der so genannten **Middle Market Newspaper.** Dazu gehören *Daily Mail*, *Daily Express* und *Today*. Während bei den oben genannten Boulevardblättern Primitivinformationen und Horrorgeschichten den Inhalt bestimmen, liefern diese drei Zeitungen wenigstens in Ansätzen auch Auslandsberichte.

MEDIEN

Lesbar sind jedoch allein der *Guardian*, die *Times*, der *Daily Telegraph*, die *Financial Times* und der *Independent*. Der britische Journalist *Ryan Chandler* hat die folgende, höchst treffende Charakterisierung dieser fünf Blätter abgegeben: Der *Guardian* wird von denjenigen gelesen, die das Land verändern möchten, in die *Times* schauen die, die das Land wirklich regieren, aus dem *Daily Telegraph* informieren sich Leute, die glauben, dass sie das Land regieren, die *Financial Times* blättern diejenigen durch, denen das Land gehört, und den *Independent* liest der, der das Land regieren möchte.

Der *Guardian* steht links von der Mitte, die *Times* ist bürgerlich konservativ, ebenso der *Daily Telegraph*, der im Volksmund auch *Torygraph* (Die Konservativen werden auch als *Tories* bezeichnet, und ein *Tory* ist ein Mitglied der konservativen Partei) genannt wird; die *Financial Times* ist das Fachblatt der Banker und Börsianer, und der *Independent* ist liberal, sucht seine Leserschaft in der politischen Mitte und gestaltete seine Artikel und Kommentare derartig ausgewogen, dass Sarkasten das Blatt auch schon als *Indiscribably Boring*, als unbeschreiblich langweilig bezeichnen.

Auch **am Sonntag** ist Bewegung in der Presselandschaft, eine ganze Anzahl von Zeitungen konkurriert auf dem heißumkämpften Markt. Spitzenreiter ist das Revolverblatt *News of the World*, das seinen Namen völlig zu Unrecht trägt und von den Briten daher zu *Screws of the World* verballhornt wird. (*To screw* bedeutet viel in der englischen Sprache, so z. B. „drehen", d. h. man dreht an den Nachrichten, weiterhin bedeutet *to screw* auch „auspressen", d. h. man schlachtet eine Nachricht bis ins letzte unappetitliche Detail aus, *to screw* hat aber auch eine sexuelle Bedeutung und so könnte der oben genannte Titel in deutscher Übersetzung auch etwa lauten „Alle Nummern dieser Welt".) 5 Mio. Ausgaben kursieren Sonntag für Sonntag und werden laut Schätzungen von 10 bis 12 Mio. Menschen gelesen.

In die gleiche Qualitätskategorie fallen *Sunday People*, wegen der vielen Klatsch- und Schlüssellochgeschichten auch *Sunday Peephole* genannt, und *Sunday Mirror*. Alle drei Blätter haben Hochglanzbeilagen und werden laut *Ryan Chandler* von Leuten gelesen, „die gaffend bei Verkehrsunfällen herumstehen."

Auch *Daily Mail* und *Daily Express* haben Sonntagsausgaben mit Hochglanzmagazinen.

Inhaltlich umfangreich, damit dick und schwer, kommt die *Sunday Times* daher; das Mitte-Rechts-Blatt, so witzelt *Ryan Chandler*, „ist die einzige Zeitung, die ein Hund nicht im Maul halten kann und dessen Leser ein Body Builder mit einem IQ von 180 sein muss."

Linksorientiert sind der *Observer* sowie der *Sunday Correspondent*, und wie jeden Tag der Woche sind auch beim *Sunday Telegraph* und beim *Independent on Sunday* die redaktionellen Strickmuster die gleichen; auch diese Zeitungen haben farbige Hochglanzbeilagen.

Auf Spiegel-Niveau kommt das ausgezeichnete Nachrichtenmagazin *Economist* daher, das schon über 160 Jahre existiert und dabei keine alterungsbedingten Verkalkungserscheinungen zeigt, sondern wie ein junger Springinsfeld mit geschärfter Feder seine rechtskonservativen Kritiker zum Duell fordert und alsbald in die Flucht schlägt. Dem Gemisch aus „Zeitung und Geheimdienst" wird von den Rechten angekreidet, „dass es einem klassen- und wurzellosen, multiethnischen, internationalen Liberalismus" frönt – ein Grund, das Magazin sofort zu abonnieren! Und das tun 400.000 Leser weltweit, denn von der 500.000er Auflage verbleiben nur noch rund 20 % im Heimatland, der Rest geht in alle Staaten dieser Erde „an überdurchschnittlich wohlhabende und intelligente Leser." Denen bereitet das Blatt die wichtigsten ökonomischen, politischen und kulturellen Ereignisse in hervorragenden Analysen und stilistisch brillanten Artikeln auf. Der Kampf gegen Rassismus und für Menschenrechte, gegen die Todesstrafe und totalitäre Systeme war dem Magazin dabei von Anfang an selbstverständlich, bekämpfte es in seiner Gründungszeit doch vehement die Sklaverei. Also: Abonnieren!

Radio und Fernsehen

Im Jahre 1922 nahm die öffentlich-rechtliche **BBC (British Broadcasting Corporation)** ihre Rundfunksendungen auf, und nur 14 Jahre später strahlte sie weltweit das erste regelmäßige Fernsehprogramm in den Äther. Der Mammutsender finanziert sich über Teilnehmergebühren und ist daher nicht auf Werbeeinnahmen angewiesen; konsequenter als bei den Öffentlich-Rechtlichen in der Bundesrepublik sendet die BBC demzufolge auch keine Werbung. Lediglich die Auslandssendungen des Hörfunks bekommen Gelder, deren Höhe das Parlament festlegt.

Das **Rundfunkprogramm BBC 1** besteht aus kurzweiliger Pop-Musik und aus nichts anderem; die stündlich gesendeten Nachrichten sind nicht länger als 30 Sekunden. **BBC 2** liefert dann Unterhaltungssendungen, leichte Musik, Sportinformationen; **BBC 3** hat klassische Musik und Kultursendungen im Programm, und **BBC 4** sendet Nachrichten, Reportagen, Hörspiele etc.

Unerreicht ist das Auslandsprogramm des BBC, der **World Service,** der 24 Stunden täglich in Englisch und 36 weiteren Sprachen Nachrichten und Informationen auf Kurzwelle um die Welt schickt. (Sendungen in deutscher Sprache z. B. auf 648, 1296, 3975 und 6010 kHz Kurzwelle, in Englisch tgl. 3–23 Uhr auf 9410 kHz.) Der *World Service* wird in seiner Qualität von keinem anderen Sender übertroffen, und der weltweit gute Ruf der BBC beruht vor allem auf der Arbeit der Redakteure im Londoner Bush House, wo die Auslandsabteilung untergebracht ist.

Die beiden **Fernsehkanäle** heißen ebenso wie die Radiosender **BBC 1** und **BBC 2; BBC 1** sendet Nachrichten (Hauptnachrichtensendung um 9 Uhr), Unterhaltungssendungen und Sport, während **BBC 2** mehr Kultur im Programm hat.

1955 wurde der Alleinvertretungsanspruch der BBC durch die Gründung der **IBA (Independent Broadcasting Authority)** aufgehoben. Die IBA vergibt Lizenzen und ist die Aufsichtsbehörde der privaten Radio- und Fernsehsender.

Derzeit gibt es etwa 70 nichtstaatliche Rundfunkstationen, so etwa **Capital Radio** in London, und ca. 15 regionale Fernsehsender der **ITV** *(Independent Television)*, die einen gemeinsamen Nachrichtendienst, den **ITN** *(Independent Television News),* haben; Hauptnachrichtensendung ist täglich das berühmte und zu Recht vielgelobte *News at Ten*. Seit 1982 gibt es als vierten Fernsehsender **Channel Four.**

Wirtschaft

Größtes Wirtschaftszentrum nicht nur des Südens, sondern von ganz England ist natürlich London, dessen Sog die Bewohner des gesamten dichtbevölkerten Südostens in die Kapitale zieht.

Industrie, geschweige denn eine Schwerindustrie (sieht man von Portsmouth, Southampton und Bristol einmal ab), gibt es so gut wie keine in Englands Süden. Die Region lebt nach wie vor von der Landwirtschaft, von ein wenig Fischerei, von Dienstleistungen aller Art und dem Tourismus – ist die Südküste doch das beliebteste Ferienziel der Briten.

Um aus dem teuren London fortzukommen, siedelten sich in den letzten Jahren vor allem **Hightech-Branchen** an der sonnigen Südküste und in Bristol an.

WIRTSCHAFT

Bristol ist überhaupt neben London das zweite ökonomische Zentrum des Südens. Traditionell ist die Hafenmetropole die Stadt der Flugzeugbauer; *Rolls Royce* produziert seine Triebwerke hier und ist zusammen mit dem Luftfahrtunternehmen *British Aerospace* der größte Arbeitgeber für die Stadt und das Umland. Außerdem hat sich Bristol neben London zu einem Finanzzentrum gemausert.

Ein einsamer Fischtrawler im Kanal

Gordischer Knoten: Fischer entwirren ihre Netze

Damit die Badeorte auch außerhalb der Saison Besucher und damit fließende Gelder in die Stadtsäckel bekommen, werben sie mit ihren Konferenz- und Tagungsinfrastrukturen, ziehen erfolgreich betuchte Rentner aus anderen Teilen des Landes in den warmen Süden und bieten Jahr für Jahr Abertausenden von Sprachschülern Kurse an.

Über die **Hafenorte** Southampton und Portsmouth läuft ein großer Teil der englischen Importe und Exporte, die zusammen mit der **Werftindustrie** und den Ölraffinerien die Arbeitsplätze sichern.

In der **Landwirtschaft** können aufgrund des warmen Golfstroms Wein- und Obst kultiviert werden; in Kent

WIRTSCHAFT 85

sind der Hopfenanbau für die Bierproduktion und der Apfellese für den *Cider* von Bedeutung; die Bewohner der Scilly's exportieren ab Dezember Schnittblumen in alle Landesteile. Schafe und Rinder grasen auf den saftigen Weiden. Im Südosten jedoch, innerhalb des riesigen Einzugsgebietes Londons, geben immer mehr Bauern auf und verkaufen ihr Land für viel Geld an Immobilienfirmen – London machts möglich!

Der Süden, vor allem aber der Südosten, bringt seinen Bewohnern den höchsten **Lebensstandard** im gesamten Vereinigten Königreich: In London werden die höchsten Gehälter gezahlt, gefolgt von Südosten und Südwesten. In den ärmeren Landesteilen im Norden liegen die Angestellten mit ihren Arbeitseinkünften um rund ein Drittel niedriger.

DIE MENSCHEN UND IHRE KULTUR

Die Menschen und ihre Kultur

Der Hafenmeister von Torquay unterwegs

Am Strand von Eastbourne

Im Garten der Bildhauerin
Barbara Hepworth in St. Ives

Bevölkerung

Wie kaum in einem anderen Land der Erde haben es die Briten verstanden, bis in unsere Tage hinein ein **Klassensystem** aufrechtzuerhalten, das ganz offensichtlich in der Lage ist, auch dem gleichmachenden Spätkapitalismus zu trotzen. So unterscheidet man die *Working Class*, die *Middle Class* und die *Upper Class*. In jeder dieser Klassen gelten andere kulturelle Strickmuster, Verhaltensnormen, ja sogar Sprachformen, und jede Gesellschaftsschicht ist strikt von der anderen abgeschottet, hat ihren eigenen Bildungshintergrund, ihre eigenen Wohnformen und ganz spezifische Freizeitvergnügen.

Der Begriff der Klasse wird in Deutschland an das Einkommen und damit an Geldbesitz geknüpft, in Großbritannien dagegen meint *Class* weniger Geld als vielmehr den *Background* einer Person. Die Einteilung in eine bestimmte Klasse erfolgt u. a. durch den Beruf, durch die Art und Weise, wie man sein Geld verdient und wofür man es ausgibt.

Die **Working Class** wird geprägt vom *Blue-Collar Worker*, vom Arbeiter im Blaumann, der mit seiner Familie in einem kleinen, schon älteren *Terraced House* lebt, eines von endlos vielen, in langer Reihe stehenden Häuschen mit zwei Schlafzimmern und einem kleinen Garten nach hinten raus. Das „Socio-Economic Profile of the Uk Population", das z. B. von den *Building Societies* oder von den Banken für Kreditgewährungen herangezogen wird, unterscheidet nochmal zwischen der *Skilled Working Class*, der ein Facharbeiter *(Electrician, Plumber)* angehört, und der *Unskilled Working Class*, für ungelernte Arbeiter (Labourer, Roadsweeper).

Die Angehörigen der **Middle Class** mit ihren *White-Collar Jobs*, halten Handel, Verwaltung, Staat und Regierung sowie das weite Feld der Dienstleistungen am Laufen. Hier unterscheidet das „Socio-Economic Profile" gleich dreimal, in die untere, die mittlere und die obere Mittelklasse. Wohnen die ersten beiden in *Semi-Detached Houses* (kurz *Semis* genannt), in vertikal getrennten Doppelhaushälften mit einem Vor- und einem Rückgarten sowie drei bis vier Schlafzimmern, so lieben die Angehörigen der *Upper Middle Class* die sogenanten *Detached Houses*, freistehende Häuser. Sie sind es auch, die ein kleines Cottage weit draußen auf dem Land haben, im grünen *Stockbroker Belt* rund um die Metropole London wohnen und als wohlbetuchte, sogenannte *Gin and Tonic Commuters* allmorgendlich in die Hauptstadt fahren.

Zur **Upper Class** schließlich gehört der Adel; die Earls und Dukes leben in ihren kleinen oder großen Herrenhäusern, die sie schon lange nicht mehr unterhalten können und daher der neugierigen Middle und Working Class zugänglich machen müssen; andere haben ihren Besitz an den National Trust abgegeben und im Gegenzug das Recht auf Wohnsitz bekommen.

Wie groß die Klassenunterschiede sind, zeigt sich sehr deutlich an der

BEVÖLKERUNG 89

Punk in Winchester

Sprache; der britische Linguist *A.S.C. Ross* führte 1954 ein soziolinguistisches Begriffspaar zur Charakterisierung der Sprache ein: die *Upper Class Usage* (= *U*) und die *Non Upper Class Usage* (= *Non-U*). Bei dieser *U and Non-U Language* ist erstere eine perfekte, vornehme Ausdrucksweise, in der vorwiegend angelsächsische Wörter benutzt werden und letztere die Sprache der Masse, in der romanisch gehaltene Begriffe verwendet werden.

Sorgen machen sich britische Soziologen seit einiger Zeit über einen neuen Rechtsruck und den damit verbundenen **Rassismus** im Inselreich.

„Der Rassismus" ist auf dem Vormarsch", musste das Londoner Magazin *New Statesman and Society* entsetzt konstatieren. Dabei waren die Briten – durch den Kolonialismus geschult – immer stolz darauf, als Schmelztiegel der Nationen zu gelten. Damit ist es lange vorbei.

Untersuchungen haben ergeben, dass 10 % aller Briten keine Juden als Nachbarn haben möchten, 25 % gar wollen nicht neben einer farbigen Familie wohnen.

Architektur

My home is my ca(r)stle

Schon 1968 krähte der konservative Unterhausabgeordnete *Enoch Powell* danach, dass „Ströme von Blut" die Farbigen von einer Einwanderung abhalten sollten. Es war dann natürlich „die eiserne Lady" *Margret Thatcher*, die die Migrationsgesetze erheblich verschärfte. 1994 lief der stockkonservative Staatsminister im Schatzkanzleramt aus dem Ruder. Öffentlich erklärte ein Mitglied der Regierung: „Abroad is bloody and foreigners are bad." Im Klartext: „Im Ausland geht es schlimm zu und alle Ausländer sind schlecht."

Architektur

In den Jahren 43 bis 410 siedelten die Römer auf der Insel; als die Westgoten unter der Führung *Alarichs* Rom eroberten, strebten die in Britannien stationierten Legionen in Gewaltmärschen gen Rom, um die Stadt zurückzuerobern. Damit endete der Einfluss der Römer, und die Angelsachsen konnten die Insel, ohne auf nennenswerte Widerstände zu stoßen, erobern.

Ein Hervorragendes Zeugnis **römischer Baukunst** ist das Bad in Bath, weitere römische Hausfundamente findet der Besucher in Dover und auf der Isle of Wight; nicht versäumen darf man einen Besuch im Römischen Palast von Fishbourne nahe Chichester, nach Bath der größte Fund aus der Römerzeit, und ebenfalls bei Chichester lohnt eine Besichtigung der Bigor Villa.

Baudenkmäler aus der **angelsächsischen Zeit** sind rar und selten; Kirchen aus jener Zeit zeigen dicke Mauern, niedrige Fenster mit einem Bogenabschluss und das sogenannte *Long-and-Short Work*, ein steinernes Fachwerk.

Mit der Invasion des Normannen *Wilhelm der Eroberer* setzte sich auch der **normannische Baustil** auf der Insel durch. Auf dem Kontinent wurde er **Romanik** genannt. Alle großen Kathedralen sind in diesem gedrungenen normannischen Baustil begonnen und dann ein Jahrhundert später gotisch modifiziert, umgebaut und erweitert worden.

Es waren die Zisterzienser, die ab etwa 1130 die **Gotik** vom Kontinent auf die Insel brachten; es sollte jedoch noch an die 50 Jahre dauern, bis sich eine erste eigenständige englische Gotik, die **Early English**, mit dem Bau der Kathedrale von Wells entwickelte. Bei dieser frühen englischen Gotik findet die Horizontale eine stärkere Betonung, der Chor ist gerade abgeschlossen und besitzt keine Kranzkapellen, und die Gewölbe sind dekorativer gestaltet als die französischen Vorbilder.

Im späten 13. Jh. wandelt sich die Gotik der *Early English* zum fantasievolleren und verspielten **Decorated Style**, dessen konvex und konkav geschwungene Formen vor allem bei Bögen und in den Maßwerksfenstern zu beobachten sind; freie Flächen werden – wie der Name schon andeutet – durch vielerlei Dekorationen, aber nicht naturalistischer, sondern stilisierter Art, reich verziert. Die Baumeister des *Decorated Style* maßen zudem der Raumbildung eine große Bedeutung zu und schufen lange und unerwartet weite Durchblicke.

Ab 1330 kommt es in England zur Ausprägung der Hochgotik, die im **Perpendicular Style** ihren Höhepunkt findet. Im Gegensatz zum *Decorated* wird die verspielte, überbordende Verzierungssprache im *Perpendicular Style* wieder zurückgenommen; charakterisiert ist die englische Hochgotik durch die Betonung von vertikalen und horizontalen Linien, durch schlanke Stützen und durch recht fantasieloses Maßwerk in den Fenstern, wo rechteckige Felder mit Spitzbogen aneinandergereiht werden. Schön hingegen sind im *Perpendicular* die wirklich prachtvollen Fächergewölbe.

Als die Normannen 1066 auf die Insel kamen, revolutionierten sie, ausgehend von der palisadenumzäunten Motte mit Hügelaufschüttung und Holzbefestigung, recht schnell den Burgenbau. Wie auf dem Kontinent hatten auch die frühen englischen Befestigungen einen Bergfried (*Keep*) in Form des französischen *Donjons*. Aufgrund der Erfahrungen aus den Kreuzzügen lag das Hauptgewicht jedoch bald nicht mehr in der Verteidigung eines einzigen Turms, sondern man schlug die Angreifer von türmchenbewehrten Burgmauern zurück, die manchmal in mehreren konzentrischen Ringen um die Gebäude liefen. Der Tower in London und die Burg

ARCHITEKTUR

von Dover sind gute Beispiele dieser frühen Festungsbauweise. Mit dem Aufkommen der ersten Artillerie wandelte sich auch der Burgenbau. Die gewaltigen Mauern standen nun nicht mehr entlang einer Linie, sondern bildeten Halbkreise, an denen die Kugeln „abrutschten" und wenig Schaden anrichteten. Gute Beispiele sind die Festungen aus der Regierungszeit von *Heinrich VIII.*, z. B. Deal und Walmer Castle oder Mawes Castle.

In der Zeit von *Heinrich VII.* kam die **Renaissance** auf die Insel, blieb jedoch für viele Jahre erst einmal auf die Innendekoration beschränkt.

In der Elisabethanischen Ära dann entstanden die ersten großen Renais-

Die Kathedrale von Exeter: Mischform verschiedener Gotikstile

sance-Bauten für den Adel, allen voran Longleat House. Diese heute **Stately Homes** genannten Paläste haben einen E- oder H-förmigen Grundriss, einen Innenhof, und große Fenster dominieren und gliedern die Fassaden; gerade oder geschwungene Giebel, reiches Terrakottazierwerk sowie vielerlei Holz- und Stuckdekorationen schmücken die Häuser. Innen dominiert die sogenannte *Long Gallery*, ein im ersten Stock über die gesamte Länge des Hauses reichender schmaler Saal, in dem sich die männlichen Adligen mit ihren Gästen bei schlechtem Wetter die Zeit vertrieben, in den großen Fenstererkern Karten spielten oder von dort auf die Gärten schauten und sich unterhielten.

Zu Beginn des 17. Jh. dann vollzog **Inigo Jones** mit seinen beiden **palladianischen Bauten,** Queen's House in Greenwich (1616) und Banqueting House in Whitehall (1619), eine Revolution in der Architektur. Beeinflusst von den Gedanken des italienischen Baumeisters *Andrea Palladio* (1508–1580) arbeitete *Jones* nach den Prinzipien einer harmonischen Proportion, setzte Vorbauten in Form von säulenreichen Tempelfronten an und verwendete reichhaltig das sogenannte Palladiomotiv; bei diesem auch Venezianisches Fenster genannten Stilmittel ist ein breites Fenster von einem Bogen gekrönt und wird von zwei schmalen Öffnungen flankiert, die nach oben dort abschließen, wo der Bogen beginnt.

Der zweite geniale Architekt des 17. Jh. war **Christopher Wren,** der nach dem Großen Brand von London (1666) St. Paul's Cathedral sowie weitere 50 City-Kirchen erbaute und dabei eine erstaunliche Formenvielfalt zeigte; entweder legte er klassisch einfache Prinzipien zugrunde wie in der Kuppel von St. Paul's, oder er vermischte Stilmittel des Barocks mit gotischen Formen, worin ihm seine Schüler folgen sollten. Erst nach *Wren* und ein gutes Jahrhundert, nachdem *Inigo Jones* seine beiden palladianischen Schmuckstücke in die Stadtlandschaft von London gesetzt hatte, wurde der Palladianismus richtungsweisend bis in das frühe 19. Jh. hinein, dabei vielfach modifiziert sowie abwechslungsreich und kreativ in neue Stilrichtungen eingepasst. So z. B. in der **Georgian Architecture,** benannt nach den Königen der Hannoveraner. Hier war es der gleichermaßen geniale wie ungeheuer geldverschwendende *John Nash*, der die architektonischen Akzente setzte und die Repräsentationsbauten in klassizistischer Linienführung und vollendeter Grandezza in Szene setzte. Bei den Privathäusern des Adels hingegen zeigen die georgianischen Bauten außen mehr Zurückhaltung, sind dagegen im Innern üppig geschmückt.

In der Ära Königin *Victorias* (1837–1901) macht sich Regellosigkeit breit; einerseits verspielt-wahnsinniges wie der Royal Pavilion von Brighton, andererseits **Historismus,** der sich in neogotischen Bauten wie etwa den Houses of Parliament niederschlägt.

Zu Beginn des 20. Jahrhunderts sind die britischen Architekten mit der **Domestic Revival** weltweit führend in der

Planung von Gartenvorstädtchen und in der Wohnhausarchitektur. Der Jugendstil des Kontinents schlägt sich in Großbritannien in der **Arts-&-Craft-Bewegung** nieder, dessen Meister der Schotte *Charles Rennie Macintosh* war.

Nach Kriegsende ist die Diskussion in der britischen Architektur von Annahme des bzw. Opposition gegen den **Internationalismus** bestimmt, dessen Stilmittel gekennzeichnet sind durch asymmetrische Kompositionen, einfache kubische Hauptformen, in horizontalen Reihen gegliederte Fensterfronten und das Fehlen von Ornamentik und Profilierung.

Englische Literatur – ein Überblick

Bei den Orts- und Routenbeschreibungen werden auch eine ganze Reihe von Schriftstellern, Lyrikern und Literaten vorgestellt, die in der jeweiligen Stadt oder Region gewohnt haben, zu Besuch vor Ort weilten oder über die Landschaft geschrieben und ihre Protagonisten dort angesiedelt haben. Eine kurze Literaturgeschichte soll hier deshalb einen Überblick über die Stilepochen und die bekanntesten Autoren vermitteln.

Sieht man von den altenglischen Heldenliedern wie dem *„Beowulf"* ab, so beginnt die moderne englische Literatur mit den „Canterbury Tales" von **Geoffrey Chaucer** gleich mit einem Paukenschlag. *Chaucer* (um 1340–1400) ist der erste Autor des Mittelalters, der aus der Anonymität seines Berufsstandes heraustritt und somit als Mensch wie als Schriftsteller biografisch fassbar wird und ein vielseitiges dichterisches Gesamtwerk hinterlassen hat. Anglisten loben sehr zu Recht „die Eleganz und Geschmeidigkeit seiner Sprache und die souveräne Heiterkeit, die den Ernst seines Anliegens hinter der Grazie der Aussage zu verbergen weiß, solche Vorzüge sollten sobald nicht wieder in dem Werk eines Autors vereint sein."

Chaucers Hauptwerk sind die **„Canterbury Tales"**, die Geschichten, die sich Pilger auf dem Weg von London nach Canterbury zum Schrein des hl. Thomas Becket erzählen, um die Reise kurzweiliger zu gestalten. Lesen wir einmal hinein in die von Martin Lehnert unnachahmlich übersetzten Verse:

„Wenn milder Regen, den April uns schenkt,
Des Märzens Dürre bis zur Wurzel tränkt
Und badet jede Ader in dem Saft,
sodass die Blume sprießt durch solche Kraft;
Wenn Zephyr selbst mit seinem milden Hauch
In Wald und Feld die zarten Triebe auch
Erwecket hat und die Sonne jung durchrann
Des Widders zweite Sternenhälfte dann,
Wenn kleine Vögel Melodien singen,
Mit offnen Augen ihre Nacht verbringen
– So stachelt die Natur sie in die Brust –:
Dann treibt die Menschen
stark die Wallfahrtslust,
Und Pilger ziehn zu
manchem fremden Strand,
Zu Heiligen berühmt in
manchem fernen Land;
Besonders sieht aus Englands Teilen allen
Man freudig sie nach Canterbury wallen,
Dem segenreichen Märtyrer zum Dank,
Der ihnen half, als sie einst siech und krank."

ENGLISCHE LITERATUR

Chaucer vermittelt ein saftvoll-kraftvolles Bild des spätmittelalterlichen Menschen und hat uns dadurch ein ausdrucksvolles Zeitgemälde jener Tage hinterlassen.

Mit *Heinrich VII.* (1485–1509) beginnt die Dynastie der Tudors, und die Renaissance hält im Inselreich ihren Einzug. Neben *Erasmus von Rotterdam* ist **Thomas More** (lat. *Morus*, 1478–1535) der bedeutendste Humanist Europas und sein Hauptwerk „Utopia", in dem er einen idealen Staat entwirft und mit Kritik an den herrschenden Ungerechtigkeiten in England nicht spart, das vielgelesene Buch der großen Geister jener Tage. *Erasmus* lobt, „dass die Natur nichts Zarteres, Edleres und Glücklicheres geschaffen habe als den Geist des Thomas Morus." *Morus'* Gemüt zeichnet sich durch fromme Gläubigkeit, aber auch durch Fröhlichkeit und Humor, durch einen verschmitzten *Common Sense*, wie ihn die Briten ja so sehr lieben, durch Mut, große Bildung, diplomatisches Geschick und tiefe Liebe vor allem zu seinen Kindern aus. In der Regierungszeit von *Heinrich VIII.* steigt er bis in das höchste Amt des Staates auf, wird Lordkanzler; doch dann verweigert er seinem König nach dessen Bruch mit Rom die Anerkennung als kirchliches Oberhaupt der Anglikanischen Kirche, worauf der Schlächter Heinrich den aufsässigen Humanisten natürlich hinrichten lässt.

Als einer der bedeutendsten Dichter der Hochrenaissance, der zu Unrecht ganz vom Glanze seines Zeitgenossen *Shakespeare* überstrahlt wird, verdient **Edward Spenser** (um 1552–1599) Erwähnung, dessen Name kaum über England hinaus bekannt geworden ist. Erst im reiferen Alter von 27 Jahren veröffentlicht *Spenser* die große und anspruchsvolle Dichtung „The Shepheardes Calender", die Literaturkritiker als Meilenstein in der Entwicklung der englischen Dichtkunst feiern. Hier geht es um moralische Tugenden, um Stolz, Ehrgeiz, Demut, es geht um die Jugend und das Altern, um die Ungerechtigkeiten von König und Kirche. Um den großen Erfolg seines Schäferkalenders nicht zu gefährden, tritt *Spenser* erst elf Jahre später wieder, in den Folgejahren dann regelmäßig, mit weiteren umfangreichen Verssammlungen an die Öffentlichkeit.

Ein weiterer Vorläufer *Shakespeares* ist **Christopher Marlowe** (1564–1593), *The Muses' Darling* genannt, der als erster Autor eines poetischen Dramas gilt und es verstand, seine Figuren und Charaktere mit Leben zu füllen. *Marlowe* war es, der als erster den Faust für die Bühne bearbeitete und die Blankverse – die er mit großer poetischer Kraft schmiedete – in die englische Literatur einführte. Von *Shakespeare* und seinen Zeitgenossen ob seiner literarischen Qualitäten bewundert, war *Marlowe* selbst kein angenehmer Geselle. In den letzten Jahren seines kurzen Lebens mehrfach wegen Totschlags, Landfriedensbruch, Gotteslästerung, Atheismus und Homosexualität angeklagt, wurde er bei seinem ausschweifenden Leben folgerichtig im Alter von 29 Jahren bei einer Wirtshausschlägerei erstochen.

ENGLISCHE LITERATUR

Das elisabethanische Zeitalter steht ganz im Zeichen des alle überragenden **William Shakespeares** (1564–1616), Versdichter, Autor von Komödien, Tragödien und historischen Stücken, ein Universalgenie, ein genialer Autor, leider aber auch eine schwer zu fassende Persönlichkeit, über die wir eigentlich immer noch viel zu wenig wissen.

Neben *Shakespeare* ist in dieser Zeit der hierzulande völlig unbekannte **Ben Jonson** (1573–1637) – „ein Riese der Energie", wie ihn ein Dichterkollege nannte – der bedeutendste Dramatiker. Er scharrt einen Kreis von ihn verehrenden Schriftstellern um sich, der spöttisch *Tribe of Ben* genannt wird, und ist recht beliebt und erfolgreich am Hof von *Jakob I.*

Als Dichter des elisabethanischen Zeitalters muss auch **John Donne** (1572–1631) genannt werden, der erfolgreich die bis dahin gängigen Sonett-Traditionen ignoriert und in der Poesie neue Akzente setzt und „lyrische Kostbarkeiten" hervorbringt. Die Literaturkritik lobt seine Fähigkeit, „die ganze Skala der Liebesgefühle von der zartesten und innigsten geistigen Beziehung bis zum groben Zynismus durch kühne Vergleichsaspekte prägnant zu erläutern."

Nicht nur in literarischer Hinsicht muss **Francis Bacon,** später *Baron Verulam* und *Viscount St. Albans* (1561–1626), als einer der ganz großen Geister Britanniens genannt werden. Das Universalgenie ist erfolgreich in der Politik und steigt bis zum Lordkanzler auf, gilt als hervorragender Jurist, Philosoph, Naturwissenschaftler und als Meister der englischen Prosa. Er ist es, der den Essay als neue Kunstform einführt.

Große politische Bedeutung erlangt der Verfechter eines extremen Materialismus, der von seinen Gegnern als der *Bugbear of the Nation* geschmähte **Thomas Hobbes** (1588–1679), dessen theoretisches Werk „Leviathan" zu den einflussreichsten politischen Schriften des Jahrhunderts zählt. *Hobbes* erklärt zum Schrecken der Kirche den absoluten Staat nicht mehr als gottgewollt, sondern entstanden aus reinen Nützlichkeitserwägungen – die Aufklärung wirft ihre Schatten voraus!

Der letzte große Dichter der englischen Renaissance – ähnlich sprachgewaltig wie *Shakespeare* – ist **John Milton** (1608–1674), der in seinen Werken die Kultur des Altertums mit Glaubensbezügen des Christentums in eine barocke Sprache fasst.

Als Literaturkritiker tritt **John Dryden** (1631–1700) mit seinem Band „Essay of Dramatic Poesie" an die Öffentlichkeit; sein scharfes Urteil, die Fähigkeit zur Textanalyse und sein brillanter Stil bleiben ebenso unerreicht wie seine Gedichte und Dramen.

Wenngleich nicht gerade ein Literat, so darf doch **Samuel Pepys** (1633–1703) nicht vergessen werden, der ein sehr privates und für den heutigen Leser äußerst vergnügliches Tagebuch hinterlassen hat, in dem das Leben in der Mitte des 17. Jh. in einer selten zu findenden Lebendigkeit erstrahlt.

Mit Beginn des 18. Jh. entwickeln **Daniel Defoe** (um 1660–1731) und **Jonathan Swift** (1667–1745) neben

ENGLISCHE LITERATUR

ihren klassischen Prosabänden auch den literarischen Journalismus; mit ihren im Verlauf der Jahrhunderte von Lektoren immer weiter verstümmelten Werken „Robinson Crusoe" und „Gullivers Reisen" gehören heute beide zu den Klassikern der Jugendliteratur.

Alexander Pope (1688–1744) ist der Meister der klassizistischen Dichtung im 18. Jh. und wird mit seinem subtilen wie geistreichen Stil der führende Dichter jener Zeit.

Samuel Richardson (1689–1761), **Henry Fielding** (1707–1754) und **Lawrence Sterne** (1713–1768) sind die großen Romanschriftsteller jener Tage; *Richardson* schreibt psychologische Briefromane, die *Goethe* sehr bewundert, *Fielding* verfasst bissige Satiren auf die moralgeschwängerten Inhalte von *Richardson* und ist uns vor allem mit seinem Band zum Findlingskind *Tom Jones* im Gedächtnis geblieben. *Sterne* schließlich ist bis heute für seinen „Tristam Shandy" bekannt.

In jener Epoche nicht vergessen werden sollten auch die bis heute gelesenen Romanautoren **Oliver Goldsmith** (1730–1774), **Tobias Smollet** (1721–1771) und **Horace Walpole** (1717–1797), letzterer begründete mit seinem Band „Die Burg von Otranto" die Literaturgattung der *Gothic Novel*, des Schauerromans.

Nachhaltigsten Einfluss auf die britische Literatur hat **Dr. Samuel Johnson** (1707–1784), dessen Bedeutung und Wirken in Großbritannien etwa mit demjenigen *Goethes* in Deutschland vergleichbar ist. Sowohl als Dichter als auch als Prosaschreiber leistet er Hervorragendes. Sein größtes Vermächtnis jedoch ist das im Jahre 1755 erschienene Dictionary of the English Language, das erste brauchbare Wörterbuch der englischen Sprache. *Johnson* definiert darin 40.000 Wörter und gibt diesen über 100.000 Zitate bei. Viele Definitionen sind bis in unsere Tage hinein gültig, und auf *Johnsons* Werk basiert letztendlich das heutige „Oxford English Dictionary". Das Leben des Literaten ist dank seines Freundes *James Boswell* beachtlich gut dokumentiert, und dessen Band „Life of Johnson" ist eine der ersten großen Biografien im englischsprachigen Raum.

In der zweiten Hälfte des 18. Jh. ist es das schottische Naturtalent **Robert Burns** (1759–1796), der poetische Werke von großer Kraft schreibt und in jenen Tagen keinen ernsthaften Konkurrenten hat.

Unter den Dichtern der Romantik ragen die beiden Poetengrößen **William Wordsworth** (1770–1850) und sein Freund **Samuel Taylor Coleridge** (1772–1834), der auch als Philosoph und Literaturkritiker hervortritt, heraus. Tragisch verläuft das Leben der drei anderen großen Dichter der englischen Romantik; **Lord Byron** stirbt 1824 36-jährig als Freiheitskämpfer für die Griechen an einem Fieber, nur 30-jährig ertrinkt **Percy Bysshe Shelley** 1822 im Golf von Livorno, und **John Keats** wird als 26-jähriger im Jahre 1821 in Rom von der Tuberkulose hinweggerafft. Doch die Sprachgewalt ihrer frühen Jahre hat sie schon unsterblich gemacht.

ENGLISCHE LITERATUR

Jane Austen (1775–1817), eine Romanschriftstellerin von Rang, siedelt ihre Protagonisten in der englischen Countryside zwischen niederem Landadel und gehobenem Bürgertum an. Der Schotte **Sir Walter Scott** (1771–1832) schreibt aufgrund seines starken Geschichtsbewusstseins neben Versromanzen vor allem historisch solide Romane, die dem Publikumsgeschmack sehr entgegenkommen, in viele Sprachen übersetzt werden und Schottland international bekannt machen.

Dr. Samuel Johnson

Während des Viktorianischen Zeitalters redet der schottische Historiker **Thomas Carlyle** (1795–1881) der rein nach materialistischen Gesetzen funktionierenden Gesellschaft mit Sprachgewalt und großer moralischer Geste ins Gewissen und beklagt die zunehmende Unterdrückung durch die Industrialisierung.

Ganz im Gegensatz zu ihm steht der zweite große Historiker jener Tage, **Thomas M. Macaulay** (1800–1859), der die Gegenwart über alle Maßen lobt. Seine Essays gehören zu den meistgelesenen Texten, und seine vierbändige „History of England" macht ihn zu einem berühmten Mann. Sein Gegenspieler *Carlyle* nannte ihn einmal eine „machtvolle Persönlichkeit", die leider über keine „göttliche Idee" verfüge.

Unermüdlich prangert **Charles Dickens** (1812–1870) in seinen sozialkritischen Romanen – so etwa „David Copperfield" oder „Little Dorrit" – das Elend des Frühkapitalismus an und betätigt sich als „Sonderkorrespondent Londons für die Nachwelt".

Benjamin Disraeli (1804–1881) ist nicht nur ein begnadeter Politiker und intelligenter Premierminister des 19. Jh., sondern auch ein exzellenter Romanschriftsteller, der ebenfalls die sozialen Gegensätze Englands analysiert und sprachgewaltig beschreibt.

Mit dem Roman „Vanity Fair", dem „Jahrmarkt der Eitelkeiten", ist **William Makepeace Thackeray** (1811–1863) berühmt geworden; auch er übt beißende Kritik an der in Müßiggang und Langeweile versinkenden Oberschicht.

ENGLISCHE LITERATUR

Die drei **Brontë-Schwestern** *Charlotte* (1816–1855), *Emily Jane* (1818–1848) und *Anne* (1820–1849) wachsen mutterlos in einer kleinen, armen Landpfarrei in Yorkshire auf, werden zusammen mit ihrem Bruder vom Vater weitgehend allein gelassen und erhalten kaum eine Schulbildung. In einer Landschaft von kahlen Hügeln und einem weiten Moor schaffen sich die Kinder ihre eigenen Traumwelten, die sie sich gegenseitig in Heftchen aufzeichnen. Aus dieser Lehrzeit des Schreibens resultieren ihre Romane, von denen Emilys wortmächtiges „Wuthering Heights" die größte Bekanntheit erreicht hat.

George Eliot ist das Pseudonym von *Mary Ann Evans*, die in der puritanischen viktorianischen Zeit mit einem verheirateten Mann zusammenlebt und dadurch schwer gegen die Konventionen im England des 19. Jh. verstößt. Sie ist es, die den Roman aus der „Sphäre der Unterhaltung" löst und ihn mit „kritischem Verstand als Kunstwerk gestaltet".

Der Dichter der Viktorianer ist **Alfred Lord Tennyson** (1809–1892), der zu den ganz Großen der englischen Lyriker gerechnet werden muss. Große Bekanntheit und Beliebtheit als Dichter erreichen im 19. Jh. **Robert Browning** (1812–1889) und seine Frau **Elizabeth Barret Browning** (1806–1861), der präraffaelitische Maler **Dante Gabriel Rossetti** (1828–1882) und **Algernon Charles Swinburne** (1837–1909).

Vielfache Interessen zeichnen **John Ruskin** (1819–1900) aus, der als Begründer einer modernen Literaturkritik gilt, ein reiches Prosawerk hinterlassen und auch mehrere kunsttheoretische Bände verfasst hat.

Viel Dramatik hat der Schotte **Robert Louis Stevenson** (1850–1894) mit seinem Abenteuerroman „Die Schatzinsel" in unsere Kinderzimmer gebracht. Er konnte nicht nur spannend erzählen, sondern widmete sich mit psychologischem Feingefühl und suggestiven Bildern vor allem der Gattung der Kurzgeschichte. Die Gruselstory von Dr. Jekyll und Mr. Hyde gehört dazu. Nur 44-jährig verstarb *Stevenson* in der Südsee an einem Schlaganfall.

Wie kein anderer hat **Thomas Hardy** (1840–1928) seine südenglische Landschaft und die Menschen mit ihren Sorgen und Nöten, eingebettet in die allumgebende Natur, beschrieben. „Tess of the d'Urberville" ist wohl sein bekanntester Roman, der das unglückliche Leben der schönen Tess zum Inhalt hat, die verführt und mehrfach verlassen wird, schließlich ihren Peiniger ersticht und nach kurzer Zeit des Glücks gefasst und hingerichtet wird.

Umstritten ist der Autor des Dschungelbuches, **Rudyard Kipling** (1865–1936), der sich in seinen Werken als Reaktionär und Rassist entlarvt und chauvinistischen Vorurteilen frönt. Dennoch erhielt er als erster Brite den Nobelpreis für Literatur.

Vom gut beobachtenden und hervorragend beschreibendem **Henry James** (1843–1916) wird der Leser viele kurze oder auch längere, aber immer treffende Zitate in diesem Band finden. *James*, eigentlich amerikanischer Staatsbürger, aber fast sein ganzes Leben in England wohnend, arbeitete sowohl als Romancier als auch als Reiseautor. Seine Fahrtbeschreibungen durch Großbritannien lassen sich amüsant und lustig lesen und sind gesammelt in dem Band „In England um glücklich zu sein".

Joseph Conrad (1857–1924), der aus einer gebildeten polnischen Familie stammt und eigentlich *Theodor Josepf Konrad Korzeniowski* heißt, fährt als Kapitän der englischen Handelsmarine mehr als 20 Jahre zur See, bis er sich dann in England als Schriftsteller niederlässt. Seine Protagonisten stehen – wie nach einem Seefahrerleben nicht ungewöhnlich – in ständiger Auseinandersetzung mit den Kräften der Natur sowie ihren eigenen psychischen Urgewalten. Angelehnt an *Conrads* bekanntestem Roman „Herz der Finsternis" hat *Francis Ford Coppola* sein Vietnam-Trauma „Apocalypse Now" verfilmt.

John Galsworthy (1867–1933), mehr der Realität im edwardianischen England als der Romantheorie verhaftet, verfasste eine ganze Reihe von sozialkritischen Romanen; durch eine Fernsehserie auch hierzulande bekannt geworden ist die Familienchronik „Forsythe Saga".

Aus kleinen Verhältnissen stammt **Herbert George Wells** (1866–1946). Er bekommt nur wenig schulische Bildung und muss früh in die Lehre. Doch dann ermöglicht ein Stipendium dem Autodidakten das Studium an der renommierten School of Science im

William Shakespeare – Leben und Werk

„We are such stuff
As dreams are made on; and our little life
Is rounded with a sleep"
William Shakespeare, „The Tempest"

William Shakespeare wird am 26. April 1564 in der Pfarrkirche zu Stratford getauft; das genaue **Geburtsdatum** kennen wir nicht, angenommen wird jedoch stets der 23. April, denn 52 Jahre später, am 23. April 1616, stirbt das Genie, sodass nun Geburts- und Todestag auf das gleiche Datum fallen.

Stratford verfügte bereits über eine gute **Grammar School** und qualifizierte Lehrer; zwar ist nicht dokumentiert, dass Klein William hier Schüler war, doch aufgrund seiner Bildung sowie der Zitate in seinen Stücken, die teilweise aus Schulbüchern der damaligen Zeit stammen, ist es doch sehr wahrscheinlich, dass er hier den Unterricht besuchte.

Die *Grammar School* der Tudor-Ära war in erster Linie eine Lateinschule, den Schülern wurden Grammatik und Rhetorik z. B. anhand der Texte von *Cicero* beigebracht, später lasen sie dann die Werke von *Virgil, Caesar, Ovid, Juvenal* und *Horaz*. Shakespeare dürfte hier auf alle Fälle eine fundierte Ausbildung erfahren haben (die sein akademisch gebildeter Freund *Ben Jonson* mit den Worten „*he had small Latin and less Greek*" abtat).

Die nächste aktenkundige Eintragung nach der Geburt bezog sich 18 Jahre später auf *Shakespeares* **Hochzeit.** Entweder am 30. November oder am 1. Dezember 1582 heiratet Jung William die acht Jahre ältere *Ann Hathaway*. Die Formalitäten für die Eheschließung waren mit großer Eile vorangetrieben worden, denn Ann war schwanger. Am 26. Mai 1583 wird Susanna

WILLIAM SHAKESPEARE

geboren, zwei Jahre später, am 5. Februar 1585, die Zwillinge Hamnet und Judith; der Knabe stirbt mit elf Jahren, die beiden Mädchen überleben die Kindheit.

Von 1585 bis 1592 gibt es in *Shakespeares* Biografie erneut eine Lücke, keinerlei Aufzeichnungen verraten etwas über das private oder berufliche Leben. Diese undokumentierten sieben Jahre haben zu einer ganzen Reihe von teilweise wilden Spekulationen und Legendenbildungen Anlass gegeben. Das Problem, dass diese so genannten **Lost Years** für die Biografen aufwirft, ergibt sich aus der Tatsache, dass *Shakespeare* 1592 an einem anderen Ort, nämlich in London, und dort bereits als namhafter Autor und Schauspieler wieder in das Licht der Geschichte tritt. Irgendwie hat *Shakespeare* – so nimmt man an – seinen Weg in eine **fahrende Schauspielertruppe** gefunden. Stratford bot dafür gute Voraussetzungen, denn Tournee-Theater gastierten regelmäßig in der Stadthalle; für die Jahreswende 1586/87 sind fünf Truppen urkundlich erwähnt. Sehr wahrscheinlich hat sich *Shakespeare* dem Ensemble der *Queen's Men* angeschlossen, die während ihrer Aufführungen in Stratford einen Schauspieler durch ein Duell verloren; *Shakespeare* dürfte diese Lücke ausgefüllt und sehr bald Stücke für die Truppe geschrieben haben.

Wenngleich das Theaterwesen keine eigene Zunft hatte und außerhalb jeglicher Gildenbestimmung stand, so war ein Ensemble doch nach den Prinzipien eines Handwerksbetriebs organisiert. Ganz oben stand der *Master*, der Chef der Truppe, der Pächter oder auch Besitzer des Theatergebäudes, ihm nachgeordnet, etwa im Rang von Gesellen, 15–20 festangestellte Schauspieler, die jedoch kein reguläres Gehalt bekamen, sondern am Einspielergebnis beteiligt waren. Aushilfskräfte (*Hired Hands*) verstärkten die Gruppe, hinzu kamen noch Jungschauspieler im Rang von Lehrlingen, die vor allem Frauenrollen spielten, denn auch das Theatergeschäft war eine reine Männerangelegenheit (Frauen ließ man erst ein gutes Jahrhundert später, nach der Restauration des Königshauses unter dem lebenslustigen und vergnügungssüchtigen *Merry Monarch Karl II.* auf die Bühne).

Für *Shakespeare*, der langsam vom Schauspieler zum Autor wechselte, bedeutete ein fester Platz in einem Ensemble große Sicherheiten, und er war damit wesentlich besser gestellt als die freien Schreiber, welche die Truppen gegen ein Pauschalhonorar mit Texten für ein Stück versorgten, nie wissen konnten, wie oft ihr Drama denn gespielt wurde, und häufig in bitterer Armut lebten.

Auf alle Fälle taucht *William Shakespeare* am 3. September 1592 als bereits bekannter Mann und **geachteter Autor in London** auf. Wir wissen deshalb so genau darüber Bescheid, weil der Stückeschreiber *Robert Greene* mit einer wilden Attacke über *Shakespeare* herfällt. In seinem Pamphlet „Ein Groschen Witz gekauft für eine Million Reue" schimpft *Greene* über die Schauspieler, über „diese Marionetten, die nur mit unserem Mund sprechen", diese „Tanzclowns, die sich mit unseren Farben schmücken", über „diese angemalten Monstren". Und ganz besonders hat er *Shakespeare* im Visier, der als Schauspieler und Nichtakademiker glaubt, auch Stücke schreiben zu können. Da heißt es: „Yes trust them not: for their is an upstart crow, beautified with our feathers, that with his tiger's heart wrapped in a player's hide, supposes he is as well able to bombast out a blank verse as the best of you: and being an absolute Johannes factotum, in his own conceat the only Shake-scene in the country." („Jawohl traut ihnen nicht: Denn da gibt es eine hochgekommene Krähe, mit unseren Federn geziert; und der glaubt mit seinem Tigerherz, von einem Schauspielerfell umhüllt, dass er es genausogut verstehe, einen Blankvers auszustaffieren wie der Beste von euch: und da er ein totaler Hans-Dampf-in-allen-Gassen ist, ist er in seiner eigenen Einbildung der einzige Bühnenerschütterer im Lande.")

Direkt genannt wird *Shakespeare* nicht, doch dass er gemeint ist, ergibt sich aus zwei Passagen: zum einen aus dem Wortspiel *Shake-scene*, das natürlich auf den Namen *Shakespeares* anspielt, zum anderen aus der Tigerherzstelle, die eine Parodie auf ein Zitat von *Shakespeare* aus dem Stück „Heinrich VI." ist (O tiger's heart wrapt in a woman's hide).

Dieser einzige Angriff eines Zeitgenossen gegen *Shakespeare* wird vom Nachlassverwalter *Greenes* wenige Wochen später entschuldigend zurückgenommen: „Es tut mir so leid, als sei der ursprüngliche Fehler (der Angriff von Greene) der meine gewesen, denn ich habe selbst festgestellt, dass sein Verhalten (das von Shakespeare) nicht weniger höflich ist, als er in dem Metier, das er betreibt, hervorragt. Außerdem haben mehrere Personen von Rang mir von seiner Rechtschaffenheit bei Geschäften berichtet, was für seine Ehrenhaftigkeit spricht, und von seiner heiteren Anmut als Autor, was ihn als Künstler ausweist."

Nach den Angriffen von *Greene*, die von Neid gegen den erfolgreichen Aufsteiger zeugen, versucht *Shakespeare* sich auch als **Poet**, um zu demonstrieren, dass er das gesamte Gebiet der Dichtkunst beherrscht. Theaterstücke gelten nicht als hohe Literatur, sondern als unterhaltende Gebrauchslyrik, ein Epos hingegen ist die Spitze der Dichtkunst. 1593/94 erscheinen die beiden Versepen „Venus and Adonis" und „The Rape of Lucrece". Binnen kurzem erlangt *Shakespeare* eine ungeheure Aufmerksamkeit, und eine Auflage nach der anderen überschwemmt den Markt. Trotz des Erfolgs schreibt *Shakespeare* weiter Theaterstücke, denn hiermit ist gutes Geld zu machen. Unaufhörlich vollzieht sich nun sein gesellschaftlicher und beruflicher Aufstieg.

In der elisabethanischen Ära konnten Theatergruppen nur überleben, wenn sie einen **adligen Patron als Schirmherr** besaßen. Die Angst der Autoritäten vor Leuten, die keiner Zunft angehörten, damit nicht kontrollierbar waren, veranlasste *Elisabeth I.*, 1572 das so genannte Vagrantengesetz zu verabschieden. „Fechter, Bärenführer und gewöhnliche Schauspieler" werden darin als „Kriminelle und Vagabunden" dem Gesetz zugeführt und bestraft, soweit sie nicht „einem *Peer* des Reiches angehören". 1594 ist *Shakespeare* mit seiner Truppe Mitglied der **Lord Chamberlains's Men**. Das Ensemble hat großen Erfolg und ist gar bei Hofe hochbeliebt. Insgesamt 32 Mal spielen sie vor *Elisabeth I.*; nach ihrem Tod im Jahre 1603 übernimmt *Jakob I.* den Schutz der Schauspieler, die ab nun **The King's Men** sind. 175 Aufführungen erleben die Stücke von *Shakespeare* vor dem Monarchen.

1599 bietet die Familie *Burbage* dem Dramatiker eine Teilhaberschaft am **Globe Theatre** an, und *Shakespeare* wird *Sharer* mit 10 % Anteil; 1608 beteiligt er sich mit einem Siebtel am Blackfriars Theatre.

Am 20. Oktober 1596 verleiht das Königliche Wappenamt *John Shakespeare*, dem Vater des Dichters, sowie seinen Kindern und Enkeln das Recht, ein Wappen zu führen; die Familie, so heißt es, ist *of good*

reputation and credit. Natürlich hat William die Angelegenheit in die Wege geleitet und bezahlt. Nun gehört er zur *Gentry* und darf sich **Gentleman** nennen – mit vollem Titel: *William Shakespeare of Stratford upon Avon, in the country of Warwick, Gentleman!*

Diese Bezeichnung führt er gern und ständig, sie zeigt, dass er mehr seiner Geburtsstadt als der Metropole London verhaftet ist, und folgerichtig legt er sein Geld in Stratford an. Am 4. Mai 1597 erwirbt er New Place, eines der größten Häuser des Ortes, am 1. Mai 1602 kauft er 43 ha Ackerland und am 28. September ein weiteres Haus gegenüber von New Place.

Obgleich nun mit viel Anerkennung bedacht, unternimmt *Shakespeare* keinerlei Anstrengungen, sein Werk einer breiten Öffentlichkeit zugänglich zu machen. Er lässt keines seiner Stücke drucken, versucht nicht, eine Gesamtausgabe zu initiieren, schreibt keine Vorworte oder Einleitungen zu seinen Dramen (wie etwa *Ben Jonson*) und tut nichts, um sich bleibenden Ruhm zu sichern. Zwar kursierten schon zu seinen Lebzeiten einzelne **gedruckte Bände** seines Werkes, doch sie kamen nicht auf seine Anregung hin zustande. Eine erste größere Gesamtausgabe wurde erst 1623, sieben Jahre nach seinem Tod, von *John Henninge* und *Henry Condell* besorgt. Unsere Kenntnis von 17 Dramen beruht allein auf dieser Folioausgabe.

Um das Jahr 1611 soll sich Shakespeare **vom Theaterleben** in London **zurückgezogen** haben und nach Stratford übergesiedelt sein. Doch hielt er weiter Kontakt zu seiner Schauspieltruppe und den Theatern in der Metropole.

Am **23. April 1616 stirbt er** – wie die Legende behauptet, nach einem Saufgelage mit *Ben Jonson*.

Das ist so ziemlich alles, was wir über das Leben von *William Shakespeare* wissen, und so ist es nicht verwunderlich, dass in den vergangenen Jahrhunderten, ja sogar heute noch, wie ein im „Merkur" veröffentlichter Artikel zeigt, die Meinung kursierte, dass *Shakespeare* nur ein **Strohmann** war, der den eigentlichen Autor verbarg. Die Gründe für die Vermutung liegen auf der Hand, denn wie soll dieser in einer *bookless neighbourhood* aufgewachsene Sohn eines Analphabeten, von seinen Zeitgenossen weitgehend unbeachtete, ungebildete, mit höfischer Etikette unvertraute Mann, dieser Trunkenbold, dessen Tod offensichtlich mit seiner Sauferei zusammenhing, derart elaborierte, sprachgewaltige Werke geschrieben haben, die eine tiefe Detailkenntnis historischer Fakten verlangten. Und so soll *Shakespeare* für einen hohen Adligen den Autor gemimt haben, damit dieser nicht mit der verruchten Zunft der Schauspieler in einem Atemzug genannt wurde und so an Reputation verlor. Zwei Argumente sprechen immerhin dagegen: Zum einen ist es sehr unwahrscheinlich, dass über Jahrzehnte vor den Schauspielern, Druckern und Herausgebern die wahre Identität verschleiert werden konnte, zum anderen brauchte ein verkapper Aristokrat bei den Versepen nicht um seinen Ruf zu bangen; solch qualitätvolle Poesie hätte ihn zu einem geachteten Mann gemacht, warum also verzichtet der anonyme Autor auf diesen Ruhm. Und so blühen bis heute die Spekulationen, dass *Shakespeare* in Wahrheit eigentlich *Francis Bacon* war; große Aussicht, enttarnt zu werden, hat auch *Edward de Vere*, 17. Earl of Oxford, von dem schon *Sigmund Freud* glaubte, dass er der Meister gewesen sei.

Höchst spekulativ ist auch die These, dass *Christopher Marlowes* Tod in einer Wirtshausschlägerei nur vorgetäuscht war, um ihn vor der Anklage der Blasphemie zu schützen, und dass der Tunichtgut dann nach Italien floh, dort die Feder wetzte und Stücke sowie Sonette an einen Vertrauten namens *William Shakespeare* schickte.

ENGLISCHE LITERATUR

George Bernhard Shaw

Londoner Viertel South Kensington. Hier erlernt er die theoretischen Grundlagen für seinen in alle Sprachen der Welt übersetzten fantastischen Roman „Die Zeitmaschine".

Gilbert Keith Chesterton (1874–1936) ist hierzulande vor allem durch seine Pater-Brown-Krimis bekannt geworden, und **William Somerset Maugham** (1874–1965) hat uns eine ganze Reihe exzellenter Gesellschaftsromane hinterlassen.

Der Ire **George Bernard Shaw** (1856–1950) bringt das Drama zu neuem Ansehen, auf sein Stück „Pygmalion" geht das bekannte Musical „My Fair Lady" zurück.

Der bedeutendste Dichter nach dem Ersten Weltkrieg ist **T. S. Eliot** (1888–1965), dessen Geniestreich „The Waste Land" in der Hogarth Press von *Virginia* und *Leonard Woolf* publiziert wird; *Eliot* schreibt auch Dramen, so das religiöse Stück „Mord im Dom", dass die Ermordung des Erzbischofes *Thomas Becket* zum Inhalt hat und 1936 in der Kathedrale von Canterbury aufgeführt wird.

Unkonventionell sind die Romane von **D. H. Lawrence** (1885–1930), der zu den größten englischen Schriftstellern des 20. Jh. zu rechnen ist. In seinen Werken entwickelt er Visionen des Lebens und profiliert sich als scharfer Gesellschaftskritiker.

Virginia Woolf (1882–1941, siehe Exkurs „Virginia Woolf – Ein Leben am Rande des Wahnsinns") präsentiert in ihren Romanen einen exklusiven Ausschnitt der Wirklichkeit, ihr bekanntestes Werk „Orlando", in dem sich die Hauptfigur vom Mann zur Frau wandelt und vom elisabethanischen Zeitalter bis heute durch die Jahrhunderte reist, wurde 1992 verfilmt.

In seinem Roman „Brave New World" (der Titel stammt aus dem Shakespeare-Stück „Der Sturm") entwickelt **Aldous Huxleys** (1894–1963) das Horrorszenario, dem die heutigen Gentechnologen immer näher kommen, und **George Orwell** (1903–

1950) zeichnet unter dem Einfluss des Faschismus in seinem weltberühmten „1984" den totalitären Überwachungsstaat. Mit seiner Fabel „Animal Farm", in der einige gleicher als andere sind, rechnet er mit dem Kommunismus stalinistischer Prägung ab.

Der Konflikt zwischen Gut und Böse beherrscht die Romane von **E. M. Forster** (1879-1970), der diesen Aspekt häufig durch Gegenüberstellungen zweier Welten verdeutlicht.

Graham Greene (1904-1991) schildert auf unnachahmlich spannende Art, aber auch mit dem Blick des exzellenten Beobachters in seinen Romanen soziale Milieus und nimmt diese gesellschaftskritisch unter die Lupe.

Mit **John Osborne** (1929-1994) und seinem Stück „Blick zurück im Zorn" entstand die Protestbewegung der *Angry Young Men*, die sich gegen den behäbigen Mief in der Nachkriegsära Großbritanniens organisierten.

Für **Lawrence Durrell** (1912-1990), der fast sein ganzes Leben außerhalb Englands verbrachte, stand die Suche des Menschen nach seiner Identität im Mittelpunkt des schriftstellerischen Schaffens, und **William Golding** (1911-1993) zeigt in seinen Werken Personen, die in schnell wechselnden Situationen handeln müssen, beispielsweise schon in seinem Erstlingswerk „Herr der Fliegen". Golding erhielt 1983 den Literaturnobelpreis.

Die Gedichte des jung verstorbenen **Dylan Thomas** (1914-1953) haben eine explosive Kraft, er „häuft Wörter, Begriffe, Bilder in schier unerschöpflicher Fülle und Intensität aufeinander."

Harold Pinter (1930-2008) der seit 1959 Stücke für die Bühne, das Fernsehen und den Film schrieb, war der bedeutendste Dramatiker der Gegenwart und Vertreter des englischen absurden Theaters. 2005 erhielt er den Nobelpreis für Literatur.

Anthony Burgess (1917-1993) findet erst im Alter von 39 Jahren zur Literatur; bekannt gemacht hat ihn sein Gewaltepos „Clockwork Orange", das von *Stanley Kubrick* verfilmt wurde.

Iris Murdoch (1919-1999), Dozentin für Philosophie in Oxford, beschreibt in ihren Werken das Verhältnis des Menschen zu der ihn umgebenden Wirklichkeit.

Im Zentrum von **Doris Lessings** (geb. 1919) Romanen stehen die gesellschaftlichen, aber auch sexuellen Erfahrungen der Frau. 2007 erhielt sie die Literaturnobelpreis. Bei **Muriel Spark** (1918-2006) hingegen tritt häufig der moralische Grundcharakter deutlich hinter einer satirischen Oberfläche hervor.

Erst in den 1980er Jahren hat sich **John Fowles** (1926-2005) einen Namen machen können; in seinen Romanen verschafft er „dem Leser die Freiheit lebendiger Teilnahme und Entscheidung, d. h. er berührt ihn existenziell".

Städte und Landschaften Süd-Englands

Städte und Landschaften Süd-Englands

129es Foto: se

128es Foto: se

Hever Castle

Ein standesgemäßes Gefährt

Englische Countryside-Gemütlichkeit

Dover – Eastbourne

Dover – Im White Cliff Country ↗ III/D1

> This little world,
> This precious stone set in the silver sea,
> Which serves it in the office of a wall,
> Or as a moat defensive to a house,
> Against the envy of less happier lands;
> This blessed spot, this earth, this realm,
> this England.
>
> Diese kleine Welt,
> Dies Kleinod in die Silbersee gefasst,
> Die ihr den Dienst von einer Mauer leistet,
> Von einem Graben, der das Haus verteidigt
> Vor weniger beglückter Länder Neid;
> Der segensvolle Fleck, dies Reich,
> dies England.
>
> William Shakespeare, „Richard II."

This precious stone set in the silver sea, „Dies Kleinod in die Silbersee gefasst" – diese Zeilen aus *Shakespeares* Werk „Richard II." sind jedem Engländer geläufig. Und besonders gern zitiert der Brite sie in Dover. Der westliche Kreidefelsen heißt nämlich **Shakespeare's Cliff,** Englands großer Dramatiker siedelte dort eine Szene im King Lear an: „Vom furchtbar'n Gipfel dieser kreid'gen Klippe. Sieh nur hinauf, man kann die schrill'nde Lerche so hoch nicht sehn noch hören: sieh hinauf!"

Dover Castle

Auf der östlichen Kreideklippe ragt unübersehbar Dover Castle auf, eine der größten **Burganlagen** in Europa (EH, April bis Sept. tgl. 10–18 Uhr, Okt. bis März tgl. 10–16 Uhr). Um 1170 ließ *Heinrich II.* den mächtigen Bergfried errichten, im 13. und 14. Jh. kamen die unüberwindlichen Ringmauern hinzu. Seit jenen frühen Tagen ist der Gouverneur der Festung auch immer der *Lord Warden of the Cinque Ports* gewesen (siehe Exkurs „Cinque Ports – Die mächtigen Hafenstädte"), dessen offizielle Residenz allerdings Walmer Castle war.

Wer den Burghügel zu Fuß hinaufschreitet, passiert eine 6 m lange **Bronzekanone,** die als *Queen Elizabeth's Pocket Pistol* bekannt ist und angeblich ein Geschenk von Spaniens König *Philipp II.* an *Elisabeth I.* war. Die

DOVER

über und über mit Blumenelementen verzierte Kanone trägt einen gegen die Franzosen gerichteten Sinnspruch: „Use me well and keep me clean, I'll send a ball to Calais Green." Dieses Versprechen war jedoch ziemlich übertrieben, denn so weit konnte man mit dem Geschütz gar nicht feuern; gerade mal 2000 m flog eine daraus abgeschossene Kanonenkugel.

Interessanter noch als die Festung sind die unterirdischen **Tunnelsysteme** von Dover Castle, die bis 1985 der militärischen Geheimhaltung unterlagen und erst seit kurzem besichtigt werden können. Schon im 13. Jh. gruben die Verteidiger erste Stollen in den weichen Kreidefelsen, während der napoleonischen Kriege dann wurde das Grabenlabyrinth vergrößert, und im Zweiten Weltkrieg arbeitete hier ein großer Kommandostab. Von Dover Castle aus organisierten die Briten und ihre Verbündeten unter dem Befehl von Vize-Admiral *Ramsay* die Evakuierung der 1940 in Dünkirchen eingeschlossenen alliierten Truppen und später dann die Landung in der Normandie.

Dover

Im Ortszentrum von Dover lohnt ein Besuch im preisgekrönten **Roman Painted House** (New Street, April bis Sept. Di–Sa 10–17, So 13–17 Uhr). Bei Ausschachtungsarbeiten in den 1970er Jahren stießen Bauarbeiter auf die Reste einer antiken Gästevilla, die für römische Legionäre um 200 n. Chr. errichtet worden war.

Fußgängerzone und Einkaufsstraße ist die **Biggin Street.**

Praktische Hinweise

Tourist-Information

● The Old Town Goal Biggin Street, Tel. 0142-295108.

Unterkunft

● **The Churchill,** Dover Waterfront, Tel. 01304-203633, Fax 216320, www.bw-churchillhotel.co.uk, DZ 110 £.
● **Walletts Court Hotel,** West-Cliffe, St. Margarets-at-Cliffe, Tel. 01304-852424, Fax 8534 30, www.wallettscourthotel.com, DZ 130 £.
● **Castle Guest House,** 10 Castle Hill, Tel. 01304-201656, Fax 210197, www.castle-guesthouse.co.uk, DZ 60£.
● **Bed and Breakfast:** *St. Martin's,* 17 Castle Hill Road, Tel. 01304-205938, Fax 208229, www.stmartinsgh.co.uk, DZ 55 £; *Peverell House,* 28 Park Avenue, Tel. 01304-202573, Fax 240034, www.peverellhouse.co.uk, DZ 54 £; *Penny Farthing,* 109 Maison Dieu Road, Tel. 01304-205563, Fax 204439, www.pennyfarthingdover.com, DZ 52 £; *Number One,* 1 Castle Street, Tel. 01304-202007, Fax 214078, www.number1guesthouse.co.uk, DZ 55 £.
● **Camping:** Hawthorn Farm Caravan & Camping Site, Martin Mill, Tel. 01304-852658, die A 258 in Richtung Deal, links in Martin Mill.

Pubs, Cafés und Restaurants

● **Elephant and Hind,** Pub, Market Square, bei schönem Wetter sitzt man auf dem Marktplatz.
● **Prince Albert,** Pub, Biggin Street/Ecke High Street, 1842 trank der Gemahl von Königin *Viktoria* hier ein Bitter.
● **Ristorante Dino,** italienisch, Castle Street, gute Pizzen, Pastas, Fisch- und Fleischgerichte bis 18 £.
● **Blake's,** Free House mit Wine Bar, Castle Street.

> „Als wir uns der englischen Küste näherten, war es bereits stockdunkel. Das Postschiff konnte deshalb nicht in den Hafen von Dover einfahren und bei dem Seegang war es durchaus kein Vergnügen, in das Beiboot überzusteigen. Es gab kein Fallreep und keine Strickleiter. Man musste abwarten, bis die Nussschale von einer Welle so hoch gehoben wurde, dass man sich in die Arme des darin wartenden Matrosen werfen konnte. Ich machte das sehr geschickt."
>
> *Dorothea Fürstin Lieven,* „Briefe an Fürst Metternich", 1823

Verbindung

- **Bahnhof:** Dover Priory, Station Approach abseits der Folkestone Road, nordwestlich vom Zentrum.
- **Busbahnhof:** Pencester Road.

Hythe III/C/D1
– Klein und gemütlich

Von Dover geht es auf der A 20 und vorbei an Folkestone – hier lohnt vielleicht ein Blick in das **Eurotunnel Exhibition Centre** etwas außerhalb vom Stadtzentrum in der Cheriton High Street – in das sympathische kleine Städtchen Hythe. Sehenswürdigkeiten im klassischen Sinne gibt es keine, dennoch sollte man nicht versäumen, einen Bummel durch das überschaubare, weitgehend verkehrsberuhigte Zentrum zu machen, das mit seinen engen Gassen und den kleinen Häuschen angenehm anzusehen ist. Im frühen Mittelalter gehörte Hythe als Gründungsstadt zu den Cinque Ports (siehe Exkurs).

H. G. Wells, bei uns vor allem bekannt durch seinen Roman „Die Zeitmaschine", lebte von 1898 bis 1901 mit seiner Familie im Beach Cottage.

Im Örtchen beginnt der während der napoleonischen Kriege gegrabene, rund 40 km lange **Royal Military Canal**, der in einem großen Bogen bis nach Rye verläuft und dort in den River Rother mündet. Der Kanal ist ein typisches Produkt militärischer Betonköpfe und in seiner Sinnlosigkeit unübertroffen. Für den Fall einer französischen Invasion sollte die 10 m breite, 1804 fertiggestellte Wasserstraße die gegnerischen Einheiten an einem weiteren Vormarsch hindern. Das Rinnsal sorgte sehr zu Recht für Spott und Häme in der englischen Öffentlichkeit. Wenn es den Franzosen gelingen sollte, den englischen Kanal zu überwinden, so würde sie ein 10 m breiter Graben wohl kaum aufhalten.

Am Ortsausgang in Richtung New Romney befindet sich der Bahnhof der **Romney, Hythe & Dymchurch Light Railway.** Diese Schmalspurbahn – die kleinste der Welt – fährt im Linienverkehr von Hythe bis an die Spitze der

Mittags in der High Street von Hythe

Atlas Seite III

HYTHE

Dover – Eastbourne

Lydd-Halbinsel nach Dungeness. Das Bähnlein ist ein öffentliches Verkehrsmittel und nicht speziell für Touristen gebaut. Lustig ist der Speisewagen mit seiner kleinen Bar.

Praktische Informationen

Tourist Information

- **Visitor Centre,** Hythe Railway Station, Scanons Bridge Road, Tel. 01303-266421.

Unterkunft

- **The Hythe Imperial Hotel,** Princess Parade, Tel. 01303-267441, www.mercure.com, DZ 120 £.
- **Seabrook House B&B**, 81 Seabrook Road, Tel. 01303-269282, www.seabrook-house.co.uk, DZ 50 £

Pubs und Restaurants

- **The Old Willow Restaurant,** High Street, einfaches, preiswertes Lokal.
- **Capri,** High Street, einfache Pizzeria, italienische Gerichte zwischen 10 und 15 £.

- **White Hart Hotel,** neben der Town Hall, Pub mit Biergarten und Restaurant, um 10–18 £.
- **The Butt,** High Street, Pub mit Biergarten.
- **Pancho's Cantina,** High Street, spanisch-mexikanisch, bis 17 £.
- **Royal Bengal,** High Street, indisch, 7 £.
- **The Good Taste,** High Street, chin., ca 7 £.
- **The King's Head,** Pub, High Street.

Verbindung

- **Busse** stündlich von Dover.
- **Schmalspurbahn** über New Romney entlang der Küste zu den kleinen Seebädern.

Die Romney Marsh III/C2

Zwischen Hythe und Rye erstreckt sich die teilweise unter Meeresniveau liegende Romney-Marsh, eine flache, von Entwässerungsgräben durchzogene, eintönige Landschaft, die recht depressiv stimmt. Die Region ist bekannt für ihre normannischen Kirchen, von denen einige nur zu Fuß erreichbar sind.

Das Biotop der Marsh ist ein **Nature Reserve** und steht ganz offiziell unter Naturschutz. Das hat jedoch die Militärs nicht daran gehindert, einen **Truppenübungsplatz** einzuzäunen, und die Manager der Stromindustrie nicht davon abgehalten, ein **Kernkraftwerk** in die Landschaft zu klotzen. Die Anlage verschandelt den Küstenstreifen an der Landspitze von Dungeness.

In dieser Gegend lebte der aidskranke **Regisseur Derek Jarman** in einem kleinen Cottage und wartete auf den Tod, der ihn schließlich am 19.2.1994 ereilte. In den steinigen Grund seines Gartens pflanzte er Blumen, und aus Strandgut arrangierte er urwüchsige Kunstwerke. Zum Edinburgh Festival 1993 kam sein Film über das eigene Sterben ins Kino: „Blue". 76 Minuten lang flimmerte die Farbe Blau über die Leinwand, der Film hatte keine Handlung, kein einziges Bild, nur ein angsteinflößendes Kobaltblau.

Rye II/B2
– Blumen, Efeu, Fachwerk

Süß, gemütlich, schön, lieblich, romantisch, pittoresk – das Puppenstubenstädtchen Rye wird mit vielen wohlklingenden Adjektiven bedacht, und dies zu Recht. Schlendert man durch die katzenkopfgepflasterten Straßen, vorbei an den blumengeschmückten, efeubewachsenen Fachwerkhäusern und fühlt die rauen Steine unter den Sohlen, so gerät man in seinen Tagträumen schnell in die vergangenen Jahrhunderte. Rye gehörte seit 1191 zum Hafenverband der Cinque Ports (siehe Exkurs), war damit ein wichtiger Militärstützpunkt und den Franzosen von jeher ein Dorn im Auge. Viermal – 1339, 1365, 1377, 1448 – überfielen die Franzosen die Hafenstadt, erschlugen die Bewohner, plünderten die Häuser und brandschatzten den Ort. Zur Zeit von *Heinrich VIII.*, im 16. Jh., versandete der Hafen, und Rye fiel in einen Dornröschenschlaf, aus dem es

Der Englische Kanal

Schon von jeher hatte der Englische Kanal eine große psychologische Bedeutung für die Briten, war er doch dafür verantwortlich, dass die Insulaner in einer **Splendid Isolation** vom Kontinent abgekoppelt in relativer Sicherheit lebten. Die berühmte, aus den 1920er Jahren datierende Zeitungsschlagzeile „Nebel über dem Kanal, Kontinent abgeschnitten", zeigt deutlich das Selbstbewusstsein der Briten, ihren Humor und die Bedeutung, die sie dem Mare Britannicum zumessen. Schauen wir uns also diese symbolisch wie strategisch so bedeutungsvolle Wasserstraße einmal genauer an.

Als die Gletscher nach der letzten Eiszeit vor etwa 10.000 Jahren abschmolzen, wurde die Landsenke zwischen England und Frankreich überflutet. An der **breitesten Stelle** – zwischen den Isles of Scilly und der französischen Küste – ist der Ärmelkanal 180 km breit, zwischen Calais und Dover, dem Nadelöhr **Strait of Dover**, sind es nur 33 km, seine Länge beträgt 565 km, die Tiefe schwankt zwischen 45 m und 120 m.

Der Tidenhub der **Gezeiten** ist mit 12 m recht mächtig und bringt der Seefahrt Probleme, den Bewohnern der Bretagne dagegen Energie, gewonnen aus einem Gezeitenkraftwerk. Die **Strömung** läuft in Richtung auf die Nordsee, deren Wasser durch den starken Zustrom in jeweils ungefähr 500 Tagen vollständig ausgetauscht wird.

Die traditionell betriebene **Fischerei** füllt nur noch wenige Netze, die Anfang des 20. Jh. mächtigen Schwärme von Heringen, Sardinen, Makrelen und Kabeljaus sind aufgrund industrieller Überfischung und eklatanter Umweltverschmutzung so gut wie ausgerottet.

Ökonomische Bedeutung kommt dem Kanal vor allem als eine der **meistbefahrenen Schifffahrtsrouten** der Welt zu. Täglich kreuzen mehrere hundert Schiffe zwischen der englischen und französischen Kanalküste hin und her, hinzu kommen weitere Tausende, die vom Atlantik in die Nordsee und umgekehrt kreuzen. In Verbindung mit dem häufig schlechten Wetter, den eingeschränkten Sichtverhältnissen und einem geringen Manövrierspielraum ist das Gefahrenpotential an den Küsten hoch – wie ja auch mehrere Tankerunfälle zeigten.

Kurz nach der Zeitenwende überwanden die Römer den Kanal und marschierten in Britannien ein, ihnen folgten im Laufe der Jahrhunderte die Angelsachsen und Dänen nach; der letzte, der erfolgreich eine **Invasion** durchführte, war 1066 der Normanne *Wilhelm der Eroberer*. An seine Tradition hätte *Hitler* gerne angeschlossen, Gott sei Dank wurde daraus nichts. Die von Großbritannien ausgehende Invasion der Alliierten in der Normandie leitete das Ende des Zweiten Weltkriegs ein.

1802 publizierten einige Ingenieure erste realisierbare Ideen für einen **Kanaltunnel**, *Napoleon* zeigte reges Interesse an dem Projekt, doch dann beendete wieder einmal der Krieg solche Planungen. 1880 unternahmen private Firmen einen weiteren Anlauf, und man begann tatsächlich mit Grabungen auf englischer und französischer Seite. Bei Folkestone waren bereits fast 2 km gebohrt, als die englische Presse in kollektive Hysterie ausbrach und den Untergang der Nation prophezeite. Der Aufruhr war so groß, dass sich die britische Regierung genötigt sah, den weiteren Ausbau zu stoppen. Mitte 1960 unternahmen die Engländer und Franzosen einen erneuten Anlauf, und ein Jahrzehnt später waren auf beiden Seiten des Kanals jeweils wieder 2 km Tunnel in den Kalkstein getrieben worden; dann jedoch ging der englischen Regierung die Puste, respektive das Geld aus – auch dieses Projekt kam also zu den Akten. 1987 einigte sich ein privates Finanzkonsortium mit der englischen und der französischen Regierung, und seit 1988 wurde nun unentwegt gebaut und gebohrt. Endlich, am 5. Mai 1994, konnte der **Chunnel** – eine Wortschöpfung aus Channel und Tunnel – eingeweiht werden; nur 35 Minuten liegen die Küsten nun auseinander.

Übrigens: 1875 durchschwamm der Brite *Matthew Webb* als erster den Kanal, und 1909 lenkte ein gewisser *Bleriot* erstmals ein klappriges Flugzeug über das Wasser.

Durrant House aus dem Jahre 1800, das Fachwerk-Restaurant **Flushing Inn** aus dem 15. Jh. und die **Townhall** mit fünf Arkaden und geschmückt von einer kleinen Kuppel aus dem Jahr 1743 aneinander.

Dort, wo die Market Street auf die Lion Street trifft, blickt man auf die Teestube Simon the Pieman, daneben ragt **Fletcher's House** auf. 1579 erblickte hier *John Fletcher*, Dramatiker und Co-Autor von *William Shakespeare*, das Licht der Welt (gest. 1625). Das Ende von Lion Street markiert die **Pfarrkirche St. Mary's**, in deren Turm eine der ältesten Uhren Großbritanniens seit dem Jahr 1561 die Stunden anzeigt. Im nördlichen Seitenschiff lässt ein von *William Morris* (zusam-

erst der Tourismus der vergangenen Jahrzehnte wieder erwecken sollte.

Sehenswertes

Während eines gemütlichen Spaziergangs lernt man die Schönheiten des Städtchens kennen. Ausgangspunkt ist das im Nordwesten des Ortes aufragende Landsgate, das einzige noch erhaltene Stadttor, mit dessen Bau im Jahre 1329 begonnen wurde. Dann geht es die Straße East Cliff hoch, links unten fließt der River Rother; das Areal dort unten ist als Town Salt bekannt, denn bis zur Mitte des 19. Jh. diente es der Salzgewinnung. Vorbei am Chequer House (18. Jh.) trifft man auf Market Street. Hier reihen sich das

Die katzenkopfgepflasterte Mermaid Street

Der Pub Old Bell Inn von Rye

men mit dem Maler *Edward Burne-Jones*) entworfenes Buntglasfenster Licht ins Dunkel des Gotteshauses (siehe Exkurs). Zwischen 9 und 18.30 Uhr kann man den Kirchturm für einen Rundumblick besteigen.

Quer über den Kirchgarten erreicht man den aus dem 13. Jh. datierenden, von *Heinrich III.* in Auftrag gegebenen **Ypres Tower** mit seinen vier runden Türmen. Lange Zeit diente die düstere Burg als Gefängnis, heute ist das Stadtmuseum darin untergebracht (Sa/So 10.30–15.30 Uhr). Entlang der Watchbell Street passiert man die italienisch inspirierte Franziskaner-Kirche **St. Anthony of Padua** und erreicht den **Look-out**, einen Aussichtspunkt, von dem aus früher bei Gefahr eine Glocke geläutet wurde (deshalb auch der Straßenname: Watchbell Street).

Von hier führt die Trader's Passage abwärts und trifft auf die **Mermaid Street**, die schönste Straße von Rye. Katzenkopfgepflastert zieht sich die Gasse hügelaufwärts, rechts und links bestanden von wunderschönen alten, blumengeschmückten Fachwerkhäusern. Der wildrosenbewachsene **Pub The Mermaid Inn** datiert aus dem Jahr 1420 und ruht sogar auf noch älteren Fundamenten. Ebenfalls aus dem 15. Jh. stammt das Fachwerkhaus **Old Hospital**, dessen drei mächtige Dachgiebel auf die Straße hervorkragen.

In der West Street steht **Lamb's House** (NT, Mitte März–Okt. Do/Sa 14–18 Uhr), in dem der 1843 in New York geborene Autor **Henry James** von 1898 bis zu seinem Tod 1916 lebte. Hier entstanden seine späten Meisterwerke. Für die Britannien-Besucher ist vor allem seine Aufsatzsammlung „In England um glücklich zu sein" („English Hours", 1905) von Bedeutung.

Auch der Autor von „Pater Brown", **G. K. Chesterton** (1874–1936), lebte kurzzeitig in Rye, „jener wundervollen Inlandsinsel, die gekrönt ist von einer Stadt gleich einer Zitadelle auf einem mittelalterlichen Bild."

Weitere alte Gemäuer in der ebenfalls katzenkopfgepflasterten West Street sind **Tower House** aus dem Jahre 1700 und **Thomas House,** ein wunderschönes Fachwerkgebäude. In der High Street dann ziehen die **Old Grammar School** von 1635 und das **George Hotel** aus dem Jahr 1719 die Aufmerksamkeit auf sich.

Henry James – ein Amerikaner in England

Henry James wurde 1843 in New York geboren; sein Vater war ein bekannter Sachbuchautor, der sich hauptsächlich theologischen Fragestellungen widmete, sein älterer Bruder William erlangte Reputation als philosophischer Schriftsteller. Henry **studierte** in New York, London, Paris sowie Genf und schrieb sich dann 1862 an der juristischen Fakultät der Harvard University ein. Ab 1865 publizierte er regelmäßig Buchbesprechungen und Kurzgeschichten in verschiedenen Magazinen, 1871 erschien sein **erster Roman** „Watch and Ward". Bald darauf **übersiedelte Henry nach London,** wo er bis zum Jahr 1898 im noblen Stadtteil Chelsea wohnte. Im Alter dann zog es ihn in ruhigere Gefilde, und so nahm er Quartier in Rye.

Henry James verfasste über 14 Romane, mehr als 100 Kurzgeschichten sowie viele Reisebeschreibungen. Inhaltlich **analysierte er die alten europäischen Gesellschaften** im Spiegel des American Way of Life, später dann beschrieb er mal recht subtil, manchmal aber auch grob-reaktionär den englischen Charakter. Von Geburt an begütert, fehlte ihm vor allem das Verständnis für die Deklassierten. So heißt es bei ihm anlässlich der Beisetzung eines Arbeiterführers: „Die Zeremonie war von den Klassen, die nicht im Parlament vertreten sind, in die Hand genommen worden und hatte den Charakter einer großen Volkskundgebung. (Der Zug) bestand aus einer dichtgedrängten Masse dessen, was die Zeitungen den Bodensatz der Bevölkerung nennen. Es war der Londoner Pöbel, der großstädtische Mob, Männer und Frauen, Jungen und Mädchen, die ehrbaren Armen und die unehrbaren, die sich in die Reihe, welche sie im Vorbeigehen auflassen, gedrängelt hatten und sich so etwas wie einen feierlichen „Ulk" machten. Sehr feierlich ging alles zu – vollkommen schicklich und äußerst zurückhaltend. Sie schlurften in endlosem Zuge dahin, und während ich ihnen zusah, schien ich so etwas wie einen Panoramablick auf die Unterseite der Londoner Welt zu haben. Der Leichenzug war voller Gestalten, die sich, wie die Engländer sagen, noch nie „gezeigt" zu haben schienen; seltsamer, blasser, modriger Arme, die im Sonnenlicht von Piccadilly blinzelten und strauchelten."

1915 erhielt *James* die **britische Staatsbürgerschaft** und bekam für seine literarischen Verdienste den vierthöchsten englischen Orden *Order of the Merit* verliehen. Ein Jahr später starb er und wurde im Kirchhof der Old Chelsea Church im Londoner Stadtteil Chelsea beigesetzt.

Doch das ist noch nicht alles, was Rye zu bieten hat. Über die reine Architektur vergangener Zeiten hinaus schwebt in den winkligen und rauen Straßen das **Flair der Gemütlichkeit.** Blumen schmücken jede Häuserfront, Efeu rankt die Fachwerkmauern hoch, buntgebrannte Kacheln zeigen die Hausnummer an oder sie geben das Errichtungsjahr wieder.

Praktische Hinweise

Tourist Information
- **The Heritage Centre,** Strand Quay, Tel. 01797-226696.

Unterkunft
- **Flackley Ash Hotel,** London Road, Tel. 01797-230651, Fax 230510, www.flackleyashhotel.co.uk, DZ 120 £.

- **The George,** High Street, Tel. 01797-222114, Fax 224065, www.thegeorgeinrye.com, DZ 125 £.
- **Ship Inn,** The Strand, Tel. 01797-222233, Fax 881545, www.activehotels.com, DZ 80 £.
- **Bed and Breakfast:** *Little Saltcote*, 22 Military Road, Tel. 01797-223210, Fax 224474, www.littlesaltcote.co.uk, DZ 70 £; *Cliff Farm*, Military Road, Iden Lock, Tel./Fax 01797-280331, www.smoothhound.co.uk, DZ 50 £; *Old Borough Arms*, The Strand, Tel./Fax 01797-222128, www.oldboroughharms.co.uk, DZ 70 £.

Pubs, Cafés und Restaurants

- **Landgate Bistro,** 5 Landgate, hervorragende Fleisch- und Fischgerichte, große Auswahl an Weinen, 17–26 £, Vorbestellung in der Saison ratsam, Tel. 01797-222829.
- **Fish Café,** Tower Street, Tel. 01797-222226, hervorragendes Seafood Restaurant in einem alten Ziegel-Magazinspeicher aus dem Jahr 1907, 15–30 £.
- **The Old Bell,** Mint Street, Free House aus dem 15. Jh., ältester Pub von Rye.
- **Mermaid Inn,** Mermaid Street, prachtvoller alter Pub aus dem Jahre 1420 (s. o.).
- **The Mariner,** High Street, kleines Billigrestaurant.
- **Gasparutti's,** Market Road, italienische Küche, Pizza und Pasta bis 7 £.
- **Monastery Restaurant,** High Street, Tel. 01797-223272 gemütliches kleines Lokal mit Fisch- und Fleischgerichten zwischen 9 und 14 £.
- **Union Inn,** East Street, das Free House datiert aus dem 15. Jh.
- **Flushing Inn,** Market Street, gute Fischgerichte, Hummer 22 £.

„Es ist erstaunlich, wie sehr die Engländer von ihrer eigenen Vortrefflichkeit überzeugt sind."

Luigi Angiolini, „Briefe über England", 1788

- **Simon the Pieman,** Lion Street, seit dem Jahr 1920 weit über die Grenzen von Rye hinaus bekanntes Kaffee- und Teehaus mit hervorragendem Kuchen.
- **The Copper Kettle,** The Mint, sehr atmosphärenreicher Pub. Hier trinkt man unter mächtigen Eichenbalken, 2–14 £.

Verbindung

- **Bahnhof:** Station Approach, abseits der Cinque Port Street.
- **Busstation:** im Ortszentrum.

Winchelsea II/B2
– Eine Stadt im Dornröschenschlaf

Nur einen Steinwurf entfernt von Rye liegt in musealer Stille das Dörflein Winchelsea. Wie auch Rye wurde es 1191 in die Vereinigung der **Cinque Ports** (siehe Exkurs) aufgenommen, genoss beträchtliche Privilegien und erwarb große Reichtümer mit dem Import von Bordeaux-Weinen. Das gesamte 13. Jh. über beutelten schwere Orkane den Hafenort, 1287 dann kam es zu einer **Jahrtausendflut**, und Winchelsea wurde vom Meer verschlungen. Schon kurze Zeit später ordnete *Eduard I.* einen umfangreichen **Neubeginn** an. Im Stadtzentrum sollte eine gewaltige Kirche aufragen, umgeben von den Häusern entlang der schachbrettartig angelegten Straßen. Doch es kam alles anders. Der Hafen versandete, und die Arbeiten an der Kirche wie auch an der Stadt wurden eingestellt. Ein **langer Niedergang** begann.

1719 besuchte der Autor und Begründer der Methodisten-Kirche *John*

Hastings

Wesley den Ort und nannte ihn „das arme Skelett des alten Winchelsea"; 1813 wurde das Städtchen in dem Band „Die Schönheiten von England und Wales" als der „Schatten eines Schatten" beschrieben.

Ungeheuer **luftig und weitläufig** wirkt Winchelsea heute – es gibt keine Reihenhaussiedlungen, die Häuser stehen einzeln und weit auseinander, sodass der Wind zwischen ihnen hindurchfahren kann. Auch hier wieder überall Blumen, sprießende wilde Rosen, Efeu, grüne Bäume und Büsche rechts und links der Straßen. Mit rund 500 Einwohnern ist Winchelsea **Englands kleinste Stadt.**

Verbindung
- **Busse** von Rye und Hastings.

Der New Inn in der German Street von Winchelsea datiert aus dem 18. Jh.

Hastings II/B3
– Wo Wilhelm der Eroberer an Land ging

Um es gleich vorweg zu sagen: Von allen Seebädern an der südenglischen Küste ist Hastings sicherlich nicht das Hübscheste. Schon Ende des 19. Jh. trug es den Beinamen „fades Brighton".

Henry James versuchte, allerdings ohne rechten Elan, den Ort aufzuwerten: „Ich glaube nicht, dass das Leben in Hastings das aufregendste oder zufriedenstellendste der Welt ist, aber es muss gewiss seine Vorzüge haben. (...) Dort würde ich inmitten der kleinen Läden und der kleinen Bibliotheken, der Rollstühle und der Straßenmusikanten, der Promenade und des langen Piers, bei mildem Klima, mäßigem Preisniveau und im Bewusstsein einer hochentwickelten Zivilisation eine Abgeschiedenheit genießen, die nichts Primitives oder Karges hätte" – eleganter lässt sich Langeweile wohl kaum beschreiben.

Im 12. Jh. gehörte Hastings als führende Hafenstadt zu den **Cinque Ports.** Das störte die Franzosen, die 1339 und 1377 einfielen und große Zerstörungen anrichteten. Um diese Zeit begann der Hafen zu versanden, und Hastings verfiel in völlige **Bedeutungslosigkeit.** Erst der Anschluss an das Eisenbahnnetz und der damit beginnende **Badetourismus** des 19. Jh. sorgten wieder für Aufregung.

Im Jahre 1854 zog der Autor und präraffaelitische Maler *Dante Gabriel Rosetti* (1828–1882) nach Hastings; ihm folgte rasch *Elizabeth „Lizzie" Siddal* nach, Modell für viele präraffaelitische Künstler. Sechs Jahre später, 1860, heirateten beide in Hastings St. Clement Church. Weitere **frühe Besucher** waren *Lord Byron* und Lewis Carroll.

George Bernard Shaw machte 1922 Ferien in Hastings; von hier schrieb er seiner launenhaften und zickigen Freundin *Beatrice Stella Campbell* (die in seinem Musical My Fair Lady die Rolle der Eliza Doolittle spielte): „Es ist heute ein wenig kälter als am Nordpol oder als Dein Herz."

Sehenswertes

Eine steil hinunter zum Strand verlaufende Straße teilt Hastings in zwei Teile – im Osten die **Altstadt,** im Westen die **New Town.** Am alten Ortskern zieht sich der **lange Kieselstrand** entlang, auf dem die Fischerboote aufgereiht sind. Hier stehen auch die Netzspeicher, die schwarzen, aus geteerten Brettern erbauten *Net Lofts,* in denen die Fischer früher ihre Arbeitsutensilien aufbewahrten. Rundherum sorgen Karussells, eine Minigolfanlage, Fischbratereien, Drehorgelspieler und *Amusement Pavilions* mit Bingo-Hallen und einarmigen Banditen für Rummelplatz-Atmosphäre unterster Qualität.

Einige Museen halten die Erinnerung an die Seefahrt wach, so das **Fishermen's Museum,** das **Shipwreck**

„Weil man mich zu Fuß ankommen sah, wurde mir im Gasthof ein wenig standesgemäßer Empfang zuteil: Ich erhielt ein schlechtes Bett, und nur mit knapper Not gelang es mir, dafür ein weißes Laken zu bekommen. Meine heftigen Klagen bewirkten aber, dass man mich am nächsten Morgen wie einen Gentleman traktierte und deshalb auch mit einer ansehnlichen Rechnung bedachte."

Henry Benjamin de Constant-Rebecque, „Das rote Heft", 1787

HASTINGS

In der Old Town von Hastings

Heritage Centre und das **Sea Life Centre** (alle Rock-a-Nore Street, tgl. 10–17 Uhr).

Im Rücken dieser Ausstellungsgebäude führt eine Kabinenbahn steil den West Hill zu der alten normannischen **Burg** hinauf, die sich *Wilhelm der Eroberer* direkt nach der erfolgreichen Invasion erbauen ließ.

In der Neustadt stakst ein langer **Pier** ins Meer hinaus, und genau hier soll Wilhelm seinen Fuß erstmals auf englischen Boden gesetzt haben. 1856 beschloss *Theodor Fontane* seine zweite Englandreise in Hastings und dichtete recht lapidar über *Wilhelm den Eroberer*: „Die Klippe von Hastings, wohl war sie steil, / Und das Meer, wohl hat es gebrandet –/ Vergebens die Brandung, vergebens der Stein, / Herzog Wilhelm ist gelandet."

Als Pendant zum Teppich von Bayeux findet sich im Rathaus von Hastings (Queen Street) das zum 900. Jahrestag der Invasion von der Royal School of Needlework 1966 fertiggestellte **Hastings Embroidery,** das auf fast 70 m Länge in über 80 Szenen die Geschichte der Insel seit 1066 zeigt.

BATTLE

Praktische Hinweise

Tourist Information
- **The Stade,** Old Town, Tel. 01424-781111.

Unterkunft
- **Royal Victoria Hotel,** Marina, St. Leonards-on-Sea, Tel. 01424-445544, Fax 721995, www.royalvichotel.co.uk, DZ 135 £.
- **Beauport Park,** Battle Road, Tel. 01424-851222, Fax 852465, www.beaufortparkhotel.co.uk, DZ 120 £.
- **Bed and Breakfast:** Lavender and Lace B&B, 106 All Saints Street, Tel. 01424-716290, www.lavenderlace1066.co.uk, DZ 70 £; Seaspray Guesthouse, 54 Eversfield Place, St. Leonards-on-Sea, Tel. 01424-436583, www.seaspraybb.co.uk, DZ 65 £.
- **Camping:** Shear Barn Holiday Park, Barley Lane, Tel. 01424-423583, A 259 Richtung Rye; Stalkhurst Camping & Caravan Site, Stalkhurst Cottage, Ivyhouse Lane, Tel. 01424-439015, A 259 für 3 km Richtung Rye, dann links in die B 2093 Richtung Battle, nach 800 m rechts in die Ivyhouse Lane.

Pubs und Restaurants
- **The Stag Inn,** 14 All Saints Street, alter Schmuggler-Pub in der Altstadt, sicherlich die beste Kneipe in Hastings.
- **Harris,** 58 High Street, sehr charakterreiche gemütliche Tapas-Bar, Gerichte bis 12 £.
- **The Crown Inn,** All Saints Street, Free House, kleiner, gemütlicher Pub.
- **Fishermen's Club,** All Saints Street, ein Free House, hier war einmal die Fischereivereinigung untergebracht.
- **Anchor Inn,** George Street, kleiner, alter gemütlicher Pub.
- **The Italian Way,** an der Seefront zwischen Old und New Town, Pizzen u. Pastas 7–12 £.
- In der **George Street** (läuft parallel zur Seefront) am Anfang der Old Town einige kleine Restaurants und Pubs neben den Läden und Geschäften.
- **The Old Pumphouse,** George Street, alter, windschiefer Pub.
- **Cinque Ports Arms,** All Saints Street, Free House in einem alten Fachwerkhaus.

Verbindung
- **Bahnhof:** Havelock Road.
- **Busbahnhof:** Havelock/Ecke Queen's Road.

Battle
– Die Schlacht der Normannen

II/B2

In Hastings ging *William the Conqueror* an Land, marschierte mit seinen Truppen einige Meilen nach Norden und traf am Samstag, den 14. Oktober 1066, auf die Recken von König *Harold*. Der hatte in einem Gewaltmarsch seine 7000 Mannen von York her nach Süden geführt und auf einem Hügelrücken in Stellung gebracht. Die Schlachtlinie war rund 550 m lang und bestand aus hintereinander gestaffelten Reihen von zehn bis zwölf Mann. Im Zentrum befand sich Harold, umgeben von seinen besten Kämpfern, die mit den beidhändig geführten Streitäxten und Schlachtschwertern den Herrscher schützten.

Den ganzen Tag über berannten die Invasoren den Hügel, konnten jedoch immer wieder von *Harolds* Bogenschützen, seinen Schwert- und Lan-

Dover – Eastbourne

> „Im Kreise seiner Angehörigen sucht der Engländer jenes Seelenbehagen, das ihm schon durch seine angeborene gesellschaftliche Unbeholfenheit außer dem Haus versagt ist."
>
> Heinrich Heine,
> „Englische Fragmente", 1828

> „Eines Abends gab meine Zimmerwirtin ihren Freundinnen ein kleines Fest, zu dem auch ich geladen wurde. Als ich in das Zimmer trat, war die erste Frage, ob ich lieber Punsch oder Rum trinken wolle. Ich wählte den Punsch und wunderte mich nicht wenig darüber, wie vertraut diese Frauenzimmer mit dem Rum waren. Sie tranken ihn in großen Schlucken und prosteten einander immer wieder zu."
>
> *Friedrich Wilhelm von Schütz*, „Briefe über London", 1792

zenträgern zurückgeschlagen werden. Da griff *Wilhelm* zur List. Seine Truppen schützten eine wilde, ungeordnete Flucht vor, und die Angelsachsen stürmten aus ihrer sicheren Hügelstellung hinunter in die Ebene, um die Eindringlinge nun vollends niederzumachen. Rasch jedoch hatte *Wilhelm* seine Männer neu organisiert, griff nun die ihres strategischen Vorteils verlustig gegangenen Sachsen an und trieb einen Keil ins Zentrum der gegnerischen Schlachtenreihe. In dieser kritischen Phase wurde *Harold* getötet, das Heer war ohne Führung und demoralisiert. *William* stand ein großer Sieg bevor.

Dort, wo zwischen Normannen und Angelsachsen die Schlacht *(battle)* tobte, erstreckt sich heute das kleine, sympathische Marktstädtchen Battle.

In der High Street informiert das **Battle Museum of Local History** (April–Okt. Mo–Sa 10–16.30, an einigen So 12–15 Uhr) über die vergangenen Zeiten. Nicht weit entfernt erstreckt sich das einstige Schlachtfeld, wo sich auch die Reste von **Battle Abbey** befinden (EH, zurzeit wegen Renovierungsarbeiten geschlossen).

Sollte er siegreich sein, so hatte *Wilhelm* geschworen, werde er auf dem einstigen Schlachtfeld eine große **Klosteranlage** errichten lassen. Und so geschah es. In der 1094 geweihten Abteikirche markiert der Altar die Stelle, an der König *Harold* einst erschlagen zu Boden sank. Rund 450 Jahre später überließ *Heinrich VIII.* im Zuge der Reformation die Anlage seinem Günstling *Sir Anthony Browne*. Der ließ großflächig abreißen und umbauen, sodass wir heute nur noch das mächtige Gatehouse aus dem Jahr 1339 bestaunen können (nur von außen) sowie einige Abteiruinen.

Praktische Hinweise

Tourist Information
● **Battle Abbey,** High Street, Tel. 01424-773721.

Pubs
● **The Pilgrim's Rest,** High Street, am Gatehouse, eine alte Pilgerherberge aus dem 14. Jh., bei schönem Wetter kann man im Vorgarten sitzen.

Verbindung
● **Busse** von Hastings.

Von der Pilger-Herberge zum Pub: The Pilgrim's Rest

IN DAS HINTERLAND VON HASTINGS

In das Hinterland von Hastings

Bodiam Castle ⇗ II/B2

Nördlich von Hastings, nahe dem Örtchen Northiam, ragt Bodiam Castle auf, einst sicherlich eine der schönsten Burgen Südenglands und selbst als Ruine noch sehr eindrucksvoll. Im Jahre 1385 beauftragte *Richard II.* den Baumeister *Sir Edward Dalyngryde*, das Hinterland von Hastings, Winchelsea und Rye durch eine Festung zu sichern. Immer wieder nämlich landeten die Franzosen an der südenglischen Küste und brandschatzten in den Städten.

So entstand eine mächtige quadratische Anlage, die an allen vier Ecken von runden Türmen gesichert war. Ein breiter Graben – heute recht romantisch mit Wasserrosen bewachsen – bot zusätzlichen Schutz. In den Bürgerkriegswirren des 17. Jh. ließ *Cromwell* die Burg zerstören. 300 Jahre später sorgte *Lord Curzon* – Anfang des 20. Jh. Vizekönig von Indien, danach englischer Außenminister – dafür, dass die Anlage erhalten blieb und vermachte sie 1917 dem National Trust. Einige der Türme kann man besteigen und hat von dort oben gute Ausblicke (NT, Mitte Febr. bis Okt. tgl. 10.30–17, Nov. bis Dez. Mi–So 11–16, Jan. bis Anfang Febr. Sa/So 11–16 Uhr).

IN DAS HINTERLAND VON HASTINGS

Die Bilderbuchburg Bodiam Castle

Bateman's – Das Haus von Rudyard Kipling II/A2

Nordwestlich von Hastings, nur einen Steinwurf vom Örtchen Burwash entfernt, befindet sich in den *South Downs*, einer sanft gewellten Landschaft, Bateman's House, das Heim des erzreaktionären *Rudyard Kipling* (1865–1936). 1902, im Alter von 36 Jahren, kaufte der um diese Zeit schon weltbekannte Autor – der chauvinistische „Barde des Imperialismus" – das aus dem Jahre 1634 datierende Haus, richtete sich mit seiner Familie ein, schrieb und legte den Garten an. Bibliothek, Arbeitszimmer sowie auch alle anderen Räumlichkeiten sind originalgetreu erhalten (NT, Mitte März bis Okt. tgl. außer Do/Fr 11–17 Uhr).

1907 erhielt der Schriftsteller für seine Erzählungen aus Indien als erster Brite den Nobelpreis für Literatur. Die Umgebung von Bateman's, vor allem aber der tägliche Blick auf den Pook's Hill, inspirierten Kipling zu den Kindergeschichten „Puck vom Buchsberg" („Puck of Pook's Hill", 1906), in denen Dan und Una Shakespeares Sommer-

National Trust und English Heritage

Der *National Trust for Places of Historic Interest or Natural Beauty* (abgekürzt NT) ist eine gemeinnützige Organisation und Englands größter Immobilien- und Landbesitzer.

Man schrieb das Jahr 1895, England war eine der reichsten Nationen der Welt, und die Industrialisierung fraß sich immer weiter in die englische Countryside, zerstörte Bauwerke und Landschaften von historischem Interesse oder lieblicher Schönheit. *Octavia Hill*, eine Sozialarbeiterin, die sich maßgeblich um bessere Wohnbedingungen der Massen eingesetzt hatte, *Sir Robert Hunter*, ein Rechtsanwalt, und der Pfarrer *Canon Hardwicke Rawnsley* gründeten den Trust, um gefährdete Bauwerke und Regionen zu übernehmen und fortan zu schützen. Das **erste Objekt**, das für 10 £ in die Hände der Initiative überging, war das alte Pfarrhaus aus dem 13. Jh. in Alfriston bei Eastbourne.

1907, nur 12 Jahre später, war die Organisation schon so bedeutend geworden, dass ein **Parlamentsbeschluss** den Trust offiziell mit der „permanent preservation for the benefit of the nation of lands and tenements (including building) of beauty or historic interest" beauftragte.

1937 passierte ein Gesetzentwurf das House of Commons, dass demjenigen die Erbschaftssteuern erlassen werden, der sein Anwesen dem Trust übergibt; so konnten viele der **Stately Homes,** große Herrensitze, gerettet werden. Da der Trust Wert darauf legt, aus solchen Häusern keine Museen zu machen, sind die meisten von ihnen noch von der Adelsfamilie bewohnt, der es einmal gehörte. 88 große Landhäuser und 229 weitere Gebäude befinden sich mittlerweile in dem Besitz dieser Organisation.

Seit 1965 läuft die **Kampagne Enterprise Neptun;** damit will der Trust möglichst viele gefährdete Küstenstriche kaufen. Über 17 Mio. Pfund sind bisher an Spenden zusammengekommen, und dem Trust gehören nun über 800 km Küstenlinie. Weiter sind 232.086 Hektar Land in seinem Besitz und werden gehegt und gepflegt. Mehr als zwei Mio. Briten sind Mitglieder im National Trust.

Die **Eintrittsgelder für Sehenswürdigkeiten** im Besitz des Trust sind exorbitant hoch. Werden Sie also Mitglied im National Trust, für 47,50 Pfund Jahresgebühr kommen Sie dann in alle Häuser und Gärten der Organisation kostenlos hinein; wenn Sie nur vier besuchen, sind sie schon im Plus.

English Heritage (EH), aus dem *Department of Environment* hervorgegangen, ist eine staatliche Institution und hat über 12.500 schützenswerte Denkmäler und ca. 300.000 unter Denkmalschutz stehende Gebäude in ihren Listen.

Als Mitglied von *English Heritage* hat man ebenfalls zu dessen Sehenswürdigkeiten freien Zutritt. Der Jahresbeitrag beträgt 43 £.

---

nachtstraum spielen und ihnen dabei Puck, der Kobold, erscheint. Täglich aufs Neue war *Kipling* von der Schönheit der Landschaft hingerissen: „... meine Seele gäbe ich hin für die grasüberwachsenen South Downs, wo die Glocken der Schafe, die über sie dahinziehen, erklingen ..."

Das Lexikon der englischen Literatur urteilt über Leben und Werk von *Kipling*: „Kein anderer Autor des 19. Jh. hat der Parteien Hass und Gunst vergleichbar heftig erfahren wie Rudyard Kipling. Ursache hierfür ist eine konservative Ideologie, die in nicht wenigen Gedichten und Kurzgeschichten

In das Hinterland von Hastings

mit rassistischen („Fuzzy-Wuzzy", „Gunga Din"), sexistischen („The Female of the Species") und vor allem imperialistischen („The White Man's Burden") Tendenzen Ausdruck findet. Diese antidemokratische und antiliberale Gesinnung verdeckt Spannungen in Kiplings Leben und Werk."

George Orwell nannte *Rudyard Kipling* einen „ordinären Flaggenschwenker" und „Dichter der Hurra-Schreier".

Haus im Park: Bateman's

Pub

●Verspürt man nach der Besichtigung Hunger, vor allem aber Durst, so sollte man im kleinen Zentrum von Burwash an der Kirche im atmosphärereichen Pub **Bell Inn** aus dem Jahr 1609 einkehren.

Herstmonceux Castle   ♫ II/A3

Der ungewöhnliche Name der 12 km südlich von Burwash gelegenen Burg geht auf die beiden normannischen Familien *Herst* und *Monceux* zurück. Die **Festung aus rotem Backstein,** die dem Bodiam Castle recht ähnlich sieht, entstand allerdings erst im 15. Jh.

Seit 1948 hat das **Observatorium** von Greenwich seine Teleskope zur Beobachtung der Sterne auf dem

Gelände von Herstmonceux; der Nachthimmel des Londoner Vorortes war den Astronomen einerseits zu hell und andererseits zu verschmutzt geworden, sodass man in eine saubere Gegend umziehen musste. Ein neuer Umzug ist jedoch schon wieder geplant; diesmal soll es nach Cambridge gehen.

Restaurant

● Im Örtchen Herstmonceux selbst sollten Gourmets in der Gardner Street einen Besuch im (Nichtraucher-) **Restaurant Sundial** nicht versäumen. Hier wird hier zu Preisen zwischen 25 und 56 £ meisterhaft gekocht. Auch vegetarische Gerichte und Kinderportionen sind im behindertengerechten Restaurant auf der Speisekarte zu finden. Reservierungen ratsam unter Tel. 01323-832217.

Zum Sugar Loaf – Auf der Suche nach einem Folly

Wer sich für *Follies* interessiert, architektonische Verrücktheiten, die exzentrische Briten in die Landschaft gesetzt haben, der mache sich von Herstmonceux ein paar Kilometer gen Norden auf. Zwischen den beiden Örtchen Dallington und Brightling steht an der B 2096 auf freiem Feld nahe dem Weiler Wood's Corner (kurz bevor es rechts nach Brightling abgeht) ein gut 6 m hoher steinerner **Zuckerhut.** Die Absonderlichkeit geht auf *John Fuller* (1756–1834), einen der bekanntesten englischen Exzentriker, zurück, der im Volksmund auch den Beinamen *Mad Jack* trug. Als Parlamentsabgeordneter tat *Fuller* viel für die Menschen in seiner Region, auch finanzierte er private Arbeitsbeschaffungsmaßnahmen, um die Erwerbslosigkeit zu lindern. Noch bevor *Lord Curzon* Bodiam Castle (s. o.) restaurierte, sorgte *Fuller* dafür, dass die Ruine nicht vollends zusammenstürzte.

Der *Sugar Loaf* ging angeblich auf eine **Wette** zurück. Eines Abends behauptete *Mad Jack*, dass er von seinem Wohnsitz Brightling Park aus den Kirchturm von Dallington sehen könne. Doch ein ortskundiger Gast hegte berechtigte Zweifel. Früh am nächsten Morgen stellte *Fuller* fest, dass er tatsächlich unrecht hatte und ließ ge-

Architektonischer Nichtsnutz: Sugar Loaf

schwinde auf einem Feld die Kirchturmspitze des Gotteshauses von Dallington nachbauen – so wenigstens will es die Überlieferung. In Wahrheit beschäftigte *Fuller* auch hier für einige Zeit arbeitslose Familienväter.

Eastbourne ⌕ II/A3
– Englands elegantestes Seebad

Von allen Seebädern entlang der englischen Südküste gehört Eastbourne mit zu den schönsten. An einem fast 5 km langen sauberen, beim Ansturm der Wellen leise murmelnden Kieselstrand zieht sich eine **Flanierpromenade** entlang, gesäumt von gepflegten weißen Häusern. Ein gut instandgehaltener Pier stakst weit ins Meer hinaus, von seiner Spitze aus hat man einen schönen Blick auf die „Skyline" von Eastbourne.

„Die Insulaner verstehen sich zwar nicht aufs Kaffeekochen, sind dafür aber sehr eigensinnige Teetrinker. Man hat berechnet, dass in Großbritannien weit mehr Tee als im ganzen übrigen Europa zusammen getrunken wird. Viele tausend arme Menschen leben hier die ganze Woche von nichts anderem als Tee und Butterbrot. Allein, auch sie geben sich nur mit gutem Tee zufrieden. So schwach und von so schlechter Art, wie man ihn gewöhnlich bei uns trinkt, würden sie ihn nicht anrühren."

Johann Wilhelm von Archenholtz, „England und Italien", 1787

Das südliche Ende der Seefront markiert der **Wish Tower,** der größte Martello-Turm, der je in England gebaut wurde und der französische Invasoren abschrecken sollte.

Nördlich vom Stadtzentrum sorgte die kreisrunde, 1810 in Dienst gestellte **Festungsanlage Redoubt Fortress** für Schutz. Heute sind hier drei kleine Militärmuseen (Apr.–Okt. Di–So 10–17 Uhr) untergebracht, und während der Saison finden im Innenhof Konzerte statt.

Alles in Eastbourne macht einen gepflegten Eindruck, die Fassaden der Häuser und Hotels erstrahlen im makellosen Weiß, und viele Blumenbeete erfreuen Besucher mit ihrer Pracht.

Tennis- und Golfspieler finden für ihre sportliche Betätigung genügend Plätze, und wenn es einfach nur ein geruhsamer Spaziergang sein soll, so gibt es neben der Strandpromenade eine ganze Reihe von grünen Parkanlagen.

Eastbourne ist auch als **Tagungs- und Konferenzort** beliebt, außerdem bieten Sprachschulen ihre Dienste an, sodass während der Sommermonate das Heer der Touristen um viele Englisch-Schüler bereichert wird.

Ist das Wetter schlecht, sodass man auf ein Bad im Meer verzichten muss, kann man am östlichen Ende der Seeuferstraße im **Vergnügungsbad The Sovereign** im angenehm temperierten Wasser planschen.

George **Bernard Shaw** (1856–1950) stieg häufig im Grand Hotel – „eine Mischung aus halbkolonialem Gouverneurspalast und Empfangsgebäude eines viktorianischen Bahnhofs" – zusammen mit seiner hartherzigen „brieflichen Geliebten" *Beatrice Stella Campbell* ab. 1860 suchte **Charles Dickens** (1812–1870) hier Erholung von einer schweren Krankheit, und zwischen 1877 und 1887 kam regelmäßig der Mathematiker *Charles Lutwidge Dodgson* (1832–1898), bekannter unter dem Namen **Lewis Carroll,** ins mondäne Seebad. Der pädophile Autor von „Alice im Wunderland" hielt am Strand nach kleinen Mädchen Ausschau, freundete sich mit ihnen an, nahm sie dann mit in seine Wohnung und versuchte, sie nackt zu fotografieren. Seinem Tagebuch vertraute er an: „Vor fünf Jahren wagte ich es, ein kleines Mädchen von zehn einzuladen, das mir ohne den geringsten Einwand anvertraut wurde. Im folgenden Jahr wohnte eine Zwölfjährige eine Woche lang bei mir. Im Jahr darauf lud ich eine Vierzehnjährige ein, ziemlich sicher, dass dies abgelehnt würde. Zu meiner Überraschung und Freude schrieb ihre Mutter nur: „*Irene darf für eine Woche oder vierzehn Tage zu Ihnen kommen.*"

Den Literaturwissenschaftlern ist es übrigens jahrzehntelang entgangen, dass *Carroll* auch ein begabter Fotograf war. Der Sammler *Helmut Gernsheim* wühlte 1947 in einem Altpapierstapel des Londoner Antiquitätenhändlers *Francis Edwards* in der Marylebone High Street. Dort lag seit 1932 ein Fotoalbum mit 115 Aufnahmen von kleinen Mädchen. *Gernsheim* bemerkte, dass das Album weder mit *Dodgson* noch *Carroll* signiert war, aber einen in purpurfarbener Tinte geschriebenen Index aller abgebildeten Kinder enthielt. Der Sammler fand das ungewöhnlich, ließ sich das Album reservieren und eilte ins Manuscript Department des Britischen Museums. Dort schaute er sich Briefe von *Carroll* an und tatsächlich: dieselbe Handschrift, dieselbe Tinte!

Gernsheim kaufte das Album für 25 Pfund, machte sich dann auf die Suche nach *Carrolls* Erben und fand dessen Nichten, fünf unverheiratete Schwestern. Die kopierten ihm alle Stellen aus *Dodgsons* Tagebüchern, die sich auf seine Fotografie bezogen.

1949 erschien *Gernsheims* Buch über den Fotografen *Lewis Caroll*; dieser Band war eine literarische Sensation! *Carrolls* „Lolita-Fotografien" gehören heute – wenn sie denn überhaupt einmal in einer Auktion auftauchen – zu den teuersten Aufnahmen der Welt.

Auch **Friedrich Engels** (1820–1895) mochte das Seebad und verbrachte in zehn aufeinanderfolgenden Sommern seine Ferien in Eastbourne. *Eric Blair*, bekannter unter dem Namen **George Orwell** (1903–1950), ging in Eastbourne zur Schule – für ihn die Jahre „der Gewalt, des Betrugs und der Heimlichkeiten." Regelmäßig wurde er von den Lehrern mit dem Rohrstock geschlagen und gedemütigt, am schlimmsten jedoch waren die widerlichen „Zinnschalen, aus denen wir unser Porridge aßen. Sie hatten vorstehende Ränder, und unter den Rändern war eine Ansammlung von Resten von eingetrocknetem, saurem, alten Porridge, das man in langen Streifen abziehen konnte." Ähnlich erging es dem

EASTBOURNE

Schriftsteller **E. M. Forster** (1879–1970) im Internat von Eastbourne; seine Mitschüler verprügelten den zarten Knaben, und von seinen Lehrern wurde er sogar verächtlich *Mousie* genannt.

Da es in der **Umgebung** von Eastbourne eine ganze Menge zu entdecken gibt, sollte man das Seebad zum Standquartier für Ausflüge in die Umgebung machen.

Praktische Hinweise

Tourist Information
- Cornfield Road, Tel. 0906-7112212.

Unterkunft
- **Chatsworth Hotel,** Grand Parade, Tel. 01323-411016, Fax 643270, www.chatsworth-hotel.moonfruit.com, DZ 120 £.
- **Lansdowne Hotel,** King Edward's Parade, Tel. 01323-725174, Fax 739721, www.bestwestern.co.uk, DZ 120.
- **York House Hotel,** 14 Royal Parade, Tel. 01323-412918, Fax 646238, www.bw-yorkhouse.co.uk, DZ 100 £.
- **West Rocks Hotel,** Grand Parade, Tel. 01323-725217, Fax 720421, www.westrockshotel.co.uk, DZ 100 £.

Auf hohen Stelzen weit ins Meer: der Pier von Eastbourne

 Atlas Seite II

EASTBOURNE

- **Bed and Breakfast:** *Bella Vista,* 30 Redoubt Road, Tel. 01323-724222, DZ 60 £; *Beachy Rise,* 5 Beachy Head Road, Tel. 01323-639 171, www.beachyrise.com, DZ 55 £; *Cambridge House,* 6 Cambridge Road, Tel. 01323-721100, www.cambridgehouseeastbourne.co.uk, DZ 55 £; *Camelot Lodge,* 35 Lewes Road, Tel. 01323-725207, Fax 722799, DZ 55 £; *Far End Guest House,* 139 Royal Parade, Tel. 01323-725666, www.farendhotel.co.uk, DZ 56 £.

Pubs, Cafés und Restaurants

- **Mediterraneo,** Seaside Road, ordentliches italienisches Lokal mit Pizzen und Pasta um 8 £, Fisch- und Fleischgerichte bis 18 £.
- **Pomodoro e Mozzarella,** Cornfield Terrace, ebenfalls ein gutes italienisches Restaurant mit Pizzen und Pastas zwischen 7 und 9 £, Fisch- und Fleischgerichte zwischen 12 und 14 £, mittägliches 3-Gänge-Menü 12 £, abendliches 3-Gänge-Menü 18 £.
- **Luigis's,** Seaside Road, freundliches, kleines italienisches Lokal, keine Pizzen, Pastas um 6 £, Fleischgerichte um 10 £, Fischspeisen zwischen 12 und 14 £.
- **Solo Pasta,** Cornfield Road, Pizza und Pasta 6–8 £, Fisch-und Fleischgerichte 10–12 £, auch vegetarische Speisen.
- **Mo Mambo,** Terminus Road, gute Pizzen und Pasta in dem sehr beliebten Lokal, 8–11 £.
- **Mr. Hau,** Terminus Street, chinesisch, 10 £.
- **Arlington Arms,** am östlichen Ende der Seaside Road, drei separate Bar-Areale, mit angeschlossenem Restaurant.
- **Princess Restaurant,** Seaside Road, internationale Küche, 10–13 £.
- **Fiesta Bistro,** Grove Road, Wine Bar & Restaurant, Pasta um 8 £, Fleisch- und Fischgerichte bis 12 £.
- **Athens,** Terminus Road, griechisch, um 9 £.

Verbindung

- **Bahnhof:** Terminus Road.
- **Busbahnhof:** Cavendish Place, neben dem Pier.

In der Umgebung von Eastbourne

Beachy Head und Seven Sisters ⚓ II/A3

Ein wenig südlich von Eastbourne liegt einer der landschaftlichen Höhepunkte von Englands Süden – das Kap Beachy Head. Fast 170 m hoch steigen die makellos weißen **Kreidefelsen** aus dem blauen Meer in den Himmel. Recht gut verdeutlicht ein knapp 50 m hoher, unten in der See stehender **Leuchtturm** die Proportionen.

Im Jahre 1895 wohnte **George Bernard Shaw** (1856–1950) im nahegelegenen Beechy Head Hotel und versuchte hier, Fahrrad fahren zu lernen. Doch seine „Anstrengungen brachten die Küstenwacht so zum Lachen, wie keins meiner Bücher je ein Publikum. Ich machte mich mit solchem Erfolg lächerlich, dass ich mich ganz in der Stimmung fühlte, auch mal über jemanden zu lachen."

Am 27. August 1895 streuten die Freunde von **Friedrich Engels** die

Asche des großen Utopisten nicht weit von Beechy Head entfernt ins Meer – so hatte *Engels* es in seinem Testament bestimmt.

Vom Beachy Head gen Westen zieht sich die weiße Klippenformation **The Seven Sisters** bis zum kleinen Seebad Seaford. Von dort hat man auch die besten Blicke auf die Kreidefelsen.

Alfriston – Romantik unter Reetdächern ⚓ II/A3

Ganz zauberhaft ist das Puppenstubenörtchen Alfriston, das einige Kilometer westlich von Eastbourne liegt. Alte, hübsch aussehende **Fachwerkhäuser** mit mächtigen Schindeldä-

> „Der Sonntag ist ein wahrer Totentag, an dem Tanz, Musik und Gesang verpönt sind, sodass ganz Fromme selbst die Käfige der Kanarienvögel verhängen, damit ihnen nur ja kein Singlaut entfahre. Niemals liegen mehr Betrunkene auf den Straßen als am Sonntag, und niemals ist der Andrang in gewissen Häusern so groß".
>
> *Hermann Fürst zu Pückler-Muskau, „Briefe eines Verstorbenen", 1828*

chern säumen die Dorfstraße, die so schmal ist, dass zwei Autos kaum aneinander vorbeikommen. Im kleinen Zentrum ragt ein verwittertes, mittelalterliches **Marktkreuz** auf und dokumentiert damit die frühere Bedeutung von Alfriston als Handelsstadt. Jedes Haus ist mit einen **Zunftzeichen** geschmückt und zeigt an, welcher Handwerker hier früher seine Künste ausgeübt hat: Kerzenmacher, Krämer, Flickschuster, Zimmermann, Schmied, Sattler, Fleischer ...

Nahe dem zentralen Parkplatz informiert in der Old Forge das **Heritage Centre** (Ostern bis Okt. tgl. 11–17 Uhr) den interessierten Besucher über die Geschichte des Weilers. Neben der 700 Jahre alten **Dorfkirche** – die für einen Ort wie Alfriston recht groß geraten ist und deshalb auch *The Cathedral of the South Downs* genannt wird – steht das ebenfalls aus dem 13. Jh. datierende, strohgedeckte Pfarrgebäude **Clergy House,** eines der ältesten noch erhaltenen Wohnhäuser Englands. Es war das erste Objekt, das der National Trust 1896 zu einem Preis von 10 £ in seinen Besitz brachte (März–Okt. tgl. außer Di und Fr 10.30–17 Uhr, Aug. auch Fr geöffnet, Nov.–Dez. 11–16 Uhr).

Pubs

● Viele Pubs konkurrieren um die Gunst der Besucher; der **George Inn** ist die älteste Taverne im Örtchen und kann eine Schanklizenz aus dem Jahre 1397 vorweisen; aus dem gleichen Jahrhundert datiert **Tudor House.** Wie es heißt, soll es in früheren Tagen eine unterirdische Verbindung zwischen den beiden Kneipen gegeben haben, die von Schmugglern gegraben und genutzt wurde.

● Auch der zweistöckige Gasthof **Star Inn** erfreut schon seit 600 Jahren die durstigen Reisenden. In den alten Zimmern kann man heute stilvoll übernachten, es gibt weiterhin ein gutes Restaurant und sommertags trinkt man sein Bitter im Biergarten.

● Recht jung noch ist dagegen der **Market Inn,** der erst seit 1797 Bier ausschenkt und sich auch den altertümelnden Beinamen **Ye Olde Smuggler Inn** gegeben hat.

170 m abwärts: Blick auf den Leuchtturm

Zunftzeichen an einem Haus in Alfriston

Der lange Mann von Wilmington ↗ II/A3

Nach wenigen Minuten Autofahrt von Alfriston gen Norden gelangt man zum Weiler Wilmington. Einzige Attraktion ist der von einem Hügelhang grüßende, 70 m hohe **Long Man of Wilmington.** Wenngleich die Wissenschaftler mit ihrer Datierung unsicher sind, so nimmt man doch an, dass die Umrisse der Figur wahrscheinlich schon in der Eisenzeit in den Kreideboden geritzt worden sind.

70 Meter: der lange Mann

Charleston Farmhouse – Liebe und Kunst auf dem Lande ↗ V/D3

Auf dem Weg von Wilmington in Richtung auf das Städtchen Lewes liegt abseits der A 27 ein von außen recht unscheinbar wirkendes Bauernhaus (ausgeschildert, April–Nov. Mi–Sa 13–17 Uhr). Hier lebte **Vanessa Bell** (1879–1961), die Schwester von *Virginia Woolf*, teilweise zusammen mit ihrem Mann *Clive Bell* (1881–1964), ihrem Lebensgefährten, dem Maler *Duncan Grant* (1885–1978) und dessen Freund David Garnett (1892–1982).

Charleston darf keinesfalls isoliert betrachtet, sondern muss zusammen

IN DER UMGEBUNG VON EASTBOURNE

mit Monk's House nahe dem Rodmell Weiler (s. S. 139) und Sissinghurst Castle bei Sevenoaks (s. S. 444) als Einheit erlebt werden. Monk's Cottage war das kleine Landhaus von *Virginia* (1882–1941) und *Leonard Woolf* (1880–1969), während in Sissinghurst *Vita Sackville-West* (1892–1962) und ihr Mann *Harold Nicolson* (1886–1968) schrieben und gärtnerten. Es waren die dichten emotionalen Verstrickungen und die **ungewöhnlichen Liebschaften** all dieser Personen untereinander in Verbindung mit ihrer ausufernden Kreativität, die dem Besucher Staunen abverlangen.

Vanessa war mit *Clive Bell* verheiratet und hatte zwei Söhne mit ihm, die meiste Zeit ihres Lebens aber verbrachte sie mit *Duncan Grant,* dem Vater ihrer Tochter *Angelica* und das, obwohl *Duncan* nach der Geburt *Angelicas* nie wieder mit ihr schlief. *Duncan* wiederum hatte unter anderem eine homosexuelle Beziehung zu *David Garnett,* den *Duncans* Tochter *Angelica* Jahre später heiraten sollte.

Clive liebte wenigstens in den ersten Ehejahren *Vanessa*, flirtete aber auch gleichzeitig heftig mit ihrer Schwester Virginia Woolf, dann war eine gewisse *Mary Hutchingson* für viele Jahre die wichtigste Frau in seinem Leben. *Virginia* liebte ihren Mann *Leonard,* sie hatte aber auch ein Verhältnis mit *Vita Sackville-West* und modellierte nach dieser Frau ihre Romanfigur Orlando; beide, *Virgina* und *Leonard,* waren jedoch eher asexuelle Menschen (wie *Angelica Garnett* einmal feststellte).

Vita liebte ihren Mann *Harold Nicolson,* den Vater ihrer Söhne *Ben* und *Nigel,* sicherlich sehr platonisch, körperlich aber liebte sie *Virginia,* wenngleich ihr Zusammensein nur von kurzer Dauer war (und sexuell für *Vita* ziemlich unbefriedigend blieb, wie *Virginias* Biograf schreibt); darüber hinaus hatte *Vita* eine Reihe weiterer gleichgeschlechtlicher Verhältnisse. *Harold* wiederum liebte *Vita,* auch er hatte aber homosexuelle Beziehungen.

Ebenfalls nicht alltäglich ist es, dass dieses dichte Beziehungsgeflecht außergewöhnlich gut dokumentiert ist, und zwar nicht von Außenstehenden, sondern von den Familienangehörigen. So schrieb *Quentin Bell,* Sohn von *Vanessa* und *Clive,* die Biografie seiner Tante *Virginia Woolf,* die als eine der ganz großen Lebensbeschreibungen in die englische Literaturgeschichte eingegangen ist, *Leonard Woolf* editierte die Briefe seiner Frau, *Angelica Garnett* schrieb über ihre Mutter *Vanessa,* ihren Vater *Duncan Grant,* dessen Freund und ihren Mann *David; Nigel Nicolson,* der Sohn von *Vita* und *Harold,* gab die Briefe seiner Eltern heraus und publizierte den Band „Portrait of a Marriage", in dem er die ungewöhnliche Ehe von Vater und Mutter verarbeitet.

Über das Biografische hinaus gibt es ja dann noch die Werke der Protagonisten. *Vanessa* und *Duncan* malten und entwarfen Stoffmuster, die noch heute im Handel sind; *Clive* war Autor und Literaturkritiker, *Virginia* schrieb Romane, *Leonard* verlegte Bücher in seinem Verlag Hogarth Press, war als

Literaturkritiker und Schriftsteller tätig; *Vita* publizierte Romane, aber auch Gartenbücher, und *Harold* ist als Autor einer Reihe von Sachtiteln bekannt.

Das kreative Schaffen setzten die Kinder und Enkel fort. *Angelica Garnett* (* 1918) war Schauspielerin und ist sowohl als Malerin als auch als Autorin hervorgetreten, ihr Mann *David* schrieb Romane und arbeitete als Literaturkritiker bei der bedeutenden Zeitung New Statesman (und gab u. a. die Briefe von Lawrence von Arabien heraus), beider Tochter *Henrietta* (* 1945) ist ebenfalls als Autorin hervorgetreten; *Julian Bell* (1908-1937), der ältere Sohn von *Vanessa* und *Clive,* schrieb Gedichte und Essays und war Professor für Anglistik an der Universität von Wuhan/China, bis er 1937 im Spanischen Bürgerkrieg ums Leben kam. *Quentin Bell* (1910-1996), der Bruder von *Julian,* arbeitete als Professor für Kunstgeschichte und Kunsttheorie an der Universität von Sussex und publizierte, wie schon erwähnt, die Biografie über *Virginia Woolf,* seine Frau *Ann* (* 1916) ist Herausgeberin der Tagebücher von *Virginia; Nigel Nicolson* (1917-2004), Sohn von *Vita Sackville-West* und *Harold Nicolson,* schrieb nicht nur über seine Eltern, sondern publizierte weitere neun Sachbücher.

In der Hoffnung, dass die Neugier des Lesers geweckt wurde, soll nun das Haus selbst näher betrachtet werden. Im Herbst des Jahres 1916 zog *Vanessa Bell* mit ihren beiden Söhnen *Julian* und *Quentin,* ihrem Gefährten *Duncan Grant* und dessen Freund *David Garnett* in das **spartanische Charleston Farmhouse** ein. Beide Männer waren als Kriegsdienstverweigerer zur Erntearbeit verpflichtet. Im Haus gab es kein fließendes Wasser, keine Heizung, kein elektrisches Licht, und auch die sanitären Anlagen waren äußerst primitiv. „Das Leben in Charleston war recht dürftig", stellte *Virginia* fest, „nichts als Wind und Regen und keine Kohlen im Keller".

Vanessa, Duncan und *David* begannen sich einzurichten, renovierten und modernisierten in bescheidenem Maße. **Besucher** gaben sich die Klinke in die Hand: *Clive Bell* kam mit seiner Freundin *Mary Hutchinson; John Maynard Keynes,* der berühmte Wirtschaftswissenschaftler, war nicht nur ein regelmäßiger Gast, sondern wohnte sogar zeitweise in Charleston. Hier schrieb er 1919 den Band „The Economic Consequences of the Peace".

Virginia und *Leonard* kamen vom nahegelegenen Monk's House hinüber und brachten ihre Gäste sowie die Autoren ihres Verlags Hogarth Press mit, so etwa *T. S. Eliot.* Auch *Edward Morgen Forster* ging aus und ein und wurde sowohl von *Vanessa* als auch von *Duncan* gemalt. Liest man, wer während der 62 Jahre, in denen das Haus bewohnt war, alles in Charleston zum Tee kam, so hat man ein Who's Who der intellektuellen Elite Englands vor sich: Maler, Bildhauer, Dichter, Schriftsteller, Sachbuchautoren, Literaturkritiker, Kunsthistoriker, Schauspieler, Sozialwissenschaftler usw.!

Vanessa und *Duncan* bemalten fast jede freie Fläche in Charleston: die Türen, die Türzargen, die Fensterlaibungen, Tischflächen, Bücherschränke, kein Holzpaneel, das nicht farbig verziert wäre, Kaminseiten, das Kopfende eines Bettes, alles trägt Muster und Figuren. Selbst der kleine Kohlenkasten, der neben dem Kamin im Garden Room steht, ist bemalt – da zupft ein sitzender Engel an den Saiten einer Mandoline –, 1919 hat *Duncan* hier den Pinsel angesetzt. Stoffmuster wurden für Stuhlbezüge und Vorhänge entworfen, einige davon sollte *Laura Ashley* rund 50 Jahre später in Massenfertigung produzieren. *Duncan,* der 1978 im Alter von 93 Jahren in Charleston starb, erlebte es noch, wie seine Entwürfe und Werke wieder en vogue wurden.

Natürlich hängt das ganze Haus voller Bilder, Gemälde von *Vanessa* und *Duncan,* aber auch andere Künstler sind in reichem Maße vertreten.

Nach hinten hinaus gibt es selbstverständlich einen **Garten,** den *Vanessa* und *Duncan* jahrzehntelang pflegten und der von Frühjahr bis Herbst mit seiner Farbenpracht Bewohner wie Besucher gleichermaßen erfreute.

Charleston ist ein lebendiges Gesamtkunstwerk, in dem die Aura seiner kreativen und liebenden Bewohner spürbar ist.

White Cottage in Ripe – Malcolm Lowrys letzte Tage ↗ V/D3

Nördlich von Charleston Farmhouse über die A 27 hinweg liegt der kleine Weiler Ripe. Hier verlebte **Malcolm Lowry** – „in diesem Ort bin ich der einzige Dorftrottel" – im White Cottage seine letzten eineinhalb Lebensjahre. Im Januar 1956 brachte Ehefrau *Margerie* den manisch-depressiven und schwer alkoholabhängigen Malcolm in die ländliche Ruhe von East Sussex. Hier begann er wieder zu arbeiten und schrieb eine Reihe von Kurzgeschichten, die aber erst nach seinem Tod erscheinen sollten. Am 27. Juni 1957 starb er im Alter von 48 Jahren und wurde auf dem Kirchhof von Ripe begraben.

Malcolm Lowry hatte 1909 als Sohn eines reichen Baumwollhändlers in Cheshire das Licht der Welt erblickt. Klein Malcolm verschlang die Werke von *Herman Melville, Joseph Conrad* und *Jack London,* verließ die Schule und fuhr wie die Protagonisten seiner Vorbilder zur See. Er reiste lange durch den Fernen Osten, kehrte dann nach England zurück und schloss in Cambridge ein Studium ab. 1933 erschien sein Buch „Ultramarin", das stark an den metaphorischen Reisebericht „Blue Voyage" seines Freundes *John Aiken* angelehnt ist. Von 1936 bis 1938 lebte er mit seiner ersten Frau *Jan* in Mexiko, wo erste Texte zu seinem berühmten Roman „Unter dem Vulkan" (1947) entstanden. Es ist die Geschichte eines alkoholkranken Diplomaten in Mexiko. Vor wenigen Jahren hat *John Huston* den Stoff verfilmt.

Lowry reichte weitere Manuskripte bei Verlagen ein, doch zu seinen Lebzeiten wurde kein Werk mehr von ihm gedruckt. Erst 1962, 1968 und 1970 kamen seine Texte auf den Markt.

IN DER UMGEBUNG VON EASTBOURNE

Glyndebourne – Die Oper neben dem Kuhstall V/D2/3

Einige wenige Kilometer westlich von Lewes, der Hauptstadt von East Sussex, erstreckt sich an einer schmalen, unklassifizierten Straße Glyndebourne, eigentlich nur ein größerer Herrensitz. In dieser einsamen, ländlichen Gegend findet alljährlich ein **grandioses Musikspektakel** statt. Zwischen Mai und August werden eine Reihe von Operninszenierungen aufgeführt, die zum Besten gehören, was Großbritannien in dieser Hinsicht zu bieten hat.

Oper auf dem Lande – das konnte nur dem Hirn eines exzentrischen Engländers entspringen. **John Christie** hatte in den 1930er Jahren die Sopranistin *Audrey Mildmay* geheiratet. London war weit weg, und Mylady sah sich außerstande, ihren erlernten Beruf auszuüben. Gatte *John,* der bemerkte, auf welch harte Probe Ehe und Liebe gestellt wurden, fackelte nicht lange und baute dem Herrensitz ein Opernhaus an. Im Mai 1934 wurde – Mylady liebte Mozart – „Die Hochzeit des Figaro" gegeben, und zur Überraschung der angereisten Gäste konnte Ehefrau *Audrey* tatsächlich singen – die Premiere war ein voller Erfolg! *Virginia* und *Leonard Woolf* waren übrigens unter den Besuchern.

Mittlerweile ist es weniger die Oper als das Drumherum, das zum Zauber

Lebenshilfe auf gut Englisch

Im Sommer 1993 verschlug es den Briten den Atem: Herausragende Vertreter des politischen Establishments hatten sich in aller Öffentlichkeit als Zyniker erwiesen und sich moralisch deklassiert.

Als bei einem IRA-Bombenanschlag 30 Menschen in Belfast schwer verletzt wurden, eilte Nordirlandminister *Sir Patrick Mayhew* an die Betten der Opfer. Von Journalisten um eine Stellungnahme gebeten, legte er jenen Zynismus an den Tag, der in der englischen Oberschicht privat sehr geschätzt wird. „Alles ist nicht so schlimm, es ist ja niemand tot", sprach der Minister. Kurz danach erlag ein Opfer den Verletzungen.

Der nächste, der voll ins Fettnäpfchen trat, war der Staatsminister für Handel, *Richard Needham*. Bei einer Firmenbesichtigung klagte ein farbiger Mitarbeiter über die große Hitze und über eine fehlende Klima-Anlage. Darauf *Needham*: „Gerade deshalb sind Sie doch hier, Sie sind doch besser an heiße Temperaturen gewöhnt."

Bei solchen Tönen wollte *Prinz Philip,* Gatte von Königin *Elisabeth,* nicht nachstehen. Windsor Castle war gerade abgebrannt, da besuchte er das schottische Örtchen Lockerbie, in dem elf Menschen bei dem Absturz der von Libyern in die Luft gesprengten amerikanischen Boeing ums Leben gekommen waren. Er sprach mit einer Frau, die nahe Angehörige verloren hatte. „Ob denn die Feuerwehr damals rechtzeitig erschienen sei?" „Ja, aber es war zu wenig Löschwasser da", sagte die alte Dame. Darauf Prinz Philip: „Nach einem Feuer ist ja der Wasserschaden das Schlimmste. Wir sind immer noch dabei, Windsor Castle trockenzulegen."

Karl-Heinz Bohrer hatte recht, als er schrieb: „... der Herzog von Edinburgh ist ein taktlos-unwürdiger Glückspilz, der sich selbst als Joke-Cracker in harmloser Herrenrunde gewaltig überschätzt und seine Allround-Inkompetenz mit der Arroganz seiner Herkunft bemäntelt."

In der Umgebung von Eastbourne

Monk's House

von Glyndebourne beiträgt. Die Singspiele beginnen schon am Nachmittag, gegen Abend gibt es dann eine lange Pause. In großer Garderobe – lange Abendkleider, Frack und Fliege – hocken die Besucher nun auf den weiten Rasenflächen, bestaunt von Kühen, Schafen und Pferden, breiten Decken aus, kämpfen mit der Technik der Klappstühle und geben sich dem Picknick hin. Hinein in die pastorale Stille ploppen die Champagnerkorken, der schottische Räucherlachs entfaltet sein Aroma in der bukolischen Aura, und allen mundet die Lammkeule in Minzsoße – Oper in Glyndebourne!

Wer es den Briten gleichtun möchte, sollte bereits im Dezember das Programm bestellen und nach Erhalt unverzüglich die Karten ordern: Glyndbourne Opera Festival, Glyndbourne/Lewes, East Sussex.

Monk's House – Wo Virginia Woolf zu Hause war ↗ V/D3

Einen Katzensprung südlich von Lewes liegt der kleine Weiler Rodmell, und hier ist es das Landhaus von *Virginia* und *Leonard Woolf,* das den „Voyeur" in die ländliche Stille eines südenglischen Dorfes zieht (NT; April bis Okt. Mi und Sa 14–17.30 Uhr).

„Es war ein bescheidenes, aus Back- und Feldsteinen errichtetes, zur Stra-

IN DER UMGEBUNG VON EASTBOURNE

ßenseite hin mit Schindeln verschaltes Haus mit steilem Dach; drinnen kleine, niedrige, ineinandergehende Zimmer, die Böden mit Ziegeln gepflastert, die Treppe eng, die Stufen ausgetreten", so beschreibt *Quentin Bell* in seiner Virginia-Biografie Monk's House. Im Juli 1919 ersteigerten die 37-jährige *Virginia* und ihr zwei Jahre älterer Mann *Leonard* das Häuschen für 700 £.

Virginia beschrieb den Moment der Auktion in ihrem Tagebuch: „Nur selten in meinem Leben war eine Zeitspanne von fünf Minuten so voller Aufregung. Der Raum im White Hart war überfüllt. Ich forschte in jedem Gesicht, an jeder Jacke und an jedem Rock nach Zeichen von Reichtum und war erleichtert, keine zu entdecken. Aber dann sah ich Leonard an und dachte: Sieht er etwa aus, als ob er 800 Pfund in der Tasche hätte? Vielleicht trugen die kapitalkräftigen Bauern ihre Notenbündel im Strumpf verborgen. Das Bieten begann. Einer bot 300 Pfund. Nur zu rasch waren 600 erreicht."

Strom und fließend Wasser gab es nicht, sodass für die nächsten Jahre Renovierungsarbeiten an der Tagesordnung waren. 1931 dann schrieb *Virginia* einer Freundin, „dass das Haus nun so luxuriös ist, dass wir sogar elektrische Heizer in den Schlafzimmern haben".

Nach Kriegsbeginn siedelten die *Woolfs* von London nach Rodmell um. 1941 ertränkte sich Virginia – gequält von Depressionen – im nahe vorbeifließenden River Ouse, Leonard starb 28 Jahre später in Monk's House. Die Asche der beiden wurde in ihrem Garten verstreut.

Virginia Woolf – Ein Leben am Rande des Wahnsinns

Virginia erblickt am 25. Januar 1882 als drittes Kind von *Julia* und *Leslie Stephen* in London das Licht der Welt. 1879 bereits war Vanessa geboren, ein Jahr später, 1880, kam Thoby hinzu, 1883 schließlich Adrian. Die vier Kinder wachsen in einem viktorianisch-großbürgerlichen, **gebildeten Haushalt** auf. *Sir Leslie* hatte einen Namen als Literaturkritiker und arbeitete 18 Jahre lang an der 63-bändigen Ausgabe der „Dictionary of National Biography". Virginia, die nie eine Schule, geschweige denn als Frau in jenen Tagen eine Universität besucht hatte, verdankt ihr Wissen fast ausschließlich dem väterlichen Unterricht.

Virginia ist 13 Jahre alt, als die Mutter stirbt; einige Monate später hat sie einen ersten **psychischen Zusammenbruch.** Anfang des Jahres 1904 verstirbt auch *Sir Leslie*. Die vier Stephen-Kinder erholen sich von dem langen Sterben des Vaters auf einer Reise nach Italien. Nach der Rückkehr erleidet Virginia einen zweiten schweren depressiven Anfall. Fast sechs Monate lang wird sie von drei Krankenschwestern umsorgt. Die Stephen-Kinder ziehen vom teuren Stadtteil Kensington in das billigere Bloomsbury um und wohnen nun am Gordon Square 46. Im November des Jahres 1904 ist Leonard Woolf, Studienkollege von Bruder Thoby, bei den Stephens zu Gast, bevor er als Kolonialbeamter nach Sri Lanka aufbricht. Einen Monat später erscheint der erste gedruckte Text von Virginia im Guardian.

Ab 1905 lädt Thoby jeden Donnerstagabend seine Freunde aus den gemeinsamen Studientagen in das Haus am Gordon Square ein, „lauter erstaunliche Burschen, die, nachlässig gekleidet und ohne Manieren im Hyde-Park-Gate-Sinne, sich zunächst schweigend um ihn, seine schönen Schwestern Vanessa und Virginia und deren Freunde gruppierten, aber bei einem stimulierenden Stichwort überaus aufmerksam und äußerst beredt wurden". Die Gruppe, heute als **Bloomsbury Group** bekannt und berühmt, diskutiert über Politik, Kunst, Literatur und – ganz wichtig für das nachviktorianische Zeitalter – ausführlich und ungehemmt über Sex. Virginia berichtet: „Es war an einem Frühlingsabend, Vanessa und ich saßen im Salon. Ich redete egozentrisch, aufgeregt, zweifellos nur über meine eigenen Probleme. Plötzlich öffnete sich die Tür, und die lange und unheimliche Gestalt von Mr. Lytton Strachey stand auf der Schwelle. Er zeigt mit dem Finger auf einen Fleck auf Vanessas weißem Kleid. Sperma, rief er aus. Darf man das wirklich sagen, dachte ich, und wir brachen in Gelächter aus. Durch dieses Wort fielen alle Barrieren der Zurückhaltung und Reserve. Eine Flut der geheiligten Ergüsse schien uns zu überwältigen. Sex beherrschte die Unterhaltung. Das Wort homosexuell lag uns ständig auf der Zunge. Wir diskutierten über den Beischlaf mit derselben Begeisterung und Offenheit, mit der wir über das Wesen des Guten diskutiert hatten."

Im Sommer des Jahres 1906 reisen die Stephen-Kinder nach Griechenland. Thoby kehrt vorzeitig nach England zurück, erkrankt an Typhus und stirbt am 20. November. Unter dem Eindruck der Trauer erhört Vanessa zwei Tage später den Heiratsantrag von Clive Bell, den sie bei den gemeinsamen Donnerstagnachmittagen kennen gelernt hatte. Nach der Hochzeit der beiden übersiedeln Virginia und Adrian zum Fitzroy Square; auf Virginias Initiative werden die Donnerstagabende wieder aufgenommen, auch schreibt sie weiter regelmäßige Buchrezensionen, hat einen Roman in Arbeit und engagiert sich in der Frauenrechtsbewegung. Mitte 1910 erleidet sie einen erneuten psychischen Zusammenbruch, steht am Rande des Wahnsinns und ist einige Wochen in stationärer Behandlung. Auch dieser Anfall geht glücklich vorbei.

Mittlerweile ist **Leonard Woolf** aus Sri Lanka zurück. Virginia beschließt einen Wohnungswechsel innerhalb von Bloomsbury und zieht Ende des Jahres 1911 mit Adrian, dem Wirtschaftswissenschaftler *John Maynard Keynes, Duncan Grant* und *Leonard Woolf* in das Haus am Brunswick Square 38. Auch mietet sie Asham House, 10 km nordöstlich von Brighton im Örtchen Beddington gelegen, als stilles Refugium.

Im Januar 1912 macht Leonard Virginia einen Heiratsantrag, aber erst am 29. Mai willigt sie ein, ihn zu heiraten; am 10. August dann stehen beide im Standesamt von St. Pancras. Eine zweimonatige Hochzeitsreise führt in die Provence, weiter gen Spanien, dann mit dem Schiff nach Italien und von dort über Venedig zurück nach London.

Im März des folgenden Jahres gibt Virginia das Manuskript ihres **Romans „Voyage Out"** an den Verleger *Gerald Duckworth,* der den Text für eine Veröffentlichung annimmt. Aus Angst vor der Meinung der Kritiker häufen sich Virginias Depressionen und Wahnvorstellungen, sie verbringt einige Wochen in einer Privatklinik. Dann, am 9. September 1913, unternimmt sie einen **ersten Selbstmordversuch.** Erst ein Jahr später ist ihr psychischer Zustand wieder stabil.

Nach Leonards Meinung regt die geschäftige Großstadt London Virginia zu sehr auf; so mietet er in Richmond, vor den Toren der Metropole, eine neue Heimstatt an, Hogarth House.

Am 26. März 1915 erscheint Virginias erster Roman. Tage vorher schon hat sie einen schweren Rückfall erlitten. Vier Krankenschwestern kümmern sich Tag und Nacht um die von Delirien und Tobsuchtsanfällen gepeinigte Virginia. Erst im November kann die letzte Krankenschwester Hogarth House verlassen.

Im Frühjahr 1917 wird die von Virginia und Leonard bestellte Druckerpresse geliefert, und im Sommer bringt der **Verlag Hogarth Press** seine ersten beiden Bücher auf den Markt. Die Woolfs pendeln während der kommenden Jahre zwischen Asham House und ihrem Heim in Richmond hin und her. Virginia betätigt sich als Setzerin für die Hogarth Press, schreibt regelmäßig für das renommierte *Times Literary Supplement* und hat den Text zu **„Night and Day"** in Arbeit, den sie Ende 1918 abschließt. Zur gleichen Zeit lernen die Woolfs *T. S. Eliot* kennen, dessen umfangreiches Gedicht „The Waste Land" die Hogarth Press 1922 in das Verlagsprogramm aufnehmen sollte. Anfang 1919 wird Virginia Asham House gekündigt, die Woolfs ersteigern Monk's House im Weiler Rodmell. Zum Ende des Jahres erscheint, wieder bei Gerald Duckworth, „Night and Day".

Die **Ehe von Virginia und Leonard** ist von großer Liebe füreinander geprägt; ohne Leonard hätte Virginia ihre bisherigen psychischen Zusammenbrüche wohl kaum so gut überstanden. Nur selten sind die Woolfs voneinander getrennt und wenn, dann leiden beide. Virginia schreibt einmal: „Ich liege da und denke an mein teures Biest, das mich Tag für Tag meines Lebens glücklicher macht, als ich es für möglich gehalten hätte. Gar kein Zweifel, ich bin schrecklich in Dich verliebt. Ich denke dauernd daran, was Du wohl tust und muss rasch damit aufhören – es ruft in mir der Wunsch wach, Dich zu küssen."

T. S. Eliot, John Maynard Keynes und *E. M. Foster* – um nur die bekanntesten zu nennen – sind regelmäßige **Besucher** in Rodmell wie auch in Richmond. Über all die Jahre halten auch die engen Beziehungen zwischen Virginia und Vanessa an, die, nur einen Steinwurf entfernt von Monk's House, auf Charleston Farm lebt.

1923 übernimmt Leonard die Feuilleton-Redaktion der Zeitung Nation, und die Hogarth Press druckt Virginias **Buch „Jacob's Room"**, das von den Kritikern sehr gut besprochen wird – Virginia erlangt langsam Ruhm. *T. S. Eliot* schrieb ihr zu dem Roman: „Sie haben sich freigemacht von jedem Kompromiss zwischen dem herkömmlichen Roman und ihrer ureigenen Begabung. Sie haben die Kluft zwischen Ihren anderen Romanen und der experimentellen Prosa überbrückt und etwas bemerkenswert Gutes zustande gebracht."

Virginia, die nun seit etlichen Jahren frei von Anfällen ist, will fort von Richmond und wieder hinein ins Londoner Leben. 1924 ziehen die Woolfs erneut nach Bloomsbury an den Tavistock Square 52.

Zwischen 1925 und 1928 hat Virginia eine **Liebesaffäre mit Vita Sackville-West**; bei den ersten Begegnungen ist sie allerdings noch wenig von der aristokratischen Vita beeindruckt. „Nicht so recht mein Geschmack", schreibt sie, „auffallend, schnurrbärtig, bunt wie ein Papagei, mit der ganzen natürlichen Ungezwungenheit ihrer Klasse, aber ohne die geistigen Voraussetzungen des Künstlers." Doch Vita verstand es zweifellos zu bezaubern, und so heißt es schon bald darauf in einem Brief an Vanessa: „Gleich kommt Vita, um mit mir allein zwei Nächte hierzubleiben; Leonard fährt nach London zurück. (...) Trotzdem, die Juninächte sind lang und warm; die Rosen stehen in Blüte; und der Garten ist voll von Lust und von Bienen, die sich auf den Spargelbeeten vermischen."

1927 erscheint **„To the Lighthouse"**, und im gleichen Jahr beginnt Virginia mit der Arbeit an Orlando; die durch die Jahrhunderte reisende Hauptfigur, sowohl Mann als auch Frau, ist nach Vita modelliert. Der Roman erscheint Ende 1928 und ist eine große Liebeserklärung an Vita. So heißt es über Orlando: „Das Rot der Wangen war von Pfirsichflaum überzogen; der Flaum auf den Lippen nur um ein weniges dichter als der Flaum auf den Wangen. Die Lippen selbst waren kurz und leicht geöffnet über Zähnen von erlesenem mandelhellem Weiß. Nichts störte die pfeilgerade Nase auf ihrem kurzen gespannten Flug; die Haare waren dunkel, die Ohren klein und eng am Kopf anliegend. (...) Er hatte Augen wie benetzte Veilchen, so groß, dass es schien, das Wasser habe sie bis zum Rand gefüllt und sie geweitet, und eine Stirn wie die Wölbung einer marmornen Kuppel, eingepresst zwischen den beiden blanken Medaillons, die seine Schläfen waren."

In den folgenden Jahren schreibt Virginia an weiteren Werken, arbeitet sporadisch in der Hogarth Press und hat zusammen mit Leonard viele **gesellschaftliche Verpflichtungen**; die Woolfs pendeln regelmäßig zwischen Monk's House und Bloomsbury hin und her. Virginia kränkelnd zwar häufig und verfällt oft in Melancholie, doch ist sie, gemessen an ihren früheren Zusammenbrüchen, psychisch recht stabil. Sowohl in Rodmell als auch in Bloomsbury gehen Besucher aus und ein, Virginia und Leonard sind häufig bei Freunden eingeladen, gehen ins Theater, in Konzerte und schauen sich Kinofilme an. Die beiden besuchen Griechenland, Frankreich und Deutschland. Virginia ist zu einer bekannten und **geachteten Schriftstellerin** geworden; drei englische Universitäten bieten ihr daraufhin die Ehrendoktorwürde an, doch sie lehnt ab.

1939 übersiedeln die Woolfs an den Mecklenburgh Square; ein Jahr später wird das Haus bei einem Luftangriff schwer beschädigt. Die Druckmaschine der Hogarth Press sowie die Bücher und viele Möbelstücke werden nach Monk's House in Sicherheit gebracht.

Ende 1940, Anfang 1941 verschlechtert sich der psychische Zustand von Virginia rapide. Am Morgen des 28. März, an einem sehr kalten und klaren Tag, schreibt sie in Monk's House **Abschiedsbriefe** an Vanessa und Leonard, die beiden Menschen, die sie am meisten liebt. Dann geht sie zum River Ouse, zwängt einen schweren Stein in ihren Mantel und ertränkt sich.

In ihrem Brief an Leonard heißt es: „Liebster, ich spüre genau, dass ich wieder wahnsinnig werde. Ich glaube, dass wir eine solch schreckliche Zeit nicht noch einmal durchmachen können. Und diesmal werde ich nicht wieder gesund werden. Ich höre Stimmen, und ich kann mich nicht konzentrieren. Darum tue ich, was mir in dieser Situation das Beste scheint. Du hast mir das größtmögliche Glück geschenkt. Du bist mir alles gewesen, was einem einer sein kann. Ich glaube nicht, dass zwei Menschen haben glücklicher sein können ..."

Virginia ist 59 Jahre alt geworden; Leonard blieb nach ihrem Tod in Monk's House, wo er 1969, 89-jährig, starb. In seiner Biografie schrieb er, dass er Virginia wie eine kostbare Ming-Vase behütet habe, von der man weiß, dass sie einen Sprung hat.

Brighton – Portsmouth

Brighton
Englands berühmtestes Seebad

♫ V/C/D3

Literaten in Brighton

Kein anderes britisches Seebad ist so berühmt wie Brighton, das nachgerade als Inbegriff südenglischer Badefreuden gilt. Schon um das Jahr 1750 reisten die ersten Lords, Earls und Dukes nach Brighton, um Erholung am und im Meer zu suchen. In den 70er Jahren des 18. Jh. bereits verbrachte Dr. Samuel Johnson (1709–1784) einige Sommer in Brighton; hier entstanden weite Teile seines Buches „Lives of the Poets".

Im August des Jahres 1775 kam der Physiker und Dichter Georg Christian Lichtenberg (1742–1799) auf seiner England-Reise nach Brighton und war begeistert: „Dieser Ort übertrifft in den Sommermonaten an Frequenz selbst unsere berühmtesten inländischen Badeorte." Nach Deutschland zurückgekehrt, publizierte er die Schrift „Warum hat Deutschland noch kein öffentliches Seebad?" (Einige Jahre später war es dann soweit, 1797 wurde auf der ostfriesischen Insel Norderney das erste deutsche Heilbad an der See eröffnet.)

1785 übersiedelte der Prince of Wales, der Thronfolger, mit einem entsprechenden Tross von Höflingen im Schlepptau nach Brighton, und zum Jahreswechsel vom 18. ins 19. Jahrhundert weilte bereits jeden Sommer eine feste und gutbetuchte Klientel vor Ort.

1808 kam der junge Lord Byron (1788–1824) an die Meeresfront, um einerseits Erholung von seinem ausschweifenden Lebenswandel zu suchen und um andererseits seine Nerven zu beruhigen. Die angesehene und gefürchtete literarische Vierteljahreszeitschrift Edinburgh Review hatte seinen Gedichtband „Hours of Idleness" vernichtend rezensiert, „von einem Meisterwerk an niederträchtiger Bosheit" gesprochen und weiter bemerkt: „Die Poesie dieses jungen Adligen ist von einer Art, die weder Götter noch Menschen dulden dürfen; seine Ergüsse sind so derartig platt, dass sie ebensowenig wie stehendes Wasser über oder unter dieses Niveau kommen können." Byron war vom Donner gerührt und wollte den Herausgeber zu einem Pistolenduell fordern, veröffentlichte dann aber die Satire „English Bards and Scotch Review", die in kürzester Zeit fünf Auflagen erlebte und ihm viel Geld einbrachte.

Der Poet schwamm in Brighton regelmäßig eine halbe Stunde im Meer – und das auch nachts. Ihm zur Seite stand eine seiner „Nymphen", die er als Knabe verkleidet für seinen Bruder ausgab.

Charles Dickens (1812–1870) besuchte Brighton ab 1837 regelmäßig und logierte unter anderem im Bedford Hotel nahe dem West Pier. Hier entstand sein Roman „Dombey and Son" (1848, dt. „Dombey und Sohn"), in dem das Hotel mehrfach Schauplatz der Handlung ist. Auch „Bleak House" („Düsteres Haus"), den ersten englischen Detektivroman, schrieb Dickens 1848/49 in Brighton.

William Thackeray (1811–1863) war gerne beim „freundlichen, heiteren und fröhlichen Dr. Brighton" zu Gast – so nannte er die gesunde Luft des Seebads. Hier schrieb er etliche Kapitel seines 1847/48 erschienenen Fortsetzungsromans „Vanity Fair" (dt. „Jahrmarkt der Eitelkeiten").

In den Jahren 1826–29 weilte Hermann Fürst von Pückler-Muskau (1785–1871) in England; der kongeniale Garten- und Parkgestalter (weiten Bevölkerungskreisen nur bekannt durch die gleichnamige Eistorte) suchte verzweifelt nach einer reichen Frau im heiratsfähigen Alter – Durchlaucht war nämlich bankrott! Durch Brighton spazierte der Edelmann „in Handschuhen, um meine weißen Hände zu konservieren, auf die ich wie Byron sehr viel halte", entlang „der Marine Parade", die sich „weit am Meer entlang erstreckt", durch die „große, reinliche und sehr heitere Stadt." (Eine Frau fand er übrigens nicht, Fürst Pückler blieb weiter hoch verschuldet.) Aufgrund seines schweren deutschen Akzents nannte Charles Dickens Pückler-Muskau den Grafen Smorltork und verewigte ihn in seinen „Pickwick Papers".

Der schüchterne Lewis Carroll (1832–1898) schaute sich 1887 im Theatre Royal die Bühnenadaption seiner „Alice im Wunderland" an. Außerdem besuchte er 25 Jahre lang jedes Weihnachten seine altjüngferliche Schwester in Brighton.

In der Buckingham Road 31 gibt es eine Gedenkplakette, die mitteilt, dass hier am 24. August 1872 Aubrey Beardsley geboren wurde. Der Jugendstilzeichner illustrierte u. a. Bände von Oscar Wilde und Alexander Pope. 26-jährig verstarb der lungenkranke Beardsley in Menton/Frankreich.

An der Hand seiner Mutter Jenny kam 1883 der rothaarige, weißhäutige, lispelnde und schüchterne neunjährige Winston Churchill (siehe auch Exkurs) ins Internat von Kate und Charlotte Thomson in der Brunswick Road. Klein Winston fügte sich nicht in den starren Stundenplan und rebellierte. Eine Lehrerin jammerte: „Ein kleiner, rothaariger Schüler, der ungezogenste Junge in der ganzen Klasse. Mir kam es vor, als sei es der unartigste kleine Junge auf der ganzen Welt."

Im August 1880 machte auch Henry James (siehe Exkurs „Henry James – Ein Amerikaner in England") Ferien im Seebad, wo „die Luft von jeher dazu angetan war, unscheinbare Mädchen hübsch und hübsche noch hübscher zu machen."

Der anglophile Theodor Fontane (1819–1898) war 1844 natürlich auch vor Ort, und auf seiner stetigen Suche nach passenden Vergleichen nannte er Brighton – das er schöner als London oder Berlin fand – das „Neapel des Nordens". Erfreut notierte er in seinen „Wanderungen in England und Schottland", dass er auf der Fahrt zu seinem Ziel im Zugabteil nicht mit der „waschweiberhaften Neugier" der Berliner konfrontiert wurde und sich die Briten bei der Konversation mit Fremden angenehm zurückhielten. Als unerquicklich hingegen empfand der Meister des Wortwitzes und der Ironie die Straßenmusikanten, von denen er sich nachgerade verfolgt fühlte.

Brighton Rocks heißen die Zuckerstangen, „auf denen du noch immer, auch wenn du ein Stück nach dem anderen abbeißt, bis ganz unten hin, Brighton Rock' lesen kannst." So Graham Greene (1904–1991), der seinen 1938 erschienenen Roman nach den Süßigkeiten benannt hat. Unter dem Titel „Am Abgrund des Lebens" erfuhren die deutschen Leser auch etwas über den 1866 erbauten und heute baufälligen West Pier, der „langgestreckt, lichtgebadet und durchsichtig gleich einer Krabbe in der Sonne lag" und gegen dessen Stützen „die von Boulogne hereinflutende See brandete."

Sehenswertes

Brightons herausragende Sehenswürdigkeit ist der **Royal Pavilion,** Großbritanniens größte Geschmacksverirrung (tgl. 10–17 Uhr). Den Thronfolger hatte es ja schon früh ins Seebad gelockt, und ab dem Jahr 1802 ließ Prinny, *The Prince of Whales*, der Prinz der Wale, wie der spätere *Georg IV.* aufgrund seiner Leibesfülle und Genusssucht auch verächtlich genannt wurde, seine Villa zu einem prunkvollen Palast umbauen. Mit Hilfe des begnadeten und geldverschwendenden Architekten *John Nash* (1752–1839) entstand der größte und teuerste aller britischen Follies.

Von außen ist der Royal Pavilion mit seinen Zwiebelkuppeln, Bleistiftmina-

Das Folly des Prinzen: außen arabisch, innen chinesisch angehaucht

retten, den säulengetragenen Balkonen und der orientalischen Ornamentik im indisch-muslimischen Stil gehalten und hätte bestimmt jedem ehrbaren Maharadscha zur Ehre gereicht; im Innern dagegen dominiert mehr der fernöstliche Einfluss – französisierend Chinoiserie genannt.

Der Dichter *William Cobbet* (1763–1835), ein Zeitgenosse von Prinny, verspottete den Bau als „square box, a large Norfolk turnip and four onions" („Eine Hutschachtel, eine große Norfolk-Steckrübe und vier Zwiebeln"), und der bissige Illustrator *George Cruikshank* zeichnete eine giftige Karikatur von Prinny als Mandarin im pompösen Bankettsaal, umgeben von spinnerten Chinesen unter dem Titel „The Court at Brighton à la Chinese".

Der Bankettsaal sollte – so stellte es sich *Prinz Georg* vor – die geladenen Gäste während des Dinners vor Begeisterung in Atem halten. Riesige Wandmalereien zeigen chinesisch inspirierte Szenen, unter einer Milchglaskuppel schwebt ein silberner Drache, und ein 9 m hoher, eine Tonne schwerer Kristalllüster hängt von der Decke herab.

Die Küche war eine der modernsten ihrer Zeit. Es gab Dunstabzugshauben, automatische Spieße und verschließ-

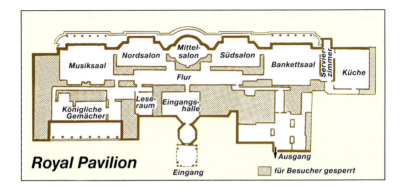

bare Herde. Die gusseisernen tragenden Säulen sind als Palmen gestaltet.

Durch den Südsalon, den kreisrunden Mittelsalon und den Nordsalon – hier pflegte man Konversation, spielte Karten, Schach oder Backgammon – geht es dann in den Musiksaal. Eine goldene Kuppel überspannt den Raum, gewaltige rot-goldene Wandgemälde machen sprachlos, mächtige Lüster zeigen Drachen- und Flammenornamente.

Erträglich gestaltet sich die Einrichtung der privaten Räumlichkeiten, der Königsappartements.

Sage und schreibe 500.000 £ kostete Georgs Märchenschloss – in jenen Tagen eine ungeheure Summe. Als es fertig war und die Geschmacksverirrungen in der Öffentlichkeit hämisch diskutiert wurden, war Prinny beleidigt und kehrte nie wieder nach Brighton zurück. *Queen Victoria*, der Prunksucht wahrlich nicht zugetan, verkaufte den exotischen Palast der Stadt Brighton für 50.000 £.

Gegenüber vom Pavillon steht **The Dome,** Prinnys einstige Reitställe, die von einer großen Kuppel gekrönt sind. Der Gebäudekomplex wird heute als Konzertsaal genutzt.

Flankiert vom Royal Pavilion im Norden und der Kongresshalle The Brighton Centre – ein monströser Betonklotz, der sich ziemlich grimmig neben der eleganten viktorianischen Fassade des Grand Hotels ausnimmt – erstreckt sich das verkehrsberuhigte Viertel **The Lanes,** Brightons Urzelle. Vor allem hier findet der Besucher, wonach er auf der Suche ist: das enge Gassengewirr beherbergt gute Restaurants, gemütliche Cafés, alte Pubs sowie Läden aller Art (z. B. in der Regency Arcade oder der Duke's Lane). In früheren Tagen flickten hier die Fischer ihre Netze und landeten den Fang an. *Johanna Schopenhauer* konnte auf ihrer Englandreise in den Jahren 1803– 1805 gar nicht begreifen, warum ausgerechnet in den *Lanes,* „gerade in der Gegend, wo die

Fischer ihre Netze zum Trocknen ausbreiten und die Luft verderben, die schöne Welt in buntem Gewühl auf und ab wogt."

Rund 7 km lang ist die **Strandpromenade,** in zwei Hälften geteilt durch den 1899 erbauten, 530 m langen **Palace Pier.** Einige hundert Meter weiter verschandelt eine Ruine den gepflegten Gesamteindruck der Brightoner Seefront. Rostend und mittlerweile ohne Verbindung zur Promenade, liegt das Skelett des West Pier im Wasser.

Folgt man der Uferstraße weiter gen Osten, so ist bald die **neue Marina** erreicht, in der einige tausend Jachten vor Anker gehen können. Die Betonklötze drumherum – Wohnhäuser und ein Shopping Centre – sind allerdings recht hässlich geraten und verschandeln den Gesamteindruck des Jachthafens erheblich.

Unbedingt sollte man sich die auf den Architekten *John Nash* zurückgehenden **Regency-Häuserzeilen** ansehen. Viele der halbmondförmigen Crescents oder rechteckigen Squares mit ihren gleichmäßigen Fassaden sind ein gelungenes Stück Stadtplanung. Die Häuser mit ihren über zwei Stockwerke laufenden Erkern und den drei eingesetzten Fenstern, dem schmiedeeisernen Balkon darunter, dem spitzen Gitterzaun und dem unter Straßenniveau befindlichen Souterrain, in früheren Tagen der Dienstbotenbereich, haben einen ganz eigenen Charme. Gute Beispiele für diesen Baustil sind der Royal Crescent, östlich vom Palace Pier, und der Regency Square vor dem West Pier, Oriental Place, Clarence Square und Silkwood Place.

In den letzten Jahren sind viele Obdachlose von London an die großen Seebäder der Südküste, so auch nach Brighton, gezogen. Sie campieren nicht selten an der Uferpromenade auf den überdachten Bänken.

Praktische Hinweise

Tourist Information

● **Royal Pavilion Shops,** Royal Pavilion Buildings, Tel. 0906-7112255.

Unterkunft

● **Queen's Hotel,** 1 King's Road, Tel. 01273-321222, Fax 203059, www.queenshotelbrighton.com, DZ 140£.
● **Brighton Hotel,** 143 King's Road, Tel. 01273-820555, Fax 821555, www.thebrightonhotel.com, DZ 120 £.
● **The Granville,** 124 King's Road, Tel. 01273-326302, Fax 728294, www.granvillehotel.co.uk, DZ 120 £.
● **Princes Marine,** 153 Kingsway, Tel. 01273-207660, Fax 325913, www.princesmarinehotel.co.uk, DZ 120 £.
● **Old Ship Hotel,** King's Road, Tel. 01273-329001, Fax 820718, www.barcelo-hotel.co.uk, DZ 80 £.
● **Westbourne Hotel,** 46 Upper Rock Gardens, Tel./Fax 01273-686920, www.westbournehotel.co.uk, DZ 55 £
● **Bed and Breakfast:** *Paskins Town House,* 18 Charlotte Street, Tel. 01273-601203, Fax 621973, www.paskins.co.uk, DZ 80 £; *Brighton Marina House,* 8 Charlotte Street, Marina Parade, Tel. 01273-605349, Fax 679484, www.marinahousehotel.com, DZ 110 £; *Gullivers,* 10 New Steine, Tel. 01273-695415, Fax 622663, www.gullivershotel.com, DZ 89 £; *Alvia Hotel,* 36 Upper Rock Gardens, Tel. 01723-682939, Fax 626287, www.alviahotel.co.uk, DZ 70 £.
● **Jugendherbergen:** *Baggies Backpackers Hostel,* 33 Oriental Place, Tel. 01273-733740.

Pubs, Cafés und Restaurants

- **Black Chapati,** 12 Circus Parade, New England Road, Tel. 01273-699011, eines der besten Lokale von Brighton mit sehr guten Gerichten zwischen 19 und 33 £.
- Die beiden Restaurants **One Paston Place,** 1 Paston Place, Tel. 01273-606933, und **Whytes,** 33 Western Street, Tel. 01273-776 618, gehören mit 20 bis 35 £ ebenfalls zu den hervorragenden kulinarischen Örtlichkeiten der Stadt.

Der Pier von Brighton

Ländlich und anheimelnd: das vermeintliche Anna-Kleve-Haus

Die folgenden Örtlichkeiten befinden sich in den Lanes:
- **Food for Friends,** 18 Prince Albert Street, mit Abstand bestes Café in Brighton, auch kleine Gerichte zwischen 9 und 15 £.
- **Sussex Tavern,** East Street, bei schönem Wetter sitzt man auf dem Vorplatz.
- **Seafood Restaurant,** neben der Sussex Tavern, Fisch, Muscheln, Austern, Hummer, bis 18 £.
- **The Pump House,** Market Street, „Established in the reign of George I."
- **D'Arcy's Restaurant,** Market Street, kleines, preisgünstiges Lokal, um 9 £.
- **The Little Shop,** Market Street, Sandwiches aller Art zum Mitnehmen.
- **Pub The Druid's Head,** Brighton Place, eine kleine, blumengeschmückte, mit Liebe zum Detail aus Bruchsteinen errichtete Kneipe, das Gebäude wurde im Jahr 1510 erbaut.
- **Donatello,** Brighton Place, preisgünstige Pizzen und Pastas.
- **Pub The Bath Arms,** Meeting House Lane, schöne klassische Pub-Einrichtung.

- **Casa Don Carlos,** Union Street, spanische Snacks um 5 £.
- **Café Rouge,** Prince Albert Street, Restaurant mit gutem Preis-Leistungs-Verhältnis, Gerichte zwischen 4 und 11 £.
- **Bella Italia,** Bartholomews, für englische Verhältnisse gute Pizzen und Pastas zwischen 6 und 8 £.
- **The Quick Cricketers,** Black Lion Street, Brightons ältester Pub, recht gemütliche Atmosphäre unter den niedrigen Decken.
- **The Black Lion,** Black Lion Street, in einem alten Magazinhaus.

Verbindung

- **IC-Verbindung** mit London.
- Mit **Bus** (National Express) und **Zug** (Network Southeast) in alle Landesteile.
- **Bahnhof:** am nördlichen Ende der Queen's Road.
- **Busbahnhof:** an der Seefront, dort, wo Grand Junction Road und Marine Parade aufeinanderstoßen.

Ditchling ⤯ V/D2

Zehn Kilometer nördlich von Brighton liegt das kleine Örtchen Ditchling, und hier ragt gegenüber der Dorfkirche ein recht pittoreskes Gebäude auf. Der Volksmund behauptet, dass *Heinrich VIII.* dieses Häuschen *Anna von Kleve* als Scheidungsentschädigung gegeben hat. Keiner weiß, woher diese Geschichte stammt; auf alle Fälle hat *Anna von Kleve* nie in Ditchling gewohnt. In Lewes, wenige Kilometer gen Westen, gibt es ebenfalls ein **Anne of Cleve House;** aber auch dort war Anna nie in ihrem Leben.

Südlich des Örtchens hat man bei schönem Wetter gute Ausblicke über die Region vom **Ditchling Beacon** (ausgeschildert), einem ca. 300 m hohen Hügel. Die Erhebung war im 16. Jh. Teil der Leuchtfeuerkette, mit der die Nachricht von der gesichteten spanischen Armada (siehe Exkurs „Lord Nelson, die Victory und die Schlacht von Trafalgar") nach London geleitet wurde.

Unweit von Ditchling liegt an der Eisenbahnstrecke London – Brighton der Weiler **Clayton.** Nahebei gibt es wieder einmal einen Folly zu besichtigen: Da ist der **Tunneleingang** der einstigen *London, Brighton and South Coast Railway*-Linie, 1841 als Tudor-Festung gestaltet. Auf der „Burgmauer" zwischen den beiden (Schein-)Türmen gibt es eine Bauernhausfassade zu sehen, hinter der einst der Tunnelwärter wohnte.

Arundel Castle ↗ IV/B3

Von Brighton aus geht es auf der gut ausgebauten A 27 vorbei an der Stadt Worthing in das kleine Dörfchen Arundel mit seiner mächtigen **Bilderbuchburg** (März bis Okt. Di–So 11– 17 Uhr, Eintritt: 7,50–16 £ je nachdem, welche Räume man besichtigen möchte, www.arundelcastle.org), deren trutzige Rundtürme schon von weitem martialische Wehrhaftigkeit demonstrieren. Doch ach, die Enttäuschung ist groß; Arundel ist keineswegs eine kampferprobte mittelalterliche Festung – noch nicht einmal läppische 100 Jahre ist es her, dass die Burg fertiggestellt wurde. Von 1890 bis 1903 dauerten die Bauarbeiten für die Residenz der Familie *Fitzalan-Howard,* deren Stammbaum auf das Jahr 1067 zurückgeht; ein Jahr nach der Invasion wurde der Normanne *Roger de Montgomery* zum ersten Graf Arundel ernannt.

Herausragende Räume sind die 40 m lange und 15 m hohe Baronenhalle mit einer gewaltigen eichenen Decke, die Gemäldegalerie, der prachtvolle Speisesaal, der mit seinen Lanzettfenstern eher an eine Kapelle erinnert, und die 37 m lange Bibliothek mit rund 10.000 Bänden.

Alljährlich findet Ende August, Anfang September ein zehntägiges **Kulturfest** in und auf dem Gelände der Burg statt, mit *„open air Shakespeare, concerts, fireworks, jazz, contemporary art."*

Auch dem **Örtchen Arundel** sollte man unbedingt einen Besuch abstatten. Die Hauptstraße steigt steil einen Hügel hoch und ist gesäumt von Geschäften, Cafés und Teestuben, Restaurants und Pubs.

Touristeninformation

● 61 High Street, Arundel, Tel. 01903-882 268, Fax 01903 882419.

Petworth House

↗ IV/B2

15 km nördlich von Arundel wird das kleine Örtchen Petworth fast erdrückt von einem der bedeutendsten Herrenhäuser Englands. Mitten durch das gemütliche Dorf mit seinen Fachwerkhäusern und den engen, winkligen

> „Die Engländer verstehen es nicht, Konversation zu treiben, und sie geben sich dabei auch keine Mühe. Stellt man aber kühn die intimsten Fragen, so sind sie gleich in ihrem Element."
>
> *Dorothea Fürstin Lieven,* „Briefe an Fürst Metternich", 1820

Straßen zieht sich die gewaltige Mauer von **Petworth House** (NT, Mitte März bis Oktober Sa–Mi 11–17 Uhr, Eintritt: 10,40 £, www.nationaltrust.org.uk/petworth).

Zwischen 1688 und 1693 entstand auf Initiative des *„Proud Duke",* des „stolzen Herzogs" von Somerset, *Charles Seymour,* weitgehend die heutige Gestalt des Hauses. 1751 beauftragten die durch Heirat in den Besitz gekommenen *Wyndhams, die Earls of Egremont,* das Landschaftsgenie *Lancelot „Capability" Brown* mit der Anlage des wunderschönen Parks. Vor allem dem 3. Earl of Egremont, **George Wyndham** (1761–1837), ist es zu verdanken, dass Petworth House derartig viele Schätze birgt. Von exzellenter Bildung auf allen Gebieten der Künste, gepaart mit Wissen über die modernen Formen der Landwirtschaft, kultiviert bis in die Zehenspitzen, war der Sammler ein großer Gastgeber und Mäzen. Die Maler *Turner* und *Reynolds* wohnten zeitweilig in Petworth und unterhielten dort Ateliers. Über 400 Gemälde und an die 100 Skulpturen schmücken Petworth House, zusammengetragen zumeist vom 3. Earl; darunter befinden sich allein 20 Gemälde von Turner, 19 von *Sir Anthony van Dyke,* 14 von *Sir Joshua Reynolds,* vier von *Sir Godfrey Kneller,* zwei von *Thomas Gainsborough,* zwei von *Tizian,* dazu eine Vielzahl holländischer Meister.

Der Historienmaler *Benjamin Haydon* schrieb über *George Wyndham*: „His greatest pleasure was sharing with highest and humblest the luxury of his vast income. The very animals at Petworth seemed happier than in any other spot on earth." („Sein größtes Vergnügen war es, sich den Luxus zu leisten, sein riesiges Vermögen mit dem Höchsten und dem Niedrigsten zu teilen. Selbst die Tiere in Petworth schienen glücklicher zu sein als an jedem anderen Fleck der Erde.")

Sieht man von der North Gallery mit dem **Turner Room** – dem Museumsflügel von Petworth House – einmal ab, so sind der Carved Room und The Grand Staircase die Schmuckstücke des Herrensitzes. Die grandiosen Holzschnitzarbeiten im **Carved Room** fertigte der geniale *Grinlin Gibbons* 1692 (und erhielt dafür die damals stattliche Summe von 150 £). Über dem *Kamin* zeigt ein gewaltiges Gemälde *Heinrich VIII.* (nach *Hans Holbein d. J.),* weitere Bilder großer Meister schmücken die Wände.

> „Wenn die Engländer ein passables Volk werden wollen, müssen sie weniger Fleisch essen, mehr Wein trinken und die unerträgliche Langeweile ihres Sonntags abschaffen."
>
> *Amédée Tissot,* „Vergleiche zwischen Paris und London", 1830

PETWORTH HOUSE

The Grand Staircase, das Treppenhaus, zieren prachtvolle barocke Wandmalereien; der untere Teil zeigt Szenen aus dem Leben des Prometheus, der Flur die Ankunft der Musen, die südliche Wand auf halber Höhe die Herzogin von Somerset in einer Kutsche, umgeben von ihren Kindern, ihrem Lieblingsspaniel, posaunenden Engeln und Nymphen, die Decke schließlich die Versammlung der griechischen Götter.

Das Design der Treppenbalustrade übrigens stammt von *Sir Charles Barry*, dem Architekten der Londoner Houses of Parliament; die Schnüre, die man durch die Geländer gezogen hat, sind ein zeitgenössisches Arrangement und sorgen dafür, dass die kleinen Kinder der Wyndham-Familie – die noch immer auf Petworth wohnt – nicht durch die Lücken fallen.

Nach der Besichtigung sollte man einen geruhsamen Spaziergang oder ein leckeres Picknick im **Park** von Petworth nicht versäumen.

Petworth House

> In England liebt man den Gesang – einerlei ob er gut oder schlecht ist."
>
> *Marie-Henri Beyle (Stendhal),* „Rom, Neapel und Florenz", 1826

Bignor ♪ IV/B2
– Die Villa aus der Römerzeit

Nur wenig entfernt von Petworth findet der archäologisch interessierte Besucher beim Weiler Bignor einen der bedeutendsten **Funde aus der Römerzeit.** Im Jahre 1811 legte ein Bauer beim Pflügen die Reste einer römischen Mauer frei; die Archäologen gruben eine große, residenzähnliche Villa in den Maßen 50 x 80 m aus, die in einem ca. 2 ha großen, mauerumsäumten Park stand. In einem kleinen Museum (März bis Okt. tgl. 10–17, Juni bis Aug. 10–18 Uhr) kann man eine ganze Reihe von Ausstellungsstücken bewundern.

Bognor Regis ♪ IV/B3
– Seaside Resort für die Working Class

Im Jahre 1929 kam Georg V. zur Kur ins Örtchen, sammelte neue Kräfte, kehrte gestärkt nach London zurück und ließ die Stadt als Bognor Regis, als **„Bognor des Königs"** adeln.

Bognor Regis ist ein **typischer kleiner Badeort,** wie es Hunderte davon an der südenglischen Küste gibt. Ein kurzer, nach der Hälfte der Strecke gesperrter, weil baufälliger Pier, eine schmale Promenade entlang des Strandes, bestanden mit Fish-&-Chips-Buden und Softeis-Kiosken, spärliche Unterhaltung in Form von kleinen *Bingo Halls* und *Amusement Pavilions* mit einarmigen Banditen und Kriegsspielmonitoren sowie wenig einladende Teestuben und Pubs im Plastikambiente ermöglichen einer Low-Budget-Klientel einen erschwinglichen Urlaub. In den Straßen der Stadt flanieren rotverbrannte Männer in kurzen Hosen und mit nackten, tätowierten Oberkörpern in Begleitung ihrer ebenfalls sonnenverbrannten Ehefrauen und Kleinkinder. Der Engländer ist im Gebrauch von Sonnenschutzmitteln weitgehend ungeübt.

Und doch – von den vielen kleinen, wenig anziehenden *Seaside Resorts* entlang der Kanalküste ist Bognor Regis noch das erträglichste, ist es doch mit einem irgendwie beschwingten **proletarischen Charme** gesegnet, der kräftig genug ist, heraufziehende Depressionen in sommerlichen Schlechtwetterperioden zu verjagen.

> „Ebensosehr wie die Männer zeigen sich hier auch die Frauen am Gelde interessiert. Und es gibt nur wenige unter ihnen, die ein teures Geschenk zurückweisen würden – ja solche Präsente sind sogar häufig der einzige Schlüssel zu ihrem Herzen. Ein weiteres Zeichen dafür, wie heftig sie dem Gold zugetan sind, ist ihre Angewohnheit, bei der Erwähnung eines Unbekannten sogleich zu fragen: ‚Ist er ein reicher Mann?' In diesem Lande wird eben niemand so sehr ästimiert wie der Wohlhabende."
>
> *César de Saussure,* „Reiseberichte aus Deutschland, Holland und England", 1725–1729

Chichester ⚑ IV/A3
– Gemütliches Kathedralstädtchen

Auf gar keinen Fall darf man auf einen Besuch im gemütlichen **Puppenstubenstädtchen** Chichester verzichten. Die rund 25.000 Einwohner zählende Stadt ist weithin bekannt für ihre prächtige Kathedrale, außerdem ist die kleine Metropole voller Charme und Atmosphäre.

Den Römern, die um 200 n. Chr. Noviomagnus mit einer elfeckigen Stadtmauer und Toren in allen vier Himmelsrichtungen sicherten, ist die ausnehmend **klare Stadtgliederung** zu verdanken. Das Zentrum des Ortes bildet das große, Anfang des 16. Jh. errichtete Marktkreuz, das ein beliebter Treffpunkt ist. Von hier gehen nach Norden die North, nach Osten die East, nach Süden die South und nach Westen die West Street ab. An allen vier, in Teilstücken verkehrsberuhigten Sträßchen finden sich Geschäfte, Cafés, Restaurants und Pubs jeder Couleur.

> „Musik wird hier gegenwärtig mit mehr Leidenschaft geliebt als in irgendeinem anderen Land Europas. Wer eine Tochter hat, lässt sie vor allen Dingen die Harfe, das Klavier oder ein anderes Instrument lernen, wobei es einerlei ist, ob sie musikalische Begabung besitzt oder nicht."
>
> *Joseph Christian von Hüttner*, „Sittengemälde von London", 1801

Sehenswertes

Folgt man der North Street vorbei am ehemaligen Stadttor, so hat man nach wenigen Minuten Fußweg das **Chichester Festival Theatre** im Oaklands Park erreicht. Das Schauspielhaus ist weit über die Grenzen der Stadt für seine hervorragenden und künstlerisch eigenwilligen Shakespeare-Aufführungen bekannt. Dieses zu hören verwundert nicht, wenn man weiß, dass *Sir Lawrence Olivier* erster Direktor des Hauses war. Das ganze Jahr über kommen Aufführungen auf die Bühne, doch zwischen Mai und September ist Festspiel-Saison, und dann zieht es viele Briten von nah und fern nach Chichester.

Am Ende der North Street gibt es in der Priory Lane eine große Einkaufsarkade. Nahebei kann man einen **Wall Walk** beginnen, also einen Spaziergang auf der alten Stadtmauer unternehmen.

Am Schnittpunkt der North, East, South und West Pallant Street befindet sich **Pallant House,** ein ehemaliges Weinhandelskontor, das als schönstes Beispiel georgianischer Stadtarchitektur gilt und die Wohnbedingungen des gehobenen Bürgertums im 18. Jh. deutlich macht. Heute befindet sich in den Räumlichkeiten ein bedeutendes Museum zur modernen Kunst (Di–Sa 10–17, Do bis 20, So 12.30–17 Uhr).

Unübersehbar ist die **Kathedrale** der Stadt. Obwohl der mächtige Vierungsturm mit einer fast 100 m hohen Helmspitze dem Betrachter von weitem reinste Gotik signalisiert, ist das

Gotteshaus doch weitgehend normannisch, also romanisch gehalten. 1091 begann man mit dem Bau, erste Teilabschnitte konnten 1108 geweiht werden. 1186 brannte das Holzdach ab, die Hitze hatte dem Mauerwerk jedoch keinen nennenswerten Schaden zugefügt, sodass man nur einige gotisierende Restaurierungen im Early-English-Stil vornahm. Im 13. Jh. mauerten die Handwerker den Vierungsturm hoch, der dann 200 Jahre später seinen hohen und spitzen Helm erhielt. In der Mitte des 19. Jh. wurde das Gotteshaus umfassend renoviert.

Machen wir uns nun auf einen **Rundgang durch die Kathedrale:** Im nördlichen Seitenschiff steht – in der Kleidung eines antiken Römers – die Statue von *William Huskisson,* der 1830 bei der Eröffnung der *Liverpool and Manchester Railway* das erste Opfer der neuen Verkehrstechnik wurde. Im nördlichen Querschiff zeigen Gemälde von *Lambert Bernard* die Porträts der Bischöfe von Chichester. Wiederum im nördlichen Seitenschiff ehrt ein Denkmal den Bischof *Edward Story,* der Anfang des 16. Jh. Chichesters prächtiges Marktkreuz errichten ließ. Einige Meter weiter lässt an der nördlichen Seite des Retrochors (das ist der Umgang hinter dem Chorgestühl in der englischen Kathedral-Gotik) ein Glasfenster von *Marc Chagall* Licht ins Dunkel des Gotteshauses. Hinter dem Altarraum liegt der *Hl. Richard* – Mitte des 13. Jh. Bischof der Stadt – zur letzten Ruhe gebettet. In der Südostkapelle hängt das aus dem Jahr 1962 datierende Altargemälde

I	NW-Turm
II	SW-Turm
III	Langhaus
IV	Vierungsturm
V	Chor
VI	Nördliches Querschiff
VII	Südliches Querschiff
VIII	Retrochor
IX	Marienkapelle
X	Altar
XI	Kreuzgang
1	Statue von Huskisson
2	Bischofsporträts von Lambert Bernard
3	Denkmal für Bischof Story
4	Grab des hl. Richard von Wych
5	Fenster von Marc Chagall
6	Gemälde von Graham Sutherland
7	Reliefs aus dem 12. Jh.
8	Königsporträts von Lambert Bernard
9	Taufbecken von Skelton und Gemälde von Hans Freibusch

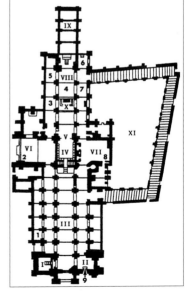

Chichester

„Noli me tangere" von *Graham Sutherland*. Einige Meter weiter, an der Südwand des Retrochors, sieht man zwei durch Glas geschützte Reliefs aus dem 12. Jh. Das eine zeigt die Erweckung des Lazarus, das andere den Einzug von Jesus in Bethlehem. Auf dem Boden – ebenfalls durch eine Glasplatte geschützt – erkennt man die Reste eines römischen Mosaiks, das 1968 freigelegt wurde. Im südlichen Querschiff hängen als Gegenstück zu den Bischofsporträts im nördlichen Querhaus die Darstellungen der englischen Könige, und zwar beginnend bei *Wilhelm dem Eroberer* bis zu *Heinrich VIII.*; auch diese Gemälde stammen von *Lambert Bernard*. Im Südwestturm schließlich befinden sich das Taufbecken, das *John Skelton* 1983 schuf, und ein Gemälde von *Hans Freibusch*, das die Taufe Christi zeigt (1952).

Einen Steinwurf nur gen Süden erstreckt sich entlang vieler kleiner Buchten und rund um etliche kurze Halbinseln das **Chichester Harbour** genannte Seegebiet, wo Freunde des Wassersportes auf ihre Kosten kommen.

Nahebei, ca. 3 km westlich, zwischen der Stadt und dem Meer gelegen, darf man einen Besuch im **Römischen Palast von Fishbourne** nicht auslassen (März bis Okt. 10–17 Uhr). Das größte je in England ausgegrabene römische Haus wurde um 80 n. Chr. erbaut und fiel rund 190 Jahre später einem verheerenden Brand zum Opfer. Über 100 Räume gruppierten sich einst um einen großen Innenhof. Interessant sind vor allem die Mosaike.

In Fishbourne spielt der Roman „The History of Mr. Polly" (1910), die Geschichte eines Stoffhändlers, in dem *H. G. Wells*, der Vater der „Zeitmaschine", Autobiografisches beschrieben hat, nämlich seine eigenen Erlebnisse als junger Lehrling in einem Textilgeschäft in Portsmouth („... die schrecklichste Zeit meines Lebens ...").

Praktische Hinweise

Tourist Information

- South Street, Tel. 01243-775888

Geschenk des Bischofs: das Marktkreuz

Stadtplan S. 161, Atlas Seite IV

PORTSMOUTH

Unterkunft

- **Suffolk House Hotel,** East Row, Tel. 01243-778899, Fax 787282, www.suffolkhousehotel.co.uk, DZ 89 £.
- **B&B Cedar House,** 8 Westmead Road, Tel. 01243-787771, Fax 538316, mel.judi@talk21.com, DZ 55 £.
- **Camping:** Wicks Farm Caravan & Camping Farm, Redlands Lane, West Wittering, Tel. 01243-513116, von Chichester die A 286 gen Süden, weiter auf der B 2179 auf das Dörfchen West Wittering zu, kurz vor dem Ort rechts ab in die Redlands Lane.

Restaurants, Cafés und Pubs

- **Platter's Restaurant,** Southgate, Tel. 01243-530430. Bestes Haus am Platze, 17–25 £.
- **White Horse,** South Street, gemütlicher alter Pub mit Bleiglasfenstern und schwarzer Fachwerkfassade, beeindruckende Palette an Snacks zur Lunch-Zeit.
- **The Royal Arms,** East Street, gemütlicher Pub in einem uralten Fachwerkhaus.
- **The Buttery at the Crypt,** South Street, Café mit leckeren Kuchen und kleinen Snacks in einer Krypta aus dem 12. Jh.
- **The Vestry,** South Street, Restaurant & Bar, gute internationale Gerichte bis 15 £.
- **Café Rouge,** South Street, freundliches Restaurant mit gutem Preis-Leistungs-Verhältnis.
- **Pub The Fountain,** South Street, mit Biergarten.
- **Pizza Express,** South Street, Pizza und Pasta um 9 £.
- **Pub The Hole in the Wall,** St. Martin's Street (off East Street), ganztägig geöffnet.
- **The Old Cross,** North Street, sehr großer alter Fachwerk-Pub mit schönen Bleiglasscheiben, traditioneller Pub-Atmosphäre und vielen Snacks zur Lunch-Zeit.
- **The George and Dragon,** North Street, kleine Kneipe.

Verbindung

- **Bahnhof:** Stockbridge Road.
- **Busbahnhof:** South Street.

Portsmouth ♐ IV/A3

Flagship of Maritime England

Erst Ende des 15. Jh. ließen die örtlichen Autoritäten den sicheren Naturhafen von Portsmouth befestigen und eine große Werftanlage mit einem Trockendock errichten. Seit den Zeiten dann von *Heinrich VIII.* ist der große Hafen von Portsmouth Englands **wichtigster Marinestützpunkt.**

Zwei große **Katastrophen** ereigneten sich vor den Toren des Hafens: Am 19. Juli 1545 kenterte die Mary Rose, das stärkste Kriegsschiff von *Heinrich VIII.,* beim Auslaufen vor den Augen des entsetzten Königs; 700 Mann ertranken. Schlimmer noch war das Unglück am 29. August 1782; da sank das Flaggschiff Royal George mit 1000 Mann an Bord.

Lord Horatio Nelson lief am 14. September 1805 mit seiner HMS *Victory* von Portsmouth Harbour aus, um die Seeherrschaft der Franzosen ein für allemal zu brechen; das gelang ihm in der Schlacht von Trafalgar. (HMS bedeutet *Her Majesty Ship*; alle Kriegs-

---

„Wenn die Engländer lachen, gähnen die Franzosen."

Antoine de Rivarol, „Rede über die Universalität der französischen Sprache", 1784

schiffe im Vereinigten Königreich gehören ihrer Majestät; darüber hinaus sind Schiffe, wie es sich für eine seefahrende Nation gehört, verehrungswürdige Objekte und daher weiblichen Geschlechts: The Victory – she was the flagship of King George's war fleet).

Am 1. Mai 1661 machte sich der Flottenbeamte und Tagebuchschreiber **Samuel Pepys** auf eine Dienstreise und notierte: „Nach Portsmouth, das mir ein stattlicher und angenehmer Ort zu sein scheint. Mit Mrs. Creed auf den Wällen rings um die Stadt gegangen. Dann zurück zu unserem Gasthof. Dort empfingen mich die Angestellten der Werften mit großem Respekt."

Zwar nicht mehr stattlich, dafür aber angenehm ist es heutzutage nur noch in der kleinen Altstadt an der Hafeneinfahrt und in **Southsea**, in dem Seebad, in das Portsmouth nahtlos übergeht. Von der Hafeneinfahrt kann man sehr schön oben auf den ehemaligen Befestigungswällen entlang der Meeresfront nach Southsea flanieren.

Portsmouth ist ansonsten eine **gesichtslose Großstadt,** die sich nach verheerenden Bombenangriffen im Zweiten Weltkrieg im Einheitsgrau der Betonarchitektur präsentiert und keinerlei Atmosphäre hat.

Dafür ist nirgendwo sonst die maritime Vergangenheit Großbritanniens besser präsent als in Portsmouth, das sich selbst mit dem Beinamen **Flagship of Maritime England** ziert, und der Besucher ist gut beraten, mit viel Zeit und Muße in die Tiefen britischer Seefahrerei einzusteigen.

Sehenswertes

Allererster Anlaufpunkt ist der **Historic Dockyard** (tgl. 10–17.30 Uhr) im Hafengebiet. Hier locken drei Schiffe aus ruhmreicheren Tagen zur Besichtigung.

Direkt am Eingang des Hafenareals dümpelt **HMS Warrior** am Kai, als erstes stahlbewehrtes Kriegsschiff 1860 vom Stapel gelaufen. Mit seiner Panzerung, den schnell von hinten zu ladenden Kanonen und der kräftigen Dampfmaschine stellte es eine gefürchtete Waffe dar und war Britanniens Antwort auf die Flottenbaupläne der ambitionierten Franzosen. *Napoleon III.* war sich ganz offensichtlich der Kampfkraft bewusst, denn er soll HMS Warrior als „eine schwarze Schlange unter Kaninchen" bezeichnet haben.

Hauptanziehungspunkt im Hafengebiet ist jedoch Nelsons Flaggschiff **HMS Victory,** 1758, im Geburtsjahr des großen maritimen Strategen auf Kiel gelegt und sieben Jahre später vom Stapel gelaufen.

HMS Victory ist – so wie sie im Dock von Portsmouth liegt – uneingeschränkt seetüchtig und offizielles Flaggschiff des *Commander-in-Chief Naval Home Command!*

Neben der Victory sind in einer Klimahalle die Reste der **Mary Rose** aufgebaut. Der Stolz der Kriegsmarine von *Heinrich VIII.* führte eine Streitmacht gegen die vor Portsmouth kreuzenden Franzosen an, segelte in voller Kampfesstärke in den Solent ein, krängte hier im Wind stärker als erwartet und zog durch die Geschützluken innerhalb von Sekunden Tausende

PORTSMOUTH

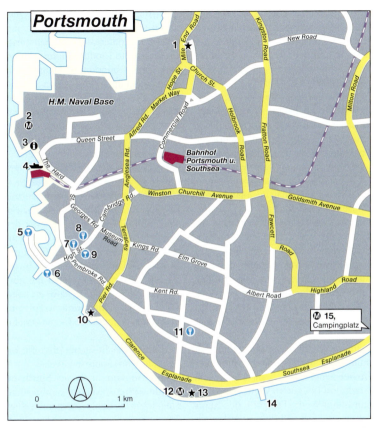

- ★ 1 Geburtshaus von Charles Dickens
- Ⓜ 2 Historic Dockyard und Royal Navy Museum
- 🛈 3 Tourist Information
- ⛴ 4 Fähren zur Isle of Wight
- 🍺 5 Pub Spice Island Inn, Pub u. Restaurant Still and West Country House
- 🍺 6 Pub The Wellington, Pub Sallyport, Pub u. Restaurant Moncks Bar
- 🍽 7 Restaurant Good Fortune
- 🍽 8 Restaurant The Lemon Sole
- 🍺 9 Pub Dolphin, Pub Duke of Buckingham
- ★10 Clarence Pier mit Dauerkirmes
- 🍽11 Restaurant Sur la Mer
- Ⓜ12 D-Day Museum
- ★13 Southsea Castle
- 14 South Parade Pier
- Ⓜ15 Royal Marines Museum

von Hektolitern Seewasser. Vor den Augen des Königs soff das Schiff wie ein Stein ab. 1982 wurde der guterhaltene Rumpf der Mary Rose gehoben. In der Klimahalle ist eine Längsseite des Schiffes zu besichtigen. Konstante 5 °C und ein feiner Seewassersprühregen halten die Schiffsplanken solange unter Meereskonditionen, bis die Restauratoren geeignete Konservierungstechniken entwickelt haben. Ohne diese Maßnahmen wären die Holzplanken schon lange zerfallen.

Nahebei kann man in einem kleinen Museum eine Vielzahl von Ausrüstungsgegenständen besichtigen, die zusammen mit dem Rumpf gehoben wurden.

Im **Royal Naval Museum**, das in einer Reihe von einstigen Speicherhäusern eingerichtet ist, zeigen eine Vielzahl weiterer Exponate vom Mittelalter bis heute Englands Geschichte als seefahrende Nation.

Im Hafengebiet von Portsmouth hat man vom 170 m hohen **Spinnaker Tower** einen weiten Blick über die Stadt und bei gutem Wetter sogar bis zur Isle of Wight. Die Form des Turms ist einem Vorsegel (Spinnaker) nachempfunden und erinnert an die maritime Geschichte der Stadt.

Ein weiteres Ausstellungsgebäude findet der interessierte Amateurkriegshistoriker im mit Portsmouth zusammengewachsenen Seebad Southsea. Das **D-Day Museum** (tgl. 10–17.30 Uhr) in der Clarence Esplanade, nahe von Southsea Castle, lässt die Invasion der Alliierten während des Zweiten Weltkriegs noch einmal lebendig werden. Am 6. Juni 1944 setzten die Alliierten vor der Küste der Normandie 160.000 Soldaten an Land. Damit hatte das größte Landungsunternehmen aller Zeiten begonnen. Anhand von Originaldokumenten, Filmbeiträgen und vielen anderen Exponaten wird das Interesse der Briten an der *Operation Overlord* wachgehalten, die mit dem Code-Wort D-Day begann. Oh, what a lovely war!

Prunkstück der Ausstellung ist der mehr als 80 m lange Wandteppich *Overlord Embroidery*, in den die militärischen Operationen eingestickt sind. Fünf Jahre haben Mitglieder der *Royal School of Needlework* an dem guten Stück gearbeitet. Der Riesengobelin ist als Pendant zum Teppich von Bayeux gedacht; zeigt jener die normannische Invasion Englands im Jahre 1066, so hat seine moderne Entsprechung das gegenteilige Thema zum Inhalt.

Spaziert der Besucher über die Esplanade von Southsea weiter nach Osten, so kommt er an **Southsea Castle** vorbei – von hier beobachtete *Heinrich VIII.* den Untergang seiner Mary Rose.

Ein Stückchen weiter dann passiert man den South Parade Pier und das Vergnügungsbad Pyramid Centre und stößt dann in den Eastney Barracks auf das **Royal Marines Museum;** hier wird die Geschichte der britischen Elitetruppe von ihren Anfängen bis zum Falkland-Krieg erzählt.

Nach so viel Schlachtengetöse eilt der Feingeist nun in die Commercial Road 393, in das Haus, in dem **Char-**

les Dickens am 7. Februar 1812 geboren wurde. Ein kleines **Museum** würdigt Leben und Werk des sozialkritischen Dichters.

Dickens ist jedoch nicht der einzige Autor, den Portsmouth vorzuweisen hat. **H. G. Wells** (1866–1946), der „Erfinder" der Zeitmaschine, arbeitete als junger Mann in der St. Paul's Road in einem Textilgeschäft, zog sich in jeder freien Minute hinter einen Tuchballen zurück, las und bildete sich weiter.

Im September 1882 öffnete **Arthur Conan Doyle** (1859–1930) in Bush Villas Nr. 1 eine Arztpraxis; fünf Jahre später erschien sein erster Roman „A Study in Scarlet" (dt. „Späte Rache"), in dem Sherlock Holmes – benannt nach zwei bekannten Cricketspielern – zum ersten Mal auftritt. Den Dr. Watson, der dem Detektiv zur Seite steht, modellierte Doyle nach dem Arzt *Dr. James Watson,* dem Präsidenten der literarischen und naturwissenschaftlichen Gesellschaft von Portsmouth.

Der Spinnaker Tower im Hafengebiet von Portsmouth

Lord Nelson, die Victory und die Schlacht von Trafalgar

Die Victory, ein Dreimaster, ist 62 m lang, 15,5 m breit und erreichte bei gutem Wetter unter vollen Segeln eine Geschwindigkeit von 8 Knoten (knapp 15 km/h). Über 41 km an Seilen sicherten die drei Masten und die insgesamt 1,6 ha oder 16.000 m² an Segelfläche. Das doppelte Steuerrad der Victory wurde unter normalen Wetterkonditionen „nur" von vier, bei Sturm von acht Mann bedient.

Die Victory hatte im Unterdeck 30 **Kanonen** des Kalibers 32 Pfund, im Mitteldeck 28 Vierundzwanzigpfünder, auf dem Oberdeck 30 und dem Achterdeck zwölf Zwölfpfünder sowie auf dem Vorderdeck zwei Achtundsechzigpfünder und zwei Zwölfpfünder. Die 68er Mörser waren für kurze Entfernungen konzipiert und richteten verheerende Schäden an. Eine Kugel aus einem Zweiunddreißigpfünder durchschlug noch nach 1,5 km Flug 60 cm dicke Eichenbalken.

850 Mann **Besatzung** waren nötig, um das Schiff kampftüchtig zu halten. Allein eine Kanone des Kalibers 32 benötigte eine Crew von 12 Personen; hinzu kam noch der Pulverjunge, *Monkey* genannt, der das Schießpulver aus verständlichen Sicherheitsgründen für jeden einzelnen Schuss aus den tief im Innern des Schiffes gelegenen, besonders geschützten *Hanging Magazines* holte.

Die **Geschützmannschaften** waren derartig gut gedrillt, dass die Victory alle 90 Sekunden eine volle Breitseite feuern konnte. In der Schlacht von Trafalgar war der besiegte Admiral Villeneuve voll des Lobes über die Kampfdisziplin der Briten. Die Franzosen brauchten mehr als doppelt so lange, um ihre Kanonen wieder schussbereit zu machen; dies gab den Briten eine überlegene Feuerkraft.

Die **englischen Seeleute** galten zudem als die besten der Welt; bei dem Befehl *Clear for Action*, „Fertig zum Gefecht", war ein Kriegsschiff von der Größe der Victory in weniger als zehn Minuten kampftauglich. Und das mit Mannschaften, die entweder *shanghait*, also entführt und zum Dienst gezwungen worden waren, oder aber anstelle einer Gefängnishaft sich freiwillig zur See gemeldet hatten. Eine derartig unzufriedene, wenig motivierte Truppe konnte nur durch eine mörderische Disziplin und durch drakonische Strafen in Zucht und Ordnung gehalten werden, und in der Tat waren die britischen Marinegesetze und ihre praktischen Auswirkungen die brutalsten in ganz Europa.

Gegessen und geschlafen wurde auf allen drei Decks zwischen den Kanonen; allein im Unterdeck aßen und schliefen 550 Mann. Dabei bekam jeder Matrose eine „Schlafbreite" von 14 inch = 35,5 cm zugestanden. In Friedenszeiten hingen Tischplatten an Seilen von der Decke, und einfache Bänke dienten als Sitzgelegenheiten. Drei Mahlzeiten gab es pro Tag; morgens Porridge aus Weizenmehl mit einem Schlag Fett, mittags gepökeltes Schweine- oder Rindfleisch mit getrockneten Erbsen und Schiffszwieback und abends Zwieback mit Käse und Butter. Auf jedem Deck befanden sich große Fässer, in denen schon nach einigen Tagen auf See das faulende Wasser stank; nach einer zeitgenössischen Quelle hatte dieses wichtigste aller Lebensmittel eine „Farbe von der Borke eines Birnenbaums, mit Maden und Rüsselkäfern darin". Ähnliches wird vom Schiffszwieback berichtet, „der den Schlund ganz eisig werden ließ, wenn man ihn herunterschluckte, weil die Maden sehr kalt waren, und der wie Kalbspfote in Aspik oder wie ein glibbriger Wackelpudding schmeckte."

Die einzige Freude der hart arbeitenden Seeleute war die täglich ausgegebene **Rum-Ration**. Pro Mann gab es einen Viertelliter, der in einem großen Hieb weggeschluckt werden musste; so hatten die Matrosen keine Möglichkeit, den Alkohol zu

LORD NELSON, VICTORY, TRAFALGAR

horten und für ein großes Besäufnis aufzusparen.

Bänke und Tische ließen sich vor einem Kampfeinsatz leicht forträumen und verstauen. Abends hängten die Männer ihre **Hängematten** an die Decke, des Morgens wurden sie zu einem Bündel zusammengerollt. Die Brücke, also das hintere erhöhte Deck, der Ort, von dem die Offiziere ihre Befehle gaben, war mit Netzen eingefasst. Drohten Kampfhandlungen, so kamen die zu Würsten gerollten Hängematten dort hinein und dienten als Splitterschutz.

Die Victory erlangte besondere Berühmtheit als Flaggschiff der englischen Flotte, die in der **Schlacht vor Trafalgar** die französisch-spanische Armada besiegte und damit die englische Vorherrschaft auf den Weltmeeren errang.

Am frühen Morgen des 21. Oktober 1805 sichtete Nelsons Flotte die französischen Schiffe vor dem südspanischen Kap Trafalgar. Napoleons maritime Streitmacht war wesentlich stärker als die britische; die Franzosen konnten sieben Schiffe mehr in die Schlacht führen. Um 7 Uhr gab Nelson den Befehl Prepare for Battle, dann formierten sich die Flotten zu Kampfverbänden. Als die Schiffe noch 2,5 km voneinander entfernt waren, sagte Nelson zu seinem Adjutanten: „Ich werde die Flotte jetzt mit einem Signal erfreuen!" Und dann ließ er den Spruch übermitteln, den jedes englische Schulkind kennt. „England expects that every man will do his duty" (England erwartet, dass jeder Mann seine Pflicht tut). Um 12.40 Uhr eröffnete die Victory eine **erste Breitseite** auf das französische Flaggschiff Bucentaure. Die Kanonade aus 52 Geschützen richtete verheerende Schäden an, tötete an die 200 Franzosen und ließ das Schiff des Admirals Villeneuve manövrierunfähig zurück. Dann durchbrach die Victory den feindlichen Verband, gefolgt von weiteren britischen Schiffen, die ihre Breitseiten auf die Franzosen abfeuerten. Eine parallel zur Victory segelnde britische Streitmacht durchbrach an einer weiteren Stelle die Linie, sodass die Flotte der Franzosen in drei Teile gespalten war und nicht mehr synchron kämpfen konnte.

Um 13.25 Uhr, 45 Minuten nachdem die Victory das Feuer eröffnet hatte, wurde **Nelson** von der Musketenkugel eines Mastschützen **getroffen.** Rasch brachten einige Offiziere den Admiral – der sich sein Taschentuch vor das Gesicht hielt, damit seine Männer nichts vom Ausfall ihres obersten Schlachtenlenkers sahen – unter Deck. Doch der Schiffsarzt konnte nichts mehr für ihn tun. Als die Kämpfe vorbei waren, kam Thomas Hardy, der Kapitän der Victory, hinunter, gratulierte Nelson zu seiner erfolgreichen Taktik und meldete die Versenkung oder Zerstörung von 15 französischen Schiffen. „Das ist gut", soll Nelson geflüstert haben, „doch hatte ich eigentlich mit 20 gerechnet." Und so verschied der Held von Trafalgar.

Den weitaus meisten Engländern galt sein Tod übrigens als göttliche Strafe für sein langjähriges Verhältnis mit Lady Emma Hamilton, der Frau des britischen Gesandten in Neapel.

Die sterblichen Reste des Admirals wurden in der St. Paul's Cathedral beigesetzt.

Noch heute beeindruckend: HMS Victory

Praktische Hinweise

Tourist Information
- **The Hard** (neben dem Historic Dockyard), Tel. 023-92826722.
- **Pyramids Centre,** Clarence Esplanade, Southsea, Tel. 023-92827519.

Unterkunft
- **Queen's Hotel,** Clarence Parade, Southsea, Tel. 023-92822466, Fax 92821901, www.queenshotelportsmouth.com, DZ 85 £.
- **Innlodge Hotel,** Burrfields Road, Tel. 023-92650510, Fax 92693458, www.farmhouseinnlodge.com, DZ 65 £.
- **Royal Beach,** South Parade, Southsea, Tel. 023-92731281, Fax 92817572, www.royalbeachhotel.co.uk, DZ 90 £.
- **The Beaufort,** 71 Festing Road, Southsea, Tel. 023-92823707, Fax 92870270, www.beauforthotelportsmouth.co.uk, DZ 75 £.
- **Bed and Breakfast:** *Hamilton House,* 95 Victoria Road, Southsea, Tel./Fax 023-92823502, www.hamiltonhouse.co.uk, DZ 55 £; *Abbey Lodge,* 97 Waverley Road, Southsea, Tel. 023-92828285, Fax 92872943, www.abbeylodge.co.uk, DZ 55£; *The Festing Grove,* 8 Festing Grove, Southsea, Tel. 023-9273-5239, DZ 55 £; Albatross Guesthouse, 51 Waverley Road, Southsea, Tel. 023-92828325, www.albatrossguesthouse.co.uk, DZ 60 £.
- **Camping:** Southsea Caravan Park, Melville Road, Southsea, Tel. 023-92735070.

Im Rahmen seiner Bemühungen um eine Rechtschreibreform hielt *George Bernard Shaw* den Sprachexperten eines Tages das Kunstwort „ghoti" entgegen und erklärte, dass es nur in der englischen Sprache wie „Fisch" ausgesprochen werden könne. Die überraschende Erklärung des Meisters: Das „gh" kann man als „f" wie in *tough* oder *rough*, das „o" als „i" wie in *women* und das „ti" als „sch" wie in *Nation* artikulieren. Ergebnis: Fisch!

Restaurants, Cafés und Pubs
- **Bistro Montparnasse,** 103 Palmerstone Road, Southsea, wohl das beste Haus am Platze, u. a. frischer Fisch, 100 Weine im Angebot, 25–36 £.
- **Sur la Mer,** 69 Palmerston Road, Southsea, Tel. 023-92876678, gutes französisches Seafood-Restaurant mit gutem Preis-Leistungsverhältnis, 15–20 £.
- **Spice Island Inn,** am Ende der Braod Street, Bath Place, Tel. 023-92811303, mit schönem Blick auf die Hafeneinfahrt und die regelmäßig zur Isle of Wight verkehrenden Fähren; in früheren Tagen lag dieser Bereich von Portsmouth außerhalb der Stadtmauer, und die Ratsherren hatten hier nichts zu sagen; so drängelten sich im 17. Jh. an dieser Stelle rund 40 Kneipen, übriggeblieben davon sind nur noch *Spice Island* und der *Still and West*, 15–20 £.
- **Still and West Country House,** Bath Square, Seaside Pub aus dem Jahre 1700, Restaurant im ersten Stock, um 7 £.
- **The Lemon Sole,** 123 High Street, kleines, sehr gemütliches und gutes Seafood-Restaurant mit Preisen zwischen 10 und 15 £.
- **Good Fortune,** 21 High Street Portsmouth, kleines preiswertes chinesisches Lokal, 9–12 £.
- **The Wellington,** High Street, Pub mit Biergarten.
- **Sallyport Inn,** High Street, Free House, mit angeschlossenem Restaurant, bis 10 £.
- **Monck's Bar,** High Street, Free House, mit angeschlossenem Restaurant, 10 £.
- **The Dolphin,** High Street, in einem alten, efeugeschmückten Fachwerkhaus.
- **Duke of Buckingham,** High Street, Free House.

Verbindung
- **Bahnhof:** Portsmouth Harbour Station, am Hafen.
- **Busbahnhof:** The Hard, nahe Harbour Station.
- **Auto- und Personenfähren** zu den Spitzenzeiten im Halbstundentakt zur Isle of Wight. Anlegestelle: The Hard (ausgeschildert; nahe dem Historic Dockyard).

Isle of Wight – England im Kleinen

Die Isle of Wight ist seit 1890 eine eigenständige Grafschaft und Großbritanniens kleinstes County. Von Nord nach Süd misst die Sonneninsel 20 km, von West nach Ost 35 km; der Inselgarten Englands umfasst eine Fläche von 380 km² und zählt 129.000 Einwohner.

Das sympathische Eiland bekommt von allen britischen Landstrichen jährlich den meisten Sonnenschein ab. Lange Sandstrände, kleine, überschaubare Seebäder ohne großen Ferienrummel, romantische Dörfer mit reetgedeckten Cottages, steil abfallende Kreideklippen und im Inselinnern eine grüne, leicht gewellte Landschaft sind weitere Markenzeichen. Es heißt, die Isle of Wight sei ein verkleinertes Abbild Englands; alles, was es dort im Großen gibt, ist hier in einer Miniaturausgabe ebenfalls vorhanden.

Wenn möglich, so sollte man durchaus zwei oder drei Tage auf der Insel verbringen, dort **wandern** (800 km an Wanderwegen) oder eine Umrundung mit dem Fahrrad unternehmen. Auch wer **mit Kindern** unterwegs ist, wird Wight schätzen, denn viele Dörfchen und Seebäder haben kinderfreundliche Attraktionen im Angebot.

Anreise

Leider ist eine Überfahrt zur Isle of Wight eine teure Angelegenheit. Ein Ticket für die Hin- und Rückreise kostet für einen normalen Pkw samt Fahrer und zwei Insassen in der Hauptsaison 103 £, Informationen unter www.wightlink.co.uk.

- Die **Autofähre** von Portsmouth benötigt 25 Minuten für die Überfahrt und legt beim Weiler Fishbourne an.
- Die **Passagierfähre** ist zehn Minuten schneller und dockt am langen Pier von Ryde an.
- Von der Clarence Esplanade in Southsea starten die **Hovercrafts**, die noch einmal fünf Minuten schneller sind und ebenfalls in Ryde ins Terminal rauschen.
- Wer nicht mit dem eigenen Auto übersetzt und auch für eine Fahrraderkundung nicht genügend Zeit mitbringt, der kann mit den doppelstöckigen **Bussen** der Linie 7 und 7 A des Nahverkehrsunternehmens *Southern Vectis* (*Vectis* nannten die Römer die Isle of Wight) auf der Küstenstraße rund um die Insel gelangen. Die Busse verkehren im Stundentakt, sodass für Besichtigungen in den Dörfern und Städtchen genügend Zeit bleibt; eine vollständige Umrundung ohne Stopps dauert vier Stunden.

Ryde ♪ VII/D3

Ryde, mit 20.000 Einwohnern die **Metropole der Sonneninsel,** hat sich den Beinamen *Gateway to the Garden Isle* gegeben.

Ein langer, 1815 erbauter, fast 1 km weit ins Meer reichender **Pier** dominiert an der Seeseite. Doch dient er nicht wie anderswo den Vergnügungen der Sommergäste, sondern fungiert als Anlegestelle für die Fähren, die bei Ebbe sonst keine Passagiere anlanden könnten. Ein restaurierter Untergrundzug der Londoner **Tube** rattert immer dann bis an die Spitze, wenn die Personenfähre von Portsmouth festmacht und die Pendler heimbringt. Die *Tube* verkehrt weiter die Westküste entlang bis zum Seebad Shanklin.

Kunsthistoriker wird es interessieren, dass die **All Saint Church** mit ihrem alles überragenden Turm unter der Bauaufsicht des bekannten Architekten *Sir Gilbert Scott* errichtet wurde. *Scott* zeichnete in London u. a. für das neogotische Albert Memorial und für die reich mit Jugendstilelementen geschmückte Battersea Power Station verantwortlich.

Überall in Ryde findet man noch georgianische Häuserzeilen und viktorianische Architektur; so etwa die **Victorian Arcade** an der Hauptgeschäftsstraße Union Street, eine schöne, Einkaufspassage aus dem Thronjahr Königin *Viktorias*.

Ein amerikanischer Autor, der Ryde um 1830 besuchte, vermerkte über das Seebad: „It is a place of baths, boarding houses and people of damaged constitution, with very select society, and quiet and rather primitive habits." („Der Ort besitzt Bäder, Pensionen und Leute mit schlechter Gesundheit aus den unteren Gesellschaftsschichten, die ruhige, aber nichtsdestotrotz primitive Verhaltensweisen zeigen.")

Pubs und Restaurants

- In Union Street/Ecke Yelf's Road lockt das **Free House Yelf's.**
- Daneben, im **Yelf's Hotel,** speist man ganz gut im Restaurant.
- Im **Royal Squadron** gibt es während der Saison an den Wochenenden eine Disco bis 1 Uhr.
- **Ryde Tandoori Restaurant Koh-i-noor,** Union Street, preisgünstige indische Küche.

Fährmann hol über!

- Die Taverne **The Redan** liegt in der Union Street und überzeugt mit einer klassischen Pub Atmosphäre in einem schönen alten Fachwerkhaus.
- Sehr gut ist das Restaurant im Hotel **Ryde Castle** an der Esplanade.
- **Weitere Pubs** und Billigrestaurants in Union und Castle Street.

Seaview ↗ VII/D3

Einen Steinwurf nur entfernt von Ryde schmiegt sich der Weiler Seaview an das Meeresgestade. Wie der Name verspricht, hat man gute **Ausblicke über die See** und auf die in den Solent einfahrenden, nach Portsmouth und Southampton zustrebenden Frachter. Wer Ruhe und Muße sucht, ist in Seaview mit seinen schmalen und verwinkelten Gassen am richtigen Platze.

The Old Fort Inn, ein Free House mit angeschlossenem Restaurant an der Esplanade, sorgt für leibliche Genüsse. Nahe beim Örtchen befindet sich ein großer **Flamingo Park,** in dem Tausende der rosa Wasservögel gelangweilt auf einem Bein stehen und hochmütig in die Gegend schauen (www.flamingoparkiw.com).

Bembridge ↗ VII/D3

Das ehemalige Fischerdörfchen hat eine lange Seefahrtstradition und besaß früher einige Werften, die sehr schnel-

le Küstensegler fertigten. Diese erfreuten sich großer Beliebtheit bei den **Schmugglern** der Insel, und die Auftragsbücher der kleinen Schiffsbaufirmen waren voll. Es heißt, dass die Freihändler von Bembridge ganz besonders dreist zollpflichtige Waren bei Nacht und Nebel anlandeten und außerdem zahlenmäßig die größte Schmugglerbande der Insel stellten.

In der Bembridge School gibt es die **John Ruskin Gallery,** in der Gemälde, Zeichnungen, Briefe und Manuskripte ausgestellt sind. *Ruskin* (1819–1900), Dichter, Maler, Architekt, Kunstmäzen und ein scharfer Gesellschaftskritiker, ist nie auf Wight gewesen; *Howard Whitehouse,* Herausgeber der Ruskin-Tagebücher, hat die Ausstellungsstücke zusammengetragen (Besichtigung nur auf Wunsch, man wähle Tel. 872101 und frage nach der Ruskin Gallery).

Ein Stückchen außerhalb des Dorfzentrums dreht die letzte verbliebene **Windmühle** der Insel ihre Flügel; die Mühle wurde um das Jahr 1700 erbaut und ist heute im Besitz des National Trust (Mitte März–Okt. tgl. 11–17 Uhr, Eintritt 2,90 £).

Pubs und Restaurants

- In der Sherborne Street, gegenüber vom Seefahrtsmuseum, gibt es das kleine Restaurant **The Square Rigger** (um 8 £).
- In einem schönen Puppenstubenhäuschen in der High Street ist der Pub **Ye Olde Village Inn** untergebracht – und das seit dem Jahr 1787.
- Daneben lädt das chinesische Restaurant **Jade Garden** mit Preisen zwischen 8 und 11 £ zu Tisch.

Brading ♫ VII/D3

Von Bembridge geht es weiter nach Brading, das mit vollem Titel *The Kynges Town of Bradynge* heißt – *Eduard I.* verlieh 1285 die Stadtrechte – und eine der ältesten Siedlungen auf der Insel ist. Schon in der Bronzezeit war die Region um das heutige Brading besiedelt, und auch die Römer waren vor Ort. 1880 entdeckten Archäologen in Brading die Reste einer großen **römischen Villa** aus den Jahren um 300 n. Chr. Unterschiedliche Bodenmosaike – eines zeigt den Kopf der Medusa – und Fußbodenheizungssysteme sind besonders interessant (tägl. 9.30–17 Uhr, Eintritt: 6,50 £, www.bradingromanvilla.org.uk). Ganz in der Nähe ist der Pub Angler's Rest für Besucher mit durstigen Kehlen und leeren Mägen ein willkommener Anblick.

Das Innere der **Kirche von Brading,** die aus dem 12. Jh. stammen soll, ist so uninteressant nicht. Dort zeigt eine lebensgroße Grabfigur den lokalen Adligen *Sir John Oglander,* der lang hingestreckt auf der Seite liegt, den Kopf auf die Hand gestützt, und mit äußerst zufriedenem Gesichtsausdruck in die Ferne schaut. In einer Nische oberhalb des Denkmals befindet sich die Vorlage, nach der der Holzschnitzer die große Figur gearbeitet hat. Herzerweichend ist das kleine Denkmal, das die im Alter von 15 Monaten gestorbene Elizabeth Rollo friedlich schlummernd auf einer Knopfmatratze zeigt.

Um die Kirche herum gibt es ein **Wachsfigurenkabinett** (with a realis-

Atlas Seite VII

CULVER CLIFFS

tic Chamber of Horrors as a free optional extra) in einem Haus, das im Jahr 1066 erbaut und einmal im Besitz von *Heinrich VIII.* gewesen sein soll (Ostern –Okt. tgl. 10–17 Uhr, Nov.–Ostern nach Voranmeldung, Eintritt: 7,25 £, www.bradingtheexperience.co.uk).

Pub

● Für Speise und Trank kann man in der High Street im Pub **The Bugle Inn** einkehren, der eine Schanklizenz aus dem Jahr 1314 besitzt; wie es heißt, soll der Wirt *Karl I.* vor den Häschern *Cromwells* in einem geheimen Schrank versteckt haben.

Typisch für die Isle of Wight: reetgedeckte Häuser

Culver Cliffs   ⇗ VII/D3

Von Brading aus führt eine Stichstraße hoch zu den Culver Cliffs (Ausschilderung Culver Downs), von denen man gen Norden einen fantastischen Blick auf den Solent und die südenglische Küste hat und im Süden auf die langen Strände von Sandown und Shanklin schaut.

Am höchsten Punkt ehrt ein 1849 errichteter **Obelisk** *Charles Pelham*, 1. Earl of Yarborough, den Initiator der *Royal Yacht Squadron* von Cowes (s. u.). Nahebei schreckte **Fort Culver** (Privatbesitz, nicht zu besichtigen), Mitte des 19. Jh. erbaut, mögliche Invasoren ab.

SANDOWN UND SHANKLIN

Sandown und Shanklin ♪ VII/D3

Nur wenige Minuten Fahrt, und die zwei zusammengewachsenen Seebäder Sandown und Shanklin sind erreicht. **Sandown** ist eine alte Ansiedlung und bereits im „Domesday Book", dem direkt nach der Invasion von 1066 angelegten Katasterwerk, erwähnt. Der breite Strand ist im Norden und Süden von hohen Klippen eingerahmt, in der Mitte jedoch führt flaches Land bis ins Inselinnere.

Eine solche landschaftliche Formation zieht feindliche Invasoren an und macht heimische Militärs nervös. Schon *Heinrich VIII.* ließ im Rahmen seines Küstensicherungsprogramms 1537 eine erste **Festung** erbauen, die jedoch bald vom Meer verschlungen wurde. 1632 folgte ein zweites Fort, doch auch dieses stand zu nahe am Strand; es wurde abgetragen und durch eine dritte Anlage ersetzt. Diese Befestigung ist heute in den **Zoo** von Sandown integriert, der Raubkatzen aller Art besitzt und auf Schlangen spezialisiert ist. (Be photographed with a friendly snake and get a certificate to prove it – wozu braucht man ein Zertifikat, fragt sich der geneigte Zoobesucher, einen besseren Beweis als ein Foto kann es doch gar nicht geben?)

Bei schlechtem Wetter lohnt sich auch ein Besuch im **Geologischen Museum** in der High Street; dort wird man

SANDOWN UND SHANKLIN

auf unterhaltsame Art und Weise mit der erdgeschichtlichen Situation der Insel vertraut gemacht. *Charles Darwin* (1809–1882) arbeitete hier kurze Zeit an seinem epochemachenden Werk „On The Origin of Species" (1859, dt. „Über die Entstehung der Arten").

Während der Saison gibt es von Ostern bis Ende September jeden Montag einen großen **Markt** an der Culver Parade. Ebenfalls an der Culver Parade findet sich das Ausstellungsgebäude **Dinosaur Isle** (Apr.–Sept. tgl. 10–18, Okt. 10–17, Nov.–März 10–16 Uhr), in dem Saurierfossilien und lebensgroße Rekonstruktionen zu bestaunen sind. Die Sammlung der Versteinerungen wurde ab 1819 begonnen.

Der Strand von Sandown – von dem aus man gute Ausblicke auf die weißen Culver Cliffs hat – ist leichter zugänglich als das sandige Gestade von **Shanklin,** denn dort steigt eine steile Klippe auf. So gelangt man vom hochgelegenen Shanklin aus mit einem Fahrstuhl an der East Cliff Promenade sozusagen in einem Rutsch hinunter an die Meeresfront.

Überhaupt sollte man die **East Cliff Promenade** in Ruhe und Muße ent-

Blick von den Culver Downs über die Strände von Sandown

Am Shanklin Beach

langspazieren, denn von dort oben hat man eine fantastische Aussicht auf das türkisblaue Meer, auf Ozeanriesen und kleine Jachten mit ihren schneeweißen Segeln, die auf den Solent zulaufen, auf die langen, sanft geschwungenen Sandstrände und die hochaufragenden Kreideklippen.

Obwohl in einem Herbststurm des Jahres 1987 Shanklin-Pier von den Wellen in Stücke gehauen wurde, hat der Schwesterort von Sandown immer noch genügend zu bieten. Allererste Attraktion ist die 1817 der Öffentlichkeit zugänglich gemachte **Shanklin Chine,** eine tiefe, in Jahrmillionen vom Wasser ausgewaschene Klamm. (Im übrigen Großbritannien ist die Bezeichnung für eine Klamm *Gorge*, nur auf der Isle of Wight heißen sie *Chine*.)

In den vergangenen Jahrhunderten diente die Schlucht Schmugglerbanden als versteckter Unterschlupf. Im Old Village von Shanklin, am südlichen Ende der High Street, quert ein wirklich winziges Rinnsal die Straße und stürzt plötzlich hinter dem Ticket Kiosk spektakulär 15 m senkrecht in die Tiefe. Seltene Pflanzen säumen die Hänge der Schlucht, hohe Bäume spenden an heißen Tagen angenehmen Schatten, leise murmelt das Bächlein, Vögel zwitschern.

Am Ende der Klamm liegt das Stück einer **Pipeline,** die im Zweiten Weltkrieg durch den englischen Kanal verlegt war und mittels derer Treibstoff in die Normandie gepumpt wurde. Die Versorgungsleitung bekam den Namen *Pluto (Pipeline under the Ocean)*. In seiner Biografie bekommt Lord *Louis Mountbatten* die Idee zu dieser Leitung zugeschrieben, in der Biografie von *Winston Churchill* dagegen heißt es, dass die Anregung zur Pipeline auf den großen Politiker zurückging. Wer mag die Idee nun gehabt haben? Beide haben Anfang der 1940er Jahre zusammengearbeitet, als *Mountbatton* Chef des Stabes *Combined Action* war; da werden sie sich sicher gegenseitig mit Ideen befruchtet haben.

Die Klamm endet unten am Strand von Shanklin, an der Stelle, wo der **Pub Fisherman's Cottage** mit seinem Familiengarten auf Kundschaft wartet.

Im Old Village, dem ältesten Teil von Shanklin, sorgen eine ganze Reihe gut erhaltener reetgedeckter Häuser für romantische Atmosphäre. Gemütlich und anheimelnd ist der blumengeschmückte, efeuumrankte Pub **The Crab Inn.** Der amerikanische Dichter *Henry W. Longfellow* (1807–1882) war von der Cottage-Taverne so beeindruckt, dass er an deren Brunnen das noch heute sichtbare Gedicht hinterließ:

1819 war der Lyriker *John Keats* für einige Wochen vor Ort und logierte im Eglatine Cottage in der High Street 76; **Keats Green** heißt heute das Klippenareal, an dem er täglich entlangspazierte. In Shanklin hat der Romantiker sein berühmtes Gedicht „Endymion" geschrieben, das mit der bekannten Zeile beginnt: A thing of beauty is a joy for ever. Woher er die Inspiration für seine Poesie bekam, ist den Bewohnern von Wight völlig klar – die landschaftliche Schönheit der Insel hat noch manch anderen Dichter beflügelt (s. u.).

Pubs und Restaurants

Im Old Village und entlang der hübsch aussehenden High Street von Shanklin mit ihren vielen Geschäften finden sich eine ganze Reihe von Pubs und kleinen Restaurants; so etwa:
- **The Village Inn,** Free House mit Biergarten.
- **The Crab Inn,** Bierausschank in romantischer Atmosphäre, unweit vom Village Inn.
- **Pencil Cottage,** eine Teestube mit Garten.
- **Black Cat,** ein kleines Restaurant mit gemütlicher Wohnzimmeratmosphäre und Preisen um 8 £.
- **Vernon Cottage,** ein Free House, vor dessen efeuumrankter Fassade mit dem reetgedeckten Dach es sich bei schönem Wetter gemütlich auf dem großen Grün sitzen lässt.

Pub „The Village Inn"
im Old Village von Shanklin

Godshill ♪ VII/D3

In Shanklin führt die Route von der Küste fort, und Sie fahren einige Kilometer inseleinwärts zum **Puppenstubendörflein Godshill.** Die kurze Hauptstraße säumen reetgedeckte Cottages, in denen Pubs – so etwa das Free House **The Cask and Taverner** aus dem Jahre 1600 mit Biergarten und einem sehr guten Restaurant (Drei-Gänge-Menü 16 £) –, Teestuben, Cafés, Restaurants und Kunstgewerbeläden untergebracht sind. Ein großer Parkplatz am Ortseingang bietet auch Platz für viele Reisebusse, und so drängeln sich an schönen Tagen Hunderte von **Tagesausflüglern** in diesem Ört-

VENTNOR

chen. Am schönsten präsentiert sich die schmucke Dorfanlage oben rund um die **Kirche St. Lawrence,** hier geraten Hobbyfotografen schier ins Schwärmen über die gut konservierte Kulisse aus vergangenen Tagen. Im Jahre 1992 feierte das kleine normannische Gotteshaus sein 950-jähriges Bestehen. Kinder werden sich am **Model Village** erfreuen, eine Miniaturstadt, die in einem Maßstab von 1:10 im Garten des alten Vikarhauses bestaunt werden kann.

Im Zentrum des romantischen Örtchens Godshill

Vorsaison: Noch findet jeder einen Liegestuhl

Ventnor ⤢ VII/D3

Nur ein Katzensprung gen Süden, und das 6000-Seelen-Städtchen Ventnor, Großbritanniens wärmster und regenärmster Ort, ist erreicht. Im 19. Jh. erlangte Ventnor als **Heilbad** für Tuberkulose-Kranke Reputation; das letzte Sanatorium schloss 1964 seine Pforten. Der krebskranke *Karl Marx* war 1878 zur Kur in dem Örtchen; aufgrund der finanziellen Unterstützung durch *Friedrich Engels* konnte *Marx* 1882, ein Jahr vor seinem Tod, noch einmal in das Seebad kommen.

Vom Zentrum mit der geschäftigen High Street verläuft eine kurvenreiche und extrem steil nach unten führende Straße zum **Strand.** Am Ende der kur-

zen Promenade überblickt Ventnors schönster Pub, **The Spyglass Inn,** das sandige Gestade; zur Mittagszeit gibt es ein reichhaltiges Angebot an *Lunch Snacks.*

Außerhalb des Ortes lohnt ein Besuch im 9 ha großen **Botanischen Garten,** in dem – vom milden Klima verwöhnt – subtropische Pflanzen in großer Farbenpracht blühen.

Henry James konnte es mal wieder nicht lassen und notierte süffisant: „In Ventnor indes, Aug' in Auge mit der See und die blühende Schulter des Undercliff dicht hinter einem, verliert man die Überflüssigkeiten der Zivilisation bis zu einem gewissen Grade aus den Augen. Nicht dass Ventnor etwa nicht sorgsam zivilisiert worden wäre. Es ist ein durchgebildetes und vollendetes Seebad, es ist auf ein gebührend Maß von Vulgarisierung gebracht worden."

Bonchurch   VII/D3

Voller literarischer Erinnerungen ist Ventnors Vorort Bonchurch, der sich recht atmosphärereich, ja mit den mächtigen grünen Bäumen, dem leise murmelnden Bach, den hohen Hecken und den vielen wilden Blumen rechts und links der Straße sogar etwas verwunschen gibt. Lassen wir noch einmal **Henry James** kurz zu Worte kommen: „Das kleine Dorf Bonchurch ist im kunstvollsten Grün begraben, in die weichsten Rasen und das dichteste Gesträuch gehüllt."

1849 logierte **Charles Dickens** (1812-1870) im Weiler – „am schönsten Ort, den ich je sah, zu Hause und unterwegs" – und schrieb weite Teile seines „David Copperfield". Der Lyriker **Algernon Charles Swinburne** (1837-1909) verbrachte eine behütete Jugend im Familiensitz East Dene, dessen Garten er poetisch umschwärmte: „Unter dem Kliff am Dünenrande, / Zwischen Hochland und dem Meer, zwischen windwärts und Lee, / Von Felsen umwallt, eine Insel im Land / Blickt der Geist eines Gartens hinaus auf die See." *Swinburne* ist auf dem Friedhof der neuen St.-Boniface-Kirche von Bonchurch begraben. *Thomas Hardy,* der das Grab ein Jahr nach dem Tod des Dichters besuchte, schrieb unter dem Eindruck der Trauer sein Gedicht „A Singer Asleep".

Besuchen sollte man auch die alte **St. Boniface Church** von Bonchurch, die, wahrscheinlich um 1070 erbaut, auf noch älteren sakralen Fundamenten steht. *Swinburne* wurde hier getauft. An diesen kleinen Ort verirrt sich selten jemand; der Kirchhof mit den alten verwitterten Grabsteinen rund um das gedrungene, trotz allem aber luftig wirkende normannische Gotteshaus, die hohen Hecken drumherum und die grünen schattenspendenden Bäume strahlen eine ganz eigenartig beruhigende Atmosphäre aus.

Beide Kirchen von Bonchurch erinnern daran, dass der **Hl. Bonifatius** (um 675-754) von hier aus nach Deutschland aufbrach, um unter den germanischen Barbaren zu missionieren. Begraben ist der Kirchenvater in Fulda.

St. Catherine's Point ⚐ VII/D3

Von Ventnor führt eine landschaftlich sehr schöne Straße zum St. Catherine's Point, dem mit einem Leuchtturm bestückten, südlichsten Punkt der Isle of Wight. Hier unterhält der National Trust die **Knowles Farm,** von der aus der italienische Physiker *Guglielmo Marconi* (1874-1937) erste Versuche mit drahtloser Telegrafie unternahm.

Einsame Strände zwischen den Küstendörfern, hier am Blackgang Chine

Niton und Chale

↗ VII/D3

Im Weiler Niton nahebei lohnt ein Besuch im **White Lion;** die gemütliche Kneipe datiert aus dem Jahr 1850. Einen Steinwurf weiter ist im kleinen Örtchen Chale der **Wight Mouse Inn** erreicht, der die hungrigen und durstigen Besucher mit guten Pub Grubs und vielen unterschiedlichen Biersorten versorgt. Sommertags sitzt man draußen vor der ehemaligen, aus dem 17. Jh. stammenden Kutschstation. Sowohl für die Kinder als auch für die von den Kleinen heißgeliebten Haushunde ist gesorgt – für die Kinder Spielmöglichkeiten und während der Saison regelmäßig Kasperletheater, *Punch and Judy Shows* genannt. Die kinderfreundliche Kneipe hat einen Preis gewonnen als *United Kingdom Family Pub of the Year.*

Blackgang Chine

↗ VII/D3

Weiter gen Westen ist bald eine neue Attraktion, die Blackgang Chine, erreicht. Der unermüdlich nagende Zahn der See hat einen Teil der Klammschlucht zum Einsturz gebracht und abgetragen. Von der steilen, hohen Klippe sieht man auf eine weitere Chine, die gleichermaßen von den

Brighstone, Freshwater Bay, Farringford

Gewalten des Meeres zerstört wurde. Während der vergangenen 70 Jahre hat die See hier fast 280 m Land abgespült, noch 1911 konnte man bis an den Strand hinunterlaufen. 1963 wurde Sealand House, ein nahegelegener viktorianischer Herrensitz, unterspült und fiel die Klippe hinab, 15 Jahre später wuschen die Wassermassen fünf Häuser weg. Durchschnittlich werden jedes Jahr zwischen 3,60 m und 4 m der Südküste von Wight abgetragen.

Entlang der Blackgang-Klippe – die ihren Namen von einer berüchtigten Schmugglerbande namens *Black Gang* erhalten hat – sorgt ein **Theme Park** bei den Kleinen für Freude und Aufregung. Da gibt es ein Piratenschiff, eine Westernstadt, eine Zauberburg, ein Indianerdorf, einen Dino-Park, ein Jungle and Adventure Land und vieles andere mehr.

Brighstone   VII/C3

Ein Stückchen ins Landesinnere hinein lockt der Weiler Brighstone, der ähnlich wie auch Godshill eine ganze Reihe von alten, reetgedeckten Cottages entlang seiner wenigen Straßen hat.

Die Bewohner des charmanten und romantischen Örtchens waren vom 13. bis in die zweite Hälfte des 19. Jh. als *Shipwrecker* und *Smuggler* berüchtigt. Das änderte sich erst, als ein ehemaliger **Schmuggler,** nach Verbüßung seiner Strafjahre in der Marine geläutert, eine Rettungsbootstation in Brighstone eröffnete.

Pubs
● Der lokale Pub, **The Three Bishops,** hat seinen Namen drei Geistlichen aus Brighstone zu verdanken, die alle in den Bischofsstand erhoben wurden.

Freshwater Bay   VII/C3

Schon von weitem erkennt man an der Westspitze der Insel die schneeweißen Felsen, hoch über der See führt die Straße nahe am Klippenrand entlang, ins Landesinnere hinein blickt man auf in der Sonne leuchtende kanariengelbe Rapsfelder, und je näher man kommt, um so mehr eröffnen sich spektakuläre Ausblicke auf die **Kreidefelsen** entlang der Freshwater Bay, um deren Gestade sich das gleichnamige Dörfchen schmiegt. Hier im Südwesten findet der Besucher die landschaftlichen Höhepunkte der kleinen Insel.

Farringford   VII/C3

Eineinhalb Kilometer entfernt vom Örtchen Freshwater gen Westen liegt das einstige Herrenhaus Farringford, heute ein Hotel. **Alfred Lord Tennyson** (1809–1892), königlicher Hofdichter und einer der sprachgewaltigsten Poeten Englands, „der in jenen elegischen Kadenzen, jenem Ton der Melancholie, das Vergessen und Vergehen sucht", hat fast 40 Jahre immer wieder hier gewohnt und gearbeitet. Die Ho-

FARRINGFORD

Die Freshwater Bay bei Regen

norare für ein einziges Gedicht, das Einpersonenstück „Maud", ermöglichten ihm den Kauf des Hauses. Die Verehrer des Meisters gaben sich die Klinke in die Hand: *Prinz Albert*, der Gatte von *Queen Victoria*, kam gerne von Schloss Osborne zum Tee herüber, der schüchterne *Lewis Carroll, William Thackeray* und *Algernon Charles Swinburne* gehörten ebenso zu den Besuchern wie der italienische Freiheitskämpfer *Giuseppe Garibaldi*, der im Garten von Farringford House eine Wellingtonia pflanzte. Doch dann wurde es *Tennyson* zuviel; von den Verehrern und Autogrammjägern belagert, zog sich der Meister 1868 in das einsam gelegene Aldworth House in Sussex zurück und setzte nur noch während der milden Wintermonate auf die Isle of Wight über.

Die Gäste von *Tennyson* fotografierte **Julia Margaret Cameron** (1815–1879), die nahe bei Farringford House wohnte. Ihr verdanken wir Porträtfotos von *Tennyson, Charles Darwin* oder *Thomas Carlyle*. Die Aufnahmen – alle in der zweiten Hälfte der 1860er Jahre gemacht – gehören zu den frühesten Fotografien überhaupt.

1895 war die 13-jährige **Virginia Woolf** (siehe Exkurs) mit ihrem Vater Leslie Stephen in Freshwater und hatte hier ihren ersten psychischen Zusammenbruch; 40 Jahre später, 1935, verspottete sie in dem Stück „Freshwater" den Hofdichter **Tennyson,** der seine Gäste unermüdlich mit den eigenen Gedichten traktierte.

George Bernard Shaw (1856–1950) kam im Herbst 1898 gesundheitlich angeschlagen an die Freshwater Bay, hoffte auf Linderung seiner Beschwerden und schrieb an seinem Stück „Caesar and Cleopatra"; die schon mehrfach erwähnte zickige *Beatrice Stella Campbell,* für die er das Stück schrieb, warf es voller Ignoranz in den Papierkorb.

D. H. Lawrence (1885–1930) suchte 1911 Ruhe und Entspannung auf der Isle of Wight und arbeitete hier an seinem tragisch endenden Liebesroman „The Trespasser" (1912, dt. „Auf verbotenen Wegen"), in dem er die Landschaft rund um Freshwater ausgiebig beschrieb.

The Needles ↗ VII/C3

Von der Freshwater Bay verläuft ein *Public Footpath*, der *Tennyson Trail*, an die Westspitze der Isle of Wight, wo drei große weiße Kreidefelsen im Meer stehen – die Needles. Auf dem Weg, der immer wieder wunderschöne Ausblicke auf das Meer und die gegenüberliegende südenglische Küste zulässt, passiert der Wandersmann auch die 150 m hohe Erhebung **Tennyson Down,** wo ein **Denkmal für den Poet Laureate** steht. Der Titel „Hofdichter" des Königshauses verpflichtete ihn zum Schmieden offizieller Verse über Mitglieder der königlichen Familie sowie zum Abfassen reimender Sentenzen bei nationalen Anlässen von Bedeutung. Der erste, der das Amt innehatte, war 1668–1688 *John Dryden.*

An den Needles angekommen, sollte man erst einmal in Ruhe und Muße den fantastischen Ausblick genießen und dann eine Besichtigung der **Old Battery** nicht versäumen. Die aus dem Jahr 1862 datierende Küstenbefestigung liegt 77 m über dem Meer und hat 60 m an Tunneln und Kasematten; auch von hier ist die Aussicht hervorragend (Mitte März bis Okt. tägl. 10.30–17 Uhr, Eintritt: 4,85 £).

Alum Bay ↗ VII/C3

An die Westspitze der Isle of Wight mit den Needles schließt sich die Alum Bay mit ihren bunten Sandsteinfelsen an. Wenig passend zur schönen Landschaft verschandelt ein großer Kirmesrummel die heitere Atmosphäre ganz erheblich; doch ist der **Pleasure Park** bei Kindern und Eltern sehr beliebt.

Yarmouth ↗ VII/C3

In Yarmouth passiert der Besucher als erstes eine große Marina, in der Aberhunderte von **Jachten** vor Anker liegen. Anheimelnd und gemütlich ist es im winzigen Ortszentrum rund um den Fähranleger, die kleine Festung und den kurzen, ins Meer hinausragenden Pier. An schönen Sommertagen tummeln sich so viele Jachten im Solent vor Yarmouth, dass man vor lauter Segeln kaum die südenglische Küste erkennt.

Pubs, Cafés und Restaurants

● Am zentralen Square lockt das Kaffeehaus **The Gossip,** nahebei die Pubs **The George** und **The King's Head** mit Biergarten sowie in einem alten Fachwerkgemäuer **The Bugle Hotel** mit gemütlichem Pub und angeschlossenem Restaurant.

● Wenige hundert Meter außerhalb von Yarmouth in Richtung Shalfleet lockt ein Parkplatz mit dem Hinweis **View Point Picnic Area;** ein kurzer Weg führt hinunter zur Seefront, dort stehen eine Anzahl Tische und Bänke, und vor der guten Kulisse schmeckt das Picknick doppelt so gut.

Die Südküste bei Sonne

Calbourne ⤴ VII/C3

Auf keinen Fall darf man den im Inselinnern gelegenen Weiler Calbourne auf der Rundtour auslassen. Dort gibt es ein kurzes Stück Straße, die **Winkle Street,** die an romantischer Schönheit unübertroffen ist.

Newport ⤴ VII/D3

Nach wenigen Kilometern Fahrt ist Newport, die 24.000 Seelen zählende Hauptstadt der Insel erreicht. Zentrum der kleinen Metropole ist der St. James' Square, auf dem eine **Statue Queen Victoria** ehrt; die Königin weilte gerne auf Wight in ihrem Schloss Osborne House, wo sie 1901 im Alter von 82 Jahren starb. Ein weiteres Denkmal erinnert an den Gouverneur der Insel, **Lord Louis Mountbatten,** Earl of Burma, der 1979 von der IRA auf seinem Boot ermordet wurde.

Rund um die St.-Thomas-Kirche ist der gleichnamige Platz zwischen den beiden parallel verlaufenden Geschäfts- und Einkaufsstraßen High Street und Pyle Street eine angenehme **Fußgängeroase,** bestanden mit Tischen und Bänken sowie gesäumt von Geschäften, Cafés und Pubs, so etwa mit der atmosphärereichen Taverne Wheatsheaf oder dem Café und Sandwich-Depot French Franks. Im Jahre 1926 wurden bei Ausgrabungsarbeiten die Reste eines aus dem 3. Jh. stammenden **römischen Farmhauses** entdeckt, das allem Anschein nach durch einen Angriff zerstört wurde. In einem Raum fanden die Archäologen das Skelett einer Frau, die gewaltsam ums Leben kam. Welches Drama sich jedoch dort abgespielt haben mag, konnte nicht mehr ergründet werden.

Pubs und Restaurants

● Die beiden gemütlichen Pubs **The Castle Inn** und **The Vine** befinden sich beide an der High Street.

West und East Cowes ⤴ VII/D2

Acht Kilometer nördlich von Newport erstreckt sich am westlichen Ufer des River Medina West Cowes und gegenüber East Cowes, beide Stadtteile werden durch eine **Floating Bridge** genannte Kettenfähre miteinander verbunden. Nicht sicher ist, woher die Stadt ihren Namen hat. Entweder von den vorgelagerten Sandbänken im Solent, die von den Seeleuten in früheren Tagen *Cows* genannt wurden, oder von den beiden Befestigungsanlagen, die *Heinrich VIII.* an den beiden Ufern

Hauptstraße: die Calbourne Winkle Street

WEST UND EAST COWES

des River Medina bauen ließ und die im Volksmund ebenfalls *Cows* hießen.

East Cowes hat dem Besucher wenig zu bieten; in einem großen Industriegelände produziert die *Hovercraft Corporation* die bekannten Luftkissenboote.

West Cowes dagegen ist eine sehr attraktive kleine Stadt mit einer langen, gewundenen und verkehrsberuhigten **High Street,** die rechts und links von hübschen Geschäften, gemütlichen Pubs, kleinen Cafés und guten Restaurants in allen Preisklassen gesäumt wird. Wer nicht gerade die Einsamkeit sucht oder Ruhe haben möchte, der sollte sein Inselquartier in West Cowes aufschlagen.

An der Promenade befinden sich die Räumlichkeiten von Großbritanniens exklusivstem Seglerverein, dem **Royal Yacht Squadron.** Hier kann man sich in den 22 blitzblank geputzten Messingkanonen spiegeln, die Salut feuern oder mit einem Böllerschuss den Start einer Regatta melden. Während der Sommermonate findet eine ganze Anzahl von Segelveranstaltungen in Cowes statt. Einer der Höhepunkte ist alljährlich an jedem letzten Samstag im Juni das *Round the Island Race*, bei dem die Isle of Wight einmal umrundet wird. Unbestrittene Highlights sind jedoch die Regatten während der Cowes Week Anfang August. Die wirksame Eigenwerbung: During August the world comes to Cowes. Celebrities and Royalty walk with the visitors and yachtsmen through the small streets of Cowes.

Alle zwei Jahre wird hier auch um die berühmte Trophäe des Admirals Cup gesegelt.

Pubs und Restaurants

- An dem verkehrsberuhigten Shooters Hill in West Cowes lockt das kleine italienische Restaurant **Tonino's** mit Gerichten um 10 £.
- Shooters Hill geht in die High Street über, und hier findet man den Pub **Anchor Inn** mit vielerlei Angeboten zur Lunch-Zeit sowie einem Biergarten, die Kneipe **Pier View**, wie der Name schon sagt mit guten Ausblicken, weiterhin die Bar und das Restaurant im sehr schönen Fountain Hotel, in einem winzigen Häuslein das Lokal **The Red Duster** (um 8 £) und das Free House **The Three Crowns.**
- Vom Pub **The Globe** an der Parade schaut man weit über den Solent auf die südenglische Küste.
- In der Bath Road lockt noch das italienische **Capri Restaurant** mit teuersten Gerichten um 13 £.
- Daneben geht's im thailändischen Restaurant **Baan Thai** etwas billiger zu (5–8 £).

Osborne House ⌦ VII/D2

Auf dem Weg von East Cowes nach Fishbourne passiert man Osborne House, die Residenz von *Königin Victoria* (Apr.–Sept. tgl. 10–18 Uhr; Okt. tgl. 10–16 Uhr, Nov.–März Mi–So 10–16 Uhr, Eintritt: 10,90 £). **Prinz Albert,** königlicher Gemahl, entwarf und baute zusammen mit den Architekten *Thomas Cubbit* das Schlösschen in den Jahren 1845–1850 im Stil einer italienischen Villa mit einem kleinen Campanile. Victoria war begeistert: „It is impossible to imagine a prettier spot", schrieb sie in ihr Tagebuch. Es war das erste Haus, das *Prinz Albert* für seine Victoria errichten ließ. Einige Jahre später legte er für Balmoral Castle in den schottischen Highlands gleiches Engagement für seine geliebte Königin an den Tag. Balmoral und Osborne wurden die beiden bevorzugten Aufenthaltsorte der Herrscherin.

Als Albert 1861 im Alter von 42 Jahren an Typhus starb, war Victorias Schmerz unermesslich. 40 Jahre sollte sie noch ohne ihren geliebten Mann und vertrauten Berater regieren; mit ihrer **lebenslangen Trauer** prägte sie die Epoche des puritanischen Viktorianismus, der tiefe Auswirkungen auf das Lebensgefühl einer ganzen Generation haben sollte.

Für drei Jahre, von 1861–1864, zog sie sich in ihrem Kummer nach Osborne zurück und mied jeden öffentlichen Auftritt; nicht einmal nach London kam sie. Bis 1874 unternahm sie nur die nötigsten Aufgaben und beschränkte ihre Repräsentationspflichten so weit wie möglich. Die Briten nahmen ihr diesen völligen Rückzug ins Private sehr übel, und die Times rügte die Monarchin in einem Leitartikel: „Die Lebenden und nicht nur die Toten haben ein Recht auf Dich!"

Premierminister **Disraeli** – den Victoria Dizzy nannte – konnte sie dann dazu überreden, wenigstens annähernd für die Untertanen da zu sein. Dennoch verbrachte sie die meiste Zeit ihrer letzten 40 Regierungsjahre in Osborne House oder im schottischen Balmoral.

Für *Disraeli,* den fähigsten englischen Politiker des 19. Jh., blieb in Osborne immer ein Zimmer reserviert, und bei offiziellen Anlässen war er der einzige, der sitzen durfte. Während der Sommermonate – so heißt es – bekam Dizzy allwöchentlich einen Strauß Blumen von Osborne House in seine Londoner Wohnung geschickt.

- Ryde: **Appley Manor,** Appley Road, Tel. 01983-564777, Fax 564704, www.appley-manor.co.uk, DZ 60 £.
- **Yelf's Hotel,** Union Street, Tel. 01983-564062, Fax 563937, www.yelfshotel.com, DZ 90 £.
- Shanklin: **Keats Green,** 3 Queens Road, Tel. 01983862742, Fax 868572, www.keatsgreenhotel.co.uk, DZ 120 £.
- Seaview: **Seaview Hotel,** High Street, Tel. 01983-612711, Fax 613729, www.seaviewhotel.co.uk, DZ 165 £.
- Ventnor: **Eversley,** Park Avenue, Tel. 01983-852244, Fax 853948, www.eversleyhotel.uk.com, DZ 95 £.
- **Hillside Hotel,** Mitchell Avenue, Tel./Fax 01983-852271, www.hillside-ventnor.co.uk, DZ 60 £.
- **Jugendherberge:** *Brighstone,* North Street, Tel. 0845-3719348; *Totland Bay,* West Wight, Hurst Hill, Totland Bay, Tel. 0845-3719348.
- **Camping:** *Whitecliff Bay Holiday Park,* Bembridge, Tel. 01983-872671, www.wight-holidays.com; die A 3055 bis Brading, von dort die B 3395 Richtung Bembridge, restliche Strecke ist ausgeschildert; *Fairway Holiday Park,* Sandown, Tel. 01983-403462, www.fairwayholidaypark.co.uk, A 3055 nach Sandown, nahe dem Golfplatz; The Orchards Holiday Caravan Park, Calbourne, Tel. 01983-78331, www.orchards-holiday-park.co.uk.

Praktische Hinweise

Tourist Information

- **Cowes,** The Arcade, Tel. 01983-813818.
- **Ryde,** 81 Union Street, Tel. 01983-813818.
- **Shanklin,** 67 High Street, Tel. 01983-813818.
- **Yarmouth,** The Quay, Tel. 01983-813818.

Unterkunft

- Cowes: **Duke of York,** Mill Hill Road, Tel. 01983-295171, Fax 295047, www.dukeofyorkcowes.co.uk, DZ 65 £.

Southampton – Bournemouth

Southampton
↗ VII/C1/2

– Englands wichtigste Hafenstadt

Southampton hat dem Touristen nicht viel zu bieten, und man ist gut beraten, einen großen Bogen um die wenig attraktive, 228.000 Einwohner zählende Hafenstadt zu machen. Während des Zweiten Weltkriegs wurde die strategisch bedeutsame Seemetropole mit verheerenden **Bombenangriffen** überzogen, sodass kaum noch historische Bausubstanz zu finden ist; beim Wiederaufbau in den 1950er Jahren musste es dann möglichst schnell gehen, und so präsentiert sich Southampton heute weitgehend im Einheitsgrau der **Betonarchitektur.**

Schon Römer und Angelsachsen hatten die gute Lage erkannt und siedelten am Southampton Water, dem langen fjordartigen Einschnitt. Wie in anderen Orten der Südküste auch,

- ❶ 1 Touristeninformation
- ★ 2 Stadttor Bargate
- ⓘ 3 St Michael's Church
- ⓘ 4 Holyrood Church
- ❶ 5 Pub und Restaurant Red Lion
- Ⓜ 6 Merchant's House
- ❶ 7 Pub und Restaurant Duke of Wellington
- Ⓜ 8 Tudor House Museum
- ★ 9 Mayflower-Denkmal
-   10 Mayflower Park
- ⛴ 11 Fähren zur Isle of Wight (East und West Cowes)
- Ⓜ 12 Maritime Museum
- Ⓜ 13 Museum of Archeology

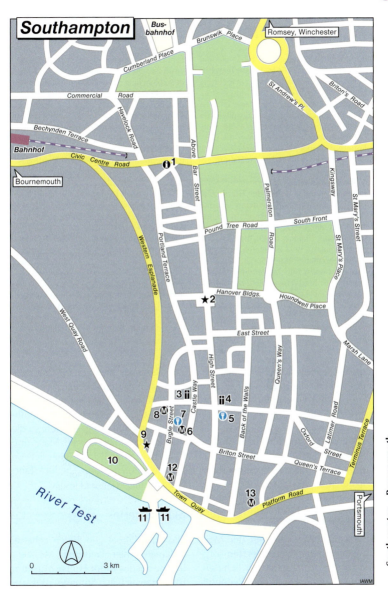

Neues zur Titanic

Im Frühjahr 1912 stach das zur *White Star Line* gehörende, **größte Passagierschiff** der Welt von Southampton aus in Richtung Amerika in See. In den frühen Morgenstunden des 15. April sank die Titanic und riss 1513 Passagiere und Besatzungsmitglieder in den Tod. Nur 711 Menschen konnten gerettet werden. Am Vorabend war der Ozeanriese mit einer Geschwindigkeit von 22 Knoten (40,7 km/h) **auf einen Eisberg gekracht** und leck geschlagen.

1985 fand der Unterwasserexperte *Robert Ballard* das **Wrack der Titanic** 680 km südöstlich vor Neufundland in einer Tiefe von 3795 m. Mit Hilfe eines ferngesteuerten Mini-U-Bootes konnte er Aufnahmen von der Titanic machen. Bis zum Sommer des Jahres 1993 arbeiteten die Teams von insgesamt fünf Expeditionen mit Unterwasserrobotern und bemannten Mini-U-Booten an dem Wrack. Neben Münzen, Porzellan und Taschenuhren wurden auch Teile des Rumpfes geborgen, für die sich eine Gruppe von Schiffsbau- und Materialexperten besonders interessierte.

Mitte September 1993 legten die Wissenschaftler auf einer Konferenz von Schiffs- und Maschinenbauern in New York ihren Bericht vor. Danach war der Rumpf des 269 m langen Schiffes aus **„Stahl minderer Qualität"** zusammengenietet worden. Dieser Werkstoff neigte bei niedrigen Temperaturen zu so genannten Sprödbrüchen. Schon damals waren bessere, aber auch teurere Stähle bekannt. Während hochwertiger Stahl sich unter Belastung verformt, bevor er bricht, splitterte das Billigeisen der Titanic im eiskalten Wasser (minus 1 °C) wie Glas.

William Garzke, ein amerikanischer Schiffsbauingenieur, hält es sogar für denkbar, dass sich das Unglück schon am Abend vorher ankündigte. Bei der offiziellen Seeamtsuntersuchung hatten Überlebende von Grummel- und Knackgeräuschen tief im Innern des Ozeanriesen berichtet; die Experten jedoch taten dies als Maschinengeräusche ab. *William Garzke* nun glaubt, dass es sich bei den Geräuschen bereits um **Verformungen** handelte. Hätten die Schiffsbauer die Titanic aus hochwertigem Material hergestellt, so wä-

---

mussten die Bewohner ab dem 13. Jh. immer wieder die Franzosen fürchten, die bei ihren **Überfällen** Angst und Schrecken verbreiteten. Rund 150 Jahre später waren die Bewohner der Stadt es leid, in regelmäßigen Abständen ausgeraubt zu werden, und so entstanden schützende **Wallmauern.**

In den folgenden Jahrhunderten trieben die **Kaufleute** von Southampton Handel in allen bekannten Teilen der damaligen Welt, von hier aus auch verließen die Pilgerväter mit der Mayflower ihr Heimatland. **Werften** sorgten für den Nachschub an Schiffen, die u. a. die beiden großen Reedereien *White Star* und *Cunard* orderten. Die vollen Auftragsbücher versorgten viele Männer mit Arbeit und Brot. Bekannte Ozeanriesen sind in Southampton auf Kiel gelegt worden; so die Passagierdampfer Queen Mary und Queen Elizabeth II. Die Titanic lief von Southampton zu ihrer Unglücksfahrt aus.

Sehenswertes

Die Bugle Street gen Süden gehend, trifft man rechter Hand am St. Michael's Square auf das **Tudor House Museum** (bis voraussichtlich Sommer 2011 were laut *Garzke* der Riss, den der Eisberg schlug, kleiner gewesen; mithin wären geringere Wassermassen in den Schiffsbauch geflossen, wodurch wiederum mehr Zeit für Rettungsmaßnahmen zur Verfügung gestanden hätte. „Nicht die Stärke des Eisbergs, sondern die Schwäche des Stahlmantels sei der Titanic zum Verhängnis geworden", sagte der Experte *William Garzke* zum Abschluss seines Vortrags.

Seit immer mehr „Schatzsucher" mit ferngesteuerten Klein-U-Booten Fundstücke rund um die Titanic aus dem Meer fischen, fordern nun pietätvolle Gruppen, die Titanic zum Grab zu erheben und Tauchexkursionen zu verbieten.

gen Renovierung geschlossen). In dem Fachwerkhaus mit den auf die Straße vorkragenden beiden oberen Stockwerken zeigen Exponate das häusliche und soziale Leben während der viktorianischen und edwardianischen Zeit. Gegenüber von Tudor House blickt man auf die Rückfassade der **St. Michael's Church,** deren älteste Teile um 1066 erbaut wurden. Am Ende der Bugle Street erzählt das **Maritime Museum** die Geschichte des Hafens und zeigt viele Schiffsmodelle (Di-Sa 10–16 Uhr, So 13–16 Uhr).

Vom Museum blickt man auf die **Hafenanlagen;** vom Pier hier legen die Fähren zur Isle of Wight/East und West Cowes ab.

Blickt man nach Westen, so schaut man auf den zum Gedenken der Pilgerväter angelegten **Mayflower Park;** nahebei ragt das **Mayflower-Denkmal** in den Himmel. Nicht weit von dieser Stelle entfernt lösten am 5. August 1620 die Mayflower und ihr Schwesterschiff Speedwell die Leinen und segelten gen Westen – die Besiedlung Nordamerikas hatte damit begonnen.

In der parallel zur Bugle Street verlaufenden Castle Way, an der Ecke French Street, gibt das 1290 erbaute und im Stil jener Zeit eingerichtete

Heinrich V. und der neueste Stand der Langbogenforschung

„Der Wind ist günstig, lasst uns nun an Bord. Fröhlich zur See. Die Fahnen fliegen schon; kein König Englands ohne Frankreichs Thron." So lässt *Shakespeare* im Ratssaal zu Southampton *Heinrich V.* zum Aufbruch rufen. Und in der Tat stach im Herbst des Jahres 1415 – zwischen England und Frankreich tobte der Hundertjährige Krieg – von Southampton aus unter Führung von *König Heinrich* eine kleine Truppe in See, überquerte den Kanal und ging nahe dem französischen Städtchen Harfleur an Land. Einen großen Waffengang hatten die Engländer nicht im Sinn, dazu war die Armee viel zu klein. Man wollte ein bisschen brandschatzen, marodierend durch die Gegend ziehen, plündern und dann wieder schnell zurück in die Sicherheit der heimischen Insel segeln. Doch daraus wurde nichts. Als sich in den Frühstunden des 25. Oktober 1415 der Morgennebel lichtete, sah sich der kleine Haufen einer gewaltigen Streitmacht gegenüber – die Franzosen hatten den Eindringlingen beim kleinen Örtchen Agincourt den Rückweg zur Küste abgeschnitten.

Die Landesverteidiger leisteten sich erst einmal ein opulentes Frühstück, der demoralisierte Feind dagegen zitterte vor Hunger, Kälte und Angst. „Sie haben volle 60.000 Streiter. Fünf gegen einen, auch sind alle frisch. Gott sei mit uns! Die Übermacht ist schrecklich." Das war sie in der Tat, wenngleich *Shakespeare* zur Übertreibung neigte. 24.000 französische Fußsoldaten, alle in Rüstungen, und 1000 gepanzerte Reiter standen einer Streitmacht von nur 7000 englischen Recken, davon 6000 Bogenschützen, gegenüber. Die Invasoren hatten sich in den vergangenen Tagen nur von Beeren und Nüssen ernähren können, viele waren vom Durchfall geschwächt. Der Ausgang der Schlacht war klar; so sicher glaubten die Franzosen an den Sieg, dass die Adligen schon die zu erwartende Beute aufteilten. Stunden später lagen über 15.000 Franzosen tot am Boden, der Rest des Heeres stolperte in blinder Flucht von dannen. Von den Engländern hatte die Schlacht nur 300 Opfer gefordert. Der britische Militärhistoriker *John Keegan* bejubelte das Ereignis, als „den Sieg des Schwachen über den Starken, des gemeinen Mannes hoch zu Ross, des Entschlossenen über den Hochtrabenden." Die Schlacht von Agincourt war eines der „epischen Ereignisse der englischen Geschichte."

Doch davon weiß der 28-jährige *Heinrich V.* noch nichts, und so macht er sich vor Angst fast in die Hose. Vier Stunden stehen sich auf einem waldumsäumten Feld die Gegner gegenüber, die Franzosen wollen nicht angreifen, sie weiden sich an der Furcht der Engländer und machen sich lustig über den trostlosen Haufen. *Heinrich* sammelt also seine Mannen, lässt eine Messe lesen und dürfte in seiner Verzweiflung wohl so den Herrn angefleht haben, wie *Shakespeare* es ihm in den Mund legt: „O Gott der Schlachten! Stähle meine Krieger, erfüll sie nicht mit Furcht, nimm ihnen nun den Sinn des Rechnens, wenn der Gegner Zahl sie um ihr Herz bringt. Heute nicht, o Herr. O heute nicht."

Heinrich teilt seine Kämpfer in drei Abteilungen, zwischen denen jeweils ein großer Trupp Bogenschützen stationiert wird, und sichert auch die Flanken der Schlachtenreihe mit den Männern des Langbogens. Dann lässt er auf die Franzosen losmarschieren, bis nur noch ein Abstand von 200 m die Gegner trennt. Die Bogenschützen rammen einen beidseitig spitzen Pfahl schräg in die Erde, eine Art „Panzersperre" für die berittenen Feinde, und jagen dann alle 10 Sekunden in synchroner Aktion 6000 Pfeile auf die Franzosen. Erst nach der vierten Bogenattacke setzt sich die schon dezimierte französische Reiterei in Bewegung, die im Angriff eine fünfte „Breitseite" ereilt. Dann geht das gegenseitige Abschlachten richtig los.

Es war der Langbogen, der die Schlacht entschied, doch bis vor kurzem wussten die Historiker nichts über seine Schusskraft, über die Reichweite und die Durchschlagskraft der Pfeile. Der Physiker *Gareth Rees* vom *Scott Polar Institute* in Cambridge hat nun aufsehenerregende Untersuchungsergebnisse im Fachblatt New Scientist vorgelegt. „Es scheint klar zu sein", so schrieb er, „dass die französische Taktik, den englischen Langbogenschützen mit gepanzerten Reitern und Infanteristen zu begegnen, ein fataler Fehler war." Bisher hatten die Wissenschaftler angenommen, dass das Spanngewicht eines im Durchschnitt 1,70 m hohen Langbogens rund 40 kg betrug. Bei Langbogen, die man vor einigen Jahren aus der gehobenen Mary Rose (siehe Kap. „Portsmouth") geborgen hatte, kamen die untersuchenden Wissenschaftler zu dem Schluss, dass die Waffen ein doppelt so hohes Spanngewicht, also 80 kg, hatten. Ein mit solchem Schwung von der Sehne abgeschossener, 75 cm langer und 600 Gramm schwerer Pfeil erreichte eine Anfangsgeschwindigkeit von 200 km/h. Nach 200 m geschwindem Flug – dies war ja die Entfernung zwischen den beiden Heeren – trafen die Pfeile noch mit 130 km/h auf den Stahl der gepanzerten Franzosen – und durchschlugen ihn!

Als die Entfernung für Pfeilschüsse zu gering wurde, legten die *Longbowmen* ihre Waffen beiseite. Wer von den Franzosen aus der zentralen Todeszone verwundet entkommen konnte, in Richtung auf die Flanken der englischen Schlachtenreihe forttaumelte und dabei von der 30 kg schweren Rüstung behindert wurde, den erschlugen die englischen Bogenschützen, die sich in ihren Lederwesten leicht bewegen konnten.

Medieval Merchants House gute Einblicke in mittelalterliche Wohnverhältnisse (Apr.–Sept. tgl. 10–18, Okt. tgl. 10–17 Uhr).

Einen Steinwurf entfernt zeigt in der Winkle Street das **Museum of Archeology** Funde aus dem römischen Clausentum und dem angelsächsischen Hamwic (so die Namen von Portsmouth in jenen Zeiten).

In der High Street erinnert die **Ruine der Holyrood-Kirche** an die ertrunkenen Seeleute der britischen Handelsmarine. Ein Stückchen weiter die High Street hinauf passiert man **Bargate,** ein altes Stadttor; ab hier ist die Straße Fußgängerzone.

Praktische Hinweise

Tourist Information

● 9 Civic Centre Road, Tel. 023-80833333.

Unterkunft

● **Novotel Southampton,** 1 West Quay Road, Tel. 023-80330550, Fax 80222158, www.accorhotels.com, DZ 85 £.
● **Hotel Ibis,** West Quay Road, Western Esplanade, Tel. 023-80634463, Fax 80223273, www.accorhotels.com, DZ 60 £.
● **Bed and Breakfast:** *Landguard Lodge,* 21 Landguard Road, Tel. 023-80636904, Fax 80632258, www.landguardlodge.co.uk, DZ 60 £; *Alcantara,* 20 Howard Road, Shirley, Tel. 023-80332966, Fax 80496163, www. alcantaraguesthouse.co.uk, DZ 65 £; *Hunter's Lodge,* 25 Landguard Road, Tel. 023-80227919, www.hunterslodgehotel.net, DZ 70 £.

Pubs und Restaurants

● **Duke of Wellington,** Bugle Street, der älteste Pub von Southampton; mit Restaurant, teuerste Gerichte um 8 £.

- **Red Lion,** High Street, historische Kneipe aus dem 12. Jh., schöne Tudor-Fassade, mit angeschlossenem Restaurant.
- **The Town House,** 59 Oxford Street, preisgekröntes vegetarisches Lokal.
- **Pride of India,** 19 Bedford Place, billiger, aber guter Inder.

Verbindung

- Mit Zügen des Network Southeast sowie den Anschlüssen des Intercity-Netzes und Bussen des National Express in alle Landesteile.
- **Bahnhof:** Blechynden Terrace, westlich vom Civic Centre im Stadtzentrum.
- **Busbahnhof:** unmittelbar im Norden sowie im Süden des Civic Centre.

Romsey ↗ VII/C1
– Das Dorf der Mountbattens

Vor den Toren der großen Hafenstadt Southampton liegt inmitten grüner Wiesen das kleine Landstädtchen Romsey. Bekannt im ganzen Land ist es für sein altes **Herrenhaus Broadlands,** dem Stammsitz der in Großbritannien hochangesehenen Familie derer *von Mountbatten* (wegen Renovierung bis 2011 geschlossen, www.broadlands.net).

Der kongeniale Landschaftsgärtner *Lancelot „Capability" Brown* erweiterte und modifizierte 1767 das Haus und begann mit der Anlage des Parks. *Lord Palmerstone* (1784–1865), der mehrfach das Amt des Außenministers bekleidete und als zweimaliger Premierminister die politische Führung Großbritanniens innehatte, wegen seiner ruppigen Art auch *Firebrand Palmerstone* genannt, erblickte in Broadlands das

> „Zehn Jahre lang habe ich darüber nachgedacht, warum die Engländer dem Wind einen so großen Einfluss auf ihre Stimmung zuschreiben. Jetzt bin ich selbst seiner Wirkung anheimgefallen, so fühle ich mich bei Ostwind übellaunig und sowohl körperlich wie seelisch unausgeglichen."
>
> *Dorothea Fürstin Lieven,* Briefe an den Fürsten Metternich, 1823

Licht der Welt; auf seine Initiative geht diese Skulpturensammlung zurück.

Die unermesslich reiche *Lady Edwina Ashley,* die *Lord Louis Mountbatten* 1922 heiratete, brachte Broadlands als Hochzeitsgeschenk in die Ehe ein. In den 1920er und 1930er Jahren war das Haus glanzvoller Mittelpunkt großer gesellschaftlicher Ereignisse des von Alltagssorgen verschonten, unbeschwerten Paars.

1947 verbrachten *Königin Elisabeth* und *Prinz Philip* ihre Flitterwochen auf Broadlands; *Mountbatten,* der Onkel des Duke of Edinburgh, hatte die Ehe eingefädelt. 34 Jahre später waren *Prinz Charles* und *Diana* nach ihrer Hochzeit für einige Wochen in Broadlands. Charles hatte eine gute Beziehung zu seinem Großonkel.

In den ehemaligen Stallungen von Broadlands macht ein interessanter Videofilm die Besucher mit dem Leben von *Lord Louis* bekannt, danach geht es an die Besichtigung des Hauses.

Im Örtchen Romsey darf man einen Besuch der **Abteikirche** nicht versäumen. Als *Heinrich VIII.* im Zuge der Reformation alle Klöster auflöste und deren Schätze und Ländereien an treue

Gefolgsleute verteilte, wäre es beinahe um das Gotteshaus geschehen gewesen. Doch die Bewohner von Romsey kauften dem Herrscher ihre Kirche zum Preis von 100 £ ab. Freundlich verspielt und bunt wie ein Wetterhäuschen gibt sich das um 1650 errichtete, wunderschöne Grabdenkmal der Familie *St. Barbe*, einst die Besitzer von Broadlands. Davor ist unter einer im Boden eingelassenen schwarzen Granitplatte *Lord Louis Mountbatten* zur letzten Ruhe gebettet.

Mottisfont Abbey – *Vorspiegelung falscher Tatsachen*

♪ VII/C1

7 km nordwestlich von Romsey und 1,5 km westlich der A 3057 liegt das Mottisfont Abbey, das einen Besuch lohnt (Besichtigung von Mitte März bis Okt. tägl. außer Fr 11–17 Uhr, Osterferien und Juni tägl. 11–17 Uhr, Eintritt: 8 £).

Das aus dem 13. Jh. datierende, **ehemalige Augustinerkloster**, das heute in einem zauberhaften Landschaftsgarten liegt, ging im Zuge der Reformation an einen Würdenträger von *Heinrich VIII.* über; der ließ es zu einem Tudor-Landsitz umbauen.

Im Jahre 1938 beauftragten die damaligen Besitzer den Maler *Rex Whistler* (1905–1944) mit der Ausgestaltung eines Raumes. Verblüfft und fasziniert steht der heutige Besucher in dem Zimmer, reibt sich vor Erstaunen die Augen und weiß nicht, was Täuschung, was Realität ist. Der so genannte **Whistler Room** ist vollständig im *Trompe-l'oeil* bemalt. (*Trompe-l'oeil* bezeichnet eine Scheinarchitektur, eine in Wirklichkeit nicht vorhandene, durch Malerei nur vorgetäuschte Bauweise.) *Whistler*, der im Zweiten Weltkrieg ums Leben kam, ist hier etwas Großartiges gelungen. Die Decke ist reich geschmückt mit ausufernden Stuckarbeiten – gemalt; Säulen ragen auf – gemalt; die Wände schmücken Trophäen aller Art – gemalt; der Höhepunkt jedoch ist die Nische mit der rauchenden Urne: An einem Sockel lehnt an der einen Seite eine Mandoline, an der anderen sind zwischen Wand und Sockel einige Bücher achtlos eingeklemmt, davor liegt eine Taschenuhr, deren Kette über den Rand der Nische hängt, auf dem Sockel steht eine große Urne, von der ein Mantel auf die Mandoline herabhängt, aus der Urne steigt langsam Rauch nach oben – alles gemalt! Ein wirkliches Arrangement könnte nicht echter wirken!

Anfahrt: Zug von Southampton in Richtung Salisbury bis Dunbridge.

> „Ein mir bekannter Engländer schnitt seiner verstorbenen Mutter aus wahrer Zärtlichkeit und mit ihrer vorher eingeholten Erlaubnis den Kopf ab, um den Schädel sein ganzes Leben lang küssen zu können."
>
> Herrmann Fürst zu Pückler-Muskau, „Briefe eines Verstorbenen", 1828

Winchester ↗ VII/D1
– Englands alte Hauptstadt

Die 30.000 Einwohner zählende Hauptstadt der Grafschaft Hampshire blickt auf eine lange und bedeutende Geschichte zurück. Unter den Römern eine der größten Ansiedlungen in Britannien, hieß sie *Vente Belgarum*; die Angelsachsen machten Wintaceaster im 7. Jh. zur **Hauptstadt des Königreiches Wessex.** Unter der Herrschaft der *Könige Egbert* und *Alfred* avancierte Wintaceaster dann im 9 Jh. zur Kapitale ganz Englands. *Wilhelm der Eroberer* ließ sich 1066 sowohl in London als auch in Winchester krönen und bewahrte hier das Domesday Book und die königliche Schatztruhe auf.

Ab dem 12. Jh. jedoch verlor die Stadt ihre Vorrangstellung, und London war fortan das neue Herrscherzentrum. Winchester fiel in einen **Dornröschenschlaf,** aus dem es allem Anschein nach auch die vielen Touristen bisher nicht aufwecken konnten.

Die Kathedrale

Neben dem erfreulich angenehmen, atmosphärisch dichten Gesamteindruck der Kleinstadt, ist die Kathedrale unter kunsthistorischen wie auch allgemeingeschichtlichen Gesichtspunkten die herausragende Sehenswürdigkeit der Grafschaftskapitale. *Daniel Defoe,* bekannt als Autor des „Robinson Crusoe", vermerkte, dass die Kathedrale „ein in ganz Europa eher berühmtes Gotteshaus ist, von dem man so viel spricht".

Schon ab dem 9. Jh. waren Baumeister für die kommenden 200 Jahre mit Arbeiten an einer großen Kirche beschäftigt, an der immer wieder Veränderungen und Anbauten vorgenommen wurden. 14 Jahre nach der erfolgreichen Invasion von 1066 ging der von *Wilhelm* eingesetzte *Bischof Walkelyn* daran, die Baumaßnahmen zu koordinieren, und ließ ein gewaltiges Gotteshaus im normannischen Stil errichten. Krypta, Chor sowie nördliches und südliches Querschiff dieses **Old Minster,** des Alten Münsters, sind erhalten geblieben.

Alfred der Große,
einst Herrscher des Königreichs Wessex

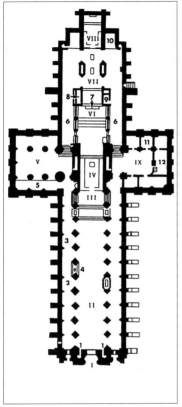

I	Westfassade
II	Langhaus
III	Chor
IV	Vierung
V	Nördliches Querschiff
VI	Altar
VII	Retrochor
VIII	Marienkapelle
IX	Südliches Querschiff

1	Statuen von Jakob I. und Karl I.
2	Grab von Jane Austen
3	Gedenkfenster für Jane Austen
4	Normannisches Taufbecken
5	Dreikönigskapelle
6	Särge Sächsischer Könige und Bischöfe
7	Altarrückwand
8	Grabkapelle von Bischof Gardiner
9	Grabkapelle von Bischof Fox
10	Grabkapelle von Bischof Langton, davor die Statue William Walkers
11	Grab von Izaak Walton
12	Dom-Bibliothek

Im Jahre 1107 stürzte der Vierungsturm in sich zusammen. Ein göttliches Zeichen, wie die abergläubischen Zeitgenossen sofort erzählten. Sieben Jahre zuvor nämlich war **Wilhelm II. Rufus,** Sohn des Eroberers, von den kirchlichen Autoritäten, dem Adel und dem Volk gleichermaßen gehasst, unter der Vierung beigesetzt worden. Ein verirrter Pfeil hatte ihn bei der Jagd im New Forest vom Leben zum Tode befördert. Weder wollte Gott den Frevler auf Erden wandeln noch unter dem Turm seiner Kirche aufgebahrt sehen, raunten die erschrockenen Zeitgenossen.

Ende des 12. Jh. begann die **gotische Umgestaltung,** Retrochor und Marienkapelle entstanden im *Early-English*-Stil, im folgenden Jahrhundert ging man daran, das Langhaus im **Perpendicular** umzubauen. Dessen klas-

WINCHESTER

Die Kathedrale von Winchester

sische Attribute – senkrechtes Maßwerk in großen Fenstern und Fächergewölbe – sind reichlich in Winchester Cathedral vertreten. Besonders schön sieht man dies am Fenster über dem Eingangsportal und an allen Gewölben des Langhauses, hervorragend gelungen aber vor allem in der Vierung.

Während des Bürgerkriegs richteten die Truppen des Schlächters **Cromwell** verheerende Schäden an, ihrer völligen Zerstörung entging die Kathedrale nur aufgrund des beherzten Eingreifens der Bürger. Nach *Cromwells* Verschwinden wurde das Gotteshaus umfassend renoviert.

Eine letzte spektakuläre **Rettungsaktion** musste Anfang des 20. Jh. vorgenommen werden. Die Fundamente begannen im weichen Torfuntergrund einzusinken, und die Kathedrale drohte auseinanderzubrechen. Stützende Strebepfeiler, vor allem jedoch die Arbeit von *Will the Diver* retteten das Gotteshaus; 7 Jahre lang goss der „Taucher" William Walker den Untergrund mit Beton aus und schuf damit eine stabilisierende Bodenwanne.

Man betritt die mit Hunderten von Denkmälern geschmückte Kathedrale durch das Portal der **Westfassade** – in dem großen Fenster befinden sich noch Reste des ursprünglichen mittelalterlichen Glases. Im Innern flankieren die Statuen von *Karl I.* und *Jakob I* das Eingangsportal. Im **nördlichen Seitenschiff** ruhen die sterblichen Reste der Dichterin *Jane Austen*, die 1817 42-jährig in ihrem Haus an der College Street an Tuberkulose starb. Ein Stückchen weiter ehrt ein Fenster ihre dichterische Schaffenskraft. Ein normannisches **Taufbecken** aus schwarzem Marmor zeigt Reliefszenen aus dem Leben des hl. Nikolaus. Das **nördliche Querschiff** ist wie auch das südliche noch im Wesentlichen im normannischen Stil gehalten; in der **Dreikönigskapelle** lässt ein Fenster von *William Morris* fahles Licht ins Dunkel des Gotteshauses.

Im **nördlichen** und südlichen **Chorumgang** ruhen in hölzernen Särgen eine ganze Reihe von angelsächsischen Königen. Die Altarrückwand, in die man im 19. Jh. neue Figuren einsetzte, ist von zwei Grabkapellen flankiert:

Die nördliche, letzte Ruhestätte von Bischof *Stephen Gardiner*, enthält den Stuhl, auf dem *Maria I.* im Juli 1554 bei ihrer Eheschließung mit *Philip II.* von Spanien saß. In der **südlichen Grabkapelle** harrt Bischof *Richard Fox*, auf dessen Initiative das prachtvolle Fächergewölbe der Vierung zurückgeht, auf das ewige Leben. Vor dem Eingang zur **Kapelle für Bischof Thomas Langton** steht die von *Sir Charles Wheeler* geschaffene Bronzestatue von *Will the Diver*, William Walker.

Im **südlichen Querschiff** liegt *Izaak Walton* zur letzten Ruhe gebettet; der Autor hat der Welt im Jahre 1653 sein berühmtes Werk „The Compleat Angler" hinterlassen. Das mit Fischen aller Art verzierte Fenster der Grabkapelle stifteten Angler aus der gesamten englischsprachigen Welt. Schließlich trifft man auf das Grabmal von Bischof *William Edington*, auf den Mitte des 14. Jh. die gotische Umgestaltung des Langhauses zurückgeht.

Kostbarster Schatz in der **Dom-Bibliothek** ist die aus dem 12. Jh. stammende Winchester-Bibel, die mit Miniaturmalereien prachtvoll illuminiert ist.

Weiteres Sehenswertes

Auf dem Areal der Domfreiheit, südlich der Kathedrale, findet der Besucher die **Ruine der Dekanei**, Pilgrim's Hall und Pilgrim's School sowie das King's Gate, das in die College Street führt. Hier wird das **Winchester College** von einer hohen Mauer geschützt. 1382 von Bischof William of Wykeham ins Leben gerufen, ist dies die älteste Public School Großbritanniens. (*Public School* bezeichnet keineswegs eine öffentliche, sondern ganz im Gegenteil eine private Schule.) Wer sie erfolgreich absolviert hat, studiert dann am ebenfalls von *Wykeham* gegründeten New College in Oxford. In diesem Teil Winchesters ist die Stadt am schönsten, alte Fachwerkgemäuer und enge Straßen vermitteln das Flair vergangener Tage.

Kurz vor der High Street, der verkehrsberuhigten Hauptgeschäftsstraße, lässt das **West Gate** den Besucher in den Innenstadtbereich von Winchester.

Daneben ragt die 1234 errichtete **Great Hall** auf, in deren großem Saal die riesige runde Tischplatte aufbewahrt wird, an der *König Artus'* Tafelrunde einst diniert haben soll. Niemand weiß, aus welcher Zeit der *Round Table* datiert, sicher aber ist, dass er nicht aus der Ära des legendären Königs stammt. In der Great Hall feierte *Maria I.* ihre Hochzeit mit *Philip II.* von Spanien; einige Jahre später wurde *Sir Walter Raleigh* hier der Schauprozess gemacht, der mit seiner Hinrichtung endete.

In der **High Street** findet der kauflustige Besucher Einzelhandelsgeschäfte des gehobenen Standards in schönen alten Häusern mit hohen Fachwerkfassaden und vorkragenden Giebeln; beim Flanieren passiert man auch das prachtvolle, aus dem 14. Jh. stammende Marktkreuz, **Butter Cross** genannt, mit seinen vielen Heiligenfiguren. High Street geht in The Broadway

WINCHESTER

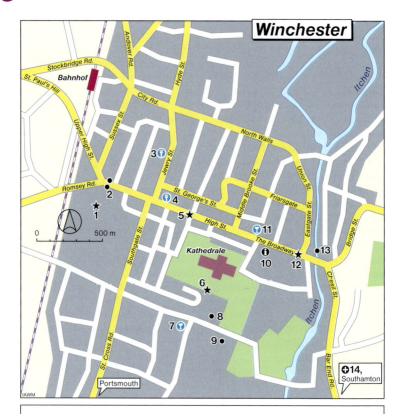

- ★ 1 Great Hall
- •• 2 West Gate
- 🛇 3 Restaurant Loch Fyne
- 🛇 4 Restaurant Ask
- ★ 5 Butter Cross
- ★ 6 Ruine der Dekanei
- 🛇 7 Pub Wykeham Arms
- • 8 Pilgrims' School und Pilgrims' Hall
- • 9 Winchester College
- ✚10 Tourist Information
- 🛇 11 Pubs Old Coach House und Crown Anchor
- ★12 Statue von Alfred dem Großen
- • 13 Jugendherberge in Old City Mill
- ✚14 Hospital of St Cross

über, an dessen Ende die 1901 enthüllte, gewaltige **Statue von König Alfred dem Großen** (9. Jh.) in martialischer Geste wacht.

Sehr empfehlenswert ist ein Spaziergang entlang der **Water Meadows**, der Auen des River Itchen, in südlicher Richtung zum **Hospital of St. Cross**. Englands ältestes Armenhaus wurde 1136 von *Bischof Blois* ins Leben gerufen und versorgte die Armen und Hungernden mit Speise, Trank, Kleidung und Obdach. Wer darauf besteht, wird noch heute mit dem *Wayfarer's Dole* gespeist und bekommt ein Glas Bier und eine kräftige Brotkruste.

Und von der Spitze des **West Hill** schauten Angel Clare und seine Verwandte Liza-Lu über die nett anzusehende Stadt Wintoncester, so heißt es in „Tess of the d'Ubervilles", dem berühmtesten Roman des Dorset-Dichters *Thomas Hardy* (1840–1928).

Das Marktkreuz von Winchester

Praktische Hinweise

Tourist Information
●**Guildhall,** Broadway, Tel. 01962-840500.

Unterkunft
●**Royal Hotel,** Saint Peter Street, Tel. 01962-840840, Fax 841582, www.thewinchesterroyalhotel.co.uk, DZ 105£.
●**Bed and Breakfast:** *Acacia,* 44 Kilham Lane, Tel./Fax 01962-852259, eric.buchanan@sky.com, DZ 70 £; *Shawlands,* Clifton Terrace, 5 Clifton Terrace, Tel. 01962-890053, cliftonterrace@hotmail.co.uk, DZ 40 £; *The Farrells,* Mallard Cottage, 64 Chesil Street, Tel. 01962-853002, bookings@mallardcottage.co.uk, DZ 40 £; *Mrs. Blockley's,* Cathedral Cottage, 19 Colebrook Street, Tel. 01962-878975, christine@archdesign.co.uk, DZ 45 £.

Pubs und Restaurants
●**Wykeham Arms,** 35 Kingsgate Street, bester und schönster Pub in Winchester in einem 250 Jahre alten Gemäuer, mit sehr guten, aber auch teuren Gerichten zur Mittagszeit, 22 offene Weine, kleiner Biergarten.
●**Loch Fyne Restaurant,** Jewry Street, hervorragendes Fisch- und Seafood-Lokal mit einem sehr guten Preis-Leistungs-Verhältnis in einem alten, sehr schön renovierten elisabethanischen Gemäuer, kompletter Taschenkrebs (Krabbe) 16 £.
●**The Old Coach House** und **Crown Anchor,** beide an The Broadway; zwei gemütliche Pubs gegenüber der Guildhall mit mittäglichen Lunch-Gerichten.

- **Ask,** im verkehrsberuhigten Teil der High Street, italienisches Lokal einer Restaurant-Kette in einem alten Fachwerkhaus mit gutem Preis-Leistungs-Verhältnis, bis 10 £.
- **Restaurant Gandhi,** The Broadway, preiswertes indisches Lokal gegenüber der Touristeninformation.
- **Pub The Guildhall Tavern,** The Broadway, sehr gemütliche Kneipe im Gebäude der Guildhall, mit guten Bar Meals und einem Biergarten.

Verbindung

- Mit **Zügen** im Network Southeast und **Bussen** des National Express in alle Landesteile.

Salisbury ♫ VI/B1
– Eine der schönsten Städte Englands

Hatten die beiden Kathedralenstädte Chichester und Winchester in ihren engen Straßen und zwischen den alten Fassaden schon eine reiche Atmosphäre und viel Flair, so erlebt der Besucher in Salisbury eine weitere Steigerung. Salisbury ist neben Bath die **schönste Stadt im Süden** Englands, einerseits romantisch verträumt, andererseits aber ebenso vital und spritzig; ungebremst wogt das zeitgenössische Leben zwischen den alten Häuserzeilen, sodass es eine Freude ist, durch die Stadt zu flanieren. Selbst in der **prachtvollen Kathedrale** und um sie herum geht es nicht museal still, sondern springlebendig zu. Daran hat ganz ohne Zweifel die prachtvolle Kirchenarchitektur erhebliche Anteile; Salisbury Cathedral wirkt mit dem hohen Turmhelm leicht und luftig und damit fast heiter.

Die Ursprünge der Stadt liegen 3 km außerhalb in **Old Sarum;** in diesem eisenzeitlichen Hügelfort von 1,5 km Durchmesser – seit der Prähistorie besiedelt – nahmen auch die Römer Quartier und nannten den Ort *Sorviodunum,* dann kamen die Angelsachsen und schließlich die Normannen. Die legten den Bischofssitz nach Old Sarum, bauten innerhalb der inneren Umwallung eine Festung und innerhalb der äußeren eine Kathedrale. Doch geistliche und weltliche Herrscher kamen nicht miteinander aus, zudem herrschte Wassermangel in der Gegend, und so zogen die Kirchenleute gen Süden und fanden in einer anmutigen Schleife des River Avon auf einer großen Fluss-Aue einen Platz für ihr neues Gotteshaus.

Die Kathedrale

1220 wurde der Grundstein gelegt, 1265, nach nur 45 Jahren Bauzeit, war die Kathedrale fertig; allerdings vorerst noch ohne Kreuzgang, Kapitelhaus und Turm. Trotz der für die damalige Zeit ungewöhnlich **kurzen Bauzeit** entstand ein gotisches Wunderwerk, das fast ausschließlich im reinsten *Early-English-Stil* errichtet worden ist.

1240 ließ der Bischof mit dem Bau des **Kreuzganges** beginnen, der 30 Jahre später fertiggestellt wurde. Von 1263 bis 1284 dauerten die Arbeiten am achteckigen **Kapitelhaus,** und 1315 dann war auch der **Turm** mit der Spitze fertiggestellt.

Fährt man auf die Stadt zu, so grüßt schon früh dieser nadelspitze, 120 m

SALISBURY

> „Der reiche Engländer reist umher, frönt seinen Liebhabereien, heiratet und begeht eines Tages aus purer Langeweile Selbstmord."
>
> Nikolai Karamzin, „Briefe eines reisenden Russen", 1790

hohe Turmhelm, der unvergleichlich schlank in die Höhe strebt. Ist man dann vor Ort, so zeichnet maßgeblich für den Gesamteindruck des Gotteshauses der große **Cathedral Close** verantwortlich, die größte Domfreiheit aller englischen Kathedralen. Da wächst das Gotteshaus auf einem weiten grünen Grasteppich in die Höhe, „steigert sich in Stakkato-Sprüngen bis hin zum Vierungsturm" und findet in dessen hohem Helm seinen konzentrierten Abschluss. Schon der amerikanische Autor *Henry James* (siehe Exkurs „Henry James – Ein Amerikaner in England"), der fast sein ganzes Leben in England verbrachte, wusste um den Reiz eines großen *Cathedral Close*: „Die Kathedrale ist von höchstem Rang, aber die Domfreiheit macht stets die Szene aus."

Die **Westfront** ist ähnlich wie die von Wells und Exeter mit reichem Skulpturenschmuck überzogen.

Im Innern findet man im nördlichen Seitenschiff Englands **ältestes Uhrwerk,** das vermutlich um das Jahr 1386 gefertigt wurde. Nahebei ehrt ein **Grabdenkmal William Longespée d. J.,** der während des Kreuzzugs 1250 bei den Kämpfen um die ägyptische Stadt Mansura ums Leben kam. 1226 wurde *William Longespée* d. Ä. als erster Verstorbener in der Kathedrale beigesetzt. William – anwesend bei der Grundsteinlegung der Kathedrale – war ein Sohn von *Heinrich II.*, ein Halbbruder des berüchtigten *Johann Ohneland* (*John Lackland*, der unpopulärste König der englischen Geschichte) und des Grafen von Salisbury.

In der Vierung erkennt man besonders gut an der südwestlichen Säule, wie sich diese unter dem Gewicht des Turmes verbogen hat. Nur vier **Hauptsäulen,** die anderen drei krümmen sich ebenfalls unter der Last, tragen das ungeheure Gewicht von 6400 t. Die ursprüngliche Planung sah überhaupt keinen Turm, geschweige denn eine Helmspitze vor. Ein durchbrochener Dachaufsatz auf der Vierung überragte nur wenige Meter das Hauptschiff. Die Stützpfeiler waren somit lediglich für eine Last von ungefähr 400 t ausgelegt – mehr als genug für den Dachstumpf. Doch dann fügte ein kühner Baumeister – man muss wahrlich betonen, dass er ein kühner Mann war – zwei weitere hohe Absätze hinzu, gab sich mit dem Erreichten keineswegs zufrieden und begann, die 120 m hohe steinerne Spitze rund um ein hölzernes Gerüst aufzumauern. Leider wissen wir heute nicht mehr, wer dieser Könner war.

Unter **statischen Gesichtspunkten** hätte es den Turm nicht geben dürfen, seine Konstruktion war und ist äußerst fragil. Zwar wurden zeitgleich mit dem Bau des Turmes die ohnehin schon dicken Lichtgadenmauern mit steinernen inneren Stützpfeilern versehen, hinzu kamen äußere Strebebogen, die

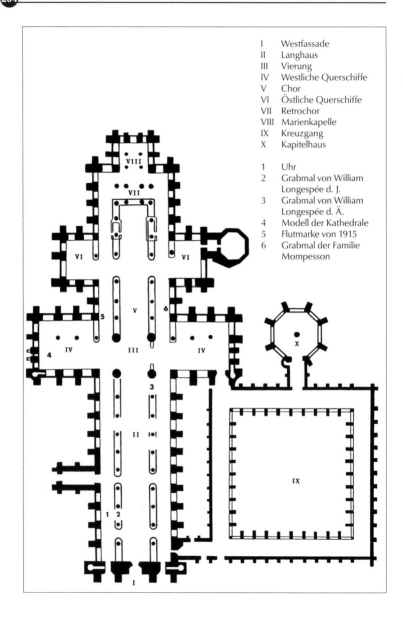

von den Hauptschiffwänden bis in den Turm hineinragten und für weitere Stabilität sorgten. Das reichte aber noch immer nicht, und so entlasteten ab Ende des 14. Jh. im Chor und im östlichen Querschiff Scherenbogen die Hauptsäulen (leider sind diese nicht ganz so elegant wie die in Wells). Trotzdem, die vier Hauptsäulen begannen sich zu biegen, und die Wände verschoben sich leicht. So ließ im 15. Jh. *Bischof Beauchamp* an den Eingängen zu den Hauptquerschiffen weitere Stützbogen anbringen, und 1479/80 wurde das hölzerne Deckengewölbe des Chores durch ein widerstandsfähigeres aus Stein ersetzt.

Der Turm hielt die Baumeister und Bischöfe Jahr für Jahr in Atem. Im 17. Jh. beauftragten sie den großen *Sir Christopher Wren* – u. a. Architekt der St. Paul's Cathedral in London – mit einer statischen Untersuchung. Der kongeniale Baumeister fand heraus, dass der Turm um „nur" 9 cm abgesackt war und die Spitze sich um 75 cm nach Südwesten neigte. *Wren* ließ den Turm mit Eisenbändern ummanteln und verstärkte somit das dem Druck standhaltende Gemäuer.

1737 tat es ihm *Sir Gilbert Scott* nach und sicherte den Turm mit weiteren Eisenstreben; außerdem richtete er eine Messstation ein: Der Fußboden im Mittelpunkt der Vierung erhielt eine Messingplatte, auf die von der Turmspitze ein Lot herunterreichte; dort, wo es die Platte berührte, wurde eine Markierung angebracht. In dem einen Jahrhundert zwischen *Wrens* Berechnungen und *Scotts* Messungen hatte sich die Turmspitze nicht weiter geneigt. Auch 1951 und 1970, als erneute Untersuchungen vorgenommen wurden, konnte keine weitere Veränderung festgestellt werden. Dafür waren mittlerweile die Eisenbänder und -streben, die *Wren* und *Scott* hatten anbringen lassen, durchgerostet, und auch die oberen 9 m der Spitze mussten erneuert werden. Dennoch blieb eine grundsätzliche Renovierung weiterhin dringend nötig, und 1985 rief *Prince Charles* zu einer großangelegten Spendenkampagne auf. 7 Mio. Pfund wurden benötigt, um den höchsten Kirchturm Englands und den zweithöchsten Europas sicher ins nächste Jahrtausend zu bringen. Mittlerweile sind die Renovierungsarbeiten abgeschlossen.

Weiter geht es auf dem Rundgang. Im nördlichen Hauptquerschiff kann man an einem **großen Modell** die Kathedrale genau studieren. Um die Ecke herum, im nördlichen Chorschiff, weist eine Metalltafel mit der Markierung *Flood Level* und dem Datum des 5. Januar 1915 auf eine **Hochwasserkatastrophe** hin; in jenem Jahr war der Avon in einer Jahrhundertflut über die Ufer getreten. Es heißt, dass die hohe Geistlichkeit auf ihren Pferden in die Kathedrale geritten kam, um trockene Füße zu behalten.

Im südlichen Chorschiff schließlich darf man einen langen Blick auf das **Grabdenkmal der Familie Mompesson** nicht versäumen. Wer, wie empfohlen, die Abteikirche von Romsey besucht und dort schon das Grabdenkmal der Familie *St. Barbe* gesehen

SALISBURY

hat, wird den Stil wiedererkennen. Auch die Ruhestätte der *Mompessons* ist so bunt wie ein Papagei und wirkt fröhlich und heiter.

Über das südliche Hauptquerschiff gelangt man in den Kreuzgang und von dort ins **Kapitelhaus.** Hier tagten die Geistlichen der Kathedrale; bei den Zusammenkünften war es Brauch, ein Kapitel aus der Bibel vorzulesen, und so erhielten das Domkapitel und das Kapitelhaus ihre Namen.

Das achteckige Gebäude ziert ein vollständig umlaufendes, mittelalterliches Steinfries, das Szenen aus der Bibel zeigt. In der Mitte des Raumes ragt eine Säule auf, die in ein Fächergewölbe übergeht und die Dachlast trägt.

Im Kapitelhaus wird u. a. ein Original der **Magna Charta** (1215) ausgestellt; Adel und Kirche trotzten dem verhassten König *John Ohneland* weitreichende Rechte ab und zwangen ihn, die Verfassungsurkunde zu unterschreiben.

Weiteres Sehenswertes

Die große Cathedral Close, die Domfreiheit, wird von schönen alten Häusern eingefasst. Am West Walk ist im 700 Jahre alten King's House das sehr sehenswerte **Salisbury & Wiltshire Museum** (Mo–Sa 10–17 Uhr, Juli/Aug. So 12–17 Uhr, Eintritt: 5,45 £, www.salisburymuseum.org.uk), das Heimatmuseum der Region, untergebracht.

Ein Stückchen weiter pflegt der National Trust **Mompesson House,** das aus dem 18. Jh. datiert und mit seinen Möbeln einen Eindruck von den Wohnstandards des gehobenen Bürgertums der damaligen Zeit gibt (Mitte März bis Okt. Sa–Mi 11–17 Uhr, Eintritt: 5,20 £).

Nun sollte man sich auf einen Stadtbummel begeben, z. B. dem Avon durch das Stadtzentrum folgen, rund um den **Marktplatz** flanieren, das prachtvolle Marktkreuz **Poultry Cross** bestaunen und sich in der Milford Street das aus dem 14. Jh. stammende **Red Lion Hotel** anschauen, in dessen verwunschenem, efeuumrankten Innenhof früher die Postkutschen einfuhren.

Praktische Hinweise

Tourist Information
●**Fish Row,** Tel. 01722-334956.

Poultry Cross:
der Mittelpunkt des Marktes

Unterkunft
●**The White Hart,** St. John Street, Tel. 0870-4008125, Fax 01722-412761, www.mercure.com, DZ 140 £.
●**Red Lion,** Milford St., Tel. 01722-323334, Fax 325756, www.the-redlion.co.uk, DZ 140 £.
●**Kings Arms Hotel,** 7 St. John Street, Tel. 01722-327629, Fax 414246, www.thekingsarmshotelsalisbury.com, 65 £.
●**Bed and Breakfast:** *Clovelly,* 17 Mill Road, Tel. 01722-322055, Fax 327677, www.clovellyhotel.co.uk, DZ 75 £; *The Edwardian* Lodge, 59 Castle Road, Tel. 01722-413329, Fax 503 105, www.edwardianlodge.co.uk, DZ 70 £; *Glen Lyn,* 6 Bellamy Lane, Milford, Tel./Fax 01722-327880, glen.lyn@btinternet.com, DZ 55 £; *Farthings,* 9 Swayne's Close, Tel. 01722-330749, www.farthingsbandb.co.uk, DZ 60 £; *Websters,* 11 Hartingdon Road, Tel./Fax 01722-339779, www.websters-bed-breakfast.com, DZ 65 £.
●**Jugendherberge:** Milford Hill House, Milford Hill, Tel. 0845-3719537.

Pubs und Restaurants
●**Haunch of Venison,** Minster Street, Salisburys atmosphärereichster Pub gegenüber Market Cross in einem schönen alten Gemäuer aus dem Jahr 1320; damals Haus des Priesters der St. Thomas Church, klein und immer überfüllt, neben verschiedenen Biersorten sind 100 Malt Whiskys im Angebot.
●**Charter 1227,** 7 Ox Row, Market Square, Tel. 01722-33318 eines der besten Restaurants von Salisbury, great traditional eating and good value for money, lautet die Kritikermeinung, 16–35 £.
●**Market Inn,** Market Square, gemütlicher Pub mit einfachen Restaurant. Sommertags sitzt man draußen auf dem Marktplatz und schaut dem geschäftigen Treiben zu.
●**King's Arms,** gegenüber vom St. Anne's Gate des Cathedral Close in St. John's Street, Pub und Restaurant in einem alten Fachwerkhaus mit einem schönen Innenhof.
●**The Cloister,** Catherine Street, ein weiterer gemütlicher, uralter Pub.
●**Coach and Horses,** Winchester Street, eine alte Postkutschenstation, ältestes Gasthaus im Orte, um 10 £.

Old Sarum
– Die Urzelle von Salisbury ⬈VI/B1

3 km nördlich von Salisbury liegt an der A 345 in Richtung Amesbury Old Sarum, der Gründungsort von Salisbury. Um 3000 v. Chr. gab es hier bereits eine neolithische Ansiedlung, um 100 n. Chr. besetzten dann die Römer das eisenzeitliche Hügelfort, 525 bezogen es die Angelsachsen. 1010 erlangte Sarum Reputation durch eine königliche Münze, 75 Jahre später ließ *William the Conqueror* eine Festung errichten, und 1092 begann man auch mit dem Bau eines großen Gotteshauses. 1130 war es *Bischof Roger,* der einen Palast für *Heinrich I.* in Angriff nahm, 1219 dann zog der Klerus gen Süden und legte ein Jahr später den Grundstein für die neue Kathedrale, um die herum Salisbury entstand. 1336–1414 diente Old Sarum Castle als Gefängnis, 1514 brach die baufällige Burg in sich zusammen, und 1734 war die Stätte vollends verlassen.

Premierminister *William Pitt d. J.* (1759–1806) machte das Parlament auf die historische Bedeutung von Old Sarum aufmerksam, doch erst 1892 wurde die Stätte in staatlichen Besitz genommen; 1909 begannen die archäologischen Untersuchungen (EH, April–Sept. tgl. 10–17 Uhr, Juli/Aug. 9–18 Uhr, Okt.–März 10–16 Uhr, Eintritt: 3,50 £).

„Haunch of Vension": Salisbury's berühmtester Pub

- **Anchor and Hope,** Winchester Street, alter Pub in einem schönen Fachwerkhaus, in dessen efeugeschmücktem Innenhof das Bitter sommertags besonders gut schmeckt.
- **The Kings Head Inn,** Bridge Street, großer gemütlicher Pub in einem alten elisabethanischen Haus.
- **Bishop's Mill Tavern,** Zugang von der Fisherton Street, sehr angenehm sitzt man hier bei schönem Wetter am Ufer des Avon und lauscht dem Murmeln eines kleinen Wasserfalls, der ehemals das Mühlrad trieb.
- Internet-Café **Salisbury Cyber Café,** 62 Winchester Road.

Verbindung

- Von der Busstation in der Endless Street im Zentrum verkehren öffentliche Busse nach Stonehenge tgl. 9.45 bis 16.45 Uhr zu jeder Stunde.
- **Bahnhof:** South Western Road, ca. 800 m westlich vom Zentrum.

Im New Forest
– Wo nur der König jagen durfte ⬈ VI/B/VII C2

Zwischen Southampton und Bournemouth erstreckt sich der rund 350 km² große, unter Naturschutz stehende New Forest, einer der landschaftlichen Höhepunkte im Süden Englands, ein wunderschönes, ruhiges Wald- und Heidegebiet, das zu Wanderungen und Spaziergängen einlädt. *Wilhelm der Eroberer ließ die damals dichtbewaldete Region 1079 exklusiv für sich und seine Jagdfreuden reservieren. Das englische Wort Forest, heute allgemein mit „Wald" übersetzt, bezeichnete in jenen Tagen den königlichen Forst, der ausschließlich dem Nutzen des Herrschers diente.*

Das Gelände war bewacht, wer hier bei der Jagd erwischt wurde, hatte sein Leben verwirkt. Über die Jahrhunderte hinweg sorgten *Forest Warden* und **Verderers,** Forstwächter und königliche Jagdaufseher, für die Waldregion, und noch heute sind zehn *Verderer* zum Wohle des New Forest tätig; fünf werden von den Bürgern gewählt, fünf von öffentlichen Körperschaften in ihr Amt eingesetzt. Die Wald- und Heideschützer tagen in der *Verderers Hall* in Lyndhurst.

Im 17. und 18. Jh. wurden die großen Wälder durch die Flottenbauprogramme erheblich verkleinert, 100 Jahre später dann avancierte die Region per Parlamentsbeschluss zum Naturschutzgebiet, und es wurde kräftig aufgeforstet.

Im gesamten Gebiet findet der Besucher die frei grasenden, halbwilden **New Forest Ponies,** die auch schon einmal stoisch auf der Fahrbahn stehen; auch **Rinder** haben hier einen geschützten Lebensraum und liegen nicht selten wiederkäuend auf der Straße. Der Autofahrer wird um eine defensive Fahrweise gebeten, Tiere haben im Naturschutzgebiet „Vorfahrt".

In Kilometerabständen finden sich **Parkplätze,** sodass man fast überall dort, wo man es schön findet, mit einem Spaziergang beginnen kann.

Lyndhurst ⬈ VII/C2

Im **Zentrum des New Forest** liegt das Landstädtchen Lyndhurst, in dem ein Informationszentrum den interessierten Besucher tiefer mit der Fauna und Flora der Region bekannt macht. Lyndhurst hat auch die beste touristische Infrastruktur.

Auf dem Friedhof des kleinen Ortes liegt *Mrs. Reginald Hargreaves* begraben, die hochbetagt 1932 starb und mit ihrem Mädchennamen **Alice Liddel** in die englische Literaturgeschichte eingegangen ist; als kleines Mädchen

---

„Die Briten haben keinen Appetit auf Salat und Küchenkräuter. Sie essen viel Roastbeef und Beefsteak, bekommen davon dickes Blut, werden melancholisch und begehen deshalb häufig Selbstmord."

Nikolai Karamzin, „Briefe eines reisenden Russen, 1790"

Im New Forest

hatte sie *Lewis Carroll* zu seiner „Alice in Wonderland" (1865) inspiriert.

Wenige Kilometer gen Süden bietet das Örtchen **Brockenhurst** ebenfalls eine gute Anlaufstelle für Aktivitäten im Forest.

Beaulieu VII/C2

Für viele Besucher ist nicht ein angenehmes Naturerlebnis der Grund für ihren Besuch, sondern der „Vergnügungspark" rund um den Stammsitz der Montagu-Familie beim Örtchen Beaulieu. Hauptattraktion ist hier das **National Motor Museum,** das über 300 alte Karossen im Bestand hat (Juni–Sept. tgl. 10–18, Okt.–Mai 10–17 Uhr).

Beaulieu selbst ist ein winziges, aber liebreizendes Dörfchen, dort gelegen, wo sich der Beaulieu River zum Mündungstrichter verbreitert. Sehr empfehlenswert ist ein Spaziergang am westlichen Ufer des Flüsschens gen Süden zum ca. 4 km entfernten **Buckler's Hard.** Im 17., 18. und 19. Jh. wurden hier die Schiffe gebaut, mit denen *Nelson* Jagd auf die Franzosen machte; Buckler's Hard war einmal – bedingt durch den Holzreichtum des New Forest – eine der größten Werftanlagen im Lande. Ein interessantes **Maritime Museum** und zwei gegenüberliegende, durch ein breites Grün

Sonntags in der alten Reihenhaussiedlung: Buckler's Hard

getrennte Reihenhaussiedlungen aus früheren Tagen sind die Attraktionen.

An schönen Tagen kann es hier recht voll werden. Dann hocken viele Besucher auf dem großen Rasenplatz, schauen aufs Wasser und picknicken oder schlecken ein Eis. Kommt man nicht wie empfohlen zu Fuß, sondern mit dem Auto an, so wird man an einer Straßensperre zur Kasse gebeten und dann auf einen Parkplatz abseits des Örtchens gelotst (die motorisierten Besuchermassen wären anders nicht in den Griff zu bekommen).

Minstead ♫ VII/C2

Anhänger und Freunde des Meisterdetektivs Sherlock Holmes wird es zum kleinen Weiler Minstead ziehen, nordwestlich von Lyndhurst gelegen. Im Kirchhof des 700 Jahre alten Gotteshauses liegt **Sir Arthur Conan Doyle** (1859–1930) begraben. Auf dem Grabstein wird er als „Knight, Patriot and Physician" und als „Man of Letters" gelobt. 1890 hatte er die Gegend kennen gelernt und in einem gemieteten Farmhaus ein Stückchen südlich von Minstead seinen historischen Roman „The White Company" geschrieben. 1925 kaufte *Conan Doyle* dann im Örtchen das Haus Bignell Wood. Hier entstanden seine „History of Spiritualism" (1926) und ein Jahr später „The Case-Book of Sherlock Holmes".

Nördlich von Minstead, nur einen Katzensprung entfernt, trifft man auf den **Rufus Stone,** der jene Stelle markiert, an der König *William II. Rufus*, Sohn von *William the Conqueror*, am 2. August 1100 von dem verirrten Pfeil *Sir Walter Tyrells* tödlich getroffen zu Boden sank und sein elendes Leben aushauchte. Eleganter lässt sich ein Königsmord nicht in Szene setzen, doch handelte es sich aller Wahrscheinlichkeit nach tatsächlich um einen Unglücksfall. Wie auch immer es gewesen sein mag, Volk, Adel und Klerus waren hochzufrieden mit dem unerwartet freudigen Ereignis! In seiner nur dreijährigen Herrschaft hatte William die Kirche und die Adligen ebenso wie seine Untertanen mit seinen unverschämten Forderungen zutiefst gegen sich aufgebracht; hinzu kam noch, dass er sich als praktizierender Homosexueller den moralischen Geboten des Mittelalters widersetzte.

Bournemouth
– Wo sich die Welt trifft

♫ VI/B 2/3

Bournemouth, Poole und das Örtchen Christchurch sind in den letzten Jahrzehnten zusammengewachsen und zählen heute fast 300.000 Einwohner – zuviel eigentlich für die rechte Urlaubsfreude.

Dennoch, wie Brighton und Eastbourne auch, ist Bournemouth ein gepflegtes, **international renommiertes Seebad,** das mit seinem großen Konferenzzentrum Tagungen aller Art ausrichten kann; viele Sprachschulen bieten ihre Dienste an und werden von jungen Leuten aus aller Herren Länder besucht. Weite Grünflächen und Parks

BOURNEMOUTH

– einer mit etlichen Vogel-Volieren, in der eine Anzahl exotischer Piepmätze herumzwitschern – laden zur Erholung ein, und an den Straßenrändern spenden hohe Bäume Schatten und lassen die steinernen Häuserzeilen freundlicher aussehen.

10 km lang ist der **Sandstrand,** und zwei Piers signalisieren Größe und Bedeutung. Im Zentrum, am Bournemouth Pier, steigen die Klippen steil empor, viele Treppen führen hinunter ans Gestade; für Fußfaule gibt es zwei Aufzüge, die an der West Promenade und am östlichen Undercliff Drive die Schwimmer und Sonnenanbeter nach unten und auch wieder zurück bringen. Von dort oben hat man auch einen schönen Blick auf den langen, weit ins Meer ragenden **Pier;** besonders abends sieht es recht stimmungsvoll aus, wenn die Seebrücke mit bunten Lämpchen geschmückt ist. Bournemouth Pier ist von allen bisher gesehenen derjenige, der am wenigsten vom Kirmesrummel erschüttert wird. An seiner Spitze findet der Besucher keinen *Amusement Pavilion* mit einarmigen Banditen, sondern tatsächlich ein Theater, das abendliche Vorstellungen bietet.

Bournemouth wurde erst um 1810 gegründet und hatte 40 Jahre später

noch immer weniger als 1000 Einwohner. Doch als der Ort dann 1870 an das Eisenbahnnetz angeschlossen wurde, gab es kein Halten mehr, Bournemouth entwickelte sich zu einem eleganten Seebad.

Im milden, golfstromerwärmten Klima suchten die Kranken Genesung von ihren Leiden. Der Jugendstil-Illustrator **Aubrey Beardsley** (1872–1898), tuberkuloseinfiziert, war vor Ort, bevor er nach Südfrankreich ging und 26-jährig in Menton starb. Eine Cholera-Epidemie ließ 1884 den lungenkranken **Robert Louis Stevenson** (1850–1894) für drei Jahre vom sonnigen Südfrankreich nach Bournemouth übersiedeln. Hier schrieb **Stevenson** einige seiner bekanntesten Romane

> „Die Engländer finden Frauen mit haarigen Armen unwiderstehlich. Ist das nicht ein wunderlicher Geschmack?"
>
> *Dorothea Fürstin Lieven,* „Briefe an den Fürsten Metternich", 1820

und Novellen: „Treasure Island" (dt. „Die Schatzinsel"), „The strange case of Dr. Jekyll and Mr. Hyde" („Dr. Jekyll und Mr. Hyde") und „Kidnapped" („Entführt"). Im Sommer des Jahres 1887 machte er sich in die Südsee auf, denn „die Medizinflaschen auf dem Kaminsims und das Blut in seinem Taschentuch" ließen ihm keine Wahl. Am 3. Dezember 1894 starb *Stevenson* 44-jährig auf der Samoa-Insel Upolo in seinem Haus Vailama.

Aubrey Beardsley

Vom Rummel bisher verschont: Bournemouth Pier

D. H. Lawrence, der aufgrund seiner Tuberkulose seinem Lehrerberuf nicht gewachsen war, suchte im Winter 1912 in Bournemouth ebenfalls Linderung von seinen Beschwerden. Hier vollendete er den im Jahr zuvor auf der Isle of Wight begonnenen tragischen Liebesroman „The Trespasser" (1912, dt. „Auf verbotenen Wegen").

In seinem Meisterwerk „Tess of the d'Urberville" gibt **Thomas Hardy** Bournemouth den Namen Sandbourne; in dem „vornehmen Badeort mit seinen Ost- und Westbahnhöfen, seinen Molen, seinen Kieferngehölzen, seinen Promenaden und gedeckten Gärten (...), in dem Märchenort, den plötzlich der Schlag eines Zauberers erschaffen hatte und ein wenig verstauben ließ", ersticht die unglückliche Alec ihren Verführer, den Vater ihres toten Kindes.

Auf dem Kirchhof der St. Peter's Church liegt das Herz von **Percy Bysshe Shelley** begraben (1792–1822), welcher zusammen mit *John Keats, William Wordsworth, Coleridge und Lord Byron* zu den ganz großen Dichtern der englischen Romantik zählt. *Shelley* war im Sommer des Jahres 1822 im Golf vor Livorno beim Kentern seines Segelbootes ertrunken; zwei Wochen später spülten die Wellen seine Leiche an Land. Am Strand von Viareggio wurden seine sterblichen Überreste verbrannt. Shelleys zweite Frau **Mary Wollstonecraft** (1797–1851), Autorin des Romans „Frankenstein" (1818), liegt ebenfalls auf dem Friedhof der St.-Peters-Kirche begraben.

Wer übrigens ab und an einmal bei seinen Besichtigungen auf alte englische Kirchhöfe kommt, sollte auf den Grabsteinen Ausschau halten nach dem im 16., 17. und 18. Jh. beliebten Spruch für gemeinsam bestattete Eheleute: „She first deceased him; he a little, tried / To live without her, liked it not, and died." (Sie verließ ihn zuerst, er versuchte ein wenig ohne sie zu leben, mochte es aber nicht und starb.) Der berühmte Satz stammt von dem Schriftsteller und Diplomaten **Sir Henry Wotton** (1568–1639), der seine Tätigkeit als Botschafter einmal beschrieb als „an honest man sent to lie abroad for the good of his country". (... ein ehrlicher Mann, der ins Ausland entsendet wird, um zum Besten seines Landes zu lügen.)

Sehenswertes

Nahe dem Bournemouth Pier findet der kunstinteressierte Besucher das hervorragende **Russel-Cotes Art Gallery and Museum** (Undercliff Drive), ebenfalls am Pier ragt unübersehbar die Tagungsstätte *BIC* auf, das **Bournemouth International Centre.**

In der großen Hafenbucht von Bournemouth/Poole liegt das kleine, 200 ha umfassende **Brownsea Island;** die Vogelschutzinsel gehört dem National Trust und ist von April bis Oktober von 10–20 Uhr (bzw. Sonnenuntergang) vom Poole Quay aus zu besuchen.

Eine verkehrsberuhigte Einkaufsstraße ist die Old Christchurch Road, die in den St. Peter's Walk mit der Criterion Arcade übergeht. Eine weitere Geschäftsstraße ist die Old Commercial Road.

Praktische Hinweise

Tourist Information

● Westover Road, Tel. 0845-0511700.

Unterkunft

● **Queen's Hotel,** Meyrick Road, East Cliff, Tel. 01202-554414, Fax 294810, www.queenshotelbournemouth.com, DZ 130 £.
● **Cliffeside Hotel,** East Overcliff Drive, Tel. 01202-555724, Fax 314534, www.cliffesidebournemouth.co.uk, DZ 100 £.
● **Arlington Hotel,** Exeter Park road, Lower Gardens, Tel. 01202-552879, Fax 298317, www.arlingtonbournemouth.co.uk, DZ 70 £.
● **Bed and Breakfast:** *Ingledene House,* 20 Derby Road, East Cliff, Tel. Tel. 01202-291 914, www.ingledenehouse.co.uk, DZ 60 £; *Dorset House,* 225 Holdenhurst Road, Tel. 01202-397908, DZ 60 £; *Clarendon Lodge,*

Crabton Close Road, Tel. 01202-396585, www.clarendonlodge.co.uk, DZ 60 £.
- **Jugendherbergen:** Die nächste befindet sich in Burley, ca. 10 km nordwestlich im New Forest gelegen, Cottesmoor House, Cott Lane, Tel. 0845-3719309. *Bournemouth Backpackers,* 3 Frances Road, Tel. 01202-299491, nahe Busstation und Bahnhof.
- **Camping:** Cara Caravan Park, Old Bridge Road, Iford, Tel. 01202-482121, an der A 35 zwischen Bournemouth und Christchurch.

Pubs und Restaurants

- **Theatre Bar,** kleiner Pub am Ende des Piers, neben dem Pier Theatre, mit schönem Blick aufs Meer und die „Skyline" von Bournemouth.
- **Daisy O'Brien's,** im verkehrsberuhigten Teil der Old Christchurch Road, ein irischer Pub, der freundlich in gälisch „Cead Mille Failte" (hunderttausendmal Willkommen) grüßt, Guinness vom Fass.
- **Gino's,** Old Christchurch Road, Pizzen und Pasta um 6 £, Fleisch- und Fischgerichte von 10–14 £.
- **Cuccini's,** Old Christchurch Road, freundliches italienisches Restaurant, Pizza und Pasta 6–8 £, Fisch- und Fleischgerichte 10–12 £.
- **The Litten Tree,** Old Christchurch Road, großer, heller und sehr gemütlicher Pub mit Korbmöbeln und Bücherregalen an der Wand, variationsreiche Palette an Bar Meals.
- **Bar Vine,** Old Christchurch Road, eine geräumige, helle und recht gemütliche Weinbar, ordentliche offene Weine, kleine Snacks und Gerichte zwischen 3 und 11 £.
- **Oriental Views,** Old Christchurch Road, preiswertes, großes chinesisches Restaurant.
- **Noble House,** Lansdowne Road, ein weiterer preisgünstiger Chinese.
- **Baan Thai,** Old Christchurch Road, unaufdringliches, freundliches Lokal mit (laut Eigenwerbung) „authentischer thailändischer Küche".

Verbindung

- **Bahnhof** und **Busbahnhof:** Holdenhurst Road, ca. 1,2 km östlich vom Zentrum.

KINGSTON LACY

Kingston Lacy
– Das Schmuckkästchen des National Trust

♪ VI/A2

Einige Kilometer nordwestlich von Bournemouth findet man an der B 3082 mit Kingston Lacy einen weiteren prachtvollen **südenglischen Palast** (Mitte März–Okt. Mi–So 11–17 Uhr). Im Jahre 1663 beauftragte *Sir Ralph Bankes,* dessen alter Familienbesitz Corfe Castle in den Bürgerkriegswirren von den Cromwell-Truppen zerstört worden war, den Architekten *Roger Pratt* mit der Errichtung eines neuen Hauses – „for the politer way of living".

Gut 100 Jahre später wird hier **William John Bankes** geboren (1786–1855) und verbringt eine beschützte Jugend auf dem Landsitz. Zusammen mit *Lord Byron* studiert er in Cambridge und beginnt dann – für begüterte Adlige jener Tage unverzichtbar – die so genannte Kavalierstour, eine ausgedehnte Europa- und Orientreise. *Bankes* geht nach Spanien, wo er sich unter das fahrende Volk mischt und mit den Zigeunern lebt. (Eine Freundin informiert *Byron* über die Lebensweise von William John: „I have heard more of Bankes in Granada – he is living there in an beggarly eccentric way.") Als *Wellington* in mehreren Schlachten die Franzosen im so genannten Peninsular War von der Iberischen Halbinsel vertreibt, ist *Bankes* in seinem Gefolge und rafft an Kunstschätzen zusammen, was ihm unter die Finger gerät. *William John* treibt es so arg, dass *Wel-*

lington eines Abends seinen Offizieren befiehlt: „Gentlemen, I will have no more looting; and remember, Bankes, this applies to you also!" („Meine Herren, ich möchte keine Plünderungen mehr, und vergessen Sie nicht, Bankes, das gilt ganz besonders für Sie!")

Natürlich hält sich der junge Springinsfeld nicht daran, rafft weiter zusammen und schickt wöchentlich Kisten nach Hause, adressiert an *Lord Wellington*, Kingston Lacy. Was Bankes von der Iberischen Halbinsel mitbrachte, dokumentiert eindrucksvoll der Spanische Raum in Kingston Lacy.

Als es in Spanien für ihn nichts mehr zu holen gibt, wendet sich William John Griechenland und Ägypten zu. 1815 lässt er auf der oberägyptischen Nil-Insel Philae einen **Obelisken** aus dem dortigen Isis-Tempel verschiffen. Die pharaonische Nadel enthält Hieroglypheninschriften und einen griechischen Text; zusammen mit dem Stein von Rosetta, der ebenfalls hieroglyphische und griechische Inschriften enthielt, gelang es dann dem Franzosen *Champollion*, das Geheimnis der altägyptischen Schrift zu lösen. Der Obelisk ragt heute im Garten von Kingston Lacy in den südenglischen Himmel; der *Duke of Wellington* wählte auf die Bitte von *Bankes* den Standort und legte das Fundament. Neben vielen tausend weiteren Kleinigkeiten schickte *Bankes* auch noch einen lebensgroßen Sarkophag nach Hause.

Von Ägypten geht es nach Syrien, in den Libanon und nach Jordanien, wo William John, verkleidet als Beduine, in der Nabatäerstadt Petra forscht. Ein Begleiter schrieb: „From his profound knowledge of ancient history as well as his skill in drawing, he was by far the best calculated to go on such expedition." Und weiter: „Bankes leaves nothing unexplored." („Mit seiner profunden Kenntnis der Frühgeschichte und seinem Zeichentalent war er am besten geeignet, eine solche Expedition zu unternehmen." Und: „Bankes ließ absolut nichts unerforscht.")

Unbestätigten Gerüchten zufolge soll William John sogar der erste Engländer gewesen sein, der in Verkleidung die heilige Stadt Mekka besuchte. Von seinem Naturell her wäre es ihm zuzutrauen gewesen. Gesicherter ist, dass er wieder zurück in das Nil-Land kommt, wo er eine Expedition ausrüstet und von Oktober 1818 bis zum Frühsommer des folgenden Jahres nach ägyptischen Schätzen sucht. *Bankes* dringt bis tief nach Nubien ein und kopiert die Wandreliefs von Abu Simbel, dem kolossalen Felsentempel von Ramses II., der erst fünf Jahre zuvor von dem Schweizer *Johann Ludwig Borchert* durch Zufall entdeckt worden war. Hier besucht ihn – ebenfalls auf Grand Tour – der Architekt *Charles Barry*.

Von Ägypten reist *Bankes* in das Land zwischen Euphrat und Tigris und forscht nach den Spuren der Assyrer. Nach sieben Jahren Orient – die meiste Zeit an Plätzen, in denen „the eternal silence of infinite space", „das ewige Schweigen des unendlichen Raumes", herrschte – kehrt *Bankes* zurück. Vorher besucht er *Lord Byron* in Italien

KINGSTON LACY

und kauft dort schnell noch einige Meisterwerke. In England wird er als *Nubian Explorer* von der feinen Gesellschaft gefeiert, aber auch seine Tätigkeit als Politiker wird hochgeachtet.

Um seiner Kunstsammlung einen angemessenen Rahmen zu geben, beginnt er zusammen mit *Charles Barry* Kingston Lacy umzubauen. Sechs Jahre dauern die Arbeiten, und aus dem Haus wird einer der bewundertsten Landsitze Englands. Als der dann 1841 endlich fertig ist, bereitet sich *William John Bankes* darauf vor, die Großen des Landes in seinem Schatzhaus zu empfangen.

Doch es kommt alles ganz anders. William Johns homosexuelle Kontakte waren herausgekommen, er wird verhaftet und nur gegen Kaution auf freien Fuß gesetzt. Rasch legt er die Verwaltung von Kingston Lacy in die Hände seines Bruders und flieht nach

Bis unters Dach voll gestohlener Schätze: das Haus von W.J. Bankes

Kingston Lacy

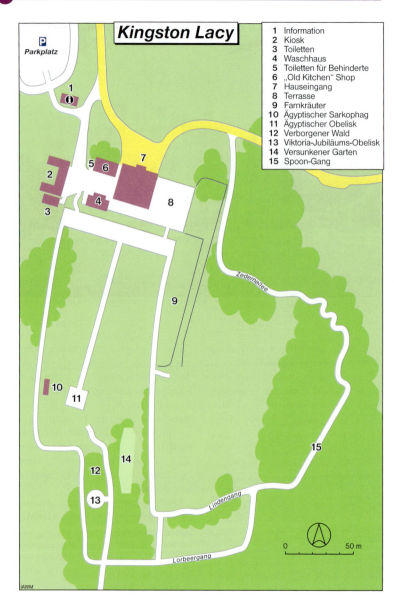

Kingston Lacy

Italien. Hier sammelt *Bankes* weiter Kunstwerke aller Art und schickt sie seinem Bruder; auch kommt er an Sonntagen in die Bucht von Studland gesegelt und löscht dort seine Ladung. Nach einem alten Gesetz durften im Ausland lebende Kriminelle an Sonntagen von Sonnenaufgang bis Sonnenuntergang ihren Fuß auf englischen Boden setzen, ohne dabei verhaftet zu werden. Der Brauch ging auf katholische Zeiten zurück, als man auch flüchtigen Verurteilten die Gelegenheit geben wollte, an Sonntagen die heilige Messe zu hören.

Am 17. April 1855 stirbt *William John Bankes* in Venedig. Ein Parlamentsbeschluss ist nötig, um seine sterbliche Hülle nach England zu überführen.

Letzter Besitzer von Kingston Lacy war der exzentrische **Ralph Bankes.** Als *Lord Pembroke*, ein Schulfreund aus vergangenen Tagen, eines Tages anrief, um anzukündigen, dass die Queen Mum seine Kunstsammlung zu sehen wünschte, sagte Ralph: „The house is open to the public at weekends!"

Bei einer anderen Gelegenheit kam eine Besuchergruppe auf Einladung des Umweltministeriums extra von London angereist. Ein Teilnehmer klingelte an der Haustür, Ralph steckte seinen Kopf aus einem Pförtnerzimmer und schimpfte laut: „Not in here!", schloss das Fenster, und die Tür blieb zu.

Völlig vereinsamt starb er 79-jährig im August 1981 in Kingston Lacy, das – so hatte der kinderlose Exzentriker beschlossen – mit sämtlichen Ländereien **an den National Trust** fallen sollte. Eine größere Schenkung hatte der Trust bisher noch nicht erhalten. Das Objekt mit der grandiosen Kunstsammlung und den Landbesitzungen ist mehrere hundert Millionen Pfund wert. Als die Experten des Trusts das Haus besichtigten, sackte ihnen jedoch erst einmal das Herz in die Hose. Das Gebäude war praktisch eine Ruine; alles zusammen war nicht nur Millionen wert, es würde auch Millionen verschlingen, dies alles zu renovieren. Und so machten sich die Restauratoren des Trusts an ihre bisher größte Herausforderung. Fünf Jahre lang wurde ununterbrochen renoviert und restauriert – es gab nicht einen heilen Bilderrahmen, Meisterwerke von *Tizian, Rembrandt, Rubens, Reynolds, Brueghel, Veronese, Velazques, van Dyck* und *Kneller* schimmelten vor sich hin, der Regen plätscherte durchs Dach, kein Möbelstück, das nicht bei Berührung zusammenbrach, in tragenden Balken tummelten sich die Holzböcke, stützende Eisenkonstruktionen waren verrostet.

1986 dann konnte Kingston Lacy der Öffentlichkeit zugänglich gemacht werden.

Ein wenig nördlich von Kingston Lacy liegt die **eisenzeitliche Hügelfestung Badbury** Drei hohe Erdwälle sichern ein zentrales Plateau, das heute mit hohen Bäumen bestanden ist. Die Römer nutzten die Anlage. Esoteriker pilgern gerne zu den Badbury Rings und huldigen *König Artus,* der hier gegen die Angelsachsen gekämpft haben soll.

Isle of Purbeck – Exeter

Isle of Purbeck
♢ VI/A3

Die Region südlich von Bournemouth wird Isle of Purbeck genannt und ist bekannt für ihren **Marmor,** der jede englische Kathedrale ziert. Die Gegend steht unter **Naturschutz,** doch findet man hier die gleichen Unvereinbarkeiten, die bereits in der Romney-Marsh für ungläubiges Kopfschütteln sorgten: Ein **militärisches Sperrgebiet** verschandelt das Nature Reserve.

Klammert man diesen unerfreulichen Tatbestand aus, so zeigt sich die Küste zwischen Bournemouth und Weymouth von dramatischer Schönheit.

Von Bournemouth geht es entlang der A 351 über Wareham zum efeuverhängten Weiler **Corfe Castle,** wo sehr malerisch eine Burgruine über dem Örtchen steht. Die Festung war der Stammsitz der Bankes-Familie, von der gerade in Kingston Lacy die Rede war (s. o.). Im Jahre 1635 erhielt *Sir John Bankes*, oberster Richter unter *Karl I.*, Corfe Castle für seine Verdienste bei Hof. Während er mit dem König in Oxford war, belagerten Cromwells Truppen die Festung zweimal, konnten sie jedoch nur durch Verrat erobern. Aufgrund ihrer Tapferkeit ließ der Kommandeur der Rundköpfe *Lady Bankes* mit den Schlüsseln des Burgtors abziehen. Diese hängen heute noch immer in der Bibliothek von Kingston Lacy.

Von Corfe ist es nur noch ein Katzensprung zum **Seebad Swanage,** das entgegen vieler anderer kleiner süd-

englischer Urlaubsorte recht wenig Kirmesrummel hat.

Ab Corfe führt eine unklassifizierte Straße nach Kimmeridge und über East Lulworth **nach West Lulworth.** Da die Strecke durch das militärische Sperrgebiet führt, ist sie nur an Wochenenden und während der Sommerferien geöffnet. Ansonsten muss man von Wareham die A 352 in westlicher Richtung fahren und beim Weiler Wool die B 3071 gen Süden nehmen.

Die Strecke ist unter landschaftlichen Gesichtspunkten außerordentlich angenehm zu befahren. Einige Kilometer vor East Lulworth hat man einen weiten Blick über die Region und auf das Meer. Die Felder sind von Wallhecken oder Bäumen eingefasst, überall grasen die weißen Schafe, der Himmel ist blau mit einigen Wattetupfern, das Meer türkis, die Felder grün, gelb strahlt der Ginster im Sonnenschein. **West Lulworth** ist ein angenehm anzusehendes Dörflein mit kleinen reetgedeckten Häusern, einigen gemütlichen Pubs und netten Cafés.

Kimmeridge Bay und **Lulworth Cove** sind zwei Buchten von spektakulärer Schönheit. Lulworth Cove beeindruckt durch die in perfekter Symmetrie gezogene halbkreisförmige Bucht mit ihren steilen, rauen Klippenformationen.

Von hier sollte man den Küstenpfad ca. 5 km Richtung Westen wandern; prachtvoll sind die Aussichten aufs Meer und die Küste. Und dann erreicht man **Durdle Door,** einen mächtigen, im Wasser stehenden Felsbogen. 200 m weiter schaut man auf hohe, steil ins Meer stürzende Klippen.

Wareham, Clouds Hill und Moreton
– Auf den Spuren von Lawrence von Arabien
♪ VI/A3 /IX/D2

Machen wir uns auf, den Spuren eines ungewöhnlichen Mannes zu folgen, eines genialen Abenteurers, an denen das 20. Jh. so arm ist. Suchen wir nach der Persönlichkeit, dem Charisma und dem Nimbus von *Thomas Edward Lawrence*.

Über die A 351 ist schnell das Dorf **Wareham** erreicht; hier steht in der kleinen angelsächsischen Kirche St. Martin ein Denkmal, das der Bildhauer *Eric Kennington* nach dem Tode von *Lawrence* zur Erinnerung an seinen Freund geschaffen hat. In arabischer Kleidung liegt *Lawrence* lang ausgestreckt, die rechte Hand umfasst den Dolch, sein Kopf ruht auf dem Kamelsattel – während seiner Reisen auf der Arabischen Halbinsel wird er so viele Nächte lang in den Schlaf gefallen sein.

Dann geht es ins **Piddle-und-Puddle-Land,** wo die Dörfer Affpuddle, Tolpuddle, Puddletown, Piddletrenthide und Piddlehinton heißen. Die Fahrt verläuft parallel zum gemächlich fließenden Piddle-or-Trent. Nördlich der A 352, westlich der A 35 und zwischen den beiden Dörfern Bere Regis im Norden und Wool im Süden liegt **Clouds Hill,** das winzige Refugium von *Lawrence*. 1923 mietete er das verrottete Häuschen und renovierte es. Als Lawrence 1925 wieder in die

Lulforth Cove: Schöner Ausblick, nicht nur für Verliebte

Air Force eintrat, kaufte er sein Refugium und verbrachte seine freien Tage und die Ferien hier. In Clouds Hill lebte *Lawrence* dann zusammen mit seinem Freund, dem schottischen Soldaten *John Bruce*, der für ihn Sekretariatsarbeiten übernahm.

Clouds Hill steht auf einer kleinen Lichtung und hat nur drei Räume; unten der so genannte Book Room, mit dem breiten Bett und den vielen Büchern, dann der Bunk Room, die kleine Küche, und im ersten Stock der Music Room mit dem Plattenspieler. Das Häuschen ist winzig, eng, niedrig, dunkel (Öffnungszeiten: Mitte März bis Okt. Do–So 12–17 Uhr).

Im Book Room hängt auch der **Abdruck,** den *Eric Kennington* 1926 vom

Gesicht des Lawrence machte; das Pendant dazu befindet sich in der Krypta der St. Paul's Cathedral in London. *Lawrence* schrieb über die Maske an *Eric Kennington*: „Magnificent; there is no other word for it. It represents not me, but my top moments, those few seconds in which I succeed in thinking myself right out of things." (Wundervoll; es gibt kein anderes Wort dafür. Sie zeigt nicht mich, sondern meine höchsten Momente, jene wenigen Sekunden, in denen es mir geglückt ist, Dinge richtig erkannt zu haben.)

In dem Häuschen besuchten ihn **seine Freunde**, *E. M Forster, George Bernard Shaw* und dessen Frau, die ihm Schallplatten und Bücher mitbrachten und ihm auch das schwere Motorrad geschenkt hatten, *Thomas Hardy* mit seiner Frau, *Siegfried Sassoon* und viele mehr.

Nach seiner Entlassung aus der Air Force im März 1935 zog *Lawrence* fest in sein *Earthly Paradise* ein. Zwei Monate später kam er bei einem nie völlig aufgeklärten **Motorradunfall** 46-jährig ums Leben. *Somerset Maugham* hat in „Summing Up" (1938, dt. „Rückblick auf mein Leben") geschrieben: „Lawrence hatte die Gewohnheit, stets mit außerordentlicher Geschwindigkeit Motorrad zu fahren, in der Absicht, durch einen Unfall getötet zu werden, so lange er noch im Vollbesitz seiner Kräfte war, damit ihm die Unwürdigkeit des Alters erspart bleibe."

Begraben ist *Lawrence* in Moreton, einen Katzensprung südlich von Clouds Hill, auf dem Kirchhof der St. Nicholas Church.

Milton Abbas ⌕ VI/A2
– Ein Beispiel früher Dorfplanung

15 km nördlich von Clouds Hill liegt abseits der A 354 das kleine Dorf Milton Abbas. Hier befindet sich eine **halbfertige Abteikirche,** deren Bau im 14. Jh. begonnen und in den Reformationswirren dann eingestellt wurde. Im Innern zeigt das schneeweiße, von *Robert Adams* entworfene Grabdenkmal *Lady Caroline Milton,* die lang ausgestreckt auf dem Rücken liegt. Neben ihr ruht der Gatte, den Kopf in die Hand gestützt, und betrachtet mit verständlich schwermütig-traurigem Blick die Verstorbene.

Neben die Kirche ließ im 18. Jh. *Joseph Damer, Lord Milton* und 1. Earl of Dorchester, von dem Architekten *William Chambers* einen **klassizistischen Prachtbau** setzen (heute eine Public School), mit der Ausgestaltung des Parks beauftragte er *Capability Brown.* Einmal im Baurausch, gefiel *Lord Milton* das unstrukturiert gewachsene Dörfchen Middleton nicht mehr, und so ließ er es kurzerhand niederreißen. *Capability Brown* musste für einen **Neubau des Dorfes** Pläne erarbeiten – das Ergebnis ist miserabel! Obwohl alles vorhanden ist, was einem Dorf Atmosphäre verleihen könnte, stimmt vom Gefühl her nichts. Entlang einer 500 m langen Dorfstraße reihen sich in vollendeter Symmetrie auf gleichgroßen Parzellen immer die gleichen, kleinen, zweistöckigen Häuser mit ihren reetgedeckten Dächern aneinan-

Lawrence von Arabien

„Mancherlei Abstoßendes in dem, was ich zu erzählen habe, mag durch die Verhältnisse bedingt gewesen sein. Jahre hindurch lebten wir, aufeinander angewiesen, in der nackten Wüste unter einem mitleidlosen Himmel. Tagsüber brachte die brennende Sonne unser Blut in Gärung und der peitschende Wind verwirrte unsere Sinne."

Mit diesen Worten beginnt die **Autobiografie** „Die sieben Säulen der Weisheit", in der *Thomas Edward Lawrence* seine Zeit auf der Arabischen Halbinsel beschreibt. Wer war dieser letzte Abenteurer des 20. Jahrhunderts?

Thomas Edward Lawrence erblickte am 15. August 1888 in Tremadoc, einem kleinen walisischen Nest, als Sohn eines Landbesitzers das Licht der Welt. Als Ned – so der Spitzname von Klein Lawrence in der Familie – acht Jahre alt war, siedelten die Eltern mit ihren vier Söhnen nach Oxford um, und hier begann nun der Schulbesuch, der bis zum Jahr 1906 dauerte. Im Februar 1907 erhielt er ein Stipendium von 50 £ jährlich für das **Studium der Geschichte**.

Neben der Historie vertiefte sich der junge Student in die Grundkenntnisse der Archäologie, hörte auch Vorlesungen über englische Literatur und arbeitete unentgeltlich im Stadtmuseum. Während der ersten Jahre, in denen Ned in Oxford studierte, wurde die Stadt stark umgebaut, viele alte Gebäude fielen der Abrissbirne zum Opfer. Um **archäologische Grabungstechniken** zu erlernen, grub *Lawrence* in den Fundamenten der ehemaligen Häuser und förderte alte Keramik zutage, die es zuverlässig zu datieren galt – also entwickelte er sich zum Spezialisten für Töpferei und deren zeitliche Bestimmung.

Im Sommer 1908 radelte der vielseitig interessierte Oxford-Student durch ganz Frankreich, besuchte Burgen, studierte ihre Befestigungstechniken und fotografierte mittelalterliche Architektur.

Ebenfalls ab diesem Jahr wurde der Archäologe **David Hogarth** für den jungen *Lawrence* zur Vaterfigur, vor allem *Hogarths* Rat bezüglich der Abschlussarbeit war Gold wert. Ned sollte seine Examensarbeit über die mittelalterliche Burgenarchitektur des Mittleren Ostens schreiben. „Mit Erlaubnis der Eltern", so schreibt sein Biograf, „würden Hogarths Freunde und Helfer mit Geld und einer guten Kamera aushelfen. Pirie-Gordon konnte ihm seine Landkarte leihen; und der Außenminister, vom Rektor des Jesus College in gehöriger Weise darum ersucht, konnte die Iradés vermitteln: Ermächtigungsschreiben mit der Bitte um ein sicheres Geleit, die für eine Reise durch die asiatische Türkei nötig waren."

Ned lernte nun wie besessen Arabisch und machte stundenlange Zielübungen mit seiner Mauserpistole, bis er mit beiden Händen gleichgut schießen konnte. In den frühen Morgenstunden des 9. Juli 1909 kam der 21-jährige **in Beirut** an.

Ned wanderte vom 9. Juli bis zum 24. September durch das Heilige Land und **studierte** die **Kreuzfahrerburgen** – doch nicht nur das! Bei seiner dritten Etappe – über die er immer nur kryptische Andeutungen machte – zog es ihn von Aleppo weit nach Nordosten in die einsamen und rauen Vorgebirge des südlichen Anatoliens. Hier gab es keine Kreuzritterburgen zu vermessen, statt dessen wollte sein Mentor *Hogarth* Informationen anderer Art. Der Archäologe, freier Mitarbeiter des Britischen Geheimdienstes, ließ seinen Schüler die wahrscheinliche Trassenführung der unter deutscher Leitung entstehenden **Bagdad-Bahn** erkunden.

Als Mitte des Jahres 1910 die Entscheidung eintraf, dass *Hogarth* eine Grabungslizenz **in Karkemisch** (heute Dscherablus am mittleren Euphrat) bekommen sollte, schlug er Ned als einen seiner Assistenten vor und besorgte ihm ein Stipendium von 100 £ für die kommenden vier Jahre.

Auch hier war der junge Archäologe „inoffizieller Mitarbeiter" des Britischen Ge-

LAWRENCE VON ARABIEN

heimdienstes und hielt weiter die Augen auf, wie der aktuelle Baustand der deutsch-türkischen Bagdad-Bahn war, die nahe an Karkemisch vorbeiführte. *Lawrence* fotografierte Brücken, Tunneleingänge und Wasserleitungen.

Kurz vor **Beginn des Ersten Weltkriegs** brach das Britische Museum die Grabungen ab; *Lawrence* hatte vier Jahre Feldarbeit im Mittleren Osten hinter sich, er war nun nicht nur ein erfahrener Archäologe, sondern beherrschte die Sprache und kannte sich in den Sitten und Gebräuchen, vor allem aber in der arabischen Seele aus.

Zwei Monate nach Ausbruch des Krieges rekrutierte der **Geheimdienst** *Lawrence*, verpasste ihm einen militärischen Rang, und am 14. Dezember 1914 bezog er sein Zimmer im Kairoer Hotel Grand Continental. Hier hatte er erst einmal einen langweiligen Schreibtischposten inne.

1916 dann jedoch schickte man *Lawrence* auf die Arabische Halbinsel, wo er den **Aufstand der Beduinenstämme** gegen die türkischen Besatzer koordinieren sollte, damit die mit Deutschland verbündeten Türken Truppen zum Schutz ihrer Einflusssphäre in der Region belassen mussten und nicht anderswo einsetzen konnten. *Lawrence* verstand es wie kein anderer, die Männer zu begeistern und seine Beduinenkrieger, die sich ja keiner Befehlsgewalt unterordnen würden, so flexibel zu führen, dass trotzdem ein schlagkräftiger Kampfverband entstand. Schon nach wenigen Monaten schreibt er über seine rund 18.000 Wüstensoldaten nach Kairo: „Sie behalten immer noch ihre Befehlsunabhängigkeit bei, das ist ein Stammesinstinkt, aber sie zügeln ihre Gewohnheit, Munition zu verschwenden, haben eine Art Routine erlangt, was das Lagern und Marschieren angeht."

Lawrence und seine Beduinenarmee verwickelten die Türken in einen **Guerilla-Krieg**, und taten alles, um der türkischen Präsenz auf der Arabischen Halbinsel und in Palästina zu schaden.

Eine militärische Glanzleistung war die **Einnahme des Hafens Aqaba;** von See aus hatten die Briten die Stadt schon unter Feuer genommen, doch so gut wie nichts erreicht; die Türken fühlten sich sicher, da sie aufgrund des weiten wasserlosen Hinterlandes von dort keine Gefahr erwarteten. *Lawrence* zog mit seinen Männern in einem Gewaltmarsch von fast 1000 km durch die heiße Wüste und griff Aqaba an.

Als sich der Krieg dem Ende näherte, marschierte Lawrence mit seinen Wüstenkriegern auf Damaskus zu und eroberte die Stadt, noch bevor reguläre britische Truppen herangerückt waren.

Jetzt war die Zeit gekommen, wo der **Mythos** *Lawrence* sich zu entfalten begann. Die britischen Offiziere mit ihrem Standesdünkel konnten sich nicht vorstellen, wie ein einziger Mann Tausende von unzivilisierten Arabern führte, in der Gewalt hatte, sie dazu bringen konnte, über 900 km durch wasserlose Wüste zu ziehen, um Türken, mit denen die Beduinen nur wenig zu tun hatten, anzugreifen. Noch weniger konnten sie sich vorstellen, selbst auf einem schwankenden Kamel zu sitzen.

Auf der **Versailler Friedenskonferenz** war der Held von Arabien als Sachverständiger geladen; er konnte sich mit seinen Vorschlägen jedoch nicht gegen die Großmachtinteressen Frankreichs und Großbritanniens durchsetzen, und die zugesagte Unabhängigkeit der Araber kam nicht zustande.

Nach Kriegsende arbeitete *Lawrence* daran, seinen Mythos zu erhalten und das Geheimnisvolle seiner Persönlichkeit herauszustreichen, sich vor allen Dingen von anderen abzuheben und unkonventionelles Verhalten zu pflegen. Sein Biograf *Desmond Stewart* erzählt die Geschichte, wie *Lawrence* sich den **Zorn des Monarchen** zuzog. „Die lange Reihe der Ordensempfänger defilierte am König vorbei. Als Oberst *Lawrence* an die Reihe kam und der König den Orden vom Samtkissen nahm und sich anschickte, ihn auf das Häkchen zu hängen, das Offiziere zu diesem Zweck an ihren Waffenröcken angebracht haben, unterbrach ihn *Lawrence* und erklärte mit

LAWRENCE VON ARABIEN

leiser Stimme und größter Hochachtung, dass er unmöglich eine Auszeichnung von seiner Majestät annehmen könne, während Britannien dabei sei, die Versprechungen zu brechen, die er den Arabern, die so tapfer gekämpft hätten, in Englands Namen gegeben habe. Der König war natürlich überrascht und ungehalten. Der von so vielen tapferen Männern begehrte Orden wurde aufs Kissen zurückgelegt. *Lawrence* verbeugte sich und ging weiter, die Zeremonie nahm ihren Fortgang."

Er feilte an seinem Mythos, und dazu gehörte auch die Beschreibung seiner Jahre auf der Arabischen Halbinsel. *Lawrence* begann mit der Niederschrift seiner **„Sieben Säulen der Weisheit"**. Als das mehrere hundert Seiten umfassende Manuskript abgeschlossen war, wurde es ihm auf dem Bahnhof von Reading gestohlen, woraufhin er sich daranmachte, das Buch neu zu schreiben – so wenigstens hat Lawrence es uns berichtet.

1922 ließ *Lawrence* in der Druckerei der Oxford Times das Manuskript setzen und bat den Kritiker *Edward Garnett*, den Schriftsteller *E. M. Forster* und den Dramatiker *George Bernard Shaw* um ihren lektorialen Beistand. Als *Winston Churchill* – es sei daran erinnert, dass Churchill selbst 48 Bücher geschrieben und den Nobelpreis für Literatur bekommen hat – später „Die sieben Säulen der Weisheit" ergriffen las, schrieb er: „Dieses Buch darf zu den größten gerechnet werden, die je in englischer Sprache erschienen sind."

Und *George Bernard Shaw*, der zu seinen einflussreichsten Förderern zählte, erklärte: „Zufällig gehörte nun zu dem Genie von *Lawrence* auch literarisches Genie. Er

Das enge Haus des ruhelosen Geistes: Clouds Hill

schrieb seinen Bericht, und als er verlorenging, schrieb er ihn zum zweiten Mal. Dieses Unterfangen grenzte an ein Wunder, und das Resultat war ein Meisterwerk." Sprachlich und stilistisch ist es allemal ein Meisterwerk, und Leser, die Texte analysieren können und über psychologische Grundkenntnisse verfügen, finden einen Zugang zur Persönlichkeit, zum Wesen von *Lawrence*. Nur als wahrheitsgetreuen Bericht seiner Taten und Leistungen darf man die „Sieben Säulen der Weisheit nicht heranziehen."

1921/22 war *Lawrence* **Berater im Kolonialministerium** und hatte viel mit *Churchill* zu tun, der dem Amt als Minister vorstand; auch hier konnte er sich mit seinen Vorstellungen nicht durchsetzen, und so verschwand der große *Lawrence* plötzlich von der Bildfläche, und niemand wusste, wohin er verschwunden war. Unter dem Namen *John Hume Ross* war der berühmte *Lawrence von Arabien* **als gemeiner Rekrut** in die noch junge Royal Air Force eingetreten. Doch schon kurze Zeit später lüftete der Daily Express das Geheimnis.

Also nahm *Lawrence* den Namen *T. E. Shaw* an und trat ebenfalls als Rekrut in die Panzerkaserne von Bovington ein. Hier lernte er den Schotten *John „Jock" Bruce* kennen, der bis zu Lawrences tödlichem Unfall sein Sekretär, inoffizieller Bursche und Flagellant sein sollte – *Lawrence* war homosexuell und masochistisch veranlagt.

Ab nun führte *Lawrence* ein weitgehend zurückgezogenes Leben; mit seinem Motorrad besuchte er *Thomas Hardy*, *Winston Churchill*, die *Shaws*, die meiste Zeit jedoch lebte er still in seinem Häuschen Clouds Hill. Im Januar 1927 kam er als **einfacher Soldat nach Indien,** zwei Jahre später entdeckte die Presse, wer dort unter dem Namen *Shaw* Dienst tat. Er wurde nach England zurückgebracht und konnte in der Armee bleiben.

Am 26. Februar 1935 wurde er aus dem Militärdienst entlassen, und am 19. Mai starb *Lawrence* an den Folgen eines **Motorradunfalls.**

der. Irgendwie wirkt das Häuserensemble unharmonisch, statisch, ja geradezu monolithisch fest gefügt und damit wenig elegant.

Gemütlich immerhin ist die **Dorfschänke Hambro Arms** aus dem Jahr 1773; hier gibt es während der Saison manchmal Live Jazz.

Dorchester ♪ IX/D2
– Die Stadt von Thomas Hardy

Die **Kapitale der Grafschaft Dorset** zählt nur 15.000 Einwohner und strahlt den **behäbigen Charme** eines kleinen Landstädtchens aus. Die Zeit, so hat man den Eindruck, verstreicht hier langsamer als anderswo, ruhig und bedächtig geht es in den Straßen zu, niemand eilt ungebührlich rasch daher.

Um 70 n. Chr. gründeten die **Römer** die Ansiedlung Durnovaria, wovon heute noch der Mosaikfußboden des Römischen Hauses im Colliton Park und die Maumbury Rings, die Reste des römischen Amphitheaters, zeugen. Unter dem angelsächsischen König Athelstan hatte eine Münze ihren Sitz in der Stadt. 1685 verurteilte der *Chief Justice Lord Jeffrey* 300 Anhänger des *Duke of Monmouth* in den *Bloody Assizes* **(Blutgerichten)** in Dorchester zum Tode. *James Scott, Duke of Monmouth* (1649–1685) war der illegitime Sohn von *Karl II.* und hatte in der Öffentlichkeit eine starke protestantische Anhängerschaft. 1683 war eine Verschwörung von ihm ge-

DORCHESTER

gen seinen Vater aufgeflogen, und der Herzog musste in die Niederlande fliehen. Zwei Jahre später landete er mit seinen Truppen beim heutigen Seebad Lyme Regis, marschierte nach Norden bis nahe dem Städtchen Bridgwater, wurde dort in der Schlacht von Sedgemoor geschlagen, gefangengenommen, anschließend nach London gebracht und dort geköpft.

An der Ecke High Street West/The Grove ehrt das von dem Bildhauer *Eric Kennington* geschaffene Denkmal den Schriftsteller **Thomas Hardy,** einen der ganz Großen der englischen Literatur (siehe Exkurs). **Hardys Wohnhaus** befindet sich in der Max Street (nicht zu besichtigen). Ebenfalls in der High Street West erläutert das **Dorset County Museum** (Apr.-Okt. tgl. außer So 10-17 Uhr, Nov.-März Di-Sa 10-16 Uhr) die Geschichte der Stadt und der Grafschaft; hier ist auch das Arbeitszimmer von *Thomas Hardy* nachgebaut. Neben dem Museum bewahrt die **St. Peter's Church** Konstruktionszeichnungen des Architekten *Hardy* auf.

Gegenüber steht das alte Fachwerkhaus **Judge Jeffrey Lodge** mit dem guten gleichnamigen Restaurant. Hier logierte Blutrichter *Jeffrey* während der Monmouth-Prozesse.

Gegenüber von St. Peter's beginnt die verkehrsberuhigte Einkaufsstrasse South Street – jeden Mittwoch ziehen sich hier die Marktstände entlang –, an deren Ende linker Hand **Napper's Mite** einen Besuch lohnt. In einem ehemaligen Armenhauskomplex sorgen nun einige Cafés zur Mittagszeit für gute Lunches.

Eine ungewöhnliche Verbindung zeigt vor den Toren der Stadt ein großer **Supermarkt** an. Hier hat sich der Thronfolger *Prinz Charles* mit der großen Supermarktkette Tesco auf ein ökologisch-ökonomisches Geschäft eingelassen. *Charles* hatte den Tesco-Managern 1991 ein großes Gelände für nur 6 Mio. £ überlassen; als Gegenleistung akzeptierten sie seine architektonischen Vorstellungen beim Bau des Ladenareals und verkaufen Brot und Lammfleisch nur nach den stren-

Die Statue von Thomas Hardy in Dorchester

AUF DEM WEG NACH SHERBORNE

"Die unbegrenzte Freiheit so zu leben, wie man will, und zu jeder Stunde das zu tun, wonach einen gelüstet (sofern es nicht dem Wohl der anderen abträglich ist), schafft in England eine Menge eigensinniger Charaktere, die dem Romanschreiber reichhaltiges Material bieten."

Nikolai Karamzin, „Briefe eines reisenden Russen", 1790

gen ökologischen Vorstellungen des Prinzen. Dafür wiederum darf Tesco mit dem Wappen des Thronfolgers werben. Der Erfolg ist überwältigend; die Kunden kommen von weither angefahren.

Nahe bei Dorchester befindet sich landschaftlich recht reizvoll gelegen **Maiden Castle,** das größte eisenzeitliche Hügelfort Großbritanniens.

Praktische Hinweise

Tourist Information
- 11 Antelope Walk, Tel. 01305-267992.

Unterkunft
- **Wessex Royale Hotel,** 32 High West Street, Tel. 01305-262660, Fax 251941, www.wessexroyaledorchester.com, DZ 100 £.
- **White Hart Hotel,** High Street, Tel. 01865-340074, Fax 341082, www.white-hart-hotel-dorchester.co.uk, DZ 80 £.
- **Bed and Breakfast:** *Yellowham Farmhouse,* Yellowham Wood, Tel. 01305-262892, Fax 257707, www.yellowham.co.uk, DZ 70 £; *Tarkaville,* 30 Shaston Crescent, Tel. 01305-266253, www.tarkaville.co.uk, DZ 60 £; *Lantern House,* 19 Cornwall Road, Tel. 01305-266689, www.lanternhousebandb.co.uk, DZ 65 £.

Pubs und Restaurants
- **Spice Centre,** High West Street, preiswertes indisches Lokal mit Gerichten bis 11 £.
- Restaurant **Judge Jeffrey's,** High Street West, um 12 £, auch gut zur Lunchzeit.
- **Tom Brown's,** High Street East, gemütlicher kleiner Pub.
- **Imperial Garden,** High East Street, preiswertes chinesisches Restaurant mit Gerichten bis 10 £.
- Pub **The Royal Oak,** High Street West, gemütliche alte Kneipe mit Bar Meals zur Mittagszeit.

Verbindung
- **Bahnhof:** Dorchester hat zwei Bahnhöfe südlich vom Zentrum, Dorchester South Züge nach London und Weymouth, Dorchester West Züge nach Bath und Bristol.
- **Busstation:** Trinity Street, abseits der High Street.

Auf dem Weg nach Sherborne

Cerne Abbas IX/D2

Kurz vor dem Ort ist wieder einmal eine große Figur in den weißen Kalkstein eines Hügelabhangs geschnitten – der **Riese von Cerne Abbas.** Es ist nicht sicher, wann die 60 m hohe

"Der englische Lord ist nicht nur zu jeder Zeit bereit zu einem Pistolenduell mit einem anderen Gentleman, sondern er zieht sich auch gern den Rock aus, um mit einem Kutscher zu boxen."

Alexander Puschkin, „Gespräch über Kritik", 1830

Thomas Hardy – Leben und Werk

Zwischen Puddletown und Dorchester liegt ein Stückchen abseits der A 354 beim Weiler Higher Bockhampton **Hardy's Cottage**, das Geburtshaus des Schriftstellers **Thomas Hardy**, der wie kein anderer die südenglische Countryside beschrieben hat.

1840 wird Thomas Hardy in Dorset als Sohn eines Steinmetzen geboren; die Mutter sorgt dafür, dass er eine für die damalige Zeit **lange Schulausbildung** von acht Jahren bekommt, hält ihn zum Lesen an und kauft ihm Bücher in der Hoffnung, dass der Sohn dereinst einmal gesellschaftlich den Aufstieg schafft. Nach der Schule absolviert er eine vierjährige Architekturlehre und arbeitet dann von 1862–1867 in einem Londoner Architekturbüro.

Thomas' größter Wunsch ist es, Priester zu werden, doch stehen die finanziellen Mittel für ein Universitätsstudium nicht zur Verfügung. Doch dann liest Thomas die Bücher von *Darwin, Mills, Fourier* und *Comte* und entfremdet sich daraufhin von der sinnstiftenden Religion. Glücklicherweise entdeckt er in jenen Tagen das weite Feld der Literatur, sodass in seiner Seele keine inhaltliche Leere entsteht.

Erste Gedichte und journalistische Arbeiten kommen auf den Markt und werden gelobt. Ein nicht erhaltener Erstlingsroman wird von dem Dichter *George Meredith* begutachtet, der dem jungen Thomas wertvolle Hinweise gibt, und so kommt 1871 die Romansensation „Desperate Remedies" heraus, an der Kritiker besonders die gelungenen Landschaftsdarstellungen loben – Ausgangspunkt für den jungen Autor, seine Geschichten nun in der ihm bekannten Landschaft anzusiedeln. *Hardy* benennt sein liebliches Dorset nach dem ersten angelsächsischen Königreich *Wessex* und verschlüsselt die Namen aller weiteren Orte und Städte.

In seinem ersten Wessex-Roman **„Under the Greenwood Tree"** (1872, dt. „Am grünen Rand der Welt") durchstreift er noch voller Fröhlichkeit die anmutige Landschaft; zwei Jahre später kommt das ebenfalls noch Heiterkeit auszeichnende Werk **„Far from the Madding Crown"** – eine Frau schickt drei ernsthafte Liebhaber in die Wüste und gerät an einen tunichtguten Schwindler – auf den Markt, begeistert Kritiker wie Leser gleichermaßen und ist ein finanzieller Erfolg. *Hardy* gibt den Architektenberuf auf und heiratet.

Seine folgenden Romane geraten ihm unter der philosophischen Last *Schopenhauers* und der biologisch-erbgeschichtlichen Werke von *Darwin* düster, leidvoll und pessimistisch, was sich bereits mit seinem dritten Prosawerk **„The Return of the Native"** (1878) schicksalsschwer ankündigt und sich nun von einer Veröffentlichung zur nächsten weiter steigern soll.

Seine beiden Hauptwerke **„Tess of the D'Urbervilles"** (1891, dt. „Tess von den D'Urbervilles") und vor allem das autobiografisch beeinflusste **„Jude, the Obscure"** (1895), in der er die Zwänge der Ehe und die Probleme der Sexualität diskutiert, reißen Kritiker wie auch das Publikum zu Proteststürmen hin.

Das Letztere, beschrieb er einmal selbst als „War between Flesh and Spirit". Hier wird der junge und kluge Jude vom Schulmeister Phillotson dazu angehalten, artig zu lernen, um einmal in Oxford zu studieren. Doch die Versuchung naht in Form der leichten Barmaid Arabella, die den schönen Jude in ihre Fänge bekommen möchte, sich von ihm schwängern lässt und so seine Ehefrau wird. Doch schon kurz nach der Hochzeit wird ihr Jude langweilig, und sie verlässt ihn. Jude geht nach Oxford, arbeitet als Steinmetz, setzt seine Studien fort und hofft immer noch auf studentische Ehren. Hier trifft er seine unkonventionelle, sensible, dauernd Swinburne-Sentenzen zitierende Cousine Sue, die als Devotiona-

AUF DEM WEG NACH SHERBORNE

lienverkäuferin arbeitet. Obwohl sie alles dagegen unternehmen, verlieben sich beide ineinander, und in einem Versuch von verzweifeltem Masochismus heiratet Sue den Schulmeister Phillotson. Dessen physische Erscheinung bereitet ihr jedoch alsbald Ekel, und sie flieht zu Jude, ihre Liebe nimmt zu, sie leben zusammen, doch sie schlafen nicht miteinander. Das ändert sich erst, als Arabella erscheint und Jude freigibt; auch Sue kommt von Phillotson los, und so können die Liebenden in den gesegneten Stand der Ehe treten. Doch nun schreckt Sue vor diesem Schritt zurück, da sie befürchtet, ein legalisiertes Verhältnis würde ihrer Liebe schaden. Das tun jedoch in erster Linie der Druck der Armut und die fehlende soziale Anerkennung. Die beiden streiten sich, Tag für Tag geht die Liebe ein Stück mehr dahin, als sie der schlimmste aller Schicksalsschläge trifft: Der Sohn aus der Verbindung zwischen Arabella und Jude erhängt sich und die beiden kleinen Zwillinge, die Sue geboren hat. Er hinterlässt die lapidare Mitteilung: „Done because we are too many!" Da flieht Sue vor Entsetzen wieder in die Arme von Phillotson und flüchtet sich in eine bigotte Religiosität, während Jude durch ihren Fortgang so aus der Bahn geworfen wird, dass er zu Arabella zurückkehrt und derart heftig zu trinken anfängt, dass er, noch nicht 30-jährig, am Suff stirbt.

Der **Aufruhr nach der Publikation** führte dazu, dass *Thomas Hardy* bis zu seinem Tod keinen einzigen Roman mehr schrieben und sich ganz auf das Feld der Lyrik verlegen sollte.

Als er 1928 stirbt, erhält er in der Poets's Corner von Westminster Abbey seine **letzte Ruhestätte;** eine Ehrung, die als letzter Romancier 1870 *Dickens* und seit *Tennysons* Tod 1892 keinem Lyriker mehr widerfahren war. Sein Herz jedoch wird in Stinsford/Dorset beigesetzt.

Zeichnung eines keulenschwingenden nackten Mannes mit erigiertem Penis entstanden ist. Einigkeit herrscht weitgehend darüber, den *Giant of Cerne Abbas* als Fruchtbarkeitssymbol zu interpretieren – bei den gewaltigen Ausmaßen seines Geschlechtsteils eine nachvollziehbare Erklärung.

Auf gar keinen Fall darf man einen Besuch im wunderhübsch anzusehenden Puppenstubendörflein Cerne Abbas auslassen, das eine alte **Abteikirche** sein eigen nennt, einen **Dorfteich,** von dem aus das Wasser die Abbey Street entlangfließt und früher den Unrat aus der Gosse spülte, und sage und schreibe 13 – allesamt gut restaurierte – **Pubs.** So z. B. The Red Lion oder die vollständig efeuverkleidete Taverne The Royal Oak oder auch The New Inn, der keineswegs neu ist, sondern aus der Mitte des 16. Jh. datiert und ehemals eine Kutschstation war. Alle drei genannten Pubs halten natürlich sommertags auch einen Biergarten für das Publikum bereit, Cerne Abbas ist nämlich ein beliebtes Ausflugsziel bei den Bewohnern der Region.

Sherborne ⌕ IX/C1

Weiter geht es nun auf Sherborne zu, wo das Stammschloss von *Sir Walter Raleigh* einen Besuch lohnt.

Das **Old Castle** schenkte *Königin Elisabeth* ihrem Günstling *Raleigh* für seine mannigfachen Verdienste. *Sir Walter* war auch recht glücklich über den Gunstbeweis und investierte hohe Summen in den Ausbau. 1593 aber verschlechterten sich die Beziehungen

Follies in Barwick

zwischen dem Seehelden und der Königin. *Sir Walter* hatte heimlich eine Hofdame von *Elisabeth* geehelicht – das gehörte sich in jenen Tagen nicht, *Raleigh* hätte gefälligst Majestät um Erlaubnis bitten müssen. *Sir Walter* fiel also in Ungnade, und da wollte er das Geschenk der Monarchin auch nicht mehr. Stattdessen also begann er, das einige hundert Meter entfernte Jagdhäuschen auszubauen.

Größeres Geschenk: The Old Castle

ABM-Maßnahme aus dem 19. Jahrhundert: Das Folly des Handschuhfabrikanten in Yeovil

Unter Elisabeths Nachfolger *Jakob I.* kam das New Castle in den Besitz der Digby-Familie, und die baute kräftig an und vergrößerte das Anwesen. Im 18. Jh. wurde das Schloss noch einmal modifiziert, *Lancelot „Capability" Brown* ließ den See graben und legte den Landschaftsgarten an.

Follies in Barwick
↗ IX/C1

Die A 30 führt von Sherborne nach Yeovil, von dort geht es entlang der A 37 zum 3 km südlich gelegenen Weiler Barwick. Hier gibt es vier Follies zu besichtigen, die sicherlich zu den groteskesten ganz Englands gehören. Man muss ein wenig suchend herumfahren, Ausschau halten oder die Leute fragen. Die spektakulärste architektonische Verrücktheit sieht aus, als hätte der spanische Architekt *Gaudí* seinen Fantasien freien Lauf gelassen. Am Schnittpunkt dreier Kuhwiesen ragt ein pittoresker, spitz zulaufender Turm auf. Nicht weit entfernt steht ein kleiner Turm auf einer Bruchsteinarkade, und auf der Spitze turnt anmutig eine kleine Figur herum. Verantwortlich für die **Oddities,** die Seltsamkeiten, ist *George Messiter;* der Philanthrop ließ Anfang des 19. Jh. die Follies erbauen. Als eine Handschuhfabrik in Yeovil ihre Pforten schloss, wurden viele Familienväter arbeitslos, und *Messiter* versuchte das schlimmste Los durch diese Arbeitsbeschaffungsmaßnahme abzumildern.

Montacute House
– Ein elisabethanischer Landsitz

↗ IX/C1

Montacute House, nur wenige Minuten Fahrt westlich von dem kleinen Landstädtchen Yeovil gelegen, ist ein gutes Beispiel für den elisabethanischen Landsitz einer begüterten Familie. **Sir Edward Phelips,** der Erbauer von Montacute, war während der Regierungszeit von *Elisabeth I.* und ihrem Nachfolger *Jakob I.* ein erfolgreicher Mann. Er begann seine Karriere als Anwalt, wurde dann Parlamentarier, erlangte das Amt des *Speaker* im Unterhaus und wurde danach *Master of the Roll.* Im Jahre 1605 krönte er seine Laufbahn mit dem Prozess gegen *Guy Fawkes,* der im so genannten *Gunpowder Plot* versucht hatte, Parlament und König in die Luft zu sprengen.

1590 gab *Phelips* dem lokalen Steinmetz *William Arnold* den Auftrag, einen angemessenen Landsitz für ihn und seine Familie zu erbauen. Arnold vereinte die gotischen Traditionen des Kathedralbaus mit den neuen Ideen der Renaissance des Kontinents zu einem harmonischen Ganzen. Insbesondere die Ostfassade kündet von den neuen gestalterischen Prinzipien; besonders ragen die **Figurengruppe** der

Sir Walter Raleigh – Günstling der Königin

Das genaue Geburtsjahr von *Sir Walter* ist nicht bekannt, er erblickte entweder 1552 oder 1554 das Licht der Welt, als **Sohn eines kleinen Landadligen** in der Grafschaft Devon.

Seine aristokratische Herkunft ermöglichte ihm ein **Studium in Oxford;** ab 1569 dann ging er für einige Jahre nach Frankreich, wo er in der Hugenottenarmee kämpfte. Im Jahre 1578 erhielt *Raleigh* sein **Kapitänspatent** und kämpfte gegen die Spanier, wann immer er sie traf. 1580/81 schließlich diente er als Offizier in Irland.

Etwa um diese Zeit muss *Raleigh* **an den Hof von Elisabeth I.** gekommen sein, und mit seinem Charme und seinem Humor zog er die Königin schnell in seinen Bann. Sie adelte ihn und setzte ihm einige Renten aus, sodass die Zukunft des jungen Mannes gesichert war; ein wichtiges Staatsamt übertrug sie dem ehrgeizigen Hans-Dampf-in-allen-Gassen jedoch nicht, denn ein ungestümes Draufgängertum schickte sich nicht auf dem glatten diplomatischen Parkett.

Immerhin aber war *Sir Walter* Mitglied des Parlaments, Vize-Admiral von Devon und Cornwall sowie Kapitän der *Queen's Guard*.

1584 erhielt er von seiner Förderin ein Patent, das es ihm erlaubte, alle noch unentdeckten Gebiete Amerikas in Besitz zu nehmen. So organisierte *Raleigh* zwei Entdeckungsfahrten und gründete die **erste englische Kolonie in Nordamerika,** die er nach der unverheirateten Königin *Elisabeth* „Virginia" nannte.

1595 **eroberte er Trinidad.** Inspiriert von den sagenhaften El-Dorado-Legenden machte er sich auf die Suche nach dem Goldland und fuhr dabei auch den Orinoco hoch. Finanziell ertragreich war die Reise jedoch nicht.

1596 machte er sich einen Namen mit seinem mutigen **Angriff auf Cadiz,** das daraufhin von den Engländern eingenommen werden konnte. *Elisabeth* belohnte ihn mit dem **Gouverneursposten** von Jersey, Raleigh unterdrückte im Gegenzug die Rebellion von Essex.

1603, im Todesjahr von *Elisabeth*, war es mit *Sir Walters* Glückssträhne vorbei, denn nun bestieg *Jakob I.* den englischen Thron, dem Charme und Humor wenig anhaben konnten. *Raleigh* hatte aufgrund seines arroganten Verhaltens und seiner bekannten geringen Religiosität viele Feinde und Neider, und so wurde er von seinen Gegnern in eine unglückliche **Verschwörung gegen Jakob** verwickelt. Der fackelte nicht lange und ließ *Raleigh* in den Tower werfen und **zum Tode verurteilen.** Dem rhetorisch begabten *Raleigh* gelang jedoch das Meisterwerk, dass Jakob die Vollstreckung des Urteils aussetzte, und so lebte er mit seiner gesamten Familie im Tower, machte naturwissenschaftliche Experimente, dichtete, schrieb staatstheoretische Abhandlungen und seine berühmte mehrbändige „History of the World".

1616, nach 13 Jahren im Tower, unterbreitete er dem bankrotten *Jakob* einen Vorschlag: Er, Raleigh, mache sich auf eine erneute **Goldsuche in Südamerika,** und alles kostbare Metall, das er finde, würde dem König gehören; im Gegenzug bekäme er seine Freiheit zurück. *Jakob,* von leeren Staatskassen gebeutelt, willigte ein, doch das Unternehmen geriet zu einem Fiasko. Die Spanier griffen zu und verhinderten *Raleighs* Goldsuche, überdies sandten sie *Jakob* eine bitterböse diplomatische Note. *Jakob,* der keine außenpolitischen Verwicklungen mit Spanien brauchen konnte, ließ an *Raleigh* nach dessen Rückkehr das 15 Jahre alte **Todesurteil vollstrecken.**

Sir Walter Raleigh starb am 29. Oktober 1618 in Westminster unter dem Schwerthieb des Henkers.

so genannten **Nine Worthies** heraus; einvernehmlich nebeneinander stehen dort so illustre Gestalten wie *Alexander der Große, Cäsar, Josua, Judas Makkabäus, König Artus, Karl der Große, Hektor, David* und *Gottfried von Bouillon.*

Montacute wurde im Laufe der Jahrhunderte kaum verändert; lediglich 1780 ließ ein weiterer Phelips die Westfassade modifizieren, sodass wir ein Herrenhaus im reinsten elisabethanischen Stil vor uns haben. Größte Attraktion ist heute wie damals die **Long Gallery.** Über die gesamte Länge des Hauses zieht sich im zweiten Stock diese so genannte Lange Galerie: 52 m lang und 6,50 m breit, die längste Galerie aller englische Landsitze der damaligen Zeit. Der Reichtum einer Familie und der Wert eines Hauses zeigte sich in jenen Tagen an der Größe dieser besagten Long Gallery, und Montacute House wurde nicht übertroffen. War das Wetter schlecht, sodass sich die Männer der Familie mit ihren Gästen nicht draußen auf der Jagd vergnügen konnten, so verbrachten sie ihre Zeit in den Nischen der Long Gallery, schauten von den großen Fenstern auf die prachtvollen Gartenanlagen oder wagten ein Spielchen. Heute zeigen hier Gemälde – Dauerleihgaben der Londoner National Portrait Gallery – Persönlichkeiten aus der elisabethanischen Ära.

Zu Beginn des 20. Jh. konnte die Phelips-Familie das große Haus nicht mehr unterhalten und vermietete es an **Lord Curzon,** den ehemaligen Vizekö-

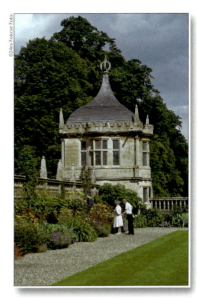

> „Die charakteristische Lustbarkeit der Engländer sind die Wettrennen ihrer Pferde. Für einen Ausländer hat diese britische Ergötzlichkeit wenig Anziehendes. Da der größte Teil der Zuschauer selbst beritten ist oder mit einem Gefährt kommt, folgen den Rennpferden Tausende nach, und das mit einem solchen Geschrei, als wenn die türkische Kavallerie attackierte."
>
> *Johann Wilhelm von Archenholtz, „England und Italien", 1787*

Einer der Flügelpavillions von Montacute House

nig von Indien. Hier wartete *Curzon* als Außenminister im Jahr 1923 auf seine Berufung zum Premierminister. Endlich traf das Telegramm ein, das ihn nach London rief; dort musste er enttäuscht feststellen, dass Stanley Baldwin vom König in das höchste politische Amt berufen worden war.

Wunderschön ist der **Garten** von Montacute House, vor allem im East Court, der von zwei grazilen Pavillons flankiert wird (Öffnungszeiten: Mitte März–Okt. Mo, Mi–So 11–17 Uhr).

Weymouth ♪ IX/D3
Klein und intim

Den Ruhm des kleinen Seebades begründete König *Georg III.*, der bereits im Jahre 1789 hier sommerliche Badefreuden genoss. Daran erinnert die 20 Jahre nach dem ersten Besuch von den dankbaren Bürgern der Stadt gestiftete papageienbunte Statue des Herrschers am westlichen Ende der Strandpromenade. Der richtige Aufschwung erfolgte jedoch erst 1857 mit dem Anschluss an das Eisenbahnnetz.

Am 10. Februar 1910 kam es in Weymouth zu dem in der englischen Öffentlichkeit berühmt gewordenen **„Jux mit der Dreadnought"**, an dem die 28-jährige *Virginia Stephen*, die spätere *Virginia Woolf*, maßgeblich beteiligt war. Die Dreadnought war das modernste Kriegsschiff der damaligen Zeit, und entsprechend hoch lagen die Sicherheitsstandards. Virginia war als Kaiser von Abessinien verkleidet und besichtigte mit ihrem Hofstaat, bestehend aus geschminkten und in Fantasiegewänder gesteckten Freunden, im Zuge eines „offiziellen Staatsbesuches" das Kriegsschiff. Niemand bemerkte etwas, die Spaßvögel teilten die Sache der Presse mit, und die Offiziere der Dreadnought fühlten sich um ihre Ehre gebracht und forderten schlimmste Bestrafungen bis hin zu körperlichen Züchtigungen. Später hat Virginia in einer Kurzgeschichte mit dem Titel „A Society" diese Erfahrung literarisch festgehalten. Virginia variiert in dieser Kurzgeschichte eines ihrer zentralen Themen, das – wie ihr Biograf schreibt – „der männlichen Ehre, der männlichen Gewalttätigkeit und Dummheit, der goldbetressten männlichen Überheblichkeit. Virginia hatte sich eingelassen auf das abessinische Abenteuer des Spaßes wegen; sie ging daraus hervor mit einem geschärften Sinn für die Albernheit der Männer, der sie in ihrer schon seit längerer Zeit genährten politischen Überzeugung bestätigte."

Attraktion des kleinen Seebades ist der 3 km lange, feine **Sandstrand,** begrenzt von der Promenade, die ein zum 20-jährigen Thronjubiläum *Victorias* erbauter Uhrturm in zwei Hälften teilt.

Geschäftig geht es am **alten Hafen** zu, der schon lange nicht mehr den Fischern dient. Hier werden die alten Speicherhallen zu Pubs, Restaurants und Ferienwohnungen umgebaut. Kinder dürften sich vor allem für das Ausstellungsgebäude **Deep Sea Adventure** mit einer Abteilung zur Titanic interessieren (tgl. 9.30–17.30 Uhr).

Praktische Hinweise

Tourist Information
- **The Esplanade,** Tel. 01305-785747.

Unterkunft
- **Hotel Rex,** 29 The Esplanade, Tel. 01305-760400, Fax 760500, www.kingshotels.co.uk, DZ 116 £.
- **Hotel Rembrandt,** 12 Dorchester Road, Tel. 01305-764000, Fax 764022, www.hotelrembrandt.co.uk, DZ 98 £.
- **Bed and Breakfast:** *The Bay Guest House,* 11 Waterloos Place, Tel./Fax 01305-786289, www.thebayguesthouse.co.uk, DZ 60 £; *The Seaham,* 3 Waterloo Place, Tel. 01305-782 010, www.theseahamweymouth.co.uk, DZ 68 £.
- **Camping:** See Barn Farm Camping Site, Fleet, Tel. 01305-782218, von Weymouth entlang der B 3157 Richtung Bridport und nach ca. 7 km links ab.

Pubs und Restaurants
- **Rossini,** Maiden Street, freundliches italienisches Restaurant, keine Pizzen, Pastas um 8 £, Fisch- und Fleischgerichte um 12 £.
- **Bella Italia,** St. Mary's Street, für britische Verhältnisse ordentliche Pizza und Pasta, 6–8 £.

Im Zentrum von Weymouth

- **The Globe,** East Street, schöner Pub am Old Harbour.
- Pubs **The George Inn, The Ship Inn, The Royal Oak,** alle am Old Harbour in ehemaligen Speicherhäusern.
- **The House on Pooh Corner,** St. Mary's Street, Kaffeehaus mit angeschlossenem kleinen Restaurant, um 5 £.
- **The Black Dog,** St. Mary's Street, Pub mit vielen Angeboten zur Lunch-Zeit.
- **Sorrento,** Maiden Street, italienisches Restaurant, Pizza, Pasta, Carne, Pesce, bis 10 £.

Verbindung

- Mit **Zügen** im Verbundsystem Network Southeast und **Bussen** des National Express in alle Landesteile.
- **Bahnhof** und **Busbahnhof:** Im Zentrum, abseits der King Street.

Isle of Portland und Chesil Beach

⚲ IX/C/D3

Südlich von Weymouth hängt nur an einem dünnen Zipfel die Halbinsel Isle of Portland, die Thomas Hardy als „das Gibraltar von Wessex" bezeichnete. Seit Jahrhunderten wird hier der graue Portlandstein gebrochen, der im ganzen Land beliebt ist. 60.000 t wurden allein an der St. Paul's Cathedral in London verbaut; auch die Bank von England, das Oxford-Street-Kaufhaus Selfridge's und die meisten Gebäude in Westminster bestehen aus Portland Stone.

Der Chesil Beach, vom Obelisken der Portland Hights aus gesehen

> „Der Engländer, der mit seiner Miss immer an den Badestrand geht, damit der Anblick der nackten Männer sie gegen Sinnlichkeit abstumpfe."
>
> *Heinrich Heine,* „Gedanken und Einfälle"

Die Südspitze der Insel, **Bill of Portland** genannt, markiert ein rot-weiß geringelter Leuchtturm, den man besteigen kann.

Hinter dem Örtchen Fortuneswell erheben sich die **Portland Heights,** an deren höchstem Punkt ein Obelisk steht. Von dort oben hat man einen prachtvollen Ausblick auf den **Chesil Beach,** eine gigantische, mehrere hundert Meter breite und 27 km lange, die Küste schützende Kieselsteinbarriere. Zwischen dem Festland und diesem „Damm" erstreckt sich eine schmale, unter Naturschutz stehende Lagune, **The Fleet** genannt, in der viele Vögel ein Refugium gefunden haben. Dazu gehören der Teichrohrsänger (*Sedge Warbler*), das Goldhähnchen (*Goldcrest*), die Seeschwalbe (*Common Tern*), Reiher (*Heron*), Blesshuhn (*Coot*), Kormoran (*Cormorant*), Regenpfeifer (*Plover*), Seetaucher (*Grebe*) und Brandente (*Sheldrake*).

Auf keinen Fall darf man von dem Kieselsteinstrand in die Meeresfluten springen. **Starke Strömungen** ziehen auch den stärksten Schwimmer auf Nimmerwiedersehen hinaus aufs offene Meer. Da tue man es doch lieber den Brandungsfischern nach, die ihre Angel ins Meer halten und von dem monotonen Murmeln der mahlenden Kiesel kurz vor dem Einschlafen sind.

Die Schwäne von Abbotsbury

Die Schwäne von Abbotsbury

⌑ IX/C3

Am westlichen Ende des Chesil Beach liegt das Dörflein Abbotsbury, das mit seinen *Thatched Cottages*, seinen reetgedeckten Häusern, einen romantischen Eindruck aus alter Zeit hinterlässt. Auf frühere Tage geht auch die weltweit einmalige *Swannery*, eine Schwanerei, zurück. 1393 legten Benediktinermönche dieses **Schwanenschutzgebiet** an, erste urkundliche Erwähnungen datieren auf das Jahr 1591; darin wird *Elisabeth I.* mitgeteilt, dass 410 Schwäne von den Mönchen gehegt wurden.

Seit den Zeiten von *Heinrich II. Kurzmantel* (reg. 1154–1189) stehen die

> „Man wird alle zehn Schritte von liederlichen Mädchen angehalten; zuweilen sind es zwölfjährige Kinder, die einem gleich die Frage ersparen, ob sie auch wüssten, was sie wollten. Ich habe einige, die wie Fräuleins aussahen, Fragen an mich tun hören, bei denen ein Student durch sohlendickes Fell rot geworden wäre."
>
> Georg Christoph Lichtenberg, „Briefe aus England", 1775

DIE SCHWÄNE VON ABBOTSBURY

Schwäne ganz besonders hoch in der Gunst der Herrscher, und jeder frei geborene Wasservogel gehört seit jenen Tagen dem König – und das ist heute noch immer so! Drakonische Strafen galten denjenigen, die Eier aus dem Nest stahlen oder gar ein ganzes Tier vom Wasser her flugs in die Bratröhre brachten: Ein Jahr Gefängnis standen auf solche Delikte. Bis ins 19. Jh. hinein galt Schwanenbraten bei den Briten als besondere Delikatesse, dann wurde jedoch der amerikanische Truthahn Mode, und der Geschmack änderte sich.

Mein lieber Schwan:
Federvieh in des Königs Schwanerei

Die Swannery ist kein Schwanenzoo; während des Winters und in der Brutzeit werden die Tiere umsorgt und geschützt, aber sie sind völlig frei. Jahr für Jahr brüten etwa 120 Schwäne in Abbotsbury; während des Winters sind bis zu 1000 der majestätischen Wasservögel in der Swannery (tgl. Fütterung um 12 und 16 Uhr).

Im kleinen Ortszentrum von Abbotsbury sollte man nicht an dem **Pub Ilchester Arms** vorbeifahren; das Gasthaus, eine ehemalige Kutschstation, datiert aus dem 17. Jh. und bietet auch einige individuell gestaltete Fremdenzimmer an, u. a. eine *Honeymoon Suite*.

Ein kurzes Stück hinter dem Ortsausgang von Abbotsbury lockt der farbenprächtige **Subtropical Garden,** zu dem recht gut das Kipling-Wort passt: „But the glory of the garden lies in more than meets the eye." (Die Pracht des Gartens ist mehr als das, was man mit den eigenen Augen sieht.) Die Ursprünge des Parks gehen auf die Countess of Ilchester zurück, die 1765 einen Kräutergarten für ihre Küche anlegen ließ. Wie der Name schon sagt, wachsen eine ganze Reihe exotischer Pflanzen in dem Park, der in einem klimatisch sehr milden Teil der Südküste liegt. Einen Besuch sollte man auf keinen Fall versäumen (im Sommer tgl. 10–18 Uhr, im Winter tgl. 10–16 Uhr).

> „Nirgends wimmelt es so sehr von Quacksalbern wie in England. Dies bezeugen auch die Journale, deren größter Teil aus Ankündigungen von Wundarzneien besteht."
>
> Johanna Schopenhauer, „Reise durch England und Schottland", 1803

Lyme Regis ♪ VIII/B2
– Eldorado für Fossiliensucher

Von Abbotsbury folgt die Straße recht schön dem Küstenverlauf, und man hat gute Ausblicke hinaus aufs Meer. Vorbei am Dörfchen Bridport ist schnell das kleine Seebad Lyme Regis erreicht: The Pearl of Dorset – a centre of outstanding beauty, wie die lokale Fremdenverkehrswerbung vollmundig verspricht. Das **königliche Lyme,** so der Beiname Regis, geht nach Chroniken auf eine 774 gegründete Ansiedlung zurück. 1284 erhielt Lyme von *Eduard I.* die Stadtrechte – inklusive den Zusatz *Regis*. Stolz vermelden die Annalen des Seebades, dass im Jahre 1588 zwei lokale Schiffe an der Seeschlacht gegen die spanische Armada teilnahmen. 1760 kamen die ersten Besucher, die in der salzhaltigen Luft und dem Wasser kurten.

Lyme Regis ist ein gemütlich wirkendes Städtchen mit sehr **steil auf- und absteigenden Straßen** und Gassen (We don't rent bikes in Lyme, it's too hilly here; die Straße hinunter zum Hafen hat 20 % Gefälle), einer schmalen **Promenade** vor dem Sandstrand und einem kleinen Hafen mit der weit ins Meer reichenden, bereits aus dem Mittelalter stammenden **Mole The Cobb.**

Zu Beginn des 19. Jh., als das wissenschaftliche Interesse an der Entstehungsgeschichte der Welt seinen Höhepunkt erreicht hatte, machten sich wissenschaftlich-aufgeklärte Geister trunken vor Wissensdurst auf nach Lyme Regis. Im Lias-Gestein der Umgebung fanden sich, reichhaltig wie nirgendwo sonst, **Fossilien** aller Art. 1811 legte die erst 10-jährige *Mary Anning* das vollständige versteinerte Skelett eines Ichthyosaurus (Fischsaurier, Länge bis 17 m) frei; 17 Jahre später fand sie das erste Knochengerüst eines Pterodactylos (Flugsaurier mit bis zu 8 m Flügelspannweite, eines der größten bekannten Flugtiere).

In einigen kleinen Läden der Stadt kann der Interessent Fossilienhammer

LYME REGIS

und -meißel erstehen und selbst auf die Suche gehen. Im Ausstellungsgebäude **Dinosaurland** (März bis Nov. tgl. 10–17 Uhr, ab hier während der Saison geführte Exkursionen zu den Versteinerungen) und im **Lyme Regis Museum History and Geology** (Mo–Sa 10.30–13, 14.30–17 Uhr) sind eine ganze Anzahl von Funden ausgestellt.

Jane Austen (1775–1817) kam Anfang des 19. Jh. erstmals nach Lyme Regis und in den folgenden Jahren kehrte sie öfter wieder. In dem ein Jahr nach ihrem Tod publizierten, weitgehend autobiografischen Roman „Persuasion" verlegt sie weite Teile der Handlung in das Seebad. Die Protagonistin Anne Elliot stürzt in der Liebesgeschichte auf die Pflasterung der Hafenmole Cobb. Dieser Ort interessierte Hofdichter **Tennyson** – im Jahre 1867 vor Ort – viel mehr als die Stelle, an der 1685 der Duke of Monmouth an Land gegangen war, um Englands Krone zu erlangen.

Der 1926 geborene Romancier **John Fowles** (gest. 2005) lebte und schrieb in Lyme Regis, „in der Stadt, die damals wie heute vom Klatsch so voll ist wie ein Stück Roquefort vom Käse." Sein berühmtester Roman, „The French Lieutenant's Woman" (1969, dt. „Die Geliebte des französischen Leutnants"), spielt in Lyme Regis; auch hier ist die Mole The Cobb wichtiger Schauplatz, denn in jeder Minute ihrer freien Zeit schaut Sarah Woodruff „von der langen Kralle aus altersgrauem Mauerwerk, die sich gegen das Meer hin krümmt", auf die See hinaus und wartet auf die Rückkehr des Geliebten. Für die Verfilmung schrieb *Harold Pinter* das Drehbuch, und *Meryl Streep* übernahm die Rolle der Sarah Woodruff. Wer aus der Feder von *John Fowles* Kulturgeschichtliches über Lyme Regis erfahren möchte, kaufe sich vor Ort den Band „Lyme Regis, three town walks".

Südenglandbesucher, die während der Studentenbewegung Ende der 1960er Jahre über repressionsfreie Kindererziehung diskutiert haben, werden sich an den Namen **A. S. Neill** erinnern. Dieser „angesehene Erzieher, der sich von einem konventionellen Schulmeister zu einem der originellsten und erfolgreichsten Reformer unserer Zeit entwickelt hat" – so *Bertrand Russel* –, gründete 1924 seine berühmte Internatsschule Summerhill in Lyme Regis.

> „Der Reichtum Englands und die dortigen Begriffe von Bequemlichkeit bringen es mit sich, dass selbst Menschen der niedrigsten Volksklassen niemals zu Fuß reisen. Es gibt daher eine ungeheure Vielzahl von Postkutschen und anderen Reisemaschinen, die jede Woche zu Hunderten von und nach London rollen."
>
> Johann Wilhelm von Archenholtz, „England und Italien", 1787

Praktische Hinweise

Tourist Information
- **Guildhall Cottage,** Church Street, Tel. 01297-442138.

Unterkunft
- **Mariners Hotel,** Silver Street, Tel. 01297-442753, Fax 442431, www.hotellymeregis.co.uk, DZ 130 £.
- **Bay Hotel,** Marine Parade, Tel. 01297-442059, Fax 444642, www.lymebayhotel.co.uk, DZ 130 £.
- **Royal Lion,** Broad Street, Tel. 01297-445 622, Fax 445859, www.royallionhotel.com, DZ 90 £.
- **Bed and Breakfast:** *Coverdale*, Woodmead Road, Tel. 01297-442882, Fax 444673, coverdale@tinyworld.co.uk, DZ 60; *Old Lyme*, 29 Coombe Street, Tel. 01297-442929, Fax 444652, www.oldlymeguesthouse.co.uk, DZ 72 £; *The White House*, 47 Silver Street, Tel. 01297-443420, DZ 60 £; *Albany*, Charmouth Road, Tel. 01297-443066, www.albany-lymeregis.co.uk, DZ 68 £.

Pubs und Restaurants
- **The Mad Hatters Restaurant,** Broad Street, auch vegetarisch, um 9 £.
- **Volunteer Inn,** Broad Street, recht gemütlicher Pub, sicherlich einer der atmosphärereichsten im Örtchen.
- **Broad Street Restaurant,** Broad Street, Tel. 01297-445792, bestes Restaurant von Lyme Regis, das nur lokale Produkte aus biologischem Anbau verarbeitet. Hochgelobt in der heimischen Presse, abendliches Drei-Gänge Dinner-Menü 25 £.
- **The Fudge Kitchen,** Broad Street, gemütliche Teestube.
- **Rock Point Inn,** Broad Street, Free House.
- **Pub The Pilot Boat,** Broad Street; die besten Bar Snacks zur Lunch-Zeit in ganz Lyme Regis.

Verbindung
- Lyme Regis hat keinen Bahnhof und ist auch nicht im Liniennetz des National Express; lokale Busse von Dorchester.

Nicht nur für Literaten: die Mole

Exeter – Plymouth

Exeter ⚓ XI/D1
– Hauptstadt, Bischofssitz, Universitätsmetropole

Das 100.000 Seelen zählende Exeter ist die Hauptstadt der Grafschaft Devon, Bischofssitz und Universitätsmetropole. Trotz der vielen Einwohner hat Exeter sich einen beschaulichen Charme bewahren können und ist weit davon entfernt, von einer sterilen Großstadtatmosphäre erfasst zu werden.

Um das Jahr 80 n. Chr. gründeten die Römer die Ansiedlung Isca Dumnoniorum, mehr als ein halbes Jahrtausend später kam unter den Angelsachsen ein Kloster hinzu, und kurz vor der normannischen Invasion erlangte Exeter 1050 den Rang einer Bischofsstadt. Die Abteikirche, 1003 von den Dänen zerstört, wurde zu einem großen normannischen Gotteshaus erweitert. 1270 dann begann man mit der gotischen Umgestaltung, die 90 Jahre später mit der Fertigstellung der grandiosen Westfassade ihr Ende fand. **Exeter Cathedral** ist im reinsten *Decorated Style*, der englischen Hochgotik, errichtet.

Exeter Cathedral

Allererster Blickfang ist zweifellos die **Westfassade**, die von einer dreireihigen Skulpturengalerie geschmückt ist. In den ersten Jahren nach der Fertigstellung muss dieser Teil des Gottes-

Die Kathedrale von Westen gesehen

EXETER

I	Westfassade
II	Querschiff mit den normannischen Türmen
III	Chor
IV	Marienkapelle
V	Gabrielskapelle
VI	Nördliches Chorseitenschiff
VII	Südliches Chorseitenschif
VIII	Dombibliothek
IX	Kapitelhaus
1	Grabkapelle Bischof Grandisson
2	Minstrel Gallery
3	Miserikordien
4	Lettner mit Orgel
5	Astronomische Uhr
6	Grab Bischof Stapeldon
7	Grab Bischof Leofric

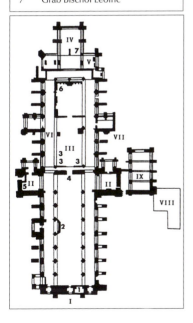

waltig hat der in England lebende amerikanische Autor *Henry James* diese Außenfront beschrieben: „Exeter erweist sich wirklich einen schlechten Dienst mit einer niedrigen dunklen Front, die nicht nur die offenkundige Höhe des Hauptschiffes mindert, sondern auch, wenn man westwärts blickt, zwei stattliche normannische Türme verbirgt. Die Front indes, die etwas düster Eindrucksvolles hat, wird durch zwei schöne Züge gerettet: eine großartige Fensterrosette, deren riesiges, steinernes Stabwerk mit höchst bezaubernder Verschlungenheit gegliedert ist; und einen langen herausgemeißelten Fries – eine Art steinernes Band von Bildern –, der sich von einer Seite zur anderen über die Fassade zieht. Die kleinen Standbilder von Heiligen und Königen und Bischöfen mit zerbrochenen Antlitzen, entlang dieser altehrwürdigen Wand in Nischen übereinander angeordnet, sind im Ausdruck ungemein finster, wunderlich und primitiv; und während hauses noch beeindruckender ausgesehen haben, denn die Figuren waren bunt bemalt. Sehr schön und wortge-

EXETER

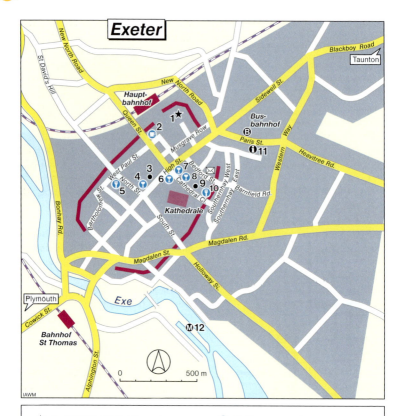

- ★ 1 Rougemont Castle und Rougemont Gardens
- ◐ 2 Café Rouge
- ● 3 Guildhall
- ❸ 4 Pub The Turk's Head
- ❸ 5 Herbie's Restaurant
- ❸ 6 Pub The Well House
- ❸ 7 Pub und Restaurant The Ship Inn
- ❸ 8 Tearoom und Restaurant Hanson's
- ● 9 Mol's House
- ❸ 10 Restaurant Ask
- ❶ 11 Tourist Information
- Ⓜ 12 Alter Hafen und Maritime Museum, Pub The Prospect

man mit dem beschaulichen Zartgefühl, das einem in der Fron des hart arbeitenden Touristen noch zu Gebote stehen mag, betrachtet, bildet man sich ein, sie seien sich ihrer Namen, Geschichten und Missgeschicke grüblerisch bewusst; sie spürten, empfindsame Opfer der Zeit, den Verlust ihrer Nasen, ihrer Zehen und ihrer Kronen; und begännen, wenn das lange Juni-Zwielicht endlich zu tieferem Grau und die Ruhe der Domfreiheit zu tieferer Stille wird, aus ihren engen Nischen seitwärts zu lugen und sich in einer seltsamen Form von Altenglisch, so steif und doch so unbefangen wie ihre Züge und Posen, zu unterhalten, stöhnend, wie eine Gesellschaft betagter Armer um einen Spitalkamin, über ihre Leiden, Gebrechen und Schäden, und das Elend, so schrecklich alt zu sein."

Machen wir nun einen Rundgang durch die Kathedrale. Rechts vom Haupteingang ruht in einer kleinen **Grabkapelle Bischof Grandisson,** der maßgeblich den Bau der Kathedrale vorantrieb. Im **Langhaus** stützen 16-teilige Pfeiler das Gewölbe, das, da es auch in der Vierung nicht unterbrochen ist, das längste gotische Gewölbe der Welt ist. Wäre da nicht der Lettner mit der Orgel obendrauf, so könnte man sehr tief in die Weite der Kathedrale schauen. Den nördlichen Teil des Langhauses schmückt die **Sängerempore Ministry Gallery,** wo eine ganze Reihe von Engeln kräftig am Musizieren ist.

Im nördlichen Querschiff zeigt die **astronomische Uhr** aus dem Ende des 14. Jh. nicht nur die Zeit, sondern auch die Mondphasen an. Im nördlichen Teil des Chores ist **Bischof Stapeldon** zur letzten Ruhe gebettet; auch er war einer der Geistlichen, unter denen die Baumeister große Fortschritte in der Errichtung des Gotteshauses machten. Darüber hinaus war er Schatzmeister von *Eduard II.* Dies sollte ihm zum Verhängnis werden; ein wütender Londoner Mob brachte den wegen seiner unpopulären Maßnahmen gehassten Kirchenmann 1326 um. In der **Marienkapelle** ist der angelsächsische Bischof *Leofric* (gest. 1072) begraben.

Eine sehr persönliche Atmosphäre nimmt die steinerne Kathedrale an, wenn man die buntbestickten **Sitzkissen** entlang der Steinbänke sieht. 70 Frauen der Gemeinde haben mehr als ein halbes Jahrzehnt daran gestickt und erzählen in den Bildern die Geschichte der Stadt.

In der Dombibliothek ist mit dem so genannten **Exeter Book** die einzige Quelle angelsächsischer Dichtung erhalten; Bischof *Leofric* (s. o.) vermachte das Buch, dessen Texte zwischen 950 und 1000 geschrieben wurden, der Kathedralbibliothek.

Weiteres Sehenswertes

Die **Domfreiheit** ist eine der kleinsten in England, nahe rücken die alten Fachwerkhäuser an das Gotteshaus heran. Dafür hat dieser *Cathedral Close* eine intime Atmosphäre, wenn Schulklassen dort picknicken und an schönen Tagen die Angestellten der Umgebung mittags in ihre Sandwiches beißen.

An der Ostseite ragt über vier Stockwerke **Mol's House** auf, ein schwarzweißes Fachwerkhaus aus elisabethanischer Ära; in dem Tee- und späteren Kaffeehaus kehrten die vier so genannten *Devon Sea Captains* – *Sir Francis Drake, Sir Martin Frobisher, Sir John Hawkins* und *Sir Walter Raleigh* – regelmäßig ein.

Vom Close geht die St. Martin's Lane ab und verbindet die High Street, die verkehrsberuhigte Hauptgeschäftsstraße, mit der Domfreiheit; in der engen Gasse lohnt unbedingt das **Ship Inn** einen Besuch. In dem alten Pub mit angeschlossenem Restaurant becherten die vier obengenannten Herren, Elisabeths Elitekapitäne, des Öfteren um die Wette.

In der High Street imponiert die mächtige **Guildhall,** deren Ursprünge auf das Jahr 1160 zurückgehen. Damit ist es das älteste Verwaltungsgebäude Englands.

Nahebei – ebenfalls in der High Street – steht der **Pub The Turk's Head,** in dem *Charles Dickens* immer logierte, wenn er in Exeter war. Hier wurde er von einem Kellnerjungen bedient, der ihm als Vorbild für den Fat Boy in seinen „Posthumous Papers of the Pickwick Club" diente.

Geruhsam geht es in den zentrumsnahen **Rougemont Gardens** zu, wo Reste von Rougemont Castle daran erinnern, dass Exeter die einzige Stadt in England war, die sich nicht dem normannischen Eroberer *Wilhelm* unterordnete. Erst zwei Jahre nach der Invasion konnte die widerspenstige Ansiedlung eingenommen werden. *Wilhelm* ließ eine Burg errichten, um die rebellischen Bewohner besser kontrollieren zu können. „Ich war letzthin in Exeter,/da wies der Schulz verbindlich mir das Schloss/und nannt' es Rougemont", lässt *Shakespeare* in dem gleichnamigen Drama seinen Titelhelden *Richard III.* ausrufen.

Im Süden der Stadt breitet sich der **alte Hafen** aus, in dem erst vor wenigen Jahren kräftig renoviert wurde; in die alten Magazinhäuser sind Pubs, Cafés und kleine Geschäfte eingezogen, Apartmenthäuser säumen die Ufer des River Exe.

Praktische Hinweise

Tourist Information
● **Alexandra Terrace,** Tel. 01395-222299.

Unterkunft
● **Barton Cross Hotel,** Huxham, Stoke Canon, Tel. 01392-841245, Fax 841942, www.thebartoncrosshotel.co.uk, DZ 90 £.
● **Barcelona Hotel,** Magdalen Street, Tel. 01395-281000, www.aliashotels.com, DZ 110 £.
● **Queens Court Hotel,** Bystock Terrace, Tel. 01392-272709, Fax 491390, www.queenscourt-hotel.co.uk, DZ 109 £.
● **Devon Hotel,** Exeter Bypass, Tel. 01392-259268, Fax 413142, www.brend-hotels.co.uk, DZ 80 £.
● **Bed and Breakfast:** *Sunnymede,* 24 New North Road, Tel. 01392-273844, 274359, www.sunnymede.biz, DZ 60 £; *Georgian Lodge,* 5 Bystock Terrace, Tel. 01395-213079, www.georgianlodge.com, DZ 65 £; *The Edwardian,* 30 Heavitree Road, Tel. 01392-276102, Fax 253393, www.edwardianexeter.co.uk, DZ 75£.
● **Jugendherbergen:** 47 Countess Wear Road, Tel. 0845-3719516; *Exeter Globe Backpackers Hostel,* 71 Holloway Street, Tel.

01392-215521, Fax 215531, www.exeterbackpackers.co.uk.
●**Camping:** Kennford International Caravan Park, Kennford, Tel. 01392-833046, 6 km südlich von Exeter an der A 38.

Pubs und Restaurants

●**Café Rouge,** Queen's Street/Ecke Little Queen's Street, freundliches Restaurant mit einem sehr guten Preis-Leistungs-Verhältnis, Gerichte zwischen 5 und 14 £.
●**On the Waterfront,** The Quay, am alten Hafen, Pub und preiswerte Pizzeria.
●**Double Locks,** Canal Banks, Free House aus dem Jahr 1820, sehr schön am alten Kanal gelegen, mit großem Biergarten, Eltern werden sich über ein Kinderareal freuen, wo die Kleinen gut aufgehoben sind, breites Angebot an Real Ales und Bar Snacks, ein kleines Restaurant in separaten Räumen ist angeschlossen, leider nicht leicht zu finden, fragen Sie nach dem Exeter Ship Canal oder lassen Sie sich unter der Nummer 01392-256947 telefonisch vom Wirt den Weg erklären.
●**The Ship Inn,** St. Martin's Lane, mit angeschlossenem Restaurant, um 9 £, die Lieblingskneipe von *Sir Francis Drake.*
●**The Turk's Head,** High Street, mit angeschlossenem Restaurant, 11 £, hier nahm *Dickens* Quartier, wenn er in Exeter war.
●**The Well House,** Cathedral Yard, gemütlicher Pub, von hier Ausblick auf die Kathedrale.
●**Hanson's,** Cathedral Close, traditionelles Teehaus und Restaurant, 5 £.
●**Herbie's,** North Street, vegetarisches Restaurant, 7–11 £.
●**Ask,** Cathedral Close, italienisches Lokal einer Restaurant-Kette mit gutem Preis-Leistungs-Verhältnis, Pizzen und Pasta bis 10 £.
●**The Prospect Inn,** The Quay, originalgetreu erhaltener Gasthof aus dem 17. Jh. am alten Hafen.
●**Internet Café Hyperactive,** 1 B Central Station, Queen Street.

Verbindung

●**Bahnhof:** Exeter Central, Queen Street im Zentrum, St. David's Train Station, nördlich vom Zentrum an Bonhay Road.
●**Busbahnhof:** Paris Street.

A la Ronde ⤴ XI/D1
– Und noch ein Folly

Wieder einmal eine Kuriosität ersten Ranges ist das etwas abseits der A 376, südlich von Exeter und am nördlichen Stadtrand von Exmouth gelegene Haus A la Ronde (Mitte März bis Okt. Sa–Mi 11–17 Uhr). Wie der Name schon sagt, ist es rund geraten oder wenigstens annähernd rund, denn es ist **sechzehneckig.** Besucher hat der Folly recht schnell in seinen Bann gezogen, und so sind eine ganze Anzahl von **bewundernden Sentenzen** über das seltsame Haus gesprochen worden. „A unique survival of regency taste that is at once bizarre and intriguing, amateur and intellectual, rustic and cosmopolitan." Ein anderer verlautete 1866: „A curious looking modern building, something between a house and a Temple of a circular shape and with a fantastic chinese (sic) looking ornamental roof." Ein dritter schrieb schließlich 20 Jahre später lapidar: „Would not be out of place in one of the South Sea Islands."

A la Ronde geht auf die zwei alleinstehenden Damen, **Jane Parminter und ihre Cousine Mary,** zurück. Die beiden begaben sich 1784 auf die bei

---

Der ehemalige britische Premierminister *John Major* in einer Rede: „Auch in 50 Jahren wird Großbritannien noch immer das Land sein, wo lange Schatten auf die Cricket-Felder fallen, wo es warmes Bier, ewig grüne Vororte und Hundenarren gibt. Die wesentlichen Dinge werden sich in Großbritannien nie ändern."

A LA RONDE

adligen Männern übliche Kavaliersreise, im Sprachgebrauch der damaligen Zeit *Grand Tour* genannt, und besuchten den Kontinent, vor allem Italien. Jane und Mary nahmen ihre Aufgabe mehr als ernst und kamen erst 11 Jahre später, beladen mit Souvenirs, wieder nach England zurück. Nun musste ein geeigneter Wohnsitz gefunden werden, und laut Familientradition soll Jane A la Ronde ohne die Hilfe eines Architekten entworfen haben. Neuere Forschungen des National Trust, in dessen Händen sich diese einmalige Kostbarkeit befindet, haben jedoch ergeben, dass aller Wahrscheinlichkeit nach ein gewisser *John Lowder*, Gentleman Architect in Bath, das Haus konstruiert hat. Die Idee aber mag sicher in den Köpfen von Jane und Mary entstanden sein, denn, so heißt es, A la Ronde gehe auf die oktogonale Basilika San Vitale in Ravenna zurück. 13 Jahre noch konnte sich Jane an ihrer runden Heimstatt erfreuen, dann starb sie. Mary hinterließ bei ihrem Tod ein langes Testament, das vor allen Dingen zwei Besonderheiten enthielt; zum einen mussten das Haus, sein Mobiliar und alle Bilder, Souvenirs etc. originalgetreu erhalten bleiben, zum anderen durfte nur eine unverheiratete, in verwandtschaftlicher Beziehung zu ihr stehende Frau das Haus erben.

Um eine zentrale achteckige Halle, die von einer hohen Kuppel überwölbt wird, reihen sich ringförmig **die einzelnen Räume** – Arbeitszimmer, Musikzimmer, Bibliothek, Salon, Esszimmer und die Küche. Aufgrund der

Der Wohnsitz der alleinstehenden Damen: das Vieleck „A la Ronde"

runden Bauweise befinden sich zwischen den Zimmern tortenförmige Kammern, die als Schränke und Stauräume genutzt wurden. Alle Zimmer sind mit Krimskrams überladen: Bilder an den Wänden, Bücher, wohin das Auge blickt, papageienbunter Nippes, muschelverzierte Kästchen, auffallend viele Scherenschnitte, in den Möbeln reiche Holz- einlegearbeiten und vieles andere mehr. Krönung des Ganzen ist die **Shell Gallery,** ein Kuppelraum, der vollständig mit Muscheln verkleidet ist (da viele Besucher hier in den vergangenen Jahren Muscheln als Souvenir abgebrochen haben, hat der Trust ein Videosystem installiert; vor einem Videomonitor kann man mit einem Joystick eine Kamera steuern, Details anzoomen oder sich eine Gesamtansicht per Weitwinkel auf den Bildschirm holen).

Torquay ⤴ XI/D2
– Die englische Riviera

Torquay bildet zusammen mit Paignton und Brixham eine langgestreckte **urbane Ballungszone** mit über 150.000 Einwohnern – zu groß eigentlich, als dass die rechte Urlaubsfreude aufkommen könnte. Dem Golfstrom jedoch ist es zu verdanken, dass Torquay die „Königin der englischen Riviera mit der milden italienischen Luft" ist, wie der Historiker *Macaulay* einmal bemerkte. Palmen säumen die Straßen, in einer großen **Marina** liegen Abertausende von Motor- und Segeljachten vor Anker, des Abends beleuchten bunte Lichterketten die Straßen und Hausfassaden – alles in allem gibt sich Torquay sehr kosmopolitisch und versucht, an die Atmosphäre der französischen Riviera-Orte heranzukommen.

Läden und Geschäfte aller Art findet man entlang der Fußgängerzone **Fleet Street,** an deren Anfang sich gleich eine gut 150 m lange Arkadenpassage mit kleinen Läden und Cafés – so z. B. die Teestube Poppy's – entlangzieht.

Mehr dörflich dagegen zeigt sich **Brixham,** wo am kleinen Hafen inmitten der flanierenden Urlauber tatsächlich noch Fischer dabei sind, ihre Netze zu flicken und ihre Boote zu überholen.

Hier liegt auch ein **Nachbau der Golden Hind** vor Anker (und bei Ebbe auf dem Schlick des kleinen Hafenbeckens), mit der *Sir Francis Drake* am 13. Dezember 1577 in See stach und nach dreijähriger Fahrt als erster Engländer, nach *Magellan* die Welt umsegelte. Das Schiff ist erstaunlich klein, *Drakes* Kajüte dürfte nicht größer als 4 m² sein. Hier kann man sich leicht vorstellen, wie es war, wenn monatelang ein Haufen Männer auf engstem Raum zusammengepfercht blieb; die Disziplin konnte nur mit brutaler Härte aufrechterhalten werden, und ohne geeignete sanitäre Anlagen müssen Schiff und Mannschaft bestialisch gestunken haben.

In Brixham betrat **Wilhelm von Oranien** englischen Boden – ein Obelisk markiert die Stelle –, um im Zuge der *Glorious Revolution* das Erbe von *Jakob II.* anzutreten.

TORQUAY

Rund um den Hafen von Brixham finden sich einige Pubs und Restaurants aller Art und Preisstufen.

Das milde Klima der Region zog viele Schriftsteller nach Torquay. 1838 kam 29-jährig der spätere Hofdichter **Alfred Tennyson** (1809–1892) ins Seebad, nannte es „the loveliest sea-village in England" und ließ sich zu dem Gedicht „Audley Court" hinreißen.

1866 war **Robert Louis Stevenson** (1850–1894) vor Ort und suchte Linderung von seiner Tuberkulose; der 16-jährige schrieb an seinen Vater eine „Bitte allerbescheidenster Natur" und bat um mehr Geld.

Der homosexuelle **Oscar Wilde** (1854–1900) mietete von November 1892 bis zum März des kommenden Jahres eine Villa in Torquay an, um sich ungestört mit seinem Freund *Lord Alfred Douglas* zu treffen (dessen Vater später für den Skandal sorgte, der *Wilde* ins Gefängnis brachte und letztlich vernichtete). *Wilde* schrieb in diesem Haus seine Komödie „A Woman of no Importance", die schon im April 1893 auf die Bühne gebracht wurde.

1955 übersiedelte der irische Schriftsteller **Sean O'Casey** nach Torquay, wo er neun Jahre später im Alter von 84 Jahren starb. Der Kämpfer gegen die englischen Besatzer der Grünen Insel – so war *O'Casey* beispielsweise Sekretär der *Irish Citizen Army* – bestimmte in seinem Testament ausdrücklich, dass er „im verhassten England" begraben werden wollte.

1902 nahm **Rudyard Kipling** eine Wohnung im Seebad; hier entstanden u. a. seine Schulgeschichten „Stalky and Co."

Torquays berühmteste Literatin ist jedoch die am 15. September 1891 geborene *Agatha Marie Clarissa Miller*, die sich nach ihrem Mann **Agatha Christie** nannte und ihr Leben in Greenway House, einige Kilometer südlich von Torquay, verbrachte.

Praktische Hinweise

Tourist Information
● Vaughan Parade, Tel. 0870-7070010.

Unterkunft
● **Livermead Cliff,** Torbay Road, Tel. 01803-299666, Fax 294496, www.livermeadcliff.co.uk, DZ 75 £.
● **Lincombe Hall,** Lower Woodfield Road, Tel. 01803-213361, Fax 211485, www.lincombehall.co.uk, DZ 115 £.
● **Frognell Hall,** Higher Woodfield Road, Tel. 01803-298339, Fax 215115, www.frognell.co.uk, DZ 94 £.
● **Gresham Court Hotel,** Babbacombe Road, Tel. 01803-293007, Fax 215951, www.gresham-court-hotel.co.uk, DZ 90 £.
● **Bed and Breakfast:** *Court Prior*, St. Lukes Road South, Tel./Fax 01803-292766, www.courtprior.co.uk, DZ 70 £; *Cranmore*, 89 Avenue Road, Tel./Fax 01803-298488, www.thecranmore.co.uk, DZ 60 £; *Crown Lodge*, 83 Avenue Road, Tel./Fax 01803-298772, www.crownlodgehotel.co.uk, DZ 60 £; *Headland View*, 37 Babbacombe Downs Road, Babbacombe, Tel./Fax 01803-312612, www.headlandview.com, DZ 65 £.

„Es gibt nichts Isoliertes in England. Alles hängt ineinander; alles greift ineinander; alles verbindet sich, vermählt sich, verschmilzt sich – ich habe keine adäquaten Worte, um Ihnen diese Ganzheit, dieses bewunderungswürdige Ensemble auszudrücken."

Friedrich von Gentz, „Briefe", 1802

Agatha Christie in Greenway

Zwischen Torquay und Brixham liegt an der A 3022 der kleine Ort **Galmpton**. Folgt man der Ortsdurchgangsstraße aus dem Dörfchen hinaus, so gelangt man zur Einfahrt von **Greenway House,** das fantastisch auf einem Vorgebirge über der Trichtermündung des River Dart liegt. 1938 kauften Agatha Christie und ihr Mann, der Archäologe Max Mallowen, das Haus samt der umliegenden Ländereien und nutzten es fortan als Sommer- und Ferienhaus bis zum Tod der Krimi-Autorin 1976. Im Jahr 2000 gab ihre Tochter Rosalind das Haus samt der umliegenden Grundstücke an den National Trust, der insgesamt 5,4 Mio. £ in die Restaurierung steckte und Greenway im Frühjahr 2009 erstmals für die Öffentlichkeit freigab. Alles ist originalgetreu erhalten, und der Besucher bekommt einen umfangreichen Eindruck vom Leben der Autorin.

Achtung: Greenway liegt ca. 3 km außerhalb von Galmpton. Wer mit dem Auto bis an das Haus heranfahren möchte, muss vorbuchen, da nur begrenzter Parkraum zur Verfügung steht. **Buchungen mindestens einen Tag vorher** unter Tel. 01803-842382 oder auf der Internetseite des National Trust www.greenwayhouse.org.uk. Wer den Wagen in Galmpton parkt und per Spaziergang kommt, gelangt natürlich immer aufs Grundstück, der Hin- und Rückweg beträgt ca. 6 km.

● **Öffnungszeiten:** März–Mitte Juli Mi–So 10.30–17, Mitte Juli–Aug. Di–So 10.30–17, Sept./Okt. Mi–So 10.30–17 Uhr. Der Eintritt kostet für Erwachsene 8,20 £.

● **Jugendherberge:** Torquay International Backpackers Hostel, 119 Abbey Road, Tel. 01803-2999924, www.torquaybackpackers.co.uk.
● **Camping:** Byslades Camping and Touring Park, Totnes Road, Paignton, Tel. 01803-555072, an der A 385 zwischen Paignton und Totnes.

Restaurants und Pubs

● **Steps Bistro,** 1 a Fleet Street, Tel. 01803-201774, frisches, exzellent zubereitetes Seafood, 12–14 £.
● **Pub The Cider Press,** Fleet Walk, gute Anlaufstelle während des Geschäftsbummels entlang der Einkaufsstraße.
● **Chaplin's,** Union Street, Free House, weitgefächertes Lunch-Angebot zur Mittagszeit.
● **Mojo,** The Seafront, Torbay Road, Tel. 01803-294881; Seaside Bar mit Fisch- und Pastagerichten.
● **Marina Restaurant,** Vaughan Parade, am inneren Hafenbecken nahe der Tourist Information, schöne Ausblicke beim Tafeln auf die vor Anker liegenden Jachten, Gerichte zwischen 7 und 15 £.
● **Annie's Thai Restaurant,** Fleet Walk, im ersten Stock über einem Coffee Shop gelegen, gemütliches Lokal mit Ausblick auf die verkehrsberuhigte Einkaufsstraße, um 8 £.
● **The Hole in the Wall,** 6 Park Lane, ältester Pub von Torquay, gute Bar Meals.
● **Kim Long,** Fleet Walk, vietnamesisches Restaurant, 7 £.
● **The Georgian Restaurant,** Torwood Street, internationale Gerichte und griechische Spezialitäten, 7–11 £.
● **Pub The Clocktower,** Torwood Street, gemütliche Kneipe in der Innenstadt.
● **Internet Café The Net Zone,** 6 Newton Street.

Verbindung

● Torquay und Paignton sind im **Intercity-Netz, Züge** von Bristol, Exeter und Plymouth. **Busnetz** des National Express.
● **Bahnhof:** Rathmore Road.
● **Busbahnhof:** am Pavilion, ein Kuppelgebäude am Hafen mit Geschäften.

Dartmouth ⚓ XI/D3
– Ein Juwel am Meer

Anreise

Von Brixham nimmt man die B 3205 zum Örtchen Kingswear; wer nicht mit dem Auto unterwegs ist, sollte die sorgfältig restaurierte **Schmalspureisenbahn** benutzen, die fauchend und zischend von Painton bis Kingswear ihre Rauchzeichen in die Luft lässt.

Von Kingswear geht es dann mit zwei **Fähren** – *Lower Ferry* and *Higher Ferry* – über den Mündungstrichter des River Dart nach Dartmouth (Fährbetrieb tgl. zwischen 7 und 22.45 Uhr; während der Saison bilden sich lange Autoschlangen vor den Fähranlegern, und man ist gut beraten, dann den schnelleren Umweg von Torquay über Totnes nach Dartmouth zu nehmen).

Sehenswertes

Dartmouth darf man auf einer Südenglandrundreise keineswegs auslassen, viel alte Bausubstanz, blumengeschmückte Straßen und Fachwerkfassaden schaffen ein einmaliges Dorfambiente.

1147 sammelten sich in dem natürlichen Hafen von Dartmouth, dem Mündungstrichter des River Dart, englische, französische, deutsche und flämische Schiffe, um zum Zweiten Kreuzzug ins Heilige Land aufzubrechen. Zwischen 1488 und 1509 wurden zwei kleine unspektakuläre Artilleriebefestigungen – **Dartmouth Castle** und **Bayard's Cove Castle**, deren Reste heute zu besichtigen sind – zum Schutz gegen französische Überfälle errichtet. *Thomas Newcomen of Dartmouth* (1663–1729) entwickelte Anfang des 18. Jh. die **erste** industriell einsetzbare **Dampfmaschine** – heute zu besichtigen in den Royal Avenue Gardens.

1905 wurde das hoch über Dartmouth gelegene **Royal Naval College** gegründet, eine Ausbildungsstätte für Seekadetten; *Königin Elisabeths* Ehemann *Philip* und ihre drei Söhne *Charles, Andrew* und *Edward* haben hier ihren letzten militärischen Schliff bekommen.

Zentrum der Stadt ist **The Quay** mit einem kleinen quadratischen Hafenbecken, an zwei Seiten umstanden von schönen alten schwarz-weißen Fachwerkhäusern, an den beiden anderen Seiten gesäumt von der Seepromenade und einem kleinen Park.

Noch attraktiver ist **Butterwalk**, bestanden von vielen alten, gut restaurierten Gemäuern, die von früheren Tagen künden.

Am schönsten ist es in Dartmouth am frühen Abend, wenn man mit einem Bitter vom nahen **Pub Dartmouth Arms** am Kai auf den Bänken der katzenkopfgepflasterten Straße Bayard's Cove sitzt, und die untergehende Sonne das auf der anderen Uferseite am baumbestandenen Hügelhang klebende Örtchen Kingswear mit seinen bunten Häuschen beleuchtet.

Wer die im nachfolgenden Kapitel beschriebenen Wanderungen im Dartmoor machen möchte, sollte trotz längerer Anfahrt sein Quartier möglichst in Dartmouth nehmen; wenn man dann am Abend müde und erschöpft, aber trotzdem guter Dinge an Bayard's Cove sitzt, so hat man einen der schönsten Plätze weit und breit.

Praktische Hinweise

Tourist Information
- **The Engine House,** Mayor's Avenue, Tel. 01803-834224.

Unterkunft
- **Stoke Lodge Hotel,** Stoke Fleming, Tel. 01803-770523, Fax 770851, www.stokelodge.co.uk, DZ 104 £.
- **Royal Castle Hotel,** 11, The Quay, Tel. 01803-833033, Fax 835445, www.royalcastle.co.uk, DZ 155 £.
- **Endsleigh Hotel,** New Stoke Road, Fleming, Tel. 01803-770381, Fax 770891, DZ 70 £.
- **Bed and Breakfast:** *Captain's House,* 18 Clarence Street, Tel. 01803-832133, www.captainshouse.co.uk, DZ 85 £; *Westbourne House,* 4 Vicarage Hill, Tel. 01803-832213, www.westbourne-house.co.uk, DZ 85 £.

Restaurant und Pubs
- **The New Angel,** South Embankment, Tel. 01803-839425, der vom Michelin mit zwei Sternen geadelte Maître John Burton Race hat das weithin bekannte Restaurant Carved Angel übernommen und umbenannt. Hervorragende Küche mit lokalen Produkten, große Weinkarte, eines der besten Lokale an der englischen Südküste.

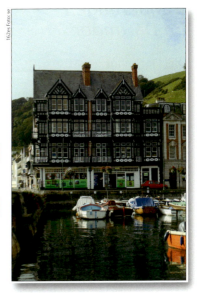

Am inneren Hafenbecken von Dartmouth

- **The Seahorse,** South Embankment, Tel. 01803-835147, neben dem New Angel, steht diesem kaum nach, Gerichte 15–20 £.
- **Resnova Floating Inn,** am Pier in der Mitte des Hafens, Restaurant auf einem Boot, Gerichte aller Art von Kleinigkeiten bis Seafood, 8–18 £.
- **The Cherub,** Higher Street, schönster Pub im Ort, ein Free House in einem efeuumrankten Fachwerkhaus aus dem Jahr 1320.
- **Café Alfresco,** Lower Street, mediterrane Brasserie mit Kleinigkeiten ab 5 £.
- **RB's Diner,** 33 Lower Street, Fischgerichte und Steaks, Zwei-Gänge-Menü 23 £, Drei-Gänge-Menü 28 £.

Verbindung
- Kein Bahnhof und keine Busse des National Express, **lokale Busse** von Torquay und Plymouth. **Schmalspurbahn** nach Kingswear, von dort mit der Fähre über den River Dart nach Dartmouth (für Fußgänger kostenlos).

Wanderungen im Dartmoor

Das Dartmoor ⇗ X/B1/2/XI/C1/2

Wenn bei schönem Wetter ein paar weiße Kumuluswolken am blauen Himmel stehen, die Sonne auf die violette Heide scheint und deren Farbglanz noch verstärkt, wenn in der Ferne eine Herde Ponys im donnernden Galopp querfeldein stürmt und sich die Schafe wie weiße Farbkleckse an den grünen, sanft geschwungenen Hügelhängen ausnehmen, dann ist das Dartmoor eine zauberhafte Landschaft. Wirklich bedrohlich dagegen wirkt es, wenn plötzlich der Nebel aufzieht, die dunklen Wolken sich niedersenken, alles mit ihrem Tau einhüllen und jede Orientierung zunichte machen.

Der **Hund von Baskerville** durchstreift nächtens das nebelverhangene Dartmoor und heult klagend den ab und an von Wolkenfetzen verhangenen Mond an. Ein entflohener Sträfling aus *Dartmoor Prison* durchhastet das Sumpfgebiet, verfolgt von den Spürhunden der Konstabler – da bricht er ein und versinkt im Schlick; ein anderer irrt orientierungslos durch den dichten Nebel und steht nach vielen Stunden der Flucht wieder vor den Mauern des Gefängnisses – er war im Kreis gelaufen. Solcherart sind die Vorstellungen über das Dartmoor, die uns *Sir Arthur Conan Doyle* und *Edgar Wallace* hinterlassen haben.

Die geeignete Urlaubslektüre zwischen den Wanderungen ist ganz zweifellos *Sir Arthur Conan Doyles* „Hund von Baskerville", wo es beispielsweise heißt: „Der Mond schien hell über der Lichtung, und da, in der Mitte, lag die unglückliche Maid, wie sie vor Erschöpfung und Angst tot zusammengebrochen war. Doch war es nicht der Anblick ihrer Leiche, noch der Anblick der Leiche Hugo Baskervilles, die in ihrer Nähe lag, bei welchem sich die Haare auf den Häuptern der drei gottlosen Raufbolde sträubten, sondern, dass über Hugo, an seinem Halse reißend, ein grässlich Ding stund, eine große schwarze Bestie von der Gestalt eines Hatzhundes, doch größer denn alle Hatzhunde so sterbliches Auge je erblickt. Und dieweil sie schauten, riss das Ding die Gurgel aus Hugo Baskerville, dann wandte es seine flammenden Augen und triefenden Fänge auf die Männer."

Das Dartmoor ist ein ca. 1000 km² großes, einsames Heide- und Moorgebiet, wo immer wieder unvermittelt aus den erikavioletten Flechten und dem gelben Ginster gewaltige **Steinauftürmungen** in die Höhe ragen. Diese so genannten *Tors* sind willkommene Orientierungspunkte für Wanderer.

Im Süden und Osten der Dartmoor-Region findet man eine sanftere Gegend vor, im Norden und Westen dagegen ist es rauer und schroffer. Im Zentrum dominiert eine große Hochmoorebene, die wie ein Schwamm wirkt, und so entspringen hier die kleinen **Flüsschen** Lyd, Tavy, Meavy, Walkham, Plym, Yealm, Erme, Avon, East und West Dart, Bovey, Teign, Taw und

Okement, die alle, bis auf die beiden letztgenannten, im englischen Kanal münden und vielen Städtchen und Dörfern ihre Namen gegeben haben: Lydford, Plymouth, Yealmpton, Dartmouth, Dartmeet, North Bovey, Bovey Tracy, Teignmouth, Drewsteignton, Okehampton.

Fast überall stößt man auf **prähistorische Steinzirkel** oder auf die Reste ehemaliger neolithischer Ansiedlungen; das Dartmoor weist die größte Dichte an frühgeschichtlichen Monumenten in ganz England auf.

In Princetown, gibt es ein ausgezeichnetes **Information Center,** das sachkundige und ausführliche Informationen über diese hochinteressante Gegend vermittelt.

In der Nähe von Princetown, im Zentrum des Dartmoors, befindet sich das berühmt-berüchtigte **Her Majesty Prison.** 1806 zogen die ersten Gefangenen aus den Napoleonischen Kriegen in das Gefängnis ein, ab 1850 dann wurde es für den normalen Strafvollzug genutzt. Im Frühjahr 1901 kam *Sir Conan Doyle* in das 1000-Seelen-Örtchen Princetown, logierte im Rowe's Duchy Hotel und machte sich auf Wanderungen mit dem Dartmoor vertraut. Ein Jahr später erschien sein Roman „The Hound of the Baskerville".

Bei Yelverton, zwischen Tavistock und Plymouth, liegt **Buckland Abbey** (nicht zu verwechseln mit Buckfast Abbey, vgl. Wanderung 2). Die im Jahre 1278 gegründete Zisterzienserabtei kam nach der Reformation von *Heinrich VIII.* an *Sir Richard Grenville*, der das Kloster samt Kirche erst einmal für seine Bedürfnisse umbauen ließ. Dann aber gefiel ihm sein Landsitz nicht mehr, und 1581 verkaufte er das Anwesen an *Sir Francis Drake*. Heute hat der National Trust hier ein kleines **Marinemuseum** eingerichtet, das natürlich besonders an den legendären Seebären *Francis Drake* erinnert (NT, Mitte März–Okt. tgl. 10.30–17.30 Uhr).

Eine große **Ringstraße** – bestehend aus der A 38, A 30 und A 386 – umrundet den unter Naturschutz stehenden *Dartmoor National Park,* und eine **Nordsüd-** (B 3212) und eine **Westost-Verbindung** (B 3357), die sich im Zentrum bei Two Bridges treffen, kreuzen die Region. Wer das Dartmoor nicht auf Wanderungen erkunden will, sollte auf dem Weg nach Plymouth wenigstens hindurchfahren, um einen Eindruck von der rauen Schönheit der Landschaft zu erhaschen. Von Exeter kommend, eignet sich die landschaftlich sehr schöne B 3212; von Torquay sollte man auf der Ostwestroute (B 3357) über Two Bridges nach Tavistock und von dort dann nach Plymouth fahren.

Von den folgenden beschriebenen fünf **Wanderungen** im Dartmoor sind drei zwischen 13 und 16 km lang; zwei Wanderungen sind eher größere Spaziergänge (5,5 km und 6,5 km), die vor allem für Eltern mit Kindern gedacht sind.

Zäune und Wallmauern überquert der Wanderer auf den so genannten **Stiles,** steinernen oder hölzernen Treppenstufen. Eher selten findet man in der weitgehend steinlosen Moor- und Heidelandschaft die **Cairns,** kleine Steinhügel, die von Wanderern angelegt wurden und der Orientierung dienen.

Wanderung 1: Ivybridge, das Tal des River Erme und der Western Beacon

- **Länge:** 13 km, Rundwanderung
- **Dauer:** ca. 3,5–4 Stunden
- **Karten:** Ordnance-Survey-Karten Landranger 202 (Torbay & South Dartmoor, 1:50.000) und Outdoor Leisure 28 (Dartmoor, 1:25.000)

Ausgangspunkt der Tour ist das kleine Städtchen **Ivybridge,** ganz im Süden des Dartmoors gelegen. Im Ortszentrum biegt man an der Brücke über den Erme ab und folgt der Erme Road flussaufwärts; an einer kleinen Kreuzung geht es geradeaus weiter die Station Road hoch, nach einigen hundert Metern liegt linker Hand eine *Health Station*, und hier suche man sich am Straßenrand einen Parkplatz.

Der Straße weiter folgend, kommt man an eine scharfe Linkskurve, in der rechts ein großes Gittertor auf den Hof der **Arjo Wiggins Paper Mill** führt; hier zeigt ein Schild mit der Aufschrift „Public Footpath" in den Wald, und auf einem schmalen Weg geht es oberhalb des murmelnden River Erme entlang. Nach wenigen Schritten steigt man ein wenig nach links hinauf, unterquert den hohen Bogen eines riesigen Viaduktes und stößt auf einen breiten Weg, der rechts abgeht; ein **Holzpfahl** mit der Aufschrift „FP" (für *Footpath*) gibt zusätzliche Orientierungssicherheit.

Es geht weiter den River Erme flussaufwärts, den man hier im Moment nicht sieht, aber rauschen und über Kaskaden sprudeln hört. Bald ist wieder das Ufer des Erme erreicht. Teile des Weges können nach Regenfällen ein wenig schlammig sein. Nächster Orientierungspunkt ist ein **Stile,** der über ein Wallmäuerchen führt, einige Minuten später trifft man auf eine weitere Trittstufe, die über einen Zaun hilft. Man kreuzt einen kleinen Bach und folgt nach wie vor dem Flusslauf des Erme. Ein Stückchen weiter führen Holzplanken über eine sehr sumpfige Stelle, kurz darauf geht es auf einer winzigen **Brücke** über einen Bach. Ab hier wird der Weg wieder besser.

Dort, wo es geradeaus nicht mehr weitergeht, weist ein **Hinweispfahl** nach links. Wieder kreuzt man einen Bach, und der Weg führt nun leicht ansteigend weg vom River Erme.

Oben angekommen, passiert man auf einer Wiese einen weiteren hölzernen Wegweiser, und es geht rechts durch ein Gatter. Der Pfad ist steinig, an beiden Seiten gesäumt von alten, knorrigen, moosbewachsenen Bäumen, zwischen denen Farne wachsen. Man trifft erneut auf ein Gatter, der Wald wird langsam dichter, und ein Wegweiser gibt Orientierungshilfen. Ein Stückchen weiter führt ein Tor aus dem Wald hinaus auf eine Wiese, und es geht rechts ab am Waldrand entlang.

Ersatz fürs Gartentor: ein Stile

Man überquert eine weitere Weide, von hier erkennt man rechts, gen Osten, in der Ferne den Glockenturm der Kirche von Harford, ein **Holzpfahl** weist den Weg, und man gelangt wieder auf einen leicht ansteigenden Pfad. Wieder ist ein Gatter zu durchqueren. Der Weg ist rechts von einer Steinmauer und links von Wallhecken und Bäumen gesäumt, dahinter erstrecken sich Wiesen. Ein weiteres Gatter ist zu passieren; hier weist ein Hinweispfeiler in die Richtung, aus der man gekommen ist und informiert: „Public Footpath, Ivybridge 2½ Miles".

Nun befindet man sich auf einer schmalen Asphaltstraße, geradeaus liegt die **Hall Farm,** und es geht rechts weiter. Man passiert Tristis Cottage und überquert kurz danach auf der **Harford Bridge** den River Erme. Ab hier steigt das Sträßchen steil an, und bald kommt man in den Weiler **Harford,** der aus zwei Farmhäusern und der St. Petroc Church besteht.

Rechts geht es laut Wegweiser nach Ivybridge, die Route biegt aber an der Kirche links ab und folgt der leicht ansteigenden Straße. Nach ca. 850 m endet die Straße am Parkplatz Harford-Moor-Gate-Park, der von einem Gatter verschlossen ist.

Von hier verläuft ein Weg nach rechts in Richtung Süden, ein anderer nach links in Richtung Nordosten; man ignoriere beide und wandere querfeldein geradeaus nach Osten. Schon nach wenigen Schritten kommt

WANDERUNGEN IM DARTMOOR

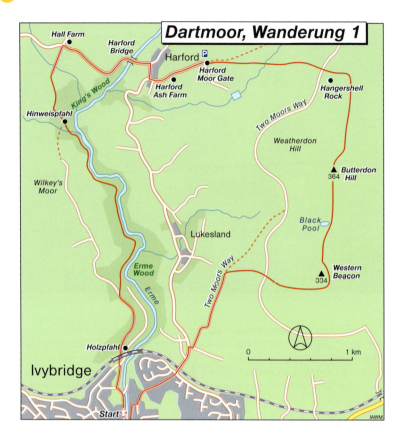

in der Ferne am Horizont **Hangershell Rock,** eine Gesteinsformation, in den Blick; dies ist das nächste Ziel.

Schaut man ab und an zurück, so hat man gute Ausblicke auf die Landschaft. Es geht weiter durch eine sumpfige Niederung und dann über einen kleinen Bach; rechts und links grasen Schafe und Rinder, und hier sieht man auch mit großer Wahrscheinlichkeit die wilden Dartmoor Ponys. Die ein oder andere sumpfige Stelle ist noch zu passieren und erinnert daran, dass man ja im Dartmoor ist. Unterhalb der Felsen erstreckt sich ein steinübersätes Areal, und über einen breiten Weg sind nun die aufgetürmten Felsblöcke des **Hangershell** erreicht.

Steinhaufen: Hangershell Rock

WANDERUNGEN IM DARTMOOR

Exeter – Plymouth

WANDERUNGEN IM DARTMOOR

> „Fast nie lernt der Engländer, sich einer anderen als seiner Muttersprache mit Leichtigkeit zu bedienen. So fliegt der reiche britische Jüngling durch die Welt, fragt in jedem Gasthofe nach Landsleuten, mit denen er die gewohnte Lebensweise fortsetzen kann und kehrt nach Jahr und Tag zurück, ungefähr, wie er wegging – oft mit Kunstschätzen beladen, aber um wenige Ideen bereichert. Einzig seine Überzeugung, dass Alt-England das erste Land der Welt sei, hat mittlerweile noch festere Wurzeln geschlagen.
>
> Johanna Schopenhauer, „Reise durch England und Schottland", 1803

Hoch oben von den Felsen mit Blick gen Osten erkennt man ca. 200 m entfernt eine in Nordsüdrichtung verlaufende Reihe von Steinsetzungen. Entlang dieser **Steinreihe,** die schon seit Jahrtausenden als Wegmarkierung dient, läuft ein klar erkennbarer Pfad exakt gen Süden auf den Butterdon Hill zu. Schön sind die Ausblicke weit hinaus auf die Landschaft, und ruhig wandert es sich über die grasbewachsene Hochebene.

Ein *Cairn*, eine kleine Steinpyramide, markiert den „Gipfel" des 364 m hohen **Butterdon Hill.** Von hier geht es weiter gen Süden querfeldein auf die nächste Hügelerhebung zu. Auch hier weisen wieder Steinsetzungen die Richtung.

Vor uns liegt der Hügelhang des **Western Beacon;** an der tiefsten Stelle zwischen Butterdon Hill und dem Beacon liegt der Black Pool, ein kleiner Teich, an dem die wilden Ponys ihren Durst löschen. Der Western Beacon ist die südlichste Erhebung des Dartmoors, und von dort oben hat man an schönen und klaren Tagen einen weiten Blick hinaus auf die Landschaft. Im Südwesten erkennt man die Häuser von Ivybridge und darüber hinaus den Plymouth-Sund, in dessen Wassern sich die Sonne spiegelt.

Vom Beacon geht es querfeldein und abwärts gen Westen; da Ivybridge links im Südwesten liegt, ist die Orientierung nicht mehr weiter schwierig. Man wandert so lange weiter in westlicher Richtung – wobei man einen breiten Weg kreuzt –, bis man auf eine Steinmauer stößt, der man gen Süden bis zu einem Durchlass folgt. Von dort führt ein Sträßchen hinein nach Ivybridge.

Wanderung 2: Buckfast-Abtei Chalk Ford und Cross Furzes

- **Länge:** 15 km, Rundwanderung
- **Dauer:** 4,5–5 Stunden
- **Karten:** Ordnance-Survey-Karten Landranger 202 (Torbay & South Dartmoor, 1:50.000) und Outdoor Leisure 28 (Dartmoor, 1:25.000)

Die Wanderung beginnt im Örtchen **Buckfast,** das im Südosten des Dartmoors nahe der A 38 liegt. Hier kann der Wagen auf dem Parkplatz der Buckfast-Abtei geparkt werden, die nach der Wanderung besichtigt werden kann.

Man nimmt vom Parkplatz den Haupteingang zur Abbey Church, biegt vor der Caféteria links ab, durchschreitet das mittelalterliche Nordtor und folgt der nach links verlaufenden

Grange Road ca. 800 m bis zu einer T-Kreuzung. Links geht es nach Buckfastleigh, wir schwenken rechts ab und biegen wenige Meter weiter nach links in eine asphaltierte Gasse ein (hier ein Hinweisschild für Scorriton und Holne). Nach einigen Minuten Fußweg ist eine erneute Kreuzung erreicht und es geht wiederum rechts ab, den Ausschilderungen Scorriton und Holne folgend. Nach ca. 800 m führt von der asphaltierten Straße an einem Haus ein Pfad nach rechts ab und durch ein Gatter gelangt man in den Wald. Dies ist **Burchett's Wood,** der im Besitz des National Trust ist.

Die Brücke über den River Mardle

Schnell ist eine kleine Kreuzung erreicht, es geht weiter geradeaus; im Gebüsch versteckt, gibt ein **Hinweispfeiler** mit der Aufschrift „Bridle Path" Orientierungshilfe. Der Pfad führt bergab. Unten angekommen, erreicht man eine T-Kreuzung, hier geht es links weiter. Man hört von rechts ein Bächlein rauschen, ab und zu schimmern Lichtungen durch die dichtstehenden Bäume. Nach Regenfällen kann dieser Teil der Strecke recht schlammig sein, was vor allem daran liegt, dass Reiter mit den Hufen ihrer Pferde die Grasnabe völlig zerstört haben.

Bald marschiert man am Ufer des plätschernden kleinen Bächleins entlang, und nun ist schnell ein Holzsteg

WANDERUNGEN IM DARTMOOR

erreicht, der darüber hinwegführt und den Wandersmann auf einen schmalen asphaltierten Weg bringt. Dieser leitet zu einem Haus hoch, und gegenüber der **Mill Leat Farm** befindet sich ein Gatter; dort folgt man dem Hinweispfeil mit der Aufschrift „Public Footpath Holne". Der Pfad führt über eine Wiese, an deren Ende ein **Stile** über einen Zaun geleitet. Weiter geht es den Pfad geradeaus, links vom Weg spenden Bäume Schatten, rechts wächst dichtes und hohes Farnkraut. Nach wenigen Minuten Fußweg ist ein verrostetes Gatter erreicht, und man steht auf einer schmalen asphaltierten Straße.

Es geht nach links, das Sträßlein führt abwärts ins Tal. In einer scharfen Linkskurve steigt es an, und man folgt einem noch engeren Asphaltweg rechts hoch. Das von hohen Hecken gesäumte Sträßlein führt in den Weiler **Scorriton.**

An der T-Kreuzung im Örtchen nun rechts ab (dies ist auch der Weg zum einzigen Pub von Scorriton) und sofort wieder links, geht das Asphaltsträßlein bald in einen breiten, steinigen, leicht ansteigenden Pfad über. Ist der Kulminationspunkt erreicht, steht man vor einem Gatter, und ein **Hinweisschild** vermeldet: „Bridle Path to Chalk Ford and Lud Gate".

Atlas Seite X, XI

WANDERUNGEN IM DARTMOOR

Fast unnötig zu sagen, dass es in Pfeilrichtung weiter geht; nach rechts hat man gute Ausblicke auf die Scorriton Downs, geradeaus in der Ferne erstreckt sich Buckfastleigh Moor, und links wächst der Scae Wood im Tal des River Mardle, dessen Rauschen und Plätschern bis hier hoch an das Ohr des einsamen Wanderers dringt. Rechts säumen schattenspendende Bäume den Weg, der nun bergab führt. Unten angekommen passiert man ein weiteres Gatter, liest auf einem **Hinweisschild** „Bridle Path to Lud Gate and Cross Furzes 1¼ Miles und überquert den River Mardle auf einer kleinen **Brücke,** steigt auf, macht einen großen Schritt über ein Wasserrinnsal, spaziert halb links auf den Waldrand zu und hält sich parallel zu den Bäumen weiter nach oben.

Hier ist sorgfältige Navigation erforderlich, denn in diesem Gelände verläuft man sich leicht. Entlang des **Waldrandes** und des hier befindlichen Zaunes geht es weiter bergauf. Nach einigen hundert Metern trifft man linker Hand auf eine dicht bewachsene **Mauer,** der es unbeirrt zu folgen gilt, bis man auf ein Gatter trifft; dies ist das gesuchte **Lud Gate.** Als weiterer Orientierungspunkt dient ein Hinweisschild „Public Bridle Path Cross Furzes and Foot Path to Higher Coombe".

Exeter – Plymouth

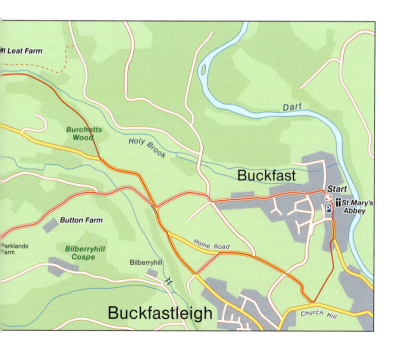

Wanderungen im Dartmoor

Der nun folgende steinige Pfad ist rechts und links von Mäuerchen gesäumt und führt nach einigen Metern rechter Hand am Wohnhaus der **Furze Acres Farm** vorbei. Einige Minuten später passiert man rechts die **Hayford Hall Farm,** und ab hier ist der Weg asphaltiert, der nun zur Cross-Furzes-Kreuzung führt. Links geht es nach Scorriton, nehme man die rechte Abzweigung Richtung Buckfastleigh und schwenke nach ca. 400 m bei der nächsten Möglichkeit links ab; „Buckfast 2½, Ashburton 5" lautet die Ausschilderung.

Hier geht es nun bergab, in der Ferne kann man manchmal den Kirchturm von Buckfast Abbey erkennen. Man passiert im weiteren Verlauf linker Hand die **Parklands Farm,** von wo der Weg weiter bergab verläuft. Wir schreiten auf dem asphaltierten Farmweg weiter tüchtig aus, passieren rechter Hand einen Bauernhof und finden ca. 200 m weiter ein Straßenschild, das uns ein Gefälle von 20 % mitteilt. Der Pfad ist links von Farnkräutern und rechts von einem Wald gesäumt. Die Kronen der hohen Bäume spenden an heißen Tagen angenehmen Schatten. Steil geht es bergab und der Wanderer rutscht in die Spitzen seiner Stiefel.

Schnell taucht nun links das Farmhaus Brook Mill auf und wenige Minuten weiter ist eine Kreuzung erreicht. Dies ist **Hockmoor Head Junction,** und ein Schild weist nach rechts: Buckfast ¾ Meile, Buckfastleigh 1¼ Meile.

Nach geschätzten 800 m stehen wir an einer weiteren Kreuzung, links verläuft der Weg nach Buckfast, rechts nach Buckfastleigh, wir jedoch gehen geradeaus weiter. Orientierungshilfe gibt ein Hinweispfeil mit der Aufschrift „Parish Church". Der nadelspitze Turm der Kirche von Buckfastleigh gibt zuverlässig die Richtung an. Kurz bevor eine weitere Kreuzung erreicht ist, schreitet man links durch ein Sicherungsschwingtor, ein *Kissing Gate*, auf eine Wiese und marschieren stracks eine Hecke entlang: Am Ende der Wiese gibt ein weiteres *Kissing Gate* den Weg weiter geradeaus frei; rechts säumen Bäume, links eine Hecke den Pfad. Schnell ist ein drittes *Kissing Gate* erreicht, links nun Bäume, rechts eine Wiese und geradeaus in einiger Entfernung **Buckfast Abbey,** die von hier einen sehr fotogenen Eindruck macht. Schnell ist nun der Parkplatz erreicht.

Hunger und Durst kann man in der **Caféteria** des Klosters stillen und dabei auch ein wenig über die Abtei erfahren, in der 44 Mönche leben und arbeiten.

Buckfast Abbey

Im Jahre 1018 wurde der Grundstein für das Kloster gelegt, eineinhalb Jahrhunderte später, 1147, übernahmen die Zisterzienser die Anlage, bauten neu und erweiterten den Komplex. Am 25. Februar 1539 ordnete *Heinrich VIII.* im Zuge seiner Reformation die Auflösung der Abtei an, und viele Gebäude wurden zerstört, als Steinbruch genutzt und verfielen. 1882 kamen erneut gläubige Brüder nach Buckfast und bauten die Abtei weitgehend im Stil des 16. Jh. wieder auf.

Eine audiovisuelle Videoshow in der Kirchenkrypta macht mit der langen

Geschichte dieser geweihten Stätte vertraut.

Berühmt im ganzen Land ist Buckfast Abbey für seine Entwürfe und die Produktion von **Buntglasfenstern,** seinen Honig und seinen Likör. Bruder Charles Norris, Absolvent des *Royal College of Art,* entwirft und produziert mit seinen Helfern diese Buntglasfenster; über 150 Kirchen in Großbritannien haben die gläubigen Männer von Buckfast bisher mit Buntbleiglas versorgt und noch einmal so viele private Auftraggeber zufriedengestellt.

Father Adam ist seit 70 Jahren in der **Bienenzucht** tätig und hat die so genannte *Buckfast Bee* gezüchtet, die krankheitsresistent, sanftmütig, standorttreu und natürlich eine gute Honiglieferantin ist. Für seine Arbeiten ist Father Adam mit dem O.B.E. (Orden *The Most Excellent Order of the British Empire* in der Rangstufe 10, für besondere Verdienste um das Commonwealth, O.B.E. = *Officer of the British Empire*) ausgezeichnet worden.

Bruder Richard Testing kümmert sich um die **Likörherstellung,** dessen Rezept die Mönche 1882 beim Neuaufbau des Klosters mitgebracht hatten. Grundlage für das Hochprozentige ist ein starker französischer Rotwein, der mit weiteren Ingredienzien in der Abtei reift und dann auf Flaschen gezogen wird.

Wanderung 3: Der Wistman's Wood und auf den Stepping Stones über den River Dart

- **Länge:** 15 km, Rundwanderung
- **Dauer:** 4,5–5 Stunden
- **Karten:** Ordnance-Survey-Karten Landranger 202 (Torbay & South Dartmoor, 1:50.000) und Outdoor Leisure 28 (Dartmoor, 1:25.000)

Diese Wanderung sollte man nur unternehmen, wenn es einige Tage vorher nicht geregnet hat; bei Hochwasser ist es nicht möglich, auf den Steinen den River Dart zu überqueren (es sei denn, man zieht Schuhe und Strümpfe aus und krempelt die Hosenbeine hoch). Eine andere, sehr feuchte Stelle befindet sich westlich von der Powder Mill; nach starken Regenfällen könnte dieser Sumpfabschnitt wirklich unpassierbar sein.

Die Tour beginnt in **Two Bridges,** im Zentrum des Dartmoors, dort, wo sich die Nordsüd- und die Westost-Achse durch das Moor treffen. Gegenüber vom Two Bridges Hotel befindet sich ein kleiner Parkplatz, hier durchschreitet man das Gatter und marschiere auf einem sandigen Pfad gen Norden los. Die Richtung ist auch ausgeschildert durch den **Hinweispfahl** mit der Aufschrift „Public Footpath to Wistman's Wood". In der Ferne ragt Longaford Tor auf und markiert das erste Etappenziel. Nach ca. 800 m passiere man **Crockern Cottage,** hier schwingt der Weg leicht nach rechts weg und führt dann weiter geradeaus.

Wanderungen im Dartmoor

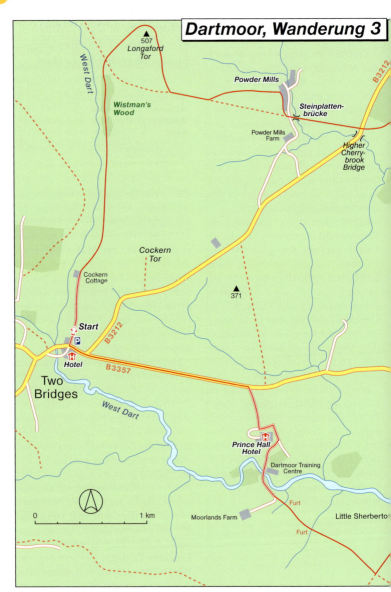

 Atlas Seite X, XI

WANDERUNGEN IM DARTMOOR 269

Rechts ragt **Crockern Tor** auf, an der gewaltigen Steinaufhäufung tagte in mittelalterlichen Tagen das *Stannary Parliament*, das für alle Angelegenheiten der Zinnschürfer zuständig war (vgl. Wanderung 4). Crockern Tor war als Tagungsort ausgewählt worden, weil es im Zentrum des Dartmoors liegt.

Ein **Hinweisschild** mit der Aufschrift „Footpath"weist den Weg, der nun recht steinig ist. Wenige Minuten später überquert man auf einem *Stile* eine Steinmauer und schreitet tüchtig aus. Ein richtiger Weg ist nun nicht mehr zu erkennen, es geht weitgehend über offenes, grasiges, mit großen Steinen besetztes Gelände bergauf gen Norden. Man hält sich auf halber Höhe am Hang und parallel zu einem kleinen Bach links im Tal. Noch eine weitere Steinmauer wird mittels eines *Stile* überquert, und dann sieht man vor sich ein kleines Wäldchen liegen.

Dies ist **Wistman's Wood,** der aus vielen kleinen, nur vier bis fünf Meter hohen, uralten und knorrigen Bäumen besteht. Eine Hinweistafel informiert über den Wald, der gleichermaßen von botanischem wie historischem Interesse ist. Seit dem 17. Jh. wird der Eichenwald mit seinen verkümmerten Bäumen in der englischen Literatur beschrieben. Hier wachsen eine Menge sehr seltener Moose und Flechten. In Übereinstimmung mit der Administration der *Duchy of Cornwall*, dem Prinz Charles gehörenden Herzogtum Cornwall, wurde Wistman's Wood 1961 unter Naturschutz gestellt. Das ändert leider nichts daran, dass durch den zu-

nehmenden Wandertourismus das fragile Ökosystem des Wäldchens Schaden nimmt. Umgehen Sie deshalb bitte den Wald großzügig und brechen Sie keine Zweige ab!

Man spaziere rechts am Wäldchen vorbei, an dessen Ende es nach rechts den Hang zur großen Steinaufhäufung **Longaford Tor** hochgeht, die 507 m über Meereshöhe aufragt.

Unterhalb des Gipfels zieht sich eine **Mauer** entlang, die in Richtung Osten auf einem *Stile* zu überqueren ist. Hier sollte man nun sorgfältig Ausschau halten! Im Osten in der Ferne sieht man die Gebäude der Powder Mill Farm; da sonst weit und breit keine weiteren Häuser zu sehen sind, ist die Farm leicht auszumachen. Schweift der Blick vom Bauernhof nach links, so erkennt man eine Baumreihe; dort, wo diese Baumreihe endet, ragt der hohe Kamin einer ehemaligen Pulvermühle auf. Aber da diese Esse aus grauen Bruchsteinen gemauert ist, hebt sie sich vor allem bei diesigem Wetter nicht sehr deutlich vom Hintergrund ab. Dieser Kamin ist jedoch das nächste Ziel.

Es geht auf grasigem Untergrund bergab bis zu einer Moorebene, die

Gab der Gegend den Namen:
der River Dart

Nach Regenfällen nicht benutzbar:
Stepping Stones über den Swinbourne River

an einigen Stellen etwas sumpfig ist. Nun sind auch der Kamin und eine Anzahl von Hausruinen der **Powder Mills** gut zu erkennen. Das Areal ist von einer Mauer umgeben, durch die direkt gegenüber der Esse ein Gatter führt.

In den Gebäuden wurde in früheren Tagen Schießpulver produziert; sehr deutlich ist zu erkennen, dass sie alle weit auseinanderstanden, um im Fall einer Explosion nicht mit in die Luft zu fliegen.

Hinter dem Kamin folgt man dem Weg rechts ab, vorbei an Hausruinen. Links ragt eine weitere Esse auf, und hier führt eine *Clapper Bridge*, eine **Steinplattenbrücke,** über einen Bach. Vorbei am Kamin ist schnell eine Mauer erreicht, davor breitet sich eine Wiese aus, und in einer Entfernung von etwa 300 m verläuft die vielbefahrene B 3212, die Nordsüdroute durch das Dartmoor.

Marschiert man gen Osten über die für Moore charakteristisch mit Wollgras bewachsene **Wiese** auf die Straße zu, so halte man sich unbedingt rechter Hand an der Mauer, die nach einigen Metern dann in einen Zaun übergeht. Bleiben Sie eng an diesem Zaun, wechseln Sie nach einiger Zeit auf die andere Seite über; nur am Zaun entlang haben Sie die Möglichkeit, die sehr sumpfige Wiese zu überqueren. In der Mitte dieser Wiese sind Sie schneller, als Sie denken, bis zur Hüfte im Moor eingesunken. Nach

WANDERUNGEN IM DARTMOOR

starken Regenfällen kann die Überquerung völlig unmöglich sein.

Die Wiese erinnert an die Stelle aus *Sir Arthur Conan Doyles* „Hund von Baskerville", in der Dr. Watson und Sherlock Holmes auf der Suche nach dem Mörder durchs Moor gehen: „Ein dumpfer Verwesungsgeruch von fauligem Ried und üppigen, schleimigen Wasserpflanzen schlug uns ins Gesicht, und mehr als einmal sanken wir durch einen falschen Schritt bis zu den Hüften in das dunkle bebende Moor, das viele Yard um uns her sanft schwappte. Sein zäher Griff zerrte an unseren Absätzen, und wenn wir darin einsanken, war es, als zöge eine tückische Hand uns in diese obszönen Tiefen hinab, so grimmig und entschlossen schien diese Umklammerung zu sein."

Aufatmend ist die Straße erreicht; hier befindet sich ein **Parkplatz** mit dem Hinweisschild „The Lychway, Public Bridlepath, Bellever". Es geht durch ein Gatter, und man spaziert durch einen lichten Nadelwald auf einem breiten sandigen Pfad. Der **Lychway** ist ein uralter, frühmittelalterlicher Begräbnisweg im Dartmoor, der nach Lydford (vgl. Wanderung 4) führte, in jenen Tagen eine wichtige Stadt, wo die sterbliche Hülle ein christliches Begräbnis bekam.

Nach einigen Minuten Fußweg ist eine ca. 150 m breite baum- und strauchlose Lichtung erreicht; dies ist eine **Feuerschneise,** die bis zum Waldrand auf der anderen Seite überquert wird. Nach rechts, gen Süden, ist in nicht allzu weiter Entfernung **Bellever Tor** zu erkennen, von dessen 443 m hohem Gipfel ein toller Ausblick in alle Himmelsrichtungen möglich ist. An den Hängen des Bellever sieht man auch mit großer Wahrscheinlichkeit die Dartmoor-Ponys grasen.

Vom Bellever Tor schwenkt der Wanderer halblinks (Richtung Südosten) querfeldein abwärts auf die in einiger Entfernung liegende Ecke eines Waldes zu und erreicht am Schnittpunkt zweier Mauern ein **Gatter,** das den weiteren Weg freigibt. Man spaziert hier über grasiges, ganz leicht ansteigendes Moorland; nur schwach ist ein Weg ausgeprägt, doch geht es mehr oder weniger querfeldein in südlicher Richtung. Linker Hand ragt das im Gegensatz zu Bellever recht steinlose **Laughter Tor** auf. Ist der höchste Punkt dieses Moorplateaus erreicht, so trifft man auf eine hohe Steinsetzung, ein Relikt aus mittelalterlichen Tagen. Nahebei verläuft eine niedrige Mauer, die man links liegenlässt und an der es in halbrechter Richtung gen Süden entlang geht. Nach einigen Minuten Fußweg immer der Mauer nach ist ein breiter Weg erreicht, den man rechts abgeht. Weit voraus sieht man ab und an Autos auf einer Straße; dies ist die B 3357, die Ostwest-Achse des Dartmoor.

Wenige hundert Meter weiter steht man vor einem Gatter, an dem ein Hinweisschild über die Arbeit der **Dartmoor Pony Society Moorland** informiert. Dieses Unternehmen sorgt für die Züchtung und Arterhaltung der widerstandsfähigen Dartmoor-Pferde, die wichtig für das ökologische Gleich-

gewicht der Region sind. Hier findet sich auch der nicht zu unterschätzende Hinweis, dass die Pferde keineswegs ängstlich und friedlich sind, sondern – allerdings nur, wenn sie sich belästigt oder bedroht fühlen – aggressiv und angriffslustig sein können.

Halbrechts in die Ferne, befinden sich zwei gegenüberliegende Parkplätze an der Straße. Man passiert erneut ein Gatter und vorbei an der Dunnabridge Farm ist nun die **Straße** erreicht, der man ca. 200 m nach links folgt, um dann rechts in einen schmalen Weg einzubiegen, der ein Stück zwischen der Straße und einer Steinmauer verläuft.

Nach wenigen Schritten sieht man an dieser **Mauer** ein kleines Schild mit der Aufschrift „Private Land, Access along Public Bridle Path 100 Yards". Schnell ist ein **Gatter** erreicht, hier das Hinweisschild „Public Bridle Path to Sherberton Bridge Weir, Stepping Stones". In einer schönen, grünen Flussauenlandschaft geht es hinunter zum romantisch anzusehenden **River Dart,** dem man ein Stückchen flussabwärts folgt, bis die **Stepping Stones** erreicht sind. Hier wird es spannend, denn nun

Zäh und eigenwillig: Dartmoor Ponys

muss auf einer Anzahl wasserumspülter Steine der Dart überquert werden.

Weiter geht es nun entlang des **River Swincombe,** der wenige hundert Meter weiter ebenfalls auf *Stepping Stones* überquert wird. Ein **Hinweisschild** mit der Aufschrift „Path" weist unmissverständlich die Richtung, und man erreicht durch ein Gatter eine kleine asphaltierte Straße, die es nach rechts hochgeht. Man passiert ein weiteres Gatter, überquert den Hof der **Sherborne Farm** und folgt dann dem Hinweispfahl mit der Aufschrift „Path" und biege links ab. Ein Gatter geleitet auf einen steinigen Pfad heraus aus dem Farmgelände.

Am Ende dieses Weges, nach ca. 250 m, geht es durch ein letztes Gatter hinaus ins **offene Gelände.** Der weiter geradeaus führende Weg bringt den Wanderer nach Little Sherberton – doch da wollen wir nicht hin. Ab hier wird die Navigation nun nicht ganz einfach. Man hält sich nun halblinks und folgt querfeldein leicht aufsteigend einem kleinen Mäuerchen, das man links von sich lässt. Oben angekommen, findet man einen weiteren **Hinweispfeiler,** der nach links zeigt. Vertrauensvoll wird dann so lange querfeldein und geradeaus weitermarschiert – auf den wenigen Felsen im grasigen Untergrund tauchen manchmal als weitere Orientierungspunkte schon stark verwaschene blaue **Farbkleckse** auf –, bis man auf einen weiteren **Hinweispfahl** mit der Aufschrift „Bridle Path to Prince Hall" trifft, diesem Pfeil folge man nun nach rechts.

Hier ist nun in Ansätzen ein Weg erkennbar. Je nach den Regenfällen der vergangenen Tage überspringt man den ein oder anderen Bach und sieht nach längerem Fußmarsch links die Gebäude der **Moorland Farm** liegen und weiß nun, dass man richtig ist. Ein Stückchen weiter kreuzt man auf einer Bogenbrücke den **River Dart,** den man während der vergangenen Wegstrecke lange Zeit nicht sehen konnte, marschiert vorbei am **Dartmoor Training Centre** sowie am **Prince Hall Hotel** und erreicht wenige Minuten später die B 3357, die Ostwest-Achse des Dartmoors. Hier geht es links ab, und bald ist der Parkplatz gegenüber vom Two Bridges Hotel erreicht, in dessen Pub man sich stärken kann.

Wanderung 4: Lydford-Klamm und White-Lady-Wasserfall

●**Länge:** 6 km, Rundwanderung, auch für Kinder geeignet, rutschfestes Schuhwerk nötig
●**Dauer:** 2–2,5 Stunden

Diese Wanderung im Nordwesten des Dartmoors, die auch von Familien mit Kindern gemacht werden kann, beginnt im kleinen Örtchen **Lydford,** dem eine Furt (*Ford*) im River Lyd seinen Namen gegeben hat. Zu angelsächsischer Zeit, als *Alfred der Große* über das Königreich Wessex herrschte, war die *Burgh Lydford* als westlichste Befestigung eine wichtige Stadt. 997 tobte bei *Lydanforde* eine Schlacht zwischen Angelsachsen und Dänen, die

die Heimatverteidiger für sich entscheiden konnten. Das Städtchen hatte eine eigene Münze und war Justizort des *Stannary Law*, das die rechtliche Basis für die im Dartmoor schürfenden Zinnminenbesitzer bildete, sowie des *Forest Law*, das der Verwaltung der königlichen Wälder diente.

An der Hauptdurchgangsstraße findet der Besucher einen Parkplatz; von hier geht es links ab durch den Ort, vorbei an einem kleinen *Tower House* und der Kirche mit ihrem Friedhof (beides wird auf dem Rückweg näher beschrieben), und ab nun führt die Straße steil nach unten. Man kreuzt eine Brücke, hat dabei von beiden Seiten gute Ausblicke in die 50 m tief ins Gestein **eingeschnittene Klamm,** wo das Wasser rauschend und plätschernd über die Kaskaden sprudelt, und schwenkt nach rechts auf den **Ticket-Kiosk** des National Trust zu, der in der Schlucht die Flora und Fauna hegt und pflegt und für die Sicherheit der Besucher sorgt (April bis Okt. tgl. 10–17.30 Uhr).

Ist der Eintrittsobolus entrichtet, so gelangt man auf einem Pfad in einen Wald, und es geht in Serpentinen abwärts. An einem Scheitelpunkt weist ein **Schild** mit der Aufschrift „Waterfall Entrance 1½ Mile" nach links. Dies ist auch unsere Route. Die Strecke führt durch dunklen schattigen Wald und steigt bald bergauf, von tief unten hört man die Lyd gedämpft durch das Unterholz plätschern. Man spaziert an der Abbruchkante der Klamm entlang. Auf einer **Holzbrücke** wird ein kleiner Talabschnitt überquert, und Stufen führen ein kurzes Stück steil nach oben. Ab und an sieht man durch kleine Lichtungen tief unten den River Lyd, wie er schäumend über die Steine gurgelt. Mal geht es ab-, mal geht es aufwärts. Bänke laden in regelmäßigen Abständen zum Verschnaufen oder zum Picknick ein. Bald nun überquert man auf einer kleinen **Brücke** den Fluss; hier führt ein Pfad unter den Bogen einer nicht mehr benutzten Eisenbahnbrücke zu einem kleinen **Café.** Wer keinen Tee trinken und auch keinen Snack essen möchte, nimmt hinter der Brücke die rechte Abzweigung und gelangt bald an eine **Gabelung,** wo es entsprechend der eigenen Kondition eine Entscheidung zu treffen gilt: Der Weg links ist *Long and Easy,* der Pfad rechts *Short and Steep.* Beide führen auf alle Fälle zum **White-Lady-Wasserfall,** der aus einer Höhe von 35 m in die Tiefe rauscht.

Hat man den Wasserfall lange genug bewundert, so geht es weiter über eine Holzbrücke und am **Ufer der Lyd** entlang. Dort, wo an ausgewaschenen Stellen im Felsen sich kleine Pools gebildet haben, kann man in dem klaren Wasser die Fische stehen sehen. Holzstege und -treppen führen weiter und helfen, den steilsten Teil der Klamm zu überwinden. Tosend und schäumend gurgeln hier die Wasser zu Tal. Von den Stegen kann man in Ruhe tief in die Klamm schauen und sieht, wie die Flussstrudel in regelmäßigen Abständen runde Becken aus dem Gestein gewaschen haben; das Auswaschen solcher Pools nennt man im Englischen sehr treffend *Pot-Holing.*

WANDERUNGEN IM DARTMOOR

Durch einen kleinen **Tunnel** geht es aufwärts. Weiter spaziert man nun auf schmalem, kantigem Gestein zwischen Wasser und hoher Felswand her; an den engsten Stellen sorgt ein Handlauf für Sicherheit. Ein ganzes Stück geht es so auf schmalem Weg am steinigen Ufer des nun langsamer fließenden und gemächlich plätschernden Flusses entlang.

Und so erreicht man nach zwei bis drei Stunden wieder den Ausgangspunkt dieser Wanderung.

Auf dem Rückweg zum Parkplatz passiert man die aus dem 13. Jh. datierende **Kirche St. Petroc.** Am Eingang zum Gotteshaus befindet sich der Grabstein für den 1802 verstorbenen Uhrmacher *George Routledge*; eine amüsante Grabinschrift vergleicht das menschliche Leben mit der Anfertigung und der Funktion einer Uhr. Das neben der Kirche aufragende einstige **Tower House** wurde um 1195 als Gefängnis erbaut.

Wen die Wanderung hungrig oder durstig gemacht hat, der kann sich im **Castle Inn** stärken, das auch über einen Familiengarten verfügt.

Wanderung 5: Burg Drogo und die Klamm des Teign

- **Länge:** 6,5 km, Rundwanderung, auch mit Kindern möglich, nicht an Freitagen wandern, da Castle Drogo dann geschlossen ist
- **Dauer:** 2-3 Stunden

Diese Wanderung, die wie Spaziergang 4 ebenfalls für Familien mit Kindern gedacht ist, beginnt an der **Fingle Bridge,** nicht weit südlich des Weilers **Drewsteignton** im Nordosten des Dartmoor. Ausschilderungen führen über sehr schmale *Single Track Roads* zu der kleinen, spitzbogigen, aus dem 16. Jh. stammenden Brücke über den Teign. Dort befindet sich ein großer Parkplatz, und man nimmt von Fingle Bridge den Weg nach Norden in Richtung Drewsteignton. Nach ca. 200 m führt links ein Pfad hoch in den Wald; hier sorgt ein **Hinweisschild** mit der Aufschrift „To Hunter's Path" für Orientierungssicherheit.

Der Weg geht lange Zeit mal mehr, mal weniger steil bergauf. Ist man dann keuchend oben angekommen, so hat man einen schönen weiten Blick auf die grünen, bewaldeten Talhänge des River Teign, und weniger anstrengend geht es nun weiter auf dem Hunter's Path, der von Heidekraut, Stechginster und Farnen gesäumt ist. Tief unten hört man leise das Wasser rauschen. An einer kleinen Kreuzung weist ein Schild nach links: „Hunter's Path, Castle Drogo and to the Fisherman's Path!"

Nach einiger Zeit sieht man die scheinbar wehrhaften Turmzinnen von **Castle Drogo** halb rechts durchs Gebüsch schimmern, und bald steht man vor dem Herrenhaus, das keineswegs eine richtige mittelalterliche Burg ist. Drogo ist zwischen 1910 und 1930 als letztes großes *Country House* von dem Hofmaler *Sir Edwin Lutyens* für den im Teehandel reich gewordenen Geschäftsmagnaten *Julius Drewe* erbaut worden. 1974 fiel der Herrensitz an den National Trust (April bis Aug. tgl. 11-17 Uhr, März sowie Sept.-Okt.

Atlas Seite X, XI

WANDERUNGEN IM DARTMOOR

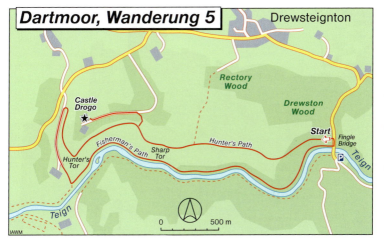

tgl. außer Di 10-17 Uhr, sonst Sa/So 11-17 Uhr).

Das Areal rund um Castle Drogo war in früheren Tagen ein öffentliches Weideland, auf dem u. a. **wilde Ponys** grasten. Der National Trust hat wieder eine Anzahl dieser genügsamen Tiere ausgesetzt, damit dadurch in der Natur verschiedene biologische Vorgänge erneut in Gang gesetzt werden: So hoffen die Experten des Trusts darauf, dass aufgrund der Weidefunktionen bald wieder 25 unterschiedliche Schmetterlingsarten durch die Lüfte flattern sowie eine Anzahl von Vögeln zurückkehren und in dem Gebiet rund um Castle Drogo wie einst brüten.

Hat man die prachtvollen Zimmer und die in allen Farben blühenden Gärten von Castle Drogo ausgiebig bewundert, so kehre man zum **Hunter's Path** zurück und marschiere weiter gen Westen. Nach einer scharfen Rechtskurve geht es hinein in den Wald und bergab. Man passiert ein Gatter und folgt dem **Hinweisschild** „Fisherman's Path" nach links. Hier ist das westlichste Ende der **Teign Gorge,** der Klamm des River Teign, erreicht. In dieser in Jahrmillionen vom Wasser gegrabenen Schlucht jedoch plätschern die Fluten des River Teign sehr gemächlich dahin, es geht keineswegs so rauschend und gurgelnd zu wie in der Lydford Gorge (vgl. Wanderung 4).

Alsbald stößt man auf eine **Gabelung;** nach rechts geht ein asphaltiertes Sträßlein ab, man folge aber links einem Waldpfad, der überdies mit dem Zeichen „Public Footpath" kenntlich gemacht ist. Schnell wandert man an dem kleinen **Gibhouse Cottage** vorbei, nimmt links den Pfad und lässt das schöne reetgedeckte Häuslein

BURGH ISLAND

rechts liegen. Unten nun, am Ufer des River Teign angekommen, weist ein weiteres **Schild** mit der Aufschrift „Fisherman's Path, Public Footpath, Fingle Bridge" nach links. Gemächlich spaziert man durch den Wald am Gestade des kleinen Flusses entlang, der manchmal lustig plätschernd über eine Anzahl Steine rauscht. Einmal noch muss man recht schweißtreibend auf in das Erdreich getriebene Stufen hoch- und sofort wieder absteigen, dann aber läuft der Pfad immer direkt **am Teign entlang,** ist nicht zu verfehlen, und am Ende dieses längeren und geruhsamen Spazierganges kommt man wieder an der **Fingle Bridge** heraus.

Hier freut man sich nun auf den **Pub Angler's Rest,** der direkt an der Spitzbogenbrücke liegt.

Burgh Island ⤢ XI/C3
– Ein Ort für Verliebte

Einige Kilometer vor Plymouth liegt abseits der A 379 am Meer der Weiler **Bigbury-on-Sea.** Während der Saison wird man auf einen großen Parkplatz oberhalb des schönen Strandes gelotst, und von dort sieht man sie schon:

Keine alte Ritterburg, sondern Castle Drogo von 1930

BURGH ISLAND

Burgh Island. 400 oder 500 m vor der Küste liegt eine kleine, anmutige Insel wie ein Buckelwal im türkisblauen Wasser. Doch damit nicht genug: Auf Burgh Island gibt es ein kleines Hotel im allerschönsten Art-Deco-Stil. Wer nach Burgh Island möchte, der sollte vorbuchen: **Burgh Island Hotel,** Tel. 01548-810514, www.burghisland.com, DZ 385 £, Suiten 440–600 £. *Agatha Christie* schrieb hier zwei ihrer Romane und ließ sich von der Örtlichkeit inspirieren.

Bei Ebbe marschiert man per pedes nach Burgh Island hinüber, bei Flut hingegen wird es pittoresk: Dann nämlich rattert der *Sea Tractor* – ein mit dicken Gummireifen bestückter, hochbeiniger Karren – durch die niedrigen Fluten und hält die Verbindung mit dem Festland aufrecht.

Auf einen Besuch der Insel sollte man nicht verzichten; es lockt nämlich auch der **Pub The Pilchard Inn,** ein Free House aus dem 14. Jh. Gutes Bier – Eltern werden zu schätzen wissen, dass der Pub-eigene Strand ungefährlich und ideal für die Kleinen ist.

Von der Taverne wie auch vom Hotel hat man gute Ausblicke auf die hohen Klippen der Küste östlich und westlich von Bigbury.

Meerenge, Wanderer, der Sea-Tractor und das Burgh Island Hotel

Plymouth ♪ X/B2
– Auf den Spuren von Sir Francis Drake

Seit frühester Zeit ist Plymouth eng mit den maritimen Ambitionen Englands verbunden. 1231 taucht der Name erstmals in den Chroniken auf; zur Zeit *Wilhelm des Eroberers* lautete der Eintrag im Doomsday Book noch auf den Namen des Fischerörtchens Sutton, an das heute der gleichnamige Hafen erinnert. Schon während des **Hundertjährigen Kriegs** (1338–1453), in dem England für seinen Anspruch auf die französische Krone focht, liefen die Schiffe von Plymouth nach Frankreich aus. Von hier segelte auch *Eduard, der Schwarze Prinz*, mehrfach über den Kanal; schon im Alter von 16 Jahren kämpfte er so mutig gegen die Franzosen, dass er seinen furchteinflößenden Beinamen bekam, der sich auf die Farbe seiner Rüstung bezog.

Die größte Bedeutung hingegen erlangte Plymouth in der elisabethanischen Ära. Von Plymouth aus brach **Francis Drake** 1577 zu seiner Weltumseglung auf; drei Jahre später kehrte er zurück – begeistert begrüßt von den Bürgern der Stadt. Tief lag die Golden Hind im Wasser, schwer wog das Gold der gekaperten spanischen Galeonen. Elf Jahre später führte Drake die englische Flotte von Plymouth aus der angreifenden Spanischen Armada entgegen. Auch für die anderen *Devon Sea Captains* – *Frobisher, Hawkins* und *Raleigh* – war Plymouth Heimathafen.

Im Jahre 1620 fuhr die **Mayflower**, von Southampton kommend, in den sicheren Hafen ein, fasste hier noch einmal Proviant und segelte dann auf die Neue Welt zu. Im folgenden Jahrhundert startete **James Cook** seine Weltumseglungen in Plymouth, und auch der Südpolarforscher **Robert Falcon Scott** begann von Plymouth aus seine tragisch verlaufende Antarktisexpedition. Zu guter Letzt war es **Sir Francis Chichester,** der an die großen maritimen Traditionen anknüpfte und als Einhandsegler 1966 von Plymouth aus zu seiner Weltumseglung aufbrach.

Sehenswertes

Flair und Atmosphäre sowie Reminiszenzen an vergangene Tage findet der Besucher heute nur noch am Hafen. Die schweren Bombardierungen im Zweiten Weltkrieg haben kaum etwas unverschont gelassen, und Plymouth präsentiert sich weitgehend in grauer Betonarchitektur.

Prachtvoll grün und mit Denkmälern aller Art bestanden ist **The Hoe,** jener legendäre Platz, an dem man *Drake* – gerade beim Bowling-Spiel – die in den Englischen Kanal einlaufende Armada meldete. *Sir Francis Drake* – „man kann sich die Haltung des gemächlichen Kugelwerfers vorstellen, wie er sein Holz wiegt und dabei den Pflock anvisiert, man hört das Echo des schleppenden Tonfalls aus dem Westland" – sprach: „Wir haben Zeit genug, unser Spiel zu beenden und außerdem noch die Spanier zu schlagen!" Der amerikanische Historiker *Garret Mattingly*, der einen fulminanten Bericht über die Armada geschrieben hat, bemerkt zu dem Wahrheitsgehalt dieser berühmten Überlieferung: „Die Worte passen zu Drake, sie atmen seinen Anflug von Prahlerei und seinen Sinn für einen vertraulichen Scherz, der die Spannung löst." Wie *Mattingly* recherchiert hat, wurde *Drake* die Nachricht über die feindliche Flotte gegen drei Uhr nachmittags überbracht. Zu dieser Zeit lief gerade die Flut in den Sund von Plymouth ein, und zusätzlich drückte ein starker Südwestwind auf die Hafeneinfahrt. Bei solchen Wetterkonditionen war es nicht nur schwierig, sondern überdies auch gefährlich, auslaufen zu wollen. *Drake* wäre ein schlechter Seefahrer gewesen, hätte er dies nicht augenblicklich erkannt. Erst nach 22 Uhr am Abend, bei kräftig ablaufender Ebbe, machte sich die Flotte auf den Weg in die Schlacht. „Es war also noch genügend Zeit, die begonnene Runde Bowling zu beenden."

Einträglich nebeneinander stehen auf dem Hoe das Kriegerdenkmal der Marine, das Armada-Denkmal und auch die **Figur von Sir Francis Drake** nebeneinander. Der große Seebär trägt seinen Degen an der Seite und hat die Hand so auf einen Globus gelegt, als wollte er den Anspruch seines Landes auf die weltweite Seeherrschaft bekräftigen. Er trägt der Mode der damaligen Zeit entsprechend kurze Pluderhosen mit Strickstrümpfen und hält mit stolzgeschwellter Brust siegessicher nach den feindlichen spanischen Schiffen Ausschau.

Rotweiß geringelt ragt hier auch **Smeaton's Tower** auf, einer der ersten Leuchttürme, der einst die englische Küste sicherte. Früher versah er seinen Dienst vor den Eddystone Rocks im Plymouth-Sund. Man kann das *Lighthouse* bis zur oberen Plattform besteigen, hat von dort oben natürlich einen guten Ausblick, schaut nach Osten auf den *Sutton Harbour* und in die andere Richtung auf die *Great Western Docks*. Recht angenehm ist es, bei schönem Wetter auf dem Hang von The Hoe zu sitzen, herzhaft in die Picknick-Sandwiches oder die Hühnerkeule zu beißen und dabei dem geschäftigen Schiffsverkehr zuzuschauen.

Auf dem Hoe: Francis Drake in Bronze

Francis Drake und die Spanische Armada

Wann genau *Francis Drake* das Licht der Welt nahe dem Örtchen Tavistock in Devon erblickte, wissen wir nicht; unterschiedliche Quellen datieren seine Geburt um die Jahre 1540, 1543 und 1545.

Klein Francis war freibäuerlicher Herkunft und wurde im frommen protestantischen Sinne erzogen. Unter dem Sklavenkapitän *John Hawkins*, mit dem seine Familie entfernt verwandt war, lernte er den Seefahrerberuf und zeichnete sich bereits mit Anfang 20 als Kapitän der „Judith" im Golf von Mexiko gegen die Spanier aus.

1572 plünderte *Drake* mit nur einem Schiff in einem Anfall von Tollkühnheit die spanische Karibikniederlassung Nombre de Dios, segelte durch den Isthmus von Panama und fügte der spanischen Flotte schwere Schäden zu. Sein größter Erfolg war die Kaperung einer spanischen Galeone, die Silber im Wert von 40.000 Pfund an Bord hatte.

Am 13. Dezember 1577 stach *Francis Drake* nach finanzieller Unterstützung durch Elisabeth I. auf seiner „Golden Hind" und mit vier weiteren Schiffen in See und umsegelte als erster Engländer die Welt. Während seiner Fahrt brachte er eine Anzahl spanischer Schiffe auf und kehrte 1580 mit reicher Beute wieder nach England zurück; nicht nur Gold und Silber, sondern auch Tabak und Kartoffeln füllten den Laderaum, und die Golden Hind lag tief im Wasser, als der umjubelte Kapitän mit seiner kleinen Flotte im Hafen von Plymouth einlief. Auf Anweisung von *Elisabeth* sollte sein Schiff als nationales Denkmal erhalten bleiben, und für seine mutigen Taten adelte die Königin den tapferen Seebären.

Der spanische König schäumte vor Wut, war gereizt wie ein wütender Stier und befahl die Aufstellung der Armada, um England in die Knie zu zwingen. Ein solch gewaltiges Vorhaben konnte jedoch nicht lange geheim bleiben, und am 19. April 1587 drang *Drake* mit 30 Schiffen in den Hafen von Cadiz ein; hier lag ein großer Teil der bereits fertiggestellten Armada. *Drake* beschoss die Schiffe und setzte sie in Brand. Nach seinen eigenen Worten „versengte er dem König von Spanien damit den Bart", als er über 1000 t Schiffsraum zu den Fischen schickte.

Die Seeschlacht mit der spanischen Armada

Ein Jahr später segelte die gewaltige spanische Armada dann auf England zu, und unter dem Kommando von *Lord Howard* trat *Drake* als Vize-Admiral in die Seeschlacht ein.

Während es früher so war, dass die Schiffe sich mit ihren Bugspießen zu rammen versuchten, wobei dann die Mannschaften auf das feindliche Deck enterten und der Kampf Mann gegen Mann losbrach, ließ sich dies nun aufgrund der gewaltigen Menge an Schiffen nicht bewerkstelligen. Es galt nun nicht mehr der Kampf Schiff gegen Schiff, sondern Flottenverband gegen Flottenverband.

Um 9 Uhr morgens am 31. Juli 1588 griff *Lord-Admiral Howard* auf seinem Flaggschiff „Ark Royal" die nördliche Spitze des spanischen Halbmonds an, an der die „Rata Coronada" segelte. Beide wechselten einige Breitseiten, kamen sich jedoch aufgrund der Windverhältnisse nicht nah genug, und niemand wurde verletzt.

Als die halbmondförmige Schlachtenreihe neu gebildet wurde, stieß das Flaggschiff des andalusischen Geschwaders, die „Nuestro Señora del Rosario", mit einem anderen Segler zusammen und wurde manövrierunfähig; kurz darauf explodierte die Pulverkammer der „San Salvador". Während die Spanier Rettungsmaßnahmen einleiteten und dann in Formation weitersegelten, hielten die englischen Kapitäne auf dem Flaggschiff Kriegsrat.

Francis Drake sollte in der kommenden Nacht die Verbindung zur Armada halten,

FRANCIS DRAKE UND DIE SPANISCHE ARMADA

während sich die englische Flotte an seiner Heckleuchte orientieren konnte – und so segelte man in die Nacht hinein!

Als dann die Morgendämmerung kam, sah Lord Howard an Bord des Flaggschiffes entsetzt, dass er der Hecklaterne des gegnerischen Flaggschiffs gefolgt war und inmitten des spanischen Halbmonds segelte. Von *Drake* fand sich weit und breit keine Spur, und von der englischen Flotte sah man nur einige Mastspitzen in weiter Ferne über die Erdkrümmung ragen. Die Engländer wendeten und gaben Fersengeld.

Francis Drake war in der Nacht angeblich zufällig auf die manövrierunfähige „Nuestra Señora de Rosario" gestoßen und hatte dort eine Prise gemacht, was ihm später allerdings nicht ganz geglaubt wurde.

Einen Tag später lag die Armada dicht vor der Küste, und *Howard* wollte sie von der Seeseite her an der Flanke angreifen. Es entspann sich ein heftiges Gefecht, Engländer wie Spanier feuerten aus allen Rohren Breitseiten, kein Matrose hatte je etwas ähnliches erlebt, und die Befehlshaber der einzelnen Verbände wussten eigentlich gar nicht so recht, was sie genau tun sollten, keine Seite konnte Erfolge verbuchen. Die Engländer benötigten dringend neue Munition und Pulver, und auch bei den Spaniern wurden die Kugeln knapper. Weiterhin hielten die Spanier ihre behäbige halbmondförmige Schlachtenreihe bei – unter seglerischen Gesichtspunkten ein Glanzstück –, welche die schnelleren und wendigeren, dafür leichteren englischen Segler nicht auseinanderbringen konnte. So fuhren die Flotten weiter entlang der Südküste gen Osten und die Armada erreichte Calais, wo sie vor Anker ging, um sich mit den in Holland und Belgien stationierten spanischen Landtruppen zu koordinieren.

Die Engländer wussten, dass Gefahr im Verzug war und hatten schnell die rettende Idee, um die ankernde Flotte anzugreifen: Brander! Acht Schiffe wurden entladen und dann mit schnell brennbarem Material gefüllt, die Kanonen erhielten eine doppelte Ladung Pulver und Kugeln, der Wind war günstig und die vollgetakelten brennenden Geisterschiffe, immer zwei nebeneinander, stoben auf die Armada zu. *Medina Sidonia*, der spanische Admiral der Armada, ließ schnell Pinassen ausschwärmen, um die fliegenden Holländer vom Kurs abzubringen. Das gelang bei den ersten beiden, doch als die zweite Reihe herankam, explodierten die Kanonen, und die Mannschaften auf den Pinassen brachten sich in Sicherheit. Ungehindert rauschten die Brander auf die Armada zu. Hier brach nun Panik aus, niemand folgte den vernünftigen Befehlen von *Sidonia*, die spanischen Schiffe gingen an den Wind und strebten in alle Richtungen auseinander, liefen zum Teil auf Sandbänke oder strandeten an Felsen – die Ordnung war gebrochen.

Am nächsten Morgen ging *Howard* zum Kampf, fand zu seiner Freude jedoch nur einige Schiffe vor, auf die er Breitseiten niederprasseln ließ; im Verlauf des Tages kamen weitere spanische Segler in den engen Kanal zurück und wurden von den Engländern mit weiteren Breitseiten empfangen. Mitten in die Kämpfe sauste nun ein Sturm mit wolkenbruchartigen Regenfällen hinein, und schwer angeschlagen, mit Tausenden von Toten und Verwundeten, ohne Munition, mit lecken Schiffen, zerstörten Aufbauten, wenig Lebensmitteln und fauligem Trinkwasser entkamen die Reste der stolzen Armada.

Wie ging es weiter mit *Sir Francis Drake*? Nachdem sich der erst einmal ausgiebig in seinem Ruhm gesonnt hatte, unternahm er weitere Kaperfahrten und machte sich dann zusammen mit *John Hawkins* wieder in die Karibik auf, um spanische Stützpunkte zu überfallen und den Spaniern das Gold und Silber abzujagen. Die beiden fähigen Kapitäne behinderten sich jedoch gegenseitig, und das einstige Lehrer-Schüler-Paar zerstritt sich so heftig, dass der Expedition kein Erfolg beschieden war. Aus Gram hierüber, so heißt es, ist *Sir Francis Drake* am 28. Januar 1596 in Portobello gestorben; doch war es wohl nicht nur Gram, sondern auch die Ruhr hatte ihren Anteil am Tod des Helden.

An der Südspitze von The Hoe gibt der neue **Plymouth Dome** mittels audiovisueller Mediashow „The Plymouth Story Past and Present" Einblicke in die maritime Vergangenheit und Gegenwart der Stadt.

Im Rücken von The Hoe schließt sich die Neustadt von Plymouth mit ihrem schachbrettartigen Straßenraster an. An dem Platz Charles Cross erinnert die **Ruine der Charles Church** an die Toten der Bombenangriffe.

Folgt man der Promenade Madeira Road gen Osten, so passiert man die mächtige **Zitadelle** und flaniert dann am Sutton Harbour entlang ins alte **Hafenviertel Barbican.** Hier findet man die **Mayflower Steps,** jene Stelle, an der die Pilgerväter die Leinen lösten und ab in die Neue Welt segelten. Beachtung findet im Barbican auch das alte **Elizabethan House** in der katzenkopfgepflasterten New Street, das aus der Ära der Königin datiert. Eine Attraktion im Barbican-Viertel am Hafen ist das **National Marine Aquarium** (Apr.–Sept. tgl. 10–18, Okt.–März tgl 10–17 Uhr), das dem Besucher tiefe Einblicke in die geheimnisvolle Unterwasserwelt ermöglicht.

Praktische Hinweise

Tourist Information

●**Plymouth Mayflower Centre,** 3–5 The Barbican, Tel. 01752-306330.

Am Hafen von Plymouth

Unterkunft

●**Invicta Hotel,** 11 Osborne Place, Lockyer Street, The Hoe, Tel. 01752-664997, Fax 664994, www.invictahotel.co.uk, DZ 75 £.
●**Camelot Hotel,** Elliot Street, The Hoe, Tel. 01752-221255, Fax 603660, www.camelotplymouth.co.uk, DZ 65 £.
●**Novotel Plymouth Hotel,** Marsh Mills, Tel. 01752-221422, Fax 223922, www.accorhotels.com, DZ 75 £.
●**Bed and Breakfast:** *Squires,* 7 St. James Place, The Hoe, Tel./Fax 01752-261459, www.squiresguesthouse.com, DZ 60 £; *Caraneal,* 12 Pier Street, West Hoe, Tel. 01752-663589, Fax 212871, caranealhotel@hotmail.com, DZ 60 £; *Jewell's,* 220 Citadell Road, The Hoe, Tel./Fax 01752-254760, www.jewellsguesthouse.com, DZ 60 £; *Citadel House,* 55 Citadell Road, The Hoe, Tel. 01725-661712, Fax 202192, www.citadelhouse.co.uk, DZ 60 £.

Pubs und Restaurants

●**Chez Nous,** 13 Frankfort Gate, 01752-266793, bestes Haus am Platze und eines der besten Restaurants in Südengland, mit großer Weinkarte, 34–62 £.

Im **Barbican-Viertel** am Hafen:
●**The Ship** und **The Cider Press,** beide Quay Road, ersteres mit kleinem Restaurant im 1. Stock; an schönen Tagen sitzt man auf der verkehrsberuhigten, katzenkopfgepflasterten Straße und blickt auf den alten Hafen.
●**The Dolphin,** Southside, eine ehemalige Hafenarbeiterkneipe mit Atmosphäre, kleine Snacks.
●**Himalaya Spice Indian Restaurant,** New Street, neben dem Elizabethan House, preiswerte indische Küche in einem Haus aus dem 16. Jh.
●**Bites,** Quay Road, eine kleine Sandwich-Bar, die Brote kann man dann bei schönem Wetter draußen an den Tischen essen und dabei auf den alten Hafen schauen.
●**Admiral MacBride,** Barbican, Hafenpub.
●**Strand Tea Room,** New Street, gemütliche Teestube.
●**Bella Napoli,** South Side, italienische Gerichte zwischen 6 und 11 £.

Atlas Seite X

PLYMOUTH 285

Exeter – Plymouth

- **Seafood & Pasta,** Quay Road, kleines ansprechendes Lokal mit Pasta-Gerichten um 7 £, Fisch und Meeresfrüchte bis 14 £.
- **The Thai House Restaurant,** Notte Street, preiswerte thailändische und vietnamesische Gerichte zwischen 6 und 9 £, auch vegetarische Speisen im Angebot.
- **Crap Computer & Internet Café,** 32 Frankfort Gate.

Verbindung

- **Bahnhof:** 1,5 km nördlich von The Hoe an der Saltash Road.
- **Busbahnhof:** Bretonside, nahe am Hafen.

Südliches Cornwall

Polperro, Fowey, Mevagissey und St. Mawes

– Puppenstubenörtchen entlang der cornischen Kanalküste

Von Plymouth geht es auf einer hochgelegenen Brücke über den River Tamar, von der man einen fantastischen Ausblick hat, hinein in Englands westlichstes County, nach Cornwall.

Irgendwann sollte man von der A 38 nach Süden abbiegen, um ans Meer zu kommen. Über die Küstenstraße geht es dann vorbei an den beiden Örtchen East und West Looe, deren Häuser sich entlang einer Flussmündung ziehen, nach Polperro, zum ersten der vielen kleinen pittoresken, museal und wenig lebendig wirkenden Fischerdörfer Cornwalls.

Polperro   ↗ X/A3

Schon der werbewirksam gemeinte Beiname *Historic Fishing Village* lässt eher Schlimmes ahnen. Ein Heer an Ordnern lotst die Autofahrer und die Konvois der Touristenbusse auf mehrere **Großparkplätze,** wo bereits erste Souvenirhändler am Massenansturm zu partizipieren suchen, und dann spaziert der Besucher zu Fuß, an schönen Tagen zusammen mit einigen tausend anderen Ausflugswilligen, nach Polperro hinein. Wer fußfaul ist, kann sich aber auch mit dem Kutschwagen bis nahe ans Wasser bringen lassen.

In dem **winzigen Hafen** von Polperro dümpeln einige Bötchen und Yachten vor sich hin; bei Ebbe liegen die Schifflein wenig elegant im schwarzen Schlick. Hier sorgt der 400 Jahre alte **Pub The Three Pilchards** noch für ein wenig Schmugglerromantik; die Freihändler Polperros waren derart berüchtigt, dass im 19. Jh. auf königliche Anordnung hin ein erster Trupp Zöllner in den Ort verlegt wurde. Ebenfalls am Hafen gibt das **Free House Blue Peter,** erbaut im 16. Jh., Eindrücke, wie in früheren Tagen eine Fischerkneipe einmal ausgesehen haben könnte.

Die engen, holprigen Straßen, übervoll mit Besuchern, sind gesäumt von Pubs, Teestuben, Andenkengeschäften und Fish-and-Chips-Buden, auf den ersten Blick erscheint alles mal pittoresk, mal gemütlich; doch kann man sich des Eindrucks nicht erwehren, dass hier vor allem ein schnelles Pfund gemacht werden soll.

Fowey ↗ XII/B3

Mit Freude entdeckt man dann, dass in den engen Straßen von Fowey an schönen sonnigen Tagen eine heitermediterrane Stimmung herrscht. Hierher hat uns die kleine **Fähre von Bodinnick** (dort befindet sich das ausgezeichnete, 400 Jahre alte Free House Old Ferry Inn) gebracht, die den Verkehr über den Mündungstrichter des River Fowey aufrechterhält.

Am **Town Quay** dann geht es geschäftig zu, man schaut neidisch den Seglern nach, blickt auf die bewaldeten Hügel an der anderen Seite des Flusses, erfreut sich dort am Anblick der bunten Häuser von Polruan, isst einen Snack draußen vor dem gemütlichen Pub mit dem für britische Verhältnisse seltsamen Namen The King of Prussia. Auch die Taverne The Galleon sorgt für Speise und Trank, guten Fisch gibt es im Restaurant Food for Thought, dem besten Haus am Platze.

Im Mittelalter war Fowey berüchtigt für seine **Seeräuber,** die französische und spanische Handelsschiffe kaperten. Franzosen wie Spanier schickten daraufhin ein um das andere Mal Strafexpeditionen aus, und bei einer dieser Übergriffe wurde das Örtchen der frechen Einwohner niedergebrannt.

Daphne du Maurier (1907–1989) hatte die Ehre, in den 1930er Jahren häufig zum Tee in das Haus von *Sir Arthur Quiller-Couch* gebeten zu werden, zu dem „großen Mann", wo sie sich bemühte, „keinen schäbigen Eindruck zu hinterlassen". Der Professor für Literatur ist in England für sein bisher fast eine Million Mal verkauftes „Oxford Book of English Verse" bekannt sowie auch für eine ganze Anzahl weiterer Anthologien. Nach seinem Tod 1944 stellte *Daphne du Maurier* seinen unvollendet gebliebenen Roman „Castle Dore" fertig, so wie *Quiller-Couch* das Romanfragment „St. Ives" von *Robert Louis Stevenson* vollendet hatte.

Von Fowey aus unternahm die Schriftstellerin Wanderungen in die Umgebung und entdeckte dabei auf der anderen Seite des Flusses „Menabilly", ein schönes, aus dem 16. Jh. stammendes Herrenhaus, das sie sehr bewunderte. Ein paar Jahre später heiratete sie *Sir Frederick Browning,* der Menabilly gemietet hatte. So kam es, dass „in vierzehn Jahren die Stimmen meiner drei Kinder durch das Haus klingen, meine Möbel die Räume füllen würden und ich 1937/38 einen Roman mit dem Titel Rebecca schreiben sollte, in dem alle meine Eindrücke von ‚Menabilly' ihren Niederschlag fanden." Und in der Tat ist Manderley, das Haus im Roman „Rebecca", ganz nach Menabilly modelliert. Hitchcock hat die spannende Geschichte – eine der wenigen Guten *Du Mauriers* – meisterhaft verfilmt. Im Zuge der neuen amerikanischen Manie, erfolgreiche Romane fortzusetzen (man denke nur an den zweiten Band des Titels „Vom Winde verweht"), ist nun auch „Rebecca" die mehr als zweifelhafte Ehre zuteil geworden, weitererzählt zu werden.

Auch in dem Band „The House on the Strand" (1961, dt. „Ein Tropfen Zeit") ist Menabilly beschrieben. 1969 wurde *Daphne du Maurier* geadelt und mit dem *Dame Commander Order of the British Empire* ausgezeichnet.

The Eden Project ⤢ XII/B3

Von Fowey geht es über die A 3082 auf den Weiler **St. Blazey** zu, der einige Kilometer nordöstlich der Bierbrauerstadt St. Austell liegt. Zwischen diesen beiden Orten befindet sich die Touristenattraktion das Eden Project (Apr.–Okt. tgl. 10–18, Nov.–März tgl. 10–16.30 Uhr).

Bei diesem Paradies-Projekt handelt es sich um die **größten Gewächshäuser der Welt,** die mehrere tropische und subtropische Zonen für die Besucher beinhalten. In den beiden gigantischen, feuchttropisch-mediterranen *Bioms* (kurz für *Bio Dome*) spaziert man durch die Pflanzenwelt von Westafrika, Malaysia, Amazonien, der Ozeanischen Inseln, Kaliforniens, des Mittelmeers und Südafrikas. Auf der 2,2 Hektar großen Fläche – das entspricht der Größe von sechs Fußballfeldern – wachsen 135 000 tropische und mediterrane Pflanzen.

Mevagissey ⤢ XII/B3

Im Gegensatz zu Polperro ebenfalls ganz erträglich ist der Fischerort Mevagissey, der von der Anlage zwar ähnlich, aber nicht so puppenstubenhaft, weit weniger von Besuchern überlaufen und somit weniger kommerzialisiert ist. Auch hier gibt es ein **kleines Hafenbecken** mit engen Straßen drumherum. Mit ein wenig Fantasie kann man sich die längst vergangenen Tage vorstellen, wenn die Fischer morgens mit ihren Luggern zum Sardinenfang ausfuhren, abends dann am Hafenkai den Fang anlandeten, der gleich von den Frauen weiterverarbeitet wurde.

George Bernard Shaw verbrachte zusammen mit seiner Frau die Sommer 1906 und 1907 im Örtchen; hier arbeitete er an dem Stück „The Doctor's Dilemma" (dt. „Der Arzt am Scheideweg"), in dem er einen staatlich organisierten Gesundheitsdienst fordert und die Geschäftemacherei der Ärzte anprangert.

Ein nettes und gemütliches **Restaurant** in Mevagissey ist **Wits End** in der Fore Street, in dem auch ständig vegetarische Gerichte serviert werden.

St. Mawes   XIII/B1

Letztes kleines Örtchen entlang des Küstenbogens ist St. Mawes, das an der Spitze der kleinen Roseland Peninsula – sieht man einmal von Juli und August ab – seinen Dämmerschlaf hält. Wieder einmal auf *Heinrich VIII.*, der ja die gesamte Südküste mit Verteidigungsanlagen bestücken ließ, geht die Burganlage **Mawes Castle** zurück, die zusammen mit ihrem Pendant **Pendennis Castle** im heutigen Falmouth auf der anderen Uferseite der Carrick Roads jedem invasionsfreudigen Franzosen die Einfahrt in den Sund unmöglich gemacht hätte. Kreisrund ist Mawes Castle, zur Meerseite hin sitzt ein kleiner Ausguckturm recht keck auf dem Mauerkranz. Zwischen Falmouth und St. Mawes verkehrt eine kleine Personenfähre.

Recht angenehm ist in Mawes ein Spaziergang vom Hafen entlang des Wassers und langsam aufsteigend zur Burganlage. Zwei, drei gemütliche Pubs, zwei, drei kleine Restaurants mit

So sieht Mawes Castle heute aus

Wohnzimmeratmosphäre sorgen für leibliches Wohl. Wer keine Discos braucht oder wem der Sinn nach Ruhe steht, der ist hier am richtigen Ort.

Truro ↗ XIII/B1

Über den Truro River ist die Stadt mit den Carrick Roads verbunden. Sie war in früheren Tagen einmal ein **geschützter inländischer Hafen,** von dem aus Zinn und Kupfer zum Kontinent und nach Wales verschifft wurden. Im 17. Jh. ging es dann ökonomisch bergab, denn der Fluss versandete. Mit der Eisenbahn, die 1859 bis nach Truro verlegt wurde, und der Erlangung des Stadtstatus im Jahr 1877 wurde das wirtschaftliche Leben im Ort wieder angekurbelt. Heute ist Truro die **Verwaltungshauptstadt Cornwalls.**

1910 wurde die mächtige, im neogotischem Stil gehaltene **Kathedrale** fertiggestellt, für die der Architekt *John Loughborough Pearson* verantwortlich zeichnete. Das große Gotteshaus besitzt eine Reihe von schönen viktorianischen Glasfenstern.

Auf keinen Fall sollte man sich das **Royal Cornwall Museum** an der River Street entgehen lassen, das Besucher mit der Vergangenheit von Englands westlichstem County bekannt macht sowie eine Mineraliensammlung und Bilder der Newlyn School zeigt. Des Weiteren geben die vielfältigen Abteilungen des Museums u. a. einen Einblick in die Naturgeschichte, cornische Kunst, Textilien und Kostüme und in der *Egyptian Gallery* werden Mumien aus dem Pharaonenreich gezeigt. In der *Café Gallery* kann man sich nicht nur stärken, sie zeigt auch das ganze Jahr über wechselnde Ausstellungen sowie im August die Werke der *Truro Art Society's Summer Exhibition* (geöffnet Mo–Sa 10–16.45 Uhr, Eintritt frei, www.royalcornwallmuseum.org.uk).

Vom Town Quay aus verkehrt nur in den Sommermonaten eine **Fähre nach Falmouth;** bei Ebbe legt sie von Malpas ab.

Praktische Hinweise

Tourist Information

● **Municipal Building,** City Hall, Boscawen Street, Tel. 01872-274555.

Unterkunft

● **Brookdale Hotel,** Tregolls Road, Tel. 01872-273513, Fax 272400, www.hotels truro.com, DZ 88 £.
● **Carlton Hotel,** Falmouth Road, Tel. 01872-272450, Fax 229938, www.carltonhotel.co.uk, DZ 80 £
● **Bed and Breakfast:** *Bissick Old Mill,* Ladock, Tel. 01726-882557, Fax 884057, www.bissickoldmill.co.uk, DZ 70 £; *Rock Cottage,* Blackwater, Tel./Fax 01872-560252, www.rockcottagegardens.com, DZ 100 £.

Pubs und Restaurants

● **Pizza Express,** Boscawen Street, in der imposanten Coinage Hall, einem ansprechenden Tudor-Gebäude, neben dem Municipal Building (City Hall) mit Tourist Information, Kettenlokal mit essbaren und preiswerten Pizzen und Pastas zwischen 5 und 8 £.
● **Saffron,** Quay Street, Tel. 01872-263771, freundliches kleines Lokal mit Snacks zwischen 4 und 7 £ und Hauptgerichten zwischen 9 und 11 £, gute Fisch- und Fleischgerichte.

- **Kazbah,** Quay Street, Snacks und Lunchgerichte zwischen 5 und 7 £, sehr gemütliche Mischung zwischen Restaurant und Café.
- **The Feast,** Kenwyn Street, Tel. 01872-272546, gutes vegetarisches Restaurant und Teeladen, Teegarten zum Speisen in Frischluft, Hauptgerichte zwischen 6 und 8 £.
- **Number Ten,** 10 Kenwyn Street, Tel. 01872-272363, Vollwertessen aus aller Welt, kleiner Speisegarten, Tee, Kaffee, Fruchtsäfte, Snacks und Gerichte zwischen 5 und 8 £.
- **Old Ale House,** Quay Street, laut eigener Aussage ein olde-worlde establishment, mit Sicherheit eine der besten Tavernen von Truro mit einer reichen Palette an Ale-Bieren und Bar Meals.
- **William the Fourth,** Kenwyn Street, sehr gemütlicher Pub mit Biergarten, Wintergarten, guten Bar Meals, abendliche Live Music während der Saison, ebenfalls einer der besten Pubs von Truro.
- **The Internet Place,** 5 Frances Street.

Verbindung

- **Bahnhof:** Station Road.
- **Busbahnhof:** Lemon Quay oder Richmond Hill, nahe am Bahnhof.

Falmouth XIII/B2

Am schönsten ist es in Falmouth, wenn man oben auf dem Hügel von **Pendennis Castle** steht, Stadt und Hafen dem Besucher zu Füßen liegen, weite Blicke über das blaue Meer schweifen und man den Schiffen im englischen Kanal nachschaut. Pendennis Castle, das Gegenstück zu St. Mawes, schützt seit 1546 die Einfahrt in die Carrick Roads.

Ende des 17. Jh. avancierte Falmouth zur zentralen Poststation, hier legten die Windjammer aus der Neuen Welt an, deren Postsäcke dann mit Kutschen nach London befördert wurden.

> „Nirgends widmet man den öffentlichen Einrichtungen, die das Leben aller Bürger bequemer gestalten können, mehr Aufmerksamkeit als in Großbritannien."
>
> *Carlo Castone Rezzinico,* „Tagebuch der Englandreise in den Jahren 1787–1788"

Aber auch für die Handelsschifffahrt war Falmouth mit seinem großen **geschützten Naturhafen** eine der wichtigsten Anlegestellen in England und hatte zeitweise nach London den höchsten Warenumschlag. Mit dem Aufschwung der von Dampfmaschinen angetriebenen Schiffe ging es dann mit dem Hafen von Falmouth bergab. Stattdessen wurde bei Plymouth eine Brücke über den breiten Mündungstrichter des River Tamar geschlagen, und nun kam die Eisenbahn nach Falmouth. Das brachte sommertags Ausflügler und Badegäste mit, wodurch wieder ein Aufschwung erreicht wurde.

Vom **Custom House Quay** verkehren die Fußgängerfährboote zum Örtchen St. Mawes auf der anderen Seite der Carrick Roads. Hier am Kai kann man auch wieder einmal eine Kuriosität bestaunen: In einem hohen Kamin, **The King's Pipe** genannt, verbrannten die Zöllner während der vergangenen Jahrhunderte Schmuggelware wie zum Beispiel Tabak.

Gleich am Anfang des Hafengebietes, am Discovery Quay, macht das hochinteressante **National Maritime Museum** mit der Geschichte der Seefahrt in Großbritannien bekannt (tgl. 10–17 Uhr, www.nmmc.co.uk).

FALMOUTH

Praktische Hinweise

Tourist Information
- 11 Market Strand, Prince of Wales Pier, Tel. 01326-312300.

Unterkunft
- **Falmouth Hotel,** Castle Beach, Tel. 01326-312671, Fax 319533, www.falmouthhotel.com, DZ 138 £.
- **St. Michael's of Falmouth,** Gyllyngvase Beach, Seafront, Tel. 01326-312707, Fax 211 772, www.stmichaelshotel.com, DZ 122 £.
- **Bed and Breakfast:** *Gayhurst,* 10 Pennant Road, Tel. 01326-315161, www.falmouth-gayhurst.co.uk, DZ 64 £; *Ivanhoe,* 7 Melville Road, Tel./Fax 01326-319083, www.ivanhoe-guesthouse.co.uk, DZ 64 £.
- **Camping:** Maen Valley Holiday Park, Blickland Water Road, Tel. 01326-312190, Fax 211120, maenvalley@aol.com; von der A 39 am Hillhead Roundabout der Penryn-Umgehungsstraße den Hinweisschildern Maenporth und Industrial Estate folgen, Platz dann nach 2 km rechterhand.

Pubs und Restaurants
- **Seafarer's Restaurant,** 33 Arwenack Street, Tel 01326-319851, gutes und gemütliches Seafood Restaurant, Muscheln und Austern als Vorspeise zwischen 4 und 6 £, Hauptgerichte bis 15 £, auch Lamm und Geflügel.

Pendennis Castle in Falmouth

Der Hafen von Falmouth

FALMOUTH

Südliches Cornwall

- **Pipeline,** Church Street, im ersten Stock, man läuft leicht am Eingang vorbei, preiswerte Gerichte zwischen 4 und 8 £, Spezialitäten bis 14 £.
- **33 High Street Restaurant,** 33 High Street, Tel. 011-6063574, sehr gemütliches Lokal mit frischem Fisch, Meeresfrüchten, Lamm und vegetarischen Speisen, Hauptgerichte zwischen 11 und 14 £.
- **Da Vinci,** 35 High Street, alteingesessene Pizzeria, Pizzen 6 bis 8 £, Pastas 7 bis 9 £.
- **Thai Orchid,** High Street, gegenüber von Café Nr. 33, preiswerte thailändische Küche zwischen 7 und 9 £.
- **The King's Head,** am Übergang von der Arwenack in die Church Street, alter charaktervoller Pub.
- **The Grapes Inn,** Church Street, freundliche, blumengeschmückte Kneipe mit Lunch-Gerichten zur Mittagszeit.
- **Finn M'Coul's,** Killigrew Street, gemütlicher irischer Pub mit Guinness vom Fass.
- **Internet Café Net,** 10 The Moor.

Verbindung

- **Bahnhof:** Avenue Road.
- **Busbahnhof:** Killigrew Street, im Ortszentrum.

> „Selbst in den kleinsten Orten sind englische Gasthöfe sorgfältig gehalten. Immer sind darin Reinlichkeit, große Bequemlichkeit und sogar Eleganz vorhanden, und man mutet dem Fremden nie zu, in demselben Zimmer zu essen, zu wohnen und zu schlafen, wie das in den deutschen Gasthäusern, wo es eigentlich nur Tanzsäle und Schlafstuben gibt, der Fall ist."
>
> *Herrman Fürst zu Pückler-Muskau, „Briefe eines Verstorbenen", 1826*

St. Michael's Mount

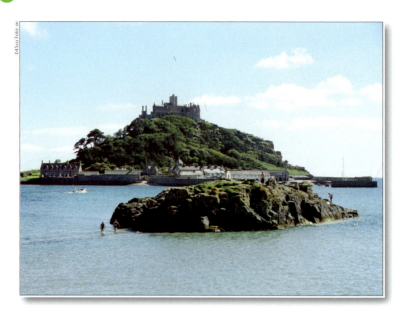

St. Michael's Mount
– Das englische Mont Saint Michel

XIII/A3

Von Falmouth geht es über die A 394 durch den Norden der Lizard-Halbinsel und dann entlang des Meeresgestades, bis man auf einer kleinen Insel ein paar hundert Meter vor der Küste eine Burg aufragen sieht. Das ist St. Michael's Mount, das englische Gegenstück zum französischen Mont St. Michel (NT, Mai/Juni Mo–Fr 10.30–17, Juli–Okt. Do/Fr 10.30–17 Uhr, Gezeiten- und Bootsinformation unter Tel. 01736-710265).

Im Jahre 495, so heißt es in der **Chronik der Felseninsel,** soll den Fischern der Hl. Michael erschienen sein, fortan galt der Platz als heiliger Ort, und einige keltische Mönche pflegten hier das monastisch geprägte frühe Christentum. Nachdem der Normanne *William the Conqueror* 1066 erfolgreich den Sprung über den Kanal nach England getan hatte, überließ er den bretonischen Benediktinermönchen des Mont St. Michel die Bruderabtei, und 1135 gingen die gläubigen Männer bald daran, umfangreiche Baumaßnahmen durchzuführen. St. Michael's Mount avancierte zu einer der Stationen des irisch-schottisch-eng-

Trockenen Fußes nur bei Ebbe: Abtei St. Michael's

Atlas Seite XIII

lischen Pilgerwegs bis ins spanische Santiago de Compostela. *Heinrich VIII.* dann beendete die religiöse Nutzung der Felseninsel und ließ die heilige Stätte im Zuge seines Südküstenbefestigungsprogramms in eine Trutzburg umbauen. Mitte des 17. Jh. dann übernahm die Familie *St. Aubyn* die Felseninsel und baute die Gemäuer zu einem angenehmen Landsitz aus. 1954 übergab *Lord St. Levan*, Nachfahre der Albyns, die Burg dem National Trust, behielt sich aber das Wohnrecht vor.

Bei Ebbe spaziert man auf einem Damm zur Felseninsel hinüber, bei Flut gelangt man nur mit Booten dorthin. Ausgangspunkt ist das kleine und angenehme Örtchen **Marazion**, das zu Unrecht im Schatten der Burginsel steht. Hier gibt es noch gemütliche Pubs, von deren Terrassen man einen guten Blick auf das ganze Felseneiland hat.

An den Wochenenden sind ganze Völkerscharen bei Ebbe in Richtung Damm unterwegs, auf dem es dann schon mal eng werden kann.

> „Britische Gasthöfe sind von beständigem Lärm und Tumult erfüllt. Türen werden aufgerissen oder fallen polternd ins Schloss, es klingelt an allen Ecken, schrille Rufe nach dem Kellner ertönen, der Schuhputzer läuft hierhin, der Barbier mit der Puderdose dorthin, und sein Gehilfe stiebt mit dem heißen Wasser und den Rasiermessern die Treppe empor. Der einzige Trost für den geplagten Reisenden ist, dass ihm die englischen Gastwirte nicht auch noch Geld für diesen reichhaltigen Ohrenschmaus abverlangen."
>
> *Don Manuel Alvarez Espriella, „Briefe aus England", 1807*

Penzance ⌕ XIII/A3
– Die cornische Metropole

Mit rund 20.000 Einwohnern ist Penzance die cornische Metropole, die mit dem Eisenbahnendpunkt, dem Fährhafen für die Isles of Scilly und dem Helioport, dem Hubschrauberterminal für die Scilly Isles ein wichtiger **Verkehrsknotenpunkt** ist.

Eine erste Siedlung entstand bereits im 11. Jh., 300 Jahre später erhielt der Weiler Marktrechte, und nach weiteren 300 Jahren dann wurde Penzance der Stadtstatus zuerkannt. 1595 kamen die Spanier, brandschatzten an der cornischen Küste und zogen auch Penzance schwer in Mitleidenschaft. Mit dem Anschluss an das Bahnnetz im 19. Jh. und wegen der Fährverbindung zu den Scilly Isles avancierte Penzance zur ökonomisch wichtigsten Stadt Cornwalls. Das ist das Städtchen noch heute, und vielleicht liegt es daran, dass es Penzance ein wenig an Atmosphäre und Flair gebricht. Es wachsen zwar in jedem Vorgarten ganz selbstverständlich die Palmen, doch vermögen sie es nicht, ein vollends sympathisches und anheimelndes Bild des Ortes zu zeichnen.

Der walisische Dichter **Dylan Thomas** – von der Moderne tief gespalten: „In mir steckt ein Tier, ein Engel, ein Narr" – heiratete 23-jährig am 12. Juli 1937 in Penzance *Caitlin Macnamara*; trotz dauerndem Zank und Streit blieben die beiden bis zu Thomas' frühem Tod im Jahre 1953 zusammen.

Südliches Cornwall

Einzige Sehenswürdigkeit ist in der Chapel Street das **Ägyptische Haus,** das 1835 im Zuge der orientalischen Manie nach pharaonischen Stilvorlagen – Papyrusbündelsäulen, Hohlkehlen mit der Uräusschlange, Mumienfiguren u. Ä. – erbaut wurde.

Nicht versäumen sollte man einen Besuch im **Trinity House,** dem Leuchtturmmuseum (tgl. 11–17 Uhr) am Hafen; hier informiert eine interessante Ausstellung über die Geschichte der Leuchtfeuer entlang der britischen Küste.

Hauptgeschäftsstraße ist die **Market Jew Street** mit Läden aller Art; hier befinden sich auch die meisten Pubs und Restaurants.

Ägypten? Nein, Chapel Street in Penzance

Praktische Hinweise

Tourist Information
- Station Road, Tel. 01736-362207.

Unterkunft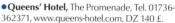
- **Queens' Hotel,** The Promenade, Tel. 01736-362371, www.queens-hotel.com, DZ 140 £.
- **Mount Prospect Hotel,** Britons Hill, Tel. 01736-363117, Fax 350970, www.hotelpenzance.com, atmosphärereiches Hotel, exzellent auch das **Bay Restaurant,** DZ 150 £.
- **Bed and Breakfast:** *Holbein House,* Alexandra Road, Tel. 01736-333977, DZ 55 £; *Westbourne Guest House,* Alexandra Road, Tel./Fax. 012736-350535, www.westbourneguesthouse.co.uk, DZ 60 £; *Penalva,* Alexandra Road, Tel./Fax 01736-369060, fünf Zimmer, davon vier en suite, DZ 55 £; *Pendennis,* Alexandra Road, Tel./Fax 01736-363823, www.thependennis.co.uk, acht Zimmer, davon sieben en suite, DZ 60 £; *Treventon,* Alexandra Road, Tel. 01736-363521, Fax 361873, sieben Zimmer, davon vier en suite, DZ 60 £.
- **Jugendherbergen:** *Castle Horneck,* Alverton, Penzance, Tel. 0845-3719653, A 30 Umgehungsstraße von Penzance, kurz vor dem Roundabout, der die Straßen A 30 nach Land's End und die A 3071 nach St. Just verteilt, rechts ab. *YMCA Penzance Hostel,* The Orchard, Alverton, Tel. 01736-334820, Fax 334823, www.cornwall.ymca.org.uk, nahe beim Ortszentrum. *Penzance Backpackers, The Blue Dolphin,* Alexandra Road, Tel. 01736-363836, www.pzbackpack.com, nahe beim Ortszentrum.
- **Camping:** Bone Valley Caravan & Camping Site, Heamoor, Tel./Fax 01736-360313; auf der A 30 Richtung Land's End, am zweiten Roundabout rechts in Richtung Heamoor, nach 300 m rechts in Joseph's Lane, dann erste Straße links, Platz 50 m linkerhand.

Pubs und Restaurants
- **Harris's,** 46 New Street, Tel. 01736-364408, eine kleine Gasse neben dem Pub Star Inn, geht gegenüber vom Market House ab, bestes Lokal von Penzance, frischer Fisch

und Meeresfrüchte in anglo-französischer Zubereitung, Hauptgerichte zwischen 15 und 17 £, preiswertere Lunch-Gerichte zur Mittagszeit.
- **Bar Co-co's,** 12 Chapel Street, ansprechendes Bar-Café-Restaurant mit Tapas, weiteren Gerichten zwischen 7 und 12 £ und guten Weinen.
- **The Turk's Head,** 49 Chapel Street, viel von dem Gebäude wurde zerstört, als die Spanier im 16. Jh. in Penzance einfielen, das, was damals übrig blieb, reicht heute immer noch für ambientevolles Trinken, mit Biergarten.
- Daneben befindet sich ebenfalls in 46 Chapel Street die Kneipe **Admiral Benbow,** ein ebenso traditioneller Pubs für gemütliches Bechern.
- **The Star Inn,** Market Jew Street, gegenüber vom Market House, großer Pub im Stadtzentrum mit Bar Meals zur Mittagszeit.

Verbindung

- **Bahnhof** und **Busbahnhof** am Beginn des Hafens.
- Von April bis Okt. tgl. außer Sa legt um 9.15 Uhr die Scillonian III im Hafen von Penzance zu den **Isles of Scilly** ab; Sa von Ende Mai bis Ende August 6.30 Uhr; So kein Schiffsverkehr.
- Vom **Helioport** am Ortseingang von Penzance Hubschrauberflüge zu den Scilly's, So keine Flüge.
- Vom Land's End Aerodrome (ca. 3 km nördlich von Land's End) **Skybus Flights** in zweimotorigen Propellermaschinen, am So keine Flüge zu den Inseln.

tern ohne Wendemöglichkeit – dem Ticket-Kiosk – denn Land's End ist in Privatbesitz und muss somit Geld einbringen. Eine Familie mit zwei Kindern wird hier 15 £ an Eintrittsgeldern los. Das Naturerlebnis am westlichsten Punkt der Insel erhält man völlig legal kostenlos, wenn man die weiter unten beschriebene Küstenwanderung Nr. 4 unternimmt. Dort steht auch weiteres Wissenswertes über Land's End.

Rund um Penzance

Land's End ⚐ XIII/A3

Allererste Station in der Umgebung von Penzance ist natürlich Land's End, Englands westlichster Punkt. Unerbittlich nähert sich die Straße – auf einem Teilstück von mehreren hundert Me-

Porthcurno ⚐ XIII/A3

Etwa 3 km südlich von Land's End liegt das kleine Dörflein **Porthcurno.** Attraktionen sind der prachtvoll geschwungene, weiße Sandstrand und

Erinnerung an die Westspitze

Ein Theater am Meer – Das Minack Theatre

Unweit von Englands westlichstem Punkt Land's End entfernt ist in die Steilküste von Cornwall ein kleines Theaterhalbrund in den Felsen eingehauen – das Minack Theatre. Während der Sommermonate von Mai bis September finden mehrmals wöchentlich sowohl am frühen Nachmittag als auch am Abend Aufführungen unter freiem Himmel statt – und das seit nun schon mehr als 60 Jahren.

Man schrieb das Jahr 1929, und kulturelle Ereignisse im rauen Westen von Cornwall standen nur selten auf der Tagesordnung. Eine Gruppe von Laienschauspielern aus der Gegend um Land's End führte während der warmen Jahreshälfte 1929 *Shakespeares „Sommernachtstraum"* auf einer Wiese auf. Das Ereignis sprach sich schnell herum, und die Leute kamen von weither in ihren Kutschen angefahren; kaum ein Zuschauer hatte je eine Theateraufführung gesehen. Dem Ensemble war ein überwältigender Erfolg beschieden.

Rowena Cade, in jenen Tagen 35 Jahre alt, hatte die Kostüme sowie das Bühnenbild für das Shakespeare-Stück entworfen und arbeitete als Organisatorin für die Laiengruppe. Alle Akteure – von der Begeisterung der Zuschauer mitgerissen – planten weitere Stücke für die kommenden Sommer, und es galt nun, einen besseren Platz als die feuchte Wiese zu finden. Rowenas kleines Anwesen – Minack House genannt – lag oberhalb des Sees, und ihr Garten fiel über eine Klippe steil zum Meer hinab. Mit Hilfe zweier Gärtner begann sie, rund um ein kleines Plateau, die spätere Bühne, Erde und Gesteinsbrocken wegzuschaffen und Terrassen für die Sitzplätze aus den Felsen zu schlagen. Dort, wo das nicht möglich war, „klebte" sie mit ihren Helfern Zementsitze an die Klippe. Jede kleinste Unebenheit wurde genutzt, und so hängen über dem einen Ende der Bühne gar zwei kleine Logen im Stein. Wenn diese Balkone nicht zum Bühnenbild gehören, dann sitzen bei vollem Haus auch dort Zuschauer.

Über zwei Jahre arbeitete Rowena an ihrem Theater, und im Frühsommer des Jahres 1932 führte die Laienschar *Shakespeares Märchenspiel „Der Sturm" („The Tempest")* vor vollbesetzten Rängen auf. Wieder strömten von nah und fern die Fischer, die Bauern und die Arbeiter der Zinngruben zusammen, hatten Spaß am Stück, lachten, schluchzten und applaudierten. So ging es bis in den Herbst hinein. In jeder freien Minute widmete sich Rowena ihrem Theater und versuchte, an den unmöglichsten Stellen noch Plätze aus dem Stein zu schneiden, damit so viele Leute wie eben nur möglich in das Theater kommen konnten. Heute fasst das Minack 800 Zuschauer.

Drei Jahre nach der Premiere schrieb die „Times" im fernen London einen langen und begeisterten Artikel über das Theater am Meer, und nun reisten auf dem Weg in die Sommerfrische gar die Hauptstadtbesucher an. Bis zum Kriegsausbruch brachte jede Saison Rowena und der Schauspieltruppe große Erfolge. Dann hatten die Briten anderes zu tun, als sich der Schauspielerei zu widmen.

1952, 20 Jahre nach der Eröffnung, brachte Rowena auf den Tag genau wieder *Shakespeares „Sturm"* auf die Bühne – das Minack Theatre hatte seine neue Saison eröffnet. Im Laufe der Jahre und Jahrzehnte wurden immer mehr Feinarbeiten rund um diese einzigartige Spielstätte geleistet.

1982, zum 50. Jahrestag des Minack, wurde zum dritten Mal *Shakespeares „Tempest"* gegeben; Rowena, 89-jährig, saß wie immer auf ihrem Platz. Ein Jahr später, kurz vor Beginn der Spielzeit und nur wenige Wochen vor ihrem 90. Geburtstag, starb sie in ihrem Haus oberhalb des Theaters.

Pro Saison strömen 50.000 Besucher zusammen und erfreuen sich an der grandiosen Naturkulisse. Wie fast alle anderen bri-

Ein Theater am Meer – Das Minack Theatre

tischen Schauspielhäuser auch, wird das Minack staatlich nicht subventioniert. Von den 9,50 Pfund (Kinder unter 16 Jahren bezahlen 5 Pfund), die ein Ticket kostet, verbleibt das meiste bei den Schauspielgruppen. Ehrenamtliche Helfer fungieren als Platzanweiser oder Beleuchter. Gespielt wird alles; *Shakespeare* ist selbstverständlich, Komödien aller Art, Dramen natürlich, ab und zu auch Musicals; die englischen und irischen Klassiker ebenso wie avantgardistisches Theater. Wirtschaftlich erfolgreich aber müssen alle Stücke sein.

Nur selten wird eine Aufführung wegen schlechten Wetters abgesagt. *Phillip Jackson*, der Manager des Minack, erzählt, dass von über 100 Vorstellungen im Durchschnitt nur vier Veranstaltungen wetterbedingt ausfallen. Selbstverständlich wird bei einem normalen Regenguss weitergespielt – die Schauspieler heben die Stimme ein wenig, schlüpfen, als wäre es eine Regie-Anweisung vom Autor, in die Wetterjacken, und die Besucher zurren die Kapuzen fest. Viel unangenehmer als ein feuchter Schauer ist die mittägliche Sonne während der Matinées. „Auf Regen, Wind und Kälte sind sie alle eingestellt", erklärt Phil Jackson, „aber nur die erfahrenen Besucher haben auch Sonnenschutzmittel dabei". Krebsrot an Gesicht und Händen verlässt mancher Besucher die Vorstellung.

das **Minack Theatre** (siehe Exkurs „Ein Theater am Meer – Das Minack Theatre"), ein faszinierendes, wunderschön gelegenes Freilichttheater.

Im Frühjahr 1922 kaufte **Bertrand Russel** zusammen mit seiner zweiten Frau Dora das Bauernhaus Carn Voel in Porthcurno; zu Bertrand und Dora kamen bald John und Kate hinzu, die beiden Kinder des Paares.

Logan Rock ⌕ XIII/A3

Kurz vor Porthcurno erhebt sich direkt am Meer der Logan Rock (ausgeschildert), ein granitener Felsklotz, der so ausbalanciert ist, dass ein kräftiger Mann ihn aus seiner Stellung hebeln kann. 1824 kam ein gewisser **Leutnant Goldsmith** daher, ein Tunichtgut, der seine überschüssige Kraft loswerden musste, und warf den Felsen nach unten auf den Strand. Das ließ sich die ortsansässige Bevölkerung nicht bieten. Sie klagten gegen den Kraftmeier auf Wiederherstellung ihrer lokalen Sehenswürdigkeit. Der Leutnant musste auf eigene Kosten den Felsen wieder oben auf die Granitformation bringen lassen.

Das Areal rund um den Logan Rock ist heute im Besitz des National Trust. In neolithischer Zeit befand sich auf der unzugänglichen und gut zu verteidigenden Felsenformation einmal ein **Cliff Castle.**

Mousehole ⌕ XIII/A3

Mousehole (gesprochen Mausel), 5 km südlich von Penzance, ist laut der Fremdenverkehrswerbung wieder einmal ein pittoresker, **atmosphärereicher Fischerort,** was nichts anderes heißt als das, was man schon in Polperro erleben konnte. Im kleinen Hafenbecken liegen bei Ebbe die Boote im fischig und modrig riechenden schwarzen Schlick, Besuchergruppen umströmen die Piers und die engen Sträßlein, und im Ship Inn am Hafen, der Fischertaverne aus dem 16. Jh., wird nach wie vor gebechert.

Im Dezember 1981 drohte der Frachter Union Star auf eine Klippe geworfen zu werden, und der **Seenotrettungskreuzer von Mousehole** lief mit acht erfahrenen Seeleuten bei schwerster Brandung und orkanartigen Böen aus. Alle acht kamen nicht mehr zurück. Ganz Großbritannien – und dies ist keine rhetorische Wendung – trauerte tief um die acht Männer aus Mousehole. Das Inselvolk mit der großen maritimen Vergangenheit hat die Erfahrungen der See kollektiv verinnerlicht.

Lamorna ⌕ XIII/A3

Anheimelnd ist es im Weiler Lamorna, dessen weit auseinandergezogene Häuser im dichten Wald stehen; in der alten Mühle ist heute ein **Crafts-Zentrum** untergebracht, und die Meeresbucht ist allemal einen Ausflug wert (vgl. auch Küstenwanderung 3,). Im gemütlichen **Pub Lamorna Wink** kann man an schönen Tagen draußen vor dem alten Gemäuer sitzen, einen Ploughman's Lunch essen oder auch nur ein Bier trinken.

Zinnschürfer in Cornwall

Die Zinnminen stellten für viele Jahrhunderte das ökonomische Rückgrat Cornwalls dar, und vor allen Dingen rund um Land's End finden sich viele Stollen, in denen einst unter entsetzlichen Arbeitsbedingungen die Kumpel das Metall aus dem Boden holten.

Schon die antiken Geografen – *Strabon, Diodorus Siculus* und *Plinius* – berichteten davon, dass sich die Phönizier von Belerion, wie dieser Teil Englands in jenen Tagen hieß, ihr Zinn besorgten, das von der Insel Ictis, dem heutigen St. Michael's Mount, verschifft wurde. Und so findet der Besucher zwischen Penzance und St. Ives, bis hoch nach Newquay, die **Ruinen der ehemaligen Förderanlagen;** teilweise stehen die alten Maschinenhäuser mit ihren abbröckelnden hohen Schornsteinen, den *Jinjies*, direkt an der Küste. Es war keine Seltenheit, dass Stollen unter dem Meer in den Berg getrieben wurden oder dass die Förderschächte Tiefen von 1000 m erreichten.

Um die Mitte des 19. Jh. schufteten über 50.000 Tinner, Zinnschürfer, in den arsengeschwängerten Stollen und schafften zwei Drittel der Weltförderung – zusätzlich noch beachtliche Mengen an Kupfer – aus dem cornischen Gestein. Mit 700 Bergwerken hatte Cornwall die höchste Minendichte der Welt.

Die Minen waren nach einem raffinierten **Ausbeutungssystem** organisiert. Formal war jeder Zinnschürfer selbstständig. Er förderte auf eigene Kosten und auf eigenes Risiko. Doch faktisch befand sich der *Tinner* faktisch in absoluter Abhängigkeit von der Minengesellschaft. Wollte jemand zu fördern beginnen, musste er zuvor seine Werkzeuge bei der Firma erwerben – auf Kredit und im Geschäft der Gesellschaft zu überhöhten Preisen. Dieser Kredit wurde mit dem Erlös aus dem Verkauf des geförderten Erzes zurückgezahlt. Doch kaufte die Minengesellschaft das Erz nur einmal im Jahr auf. War der Kredit nunmehr abgezahlt, musste für die laufenden Ausgaben des kommenden Jahres wieder Kredit aufgenommen werden – ein Kreislauf der Knechtung war in Gang gesetzt, aus dem auszubrechen kaum jemandem gelang.

Der Kumpel und seine Familie lebten also in ständiger Finanzschuld und konnten nichts in den Sparstrumpf stecken. Konnte der Ernährer wegen Krankheit oder aus irgendeinem anderen Grund nicht fördern, war die Existenz der Familie bedroht.

Da jeder Kumpel auf eigene Rechnung und für die eigene Tasche schuftete – je ertragreicher die Abbaustelle und je mehr der einzelne also förderte, desto mehr verdiente er –, konnte natürlich auch **keine Solidarität** unter den Männern entstehen. Die Voraussetzungen für gemeinsame Aktionen waren nicht gegeben. In den Kohlegruben auf dem Kontinent gab es zur damaligen Zeit das so genannte Gedingesystem. Hier arbeitete eine Gruppe von Bergleuten zusammen an ihrem Ertrag, und die gemeinschaftliche Arbeit schweißte auch außerhalb der Grube nicht nur die Kumpel, sondern gleich die ganzen Familien zusammen. *Emile Zola* hat das im Roman „Germinal" anschaulich geschildert.

Um die Wende zum 20. Jh. konnten in Malaysia, Australien und in einigen afrikanischen Ländern Zinn und Kupfer wesentlich billiger abgebaut werden als im Südwesten Englands, und die cornischen *Wheals* schlossen eine nach der anderen ihre Tore.

St. Just ⟋ XIII/A3

St. Just, südlich von St. Ives, ist Großbritanniens westlichster Ort und war einmal ein Bergarbeiterdorf der **Zinnschürfer;** in der Nähe findet man noch eine Anzahl Gruben mit Ruinen von Maschinenhäusern; eine solche Anlage ragt neben der Straße Richtung St. Ives auf. Die Stimmung der

Isles of Scilly ⚓ XII/A1

– Südseeinseln im Atlantik

Kein Folly: Ruine des Maschinenhauses

Nach 20 Minuten Flugzeit mit dem Helikopter von Penzance sieht man sie unten im Meer liegen und fühlt sich fast in die Südsee versetzt. Aus dem türkisblauen Wasser strahlen eine Reihe sattgrüner Punkte heraus, alle umgeben von einem weißen Sandkranz.

Die Isles of Scilly sind erreicht, die 50 km vor der Küste Cornwalls liegen und Großbritanniens westlichste Vorhut bilden. Bei dem idyllischen Anblick, der sich da aus der Luft ergibt, wähnt sich der Besucher eher im warmen Südpazifik als im rauen Nordatlantik – das Bild wird der Realität jedoch durchaus gerecht!

Denn so unwirtlich ist der Atlantik hier gar nicht, werden doch die Scilly's vollständig vom Golfstrom umspült, und das wärmende Karibikwasser sorgt für **subtropisches Klima.** Außerdem kann der kleine Archipel jährlich fast 2000 Sonnenstunden verbuchen, und verglichen mit nordeuropäischen Wetterbedingungen muss man von heißen Sommern und milden Wintern sprechen. Man will es kaum glauben, die Januartemperaturen liegen über denen der französischen Riviera, und so reklamieren die *Scillonians* ganz zu Recht, dass sie nur zwei Jahreszeiten kennen: Frühling und Sommer!

Rechnet man all die Steinsplitter zusammen, die mal mehr, mal weniger aus dem Wasser ragen, so hat der Archipel über **140 Inseln und Eilande,** aber nur fünf sind bewohnt.

früheren Tage hat sich bis heute gehalten, *Wolfgang Hildesheimer* schreibt zu Recht: „Ich sehe wieder ein Stück eigener Vergangenheit vor mir liegen, verstreut über die Ausläufer der letzten Hügel, bevor sie sich zum Meer senken, das immer noch nicht sichtbar ist: ein geordnetes schmuckloses lebloses Arbeiterdorf: St. Just. St. Just ist trist. Angesichts dieser scheinbar toten Siedlung, wie sie mir jetzt von außen erscheint, entsinne ich mich der von Taffy genau an diesem Punkt gestellten Frage, ob ich hier wohnen möchte."

St. Mary's, mit 10 km² der größte dieser atlantischen Brocken, zählt 1500 Einwohner und stellt mit dem Dörfchen Hughtown die Archipelkapitale. Nicht einmal halb so groß ist **Tresco,** auf dem 130 Einwohner leben. Das kleine Eiland ist in Privatbesitz und für 99 Jahre von der Duchy of Cornwall gepachtet; dieses Herzogtum gehört übrigens zum Besitz von *Prince Charles.*

Die restlichen drei Eilande, **St. Martin's, St. Agnes** und **Bryher** steuern weitere 330 Personen zur Gesamtinselstatistik bei. Mit knapp 2000 Einwohnern kann man nicht behaupten, dass der Archipel übervölkert wäre.

Geschichte

Glaubt man den antiken Geografen, so reicht die Historie der Scilly's bis weit in die Frühgeschichte zurück. Strabon nannte sie um die Zeitenwende die Casseritiden und behauptete, dass die Phönizier bereits seit den Zeiten des Trojanischen Kriegs Handel mit den Insulanern trieben. Vor allem soll das mediterrane Kaufmannsvolk das in jenen Tagen wertvolle Zinn von diesen Inseln bezogen haben, was sie folglich sorgsam geheimhielten. Ähnlich wie Strabon äußerten sich auch die römischen Historiker Diodorus Siculus und Plinius. Die wenigen archäologischen Funde erhärten diese antiken Spekulationen jedoch nicht.

Auch mit dem sagenhaften Reich Lyoness und König Artus – der ja im Südwesten Englands seine Tafelrunde pflegte – werden die Inseln in Verbindung gebracht. Danach soll noch zurzeit des edlen Herrschers zwischen den Scilly's und der cornischen Küste festes Land gelegen haben – eben besagtes Lyoness –, das durch eine oder mehrere Jahrtausendfluten dann weggespült wurde; die Inselchen wären demnach Gipfel der Berge von Lyoness. Das nun könnte immerhin theoretisch möglich sein, denn Sturmfluten von apokalyptischen Ausmaßen haben die englische Südwestküste im Verlauf der letzten 2000 Jahre mehrfach heimgesucht. Auch fanden sich viele Siedlungsreste teilweise recht weit unter der Wasseroberfläche.

Wirtschaft

Berühmt in England sind die Isles of Scilly für ihre **Blumen.** Aufgrund des subtropischen Klimas beginnen ab November die Narzissen zu blühen, und bis zum Mai hin werden eine ganze Reihe unterschiedlicher Zierblumen angepflanzt, geschnitten, dann zum Festland verschifft und auf Märkten in ganz Großbritannien angeboten.

Wie die Chronik berichtet, hatte im Jahr 1867 ein gewisser *William Trevellick* von der Rocky Hill Farm auf der Insel Tresco in einer großen Hutschachtel Tulpen und Narzissen zu einem Großhändler des Covent-Garden-Marktes nach London gesandt. Mit großer Freude registrierte William Tage später die Überweisung von sieben Schilling Sixpence und die dringende Aufforderung, mehr Blumen zu schicken. So entwickelte sich innerhalb weniger Jahre eine prosperierende

ISLES OF SCILLY

Blumenzucht auf sämtlichen Inseln, und zum ersten Mal in der Geschichte der Scilly's kamen die Bewohner zu bescheidenem Wohlstand. In den 30er Jahren des 20. Jh. wurden über 1200 Tonnen Blumen auf das Festland verschifft. Heutzutage ist es nur noch ein Drittel dieser Menge, damit hat die Blumenzucht am Gesamteinkommen einen Anteil von 15 %.

Außer Blumenzucht sind heute Fischerei und Landwirtschaft – hier hauptsächlich Kartoffelanbau –, vor allem aber der **Tourismus** die Verdienstquellen der knapp 2000 Insulaner. Aufgrund des milden subtropischen Klimas reicht die Gästesaison von Anfang März bis Ende Oktober. Die weitaus meisten Besucher kommen nur für einen Tag, dies sind im Sprachgebrauch der Insulaner die *Trippers*. Nur 2000 Gäste können auf einmal übernachten; wer dies tut, ist ein *Visitor*. Ein paar Leute vom Festland haben Häuschen auf den Scilly's gekauft und lassen es sich unter den Sonnenstrahlen als die *Residents* gutgehen. Schließen wir die Namensgebung damit ab, dass die auf den Inseln geborenen und aufgewachsenen Leute die *Locals* sind und dass die Mitglieder von etwa 20 alteingesessenen Familien als die *Scillonians* die Spitze der Pyramide bilden.

In früheren Tagen waren der **Schmuggel** und das **Shipwrecking** Verdienstquellen. Entweder hatten Sturm oder Nebel einen Frachter auf eine Sandbank oder ein Riff auflaufen lassen, der dann von den Scillonians ganz legal geentert werden konnte, oder aber – schlimmer und über Jahr-

Der Hafen von Hughtown auf St. Mary's

hunderte eine lebensbedrohende Landplage an Englands Küste – es lockten Strandräuber des nachts mit falsch gesetzten Lichtern Schiffe ins Verderben, ermordeten die Besatzungen und verhökerten die Fracht.

Dabei waren und sind die **Gewässer** rund um die Isles of Scilly ohnehin **die gefährlichsten** weit und breit. Es ist keine Übertreibung, wenn die Scillonians, darauf angesprochen, erwidern: „Every rock in Scilly has a shipwreck", und in einer lokalen Sentenz heißt es: „Auf den natürlichen Tod eines Menschen kommen neun Ertrunkene."

Bis in ins 20. Jh. hinein fügten die Bewohner des Archipels bei ihren Gebeten auch immer den folgenden Anhang hinzu: „Oh Herr, wir bitten um Schutz für die Seefahrt, sollte es Dir aber gefallen, ein Schiff stranden zu lassen, so geleite es zum Nutzen von uns armen Leuten zu unseren Inseln!" Wie die Geschichte zeigt, ließ der Herr sich nicht lumpen, er geleitete regelmäßig und unermüdlich.

Leuchtfeuer auf Bishop Rock

Die Zahl der Katastrophen veranlasste die staatlichen Autoritäten schon früh zum **Bau von Sicherheitseinrichtungen**. Nachdem im Jahre 1619 der erste cornische Leuchtturm am Lizard Point in Betrieb genommen wurde, kam 1680 auf dem höchsten Punkt von St. Agnes ein weiterer Signalturm hinzu. In einer Höhe von 41,5 m glomm an der Spitze in einem Eisenkorb ein Kohlenfeuer und sandte seinen roten Schimmer in die schwarze Nacht.

Zwei Jahrhunderte sollte es noch dauern, bis auf dem Bishop Rock, der westlichsten Klippe der Scilly's, ein Leuchtturm erbaut werden konnte, der den von Nordamerika herannahenden Schiffen sicher den Eingang in den Englischen Kanal wies. Die Arbeiten gestalteten sich schwierig, da der flache Felsen bei hoher Tide überflutet wird. 1849 begannen die **ersten Arbeiten** an einem eisernen Turm, der in seinem unteren Teil durchbrochen war, damit die See weitgehend ungehindert dort durchspülen konnte und die Gewalt der anbrandenden Wellen somit gemildert wurde. Doch am 5. Februar 1850 ließ ein Sturm das halbfertige Bauwerk auf Nimmerwiedersehen verschwinden. Nun zog man bis zu einer Höhe von 13,5 m eine massive steinerne Konstruktion vor, mauerte ab dort die Wände noch immer zu einer Dicke von 1,5 m aus und, selbst an der Spitze, in einer Höhe von 35 m über Hochwasser, sind sie noch 60 cm stark. Am 1. September 1858, vor Beginn der stürmischen und nebligen Jahreszeit, wurde der Leuchtturm in Anwesenheit von *Prinz Albert*, *Königin Viktorias* Ehemann, eingeweiht.

Wie gewaltig die **Wellenberge** sein können, die an das Bishop Rock Lighthouse branden, bewies ein Fischernetz, das sich einmal in 21 m Höhe um den Turm gewickelt fand, eine andere Monsterwoge riss einige Jahre später das unterhalb des Leuchtfeuers befindliche Nebelhorn herunter. 1882 wurde der Turm auf eine Höhe von 52 m aufgestockt, Bishop Rock ist damit der höchste Leuchtturm der Briti-

Schiffskatastrophen vor den Scilly Islands

Die bisher schlimmste **Katastrophe** ereignete sich in der Nacht vom 22. Oktober 1707; fünf Kriegsschiffe der englischen Flotte – unter ihnen das Flaggschiff **„Association"** mit Admiral *Sir Cloudesley Shovel* – liefen bei den Scilly's auf Grund, und 1670 Matrosen ertranken. Der Admiral hingegen kam glücklich an Land, dort traf eine Bäuerin den völlig erschöpften Mann, sah zwei wertvolle Ringe an seinen Fingern blitzen – und ermordete ihn.

Am 10. Dezember 1798 sank *Her Majesty Ship* **„Colossus"** vor dem Archipel, ein Seemann kam ums Leben. Das 74-Kanonen-Schiff hatte an der Schlacht von Alexandria teilgenommen, in der *Lord Nelson Napoleon* aus Ägypten vertrieb. Auf ihrem Rückweg übernahm die „Colossus" in Neapel die Sammlung etruskischer Vasen des dortigen britischen Botschafters *Lord Hamilton* (dessen Frau, *Lady Emma Hamilton*, die Geliebte von *Lord Nelson* war). 1975 fanden Taucher eine ganze Reihe dieser 2500 Jahre alten Schmuckgefäße, die heute die etruskische Abteilung im Britischen Museum zieren.

Im Jahr 1800 hatten zwei große **französische Schlachtschiffe** den Auftrag die größte Insel, St. Mary's, einzunehmen. Noch bevor ein erster Kanonenschuss abgefeuert war, lief eines der beiden auf einen Felsen und sank. Da drehte der zweite Segler ab und verschwand.

Tragisch verlief die Reise des deutschen Überseedampfers **„Schiller"**, der mit 100 Besatzungsmitgliedern und 272 Passagieren auf dem Weg von New York nach Hamburg war. Dichter Nebel herrschte am Abend dieses 7. Mai 1875, der Kapitän ließ die Geschwindigkeit auf vier Knoten reduzieren, und rund um das Schiff hielten Matrosen und freiwillige Passagiere Ausschau. Der Kapitän setzte eine Flasche Champagner für denjenigen aus, der zuerst das Licht des Bishop-Rock-Leuchtturms sehen oder dessen Nebelhorn hören sollte. Gegen 22 Uhr lief das Schiff krachend auf ein Riff, und in der nun ausbrechenden Panik konnten nur zwei Rettungsboote sicher zu Wasser gelassen werden. Von den 372 Menschen an Bord überlebten nur 37 das Desaster. Viele der Ertrunkenen wurden von der Strömung auf die See hinausgezogen; weit über hundert Leichen spülten die Wellen in die Buchten der Inseln. Auf dem Kirchhof des Weilers Old Town auf St. Mary's wurden die Opfer in einem großen Gemeinschaftsgrab beigesetzt.

Am 12. Mai 1915, mitten im Ersten Weltkrieg, traf früh am Morgen das deutsche **Unterseeboot U 29** auf die „Indian City". Der Kommandant ließ die Besatzung des Frachters in die Boote gehen, torpedierte dann das Schiff, nahm die Rettungsboote an den Haken und schleppte sie nach St. Mary's. Kurze Zeit später kam in Sichtweite der Scilly's die „Headlands" vorbei, wieder musste die Besatzung in die Boote gehen, bevor der Frachter versenkt wurde. Am Abend dann dampfte einige Seemeilen vor den Inseln die „Andalusian" vor die Torpedorohre, und wieder schleppte die U 29 die Rettungsboote dieser Crew in Sicherheit, nachdem sie ihr grausiges Werk vollendet hatte.

Die Zahl der Schiffe, die an den Klippen der Scilly's ins Verderben gingen, ist Legion; dies illustrieren vor allem die folgenden Beispiele. Am 14. August 1909 lief die **„Plympton"** im dichten Nebel auf den Lethegus Rock, die Mannschaft konnte von dem in St. Agnes stationierten Rettungsboot sicher an Land gebracht werden. Während die Bewohner von St. Agnes den Frachter ausräumten, warf plötzlich eine große Welle das Schiff um; zwei Scillonians saßen im Innern der **„Plympton"** in der Falle und ertranken. Elf Jahre später krachte der deutsche Frachter „Hathor" auf den gleichen Felsen und sank auf die „Plympton" herab. Ineinander verkeilt liegen beide Schiffe auf dem Grund des Meeres.

1874 lief der Viermastsegler **„Minnaha-ha"** auf den Big Jolly Rock; die Seeleute

Schiffskatastrophen vor den Scilly Islands

kletterten am Bugspriet entlang und sprangen auf den Felsen. 36 Jahre später rauschte ein Schiff gleichen Namens auf die Untiefen der Scilly's. Niemand kam zu Schaden. In der Hoffnung, die „Minnahaha" wieder flott zu bekommen, warf die Mannschaft die gesamte Fracht über Bord, die Bewohner von Bryher fischten alles sorgfältig aus dem Wasser und kamen zu Geld.

In der Nacht vom 25. auf den 26. Oktober 1899 verlor der deutsche Reisfrachter **„Erik Rickmers"** in dichtem Nebel die Orientierung und holte sich am Scilly Rock ein großes Leck. Die Mannschaft konnte von den Seenotrettern aus Bryher an Land geholt werden. Nur Stunden später wurde der gleiche Felsen dem französischen Schiff „Paramé" zum Verhängnis, und wieder liefen die Männer von Bryher mit dem Boot aus und sorgten dafür, dass niemand zu Schaden kam.

Im Jahre 1869 wurden die Scillonians auf ein Schiff aufmerksam, das bei einem gefahrvollen Kurs durch den Archipel schlingerte. Das Rettungsboot fuhr aus, und als die Männer die **„Sophie"** betraten, kam ihnen lediglich ein vor Freude kräftig mit dem Schwanz wedelnder Hund entgegen. Die Crew war verschwunden. Das Segelschiff wurde nach St. Mary's geschleppt, wo der Gouverneur des Archipels, *Algernon Dorrien Smith*, mit der Kohlenladung sein Gewächshaus heizte und aus dem Holz Zäune anlegen ließ. Monate später löste sich das Rätsel. Die Mannschaft hatte nach einem Mastbruch das alte Schiff verlassen und war von einem Frachter übernommen worden. Der Besitzer klagte gegen Smith auf Schadensersatz und bekam Recht. Der Hund galt als Mannschaftsmitglied, somit war das Schiff nicht verlassen, und die Scillonians hätten die „Sophie" nicht in Besitz nehmen dürfen.

1926 ging die italienische **„Isabo"** vor dem Scilly Rock mit sechs Seeleuten unter. Gerettet wurde unter anderen der Schiffskoch. 29 Jahre später sank der Frachter „Mando" vor dem Archipel, und das gleiche Rettungsboot wie fast drei Jahrzehnte zuvor rettete den Koch ein zweites Mal.

An einem Freitag dem 13. im Jahre 1907 sorgte die **„Thomas W. Lawson"**, mit ihren sieben Masten das größte je gebaute Segelschiff, für die erste Ölpest weltweit. Der stählerne Segler lief auf Grund, 90.000 Liter Rohöl liefen aus und verseuchten die Küste der Scilly's.

Das Schiff mit der höchsten Tonnage, das bisher an den Scilly's gestrandet ist, löste auch das bisher größte ökologische Desaster der Region aus. Am 18. März 1967 beschloss der Kapitän des unter liberianischer Flagge laufenden Tankers **„Torrey Canyon"**, ein paar Stunden Zeit einzusparen und zwischen Land's End und den Scilly's durchzufahren, anstatt die weniger gefährliche Route westlich des Archipels zu nehmen. Bei allerbester Sicht übersah die Crew das Feuerschiff von Sevenstones und lief mit voller Kraft von 16 Knoten (29,6 km/h) auf den Pollard Rock. 119.000 Tonnen Rohöl flossen aus und trieben auf die Küste von Cornwall zu, wo Tausende von Seevögeln verendeten. Navy und Airforce schossen das Wrack und den Ölteppich in Brand, eine Aktion, bei der der damalige Premierminister *Harold Wilson* von St. Mary's aus zusah.

Eine Reihe alter Wracks mit wertvoller Ladung sind in den letzten drei Jahrzehnten rund um die Isles of Scilly entdeckt worden. 1971 fanden Taucher nach langer Suche den holländischen Ostindiensegler **„Hollandia"**, der Silber geladen hatte und am 13. Juli 1743 auf seiner Jungfernfahrt an den Scilly's scheiterte. 1973 ortete man die 1686 untergegangene **„Princess Maria"**, 1991 die nach Schätzungen mit Gold im Wert von 11 Mio. £ beladene **„Princess Adriana"**, die 1744 vor den Inseln sank. 1974 fand man auch das Wrack der holländischen **„Zeelilie"**, die aus Südostasien kam und u. a. mit chinesischem Porzellan beladen war, von dem Taucher einige Stücke bergen konnten.

schen Inseln. 1925, in einer furchtbaren Sturmnacht, brandete eine Jahrhundertwelle an den Leuchtturm, die noch in dieser Höhe die Kraft hatte, die Glaslinsen zu zerstören und das Licht zu löschen. Seit 1975 ist das Bishop Rock Lighthouse mit einer Hubschrauberplattform versehen.

Der Leuchtturm markiert auch den Anfangs- oder Endpunkt bei der Jagd nach dem so genannten **Blauen Band,** der Auszeichnung für die schnellste Atlantiküberquerung. Das Pendant zum Bishop Rock ist das Ambrose Lighthouse vor dem Hafen von New York. Dazwischen liegen 3106 Seemeilen, die das italienische Hochgeschwindigkeitsboot „Destriero" im Sommer 1992 in 58 Stunden, 34 Minuten und 4 Sekunden zurücklegte. Das 36,6 m lange Boot erreicht eine Höchstgeschwindigkeit von 60 Knoten (111 km/h) und durchpflügte mit einer Durchschnittsgeschwindigkeit von 53 Knoten (98 km/h) den Atlantik. Es war der schwerreiche *Aga Khan*, der für diesen unnützen Rekord die stolze Summe von 40 Mio. £ aus dem Fenster geworfen hat.

Im selben Sommer wurden **Pakete mit Kokain** im Wert von 220.000 £ an den Strand von St. Martin gespült; niemand wusste, woher das Zeug kam.

Flora und Fauna

Um die Natur auf und um die Inseln herum vor den verderblichen Einflüssen des Massentourismus zu schützen, bleibt die Bettenkapazität auf 2000 begrenzt; die Einwohner der Scilly's sind sich darin einig mit *Prince Charles*, der ja als Duke von Cornwall Eigentümer der Eilande ist. Mit dem Blaublüter als Zugpferd haben die Scillonians durchgesetzt, dass die Inseln als so genannte *Area of Outstanding Natural Beauty*, die Küste als so genannte *Heritage Coast* und die Gewässer drumherum als *Marine Park* ausgewiesen sind und damit unter **Naturschutz** stehen. Die Verwaltung der *Duchy of Cornwall* hat auf Anregung von *Prince Charles* das gesamte öffentliche Land des Archipels dem Schutz des 1985 gegründeten *Isles of Scilly Environmental Trust* zuerst einmal für die Zeitdauer von 99 Jahren übergeben. Die Verwaltung dieses Trusts liegt in den Händen von elf Treuhändern und einem Vorsitzenden, sie alle sind *Scillonians*.

Von den rund 140 unbewohnten kleinen und größeren Inseln sind nur elf ganzjährig **für die Besucher geöffnet,** acht weitere bleiben in der Brutzeit vom 15. April bis zum 20. August geschlossen; alle anderen Eilande sind Refugien für Seevögel und Robben.

Besucher, die länger als nur einen Tag auf den Inseln bleiben, wollen entweder wandern („... this should be done slowly, beauty is too rare to be hurried ...") oder **Vögel beobachten.** Im Herbst kommen die Zugvögel, die in dem milden Klima der Inseln überwintern. 60 Arten brüten auf den Eilanden, 26 Spezies besuchen die Inseln im Sommer, 111 Vogelarten überwintern regelmäßig, davon kommen 35 Spezies von Jahr zu Jahr in immer kleineren Populationen und sind zunehmend vom Aussterben bedroht.

Karte Seite 312, Atlas Seite XII

ISLES OF SCILLY

309

Ohne ein starkes Fernglas sollte man nicht auf die Scilly's fahren; beobachten lassen sich die majestätischen Kormorane *(Cormorant)*, die lustig aussehenden Papageientaucher *(Puffin)*, Austernfischer *(Oystercatcher)*, Tordalk *(Razorbill)*, der bunt schillernde Eisvogel *(Kingfisher)*, die Eiderente *(Eiderduck)*, Trottellumme *(Guillemot)* und Sturmschwalbe *(Storm Petrel)*, die unermüdlich ihren englischen Namen *Kittiwake, Kittiwake* krächzende Dreizehenmöwe, die an Land recht unbeholfenen und daher treffend benannten Basstölpel *(Northern Gannet)*, die aus großer Höhe in spektakulären Sturzflügen ins Meer schießen. Der mächtigste Vogel in den Kolonien der Scilly's ist die Große Seemöwe *(Great black-backed gull)*, die eine Spannweite von mehr als 1,50 m erreichen kann. Wohlgelitten ist sie bei den *Birdwatchern* nicht gerade, denn sie bringt die allseits beliebten putzigen Papageientaucher ums Leben, greift sich allerdings auch Ratten, Mäuse und Kaninchen.

Vor den Inseln sieht man gar nicht so selten den für Menschen ungefährlichen **Riesenhai** *(Basking Shark)*, dessen mächtige Rückenflosse drohend aus dem Wasser ragt, wenn das Monsterviech seine langsamen Runden dreht. Der bis zu 10 m lang werdende Hai ernährt sich aber von Plankton und Garnelen. Delfine und Tümmler kommen häufiger ins Blickfeld des Feldstechers. Robben sonnen sich gerne auf den Steinen und Felsen und sind ob ihres putzigen Verhaltens beliebt bei Jung und Alt.

Bis 1981 gab es übrigens keine **Igel** auf den Scilly's, nun sind sie recht zahlreich anzutreffen; niemand weiß, wie die stachligen Gesellen auf die Inseln gekommen sind.

Die **subtropische Pflanzenvielfalt** des Archipels zeigt sich am schönsten im **Abbey Garden** auf der Insel Tresco. Hier gedeihen in üppiger Pracht Zitronen, Bananen, neuseeländische Harthölzer, burmesisches Geißblatt, indische Fächerfarne, südamerikanische Lilien, mexikanische und afrikanische Palmen. 1991 wuchs eine Yucca innerhalb von 14 Tagen auf eine Höhe von 3,60 m, was einen Eintrag im Guinness Buch der Rekorde brachte.

Im Garten findet sich auch die so genannte Valhalla, eine überdachte Halle, in der Galionsfiguren und Kanonen von über 70 gesunkenen Schiffen ausgestellt sind.

Größte Attraktion auf den Scilly's sind die von Mai bis Oktober jeden Freitag (gutes Wetter vorausgesetzt) stattfindenden **Regatten.** In betagten, teilweise über 100 Jahre alten Ruderbooten kämpfen die jungen Männer der Insel um den Sieg. Im 19. Jh. wurden solche Boote bei der Seenotrettung eingesetzt und brachten die Lotsen an Bord der Schiffe.

St. Mary's ⚓ XII/A1

St. Mary's kann man, selbst bei ausgedehnten Pausen, gut an einem Tag umwandern. In **Hughtown,** der Inselhauptstadt, sollte man sich das oberhalb des Hafens gelegene, achteckige und sternförmige **Star Castle** anse-

Südliches Cornwall

ISLES OF SCILLY

hen, das 1993 seinen 400. Geburtstag feierte. 1593, nach dem Sieg der Engländer über die Armada errichtet, sollte es spanische und französische Angreifer abschrecken. Heute ist hier das beste Hotel der Insel untergebracht. Von dort oben hat man einen guten Ausblick über den Naturhafen von St. Mary's und kann weit über das Meer bis hin zu den Nachbarinseln schauen. Sonnenuntergangsfanatiker finden hier den besten Kamerastandplatz für das Abendrotfoto.

In der Church Street macht ein kleines **Museum** mit der Geschichte des Archipels und den dramatischen Schiffsuntergängen bekannt.

Will man nicht die ganze Insel wandernd umrunden, so sollte man wenigstens die südlich von Hughtown ins Meer reichende **Penninis-Halbinsel** entlangspazieren. Man wird mit einer Reihe prachtvoller Felsformationen belohnt, die so illustre Namen wie *Monk's Cowl* (Mönchskutte), *Tooth Rock* (Zahnfelsen), *Kettle and Pans* (Kessel und Pfannen), *Pulpit Rock* (Kanzelfelsen) tragen. Eine kleine Höhle hat ein begabter Witzbold *Izzicumpucca* getauft. Am Penninis Head sorgt ein Leuchtturm für Sicherheit.

Tresco ⚓ XII/A1

Die Hauptattraktion von **Tresco** ist der schon erwähnte **Abbey Garden** mit der Valhalla. Schöne Sandstrände verlocken im südlichen Teil der Insel dazu, in die Fluten zu springen.

Vom Inselweiler **New Grimsby** an der Westküste – hier ist in einer kleinen Wallmauer unübersehbar der Anker des oben erwähnten Seglers „Sophie" eingemauert – führt ein Pfad nordwärts zu **Cromwell's Castle.** Der knapp 20 m hohe runde Wehrturm sollte ab 1651 Schutz vor holländischen Angriffen bieten.

Nahebei ragt **King Charles' Castle** in den blauen Himmel. Die 1554 in Betrieb genommene Verteidigungsanlage war kein Schmuckstück. Der Platz für das Fort war so schlecht gewählt, dass die Kanonen nicht in alle Richtungen freies Schussfeld hatten.

Südländische Pracht: Abbey Garden

Ebenfalls im Norden von Tresco findet man die **Piper's Hole,** eine 80 m tief in den Felsen reichende Höhle, die in früheren Jahren Lager einer Schmugglerbande war und zuvor – viel romantischer – einer Meerjungfrau als Wohnung diente.

St. Martin's ⚓ XII/A1

St. Martin's ist bekannt für seine langen feinen Sandstrände. Im Osten der Insel ragt ein rotweißes lichtloses Daymark, eine Tagesmarkierung, auf, die 1683 (und nicht 1637, wie die Inschrift besagt) als Sicherheit für die Schifffahrt errichtet wurde.

St. Agnes ⚓ XII/A1

St. Agnes ist nur bei Flut von ihrem Annex **Gugh** getrennt, bei Ebbe kann man über den harten Sand die wenigen Schritte hinüberlaufen, um beispielsweise den **Old Man of Gugh,** eine bronzezeitliche Steinsetzung, zu bewundern. Am **Kittern Hill,** am nordwestlichen Zipfel von Gugh, finden sich eine Reihe von Hügelgräbern, darunter auch das 1900 ausgegrabene **Obadiah's Barrow,** ein megalithisches Sitzgrab.

Der **Big Pool** von St. Agnes, im Norden der Insel gelegen, ist einer der bevorzugten Anlaufpunkte der Hobby-Ornithologen, hier überwintern viele Wasservögel. Im Südwesten darf man den **Beady Pool** genannten Strand nicht auslassen, denn hier lohnt die Schatzsuche. Im Wasser liegt ein Segler aus dem 17. Jh., der Glasperlen geladen hatte; immer wieder bringen Wellen die aus holländischer Manufaktur stammenden Perlen an den Strand.

Bryher ⚓ XII/A1

Auf Bryher, nur von rund 50 Einwohnern besiedelt, lockt der **Great Pool** die *Birdwatcher,* und ganz im Norden lohnen lange Blicke auf die mächtigen Felsen, an die donnernd die Wellen des Atlantiks branden und wo die Gischt hochspritzt.

Praktische Hinweise

Tourist Information
●**The Old Wesleyan Chapel,** Hugh Street, Hughtown, St. Mary's, Tel. 01720-422536.

Unterkunft
●**Star Castle Hotel,** Hughtown, St. Mary's, The Garrison, Tel. 01720-422317, Fax 422 343, www.star-castle.co.uk, DZ bis 200 £.
●**Tregarthen's Hotel,** Hughtown, St. Mary's, 100 m vom Kai entfernt, Tel. 01720-422540, Fax 422089, www.breakswithtradition.com, DZ 114 £.
●**New Inn,** Tresco, am New Grimsby Quay, Tel. 01720-422844, Fax 423200, newinn@tresco.co.uk, DZ 124 £.
●**Hell Bay Hotel,** Bryher, Tel. 01720-422947, Fax 423004, hellbay@aol.com, DZ 200 £.
●**St. Martin's on the Isle,** St. Martin's, Lower Town, Tel. 01720-422090, Fax 422298, www.stmartinshotel.co.uk, DZ 170–220 £.
●**Bed & Breakfast:** *Carnwethers Country House,* St. Mary's, Carnwethers, Pelistry Bay, Tel./Fax 01720-422415, zehn Zimmer en suite, DZ 90–106 £; *Crebinnick House,* St. Mary's, Church Street, Tel./Fax 01720- 422 968, www.crebinick.co.uk, sechs Zimmer en suite, DZ 90 £.
●**Camping:** Garrison Campsite, St. Mary's, Tower Cottage, The Garrison, Tel./Fax 01720-422670, www.garrisonholidays.com.

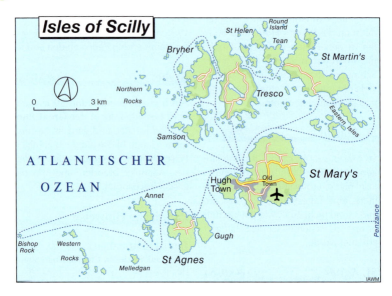

Pubs und Restaurants

- **Blues Restaurant The Cornerhouse,** an der Hauptdurchgangsstraße von Hughtown, Tel. 01720-422221, ein gutes Seafood Restaurant mit frischen Meeresfrüchten, leckere Hauptgerichte zwischen 12 und 15 £.
- **The Galley Restaurant,** an der Hauptdurchgangsstraße von Hughtown, Tel. 01720-422602, preiswertere Fischgerichte zwischen 7 und 12 £.
- **Mermaid Inn,** der Gasthof zur Seejungfrau liegt direkt am Hafen von Hughtown, St. Mary's, gute Ausblicke auf das Treiben an den Kai-Anlagen, ordentliche Bar Meals.
- **The Bishop and Wolf,** Hughtown, St. Mary's, freundlicher Pub an der Hauptdurchgangsstraße von Hughtown, Bar Meals, angeschlossenes Restaurant ab 18 Uhr geöffnet.

Sonstiges

- **Tauchen:** Nowhere, St. Mary's, Old Town, Tel. 01720-22732.
- **Dinghy/Surfbretter:** Windsurf & Sailing Centre, St. Mary's, The Quay.
- **Fischen:** Skipper S. C. Walder, St. Martin's, Carron Farm.

Verbindung

- Tägliche **Schiffsverbindung** mit der Scillonian III **von St. Mary's** nach Penzance, tel. Buchungen unter 01736-62009.
- **Von St. Mary's mit Hubschraubern** zum Helioport nach Penzance (tel. Buchungen unter 01736-63871) und mit zweimotorigen Flugzeugen zum Land's End Aerodrome (tel. Buchungen unter 01736-787017).
- **Von Tresco mit Hubschraubern** nach Penzance.
- Während der Saison auch **Flüge von Exeter** (Mo–Sa) **und Newquay** (Mi/Do) nach St. Mary's (Buchungen unter Tel. 01736-787017).
- **Bootsverkehr zwischen den Inseln** ständig, wenn genügend Personen zusammenkommen, für die Fahrten zu unbewohnten Eilanden gilt das Gleiche.

An nasse Füße gewöhnt: Abkürzung durch den Hafen von St. Ives

St. Ives ⚓ XIII/A2
– Das cornische Malerparadies

Ganz ohne Zweifel ist St. Ives das touristische und kulturelle Zentrum Cornwalls. Der Besucher ist gut beraten, im Ort sein Standquartier aufzuschlagen und von hier das *West Country* zu erkunden. Wenngleich St. Ives von der Anlage her prinzipiell wie Polperro und Mousehole aussieht, jedoch weitaus größer ist, so wirkt es doch trotz der Besuchermassen nicht ausschließlich touristisch und vermittelt noch die Atmosphäre, dass es bewohnt ist von Menschen mit normalen Berufen und einem unspektakulären Alltagsablauf. Zwar ist St. Ives als **Hochburg des cornischen Fremdenverkehrs** kommerzialisiert bis in die letzte Seitengasse, doch fehlt dem Warenangebot die Penetranz von Polperro.

St. Ives ist zwischen 9 und 16 Uhr für den gesamten **Autoverkehr gesperrt,** nur Einheimische dürfen in diesen Zeiten ihre Fahrzeuge bewegen. Hinweisschilder lotsen die Autofahrer zu großen Parkplätzen.

Schon seit mehr als einem Jahrhundert gilt St. Ives als Künstlerkolonie. Das sympathische, vom Golfstrom verwöhnte Städtchen hat ein **unvergleichliches Licht** zu bieten – wesent-

ST. IVES

> „Mir scheint, dass nichts die Fantasie so sehr zu lähmen vermag wie dieses Land – das unpoetischste der Welt."
>
> Dorothea Fürstin Lieven, „Briefe an Fürst Metternich", 1823

liche Voraussetzung für malerisches Schaffen.

Einer der ersten, der die beschwingte Atmosphäre von St. Ives als Inspiration nahm, war **William Turner,** der Maler, der wie kein anderer Licht auf die Leinwand zu bringen verstand, der ein nicht nur sinnhaftes, sondern ein fast physisch erfahrbares Leuchten in seinen Bildern produzierte. 1883 kam der amerikanische Künstler **James Whistler** mit dem in München geborenen Briten *Walter Sickert* im Gefolge in den Ort, „to paint ships, seas and skies".

1920 eröffnete **Bernard Leach** – beeinflusst von der japanischen Porzellankunst – zusammen mit Shoji Hamada eine Töpferei, in der die beiden westliche Motive mit fernöstlichen Elementen kombinierten und eine ganze Generation von Töpfern beeinflussten. In der Leach Pottery (Higher Stennack, am Ortsausgang Richtung Penzance, direkt an der B 3306) wird heute noch immer in der Tradition von Bernard gearbeitet.

Der Maler *Ben Nicholson* zog 1939 zusammen mit seiner Frau *Barbara Hepworth* und seinen Drillingen ins Hafenstädtchen, gefolgt von dem russischen Bildhauer und Bauhauslehrer *Naum Gabo*. Sie alle lernten von **Alfred Wallis,** einem einfachen Fischer, der mit seinen naiven Bildern die „Profis" in seinen Bann zog und ihnen einen schnelleren Zugang zur Bevölkerung von St. Ives verschaffte. *Wallis* hatte erst mit 70 Jahren, nach dem Tode seiner Frau, mit dem Malen begonnen.

Die Bilder, Zeichnungen und Skulpturen der Künstler von St. Ives sind im neuen Museum, der **Tate Gallery** von St. Ives, zu besichtigen. Dieses sehr ansprechende Ausstellungsgebäude wurde von den beiden Architekten *Eldred Evans* und *David Shalev* entworfen und beeindruckt durch die große, kreisrunde Eingangshalle, die an den Gasometer erinnert, der ehemals an dieser Stelle aufragte. Das farbige Glasfenster in dieser Rotunde schuf der Künstler *Patrick Heron*, dem *Ben Nicholson* 1958 sein Atelier übergab. Es befindet sich in der Back Road West und ist eines der 13 Porthmeor-Ateliers. Hier malt auch der aus Thüringen stammende *Walter Weschke*, der sich nach seiner Kriegsgefangenschaft in den 50er Jahren hier angesiedelt hat.

Prince Charles, der ja nicht nur der Prince of Wales, sondern auch der Herzog von Cornwall und damit Herr über die Duchy of Cornwall ist, war voll des Lobes über den Entwurf des Museums. Königliche Hoheit hat ja mehrfach die kalte Architektur der Postmoderne ins Visier genommen und sich in dem Band „Die Zukunft unserer Städte" mit seinen dezidierten Vorstellungen auch an die Öffentlichkeit gewandt. So war es nur natürlich, dass *Charles* das neue Ausstellungsgebäude, eine Dependance der Londoner Tate Gallery, auch einweihte.

ST. IVES

Das schneeweiße Gebäude überragt den Porthmeor Beach, und Schwimmer wie Museumsbesucher freuen sich gleichermaßen: Vom Strand hat man einen schönen Blick auf das gut in das Stadtensemble eingesetzte, optisch sehr ansprechende Museum, und von innen schaut der Malerfreund auf den langen Sandstrand hinunter, an dem schäumend die Brandung des Atlantiks ausläuft.

In der Nähe des Porthmeor Beach findet sich an der Backroad West in einer kleinen ehemaligen Kirche die **St. Ives Society of Artists Gallery.** Hier kann man die Bilder der derzeit im Ort tätigen Künstler besichtigen und auch kaufen (www.stisa.co.uk).

Der schönste Platz in St. Ives aber ist im Garten des **Ateliers der Bildhauerin Barbara Hepworth,** die zusammen mit *Henry Moore* zu den ganz großen Bildhauern des 20. Jh. gehört. Zwischen hohen Palmen, blühenden Blumen und auf einem grünen, samtenen Grasteppich stehen 22 Skulpturen. In einem kleinen Gewächshaus kann man sich auf einigen Sesseln ausruhen, auch im Garten stehen natürlich Bänke, und so ist hier die Möglichkeit gegeben, in Gedanken versunken an diesem angenehmen Ort sich in seine Tagträume zu vertiefen und „den Geist eine Fahrt ins

Oase der Ruhe:
Der Garten von Barbara Hepworth

St. Ives

Blaue machen zu lassen". Ungehindert schweift der Blick dann in das Atelier, und hier hat es den Anschein, als würde die bedeutende Bildhauerin jeden Moment wieder an die Arbeit zurückkehren. Halbfertige Skulpturen stehen auf Arbeitstischen, Hunderte von Werkzeugen liegen herum, staubige Kittel hängen an Haken. 1975 kam *Barbara Hepworth* bei einem Brand in ihrem Atelier 72-jährig ums Leben.

In der St. Ives Church sollte man sich die **Skulptur „Madonna mit Kind"** ansehen, die Barbara Hepworth 1954 nach dem Verlust ihres Sohnes Paul fertigstellte, der als Pilot der Royal Air Force ums Leben gekommen war.

Blick auf den Hafen

Im September 1881 kaufte **Leslie Stephen,** der Vater von *Virginia Woolf*, das weiße, hoch über Hafen und Bucht von St. Ives liegende **Talland House,** am äußersten Zehennagel Englands, wie er sich ausdrückte. Vier Monate später, im Januar 1882, wurde Virginia geboren, ab dem Sommer dann verbrachte die Familie jedes Jahr die warme Jahreszeit in St. Ives. Vater Leslie begann hier mit seinen Arbeiten als Herausgeber des 64-bändigen „Dictionary of National Biography", das er in seinem Todesjahr noch abschließen konnte. Währenddessen tobten die Kinder, Vanessa, Adrian, Virginia und Thoby, am Strand herum und machten unbeschwerte Ferien. 1894 kam auch Henry James nach St.

Ives und besuchte die Familie Stephen; mit Vater Leslie – „the silent Stephen, the almost speechless Leslie" – unternahm er lange Spaziergänge.

Wenn Virginia vom Haus aufs Meer schaute, so sah sie den Godrevy-Leuchtturm, ein Bild, das sie Jahre später bei der Niederschrift ihres Romans „To the Lighthouse" (1927, dt. „Die Fahrt zum Leuchtturm) noch inspirieren sollte. Hierin hat sie auch ihren Vater in der Figur des *Mr. Ramsey* unsterblich gemacht. Auch in den Romanen „Jacob's Room" (Jakobs Zimmer) und „The Waves" (Die Wellen) verarbeitete Virginia sommerliche Erfahrungen aus St. Ives.

Spannender aber noch als Kricket und die Jagd nach Schmetterlingen war das Meer. Virginia erlebte noch die Tage, als das ganze Dorf auf die Pilchard-Schwärme wartete. Hoch oberhalb der Bucht saß dann der so genannte Aussinger, der die dunklen, Millionen Fische zählenden Schwärme im Wasser sah und dann kräftig in sein Horn stieß. Unermüdlich liefen nun alle Kutter von St. Ives aus und kamen Stunde um Stunde mit berstenden Laderäumen zurück. Geschäftig ging es dann am Kai zu, und spannend war es für die begüterten Stadtkinder, dem bodenständigen Leben der Fischer zuzusehen. „Es war die glückliche Zeit einer glücklichen Kindheit."

Im Mai 1895 starb Julia, Virginias Mutter, und Leslie war es unmöglich, ohne seine geliebte Frau nach St. Ives zu gehen; so wurde Talland House verkauft.

Praktische Hinweise

Tourist Information

- **Guildhall**, Street-an-Pool, Tel. 01736-796297.

Unterkunft

- **Skidden House Hotel**, Skidden Hill, Tel. 01736-796899, Fax 798619, www.skiddenhouse.co.uk, DZ 70 £.
- **Chy-an-Albany,** Albany Terrace, Tel. 01736-796759, Fax 795584, www.chyanalbanyhotel.com, DZ 104 £.
- **Porthminster,** The Terrace, Tel. 01736-795221, Fax 797043, www.porthminster-hotel.co.uk, DZ 160 £.
- **Pedn-Olva,** West Porthminster Beach, Tel. 01736-796222, Fax 797710, www.pednolva.co.uk, DZ 145 £.
- **Bed and Breakfast:** *The Sloop Inn,* der älteste Pub von St. Ives, The Wharf, Tel. 01736-796584, Fax 793322, www.sloop-inn.co.uk, 14 Zimmer en suite, davon 3 Familienzimmer, DZ 88 £ (s. u.); *Tregony,* 1 Clodgy View, Tel. 01736-795884, Fax 798942, www.tregony.com, fünf Zimmer en suite, davon 2 Familienzimmer, DZ 76 £; *Chy-Roma,* 2 Seaview Terrace, Tel./Fax 01736-797539, jenny@omshanti.demon.co.uk, sieben Zimmer, zwei en suite, DZ 70 £; *Portarlington,* 11 Parc Bean, Tel. 01736-797278, www.portarlington.co.uk, vier Zimmer en suite, DZ 60; *Tre-pol-Pen,* 4 Tre-pol-Pen Street, Tel. 01736-794996, www.trepolpen.co.uk, drei Zimmer en suite, DZ 76 £.
- **Jugendherberge:** St. Ives Backpackers, Lower Stennack, Tel./Fax 01736-799444, st.ives@backpackers.co.uk, direkt im Ortszentrum gegenüber vom Kino.

„Glückliches Albion! Lustiges Alt-England! Warum verließ ich dich? Um die Gesellschaft von Gentlemen zu fliehen und unter Lumpengesindel der einzige zu sein, der mit Bewusstsein lebt und handelt?"

Willibald Alexis, „Die ehrlichen Leute", 1830

- **Camping:** *Polmanter Tourist Park,* Halsetown, Tel./Fax 01736-795640; von der B 3311 bei Halsetown ausgeschildert, hervorragend ausgestatteter Platz; *Little Trewarrack Tourist Park,* Carbis Bay, Tel. 01736-797580; von der A 30 die A 3074 mit der Ausschilderung Carbis Bay/St. Ives nehmen, in Carbis Bay Village links in die unklassifizierte Straße.

Pubs und Restaurants

- **The Digey,** benannt nach dem gleichnamigen Sträßchen, ein Feinkostgeschäft, in dem Selbstversorger ihre Bestände auffüllen können, an einigen Tischen werden zudem kleine leckere Gerichte und Snacks um 8 £ zusammen mit einem Glas Wein serviert.
- **Alba Restaurant,** The Wharf, Tel. 01736-797222, am Anfang der Hafenstraße, neben dem Gebäude mit dem Seenotrettungskreuzer. Getafelt wird stilvoll im ersten Stock mit Ausblick über den Hafen, Early-Evening-Zwei-Gänge-Menü von 17–19 Uhr 13 £, Drei Gänge 16 £, Hauptgerichte um 13 £.
- **The Seafood Café,** 45 Fore Street, Tel. 01736-794004, gute und reichhaltige Auswahl an leckeren Meeresfrüchten und frisch gefangenen Fischen, gehört mit den beiden o. g. Restaurants zu den besten von St. Ives, Gerichte zwischen 12 und 14 £.
- **Pepper's Pasta & Pizza,** Fore Street, Tel. 01736-794014, ungewöhnlich gute Pizzen und Pastas zwischen 7 und 9 £.
- **The Island Cafe** oder auch Porthmeor Beach Café genannt, direkt am Porthmeor Beach gelegen, Tel. 01736-793226, ordentliche Gerichte, bester Platz, den Sonnenuntergang – dann aber vorbuchen – bei einem Glas Wein und einer Mahlzeit zu genießen.

Viele weitere einfache Lokale entlang der Hafenfront und der Fore Street:
- **The Sloop Inn,** The Wharf, älteste Taverne von St. Ives, um das Jahr 1312 erbaut, eine der betagtesten Kneipen Cornwalls, direkt am Hafen gelegen, Bitter und Lager in guter Atmosphäre, eine reichhaltige Palette an Bar Meals, wechselnde Ausstellungen mit Bildern der lokalen Künstlern, B&B (s. o.).
- **Union Inn,** Fore Street, sehr gemütlicher Pub mit vielen alten Fotos aus der Historie von St. Ives.
- **Castle Inn,** Fore Street, zehn Schritte vom Union Inn entfernt, auch hier Fotos aus vergangenen Tagen, zechen in gemütlichem Ambiente.

Verbindung

- **Bahnhof:** am Porthminster Beach.
- **Busbahnhof:** Station Hill, nahe Bahnhof.

Küstenwanderungen in Cornwall

Wie auch schon für das Dartmoor werden hier fünf Wanderungen beschrieben, von denen wieder zwei kürzere Touren für Familien mit Kindern gedacht sind (Nr. 4 und 5). Alle Strecken führen entlang der Steilküste, sind jedoch völlig ungefährlich. Da das Gelände recht steinig ist, benötigt man unbedingt festes Schuhwerk.

Neben den schon erwähnten *Stiles,* Treppchen, die über Zäune und Mauern führen, überquert man bei den Cornwall-Wanderungen *Cattle Grids;* quergelegte steinerne, hölzerne oder stählerne Balken mit großen Zwischenräumen, die es dem Vieh unmöglich machen, die Wiese zu verlassen.

Wanderung 1: Lizard Point, Kynance Cove und das Fischerörtchen Cadgwith ⤴ XIII/B2/3

- **Länge:** 13 km, Rundwanderung
- **Dauer:** 4,5–5 Stunden
- **Karten:** Ordnance-Survey-Karten Landranger 203 (Land's End, 1:50.000) oder 204 (Truro & Falmouth, 1:50.000) und Pathfinder 1372 SW 61/71 (Lizard Point, 1:25.000)

KÜSTENWANDERUNGEN IN CORNWALL

Diese Wanderung sollte man nicht unternehmen, wenn es in den vorausgegangenen Tagen ordentlich geregnet hat. Teile des Geländes können dann sehr matschig sein und den Wanderspaß nachhaltig beeinträchtigen.

Zwischen Falmouth und Penzance ragt die Lizard-Halbinsel rund 20 km weit nach Süden in den Englischen Kanal hinein. An der Spitze der Peninsula sorgt am Lizard Point, dem südlichsten Punkt Großbritanniens, seit dem Jahr 1619 ein Leuchtturm für Sicherheit – hier kann man den Wagen parken.

Vom Parkplatz hält man sich halb rechts, kommt ein Stückchen unterhalb zu einem Café und biegt hier rechts gen Westen in den Küstenpfad ein. Nach wenigen Minuten Fußweg ist **Pistol Meadow** erreicht, diese Küstenregion gehört zu den Besitzungen des National Trust. Schaut man von hier zurück, so hat man einen guten Blick auf den Leuchtturm mit dem Lizard Point; im hellen Sonnenlicht schimmern und glänzen überdies die Klippen der Küste.

Im brandenden Meer liegen einige kleine Felsensplitter, die so seltsame Namen wie *Man of War*, *Shag Rock* oder *Barges Rock* haben. Eine ganze Reihe von Schiffen ist in den vergangenen Jahrhunderten hier auf Grund gelaufen. Die bisher größte Katastrophe ereignete sich im November 1720, als die „Royal Anne" im Sturm auf den

Shag Rock auflief und kenterte; 207 Menschen ertranken, sie alle wurden auf *Pistol Meadow* zur ewigen Ruhe gebettet.

50 Jahre später strandete ein kanadischer Segler ebenfalls am *Shag Rock*, doch die Mannschaft hatte mehr Glück und konnte sich retten. Wie die Überlieferung berichtet, trieb ein Matrose an Land, der sich an ein Rumfass geklammert hatte, ein anderer hielt sich an einem lebenden Schwein fest. Als alle die rettende Küste erreicht hatten, gesellte sich auch die Schiffskatze wieder dazu, die unter Verlust ihres halben Schwanzes ebenfalls mit dem Leben davongekommen war. Die Crew marschierte zum nächsten Örtchen, kehrte schnurstracks in die Kneipe ein, und zusammen mit den Dörflern wurde das lebensrettende, neun Gallonen Rum fassende Fass auf den glücklichen Ausgang der Katastrophe geleert. Das als Rettungsfloß dienende Schwein ging in die Hände des Wirtes über, der dafür der Mannschaft die Fahrt nach Falmouth bezahlte; auch die Katze blieb als neues glücksbringendes Maskottchen der Taverne treu, wo sie sich noch viele Jahre eines langen Lebens erfreute. Solcherart sind die Geschichten, die man sich hier erzählt.

Angenehm spaziert man hoch über dem Meer, sehr häufig auf weich federndem Torfuntergrund, am Klippenrand entlang, blickt auf eine eindrucksvolle Felsenlandschaft im türkisblauen Meer, dann auf den Pentreath-Strand, und schneller als erhofft schon sieht man vor sich **Kynance Cove,** eine traumhaft schöne Bucht. Man passiert den Parkplatz für Kynance Cove, der, wie auch die Bucht, im Besitz des National Trust ist; hier kann man beim Parkplatzwächter für 50 Pence ein kleines Heftchen über die Flora und Fauna der Region erstehen. Steil geht es nun auf Stufen hinunter ans Wasser. Ein kleines Café bietet von Mai bis September Erfrischungen.

Kynance Cove ist ca. 300 m breit und von 60 m hohen Klippen eingerahmt, die vor dem kalten nördlichen Wind schützen. Exakt ausgerichtet nach Süden, ist die Bucht – wie es im Info-Heftchen des National Trust heißt – eine Sonnenfalle. **Seltene Flechten, Moose und Riedgräser,** beispielsweise Storchschnabel und Rebendolde, wachsen in der Bucht und auf den steilen Klippen; im grasigen Hinterland haben Ökologen neun vom Aussterben bedrohte Spinnenarten gezählt; hier vergnügt sich auch eine Waldlaus, die eigentlich sonst nur im warmen Spanien vorkommt. Selbst das in der Gegend wachsende Heidekraut ist eine selten vorkommende Art; *Erica vagans* färbt im Spätsommer die Natur in lila, pink und weiß ein.

Im 19. Jahrhundert war Kynance Cove ein beliebtes Ausflugsziel für die viktorianischen *Excursionists*, die sich um eine intensivere Naturerfahrung bemühten. 1846 kam *Prinz Albert*, Königin Viktorias Ehemann, mit den Kindern von der königlichen Yacht an Land, um Kynance Cove zu besichtigen; der lokale Volksmund spottet bis heute, dass Seine Hoheit seekrank war. Zwei Jahre später besuchte auch Hofdichter *Tennyson* die Bucht und begann flugs reimende Sentenzen zu produzieren. Die Viktorianer haben auch den Felssplittern im Meer ihre Namen gegeben – was um alles in der Welt mögen sie sich bei *Asparagus Island* gedacht haben? An der Namensgebung der vielen miteinander verbundenen Höhlen im Westen der Bucht waren sie ebenfalls beteiligt. Da gibt es *The Ladies Bathing Pool, The Drawing Room, The Devil's Letterbox* und *The Devil's Bellows*.

Es geht nun weiter vorbei an dem kleinen Café. Ein **Hinweisschild** zeigt die Richtung an: „Return path to car park avoiding steps". Man spaziert auf einem breiten Schotterweg leicht ansteigend hinauf. Kurz bevor der Parkplatz für Kynance Cove in Sicht kommt, geht es an einer Abzweigung nach links in einen steinigen Pfad. Nach einigen Metern Weg sieht man rechter Hand in der Ferne den Parkplatz liegen. Hier wandert man nun oberhalb des Tals durch eine Heidelandschaft, wo die eben erwähnte seltene *Erica vagans* in der Sonne leuchtet. Irgendwann verliert sich der Pfad im Heidekraut; in Richtung Nordosten erkennt man in der Ferne eine mäßig befahrene Straße und eine Reihe von drei Häusern, dies ist das nächste Etappenziel. Besonders nach schweren Regenfällen können auf diesem Teilstück etliche schlammige Passagen die Wanderung recht unerquicklich gestalten.

An der Straße vor den Häusern geht es nach links Richtung Norden; am Ende der Häuserreihe führt gegenüber einer Tankstelle ein Pfad rechts ab. Ein **Hinweispfeil** mit der Aufschrift „Public Bridle Way" erhöht die Orientierungssicherheit. Dieser Pfad wird rasch sehr schmal, ist an manchen Stellen von Bäumen und Büschen ziemlich zugewachsen, auch hier kann es nach Regenfällen auf einem Stück von 200 m unerfreuliche sumpfige Stellen geben.

Der Weg lässt den Wanderer dann auf eine Heidekrautebene hinaus, und man sieht in der Ferne den Kirchturm der St. Grade's Church, mit vollständigem Namen St. Grada of the Holy Cross. Man überquert die kleine Wiese, gelangt auf einen weiteren Pfad, der schließlich auf einer Straße endet. Hier nun rechts ab. Nach wenigen Minuten Fußweg erreicht man eine kleine Kreuzung, an der es geradeaus weitergeht. 300 m weiter lässt linker Hand ein Gatter den Wanderer zur kleinen normannischen **St. Grade's Church,** die in der Regel unverschlossen ist.

Nach der Besichtigung des alten Gotteshauses geht es zurück zum Sträßlein, und man folgt weiter der ursprünglichen Route. Rechts der Straße passiert man nach einiger Zeit **Gwavas Farm** und folgt unermüdlich weiter dem wechselnden Straßenverlauf, bis man an eine T-Kreuzung gelangt. Hier geht es rechts ab, und einige Meter weiter an der folgenden Kreuzung geht man geradeaus weiter. In diese Richtung weist auch ein Straßenschild mit der Aufschrift Cadgwith. Schnell ist linker Hand ein großer Parkplatz erreicht. Nun folge man nicht mehr der Straße, sondern nehme vom Parkplatz den kleinen *Public Footpath,* der annähernd parallel zur Straße verläuft, und

schon nach wenigen Minuten ist man, vorbei an reetgedeckten Häuschen, am Hafen und damit im Ortszentrum von **Cadgwith**. Hier sind die Fischerboote auf den kurzen Kieselstrand gezogen, die Männer sitzen in einer langen Reihe auf einer Bank in der Sonne, und im Pub kann man sich mit einem *Ploughman's Lunch* stärken.

Wer in der Taverne nicht einkehren möchte, biegt dort, wo der Weg vom Parkplatz auf den Hafen mündet, rechts ab, spaziert durch das Dorf, und schon nach wenigen Metern weist in einer Rechtskurve über einem Papierkorb ein kleiner Hinweispfeil mit der Aufschrift „Coast Path" geradeaus hoch. Man kommt an einer Straße heraus, und es geht links durch ein Tor weiter durch das Anwesen **Hillside**; in den Büschen versteckt weist wieder ein Pfeil mit der Aufschrift „Coast Path, Devil's Frying Pan" die Richtung. Ist man aus dem Garten von Hillside heraus, so geht es sofort links ab; vorbei an einem steinernen Cottage, trifft man nach wenigen Metern auf das Zeichen des National Trust, und hier ist **The Devil's Frying Pan** erreicht, eine tief unten liegende kleine Bucht mit einem Felsentor, durch das die Wellen hereinlaufen.

Nun befindet man sich wieder auf dem Küstenpfad, der rechts und links von hohen Gräsern gesäumt ist, und

Fischerboote am Strand von Cadgwith

die weitere Orientierung ist einfach. Man hat schöne Ausblicke aufs Meer und die Steilküste. An manchen Stellen ist der Pfad mannshoch mit Farnen und Gräsern aller Art bewachsen, dazwischen leuchten gelb die Butterblumen. Immer wieder blickt man in kleine Buchten, von denen die grasbewachsenen Klippen steil hochsteigen. Man passiert ein kleines Kirchlein, das der davorliegenden Bucht den Namen **Church Cove** gegeben hat, dieses Areal ist wieder im Besitz des National Trust. Einige Minuten später kommt man an einigen kleinen, zu mietenden Feriencottages vorbei, die recht einsam am Meer liegen.

Nächster Anlaufpunkt ist eine **Wachstation** der *Royal National Lifeboat Institution (RNLI)*, das britische Gegenstück zur deutschen DLRG. Vom Look Out führt ein Fahrstuhl nach unten in die Bucht; dort liegt in einem Bootshaus ein Seenotrettungskreuzer, der über eine Rampe schnell zu Wasser gelassen werden kann. Das 14,5 m lange Boot hat sechs Mann Besatzung, erreicht eine Höchstgeschwindigkeit von 18 Knoten (33 km/h) und hat einen Aktionsradius von 120 nautischen Meilen (222 km).

Hier biegt der Weg nun nach Westen ab, und der **Leuchtturm von Lizard** kommt bald wieder in Sicht. Noch gilt es eine weite Bucht, die Housel Bay, zu umrunden, man kann sich dann im Housel Hotel stärken und erreicht schließlich wieder den Ausgangspunkt dieser Wanderung. Der Leuchtturm ist in der Regel täglich ab 12 Uhr zu besichtigen.

Wanderung 2: Von Zennor auf dem Tinner's Way XIII/A3

- **Länge:** 14 km, Kurzversion 8 km, Rundwanderung
- **Dauer:** 4,5–5 Stunden
- **Karten:** Ordnance-Survey-Karten Landranger 203 (Land's End, 1:50.000) und Pathfinder 1364, SW 33/34 (St. Ives & Penzance, 1:25.000)

Ausgangspunkt dieser sehr schönen, aber auch anstrengenden Wanderung ist das Örtchen **Zennor,** das einige Kilometer südwestlich von St. Ives an der Küste liegt. Dort gibt es neben dem Dorfpub Tinner's Arms (Free House) einen Parkplatz.

Alternative: Anstelle der Rundwanderung kann man auch eine sehr attraktive Streckenwanderung machen, die von Zennor nach St. Ives führt. Man nimmt hinter dem Pub den Weg zum Zennor Head (siehe Routenbeschreibung am Ende dieser Wanderung) und marschiert dann die Küste in nordöstlicher Richtung entlang; St. Ives ist nach ca. 11 km erreicht; per Anhalter oder mit den dreimal täglich verkehrenden Bussen von St. Ives in Richtung St. Just/Land's End geht es dann zurück nach Zennor.

1916, mitten im Ersten Weltkrieg, zog **D.H. Lawrence** zusammen mit seiner Frau Frieda von Richthofen nach Zennor und schrieb hier an seinen Romanen „Women in Love" und „The Rainbow". Die ersten Wochen lebten beide im Pub Tinner's Arms, dann konnten sie ein kleines Farmhaus mieten. Frieda, die Frau von *Lawrence*, war Deutsche, und so verdächtigten die einfältigen Bewohner von Zennor die beiden der Spionage. Wenn Frieda ein deutsches Lied sang, oder wenn sie im Garten die Wäsche aufhängte, so wurde dies als Zeichen an die vor der Küste operierenden kaiserlichen U-Boote interpretiert. In seinem Roman „Kangeroo" hat *Lawrence* die Anschuldigungen, Denunziationen und Hausdurchsuchungen detailliert beschrieben.

Die Wanderroute folgt weitgehend dem **Tinner's Way,** dem Weg, auf dem jahrtausendelang das gewonnene Zinn transportiert wurde. Bis in die Bronzezeit zurück kann man diesen Pfad datieren.

Vom Parkplatz geht es zum kleinen Gotteshaus von Zennor, das im 14. Jh. errichtet wurde; dort, am westlichen Ende des Kirchhofes, gelangt man durch einen Mauerdurchbruch auf ei-

KÜSTENWANDERUNGEN IN CORNWALL

ne kleine Wiese, rechts ist ein Gatter, das man überklettern muss, und dann geht es links ab eine Mauer entlang. Man kreuzt schnell hintereinander zwei Steinmauern, hier leider noch ohne die Hilfe von *Stiles*, und gelangt dann, geradeaus gehend, an ein steinernes *Cattle Grid*. Hier ist erstmals ein Weg erahnbar.

Für den ersten Teil der Wanderung verläuft die Strecke generell in nordöstlicher Richtung. Auch wenn kein Pfad erkennbar ist, hält man immer auf das nächste **Farmhaus** zu. Auf diese Art und Weise passiert man die Tremedda-Farm, die Tregerthen-, Wicca-, Boscubben-, Trendrine-, Trevessa-, Treverga-, Trevalgan und Trowan-Farm. Alle sind sie mehr oder weniger in Sichtweite, und selbst wenn es querfeldein geht, ist die Orientierung nicht weiter schwierig, denn ab der zweiten

passierten Farm markieren schwarze Hinweispfeile den Wegeverlauf. Da die Route aber über Wiesen und Weiden verläuft, muss man schon einmal an einer Kuhherde oder an einigen Pferden vorbei.

Wenige Minuten später passiert man ein weiteres *Cattle Grid*. Schaut man nach rechts, so erkennt man in ungefähr 300 m Entfernung die Landstraße nach St. Ives, die übrigens die ganze Zeit mehr oder weniger parallel zur Route verläuft.

Man erreicht die Gebäude und Scheunen des ersten Bauernhofes, dies ist die **Tremedda-Farm,** die man links liegenlässt. Ab hier geht es wieder weitgehend querfeldein, doch ist die Orientierung einfach, da man sehr klar einer Telefonleitung folgen kann, die auf die nächste Farm zuläuft. Ab und an meint man, einen Weg oder Pfad erkennen zu können. Auf alle Fälle kreuzt man eine Anzahl von *Cattle Grids*. Man passiert ein Cottage, dann ein zweites und drittes, die man alle linker Hand liegenlässt, und befindet sich nun auf einem schmalen, von Hecken und Bäumen bewachsenen Weg. Es geht noch immer der Telefonleitung nach; doch wird ab hier die Orientierung einfacher, einige *Cattle Grids* und *Stiles* sind mit schwarzweißen Pfosten gekennzeichnet. Hohes Farnkraut und manchmal knorrige alte Bäume säumen den Pfad, dann wieder geht es über mehrere Wiesen der Telefonleitung nach, bis die **Wicca-Farm** auftaucht. Dort gelangt man durch ein Gatter auf den Hof und geht nach rechts weiter den Weg entlang. Schon sieht man einen weiteren Bauernhof, die **Boscubben-Farm,** hinter der man sofort den Feldweg nach links nimmt.

Wer nicht die ganze Wanderung absolvieren möchte, der folge nun diesem Pfad bis zur Küste und biege dann nach links auf den *Coastal Path* ab.

Wer jedoch die gesamte Strecke laufen möchte, geht nach ca. 50 m rechts ab und erreicht einen Stein-*Stile*. Auf einer Wiese marschiere man weiter in der ursprünglichen Richtung gen Nordosten. Schnell ist die **Trendrine-Farm** erreicht, deren Gebäude man rechts liegenlässt. Hier findet man weißschwarze Pfosten an den *Stiles* und *Cattles Grids* und gelbe Hinweispfeile. Man kreuzt diagonal eine Wiese, der Weg ist nun markiert; nochmals diagonal geht es über eine weitere Weide, dann läuft man auf einen großen Farmkomplex zu. Schwarzweiße Pflöcke oder braune Pfosten mit gelben Pfeilen markieren die Route.

Bei der **Trevessa-Farm** geht es links in die asphaltierte Straße und sofort wieder rechts ab, der Ausschilderung „Public Footpath" nach durch Gatter und über *Stiles*. Über eine Wiese, der Telefonleitung folgend, spaziere man in Richtung auf ein einzelnes kleines Haus zu. Hier gelangt man auf ein asphaltiertes Sträßlein, das nach rechts auf die nächste Farm zustrebt. Nach ca. 200 m biege man links ab und laufe direkt auf die **Trevalgan-Farm** zu, die auch einen Campingplatz unterhält. Über den Hof gelangt man an den Rand einer Wiese. Hier beginnt auch der hauseigene *Farm Trail*, der **nicht** mit der im Weiteren beschriebe-

nen Strecke identisch ist. Über einen *Stile* kommt man auf eine Weide und wendet sich sofort nach rechts, bald ist ein weiterer Bauernhof erkennbar. Hier finden sich auch wieder einige Hinweismarkierungen. Über einen weiteren *Stile* verläuft die Strecke geradeaus über eine kleine Wiese, dann diagonal über eine große Weide auf die **Trowan-Farm** zu. Es geht über den Farmhof und den schwarzweißen Markierungen nach weiter über eine Wiese. Auf mehreren *Stiles* überquert man die Zäune einer Anzahl Weiden. Kurz vor einem weiteren Bauernhof kreuzen Traktorenspuren die Wiese. Hier biegt man links ab und kämpft sich querfeldein im Zickzack durch Heckenöffnungen bis zum Küstenpfad.

Das Meer ist erreicht! Es geht nach links der **Küste** folgend in südwestlicher Richtung.

Die Orientierung bereitet nun keinerlei Probleme mehr, dafür wird der Weg von Minute zu Minute anstrengender. Reichlich entschädigt wird man dadurch, dass man an einem der schönsten Küstenabschnitte Cornwalls entlangwandert. Schaut man die Uferlinie entlang, so sieht man, wie sich ein Landvorsprung nach dem nächsten ins Meer erstreckt.

Zu Anfang ist der Pfad von Gräsern gesäumt, mal geht es Felsstufen hinauf, mal hinunter. Am zweiten ins

Ruhige Buchten laden zum Rasten ein

Meer ragenden Vorgebirge passiert man das Zeichen mit dem Eichenblatt und erfährt so, dass der National Trust im Besitz von **Pen Enys Point** ist. Ein Stückchen weiter überquert man auf einem vom Trust angelegten Plankenweg eine sehr sumpfige Stelle, einige Minuten Fußweg weiter trifft man auf eine Markierung des *Trevalgan Farm Trail,* und rechts unterhalb davon ragt ein Felsen, geformt wie ein Ausguck, hoch über dem Meer in den Himmel. Dort gibt es einen sehr schönen Rastplatz mit guter Aussicht.

Auf dem Weg dorthin passiert man einen Pfahl mit der Mitteilung eines Alltagsphilosophen: „Spare a few minutes to climb down onto the rock formation below and sit and watch the waves, and meditate for a while. It's my favourite view ... But perhaps I am biased!" Nein, man kann den anonymen Zeilenschreiber beruhigen, er ist nicht voreingenommen, der Platz ist wirklich wunderschön und der Ausblick unvergleichlich. Rund 100 m sitzt man hier über der tief unten brandenden See.

An dieser Stelle wurde im Jahr 1941 die „Bessemer City" auf die Klippen geworfen, die Mannschaft konnte gerettet werden. Sehr zur Freude der Bewohner in den umliegenden Gehöften und Dörfern hatte der Frachter Hunderttausende von Lebensmittelkonserven geladen, die nun von den Felsen und Klippen aufgesammelt werden konnten. Von weit her kamen die Leute angefahren, um sich in dem harten Kriegsjahr mit kostenlosem Proviant einzudecken. Da sich im Wasser natürlich die Beschriftung abgelöst hatte, wusste man nie, ob man eine Dose mit Erbsen oder eine mit Bohnen öffnete; die Speisezettel in vielen Familien waren für lange Zeit dem Zufall unterworfen.

Von dem Ausguck sind es nun noch anstrengende 6 km, bis Zennor wieder erreicht ist.

Auf einer von Heidekraut übersäten Wiese trifft man auf eine kleine Pyramide; dies ist das **Trevega Cliff,** das 91 m hoch aus dem Meer steigt. Ein Stückchen weiter von links ein Weg auf den Küstenpfad; wer die kürzere Route genommen hat, ist hier an die See gekommen.

Der Pfad fällt nun bald bis fast auf Meereshöhe ab, dann geht es wieder steil nach oben; überall liegen große runde Steine, schwere Findlinge, herum, über die man teilweise kletternd seinen Weg sucht. Zwar ist dies anstrengend, doch das Erlebnis der rauen urwüchsigen Natur entschädigt reichlich für die Strapazen. Einige Minuten später dann ergibt sich wieder ein lieblicheres Bild, denn nun spaziert man an der blumenübersäten Abbruchkante der Felsen entlang und hört, wie das Meer gegen die Klippen donnert.

Doch schon kurze Zeit später geht es wieder auf- und abwärts zwischen großen runden Steinbrocken. Nun ist eine mächtige Gesteinsformation erreicht, doch nein, dies ist noch nicht Zennor Head. Es geht noch einige Meter weiter, bis man auf eine ähnliche Felsanhäufung trifft, wo eine Metallplakette mitteilt: „Zennor Head. Given to the *National Trust December*

1953". Der Pfad knickt nach links ab, mündet recht schnell in eine schmale asphaltierte Straße, und die kommt – Gipfel der Glückseligkeit – an der Rückseite des Pubs Tinner's Arms an.

Wanderung 3: Lamorna Cove & die Merry Maidens ⤻ XIII/A3

- **Länge:** 14 km, Kurzversion 8 km, Rundwanderung
- **Dauer:** 4,5–5 Stunden
- **Karten:** Ordnance-Survey-Karten Landranger 203 (Land's End, 1:50.000) und Pathfinder 1368, SW 32/42 (Land's End & Newlyn, 1:25.000)

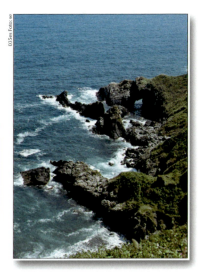

Etwas südlich von Penzance schmiegt sich rund um eine Bucht der nur wenige Häuser zählende Weiler **Lamorna.** Direkt am Ufer von Lamorna Cove kann man den Wagen parken. Von dort spaziere man nach rechts vorbei am Lamorna Cove Café und kommt so auf den Küstenpfad, dem Richtung Westen gefolgt wird. Der Weg windet sich oberhalb des Meeres an der Abbruchkante der Klippen entlang, wie üblich ist die Aussicht prachtvoll. Sehr steinig ist der Pfad, häufig unterbrochen durch monumentale Felsbrocken, die man überklettern muss. An Lamorna Point halte man linker Hand Ausschau nach einem schon recht verwitterten keltischen Kreuz; die Inschrift ist gerade noch lesbar: „Emma, March 13 1873". Fünf Jahre vor diesem Datum war die „Garonne of Bordeaux" an dieser Stelle im Sturm auf die Klippen geworfen worden, alle 16 Passagiere, darunter die junge Emma, ertranken.

Der Weg wird nun besser, man steigt weiter auf Treppenstufen hoch, umgeht eine große Felsformation, und bald kommt der recht hässliche **Leuchtturm von Tater-du** in Sicht. An diesigen oder nebligen Tagen zerreißt es einem hier das Trommelfell, denn Tater-du ist gleichzeitig ein gigantisches Nebelhorn. Der Leuchtturm bleibt links liegen, es geht durch ein grünes Gatter und an einigen Cottages entlang. Nachdem ein weiteres grünes Gatter passiert wurde, gabelt sich der Weg; der breite Pfad läuft rechts ins Landesinnere, man folge jedoch dem schmalen entlang der Küste.

Prachtvoll ist der Ausblick, den man vom **Boscawen Point** in westlicher

Ausblick mit Absturzgefahr

KÜSTENWANDERUNGEN IN CORNWALL

und auch in östlicher Richtung hat. Ab dort verläuft der Pfad abwärts, bis die **St. Loy's Cove** erreicht ist.

Hier ist Vorsicht geboten, denn nun schreitet man auf riesigen, übereinandergeschichteten runden Steinen voran. Auch sollte man darauf achten, dass alles fest verpackt ist, denn wenn hier etwas zu Boden fällt, ist es in den Steinspalten unwiederbringlich verschwunden. Bei der Orientierung hilft an dieser Stelle mittlerweile ein gelber Pfeil. Um auf dem richtigen Weg zu bleiben, halte man sich jedoch so nah wie möglich am Abhang und spitze die Ohren. Nach ca. 150 m hört man unter den großen runden Steinkugeln einen **Bach** rauschen; hier begibt man sich zum Abhang, wo man einen schmalen Pfad findet, der am Bach in den Wald führt. Diese Stelle ist nicht ganz einfach zu finden, man lasse sich nicht entmutigen. Ein zusätzlicher Orientierungspunkt ist ca. 40 m vor dem Bach ein gut sichtbares Gatter am Waldhang.

Hat man den Pfad dann gefunden, so führt nach wenigen Metern eine Brücke über das Rinnsal, und einige Schritte weiter weist ein Pfeil nach rechts in den Wald. Weiter geht es steil auf Treppenstufen bergauf. Oben an-

KÜSTENWANDERUNGEN IN CORNWALL

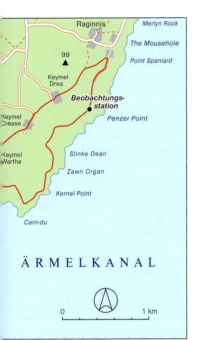

gekommen, hilft ein *Stile* weiter, der Küstenpfad führt links ab, man gehe jedoch nach rechts weiter hoch in den Wald. Nach einigen Schritten zeigt ein Pfeil nach rechts, man kreuze das Bächlein erneut und gehe dann, einem weiteren Hinweis folgend, nach links weiter. Rechts und links ist der Pfad dicht bewachsen von Fuchsien, Farnen, Rhododendren, der Bach fließt links. Nachdem ein Gatter passiert wurde, führt der Weg in einen Wald. Ist die **Straße** erreicht, geht es rechts ab.

Nach wenigen Minuten trifft man linker Hand auf ein altes keltisches Steinkreuz, und wenige hundert Meter weiter stößt man rechts auf die Reste des eisenzeitlichen megalithischen **Kammergrabes von Tregiffian,** das aus dem 3. Jh. v. Chr. stammt.

Wieder einige hundert Meter weiter weist ein Hinweispfeil rechts auf ein Feld, und dort stehen die **Merry Maidens,** die fröhlichen Jungfrauen. Der Legende nach entstand dieser eisenzeitliche Steinring, als eine Reihe von Mädchen die Sonntagsruhe durch ihren Tanz störte; also wurden sie zu Stein verwandelt. Von dem *Stone Circle* geht es zur linken Ecke der Wiese und dort mittels eines *Stiles* über ein Gatter. Der Pfad führt über eine weitere Wiese auf ein Haus zu, und über ein *Stile* erreichen wir wieder die Straße. Rechts verläuft ein schmales asphaltiertes Sträßchen, das mit einem Schild als Sackgasse gekennzeichnet ist und in das ein Hinweispfeil mit der Aufschrift „Menwinnion Country House" zeigt. Man folge dem Sträßchen, und am Menwinnion – *Residence for the Elderly* – führt ein *Public Bridle Way* in den Wald. Es geht abwärts, und unten angekommen, mündet der schöne Weg wieder auf die Straße. Hier rechts ab nach Lamorna.

Wer nur die **Kurzversion** dieser Tour machen will, läuft jetzt wenige Minuten geradeaus weiter bis zum Parkplatz an der Bucht.

Kurz vor dem **Pub Lamorna Wink** geht es links ein Sträßlein hinunter, das am Post Office Cottage vorbeiführt. Wenige Meter weiter kreuzt man einen Bach, passiert die **Old Mill** und folgt weiter der Straße. Ca. 100 m hinter der

Mühle weist ein Pfeil mit dem Hinweis „Public Footpath" nach rechts.

Der ansteigende Weg ist von hohen Gräsern und Farnen bestanden. Oben angekommen, hat man einen schönen Blick auf Lamorna Cove. Ein steinerner *Stile* lässt den Wanderer auf eine Wiese, und es geht diagonal auf ein Haus zu. Ein gelber Hinweispfeil gibt die Sicherheit, auf dem richtigen Weg zu sein. Das Farmhaus bleibt links liegen, während man über den Hof geht. Man erreicht nun ein Gatter mit einem *Stone Stile* und findet im Gebüsch verborgen einen weiteren gelben Hinweispfeil. Entlang einer Hecke geht es über eine Wiese, über einen *Stile* und dann geradeaus auf ein Gatter zu. Dahinter schließt sich erneut eine Weide an, die in Richtung auf eine Farm überquert wird. Auf der ein oder anderen Weide können Kühe grasen. Ein *Stile* führt aus dem grasigen Areal heraus, ein Pfeil weist nach links. Wenige Schritte weiter geht es seitwärts an einem Gatter erneut auf eine Weide, hier wieder der Hinweis *Public Footpath*, der in Richtung auf ein weiteres Farmgebäude zeigt.

Dieser Teil der Wanderung besteht aus einer dauernden Überquerung von Wiesen und Weiden.

Entlang der Hecke geht es auf einen *Stile* zu, der den Wanderer zu einem sumpfigen Abschnitt bringt. Hält man sich hier rechts, so kann man auf ausgelegten Steinen die sehr feuchten Stellen problemlos überwinden.

Man erreicht ein Farmgebäude, ein Pfeil weist nach links; nach ca. 30 m zeigt ein Orientierungsschild nach rechts, und auf vielen *Stiles* geht es zwischen einigen Farmgebäuden hindurch. Der Bauer von **Kemyel Drea** will damit wohl die Wanderer von seinem Vorderhof verbannen.

Man gelangt auf ein Feld, wo ein *Standing Stone*, eine megalithische Steinsetzung, aufragt, verlässt das Feld sofort wieder über einen Stile, rund 100 m weiter passiert man über einen erneuten *Stile* ein Gatter und befindet sich nun wieder einmal auf einer Wiese, in deren Mitte ein weiterer *Standing Stone* an ganz frühe Zeiten erinnert. Wie meistens verläuft der Pfad entlang der Hecke; rechts erblickt man das Meer und die Mount's Bay; zum Küstenpfad ist es nun nicht mehr weit.

Stone Stiles leiten auf die nächste Weide, die ebenfalls von einer Steinsetzung geschmückt wird, man peilt einen weiteren *Stile* an und kommt – langsam wird es langweilig – wieder auf eine Wiese. Hier beachte man den folgenden *Stile* nicht, sondern überquert dieses grasige Areal diagonal in Richtung auf das Meer, übersteigt auf einem Leiterchen die Hecke und kreuzt die kommende Weide in Richtung auf ein Haus. An einem *Stile* erkennt man einen Pfeil, der nach rechts weist. Über ein Gatter ist nun ein Weg erreicht, den es rechts ab geht. Man befindet sich nun auf dem **Küstenpfad,** wenngleich dies auf Anhieb nicht direkt erkennbar ist, da man doch ein ganzes Stück vom Wasser entfernt ist.

Wer das Örtchen **Mousehole** im Zuge dieser Wanderung erkunden möchte, wende sich hier nach links.

KÜSTENWANDERUNGEN IN CORNWALL

Ab jetzt folgt man in südlicher Richtung dem Küstenverlauf.

Der hier breite Weg ist rechts und links von Hecken eingefasst, ein Stückchen weiter verhindern hohe Bäume für kurze Zeit den Blick auf die See. Man passiert eine **ehemalige Beobachtungsstation** der Küstenwache, und hier säumen hüfthohe Gräser den Pfad. Schnell marschiert man nun am grasbewachsenen Klippenrand entlang und hat aus einer Höhe von 60 m gute Ausblicke auf die von Möwen umschwärmten Fischerboote. Auf Stufen geht es dann abwärts, über einen Bach, danach steigt der Pfad wieder an. Nach weiteren Minuten Fußweg ist ein kleines Wäldchen erreicht. Dieser Wald ist das **Kemyel Crease Nature Reserve** und wird vom CTNC, vom *Cornish Trust for Nature Conservation* gehegt und gepflegt. Wieder einmal geht es dann steil bergauf, ein gelber Pfeil weist den Weg, und schneller, als man erwartet hat, ist **Lamorna Cove** erreicht, wo das kleine Café den Wanderer zum Cream Tea erwartet.

Wanderung 4: Rund um Land's End XIII/A3

- **Länge:** 8,5 km, Rundwanderung
- **Dauer:** 3–4 Stunden
- **Karten:** Ordnance-Survey-Karten Landranger 203 (Land's End, 1:50.000) und Pathfinder 1368, SW 32/42 (Land's End & Newlyn, 1:25.000)

Diese außerordentlich schöne Wanderung führt vorbei an Land's End, dem westlichsten Zipfel Großbritanniens, wo einige der schönsten Klippenformationen und eine grandiose Steilküste zu bewundern sind. Die Strecke ist auch für Kinder geeignet.

Blick über die Küste, hier von Land's End

KÜSTENWANDERUNGEN IN CORNWALL

Wenig nördlich von Trevescan liegt der kleine Weiler **Sennen** (Ausschilderung „Sennen" und dann „Sennen Cove" folgen); man lässt den Parkplatz von Sennen Cove rechts liegen und fährt einige hundert Meter weiter zu den Stellplätzen von **Sennen Harbour.** An dem Toilettenhäuschen weist ein Schild in Richtung Süden: „Coast Path." Auf einigen Betonstufen geht es bergauf, oben auf dem Klippenplateau des Mayon Rock, an einem kleinen **Beobachtungstürmchen,** hat man prachtvolle Ausblicke über den Strand von Sennen Cove und über das türkisblaue, tief unten brandende Meer. Dieser Klippenabschnitt bis kurz vor Land's End wird vom National Trust umsorgt und gehört mit zu den schönsten von ganz England. Tief unten im Meer ragt die **Irish Lady** aus den Fluten, ein großer Steinblock, der fragil auf einer Felsspitze sitzt. Kurz vor Land's End dann passiert man eine weitere Steinklippe im Meer, die den skurrilen Namen **Dr.**

Syntax's Head trägt, und nahebei sieht man die weißen Gebäude von **Land's End.**

„The romance of Land's End has all but vanished under commercial pressure", beklagt ein englischer Reiseführer zu Recht. Vor wenigen Jahren wurde das Gelände zum Kauf angeboten; der National Trust, dem das umliegende Küstenareal gehört, bot mit, rief dann zu einer nationalen Spendenaktion auf, doch alles nützte nichts, Land's End fiel in die Hände von Finanzspekulanten und wurde weitestgehend kommerzialisiert.

Um so mehr freut man sich, auf dem Areal von Land's End angekommen zu sein, ohne ein saftiges Eintrittsgeld bezahlt zu haben – und das völlig legal, denn das am Auto-Kiosk teuer erstandene Ticket berechtigt nur für die überflüssige und wenig sehenswerte Multimedia Show „The Last Labyrinth". Die Natur an Land's End dagegen ist kostenlos. So kann man beispielsweise von einer Hängebrücke in die Nistplätze der **Seevögel** an einer Steilklippe hineinschauen. Nahebei bieten Mitglieder der RSPB – das ist die *Royal Society for the Protection of Birds* – Besuchern mit ihren starken Teleskopen einen Blick auf die unermüdlich ihren Namen *Kittiwake, Kittiwake* rufende Dreizehenmöwe. Man erkennt den rasant fliegenden Tordalk (*Razorbill*), die Sturmschwalbe (*Storm Petrel*) und der große Sturmtaucher (*Great Shearwater*) segeln durch die Lüfte.

Auf der Terrasse der **Longship Bar** kann man in Ruhe etwas trinken oder Snacks zum Lunch essen.

In der Ferne, in Richtung Amerika, erkennt man die **Longship-Klippen** mit dem gleichnamigen Leuchtturm, der den Schiffen den sicheren Weg in den Englischen Kanal weist. Nahebei strandete 1967 der Öltanker „Torrey Canyon". Das Schiff lief auf Grund, brach auseinander, Tausende von Tonnen an Rohöl flossen aus und vernichteten die Flora und Fauna dieses Küstenstreifens.

Nun geht es weiter entlang dem Küstenpfad, und man erreicht nach einigen Minuten Fußweg das weiße **Greeb Cottage;** hier grasen Schafe, Ziegen und Rindviecher, die von den Kindern sicher gern gestreichelt werden. Ein Hinweisschild mit der Aufschrift „Coastal Path" weist die Richtung, die auch ohne Wegepfeil leicht zu erkennen wäre.

Im Wasser halten der Felsensplitter **Armed Knight** und der **Bogen Enys Dodnan** stoisch dem Ansturm der Wellen stand, prachtvoll ist die Küstenlinie hier mit dem blauen, tief unten brandenden Meer.

An der Felsenklippe **Carn Cheer** hat der Hobbyfotograf den besten Standort für ein Sonnenuntergangsfoto: im Vordergrund steht der Torbogen Enys Dodnan, dann kommt die spitze Klippe Armed Knight, und in der Ferne folgt Longships mit dem Leuchtturm, alles übergossen vom roten Licht des Sonnenuntergangs.

Vorbei am **Trevilley Cliff** erreicht man die weite **Mill Bay,** und hier führt der Pfad in rund 40 m Höhe direkt am Klippenrand entlang. Unten in der Bucht liegen mächtige Steinbrocken,

Land's End

gegen die die brandende Flut donnert, die dann in Gischtwolken übergeht.

Geradeaus sieht man auf einem Hügel ein weißes Haus. Während man dessen Besitzer um die unvergleichliche Aussicht beneidet, läuft man leicht an einer wichtigen Abzweigung vorbei und hat alsbald Probleme mit der Orientierung. Also: Am Ende von Mill's Bay führen Treppenstufen nach unten, und dann überquert man auf einer kleinen Brücke ein in die See fließendes Bächlein. Hier ist man bereits falsch und zu weit gegangen. Dort, wo die Treppenstufen nach unten geleiten, führt linker Hand ein kaum sichtbarer, bis in Hüfthöhe von Gräsern überwachsener Pfad sehr steil die Hügelschulter hinauf. Nach ca. 750 m endet der Pfad an einem steinernen *Stile*, der auf ein Feld leitet, und vor sich sieht man in der Ferne den Kirchturm von Sennen – die weitere Richtung ist damit klar, und ergibt keine größeren Orientierungsschwierigkeiten. Man überquert die Wiese und hält auf die gegenüberliegende linke Ecke zu, wo eine Lücke in der Steinmauer auf die nächste Weide führt. Hier spaziert man auf die Hecke zu und gelangt an ein Gatter. Nachdem dieses passiert ist, läuft man halb links wieder auf eine Hecke zu und folgt dieser. Nach einigen Metern kommt wieder der Kirchturm von Sennen in Sicht, der zwischenzeitlich einmal aus dem Blickfeld verschwunden war. Es geht durch einen Farmhof, kurze Zeit später durch einen weiteren Bauernhof, und dann gelangt man an eine dritte Farm. Deren Hof betritt man mittels eines steinernen *Stile*, lässt das Farmgebäude links liegen und passiert auf Treppenstufen ein Gatter.

Es geht geradeaus weiter am Wiesenrand entlang, rechts verläuft eine Mauer. Der Pfad führt vorbei an einem verwitterten mittelalterlichen **Steinkreuz**, über ein steinernes *Stile* und nun auf ein **kleines Cottage** zu. Dort angekommen, geht man durch den Garten des kleinen Häuschens, steht auf der Straße und spaziert geradeaus weiter, dem **Hinweisschild** mit der Aufschrift „Sennen" folgend. Die Richtung ist ohnehin klar, erkennt man doch nun zum Greifen nahe den Kirchturm des Örtchens. Vorbei am

Pub Wrecker's Inn, dem Free House The First And Last Inn von 1643, erreicht man die **Kirche von Sennen**, deren erste Gründung auf das Jahr 520 zurückgeht. Schließlich erreicht man rechter Hand ein kleines Lebensmittelgeschäft, gegenüber geht ein kleiner Pfad nach links ab – ausgeschildert „Public Footpath Sennen Cove" – und führt zurück nach **Sennen Harbour**.

Wanderung 5: Porthcurno und Porthgwarra, das Minack-Theatre und St. Levan's Church ⚔ XIII/A3

- **Länge:** 6,5 km, Rundwanderung
- **Dauer:** 2,5–3 Stunden
- **Karten:** Ordnance-Survey-Karten Landranger 203 (Land's End, 1:50.000) und Pathfinder 1368, SW 32/42 (Land's End & Newlyn, 1:25.000)

Der Weiler **Porthcurno** liegt ca. 3 km südlich von Land's End; hier kann am großen Strand-Parkplatz das Auto abgestellt werden. Von den Stellflächen aus führt ein Fußweg zum Strand (gegenüber von dem kleinen Café, Hinweispfeil „Public Footpath to Porthcurno Beach"), der sich nach einigen Metern gabelt, links geht es ans Meer, nach rechts weist ein Schild mit der Aufschrift „Minack Theatre" den Weg. Der Pfad steigt alsbald steil nach oben an, und während man keuchend bergan wandert, kann man mit einem Blick zurück den von Felsen eingefassten, geschwungenen weißen Sandstrand von Porthcurno im türkisblauen Meer sehen. Oben auf der Klippe angekommen, darf man auf einen Besuch im **Minack Theatre** nicht verzichten (ausführlich zum Minack Theatre siehe Exkurs).

Gegenüber vom Haupteingang des Freilufttheaters, auf der anderen Seite des Parkplatzes, leitet ein *Kissing Gate*, ein Sicherheitsschwingtor, wieder auf den Wanderpfad. Dieser schlängelt sich erst nach unten, dann aber rasch wieder steil aufwärts. Nach einigen ausgreifenden Schritten erreicht man eine Kreuzung, und hier geht es links ab. Oben angekommen, ist die im Besitz des National Trust befindliche Landspitze **Rospletha Cliff** erreicht; der alte cornische Name lautet zungenbrecherisch Pedn-mên-an-mere. Unnötig zu sagen, dass die Aussicht wieder einmal traumhaft schön ist. Rund 80 m hoch steht man hier über dem Meer.

Treppenstufen führen von der Klippe hinunter zu einem kleinen geschützten Sandstrand, der den Namen **Porthchapel** führt. Auf einer hölzernen Brücke überquert man einen in das Meer plätschernden Bach, und ab hier geht es nun wieder steil aufwärts. An einer Kreuzung nimmt man die links hochgehenden Treppenstufen, ein gelber Pfeil dient der zusätzlichen Orientierungssicherheit. Oben steht man auf der Klippe **Carn Barges** und hat prachtvolle Ausblicke. Schaut man ins Landesinnere, so erkennt man den Kirchturm von St. Leven.

Der Pfad folgt für einige hundert Meter hoch über dem Meer der Küstenlinie und führt dann nach unten

KÜSTENWANDERUNGEN IN CORNWALL

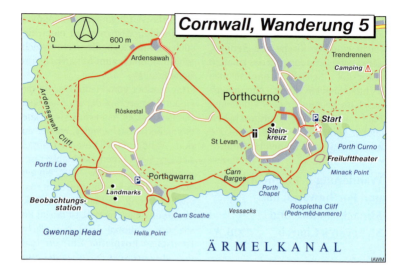

zum Weiler **Porthgwarra**. Am 14. März 1905 wurde die „Khayber" im Sturm auf die Klippen von Porthgwarra geworfen. Von den 26 Besatzungsmitgliedern konnten sich nur drei Matrosen retten; die anderen fanden auf dem Kirchhof der St. Levan's Church ihre ewige Ruhe.

Eine Telefonzelle markiert das Zentrum von Porthgwarra, und hier weist eine Ausschilderung mit der Aufschrift „Coastal Footpath" den weiteren Weg. Treppenstufen führen nach oben, und dort geht es vorbei am **Hella Point**. Zwei große *Daymarks*, Landmarkierungen, warnen die Schiffe auf dem Meer. Wenn es diesig ist oder Nebel aufzieht, dann hört man das kräftige Nebelhorn der 1,5 km vor der Küste im Meer verankerten Runnel-Stone-Boje.

Der Weg gabelt sich nun; ist man mit Kindern unterwegs, so nimmt man die rechte Abzweigung, ansonsten spaziert man weiter entlang der Klippe und passiert dabei **Gwennap Head**. Ein Stückchen weiter kommt man an einem erschreckend tiefen Loch vorbei, dessen Gefährlichkeit man zuerst gar nicht erkennt; hier geht es 50 m tief in die See. Zwischen diesem Kamin rechts und dem Abgrund links verläuft fester Fels, und so passiert man diese Stelle. Schnell ist nun eine Beobachtungsstation von *Her Majesty's Coast Guard* erreicht (hier treffen die beiden Pfade wieder zusammen), von wo man, in Richtung Norden schauend, die weißen Häuser von Land's End erkennt.

Weiter folgt man dem Weg um eine kleine, steinige Bucht, und dann geht es steil bergauf. Nach einigen Minuten erreicht man einen Durchbruch in einer Mauer; weit in der Ferne grüßt der

Glockenturm der Kirche von Sennen, der auch bei Wanderung 4 ein verlässlicher Wegweiser ist. Hinter der Mauer gabelt sich der Weg; geradeaus geht der Küstenpfad weiter nach Land's End und Sennen, man biege jedoch rechts ab. Wenige Schritte nur und ein Felsen kommt in den Blick, dessen oberer Teil einem Adlerkopf verblüffend ähnlich sieht. Der Weg strebt fort von der Küste und hinein ins Landesinnere, auf ein graues Haus in der Ferne zu. An einer weiteren Gabelung hält man sich an die rechte Abzweigung und trifft bald darauf auf einen breiten Weg, den es rechts ab geht. Linker Hand sieht man in einiger Entfernung eine Cottage-Ruine. Durch ein rostiges Gatter schreitend, spaziert man nun an dem grauen Haus vorbei, das schon aus der Entfernung der Orientierungspunkt war. Einen Steinwurf weiter ist die Farm **Ardensawah** erreicht, hier biege man links in einen Betonweg ab, der zur Asphaltstraße führt.

An der Straße richte man sich nach rechts; ein Schild mit der Aufschrift „To Porthgwarra Beach" erhöht die Orientierungssicherheit. Vorbei an den Farmgebäuden, geht es auf Porthgwarra zu. Nach ca. 200 m weist in einer Rechtskurve ein Pfeil „Public Foopath" nach links; hier sieht man, was passiert, wenn ein Wanderweg einige Jahre nicht mehr benutzt wird. Der ehemalige Pfad ist nur noch zu erahnen, hohe Brennnesseln und Dornenbüsche machen ein Durchkommen unmöglich.

Unser Pfad sieht Gott sei Dank besser aus; 100 m weiter die Straße hinunter ist das Wort *Slow* auf den Asphalt gepinselt, und man folge hier dem nach links weisenden Pfeil mit der Aufschrift „Public Footpath". Über einen *Stone Stile* gelangt man auf eine Wiese und spaziert entlang der Hecke, die man rechts von sich lässt. Auf der nächsten Weide lässt man die Hecke nun linker Hand liegen. In der Ferne zeigt der Kirchturm von **St. Levan's** die Richtung. Über etliche Wiesen und Weiden, die man auf *Stiles* erreicht und auch wieder verlässt, sowie durch Gatter gelangt man schließlich zu dem kleinen Gotteshaus mit dem Kirchhof.

Im Rücken der heiligen Stätte passiert man ein *Cattle Grid*, und ein Pfeil weist unmissverständlich geradeaus. Es geht über ein Feld, ein *Stile* verhilft wieder einmal über ein Hindernis, und man hält auf einige Häuser in der Ferne zu. Mitten auf der Wiese spendet ein keltisches **Steinkreuz** dem Gläubigen Trost, und man verlässt das Feld durch ein *Kissing Gate*.

Es geht durch eine Häuseransammlung und dann rechts die asphaltierte Straße hinunter. Am Parkplatz des Marina Lodge Hotels kommt man heraus und schreitet die Straße nach links hinunter. Schon ist man am Strand-Parkplatz von Porthcurno wieder angekommen.

Nördliches Cornwall

Newquay ↗ XII/A2
– Das Seebad für Surfer

Newquay ist das größte Seebad Cornwalls, zudem das hässlichste und überdies noch ausgestattet mit den umfangreichsten Billigamüsierbetrieben in weitem Umkreis. Wären da nicht die zehn großen Sandstrände, an denen die hohen Atlantikwellen auslaufen, der Ort wäre überhaupt keinen Besuch wert. Länger bleiben werden bei der lauten **Rummelplatzatmosphäre** trotz allem nur die Surfer, die allerbeste Bedingungen vorfinden. Am Fistral Beach wurde über mehrere Jahre die *World Surfing Championship* ausgetragen.

Der kleine Hafen zeigt, dass Newquay einmal ein verschlafenes Fischernest war. Hier steht das **Haus des Huer** (abgeleitet von *Hue*, was soviel wie „zetern", „Geschrei veranstalten", „Getöse machen" bedeutet), der in den vergangenen Jahrhunderten während der **Sardinenfänge** der wichtigste Mann des Ortes war. Der Aussinger hockte oberhalb des Meeres; sah er, wie die Pilchardschwärme das Wasser verdunkelten, so lenkte er mit seinem Horn die Fischer in deren Richtung.

Aufgrund der Überfischung blieben irgendwann einmal die Sardinen weg, doch dafür brachte die bis ins Örtchen verlegte Eisenbahn nun die viktorianischen **Touristen.** Sie entdeckten die vielen langen Sandstrände und ließen Newquay rasch anwachsen und zur cornischen Touristenmetropole werden. Daran hat sich bis heute nichts geändert!

Einige Kilometer nördlich von Newquay findet der Schwimmer die **Watergate Bay** mit einem schönen langen Sandstrand. Noch ein Stückchen weiter lohnen die **Bedruthan Steps**, gewaltige Felsformationen, einen Blick; auf ihnen ist – so sagt ein cornisches Märchen – der Riese Bedruthan aus dem Wasser an Land gestiegen.

Praktische Hinweise

Tourist Information

- **Municipal Offices,** Marcus Hill, Tel. 01637-854020.

Unterkunft

- **Harbour Hotel,** North Quay Hill, Tel. 01637-873040, www.harbourhotel.co.uk, DZ 140 £.
- **Headland,** Fristral Beach, Tel. 01637-872211, Fax 872212, www.headlandhotel.co.uk, DZ ab 165 £.
- **Esplanade Hotel,** Esplanade Road, Tel. 01637-873333, Fax 851413, www.newquay-hotels.co.uk, DZ 90 £.
- **Bed and Breakfast:** *Rolling Waves,* Alexandra Road, Tel./Fax 01637-873236, www.rollingwaves.co.uk, acht Zimmer en suite, Zimmer ohne Bad, DZ 72 £; *Wenden,* 11 Berry Road, Tel./Fax 01637-872604, www.newquay-holidays.co.uk, acht Zimmer en suite, DZ ab 60 £.
- **Jugendherberge:** *Newquay International Backpackers,* 69 Tower Road, Tel./Fax 01637-879366, newquay@backpackers.co.uk.
- **Camping:** *Hendra Holiday Park,* Tel. 01637-875778, Fax 879017, www.hendra-holidays.com; von der A 30 in die A 392 ausgeschildert Newquay, in Quintrell Downs beim Kreisverkehr geradeaus. Nach 800 m Hendra Park links. Hervorragender Platz mit zahlreichen Angeboten; *Newquay Holiday Park,* Tel. 01637-871111, Fax 850818, www.parkdeanholidays.co.uk; von Bodmin auf der A 30 hinter der niedrigen Brücke nach rechts Richtung RAF St. Mawgan, dann die A 3059 Richtung Newquay, Platz nach dem Treloy Golf Club.

Pubs und Restaurants

- **Ye Olde Dolphin Restaurant,** das älteste Restaurant von Newquay, 1950 gegründet, eines der besseren Lokale, 39 Fore Street, Tel. 01637-874262, Seafood, Lamm und Geflügel zwischen 10 und 14 £.
- **Señor Dick's,** East Street, Tel. 01637-851601, beliebtes mexikanisches Restaurant, Vorbestellung ratsam, gute Gerichte von 5–15 £.
- **The Red Lion,** oberhalb des Hafens gelegen, Pub mit sehr guter Aussicht auf die Kaianlagen und die Stadtstrände.
- **The Fort Inn,** the family pub, Fore Street, ebenfalls oberhalb der Stadtstrände gelegen und hervorragende Ausblicke vom geschützten Biergarten aus, reiche Palette an Bar Meals.
- **The Central,** Central Square, große Kneipe mit Biergarten am Beginn der Innenstadtfußgängerzone.
- **Internet Café Tad & Nick Talk and Surf,** 72 Fore Street.

Surfbretter und Zubehör

- **Fistral Surf Company,** Cliff Road

Verbindung

- **Züge** von Plymouth, Falmouth, Penzance, St. Ives.
- **Busnetz** des National Express.
- **Bahnhof:** abseits der Cliff Road, östlich vom Zentrum.
- **Busbahnhof:** Manor Road, nahe beim Zentrum.

> „Überall in England wird zweimal am Tag Tee getrunken. Obwohl diese Angewohnheit recht kostspielig ist, würde selbst der ärmste Bauer niemals darauf verzichten wollen. Und trotz des vielen Geldes, das man obendrein für Zucker oder Sirup zahlen muss, begnügt sich kein Mensch mit ungesüßtem Tee. Die Wohlhabenden pflegen mit kostbaren Teekesseln, Kannen und Tassen zu prunken."
>
> *François Armand Frédéric Duc de la Rochefoucauld, „Verschiedenes über England", 1784*

Padstow ♪ XII/A2
– Auf ins Seafood Restaurant

Weit über die Grenzen des kleinen Ortes bekannt ist das **Seafood Restaurant von Rick Stein** am kleinen Hafen von Padstow (Riverside). Ohne Übertreibung kann man sagen, dass dies eines der besten Restaurants Süd-Englands ist. Bei Preisen zwischen 26 und 61 Pfund pro Person (inkl. Wein, Hummer 30 £) ist dies ein teurer Spaß, doch sollte man sich das lukullische Vergnügen durchaus einmal gönnen (Vorbestellung unter Tel. 01841-532700 ist ratsam). Hinzu kommt noch, dass die Weinkarte Dimensionen hat, wie man es nur selten findet – oder wie ein Gast beim Studium derselben bewundernd ausrief: *„A truly outstanding wine list!"*

Da die engen Straßen des Städtchens den motorisierten Massenansturm nicht verkraften können, gibt es einige hundert Meter außerhalb des Zentrums einen **Riesenparkplatz.** Vorbei an dem alten schmalen Hafen, in dem bei Ebbe die Fischerboote auf dem Schlick sitzen, geht es dann ins atmosphärereiche Örtchen. Bei Niedrigwasser erkennt man sehr deutlich die **Sandbank** vor der Hafeneinfahrt und die schmale ausgebaggerte Rinne, die den Zugang aufrechterhält. Glaubt man der cornischen **Legende,** so hielt eine Meerjungfrau die Hafeneinfahrt frei, bis sie eines Tages von einem jungen Mann angeschossen wurde; tödlich verletzt verfluchte sie den Ort, alsbald versandete der Hafen, und mit der wirtschaftlichen Vorrangstellung war es ein für allemal vorbei.

Am inneren Hafen sorgt ein **Schleusentor,** ein *Tidal Gate,* dafür, dass bei Ebbe das Wasser nicht abfließen kann, und so dümpeln die Bötchen und Jachten daher anmutig im Wasser und liegen nicht platt im schwarzen Schlick.

Hier finden sich der **Pub Old Custom House** mit angeschlossenem Restaurant in einem schönen alten Gemäuer, die **Taverne Shipwrights** mit Biergarten und das **Restaurant Fo'c's'le,** auch mit vegetarischen Gerichten (um 9 £).

Spaziert man durch die engen Straßen dieses typischen cornischen Fischerdorfes, so kommt man auch durch die Lanatwell Street und vorbei am uralten Fischerpub **The London Inn,** dessen Häuserwand ein Schild ziert, auf dem die ausgeschenkten Biersorten charakterisiert werden; so z. B. „Bosun's Balanced Draft Bitter, light and flavour, offering good value for money."

TINTAGEL 343

Wie in einer Puppenstube kommt man sich vor, wenn man sommertags zwischen Market Place und Mill Square auf dem winzigen Platz vor dem **Pub The Old Ship** sitzt und, umgeben von alten kleinen Häuschen, einen Ploughman's Lunch zur Mittagszeit isst.

Am South Quay residierte **Sir Walter Raleigh,** wenn er denn in der Gegend war. 1584 hatte ihn *Elisabeth I.* zu ihrem Statthalter in Cornwall erklärt, was in erster Linie das Eintreiben der Steuer bedeutete und lukrativ war.

„In intellektueller Hinsicht halten die Engländer ihre Mädchen und Weiber so beschränkt als möglich, weil sie glauben, dadurch um so vollkommener über sie verfügen zu können."

Herrmann Fürst Pückler-Muskau, „Briefe eines Verstorbenen", 1828

Tintagel ⇗ XII/B1
– König Artus' Burg

Einige Kilometer Fahrt weiter gen Norden führen in das Land von **König Artus** und nach Tintagel. Das eigentlich unattraktive Straßendorf lebt ausschließlich vom Mythos dieses edlen Keltenherrschers. Autoren wie *Wilkie Collins, Charles Dickens, Alfred Lord Tennyson, Algernon Charles Swinborne, T. S. Eliot* und *William Morris* pilgerten nach Tintagel und reimten Sentenzen auf den mythischen Herrscher.

Daphne du Maurier schrieb einmal: „Artus ist für Cornwall, was Theseus für Griechenland ist. Sein Mythos ist überall."

Grund für den Massenansturm ist eine **Burgruine** auf zwei Klippen hoch über dem Wasser; hier soll Artus ge-

Die Legende der Burg Tintagel

Auf Burg Tintagel hatte Gorlois, der Herzog von Cornwall, seine schöne Frau Igraine vor den Nachstellungen des liebestollen Königs Utherpendragon in Sicherheit gebracht. Und das kam folgendermaßen: Nach dem Sieg des Utherpendragon über die Angelsachsen lud der König all seine Vasallen zu einem großen Fest ein. Als er die schöne Igraine erblickte, war es um ihn geschehen; seine Diener mussten nur noch für Igraine da sein, er ließ ihr die Platten mit den schmackhaftesten Speisen und Krüge mit den besten Weinen reichen, sprach nur mit ihr und heftete seine Augen mit Liebe auf ihren anmutigen Körper. Der mittelalterliche Artus-Erzähler Malory fackelt nicht lange und bringt die Sache auf den Punkt: „Dem König gefiel die Dame sehr, und er wollte das Lager mit ihr teilen." Daraus wurde jedoch nichts, der Herzog und seine Gattin verließen das Gelage, und Gorlois brachte Igraine in die Sicherheit von Tintagel. Utherpendragon, der über den unerlaubten Weggang der beiden erzürnt und in seiner Ehre gekränkt war, überzog Cornwall mit Krieg. Gorlois hatte sich, um seine Gattin nicht zu gefährden, im 10 km entfernten Castle Dameliock verschanzt. Im König pochten die Hormone recht mächtig. „Sag mir, wie ich mein Verlangen stillen kann", bittet er seinen Freund Ulfin, „sonst tötet mich die Leidenschaft, die mich überfiel." Ulfin weiß Rat und schickt den geilen König zu Merlin, der ihm mit einem Zaubertrank die Gestalt von Gorlois gibt und demzufolge kühn prophezeien kann: „Noch in dieser Nacht werdet Ihr in der Burg Tintagel bei Igraine liegen." So geschah es, und neun Monate später wurde Artus auf Tintagel geboren.

zeugt und unter Anleitung des begnadeten Zauberers Merlin aufgewachsen sein. Die Besucher kümmert wenig, dass die spektakulär gelegene Burg etwa 700 Jahre nach König Artus gebaut wurde und davor auf dem Felsen eine keltische Klostersiedlung den Mönchen Sicherheit bot – Esoteriker lassen sich von archäologischen Fakten wenig beeinflussen.

Am Fuß des Burgberges soll – so die cornische Überlieferung – Merlin seine Heimstatt gehabt haben. Eine Höhle, **Merlin's Cave,** jedenfalls wird mit dem großen Magier in Verbindung gebracht. Seine Wohnung hätte dem Zauberer allerdings wenig Freude bereitet, denn die Grotte ist eigentlich ein Tunnel mit Verbindung zum Meer. Bei Flut zwängen sich die Wassermassen hinein und überfluten alles. Vielleicht aber vermochte der mächtige Merlin die Wasser zu bannen, schließlich sprach er von sich selbst in bestem Ton: „Gleich einem übermenschlichen Wesen weiß ich die Taten versunkener Völker und sage Künftiges voraus. Ich kenne das Verborgene aller Dinge, den Flug der Vögel, die schweifende Bahn der Sterne und die Züge der Fische."

Nahe bei Tintagel, unter dem Erdwall von Bossiney Mound, soll **Artus' runder Tisch** vergraben sein, um den sich die Tafelrunde einst zwanglos gruppierte. Jedes Jahr zur Mittsommernacht, so behaupten die Bewohner, steigt er aus der Erde empor und erleuchtet mit seinen Strahlen für kurze Zeit die dunkle Nacht. Dann versinkt er wieder im Boden. Wenn das

> „Das englische Dinner ist eine rechte Strapaze. Es dauert vier bis fünf Stunden, und dem Magen wird dabei harte Arbeit zugemutet. Immerfort fragt der Hausherr, ob einem die Speisen auch schmecken, ermuntert zu weiterem Verzehr und lässt den kaum geleerten Teller des geplagten Gastes abermals füllen."
>
> *François Armand Frédéric Duc de la Rochefoucauld, „Verschiedenes über England", 1784*

Ende der Welt jedoch kommt, wird er aufsteigen zum Himmel, und alle Heiligen werden um ihn herum sitzen. Tatsächlich wollen die Bewohner von Bossiney Mound alljährlich zur Mittsommernacht ein unerklärliches Licht, ein Glühen, an einem Fenster ihrer Kirche sehen. Darauf angesprochen sagte ein „Zeuge" dieses wundersamen Naturereignisses: „Wir wissen, dass wir etwas gesehen haben. Ich glaube immer, es hat etwas mit der Legende zu tun. Warum sonst zur Nacht? Warum so nah am Hügel?"

Besucher, die sich für König Artus' Tafelrunde im Besonderen und für das Rittertum im Allgemeinen interessieren, sollten die Hall of Chevalry nicht auslassen.

Unschön ist die Dreistigkeit, mit welcher die lokalen Souvenirhändler mittels Beschwörung des Keltenherrschers oder seiner berühmten Zeitgenossen versuchen, ihren **Artus-Kitsch** oder andere Dienstleistungen an den Besucher zu bringen. Da gibt es ein Lancelot-Café, einen Merlin Gift Shop, das Free House King Arthur's Arms, einen Artus Bookshop, ein Excalibur Bed & Breakfast mit Galahad Room und einen Queen Guinevere Craft Shop – ich fühle mich schnell in einer Touristenfalle, besichtige rasch noch das Sehenswerte, unter der Last seines Schieferdaches ächzende **Old Post Office** (NT, Mitte März bis Okt. 11–17.30 Uhr) und fliehe aus dem Dorf.

Boscastle ↗ XII/B1
– Kleiner geht's nimmer

Da schaut man sich doch lieber den winzigen Weiler Boscastle mit seinem 1584 angelegten, schönen kleinen Hafen an, in dessen Nähe ein beruhigend murmelnder Bach ins Meer fließt. Das Nest war früher berüchtigt als Schmugglerhochburg und ist heute im Besitz des National Trust.

The Witches' House dokumentiert hier die Geschichte des Aberglaubens in Cornwall.

Am Ortseingang lockt der **Pub Napoleon Inn,** der in einem schönen alten Gemäuer aus dem 16. Jh. untergebracht ist. Am Hafen sollte man im **Café Toby Jug** oder im **Harbour Café** einkehren.

Für **Thomas Hardy** war Boscastle der am westlichsten gelegene Ort in seinem „Wessex" und wurde von ihm unter dem Namen *Castle Boterel* in seinem Roman „A Pair of Blue Eyes" (1873, dt. „Zwei blaue Augen") beschrieben. Im Frühjahr 1872 überwachte Hardy die Restaurierung der nahebei gelegenen St. Juliot's Church im Valency-Tal und lernte dabei *Emma Lavinia Gifford*, die Schwägerin des

Pfarrers, kennen. Zwei Jahre später heirateten die beiden.

In seinem Roman „The Sleeper Awakes" (1899), den **H. G. Wells** als Auftakt einer Serie von *Fantasies of Possibilities* schrieb, verlegt er die Eingangsszene nach Boscastle. Mr. Isbister, ein junger Künstler, der in Boscastle Quartier genommen hat, spaziert eines Tages zur pittoresken Höhle von Pentargon und trifft dort auf einen in Melancholie verhafteten, unter Schlaflosigkeit leidenden Mann, den er vom Selbstmord abhält. Isbister bringt die tragische Figur nach Boscastle, wo der Melancholiker in einen 203 Jahre währenden Schlaf fällt.

Altes Gemäuer: Brücke in Boscastle

Camelford II/B1
– Das Camelot von König Artus?

Wahrscheinlich stammt der Name des kleinen Dorfes von einer nahegelegenen Furt im River Camel. Vielhundertjährige Spekulationen siedeln hier aufgrund der Namensähnlichkeit **König Artus' Burg Camelot** mit der Tafelrunde an. Hinzu kommt, dass nicht weit entfernt Slaughter Bridge liegt, wo *Artus* seine letzte Schlacht schlug. Dennoch beruht die Gleichsetzung von Camelot und Camelford auf einem Lesefehler des im 16. Jh. lebenden Topografen *Carew*. Nicht weit entfernt nämlich von Slaughter Bridge liegt ein

> „Bei einem englischen Dinner geht es zu wie in der Bataille: erst geschwinde attackiert und dann gemächlich pausiert."
>
> Bathélemy Faujas de Saint-Fond, „Reise nach England, Schottland und zu den Hebriden" 1797

großer Granitstein mit der kaum noch lesbaren lateinischen Aufschrift „Hier liegt Latinus, der Sohn des Magarus, begraben". *Carew* entzifferte die letzten, kaum noch erkennbaren Buchstaben als ATYR und interpretierte sie mit großem Wunschdenken und unter Auslassung des Sinngehalts der Inschrift als eine veränderte Schreibweise von Artus. Also stand für ihn fest, dass Artus hier seine Spuren hinterlassen hatte.

Im Bodmin Moor
– Auf dem Weg zum Jamaica Inn und zum Schwert Excalibur

♪ XII/B2

Einer der trivialsten Romane von *Daphne du Maurier* ist zweifellos das Werk **„Jamaica Inn"**, das im Deutschen zudem noch in einer dürftigen Übersetzung daherkommt und damit gleich doppelt schlecht auf den Leser wirkt. Die Erzählung spielt im Bodmin Moor, und Mary, die Protagonistin, erlebt die Landschaft folgendermaßen: „Die Moorstriche waren noch wilder, als sie gedacht hatte. Wie eine ungeheure Wüste wogten sie von Osten nach Westen, mit Radspuren da und dort an der Oberfläche, und große Hügel unterbrachen die Horizontlinie. Wo sie endeten, wurde ihr nicht klar. Nur einmal, weit im Westen, als sie die höchste Felszacke hinter dem Haus erklommen hatte, erblickte sie als einen Silberschimmer die See. Es war eine schweigsame, verlassene Gegend, aber gewaltig und von Menschenhand unberührt. Auf den hohen Felsblöcken standen aneinandergelehnt die Steinplatten als seltsame Formen und Gestalten, wuchtige Schildwachen, die da aufragten, seit die Hand des Schöpfers sie geschaffen hatte. Einige sahen aus wie riesige Möbel, ungeheure Stühle und schiefe Tische. Manchmal lag von den kleinen, zerbröckelnden Steinen einer auf dem Gipfel eines Hügels, der selbst schon ein Gigant war, dessen ruhende Gestalt die Heide und das derbe, buschige Gras überdunkelte. Große, lange Steine standen weit zurückgelehnt und schienen wunderlich zu schwanken, als überließen sie sich dem Wind. Und da gab es flache Altäre, deren glatte und glänzende Flächen gen Himmel schauten, auf Opfer wartend, die niemals kamen. Wilde Schafe lebten auf diesen Felsklippen, und auch Raben waren da und Bussarde; die Hügel waren die Heimstatt aller einsamen Dinge. Schwarze Kühe weideten unten im Moorland; behutsam schritten sie auf dem festen Grund. Ihr angeborenes Wissen hielt sie von dem verführerischen Grasboden zurück, der in Wahrheit kein Boden war, sondern morastiger, lispelnder Sumpf."

Im Bodmin Moor

Hier besucht Mary nach dem Tod ihrer Mutter die Tante, die mit dem brutalen Wirt des Gasthofs Jamaica Inn verheiratet ist. Dunkle Gestalten gehen in der mitten im Moor gelegenen Spelunke aus und ein, des Nachts werden im Schutze der Dunkelheit Fässer und Kisten angeliefert. Der Wirt des Jamaica Inn ist der Anführer einer Shipwrecker-Bande, die mit falsch gesetzten Lichtzeichen Schiffe auf die Klippen der Küste lockt, die Mannschaft umbringt und die Fracht stiehlt. Nach einem flachen Spannungsbogen nähert sich die Geschichte dem Happy End.

Historisch richtig ist immerhin die Tatsache, dass Pubs Anlaufstellen von Smugglers und Shipwreckers waren. Nirgendwo ließ sich geschmuggelter Alkohol sicherer unter die Leute bringen als in einer Taverne, und welches normale Haus hatte schon so große Keller zur Lagerung der Fässer. Es gab Dörfer an der Südküste, wo die gesamte Bevölkerung eine einzige Schmugglerbande war, und oft hieß es, dass die Frauen die Fenster mit Gin wuschen, in solchem Überfluss war der Sprit auf dem Schwarzmarkt.

Folgt man der gut ausgebauten A 30 mitten durch das Bodmin Moor, so kommt man beim Weiler Bolventor am besagten **Jamaica Inn** (Free House) vorbei. Der heutige Wirt hat Shipwrecking-Methoden nicht nötig, füllen doch die vielen Besucher von nah und fern ihr Geld ebenso freiwillig wie auch bereitwillig in seine Kassen. Dem Pub angeschlossen sind das Butter's Curiosity Museum und der Jamaica Inn Souvenir and Gift Shop, es gibt einen Biergarten, einen Family Room, die Daphne du Maurier Bar und natürlich eine Smuggler's Bar. Unnötig zu sagen, dass an sommerlich schönen Sonn- und Feiertagen Jamaica Inn wie ein Magnet wirkt und entsprechend überlaufen ist.

Vom Pub zweigt ein Sträßlein ab, das den Artus-Fan zum **Dozmary Pool** bringt, in dessen Tiefe **Excalibur,** das Schwert des großen Tafelrunden-Königs, ruhen soll.

Nicht weit entfernt vom See liegt **Slaughter's Bridge,** Schauplatz der Schlacht von Camlan, dem letzten Gemetzel von *König Artus*. Der **Legende** zufolge wurde hier der große Herrscher von seinem Sohn (laut einer anderen Version von seinem Neffen), dem Verräter *Mordred*, tödlich verwundet, doch *Artus* schaffte es noch, den Bösewicht mit einem letzten machtvollen Streich von Excalibur ins Jenseits zu befördern. Zusammen mit *Sir Bedivere* hockte der sterbende König am Ufer des Dozmary Pools, eines düsteren Hochmoorteiches. Hier sprach *Artus* zu *Bedivere*: „Meine Zeit eilt davon, darum nimm mein gutes Schwert Excalibur und geh damit zum Strand. Ich gebiete dir, wirf mein Schwert ins Wasser und komm zurück und berichte mir, was du gesehen hast. „Hoher Herr", antwortete *Bedivere*, „ich will Eurem Gebot folgen und Euch schnell Nachricht bringen." Doch erschien ihm Excalibur zu wertvoll, so versteckte er es und sagte dem Herrscher, dass er es ins Wasser geworfen, aber nichts als Wind und Wel-

> „Ich habe festgestellt, dass es in England äußerst fatal ist, wenn man eine ordinäre Nase hat. Es kommt einem Verbrechen gleich, für das es keine Entschuldigung gibt."
>
> Dorothea Fürstin Lieven, „Briefe an Fürst Metternich", 1820

len gesehen habe. *Artus* glaubte ihm nicht und schickte ihn ein zweites Mal fort, den königlichen Auftrag wunschgemäß durchzuführen. Wieder tat *Bedivere*, als hätte er das Schwert ins Wasser geworfen. „Ach du treuloser Verräter", sagt *Artus*, „nun hast du mich zweimal betrogen. Wer hätte das von dir gedacht, der du mir so lieb und teuer warst. Man nennt dich einen edlen Ritter, und du betrügst mich wegen eines kostbaren Schwertes. Geh jetzt noch einmal, doch beeile dich, denn dein Zaudern bringt mein Leben in große Gefahr. Mir ist schon kalt." So nahm *Bedivere* das Schwert rasch aus dem Versteck und trat ans Wasser. Dort band er den Gurt um den Griff und warf das Schwert so weit er konnte ins Meer. Sogleich reckte sich eine Hand aus dem Wasser, griff danach und schüttelte und schwang es dreimal. Dann verschwand die Hand mit dem Schwert im Wasser, *Sir Bedivere* kehrte zum König zurück und berichtete ihm, was er gesehen hatte. ‚Ach', sagte der König, ‚hilf mir von hier fort, ich habe schon zu viel Zeit verloren.' Da nahm *Bedivere* den König auf den Rücken und trug ihn ans Wasser. Als sie am Strand ankamen, wartete dicht am Ufer eine kleine Barke mit schönen Frauen darin. *König Artus'* Überfahrt nach Avalon beginnt."

Das Schwert kehrte also dahin zurück, wo es hergekommen war, denn als junger Mann war *Artus* von seinem Erzieher, dem Zauberer Merlin, an einen See geführt worden. Aus dem Wasser ragte ein in Brokat gewandeter Arm, der das Schwert Excalibur in der Hand hielt. „Seht", sagte Merlin, „dort ist das Schwert, von dem ich sprach." Und da bemerkten sie ein Fräulein, das auf dem See fuhr. „Was für ein Fräulein ist das?" fragte *Artus*. „Das ist die Dame vom See", antwortete Merlin. „Wenn dieses Fräulein jetzt zu Euch kommt, dann redet recht freundlich mit ihr, damit sie Euch das Schwert gibt."

Bude ⚲ XIV/A3

Erstaunt registriert man zuallererst, wie wenig touristisch Bude auf den Besucher wirkt, und das, obwohl das kleine Städtchen schon seit den Zeiten *Königin Victorias* ein cornisches *Seaside Resort* ist. Lange Sandstrände, von den Gebäuden des Ortes durch einen hügeligen Dünengürtel getrennt, versprechen hervorragende **Surfer- und Schwimmerfreuden.**

Trotzdem hat Bude dem Besucher **wenig touristische Infrastruktur** anzubieten, knapp ist das Angebot an Restaurants und Pubs, ähnlich knapp sind glücklicherweise auch Bingo Halls und Amusement Pavillons. Fast hat es den Anschein, als verstecke sich das Örtchen vor seinen Besuchern.

Nördliches Cornwall

Morwenstow ♪ XIV/A2

Praktische Hinweise

Tourist Information
●**Bude Visitor Centre,** The Crescent, Tel. 01288-354240.

Unterkunft
●**Camelot Hotel,** Downs View, Tel. 01288-352361, Fax 355470, www.camelot-hotel.co.uk, DZ 90 £.
●**Atlantic House Hotel,** Summerleaze Crescent, Tel. 01288-352451, Fax 356666, www.atlantichousehotel.com, DZ 68 £.
●**Bed & Breakfast:** *Fairway House,* 8 Downs View, Tel. 01288-355059, www.fairwayguesthouse.co.uk, fünf Zimmer en suite, DZ 60 £; *Pencarrol,* 21 Downs View, Tel. 01288-352478, vier Zimmer en suite, DZ 64 £.
●**Camping:** Sandymouth Bay Holiday Park, Sandymouth Bay bei Bude, Tel. 01288-352563, Fax 354822, www.sandymouthbay.co.uk; von der A 39 ausgeschildert, 1 km südlich vom Weiler Kilkhampton, 6 km nördlich von Bude, hervorragend eingerichteter Platz mit schönen Ausblicken auf die See.

Pubs und Restaurants
●**Villa Restaurant,** The Strand, freundliches Lokal, Fleischgerichte zwischen 8 und 10 £, Fisch zwischen 10 und 14 £.
●**The Globe,** The Strand, Pub am Beginn des Ortszentrums, am Kanal.
●**Life's a Beach,** am Summerleaze Beach, tagsüber ein Strandcafé, abends ein Bistro mit gutem Seafood, 5–16 £.

> „Wenn eine Engländerin in Leidenschaft gerät, gibt sie sich keine Mühe, dies zu verbergen. Sie ist in einem solchen Zustand zu kühnen Entschlüssen fähig und zögert nicht, ihre Gefühle zu offenbaren."
>
> César de Saussure, „Reiseberichte aus Deutschland, Holland und England", 1725–1729

Eine Kirche, ein Friedhof, ein Pub, eine Farm – das ist Morwenstow. Die Häuseransammlung würde keine Erwähnung finden, wäre hier nicht der Dichter und Exzentriker **Robert Stephen Hawker** von 1835 bis 1874 Pfarrer des Gotteshauses gewesen. Sein Häuschen (nicht zu besichtigen) musste er sich erst einmal selbst bauen, und – wie es heißt – er formte die Kamine wie die Kirchtürme der Gotteshäuser in den Orten, in denen er bisher gewohnt hatte. Für den wichtigsten, den Küchenschornstein, nahm er das Grabmal seiner Mutter zum Vorbild. Über dem Eingang brachte er in altenglischen Buchstaben ein Gedicht mit Verhaltens- und Besitzregeln an:

A House, a Glebe, a Pound, a Day,
A Pleasant Place to Watch and Pray;
Be true to church, Be kind to Poor
O Minister to everymore.

Aus angeschwemmten Hölzern von gestrandeten Schiffen baute er sich auf dem Vicarage Cliff eine Hütte, in die er sich zum Schreiben, zum Trinken und zum Opiumrauchen zurückzog, aber von hier oben hielt er auch nach Schiffbrüchigen Ausschau. Hier entstand sein berühmtes Gedicht „The Quest of the Sangral". Weit über die Grenzen von Cornwall hinaus bekannt machte ihn sein „Song of the Western Man", der als die inoffizielle Hymne vom West Country gilt. Das Gedicht erschien anonym in den Zeitungen „Royal Devonport Telegraph" und „Plymouth Chronicle", wurde dort von

dem Präsidenten der Londoner Royal Society als vermeintliche mittelalterliche Ballade entdeckt und im damals viel gelesenen Londoner „Gentleman's Magazine" erneut publiziert. *Sir Walter Scott* bezog sich in einigen seiner Werke auf das Gedicht, der Historiker *Macauly* zitierte es häufig, und *Charles Dickens* druckte es in einem seiner Romane ab. Der Autor blieb lange unerkannt.

Gegen die *Shipwrecker* zog *Hawker* mit aller Macht zu Felde, gegen die Strandpiraten wetterte er von der Kanzel, Schiffbrüchige, deren Segler an der felsigen Küste zerschellt waren, fanden in ihm einen mit unerschrockenem Mut gegen die Naturgewalten kämpfenden Seenotretter, und viele verdankten ihm das Leben. Denjenigen jedoch, die er nur noch tot aus dem Wasser ziehen konnte, gab er ein christliches Begräbnis, etwas, was die Kirche in jenen Tagen noch verbot. Die unglückliche Crew der „Caledonia" bestattete *Hawker* in einem Gemeinschaftsgrab, das er mit der Galionsfigur des Schiffes schmückte.

Hawker's Vicarage ist heute in Privatbesitz und kann nur von außen besichtigt werden. Von der Kirche führt ein ausgeschilderter Pfad zu der Hütte des dichtenden Pfarrers oben auf der Klippe. Der Fußweg dauert nur 15 Minuten und bei klarem Wetter ist die Sicht über das Meer hervorragend.

Pub

● Das Free House **Bush Inn,** der Pub zur Kirche, war selbst einmal eine geheiligte Stelle und wurde um 950 als Kapelle erbaut. Ein keltisches Steinkreuz erinnert noch heute daran.

Auf dem Trockenen: Die Fischer können nur mit der Flut auslaufen

Hartland Point – Bristol

Hartland Point
– Bei Seeleuten gefürchtet

⤢ XIV/A2

Von der A 39, die von Bude nach Clovelly verläuft, zweigt eine unklassifizierte Straße ab, die über den Weiler Hartland zum stürmischen Hartland Point führt. Schon auf der Karte sieht die kantige Ecke bedrohlich aus, und Hartland Point wurde – obwohl mit einem Leuchtturm gesichert – schon so manchem Schiff, das in den Kanal von Bristol einlief, zum Verhängnis. Der Spruch der Gegend lautet treffend: "From Padstow Point to Lundy Light, This is a watery grave by day and night."

1982 war es der **Frachter "Joanna"**, der hier bei haushohen Wellen in Seenot geriet und auf die Felsen des Kaps geschmettert wurde. Da liegen nun die Reste des rostigen Wracks unterhalb des weißen Leuchtturms. Unschwer kann man sich die ungeheure Zerstörungskraft des Meeres vorstellen, denn viel ist von dem einstigen Frachter nicht mehr vorhanden. Die unermüdlich anbrandenden Wellen haben seit 1982 das stählerne Wrack buchstäblich in Stücke geschlagen und die einzelnen Teile mit ins Meer gezogen. Ein paar Jahre noch, und nichts erinnert mehr an die einstige Katastrophe. Dann ist es auch vorbei mit den Nebeneinkünften des ortsansässigen Bauern. Der verlangt nämlich Eintrittsgebühr von den Neugierigen, die über seinen Grund und Boden zum Leuchtturm wollen, um das Wrack zu bestaunen.

Bei klarem Wetter sieht man in der Ferne die vom National Trust gehegte **Vogelinsel Lundy** im Kanal von Bristol liegen; ist es nicht klar, dann erkennt man sicher die Lichtzeichen der beiden Leuchttürme. Weniger als 20 Personen leben auf Lundy. In früheren Tagen war die Insel ein berüchtigter Piratentreff, die Freibeuter machten von hier den Kanal von Bristol unsicher.

Hobby-Ornithologen können von Bideford mit dem Motorschiff Oldenburg auf das Eiland gelangen.

> „Mir behagt der kalte Charakter der Engländer nicht. Zwar hörte ich einen französischen Emigranten sagen ‚Das ist ein mit Schnee und Eis bedeckter Vulkan' – aber er speit niemals Feuer, und während ich darauf warte, erfriere ich."
>
> Nikolai Karamzin, „Briefe eines reisenden Russen", 1790

Clovelly ⤢ XIV/A2
– Devons Touristenfalle

Erreicht der Besucher den kleinen Weiler Clovelly, so traut er zuerst seinen Augen nicht; Ordner lotsen ihn auf einen der riesigen Parkplätze, und dann steht er vor einem gigantischen Ticket Office, dessen Ausmaße von keinem Souvenir Shop in ganz Großbritannien übertroffen werden. Hat man hier die Kasse passiert, muss man vorbei an Vitrinen und Gondeln, in denen Andenken und Kitsch in großer Menge gestapelt sind. Dann geht es in einen Raum mit Kino-Ausmaßen, wo ein Videofilm über das Örtchen informiert, und danach beginnt man mit dem Abstieg auf der katzenkopfgepflasterten Straße hinunter zum Meer. Fußfaule oder ältere Besucher und Behinderte können einen Landrover-Service in Anspruch nehmen. Clovelly, ein Dorf mit 100 Einwohnern, wird gemanagt wie ein Großunternehmen – Disneyland im Kleinen.

Eintritt in das Örtchen muss man übrigens deshalb zahlen, weil sich Clovelly in **Privatbesitz** befindet, und die gesamte Infrastruktur nicht vom Staat getragen wird.

120 m Höhenunterschied sind zu bewältigen, bis man nach 800 m auf Meereshöhe und damit am Hafen angekommen ist. Die steil nach unten führende Dorfstraße ist gesäumt von blumengeschmückten Cottages, zwischen denen die Besuchermassen wogen. Unten dann blickt man auf einen kleinen natürlichen Hafen, halb geschützt von einer Mole, auf Fischerboote, die im Wasser dümpeln oder auf den Kiesstrand gezogen sind, und auf den Red Lion Pub mit seinen wenigen Fremdenzimmern.

Geschichte

Das Dörflein ist schon alt und wurde bereits im „Domesday Book" erwähnt; in jenen Tagen besaß es 146 Hektar Land, 54 Rindviecher, 15 Schweine, 100 Schafe und 18 Ziegen. Angeblich geht der Name auf die Römer zurück,

die eine Siedlung hier Clausa Vallis, das verschlossene Tal, genannt haben sollen; doch ist mehr als zweifelhaft, ob Cäsars Nachfolger tatsächlich vor Ort waren. Wahrscheinlicher ist, dass die Angelsachsen dem Weiler den Namen Cleave Leigh, Klippenort, gaben.

In der Regierungszeit von Elisabeth I. wurde die Hafenmole erbaut; 2000 £, so heißt es in den Annalen, hat das gute Stück gekostet.

Im Oktober 1821 kam es zu einer großen Katastrophe; 60 Fischerboote aus Clovelly legten ihre Netze im Bristol-Kanal aus, als ein Wetterumschwung innerhalb von Minuten mächtige Wellenberge auftürmte. 40 Boote wurden auf die Felsen der steinigen Küste geschmettert, und 35 Männer ertranken. Im gleichen Monat des Jahres 1838 kamen bei ähnlichen Wetterbedingungen 21 Fischer ums Leben, und 14 Boote sanken oder strandeten an den Klippen.

Im Winter 1864 kam Reverend *Robert Stephen Hawker* (s. o.) während eines schlimmen Sturmes ins Dörflein geeilt und bat die Männer von Clovelly um Hilfe für den in Seenot geratenen Segler Margaret Quail. Den Fischern jedoch erschien die Lage zu gefährlich, und niemand folgte dem Pfarrer von Morwenstow. Inzwischen hatte die Crew der „Margaret Quail" das Schiff aufgegeben und sich in die Boote gerettet. Prompt verloren die Männer von Clovelly ihre Angst vor Wind und Wellen, sprangen in die

Boote, übernahmen den Segler und brachten ihn sicher in den Hafen. Dann forderten sie vom Eigner 3000 £ für die Rettung. Der zahlte aber nicht und konnte bei der Seegerichtsverhandlung nachweisen, dass – einen solchen Fall gab es auch schon einmal auf den Isles of Scilly – der Hund noch an Bord war, als die Fischer von Clovelly den Frachter enterten – ein „Mannschaftsmitglied" war also an Bord geblieben, und somit konnte man nicht behaupten, dass die „Margaret Quail" vollständig von der Crew verlassen worden sei.

Seit 1870 hat die RNLI (Royal National Lifeboat Institution) einen Seenotdienst in Clovelly stationiert, und seit diesen Tagen sind über 300 Menschenleben von den mutigen Männern gerettet worden. Heute sorgt ein 21 m langes Boot der so genannten Dover-Klasse für Sicherheit im Bristol-Kanal.

Natürlich waren die Bewohner von Clovelly auch im Freihandel – wie man verharmlosend den Schmuggel nannte – aktiv. In der Blütezeit des Free Trade,

An den Hang gebaut: 120 m Höhenunterschied von der Straße zum Strand

Im Sommer kein ruhiges Hotel am Meer

von Mitte des 18. bis in die ersten Jahre des 19. Jh., sollen laut Schätzungen 16 Mio. Liter Alkohol und 6 Mio. Pfund Tee abgabenfrei umgeschlagen worden sein. Dann zeigten die Patrouillen der Zöllner, im Schmuggler-Jargon treffend Revenue Cutter genannt, langsam ihre Wirkung. Für Clovelly war das Zollboot „Shark", stationiert im wenige Kilometer entfernten Barnstaple, zuständig. Am 10. März 1805 segelte ein Lugger namens „Dart" auf Clovelly zu und wurde von der „Shark" kurz vor dem Ziel aufgebracht. Die Beute war beträchtlich, denn der Segler war voll mit Brandy, Rum, Genever, portugiesischem Rotwein, Tabak, Pfeffer und Spielkarten.

1884 erbte Christine Hamlyn das Dörflein und sorgte 50 Jahre lang, bis 1934, für Aufschwung. Sie ließ viele Häuser renovieren, an deren Fassaden kenntlich gemacht durch die Initialen C. H. und das Jahr, sie ließ Abwasserdrainagen einrichten, Wasserleitungen legen, Küstenpfade des Hobby-Kliffs säubern und Abertausende von Bäumen pflanzen. Jeder, der einen modernen Bed-&-Breakfast-Bungalow an den Hügel setzen oder Eiscreme-Verkaufsstände auf der katzenkopfgepflasterten Dorfstraße aufstellen wollte, zog sich ihre unversöhnliche Feindschaft zu. Sie war es auch, die Clovelly in einen Trust einbrachte, und damit langfristig das touristische Konzept in ökonomische Sicherheit einmünden ließ. War sie sich doch bewusst, dass jeder Mensch ein Heim braucht, denn ihr Wahlspruch lautete: „Go east, go west, home's the best!"

Charles Dickens besuchte zusammen mit Wilkie Collins das Fischerdorf und war so beeindruckt, dass er es in der 1871 erschienenen Geschichte „A Message from the Sea" treffend als Steepway beschrieb. Der Vater des Autors, Charles Kingsley, kam 1830 als Pfarrer nach Clovelly, und Charles besuchte die Dorfschule. Im fünften Kapitel seines Abenteuerromans „Westward Ho!", der in elisabethanischer Zeit spielt, hat er sein „liebes, altes Paradies" umfassend beschrieben: „Nimm den steilsten Abhang, den du dir überhaupt nur vorstellen kannst; lass unten, an seinem Fuß, den Atlantik anbranden und bedecke ihn nach oben mit alten Bäumen und dichtem Unterholz."

Der Maler Rex Whistler, der schon mit seinem ausgemalten Raum in Mottisfont Abbey Erwähnung fand, arbeitete gerne im Örtchen und schuf das Design für das Clovelly-Porzellan, das im gigantischen Souvenirzentrum verkauft wird.

Auf dem Weg in den Exmoor Forest

Westward Ho! ⤳ XIV/B2

Von Clovelly geht es entlang der A 39 auf das Städtchen Bideford zu, dessen Seebad Westward Ho! heißt und das tatsächlich nach dem Roman von *Charles Kingsley* getauft wurde (und nicht etwa umgekehrt). **Westward**

Auf dem Weg in den Exmoor Forest

Ho! war der Ruf all jener, die mit ihren Schiffen in die Neue Welt aufbrachen. Leider kann der Name allein dem tristen Betonort auch keine Atmosphäre verleihen.

Nach dem Ort Barnstaple geht es entlang der B 3230 gen Norden an die Küste nach Ilfracombe und dann in Richtung Osten.

Combe Martin ⤢ XIV/B1

Schnell ist Combe Martin erreicht, und hier gibt es **Pack o'Cards,** den anerkanntermaßen kuriosesten Pub von ganz England, zu bestaunen. Name wie Aussehen gehen angeblich auf ein Kartenspiel bzw. -haus zurück. Grund für den ungewöhnlichen *Pub Folly* war – so heißt es in der Überlieferung, die man im Schankraum nachlesen kann – ein stattlicher Gewinn, den ein gewisser *George Ley* Mitte des 18. Jh. beim Kartenspiel gemacht hatte. Von dem Geld ließ er das Gebäude errichten und gab ihm die Form eines Kartenhauses mit vier Stockwerken, 13 Türen im Untergeschoss und 52 Fenstern, für jede Karte eins.

Lynton/Lynmouth ⤢ XV/C1

Weiter die Küste entlang in östlicher Richtung ist schnell der **Doppelort Lynton/Lynmouth** erreicht. Während

Kuriose Geschichte: zu Stein gewordener Gewinn beim Kartenspiel

Auf dem Weg in den Exmoor Forest

Lynton hoch oben auf der steilen Klippe liegt, gruppieren sich die wenigen Häuser von Lynmouth unten am Hafen, dort, wo der River Lyn ins Meer sprudelt. Eine alte Kabelbahn, die steil nach oben führt, verbindet beide Orte.

Henry James kam auf einer seiner Fahrten auch hierher, war begeistert und beschrieb die Atmosphäre treffend: „Ich fürchte, dass ich vielleicht bloß wie ein berufsmäßiger Schwärmer anmute, wenn ich erkläre, wie abgedroschen mir beinah jeder in beschreibender Absicht auf Lynton angewandter Begriff erscheint. Das kleine Dorf thront auf der Flanke einer der großen Bergklippen, die die ganze Küste zieren und am Rande einer wunderschönen Schlucht, durch die ein breiter Wildbach von den großen Mooren, deren mit Heidekraut bekrönte Wellen sich purpurn am Binnenhimmel erheben, herabschäumt und -stürzt. Darunter, dicht neben dem Strand, wo der kleine Bach auf die See trifft, liegt das Schwesterdorf Lynmouth. Während ich auf der Brücke stand, die den Strom überspannt, und auf die steinernen Rücken und Grundmauern und über das überwuchernde Gartengrün bestimmter kleiner, grauer, alter Häuser sah, die ihre Füße hineintauchten, und dann hinauf zu dem zarten Grün von Zwergeiche und Farn, auf die Farbe von Stechginster, Besenginster und Adlerfarn, die die Flanken der Hügel erklim-

Die Kabelbahn
verbindet Lynton und Lynmouth

men und sie wie Miniaturberge barhäuptig der Sonne überlassen – deutete ich eine unnatürliche Bläue in die Nordsee hinein und das Dorf darunter nahm die Anmut eines der hundert Weiler der Riviera an."

Die Schlucht, die *Henry James* erwähnt, ist eine große dunkle Klamm, die von Lynton nach Lynmouth herunterführt und durch die ein Sturzbach gurgelt und schäumt, Wasserfälle hinunterstürzt, wild über Kaskaden sprudelt. So recht zum Naturgeschmack der Viktorianer wurde diese **Glen Lyn Gorge** – die auch auf den Beinamen *English Switzerland* hört – 1854 der Öffentlichkeit zugänglich gemacht; 1952 nahm nach monatelangen heftigen Regenfällen die Gewalt des Baches derart zu, dass er alles in der Klamm überflutete, Geröll und Schlammmassen mit sich ins Tal riss und Lynmouth fast dem Boden gleichmachte; über 30 Menschen kamen bei der Naturkatastrophe ums Leben. Erst zehn Jahre später konnte die Schlucht wieder für die Öffentlichkeit zugänglich gemacht werden.

Der junge **Shelley** verbarg sich im Sommer 1812 in Lynmouth mit seiner heimlich in Schottland angetrauten 17 Jahre jungen Frau Harriet. Hier schloss er sein revolutionäres Gedicht „Queen Mab" ab, das von *Karl Marx* sehr bewundert wurde. Nachdem die Nachbarn *Shelley* dabei beobachtete hatten, wie er Flaschen ins Meer warf und Ballone steigen ließ, musste das junge Paar nach nur neun Wochen Aufenthalt Hals über Kopf aus dem Hafenörtchen flüchten. *Shelley* hatte auf

> „Die Briten finden wenig Vergnügen daran, ihren Weibern schmeichelhafte Komplimente zu machen. Auch ist ihnen ein Zechgelage oder Kartenspiel lieber als die Unterhaltung mit Frauenzimmern."
>
> *César de Saussure,* „Reiseberichte aus Deutschland, Holland und England", 1725–1729

diese fantasievolle Weise sein radikales politisches Pamphlet „Dedications of Right" unter die Leute gebracht; kurz bevor die Polizei zugreifen konnte, waren die beiden glücklicherweise schon nach Wales entschwunden.

Wer sich über das Exmoor informieren möchte, kann dies im **Exmoor National Park Visitor Centre** in Lynmouth am Hafen tun. Hier werden geführte Radtouren und Wanderungen durch das unter Naturschutz stehende Waldgebiet angeboten.

Pubs und Restaurants

●Gemütlich sitzt man im **Pub The Village Inn** (Established 1990) sowie im Free House **The Rising Sun,** das – unschwer an dem niedrigen, alten Gemäuer abzulesen – aus dem 14. Jh. datiert; in dieser Taverne hat *R. D. Blackmore* weite Teile seines Räuberromans „Lorna Doone" geschrieben (s. u.).
●Speisen kann man im **Cornerhouse Restaurant** und seinem Cream Tea im angeschlossenen Riverside Tea Garden nehmen.

Exmoor-Nationalpark ♦ XV/C1

Von Lynton/Lynmouth nun geht es von der Küste fort und hinein in den Exmoor-Nationalpark, in dessen geografischem Zentrum das Dörfchen **Exford** mit seinen reetgedeckten Häusern heimelige Atmosphäre verbreitet.

Auf dem Weg in den Exmoor Forest

Sehr schön trinkt man hier am Ufer des River Exe den Morgenkaffee, den nachmittäglichen Cream Tea oder das abendliche Bier im Garten des alten efeubewachsenen White Hart Inn.

Das nette Örtchen eignet sich gut, wenn man den Nationalpark auf **Wanderungen** erkunden möchte. Annähernd 1000 km an Wanderwegen stehen dem passionierten Spaziergänger zur Verfügung.

Von August bis in den April hinein sind die geruhsamen Fußmärsche jedoch weniger erquicklich; dann kracht es aus vielen hundert Büchsen, die **Rotwild-Jäger** galoppieren auf ihren Pferden über Stock und Stein, Hunde bellen, und Treiber scheuchen mit viel Lärm die heimischen Tiere auf.

So machten es seit den Zeiten von *William the Conqueror* auch schon alle englischen Herrscher, denn das Exmoor ist weniger eine Sumpf- und Moorregion als vielmehr ein ausgedehntes Waldgebiet. Die **Bezeichnung Forest,** die ja ursprünglich den königlichen Forst bezeichnete, der ausschließlich dem Herrscher zur Jagd vorbehalten war, deutet schon darauf hin.

243 **Vogelarten** haben die Ornithologen im Exmoor gezählt, über einhundert davon nisten auch im Nationalpark. Viele sind vom Aussterben bedroht, und daher stehen etliche Arten unter Schutz, so etwa die Schleiereule (*Barn Owl*), der farbenprächtige Eisvogel (*Kingfisher*), der Merlin (*Merlin*), ein Zwergfalke, der Wanderfalke (*Peregrine Falcon*) und der Sperber (*Sparrowhawk*). Darüber hinaus ziehen Bussarde (*Buzzard*) ihre Kreise, der Turmfalke (*Kestrel*) schießt durch die Lüfte, hochmütig stakst der Brachvogel (*Curlew*) durchs Gelände, und krächzend machen die schwarzen Raben (*Raven*) auf sich aufmerksam.

Hobby-Ornithologen sollten auf keinen Fall die **Exmoor Bird Gardens** versäumen; über 500 Vögel kann man sich hier ansehen. Die Vogelgärten liegen im Westen des Exmoor-Nationalpark, nahe der B 3226 zwischen den Weilern Blackmoor Gate im Norden und Brayford im Süden.

Die Biologen der *Exmoor Natural History Society* haben über 900 verschiedene Baumarten, Blumen und Gräser gezählt, die Liste reicht vom *Abraham-Isaac-and-Jacob-Gras* über *Yarrows* (Schafgarben) und *Yaws* (Eiben) bis hin zum Laichkrautgewächs Zanichellia.

Wie auch im Dartmoor grasen genügsame und gegen kalte Winter und stürmische Winde abgehärtete, **halbwilde Ponys** im Nationalpark, und rund 50.000 **Schafe** halten die Grasnarbe kurz. Vor allem aber ist das Exmoor für sein **Rotwild** bekannt, von dem nach Schätzungen der Förster noch ca. 800 Tiere scheu die Wälder durchstreifen; der Besucher wird sie nur mit Glück zu sehen bekommen.

Das Exmoor war im 17. Jh. Versteck und Wirkungskreis einer berüchtigten Räuberbande, die nach dem gleichnamigen Tal beim Weiler Oare benannte **Doone Gang.** Im Jahr 1869 veröffentlichte *R. D. Blackmore* den Roman „Lorna Doone". Die Geschichte von Lorna Doone kennt auch heutzutage noch jedes Kind in Großbritannien, sie

Atlas Seite XV

AUF DEM WEG IN DEN EXMOOR FOREST

ist hier so berühmt wie die Geschichte von Robin Hood. Lorna, die vermeintliche Tochter des grimmigen Räuberhauptmannes, verliebt sich in den aufrichtigen und braven Bauernburschen John Ridd, dessen Vater einst von den Doones ermordet wurde. Erwachsen geworden, kämpft er gegen die bösen Räuberscharen und entdeckt, dass Lorna in Kindertagen gekidnappt wurde und somit gar nicht von den schlimmen Doones abstammt. Groß ist die Freude, Lorna und John stehen vor dem Traualtar, als das Mädchen von einem Doone aus dem Hinterhalt niedergeschossen wird. John rächt die Tat gar fürchterlich, natürlich gesundet Lorna, und ein glückliches Ende steht dem Leser ins Haus.

Etwas nördlich von Exford hat man vom 519 m hohen **Dunkery Beacon** bei klarem Wetter fantastische Ausblicke über die Region.

Einige Kilometer von Exford Richtung Süden entlang der A 3223 kommt man zu einem Parkplatz, von dem aus nach wenigen Minuten Fußweg durch einen Wald eine *Clapper Bridge* erreicht ist, die 55 m lange Steinplattenbrücke **Tarr Steps,** die über den flachen River Barle führt. Die Brücke ist alt, aber niemand weiß genau wie alt; als halbwegs gesichert gilt, dass die Überspannung mindestens aus der Bronzezeit datiert, doch kann sie auch noch

Bau, Steine, Erden: die Tarr Steps

wesentlich weiter in der Frühzeit zurückreichen. Mehr als einmal hat die Flut die bis zu 10 t schweren Steinplatten und die mächtigen Basissteine weggespült, immer wieder aber ist in den Jahrtausenden die Brücke erneuert worden, und zwar genau im bronzezeitlichen Design.

Von den Tarr Steps geht es zum Weiler **Winsford,** der von mehreren kleinen Bächen durchzogen wird, die munter plätschernd und murmelnd das Gemüt wattieren. Hinzu kommen eine ganze Reihe reetgedeckter Cottages, ein Marktkreuz aus früheren Tagen und der alte und gemütliche Royal Oak Pub, ein Free House, mit seinem Strohdach.

Porlock Weir ⤴ XV/D1

Von hier geht es nun wieder nach Norden auf die Küste zu, durch das Dorf Porlock hindurch und zum **Hafenweiler Porlock Weir,** einem winzigen Hafen, mit weißen reetgedeckten Cottages. Wie der Name schon sagt, ist das Hafenbecken mit einem Wehr, einem *Tidal Gate,* gesichert, sodass bei Ebbe die Boote nicht im Schlick liegen. Über die Jahrhunderte trieben die Bewohner des Küstenörtleins schwunghaften Handel mit dem auf der anderen Seite des Bristol-Kanals gelegenen Wales.

Zur Mittagszeit versorgt das Free House **The Ship Inn** die Hungrigen mit guten Snacks.

Spaziert man von hier gen Westen, so kommt man nach ca. 2 km (nicht mit dem Auto befahrbar) nach **Culbone,** zu Englands kleinster Kirche. Das Gotteshäuslein ist ungefähr 10 m lang, vielleicht 3,50 m breit und hat einen winzigen Kirchturm.

Nahebei, zwischen der Hafenansiedlung und dem Ort Porlock hatten *William Wordsworth* mit Schwester Dorothy und **Coleridge** 1797 während ihrer Wanderungen die Ash Farm gemietet. Eines Abends war *Coleridge* im Opiumrausch in tiefen Schlaf gefallen, aus dem er plötzlich erwachte; er hatte geträumt, dass er ein langes Gedicht geschrieben hatte. Sofort setzte er sich hin, um es niederzuschreiben. Doch da wurde er gestört, und danach hatte er weite Teile seines langen Gedichtes vergessen, sodass er nur noch Bruchstücke zusammenbekam:

In Xanadu did Kubla Khan
A stately pleasure-dome decree:
Where Alph, the sacred river, ran
Through caverns measureless to man
Down to a sunless sea.

In Xanadu schuf Kubla Khan
ein Lustschloss stolz und kuppelschwer:
Wo Alph, der Fluss des Heiles, rann
Durch Höhlen, die kein Mensch
ermessen kann,
In sonnenloses Meer.

Das Gedicht hat keine narrative Linie, sondern besteht aus einer Anzahl von großen visionären Bildern um die Themenbereiche Ewigkeit und Wandel. *Coleridge* nannte sein Werk, das erst 1816 publiziert wurde, eine „psychologische Kuriosität". Die modernen Anglisten bezweifeln allerdings *Coleridges* Version vom Traum und dem vergessenen Ursprungsgedicht.

Auf dem Weg in den Exmoor Forest

PART THE FIFTH

Oh sleep! it is a gentle thing,
  Beloved from pole to pole!
To Mary Queen the praise be given!
She sent the gentle sleep from Heaven,
That slid into my soul.

By grace of the Holy Mother, the ancient Mariner is refreshed with rain.

The silly buckets on the deck,
That had so long remained,
I dreamt that they were filled with dew;
And when I awoke, it rained.

My lips were wet, my throat was cold,
My garments all were dank;
Sure I had drunken in my dreams,
And still my body drank.

I moved, and could not feel my limbs:
I was so light—almost
I thought that I had died in sleep,
And was a blessèd ghost.

He heareth sounds and seeth strange sights and commotions in the sky and the element.

And soon I heard a roaring wind:
It did not come anear;
But with its sound it shook the sails,
That were so thin and sere.

The upper air burst into life!
And a hundred fire-flags sheen,
To and fro they were hurried about!
And to and fro, and in and out,
The wan stars danced between.

And the coming wind did roar more loud,
And the sails did sigh like sedge;
And the rain poured down from one black cloud;
The Moon was at its edge.

The thick black cloud was cleft, and still
The Moon was at its side:
Like waters shot from some high crag,
The lightning fell with never a jag,
A river steep and wide.

Hartland Point – Bristol

Ebenfalls in Porlock machte *Coleridge* Vorarbeiten zu seinem berühmten Gedicht „The Ancient Mariner", das 1798 erschien und als eines der besten der englischen Romantik gilt: Hier sticht der Held mit einem Schiff in See, das ein fürchterlicher Sturm auf die Antarktis zutreibt, dort friert der Segler ein. Ein Albatros, von den Matrosen freudig als Glücksbringer begrüßt, erscheint an Bord und wirklich, das Eis bricht auf, Schiff und Mannschaft kommen frei. Da erschießt der Prota-

---

Aus: „The ancient mariner"
von Samuel T. Coleridge
mit Illustrationen von Gustave Doré

gonist grundlos den Albatros, und ein Fluch lastet nun auf dem Segler. Als einziger Überlebender erreicht er wieder seine Heimat, wird jedoch wie der ewige Jude ruhelos umhergetrieben und wandert gehetzt bis zu seinem Tod von Land zu Land.

Selworthy ⚐ XV/D1

Zwischen den Dörfern Porlock und Minehead liegt die kleine Siedlung Selworthy, für viele der schönste Weiler Englands. Rund um einen grünen Dorfanger, der von Bäumen, Sträuchern und Hecken umgeben ist, stehen vielleicht ein Dutzend gelbgestrichene, reetgedeckte Cottages, alle in gleicher Bauweise mit einem mächtigen Kamin. Bei schönem Wetter kann man auf der Wiese picknicken und hat ein idyllisches Bild vor Augen. Wer keine Verpflegung mitgenommen hat, der halte sich an den Besitzer vom Periwinkle-Häuschen, der in seinem Postkarten-Cottage eine kleine Tee- und Kaffeestube eingerichtet hat und bei Sonnenschein auch in seinem Garten serviert.

1828 ließ *Sir Thomas Acland* die kleine Siedlung für die pensionierten Arbeiter seines Landgutes errichten; heutzutage ist sie im Besitz des National Trust.

Dunster ⚐ XV/D1

Weiter geht es gen Osten vorbei an Minehead zum Örtchen Dunster, das viel Flair und Gemütlichkeit ausstrahlt. Hoch über dem Ort wacht die **Burg** der seit dem 14. Jh. ansässigen Luttrel-Familie, und ausgedehnte Parkanlagen ziehen sich rund um den bewaldeten Hügel (NT, Schloss: März bis Okt. tgl. außer Do 11–17 Uhr, Garten: März bis Okt. tgl. 11–17, Nov. bis Apr. 11–16 Uhr).

Zweite architektonische Attraktion von Dunster ist das hausähnliche und schiefergedeckte Marktkreuz, das **Yarn Market,** dessen Name an die Tuchindustrie erinnert, die dem Örtchen Wohlstand gebracht hatte.

Auch hier kann man sich in einem **Exmoor Visitor Centre** umfassend über die Wald- und Moorregion informieren.

Combe Sydenham ⚐ XVI/A3

Von Dunster geht es entlang der A 39 und dann über die B 3188 zum Herrensitz Combe Sydenham beim Weiler **Monksilver** (Apr. bis Sept. tgl. 9–17 Uhr). Das Haus, 1580 von *Sir George Sydenham* errichtet, bezieht seine touristische Bedeutung von dem Seebären **Sir Francis Drake.** Der hatte sich in **Elizabeth Sydenham** verliebt, doch ungeachtet seines Reichtums und seiner Reputation wollte Vater George seine Tochter dem rauen maritimen Haudegen nicht zur Frau geben. Doch Elizabeth versprach, keinen anderen zu heiraten und auf Francis zu warten. Der stach also beruhigt in See, doch die Jahre vergingen, und wer nicht kam, war *Drake*. Hart bedrängt von der Familie, willigte Elizabeth nun ein, einen anderen Edelmann zu ehelichen, und bald stand sie vor dem Al-

AUF DEM WEG IN DEN EXMOOR FOREST

tar. Gerade, als sie zum Jawort ansetzen wollte, krachte es, ein runder Stein fiel vom Himmel, brach durchs Gebälk und schlug zwischen Braut und Bräutigam ein. Ein Zeichen von Drake, interpretierte Elizabeth, erklärte den Meteor für eine Kanonenkugel vom geliebten Francis und weigerte sich, die Ehe einzugehen. Schon die nächste Flut spülte in Plymouth den Weltumsegler auf seiner „Golden Hind" in den Hafen, der sich dort schnurstracks auf ein Pferd warf und nach Combe Sydenham galoppierte. Und alles wurde gut!

Die ehestiftende „Kanonenkugel" kann in der Halle besichtigt werden.

Nahebei, im Weiler Monksilver, ist der urgemütliche **Pub Notley Arms** weit über die Grenzen der Gemeinde hinaus bekannt für seine preisgünstigen Snacks zur Lunchzeit, die man bei schönem Wetter im Biergarten genießen kann.

Nether Stowey ↗ XVI/A3

Auf dem Weg nach Osten in Richtung Glastonbury, wo man den Legenden um König Artus und seine Tafelrunde nachspüren kann, sollten Literaturinteressierte eine Strecke bevorzugen,

---

Mittelalterliches Ensemble:
das Marktkreuz und die Burg von Dunster

die über Nether Stowey führt. Hier, nun schon außerhalb des Exmoor-Nationalparks, verbrachte der bereits mehrfach erwähnte **romantische Dichter Coleridge** zusammen mit seiner Frau Sarah und dem kleinen Sohn zwischen 1796 und 1798 die drei glücklichsten Jahre. Der Mäzen *Thomas Poole*, den *Coleridge* „meinen Anker" nannte, überließ ihm das reetgedeckte Häuschen. Hier begann die Freundschaft mit dem anderen bedeutenden Poeten der englischen Hochromantik, *William Wordsworth,* und dessen Schwester *Dorothy*. Die beiden kamen häufig zu Besuch, und zu dritt wurden dann so genannte *Nocturnal Walks* unternommen, wobei die Nacht inspirierend und kreativ belebend auf die Feingeister einwirkte. Doch die Dorfbewohner beäugten dies mit Misstrauen und hielten alle drei für französische Spione. Ein Beamter des Innenministeriums mietete sich nahebei ein und beobachtete das Treiben im Cottage für einige Tage. Der Mann war immerhin intelligent genug zu erkennen, dass er harmlose Leute vor sich hatte.

Coleridge Cottage gehört heute dem National Trust und ist geöffnet von April bis September Do bis So von 14 bis 17 Uhr.

Auf dem Weg nach Glastonbury sollten einkaufsfreudige Urlauber im Dörfchen **Street** eine Pause für einen Einkaufsbummel einlegen; hier kann man im Clark Village das so genannte *Factory Shopping* machen, also direkt ab Fabrik kaufen und auf viele Artikel bis zu 75 % Rabatt erhalten.

Glastonbury ⤤ XVII/C3
– Auf der Suche nach König Artus' Tafelrunde

Das kleine, 5000 Einwohner zählende Städtchen Glastonbury ist für Esoteriker jeder Couleur ein herausragender Wallfahrtsort, und das ganze Jahr über reißt der Strom derjenigen nicht ab, die christliche wie keltische Mysterien zu beschwören suchen. Schauen wir uns zunächst die **Spekulationen** an, um dann die Fakten zu prüfen!

Nach der Himmelfahrt Christi machte sich **Joseph von Arimathäa,** der Jesus vom Kreuz genommen, einbalsamiert und begraben hat, auf den Weg, der Kelteninsel das Christentum zu bringen. Bei sich trug er den Kelch, aus dem Jesus und seine Jünger beim letzten Abendmahl getrunken hatten und mit dem Joseph während der Kreuzigung das Blut aus der Wunde des Herrn aufgefangen hatte. Am Weihnachtstag des Jahres 60 erreichte der fromme Mann Glastonbury Tor, einen weithin sichtbaren Hügel, stieß an dessen Fuß seinen Pilgerstab in die Erde und vergrub den Gral im Boden. Aus dem Wanderstock erwuchs ein Weißdornbusch, dessen Ableger auf dem Abteigelände auch heutzutage noch jedes Jahr um Weihnachten zu blühen beginnt, und dort, wo Joseph den Gral vergrub, sprudelte flugs eine Quelle hervor, die *Bloody Spring*. Auch errichtete er die erste Kirche auf englischem Boden.

Glastonbury soll – kommen wir nun zum zweiten Mythos – aber auch das

GLASTONBURY

Avalon von **König Artus** sein. 1191 wollten die Mönche der Abtei auf dem Kirchhof das Grab von *Artus* und seiner Frau *Guinevere* gefunden haben. 1278 war dann der Schrein fertig, der die Gebeine des Königspaars aufnahm. Die Abtei von Glastonbury avancierte damit zu einem Wallfahrtsort erster Güte und stellte selbst Canterbury mit dem Grab des ermordeten Erzbischofs *Thomas Becket* weit in den Schatten.

Verbürgt von all diesen Mysterien ist lediglich die **Tatsache,** dass um das Jahr 700 herum der angelsächsische König *Ina von Wessex* ein Kloster errichten ließ. Eine normannische Abteianlage brannte 1184 vollständig nieder, und so entstand im Laufe der folgenden Jahrzehnte eine neue Klosterkirche, die mit fast 180 m Länge alle anderen in England weit in den Schatten stellen sollte. Während der Reformation von *Heinrich VIII.* wurde die reiche Abtei aufgelöst, und die prachtvolle Kirche fiel den Bilderstürmern zum Opfer.

Eindrucksvoll sind heute noch immer die Ruinen auf dem großen grünbewachsenen Areal; die Stelle, an der einmal der Schrein von König *Artus* und seiner Frau stand, ist markiert.

Am Market Place ragt das reich verzierte, steinerne **Marktkreuz** in den Hiymmel. Hier kann man Unterkunft finden im George and Pilgrim's Hotel,

Die Größe lässt sich nur ahnen: Abteiruine

einer rund 600 Jahre alten ehemaligen Pilgerherberge. Spaziert man die High Street hinunter, so passiert man auch das aus dem 15. Jh. stammende, spätgotische **Gerichtsgebäude The Tribunal** mit der Tourist Information und einem kleinen **Heimatmuseum;** hier werden die Funde des Glastonbury Lake Village gezeigt, eines 1892 ausgegrabenen eisenzeitlichen Seedorfes.

Gegenüber vom George and Pilgrim's, am Anfang der High Street, hat sich **Glastonbury Experience** niedergelassen – der bevorzugte Anlauftreff der Esoteriker; hier finden sich die Tagungsstätten der **University of Avalon,** die spirituelle Seminare durchführt wie etwa „Communication with the Earth, Learning to live more effectively, The Ultimate Healing Course" und weitere um diese Themenkomplexe kreisende, für viele Leute offensichtlich sinnstiftende Veranstaltungen.

George Bernard Shaw besuchte hier einmal zusammen mit seiner Freundin *Molly Tompkins*, seiner „Mollissima", eine Freilufttheateraufführung. *Shaw* war von den Tanzfähigkeiten der Akteure herzlich wenig beeindruckt und soll, so berichtete es einmal seine Begleiterin, mit seiner „verheerenden Fistelstimme" gesagt haben: „Unglaublich, wie viele Leute Hühneraugen haben!" – was für ein erfrischend lapidarer Treffer in der mysteriengeschwängerten Atmosphäre von Glastonbury.

Jedes Jahr Ende Juni findet das **Glastonbury Festival** statt, ein dreitägiges Pop-Freiluftkonzert mit bekannten Bands aus aller Welt.

Praktische Hinweise

Tourist Information
● **The Tribunal,** 9 High Street, Tel. 01458-832954.

Unterkunft
● **Number Three Restaurant and Hotel,** 3 Magdalene Street, 01458-832129, DZ 90 £.
● **George and Pilgrim's Hotel,** 1 High Street, Tel. 01458-831146, Fax 832252, DZ 90 £.
● **Bed & Breakfast:** *Melrose,* 17 Bere Lane, Tel. 01458-832016, www.melrose-bandb.co.uk, DZ 65 £; *1 Park Terrace,* Street Road, Tel. 01458-835845, www.no1parkterrace.co.uk, DZ 60 £.
● **Jugendherbergen:** *Glastonbury Backpackers,* Market Place, neben dem George and Pilgrim Hotel, Tel. 01458-833353; *Street The Chalet,* Ivythorne Hill, Tel. 0845-3719143, 6 km südlich vom Ort.

Pubs und Restaurants
● Bestes Restaurant am Platze im o. g. Hotel **Number Three.**
● **Market House Inn,** Magdalene Street, gemütlicher Pub mit Biergarten und angeschlossenem Restaurant.
● **The Blue Note Café,** High Street, Kaffee und Kuchen, kleine Snacks.
● **Becket's Inn,** High Street, alter gemütlicher Pub.
● **The Queen's Head,** Ende der High Street, Pub mit Snacks zur Mittagszeit.
● **The Monarch,** High Street, Tea Room and Café, Home Made Cakes und Light Meals, 7 £.
● **Ristorante Pizzeria,** Market Place, für britische Verhältnisse erstaunlich gute Pizzen und Pastas, da im Besitz einer italienischen Familie, Pizzen und Pastas zwischen 6 und

---

„Im Allgemeinen hält der Brite jeden Ausländer für eine bedauernswerte, halb wilde Kreatur."

Nikolai Karamzin, „Briefe eines reisenden Russen", 1790

7 £, Fleisch- und Fischgerichte um 10 £, auch vegetarische Speisen im Angebot.
- **The Rainbow End,** High Street, Café und kleines Restaurant, 6 £, mehrfach von englischen Bistro-Führern empfohlen.

Verbindung

- Lokale **Busse** nach Wells und weiter nach Bristol.
- **Busstation:** Magdalene Street.

Wells ♫ XVII/C2/3
– Süd-Englands Kathedralstadt

Die kleine Stadt mit ihren 10.000 Einwohnern hat dem Besucher eine der schönsten gotischen Kathedralen zu bieten, und selbst wer an Architektur und Kunstgeschichte kein sonderliches Interesse hat, wird trotzdem von dem prachtvollen Gotteshaus beeindruckt sein. Ihm wird es gehen wie *Henry James*, der einräumen musste: „Das Erfreulichste im Leben ist ganz zweifellos das Erfreuliche, das einen überrumpelt – obschon ich bei meiner Ankunft in Wells überhaupt nur infolge eines leichtfertigen Mangels an Kenntnissen hatte überrumpelt werden können. Ich wusste ganz allgemein, dass diese alte kleine Stadt eine große Kathedrale vorzuweisen hatte, doch ich war weit davon entfernt, die Intensität des Eindrucks zu ahnen, der mich erwartete. Das ungeheuer Beherrschende der beiden Münstertürme, während man sie aus dem herannahenden Zug über den zu ihren Füßen zusammengedrängten Häusern sieht, vermittelt einem in der Tat eine Andeutung ihres Charakters."

Die Kathedrale

Um das Jahr 705 ließ der angelsächsische König *Ina von Wessex* auf den Rat des heiligen Aldhelm hin ein Priesterseminar und eine Kirche nahe jener Quellen errichten, nach denen Wells seinen Namen hat. Um 1180 beauftragte dann Bischof *Reginald de Bohun* die Baumeister mit den **Arbeiten an der Kathedrale**; in seiner Amtszeit entstanden die vier östlichen Joche des Hauptschiffs, Teile des Chors, die Querschiffe und das Nordportal. *Bischof Jocelyn* von Wells setzte die Arbeiten ohne Änderung des ursprünglichen Bauplans fort, sodass die Kathedrale weitgehend einheitlich im *Early English* errichtet wurde und dadurch besonders harmonisch auf den Betrachter wirkt. *Jocelyn* vollendete das Hauptschiff und weihte das Gotteshaus im Jahre 1239. Drei Jahre später, die Steinmetzen arbeiteten noch an der Westfassade, starb er; unter seinem Nachfolger *Bitton* entstanden die Krypta und die wie eine Kaskade herabflutende Treppe zum *Kapitelhaus*, das erst der Dekan *John de Godelee* Anfang des 14. Jh. vollenden ließ. Er trieb die Arbeiten am Vierungsturm, 1322 fertiggestellt, voran und realisierte auch die Marienkapelle.

Auf die Initiative von Bischof *Ralph von Shrewsbury* ging die Fertigstellung des Chors zurück; vor allem aber verdanken wir seinem raschen Entschluss zum Handeln die **wunderbaren Vierungsbogen,** die *Inverted Arches,* die

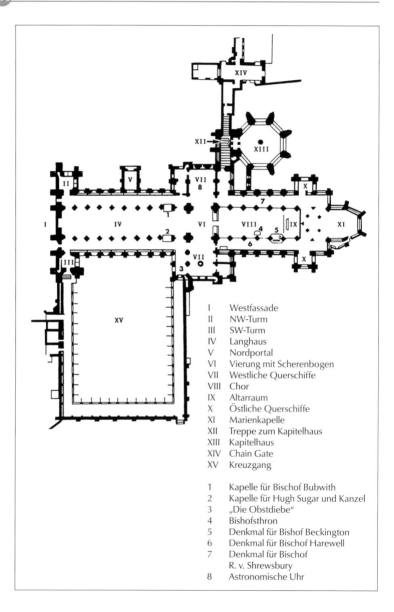

umgekehrten Bogen oder auch Scherenbogen genannt, die in ihrer „surreal abstrahierten Form" Wells berühmt gemacht haben. Der zentrale Turm, dessen Dach nach altem Brauch Bleiplatten bedeckten, war den Erbauern zu schwer geraten und drohte die stützenden Vierungspfeiler auseinanderzudrücken. Also setzten die Baumeister um 1338 im nördlichen, westlichen und südlichen Teil der Vierung zwischen den Pfeilern Spitzbogen ein, denen – so der optische Eindruck – ein zweiter umgekehrter Spitzbogen aufgesetzt wurde, dessen beide Ausläufer dann oberhalb des Triforiums die Vierungspfeiler verstärkten und abstützten. Nie hatte es vorher einen solch harmonischen und unter statischen Gesichtspunkten tragenden Bogen gegeben, und doch weiß man nicht, wer der geniale Baumeister war, der ihn erfand.

Als der Turm der Kathedrale von Salisbury die Vierungspfeiler zu zerbrechen drohte, übernahmen die dortigen Baumeister die Bogen von Wells, die maßgeblich Anteil daran hatten, dass der Turmhelm noch heute in den Himmel ragt. Allerdings sind die Scherenbogen von Salisbury nicht annähernd so harmonisch geraten wie die von Wells.

Der Besucher wird sich fragen, warum am östlichen Teil der Vierung der Bogen fehlt; dort stützt schon der Lettner, die Chorschranke, die Turmpfeiler, sodass ein teurer Scherenbogen nicht nötig war.

1386 und 1424 entstanden die beiden **Türme der Westfassade,** von denen manchmal behauptet wird, dass ihnen die Spitzen fehlen. Dies stimmt jedoch nicht, denn hätten die Baumeister sie mit einem Helm gekrönt, dann wären sie höher als der zentrale Vierungsturm geworden und die Proportionen der Kathedrale wären damit völlig aus dem Lot gekommen.

Schatzmeister *Hugh Sugar* ließ um 1470 im oberen Teil des westlichen Scherenbogens ein großes **Kruzifix** einsetzen, das in den Reformationswirren zerstört wurde. Der Sockel aber blieb erhalten, und so konnte dort 1920 ein neues Kreuz daraufgesetzt werden.

Prachtvoll und einmalig ist der Blick vom Anfang des großen grünen *Cathedral Close* auf die **Westfassade** der Kathedrale. Keiner der großen Dome Englands hat eine solch reiche Figurenvielfalt zu bieten wie das Gotteshaus von Wells.

Betritt man nun das Innere, wird schon der erste Blick direkt eingefangen von dem westlichen Scherenbogen, in dessen oberem Teil das große **Kruzifix** aufragt. Kurz vor Erreichen der Vierung findet sich zwischen den linken Säulen die **Grabkapelle für Bischof Bubwith,** der eine beträchtliche Summe für den Bau des nördlichen Westturms stiftete, und auf der rechten Seite die **Votivkapelle** für den Schatzmeister **Hugh Sugar,** auf dessen Initiative das große Kreuz zurückging.

Im südlichen Querschiff sind eine ganze Anzahl von Bischöfe und Adlige bestattet; vor allem sehenswert sind hier die Werke der Steinmetze. Die Kathedrale von Wells ist berühmt für

ihre **feingearbeiteten Kapitelle,** hier, im südlichen Querschiff werden sie noch unter dem Thema „Die Obstdiebe" um eine humoristische Note bereichert: Zwei Männer plündern einen Weinberg oder einen Obsthof, doch dabei werden sie beobachtet. „He Bauer, aufgewacht, jemand stiehlt dein Obst", scheint der Beobachter zu sagen, der die Nachricht überbringt; der Bauer macht sich auf die Jagd, fängt auch einen Dieb und zieht ihm mit der Mistforke den Scheitel nach. Unnachahmlich ist dem Steinmetzen das verdatterte Gesicht des verprügelten Diebes gelungen.

Die erste Reihenhaussiedlung der Welt mit leichter Gotik im Hintergrund

Der **Chor** ist prachtvoller ausgestattet als das weitgehend schlichte Hauptschiff. Sein Abschlussfenster, das so genannte *Golden Window,* wurde im Jahre 1340 eingesetzt. Die Figuren in den Nischen unterhalb des prächtigen, bunten Lichteinlasses wurden nach dem Ersten Weltkrieg angefertigt und sollen den Frieden anmahnen; dargestellt sind Christus und die Heiligen Andreas, Petrus, Dunstan, Patrick, David und Georg.

Hinter dem Bischofsthron liegt in einer prachtvollen **Grabkapelle** Bischof *Beckinton* begraben. Nahebei ruht Bischof *Harewell,* der Gelder für den Südwestturm hinterlassen hat; seinen Schrein zieren in Anspielung auf seinen Namen zwei Hasen. Nur ein paar

Schritte entfernt hat der Kirchenmann *Ralph von Shrewsbury* die letzte Ruhe gefunden.

Im nördlichen Querschiff ist die berühmte, um 1390 gebaute **astronomische Uhr** allererster Besuchermagnet. Alle 15 Minuten öffnet sich oberhalb der Zifferblätter ein Törchen, und vier Ritterfiguren „reiten" im Kreis herum; nach jedem Rundgang wird ein Ritter niedergestreckt – liegen sie allesamt platt im Turnierhof, ist eine Stunde um.

Das äußere Zifferblatt hat eine 24-Stunden-Einteilung, dort zeigt der große Stern die Stunde an; ein kleinerer Stern im inneren Kreis teilt dem Betrachter die Minuten mit.

Vom nördlichen Querschiff flutet wie eine Woge die **Treppe von Wells**, ebenso berühmt wie die Scherenbogen, aus dem achteckigen Kapitelsaal nach unten ins Kirchenschiff; die Decke des Kapitelhauses wird, wie auch in der Kathedrale von Salisbury, von einem Bündelpfeiler getragen.

Weiteres Sehenswertes

Einen Steinwurf nördlich der Kathedrale, unter dem Chain Gate hindurch, findet sich **Vicar's Close**, die erste Reihenhausanlage der Welt. Bischof Ralph von Shrewsbury, von dem schon mehrfach die Rede war, plante diese Straße im Jahre 1348. 42 Häuschen, jedes mit einem mächtigen Kamin, stehen sich gegenüber; in handtuchgroßen Vorgärten blühen bunt die Blumen. Seit jeher wohnen hier die Lehrer der Domschule, die – 909 gegründet – zu

> „Im Grunde seines Herzens ist jeder Ausländer heilfroh, wenn er der englischen Gesellschaft den Rücken gekehrt hat."
>
> *Herrman Fürst Pückler-Muskau*, „Briefe eines Verstorbenen", 1828

den ältesten der Welt zählt. Es ist nichts Ungewöhnliches, die Schüler im Talar über die Domfreiheit toben zu sehen, die dadurch doch sehr an Leben gewinnt. Lassen wir noch einmal Henry James zu Worte kommen: „Noch mehr kam meine Fantasie bei der einzigartigen Wunderlichkeit des als Vicar's Close bekannten Bereichs auf ihre Kosten. Er schließt sich unmittelbar an den Cathedral Green an, und man betritt ihn durch eines der massiven alten Torhäuser, die ein so auffälliges Element der kirchlichen Ausstattung von Wells bilden. (...) Die kleinen Häuser sind sehr modernisiert, doch haben sie ihre hohen Schornsteine mit gemeißelten Tafeln an der Vorderseite, ihre altehrwürdige Gedrängtheit und Gefälligkeit und ein gewisses leicht weihevolles Gepräge, wie von Klosterzellen, beibehalten."

Südlich der Kathedrale schließt sich hinter einem Burggraben und den schützenden Mauern der **Bischofspalast** an, dessen ältester Teil, die Great Hall, um 1230 begonnen wurde. *Ralph von Shrewsbury* ließ dann 110 Jahre später Graben und Mauern errichten. Am linken Eingangstorturm befindet sich eine kleine Glocke; dort klingeln die Schwäne des Burggrabens wenn sie Hunger haben und gefüttert werden wollen. Schwäne unterlagen dem besonderen Schutz der Monarchen, und jeder frei auf dem Wasser geborene Vogel gehörte dem König.

In den Gärten des Bischofspalastes entspringen auch die **Quellen,** die Wells ihren Namen gegeben haben. Die Rinnsale fließen entlang der Bürgersteige durch die Straßen des Städtchens, an einigen Stellen durch oberirdisch verlegte, für die Autofahrer farbig markierte Röhren.

Nicht versäumen darf man einen geruhsamen Spaziergang durch das schöne Stadtzentrum, das mit seinen alten Ladenfronten Flair und Atmosphäre ausstrahlt.

Im Jahre 1923 besuchte *Lawrence von Arabien* Wells und verglich die französischen Kathedralen mit den englischen Gotteshäusern und ihrer Domfreiheit, „die so stattlich von Bäumen umgeben ist und so gewissenhaft gepflegt wird, dass sie bereits wie ein Vorhof zum Allerheiligsten wirkt", während die französischen Dome „ihre Füße auf Marktplätzen haben und von Verkaufsbuden und Schornsteinen und Plakaten und Lärm umgeben sind."

> „Unter den jungen englischen Aristokraten gibt es nur zwei Sorten: Die einen waren lange auf Universitäten und halten sich deshalb für gescheite Köpfe. Sie haben schlechte Manieren und verdrossene Gesichter. Die anderen aber wissen überhaupt nichts."
>
> *Charles-Louis de Secondat, Baron de la Bréde et de Montesquieu,* „Notizen über England", 1729

Praktische Hinweise

Tourist Information
- **Town Hall,** Market Place, Tel. 01749-672552.

Unterkunft
- **Swan Hotel,** Sadler Street, Tel. 01749-836600, Fax 836301, www.swanhotelwells.co.uk, DZ 115 £.
- **White Hart Hotel,** Sadler Street, Tel. 01749-672056, Fax 671074, www.whitehartwells.co.uk, DZ 95 £
- **Bed and Breakfast:** *Bekynton House,* 7 ST. Thomas Street, Tel./Fax 01749-672222, reservations@bekynton.freeserve.co.uk, DZ 60 £; *Canon Grange,* Cathedral Green, Tel. 01749-671800, www.canongrange.co.uk, DZ 65 £; *Infield House,* 36 Portway, Tel. 01749-670989, Fax 679093, www.infieldhouse.co.uk, DZ 66 £.

Pubs und Restaurants
- **Goodfellows,** 5 Sadler Street, Tel. 01749-673866, ein sehr gutes kleines Seafood Café, Zwei-Gänge-Menü 13 £, Drei-Gänge-Menü 15 £, Hauptgerichte zwischen 7 und 16 £, dazu gehört auch eine Patisserie, die leckere Kuchen im Angebot hat.
- **Ask,** Market Place, italienisches Lokal einer Restaurant-Kette mit gutem Preis-Leistungs-Verhältnis, Pizzen und Pastas um 9 £, trinkbare Weine.
- **White Hart,** Sadler Street, Pub in einem schönen alten Fachwerkhaus aus dem Jahr 1497, mit angeschlossenem Restaurant, Drei-Gänge-Menü um 15 £.
- **The Crown at Wells,** Market Place, sehr atmosphärereiches Free House aus dem 15. Jh., mit angeschlossenem Restaurant (Gerichte 9–14 £) und 15 Gästezimmern.

Verbindung
- **Busstation:** abseits der Market Street.

Cheddar Gorge

Cheddar Gorge
– Käse und bunte Tropfsteinhöhlen

⤴ XVI/B2

Einige Kilometer nordwestlich von Wells liegt, erreichbar über die landschaftlich sehr schöne A 371, das kleine Örtchen Cheddar, das dem bekanntesten Käse in ganz Großbritannien seinen Namen gegeben hat. **Cheddar** – eine Art britischer Gouda – ist der meistgegessene Käse im Inselreich. Schon *Daniel Defoe* bemerkte respektvoll: „Zweifellos ist der Cheddar der beste Käse, den England, wenn nicht die ganze Welt, anzubieten hat."

Erste Attraktion im Orte sind die beiden Tropfsteinhöhlen der Cheddar Gorge, die 1877 entdeckt wurden. **Gough's Cave** reicht fast einen Kilometer weit in den Berg hinein, am Ende tritt der Besucher in die hohe Halle St. Paul's. An verschiedenen Stationen erklärt eine Tonbandstimme die Attraktionen. **Cox's Cave,** die zweite Höhle, ist ein wenig kleiner, aber genauso attraktiv (sieht man einmal von der Kinderschreck-Aufführung am Ende der Grotte ab).

Ein rund 10.000 Jahre altes Skelett und weitere steinzeitliche Funde sind in einem kleinen Museum ausgestellt. Angehende Speläologen können im Zuge des *Adventure Caving* gegen ein erhöhtes Eintrittsgeld zusammen mit

Burnham-on-Sea
– Ein Folly in weiß-rot

⤳ XVI/B2

Wenige Minuten Autofahrt führen zum kleinen Seebad Burnham, das am Mündungstrichter des River Parrett liegt. Wenig ließe sich über das Seaside Resort sagen, wäre da nicht wieder einmal ein Folly, nämlich ein aus dem 19. Jahrhundert stammender, modern anmutender schneeweißer **Leuchtturm** auf hohen Füßen und mit einem kräftigen roten Farbstrich versehen, der den Strand von Burnham ziert.

Leuchttürme, ihr Bau und die Instandhaltung unterliegen in England dem Trinity House/London und seinen verschiedenen Dependancen. Der Service ist seit Jahrhunderten kostenlos – er wird aus Steuergeldern finanziert.

Der Erbauer von Burnhams Leuchtturm war ein Privatmann, der vorbeifahrenden Schiffen den Sicherheitsservice gegen eine Gebühr liefern wollte. Prinzipiell eine gute Idee, nur zahlte niemand, die Schiffe rauschten einfach so vorbei ...

einem Höhlenforscher die nicht für die Öffentlichkeit zugänglichen Teile von Gough's Cave erkunden.

Einen prachtvollen Ausblick hat man hoch oben vom **Pavey's Lookout** über die ca. 130 m tief eingeschnittene Klamm, zuvor jedoch gilt es zuerst, über die Jakobsleiter genannte Treppe rund 350 Stufen zu bezwingen.

Keine gute Geschäftsidee:
privater Leuchter

„Es gibt englische Familien, in denen man seit drei Generationen nicht mehr lacht."

Abbé le Blanc, „Briefe eines Franzosen aus London", 1745

Bristol ⌂ XVII/C1
– Stadt der Flugzeugbauer

Die Einwohner von Bristol vergleichen ihre angenehme, 400.000 Seelen zählende Stadt gerne mit der italienischen Metropole Rom, denn wie auch diese ist sie auf sieben Hügeln erbaut. Dass dem so sei, behauptete jedenfalls *Johanna Schopenhauer*, die in den ersten Jahren des 19. Jh. nach Bristol kam und im Nobelvorort Clifton (s. u.) Quartier bezog. Vom **Rom des Nordens** reden zu hören, wird aber sicher jeden *Bristolian* erfreuen.

Geschichte

Schon immer produzierten die **Werften** von Bristol Schiffe und sorgten für Arbeit und Einkommen, richtigen Aufschwung aber brachten der Sklavenhandel und die Zuckertransporte, die Bewohner der Stadt kamen zu Wohlstand. Im 19. Jh. wurde der Schiffsbau nochmals intensiviert, Tabakwarenhersteller und die chemische Industrie gründeten ihre Firmensitze, und im 20. Jahrhundert avancierte Bristol zum Sitz der englischen **Flugzeugindustrie.** Vor allem aus diesem Grund bombardierte die reichsdeutsche Luftwaffe im Zweiten Weltkrieg die Stadt und legte sie weitgehend in Schutt und Asche.

Schon zurzeit der Angelsachsen fand geschäftiger Betrieb im Hafen statt, und im Jahr 1373 erhob *Eduard II.* Bristol in den Grafschaftsstatus. Das änderte sich erst 601 Jahre später, 1974 nämlich, als das neue County Avon eingerichtet wurde, dessen Kapitale Bristol nun ist.

1497, fünf Jahre nach Kolumbus, stach **John Cabot** von Bristol aus in die See und machte sich auf nach Nordamerika, wo er Neufundland „entdeckte". Am Hafen ehrt eine Statue den Seebären.

Im Sommer des Jahres 1668 kam der Tagebuchschreiber **Samuel Pepys** nach Bristol und lobte die Atmosphäre: „In jeder Hinsicht ein zweites London." Völlig anderer Ansicht war da **Charles Dickens** zwei Jahrhunderte später; in den „Pickwick Papers" lässt er seinen Protagonisten Mr. Winkle feststellen, dass die Hafenmetropole „noch eine Schattierung schmutziger ist als alle Orte, die ich je sah".

1692 ging **Daniel Defoe** in London in den Untergrund, nach einem Monat wurde ihm das Pflaster in der Hauptstadt jedoch zu heiß, und unter Zurücklassung eines Schuldenbergs von rund 17.000 £ zog es ihn ins sichere Bristol. Das meiste Geld gehörte seiner Schwiegermutter, die die Häscher gegen ihn ausgeschickt hatte. Vorsichtshalber traute er sich nur sonntags in die Öffentlichkeit; als so genannter *Sunday Gentleman* konnte er laut Gesetz am siebten Tag der Woche nicht verhaftet werden, da man auch Kriminellen die Möglichkeit geben wollte, an einem Gottesdienst teilzunehmen.

Wie schon erwähnt, kam 1803 **Johanna Schopenhauer,** die Mutter des frauenhassenden Philosophen, auf ihrer mehrjährigen Englandreise auch

BRISTOL

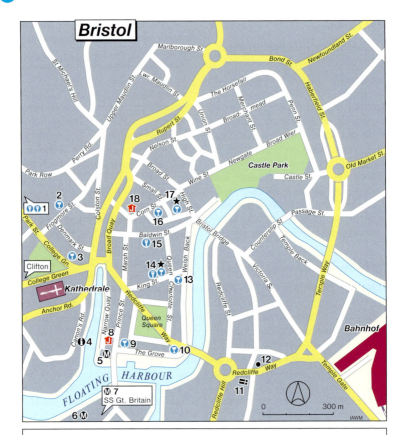

- 1 Restaurants Café Rouge und Ask
- 2 Pub The Thatched Inn
- 3 Pub Bunch of Grapes
- 4 Tourist Information
- 5 Arnolfini Art Centre
- 6 Bristol Industrial Museum
- 7 Maritime Heritage Cntr.
- 8 Bristol Int. Youth Hostel
- 9 Tapas-Bar El Puerto
- 10 Pub und Restaurant The Hole in the Wall
- 11 St Mary Redcliffe
- 12 Geburtshaus von Thomas Chatterton
- 13 Llandoger Trow, The Duke
- 14 Theatre Royal, Pubs Naval Volunteer, King William Ale House, Restaurants da Renato und d'ell Artista
- 15 Restaurant Bella Italia
- 16 Weinbar All Bar One
- 17 Kornbörse, Markthallen, Pub The Crown
- 18 Bristol Backpacker's Hostel

nach Bristol und vertraute ihrem Tagebuch die folgenden Zeilen an: „Der Quai am Hafen ist prächtig, ein Meisterwerk seiner Art; aber schaudernd wandten wir uns von seinem Anblick, denn hier war der Ort, von welchem aus die unmenschlichste Gewinnsucht Schiffe zum Sklavenhandel ausrüstete, der Bristols Einwohner einst bereicherte. Blut und Seufzer von Millionen Menschen kleben an diesen Steinen. Der Gedanke erschütterte uns zu sehr, als dass wir heiteren Mutes die schönen Docks hätten bewundern können."

Am 14. November 1795 heirate **Coleridge** in der St. Mary Redcliffe Church *Sarah Fricker*. In Bristol lernte er auch *William Wordsworth* und dessen Schwester *Dorothy* kennen, die kamen, um sich seine politischen und theologischen Vorträge anzuhören; die erste Begegnung der beiden berühmten englischen Romantiker fand in dem Haus 7 Great George Street statt, das heute noch immer dort zu finden ist und in dem Exponate des Georgian House Museum zu besichtigen sind.

Die Tochter des indischen Politikers *Nehru*, **Indira Gandhi,** die später selbst einmal Ministerpräsidentin des Subkontinents werden sollte, besuchte in Bristol die Badminton School.

Sehenswertes

Allererste Attraktion ist natürlich – wie es sich für eine Hafenstadt gehört – der **Floating Harbour,** der sich parallel zum River Avon durch ganz Bristol zieht und mit dem **Maritime Heritage Centre** die Geschichte der Seefahrt dokumentiert (Whapping Wharf, Gas Ferry Road, tgl. 10–18 Uhr). Hier liegt auch der Steamer **„Great Britain"** vor Anker, das erste vollständig aus Stahl erbaute und mit einer Schiffsschraube versehene Dampfschiff, das 1843 vom Stapel lief. Konstrukteur war der geniale **Isambard Kingdom Brunel** (1806–1859), der eine technische Herausforderung nach der nächsten löste. Zusammen mit seinem Vater arbeitete *Isambard Kingdom* die Pläne für den Themsetunnel von Rotherhithe nach Wapping aus (1825–1843), baute die

Isambard Kingdom Brunel (Hist. Foto)

Hungerford-Hängebrücke (1841–1845) über die Themse und die Clifton Suspension Bridge, von der gleich noch die Rede sein wird; nach seinen Zeichnungen wurde die „Great Western" (1837) auf Kiel gelegt, das erste Dampfschiff, das in Atlantiküberquerungen zum Einsatz kam, sowie die „Great Eastern" (1853–1858), die damals für viele Jahre als weltweit größtes Schiff die Weltmeere durchpflügte. Auch die Bristol Old Station, der mächtige alte, im neogotischen Stil gehaltene Bahnhof der Stadt, geht auf *Brunels* Entwürfe zurück.

Fährbötchen bringen an verschiedenen Stellen die Spaziergänger an das jeweils andere Ufer des langen Hafens. Sommertags, an Wochenenden und Feiertagen, führen **Oldtimer-Nostalgiker** auf dem Hafengelände ihre alten, sorgfältig restaurierten Dampfwalzen vor, ein alter Kran, ebenfalls mittels Dampfkraft bewegt, zieht Lasten hoch, auf einem Schienenstrang von einigen hundert Metern schnauft und zischt eine putzige kleine

Rüstiger Oldtimer beim Steam Festival

Lok mit einigen Güterwagen daher und stößt mächtige schwarze Rauchwolken in die Luft – und die Kinder stehen dabei und machen große Augen.

Alljährlich Mitte Juli findet hier auch das **Steam Festival** statt, und dann pufft, schnauft und zischt es noch mächtiger.

Die Prince Street Bridge führt auf die gleichnamige Straße; linker Hand findet man in einem restaurierten Speichergebäude das **Arnolfini Arts Centre,** das die zeitgenössische Kunst würdigt, nahebei, direkt am Kai, befindet sich auch die Touristeninformation.

Dort, wo die Princess Street auf einen Kreisverkehr trifft, geht es rechts ab in die King's Street. Ein Teil der Gebäude, ehemalige Armenhäuser, datieren aus dem 17. Jh. Ein Jahrhundert jünger nur ist das **Theatre Royal** von 1766, das älteste durchgängig bespielte Theater Englands. Im ganzen Land bekannt ist das *Bristol Old Vic*, das Ensemble, das hier auf der Bühne steht.

Einen Steinwurf weiter stößt man rechter Hand auf die in einem dreigiebeligen, schönen Fachwerkhaus von 1669 untergebrachte Taverne **Llandower Trow,** einer der berühmtesten Pubs im ganzen Königreich. Hier nämlich soll *Daniel Defoe* den schottischen Matrosen *Alexander Selkirk* getroffen haben, der ihm seine Lebensgeschichte erzählte – damit hatte *Defoe* den Stoff für seinen „Robinson Crusoe" zusammen. Das beeindruckte auch *Robert Louis Stevenson*, der die Kneipe unter dem Namen *The Spy Glass* – in der deutschen Übersetzung der Gasthof „Zum Fernrohr" – in seiner Schatzinsel auftauchen lässt. Dort heißt es: „Es war ein recht hübsches, reinliches Lokal. Das Wirtshausschild war neu gemalt, an den Fenstern hingen ordentliche rote Vorhänge, und der Fußboden war sauber mit Sand bestreut. Auf jeder Seite befand sich eine Straße, und auf beide hinaus führte je eine offene Tür, was den weiten, niedrigen Raum trotz der Wolken von Tabakqualm ziemlich übersichtlich machte."

Sir Herbert Beerbohm-Tree, im 19. Jh. ein bekannter Regisseur und Schauspieler, hatte in der Kneipe einmal eine Zeitlang seinen Schreibtisch stehen und arbeitete dort. An Nachschub von geistigen Getränken wird es ihm nicht gemangelt haben. Der Taverne ist auch ein Restaurant angeschlossen.

Ein paar Minuten Fußweg in Richtung Norden führen zur Corn Street, an deren Ende sich die Weizenbörse befindet. Viel wichtiger allerdings für den Besucher sind die **Markthallen des St. Nicolas Market,** der 1743 eröffnet wurde. Bis 2003 war das Marktareal in Betrieb, heute findet hier ein erweiterter Flohmarkt statt. Stärken kann man sich in den Markthallen im gemütlichen **Pub The Crown.**

Vom treffend *The Centre* genannten großen Kreisverkehr der befahrenen Colston Avenue verläuft die Straße College Garden, deren Verlängerung Park Street heißt. Hier reihen sich viele Restaurants aneinander u. a. die beiden Lokale der Restaurant-Ketten Café Rouge und Ask, die ein gutes Preis/Leistungsverhältnis bieten.

Nur einen Steinwurf südlich befindet sich **Bristol Cathedral,** deren Ur-

Bristol

Kinderträume werden wahr

sprünge auf das Jahr 1140 zurückgehen und die mit dem Bau der Türme erst 1888 vollständig fertiggestellt war.

Die zweite bedeutende Kirche Bristols, **St. Mary Redcliffe,** findet sich im Südwesten der Stadt, wo der Floating Harbour einen großen Bogen schlägt. Die zwischen dem 13. und dem 15. Jh. entstandene Kirche beeindruckte *Elisabeth I.* so sehr, dass die Königin bei ihrem Besuch 1574 das Gotteshaus als die „frömmste, anmutigste und berühmteste Pfarrkirche Englands" bezeichnete. Mit ihrem 100 m hohen, spitzen Turmhelm nimmt St. Mary's in der Tat Kathedralenausmaße ein. Hofkomponist *Georg Friedrich Händel* gab hier einige seiner im ganzen Land berühmten wie beliebten Orgelkonzerte, ein Kirchenfenster mit Darstellungen aus dem Messias-Oratorium im nördlichen Teil würdigt *Händels* musikalische Verdienste.

Ein Denkmal im Innern der Kirche erinnert an den tragischen Tod des jungen **Thomas Chatterton,** und im Kirchhof würdigt eine Statue den gerade der Kindheit entwachsenen Dichter. „Der Wunderknabe von Bristol" wurde am 20. November 1752 gegenüber von St. Mary's geboren und in der Kirche getauft. Erzogen vom Onkel, dem Küster von St. Mary's, vergrub sich Klein Thomas schon in frühen Jahren in die alten Kirchenregister und die pergamentenen Urkunden des kirchlichen Archivs und lebte ganz in der Gedankenwelt des Spätmittelalters. Mit 14 Jahren kam er zu einem Anwalt in die Lehre, während der er „kein Gasthaus betreten, nicht Würfel spielen, keine Unzucht treiben und keine Ehe eingehen durfte". Sehr bei der Sache war er allerdings nicht, denn sein ganzer Ehrgeiz bestand darin, auf altem Pergament und in verstellter altertümlicher Handschrift Gedichte niederzuschreiben, die er als Arbeiten des Dichtermönchs *Thomas Rowley* ausgab, der angeblich im 15. Jh. gelebt hatte, und die er im Kirchenarchiv gefunden haben wollte. *Horace Walpole*, dem Thomas einige Manuskripte zugeschickt hatte, war von den Texten sehr angetan und versprach Unterstützung bei der Publikation. 1770 übersiedelte Thomas nach London, wo er in einer zugigen und kalten Dachstube Unterkunft fand. Doch da bemerkte *Walpole* die Fälschungen, er und die Herausgeber anderer „Schriften" von dem imaginären *Rowley*, die Thomas unter dem Pseudonym *Decimus* hatte erscheinen lassen, bezichtigten ihn des Betrugs. Der erst 17-Jährige – noch ein halbes Kind und völlig allein in einer Millionenstadt – verlor die Nerven und vergiftete sich aus Scham und Angst in der Nacht zum 25. August 1770.

Erst als die Zeitgenossen vorurteilsfrei an seine Gedichte herangingen, bemerkten sie die sprachliche Genialität des Jungen. *Keats* hat *Thomas Chatterton* sein „Endymion" gewidmet, *Coleridge* schrieb eine „Monodie auf den Tod Chattertons" („Schöpferisches Kind der freien Natur! / Der du so schön deine frühe Blüte entfaltest / und die weite Luft mit reinem Duft erfülltest! / Dir lächelte vergebens alles Himmlische") und auch *Wordsworth* griff zur Feder („... dieser wunderbare Junge, diese schlaflose Seele, die im Stolz verging ...").

Auf keinen Fall darf man einen Besuch an der mautpflichtigen **Clifton Suspension Bridge** versäumen, die in schwindelerregender Höhe im Vorort Clifton den River Avon überspannt. Am späten Abend ergibt sich ein besonders farbenprächtiges Bild, wenn die vielen hundert bunten Lämpchen die Hängebrücke farbig illuminieren. Schaut man von der nordwestlichen Ecke in die Tiefe, so erkennt man oft Einhandkletterer, die die vollständig senkrechte Wand des Felsens zu bezwingen

> „Wie steifleinen, wie hausbacken, wie selbstsüchtig, wie eng, wie englisch! Ein Land, welches längst der Ozean verschluckt hätte, wenn er nicht befürchtete, dass es ihm Übelkeit im Magen verursachen möchte ..."
>
> *Heinrich Heine*, „Shakespeares Mädchen und Frauen", 1838

BRISTOL

suchen – ein Blick, dem nur Schwindelfreie Vergnügen abgewinnen können.

Isambard Kingdom Brunel, der bereits erwähnte kongeniale Ingenieur, plante die Brücke im Jahr 1830, sechs Jahre später begannen die Arbeiten, die aufgrund fehlender finanzieller Mittel 1843 erst einmal eingestellt werden mussten; *Brunel* erlebte die Fertigstellung nicht mehr, 1864, fünf Jahre nach seinem Tod erst konnte die faszinierende Avon-Überspannung eingeweiht werden.

Praktische Hinweise

Tourist Information
- **Harbour Side,** Tel. 0906-7112191.

Unterkunft
- **Henbury Lodge Hotel** Station Road, Tel. 0117-9502615, Fax 9509532, www.henburylodgehotel.com, DZ 80 £.
- **The Clifton,** St. Paul's Road, Clifton, Tel. 0117-9736882, www.cliftonhotels.com, DZ 70 £.
- **Best Western Glenroy,** Victoria Square Clifden, Tel./Fax 0117-9739058, www.victoriasquarehotel.co.uk, DZ 105 £.
- **Bed and Breakfast:** *Downlands House,* 33 Henleaze Gardens, Henleaze, Tel./Fax 0117-9621639, www.downlandshouse.co.uk, DZ 65 £; *Downs Edge,* Saville Road, Stoke Bishop, Tel./Fax 0117-9683246, www.downsedge.com, DZ 75 £; *Shirehampton Lodge,* High Street, Shirehampton, Tel. 0117-9073480, Fax 9074381, DZ 65 £.
- **Jugendherbergen:** *Bristol Youth Hostel,* 14 Narrow Quay, Tel. 0845-3719726; *Bristol Backpackers Hostel,* 17 St. Stephen Street, Tel. 0117-9257900, www.bristolbackpackers.co.uk.

Die Clifton Suspension Bridge

Pubs und Restaurants

Bristol hat wie kaum eine andere Stadt Südenglands eine ganze Reihe an exzellenten, wirklich guten Restaurants, die im Folgenden in vier Gruppen eingeteilt werden; auch Lokale der vierten Gruppe sind noch immer außerordentlich gute Häuser, eine ganze Reihe von großen Städten in Südengland kann selbst mit solchen Restaurants nicht aufwarten:

- **Markwicks,** 43 Corn Street, Tel. 0117-9262658, mit umfangreicher Weinkarte, und **Hunt's,** Broad Street, Tel. 0117-9265580, nehmen den ersten Rang der exzellenten Restaurants von Bristol ein, beide um 40 £.
- **Muset,** 12 Clifton Road, Tel. 0117-9732920, **Bell's Diner,** 1 York Road, Montpelier, Tel. 0117-9240357, sowie das Lokal **Glass Boat,** Welsh Back, Tel. 0117-9290704, dagegen gehören zur zweiten Gruppe mit Preisen zwischen 18 und 36 £.
- **Quartier Vert,** 85 Whiteladies Road, Tel. 0117-9734482, **Melbournes,** 74 Park Street, Tel. 0117-9226996, und **Howard's,** 1 A Avon Crescent, Tel. 0117-9262921, gehören zu den besten Restaurants mit Preisen um 30 £.

Nun die preiswerteren Lokale sowie die Pubs von Bristol:
- **The Hole in the Wall,** Redcliffe Way/Ecke The Grove, Pub mit Biergarten, von dem man auf den Floating Harbour und die Kirche St. Mary's blickt, mit angeschlossenem Restaurant, um 8 £.
- **Naval Volunteer,** King Street, Free House, eine der ältesten Tavernen von Bristol, nach eigener, durchaus richtiger Einschätzung mit *Cosy Atmosphere,* sonntags von 12–15 Uhr Live Music, Jazz zum Frühschoppen.
- **Ristorante da Renato,** King Street, italienisches Restaurant, um 11 £.
- **Ristaurante La Taverna de'll Artista,** King Street, italienische Gerichte, um 12 £.
- **Ask,** 51 Park Street, italienisches Lokal einer Restaurant-Kette mit gutem Preis-Leistungs-Verhältnis, Pizzen und Pastas um 9 £, trinkbare Weine.
- **Café Rouge,** 85 Park Street, Lokal einer Restaurant-Kette mit gutem Preis-Leistungs-Verhältnis, teuerste Gerichte bis 13 £, trinkbare Weine.
- **The Old Duke,** King Street, Pub, Live Jazz sonntags von 12–15 Uhr.
- **The Llandower Trow,** King Street, mit Restaurant, zwischen 5 und 11 £, hier erfuhr *Daniel Defoe* seine Robinson-Crusoe-Geschichte, und *Robert Louis Stevenson* verewigte die Kneipe in seinem Abenteuerroman „Die Schatzinsel".
- **Bunch of Grapes,** Denmark Street, Pub mit schöner Jugendstilglasfassade.
- **Thatched Inn,** Denmark Street, gemütlicher alter Pub in einem schönen Fachwerkgebäude mit niedrigen Räumen.
- **Bella Italia,** Baldwin Street, preiswerte Pizzen und Pastas um 7 £.
- **El Puerto,** The Grove/Ecke Prince Street, freundliche Tapas-Bar mit guten Weinen in einem ehemaligen Magazinspeicher, Tapas zwischen 5 und 12 £, vorabendliches Zwei-Gänge-Menu 10 £.
- **All Bar One,** Corn Street, sehr gemütliche Weinbar mit trinkbaren Rebensäften, guten Snacks und kleinen Gerichten.
- **The Crown,** Kneipe in den Markthallen von Bristol, immer voll mit Markthändler und Käufern, Zugang von der Corn Street aus.
- **King William Ale House,** King Street, alteingesessener Pub in der Kneipen- und Theaterstraße von Bristol, mit Bar Meals zwischen 4 und 7 £.
- **Internet Café Netgates Café,** 51 Broad Street.

Verbindung

- **Bahnhof:** Bristol Temple Meads, Temple Mead Road, östlich vom Zentrum.
- **Busbahnhof:** Marlborough Street, nördlich vom Zentrum.

„Der Spleen ist eine moralische Krankheit, die auch unter dem Namen Langeweile oder Lebensüberdruss bekannt ist. Am häufigsten tritt sie in England auf, was vor allem an der nebligen Luft, der schweren Nahrung und den vielen Mußestunden des Briten liegen mag."

Nikolai Karamzin, „Briefe eines reisenden Russen", 1790

Bath – Canterbury

Bath – Großbritanniens schönste Stadt ⌕ XVII/D1/2

„In Bath traf sich die Welt und badete und trank."

William Thackeray, 1875

Bath gehört zu den schönsten Orten Großbritanniens und ist zusammen mit Salisbury die herausragende Stadtattraktion im Süden Englands, ein einmaliges und vollständiges georgianisches Architekturensemble. So verwundert es nicht zu hören, dass fast die gesamte Bausubstanz der 86.000-Seelen-Metropole unter Denkmalschutz steht, die UNESCO in Großbritannien Bath – neben Edinburgh – zum „kulturellen Welterbe" erklärt hat und die alte Römersiedlung somit den Status **World Heritage City** erhielt.

Geschichte

Es waren die **Römer,** die schon bald nach ihrer Invasion im Jahre 43 die heißen Quellen entdeckten und flugs mit dem Aufbau eines Bades begannen, um das sich rasch eine Stadt entwickelte: Aquae Sulis. „Über diesen Quellen regiert Minerva, und in ihrem Tempel verglühen die ewigen Feuer niemals zu Asche", schrieb ein Römer im 3. Jh. und gab die Vorstellung der damaligen Zeit wieder: Minerva, die Göttin der Weisheit, der Wissenschaft und der Künste, hatte ihren Wohnsitz in den Tiefen des Wassers; beim Baden nahm sie Gebete entgegen und reichte über das Wasser Gesundheit an die Frommen.

Ein **Badebesuch** war für die Römer in erster Linie ein gesellschaftliches Ereignis. Nachdem der Gast den Umkleideraum verlassen hatte, stimmte er seinen Kreislauf im lauwarmen Wasser (*Tepidarium*) ein und wechselte dann zur Schwitzkur ins heiße Bad (*Caldarium*); hier wurde er geölt und massiert und kühlte sich kurz im kalten Wasser (*Frigidarium*) ab. Dann nahm er vielleicht eine Art Sauna (*Laconicum*) und sprang nun ein letztes Mal ins *Caldarium*.

Währenddessen sorgten Spaßvögel und Akrobaten für Kurzweil, Musiker für eine angenehme Geräuschkulisse, Sklaven eilten im Auftrag ihrer Herren geschäftig durchs Bad, Freundschaftsgruppen waren im lustigen Gespräch vertieft, und Händler besiegelten Geschäfte.

Beheizt wurden Räume wie auch Bäder durch die so genannten *Hypokausten*, eine Fußboden- und Wandheizung. Der steinerne Boden ruhte auf einer Vielzahl von Kanälen, durch welche die von Holzkohlenfeuern erwärmte Luft zirkulierte; Kamine in den Wänden leiteten die Luft ab. Aufgrund der dicken Wände und Decken blieb der Wärmeverlust gering.

Im Jahr 1727 entdeckten zwei Arbeiter bei Ausschachtungsarbeiten einen goldverzierten Bronzekopf der Göttin Minerva, weitere Funde kamen im Laufe der folgenden Jahre hinzu, aber erst gegen 1880 war die gesamte Anlage mit fünf Bädern und zwei Schwimmbecken vollständig freigelegt. In der Quelle selbst fanden die Archäologen mehr als 12.000 Münzen, metallene Becher sowie eine ganze Anzahl von Zinntäfelchen mit Verwünschungen. Häufig bat man die Göttin Minerva um Beistand gegen Feinde, Diebe und missgünstige Neider, und so ritzte dann ein bestohlener Römer Texte gegen den Bösewicht in ein Metallplättchen und ließ den Täter von der Göttin verfluchen.

Als im Jahre 410 alle römischen Truppen von der Insel abgezogen wurden, um Rom zurückzuerobern – *Alarich* hatte mit seinen Westgoten die mächtige Stadt eingenommen und geplündert – konnten die keltischen Briten sich alleine nicht gegen die eindringenden **Angelsachsen** durchsetzen. Die nun kannten keine so verfeinerte Badekultur, und so verfielen die römischen Bäder. Die erste glanzvolle Epoche von Aquae Sulis/Bath war vorüber.

676 gründeten die Angelsachsen in Bath ein **Nonnenkloster,** in dessen Abtei 300 Jahre später am Pfingstsonntag des Jahres 973 *Edgar* durch die Erzbischöfe von Canterbury und York zum König gekrönt wurde (die damals entwickelte Krönungszeremonie ist bis heute nur leicht modifiziert worden).

Die Stadt, die sich seit jenem Ereignis des besonderen Schutzes der Herrscher erfreute, wurde 1088 von den Widersachern des Königs *William Rufus* zerstört. Der setzte nun seinen Vertrauten, *John de Villula*, als Bischof ein, und der energische Mann trieb den Aufbau rasch voran. Auch ließ er die

Badeanlagen restaurieren, und eine Chronik aus der Mitte des 12. Jh. belegt, dass „die Kranken aus ganz England hierherkommen, um ihre Gebrechen in den gesundheitsbringenden Wassern wegzuwaschen." 1180 entstand nahe der heißen Quellen die erste mildtätige Institution für die Kranken, das **St. John's Hospital.**

Zwei Jahrhunderte später hatte Bath als **Tuchzentrum** Reputation erlangt und war im Königreich weitbekannt. *Geoffrey Chaucer* (1343–1400) hielt die Stadt immerhin für so wichtig, dass er sie in seinen „Canterbury Tales" erwähnte und auch auf die Webertradition anspielte; im Prolog stellt er die Frau vor, die sich der Wallfahrtsgruppe zum Grab des ermordeten Thomas Becket anschließt: „Ein gutes Weib war da, sie war nicht weit / Von Bath, doch etwas taub, das tat mir leid. / In Tücher weben man wohl keine Hand / In Gent und Ypern je geschickter fand."

Doch dann muss es langsam bergab gegangen sein, denn 1574 holten sich die lokalen Autoritäten eine geharnischte Standpauke von *Elisabeth I.* ab, die sich entsetzt über die **arg verschmutzten Straßen** ausließ. Ganz offensichtlich aber zeigte das keine Wirkung, denn *John Wood d. Ä.*, der als Architekt viele Bauten in der Stadt realisierte, bemerkte rückblickend über die Zeit von *Karl I.*, dass „die Straßen und öffentlichen Wege der Stadt nur noch aus Misthaufen, Schlachthäusern und Schweinekoben bestanden." Trotzdem kamen weiterhin die Badegäste, und 1592 soll auch *Shakespeare* vor Ort gewesen sein und Linderung von seiner „Liebeskrankheit" gesucht haben.

Die **Bäder** waren nicht überdacht und den Unbilden des Wetters ausgesetzt. Auch konnten die umherflanierenden Besucher von Galerien aus die Badenden ausgiebig beobachten, denen das nichts auszumachen schien. Eine gewisse *Ciala Fiennes* vertraute 1687 ihrem Tagebuch an, „dass auf dem Wasser in den Bädern eine unangenehme Schmutzschicht schwamm, die jeden Morgen abgeschöpft werden musste. Trotzdem badeten die Damen in Gewändern aus feinem gelbem Linnen mit weiten Ärmeln wie ein Priestergewand. (...) Die Männer trugen Hosen und Wämser aus dem gleichen Material."

Nicht ganz so sittsam ging es offensichtlich zu, als ein Besucher aus Norwich vor Ort weilte: „Alle Arten von Personen jeglicher Größe und jeglichen Aussehens, aus allen Ländern und mit allen Krankheiten, und beiderlei Geschlechts; denn Jung und Alt, Arm und Reich, Engländer und Franzosen, Männer und Frauen, Jungen und Mädchen, alle zusammen zu sehen, wie sie in ihren Kappen hochschauen und unbekleidet und voller Furcht in ungelenken nackten Posen erscheinen, ist einigermaßen erstaunlich, und lässt einen an den Jüngsten Tag denken." Ähnlich äußert sich ein anderer Zeitgenosse: „Die Bäder waren wie Bärengehege und jeglicher Schicklichkeit bar; Männer wie Frauen badeten des Tags wie des Nachts nackend."

So ging es auch noch 1805 zu; damals kam *Johanna Schopenhauer* zur

„Königin aller Badeörter" und vertraute ihrem Tagebuch Sätze an über den „ekelhaften Gebrauch in den großen, gemeinschaftlichen Bädern ohne Unterschied des Geschlechts zu baden, während die Zuschauer auf den das Bad umgebenden Galerien mit den Badenden Konversation machten."

Am 13. Juni 1668 fuhr der Tagebuchschreiber *Samuel Pepys* in Bath ein und bemerkte, dass „die Stadt fast ganz aus Stein gebaut, sauber, die Straßen aber ziemlich eng" waren. Die Standpauke, die Königin *Elisabeth* ein Jahrhundert zuvor anlässlich der verwahrlosten Straßen losgelassen hatte, war also mittlerweile nicht ohne Wirkung geblieben.

Einen Tag später besuchte *Pepys* dann das Bad, beschrieb die Prozedur und sorgt beim heutigen Leser dank seiner unfreiwilligen Komik und der lapidaren Wortwahl wieder einmal für Vergnügen: „Um 4 Uhr morgens aufgestanden und ins Kreuz-Bad gegangen, in das wir einer nach dem anderen hineingetragen wurden. Sehr vornehme Gesellschaft, feine Damen mit artigem Benehmen, mir scheint es aber nicht sehr sauber zu sein, wenn so viele Menschen zusammen im gleichen Wasser sind. Gute Konversation. Seltsam zu spüren, wie warm das Wasser ist; obwohl dies als das kälteste Bad gilt, sind die Quellen doch so heiß, dass die Füße die Hitze nicht ertragen können. Die Männer und Frauen, die während der ganzen Saison in diesen Bädern leben, sehen auch ganz abgekocht aus."

Und *Daniel Defoe* bemerkte über die Besucher des Badestädtchens wütend: „Man kann wohl sagen, dass Bath ein Kurort für Gesunde ebenso wie für Kranke ist, ein Ort, der den Tagedieben hilft, die schlimmste Art des Mords zu begehen, nämlich die Zeit totzuschlagen."

Bath hatte also trotz seiner heißen Quellen keine gute Reputation im Lande. Das sollte sich erst ändern, nachdem im Jahre 1705 der Spieler und Dandy **Richard Nash,** aufgrund seines hässlichen Äußeren auch ironisch *Beau Nash* genannt, ins Örtchen kam und seinen Zeitgenossen Manieren beibrachte. Der Dichter *William Congreve*

Römische Überbleibsel:
Galerie rings um das Schwimmbecken

nannte ihn im Jahre 1728 den „Generalgouverneur der Unterhaltung in Bath". Als offizieller Zeremonienmeister drängte er die Autoritäten dazu, die Straßen und öffentlichen Plätze sauber zu halten, ließ Schwert und Reitstiefel tragende Männer den Zutritt in die öffentlichen Räume verweigern und baute auf eigene Kosten die *Assembly Rooms*, die Ballsäle. Mit *Nash* zog die Etikette im Heilbad ein, seine Benimmregeln waren gesucht, denn für jede Situation hatte Nash einen Verhaltensknigge parat: „Die Damen gehobenen Alters und die Kinder mögen sich mit der zweiten Reihe im Ballsaal zufriedengeben, da die eine ihre Perfektion hinter sich, die anderen sie noch vor sich haben."

Während *Beau Nash* sich um verfeinerte Gesellschaftsformen Gedanken machte, beauftragte *Ralph Allen*, der mit dem Postmonopol zu ungeheurem Reichtum gekommen war, den Architekten *John Wood d. Ä.* mit der **Ausgestaltung der Stadt.** Unter der Bauaufsicht von *Wood* entstanden *Allens* palladianischer Herrensitz Prior Park, eine ganze Reihe von georgianischen Straßenzügen und der Circus, der wunderschöne runde Wohnkreis, dessen architektonische Anmut so richtig erst aus der Vogelperspektive zur Geltung kommt.

Sein Sohn, *Wood d. J.*, hatte gut vom Vater gelernt, er entwarf den **Royal Crescent,** eine der schönsten Reihenhausanlagen Englands. *Franz Joseph Haydn* notierte in seinem Tagebuch: „Heute blickte ich auf die Stadt und sah auf halber Höhe am Hang ein wie ein Halbmond geformtes Gebäude, das prächtiger ist als alles, was ich in London gesehen habe." Über einhundert ionische Säulen sowie eine Vielzahl weiterer Schmuckelemente zieren den 184 m langen, aus 30 Häusern bestehenden Royal Crescent. Bei dem Entwurf ließ sich der junge *Wood*, wie er einmal sagte, von *Berninis* Kolonnaden am Petersplatz in Rom inspirieren.

Ein Reiseführer aus jenen Tagen, der „New Prose Guide" von 1778, vermerkt über die Stadt: „Allein in Bath können die feinen Leute nach einer langen Reise aus ihren Kutschen steigen und sogleich in Häuser oder Unterkünfte treten, die so warm und komfortabel sind wie das eigene Haus und von denen viele genauso herrschaftlich sind."

Bath war zu einem **gesellschaftlichen Zentrum in Großbritannien** geworden, und wer etwas auf sich hielt, musste sich vor Ort sehen lassen. Die Schriftstellerin *Jane Austen* (1775–1817), die zu den wenigen vorviktorianischen Autoren zählt, deren Romane auch heute noch gelesen werden, veralberte in ihren Schriften die bis ins Detail hinein verfeinerten Gesellschaftsformen der Besucher, und ein französischer Besucher bemerkte recht lapidar, dass Bath eine Art riesigen Klosters sei, in dem Alleinstehende wohnen, vor allem alte Jungfern. *Dr. Samuel Johnson* (1709–1784), dessen Einfluss auf die englische Literatur mit dem Wirken *Goethes* in Deutschland vergleichbar ist, betrieb im Ballsaal von Bath nachgerade soziologische Feldforschung und machte ihn

BATH

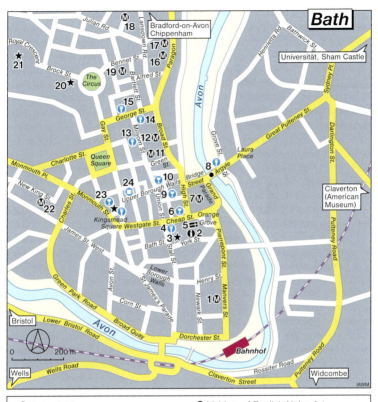

- Ⓜ 1 Book Museum
- ❶ 2 Tourist Information
- ★ 3 Pump Room, Römisches Bad
- 🍴 4 Pub und Rest. The Roundhouse
- ⛪ 5 Bath Abbey
- 🍴 6 All Bar One
- Ⓜ 7 Victoria Art Gallery
- ●❶ 8 Pulteney Bridge, Nr.5 Bistro
- 🍴 9 Pub Cour de Lion
- 🍴 10 Pub Sam Wellers
- Ⓜ 11 Shires Yard und Museum of the Royal Photographic Soc.
- Ⓜ 12 Postmuseum
- 🍴 13 Restaurant Café Rouge
- 🍴 14 Restaurant Loch Fyne
- 🍴 15 Restaurant Hole in the Wall
- Ⓜ 16 Mus. of English Naive Art
- Ⓜ 17 Bath Museum
- Ⓜ 18 Mr. Bowler's Business, Bath Industrial Heritage Museum
- Ⓜ 19 Mus. of Costume in den ehem. Ballsällen (Assembly Rooms), Museum of East India Art
- ★ 20 Gravel Walk mit georgianischem Garten
- ★ 21 Royal Crescent und Bath Preservation Trust
- Ⓜ 22 Herschel House u. Museum
- ★ 23 Theatre Royal, Restaurants Popjoy, Vault's und Pizza Express
- 🍴 Flann O'Brien, Garrick's Head
- ◉ 24 Raphael's Bar und Restaurant

„zum nie enttäuschenden Zentrum seiner Beobachtungen menschlichen Tuns und Treibens".

Viele große Geister besuchten das Heilbad. 1775 bestieg der anglophile deutsche Physiker, Philosoph und Schriftsteller **Georg Christian Lichtenberg,** „wie ein Webergesell, mit ein paar Hemden und Halsbinden in einem Schnupftuch, den Postwagen und reiste nach Bath"; er war auf der Suche nach den Originalschauplätzen in seinem Lieblingsroman „The Expedition of Humphrey Clinker", für den sich der von ihm hochgeachtete **Tobias Smollet** verantwortlich zeichnete.

24 Jahre zuvor hatte *Smollet* seine Londoner Arztpraxis aufgegeben und war in der Hoffnung auf höhere Einkünfte ins Heilbad gekommen. Geld machte er hier jedoch auch nicht, und so griff *Smollet,* der beißend verletzende, pointiert satirische Autor, wieder zur Feder und verfasste seinen „Humphrey Clinker", auch noch nach zeitgenössischer Kritikermeinung der beste Briefroman der englischen Literatur.

1777 schickten die Eltern den erst sechsjährigen **Walter Scott** zu Verwandten nach Bath; als er dort krank wurde und Fieber bekam, wickelte ihn seine dümmliche und abergläubische Tante in das Fell eines frischgeschlachteten Kalbes ein und ließ den Kleinen auf dem kalten Fußboden schlafen. Wieder zurück bei seiner Familie im hohen Norden der Insel, hatte Walter seinen harten schottischen Akzent verloren, und alle bewunderten sein reines Englisch.

1841 kamen **William Wordsworth** und seine Schwester *Dorothy* nach Bath; Williams Tochter Nora heiratete hier gegen den Willen des Vaters.

Jane Austen war 1799 schon zum zweiten Mal im Städtchen und teilte recht lapidar mit: „Wir haben hier zwei geräumige Stuben, schmutzige Steppdecken, dafür aber jeden Komfort."

Charles Dickens beschrieb Bath detailliert in seinen „Pickwick Papers" und verfasste eine gute Parodie über die Bälle in den Assembly Rooms.

1780 kam der Seebär **Lord Nelson** nach Bath, um seine Armamputation ausheilen zu lassen. Von nun an verbrachte er noch öfter seine Ferien im Bad und wohnte dann bei seiner Schwester Susannah. Zu jener Zeit ahnte er nicht, dass die junge *Amy Lyon,* das Dienstmädchen von gegenüber, später einmal als *Lady Hamilton* seine Geliebte werden würde.

In der New King Street wohnte der junge Student **Richard Brinsley Sheridan,** dessen „School of Scandals" zu den großen Komödien der englischen Literatur gehört und der als Politiker ebenso bedeutend werden sollte wie als Autor. 1773 bat ihn die Sängerin und Schauspielerin *Elizabeth Linley Sheridan,* sie vor den Belästigungen eines aufdringlichen Verehrers zu schützen und sie nach Frankreich zu entführen, wo sie in ein Kloster eintreten wollte. *Sheridan* kam der Bitte nach, verliebte sich in Elizabeth und heiratete sie in Calais. Zurückgekehrt, forderte ihn der abgewiesene Bewerber zum Duell auf dem Landsdown Hill, das *Sheridan* nur schwer verletzt überlebte.

Stefan Zweig, der vor der Annektierung Österreichs durch die Nazis nach London geflohen war, kam 1939 mit der ebenfalls verfolgten *Charlotte Elisabeth Altmann* nach Bath. Dort bestellte *Zweig* am 1. September das Aufgebot und erfuhr, dass die reichsdeutsche Armee in Polen einmarschiert war und „feindliche Ausländer" nicht mehr getraut würden. Nachdem die Behörden erst einmal herausgefunden hatten, wer *Stefan Zweig* war, konnten die beiden dann am 6. Januar 1940 in Bath getraut werden. Als *Hitlers* Invasionspläne immer mehr Gestalt annahmen, gingen die Zweigs nach Südamerika, wo sich beide am 22. Februar 1942 das Leben nahmen.

Stadtrundgang

Bath ist eine der belebtesten und quirligsten Städte Englands, mit viel Charme und einer **unvergleichlichen Atmosphäre** in den Straßen, an der es vielen anderen Orten gebricht. Pflastermaler und Straßenmusikanten sorgen für zusätzliches Flair, interessante Geschäfte mit hübschen Ladenfronten locken Antiquitätenkäufer, die vielen Teestuben, Cafés und Pubs, die an Sommertagen Tische und Stühle herausgestellt haben, sind voll mit Besuchern. Seit 1947 kommen jedes Jahr im Mai für drei Wochen bekannte Musiker aus aller Welt zum **Bath Festival** in das Städtchen, und Hunderttausende von Gästen strömen in die Konzerte.

Man kann nicht oft genug sagen, dass Bath eine der schönsten Städte überhaupt ist und dass beim sommerlichen Flanieren durch die kleinen Gassen, vorbei an den alten, gut renovierten Häusern und mit den Klängen der Straßenmusikanten in den Ohren jede trübe Stimmung verfliegt und sich der Besucher des Lebens freut. An die Erkundung dieser sympathischen Stadt sollte man mit viel Zeit herangehen.

Allererste Attraktion ist natürlich das **Römische Bad,** in dem Hinweistafeln mit ausführlichen Erklärungen den Besucher auf vorbildliche Weise durch die vielen Räumlichkeiten leiten.

Heute noch wie schon zurzeit der Römer fließen Tag für Tag rund eine Million Liter Wasser aus den Quellen, das eine konstante Temperatur von 46,5 °C hat. Mittelpunkt des Badekomplexes ist das eindrucksvolle große, nicht überdachte Becken, in dem dampfend und grünlich das Wasser steht und von dessen Kolonnaden man einen Blick auf den Himmel und den Turm der Abbey Church hat.

Neben dem Bad war und ist der **Pump Room** gesellschaftlicher Mittelpunkt der Stadt. Unter den wattierenden Klängen des hauseigenen Pianisten sitzt man elegant und stilecht beim Morgenkaffee wie beim nachmittäglichen Cream Tea.

Dritte Attraktion ist **Bath Abbey,** deren 1992 gereinigte und restaurierte Westfassade im schönsten Glanz auf den Abbey Church Yard vor dem Pump Room scheint. 1499 ließ Bischof *Oliver King* – wie es heißt aufgrund eines Traums – den Bau der Abteikirche beginnen, aber schon um 1540 war erst einmal Schluss; mit der Reformation von *Heinrich VIII.* und der damit

verbundenen Auflösung der Klöster wurden die Arbeiten an dem Gotteshaus eingestellt. Die Stadt kaufte auch nicht – wie das die Bürger von Romsey getan hatten – die Kirche, und so verfiel die geheiligte Stelle und wurde als Steinbruch genutzt. Erst zu Anfang des 17. Jh. begannen erste Renovierungsarbeiten, die mit der Arbeit von *George Gilbert Scott* ein Jahrhundert später ihr Ende fanden. *Scott* war es auch, der das fantastische Fächergewölbe – die Hauptsehenswürdigkeit – im gesamten Hauptschiff einziehen ließ. Mehrere hundert Grabdenkmäler ehren bedeutende Persönlichkeiten, darunter, im südlichen Querschiff, den berühmtesten Bürger der Stadt, *Beau Nash*. Außen erinnert die Westfassade an den Traum von Bischof *King* und zeigt Engel, die die Himmelsleiter auf- und absteigen, so ähnlich wie es in der Bibel bei der Geschichte von Josephs Traum heißt.

Einen Steinwurf westlich, am Sawclose, findet der schauspielbegeisterte Besucher das **Theatre Royal**, in dem im Jahre 1805 erstmals ein Stück auf die Bühne kam; vor einigen Jahren wurde der Zuschauerraum im Zuge einer Renovierung wieder in seinen originalgetreuen Zustand versetzt.

Daneben lockt das **Restaurant Popjoy**; in diesem Gebäude wohnte *Beau Nash* – laut *Johanna Schopen-*

The Circus: Hier kann man zwar keine Löwen sehen, aber wohnen

hauer „eine um ein glänzendes Nichts sich drehende Existenz" – ab 1720 zusammen mit seiner Geliebten *Juliana Popjoy*. Als er hier 1761 im Alter von 81 Jahren starb, verließ auch Juliana das Haus, ging in ihre Geburtsstadt zurück und lebte – so heißt es – fortan leicht verwirrt in einem hohlen Baumstamm.

Folgt man der Straße Sawclose weiter gen Norden, so gelangt man in die Verlängerung **Gay Street.** Der Architekt *John Wood* und sein Sohn entwarfen die Häuser rechts und links der Straße.

Man passiert nun linker Hand den quadratischen, grünen und mit Bäumen bestandenen **Queen Square.** Seine Ausgestaltung und der Bau der Häuser ringsum waren *John Woods* erster Auftrag, an dem er von 1729 bis 1736 arbeitete.

Folgt man der Gay Street weiter gen Norden, so gelangt man zum **Circus,** einem kreisrunden Platz, von dem drei Straßen abgehen und dessen Häuser jeweils im Halbrund gebaut sind. Der Circus ist ein Meisterstück georgianischer Architektur und der kreative Höhepunkt im Leben von *John Wood*, den angeblich das Colosseum in Rom zu der Anlage inspirierte. Kurz nach der Grundsteinlegung starb der kongeniale Architekt, sein Sohn führte nun das väterliche Erbe fort und beendete

John Wood schuf diese architektonische Meisterleistung

die Arbeiten. Der berühmte Afrikaforscher *David Livingstone* wohnte in Haus Nr. 13, und der Maler *Thomas Gainsborough* lebte 16 Jahre lang im Haus Nr. 17, wo er reiche Badegäste malte.

Am Circus geht es links ab in die Brock Street hinein, und diese führt nun auf den architektonischen Höhepunkt von Bath zu, auf den **Royal Crescent**. 1767 ließ der jüngere *Wood* mit den Arbeiten beginnen, sieben Jahre später war das Meisterwerk fertig und ist seitdem Vorbild geworden für unzählige Crescents, Places und Squares in ganz England. 30 Häuser enthält der 180 m lange steinerne Halbmond, über hundert ionische Säulen schmücken seine Front.

Der schon erwähnte frühe Englandbesucher *Friedrich Karl Grimm* sah den Crescent kurz nach der Fertigstellung: „Jedes Haus hat drei Stockwerke, und an der Vorderwand ruhen auf dem Stockgeschoss sieben um einen Balkon halb heraustehende Säulen, die die folgenden unterstützen. Die Häuser sind mit Blei gedeckt, und es versteht sich, dass sie alle genau gleiche Höhe, um die ein anderer Balkon herumläuft, haben. In dem Innern dieser Häuser, die noch zurzeit nicht alle bewohnt sind, ist die größte Regelmäßigkeit und jeder Teil zum Gebrauch aufs Bequemste eingerichtet. Die Zimmer zur Wirtschaft, als Küche, Gewölbe, Vorratskammer, sind frisch geräumlich und helle, und die Wohnzimmer hoch, helle und in einer Folge. Die Kamine sind mit allerhand Arten von Marmor, doch meistens weiß und grauem, ausgesetzt. Die Handhaben an den Geländern der Treppen sind aus Mahagoniholz, und das Untere ist weiß überfirnist. Aus den Fenstern hat man die vortrefflichste Aussicht über den tiefen Grund, in dem die Altstadt liegt, auf die Gärten und Wiesen, die zur Rechten über der Stadt hinauflaufen, auf die Landstraße nach Bristol und die gegenüberliegenden Berge. Ich besinne mich nicht leicht, eine schönere Gegend, die etwas rau, und doch nicht übertrieben wild, aussieht, jemals erblickt zu haben."

In dem prachtvollen palladianischen Flankenhaus Royal Crescent Nr. 1 hat seit 1968 der **Bath Preservation Trust** sein Domizil, und hier kann man eine originalgetreue Einrichtung vom Ende des 18. Jh. besichtigen und sich ein Bild davon machen, wie die gutbetuchten Besitzer des Crescent lebten und wohnten (Mitte Febr. bis Okt. Di–So 10.30–17 Uhr, Nov. bis Mitte Dez. Di–So 10.30–16 Uhr Uhr).

Schräg gegenüber, auf der anderen Straßenseite, beginnt unter hohen schattenspendenden Bäumen der Gravel Walk; geht man nach einigen Metern an der ersten Abzweigung links ab, spaziert man an den Gärten und den rückwärtigen Fassaden der Häuserzeilen vom Circus entlang. Hier ist auch der so genannte **georgianische Garten** zu finden, der öffentlich zugänglich ist und eine typische Gartenanlage aus dem Jahr 1760 darstellt.

Am Ende von Gravel Walk – im 17. und 18. Jh. ein beliebter Weg der Sänftenbesitzer – geht es links ab in

Queen's Parade Place. Nach wenigen Metern ist wieder die Gay Street erreicht. Man biege hier wieder links ab und sofort in die nächste Straße, die George Street, rechts hinein. Nach wenigen Metern Fußweg spaziere man rechts in die Milsom Street. Schon seit den georgianischen Tagen ist dies die Haupteinkaufsstraße von Bath.

Auf der linken Straßenseite befindet sich **Shires Yard,** ein ehemaliger großer Mietstall aus dem Jahr 1714, der sehr schön zu einer Passage mit vielen kleinen Geschäften, Cafés und Bistros umgebaut worden ist. Spaziert man durch den Komplex, kommt man am anderen Ende an der Broad Street heraus, wo das **Postmuseum** die Philatelisten anzieht. An diesem Ort klebte ein Postmann am 2. Mai 1840 die erste Briefmarke auf einen Brief (Mo–Sa 11–17 Uhr).

Der Broad Street folge man nach rechts und biege links in die Bridge Street ein. So steht man bald auf der **Pulteney Bridge,** einer der drei Brücken in der Welt, die rechts und links mit Geschäften bebaut sind.

Nicht der Ponte Vecchio, sondern die Pulteney-Brücke

BATH

Folgt man der Grand Parade ein Stückchen flussabwärts, kommt man zu den **Parade Gardens;** von der geruhsamen Gartenanlage (Eintritt) hat man einen prachtvollen Blick auf den River Avon mit seinem Wehr und der pittoresken Brücke, die 1770 nach Entwürfen von *Robert Adam* erbaut wurde. Hier in der grünen Lunge von Bath findet der Stadtrundgang sein Ende.

Etwa drei Kilometer außerhalb vom Stadtzentrum in südöstlicher Richtung erstreckt sich in einem schönen Landschaftsgarten die prachtvolle schneeweiße **Villa Prior Park** von *Ralph Allen*, der sich um die Geschicke der Stadt verdient gemacht hat; *John Wood d. Ä.* errichtete dem Förderer von Bath das herrschaftliche Anwesen; heute ist hier ein Internat untergebracht. Von Prior Park hat man einen unvergleichlich schönen Blick auf Bath.

Henry Fielding war oft in dem prachtvollen Haus zu Gast und hat *Allen* in seinem „Tom Jones" als *Squire Allworthy* ein Denkmal gesetzt.

Weitere Museen

Über die o.g. Museen hinaus verfügt Bath über eine ganze Reihe weiterer interessanter Ausstellungsgebäude:

- **Victoria Art Gallery,** Bridge Street, das städtische Kunstmuseum mit einer permanenten Ausstellung von Bildern aus dem 18. Jh. bis hin zu den Werken zeitgenössischer Künstler sowie regelmäßigen Sonderausstellungen (Di-Sa 10-17, So 13.30-17 Uhr).
- **The Museum of Costume and Assembly Room,** Bennet Street, Modemuseum in den ehemaligen Ballsälen von Bath, Kleidung seit dem 16. Jh.; die *Modern Gallery* zeigt Modeentwürfe aus den fünf Städten der Modebranche – New York, Paris, Mailand, London und Tokio – seit 1945 (März bis Okt. tgl. 10.30-17, Nov. bis Febr. tgl. 10.30-16 Uhr).
- **Herschel House and Museum,** 19 New King Street, Haus von *William Herschel*, im 18. Jh. musikalischer Direktor von Bath, Teleskopbauer und Astronom, der zusammen mit seiner Schwester *Caroline* 1781 den Planeten Uranus entdeckte, originalgetreue Einrichtung mit *Herschels* Teleskopen (Mo, Di, Do, Fr 13-17, Sa, So 11-17 Uhr).
- **The Museum of East Asia Art,** 12 Bennet Street, neues, im April 1993 eröffnetes Ausstellungsgebäude für ostasiatische Kunst, Porzellan, Jade- und Steinschnitzereien etc., eine audio-visuelle Vorführung (auch in Deutsch) stellt fernöstliche Kunst vor (Di-Sa 10-17, So 12-17 Uhr).
- **Mr. Bowler's Business,** Bath Industrial Heritage Centre, Julian Street, die Mitglieder der Familie *Bowler* stellten über die Jahrhunderte die Ingenieure, Klempner, Gasmänner, Feinmechaniker und Glockenhänger der Stadt, waren darüber hinaus im Alkoholgeschäft tätig und produzierten Bier, Apfelmost, Orangenchampagner und Sherry (Ostern bis Oktober tgl. 10-17 Uhr).
- **The Holborne Museum and Crafts Study Centre,** Great Pulteney Street, in einem eleganten georgianischen Stadthaus ist eine Kunsthandwerk-Ausstellung untergebracht, Silber, Porzellan, Glas, Möbel, Keramik, Stoffe (Mitte Febr. bis Mitte Dez. Mo-Sa 11-17, So 14.30- 17.30 Uhr).
- **The Building of Bath Museum,** The Paragon, Zeichenentwürfe und Dokumentationen über den Bau der georgianischen Häuserzeilen in Bath, alles über die Stadtarchitektur (Mitte Febr. bis Nov. Sa, So & Mo 10.30-17 Uhr).
- **American Museum in Bath,** Claverton Down, zur Geschichte der Vereinigten Staaten, untergebracht in dem prachtvollen Claverton Manor, umgeben von einem großen, ruhigen Garten, in dem Haus hielt *Winston Churchill* 1897 seine erste politische Rede (Mitte März bis Okt. Di-So 12-17 Uhr, Aug. geschlossen!).
- **Sally Lunn's Kitchen Museum,** North Parade Passage, Küchenmuseum in einem

Haus aus dem Jahre 1622, bei den römischen Bädern, hier buk *Sally Lunn* vor 200 Jahren ihre legendären Brötchen (Mo–Sa 10–18, So 11–18 Uhr).
- **Beckford's Tower,** Lansdown, auf dem Gipfel des Lansdown Hill steht der Wohnturm des Schriftstellers und Kunstsammlers *William Beckford* (1760–1844) mit Ausstellungsstücken über sein Leben (Ostern bis Okt. Sa/So 10.30–17 Uhr).

Praktische Hinweise

Tourist Information
- **Abbey Chambers,** Church Yard, Tel. 0906-7112000, www.visitbath.co.uk.

Unterkunft
- **Haringtons,** 8 Queen Street, Tel. 01225-461728, Fax 444804, www.haringtonshotel. co.uk, DZ 120 £.
- **Wentworth House Hotel,** 106 Bloomfield Road, Tel. 01225-339193, Fax 310460, www.wentworthhouse.co.uk, DZ 80 £.
- **Old Malt House,** Radford, Timsbury, Tel. 01761-470106, Fax 472726, www.oldmalthouse.co.uk, DZ 80 £.
- **Bed and Breakfast:** *Armstrong House,* 41 Crescent Garden, Upper Bristol Road, Tel. 01225-442211, Fax 460665, tony@armstronghouse.junglelink.co.uk, DZ 60 £; *Blairgowrie House,* 55 Wellsway, Tel. 01225-332266, Fax 484535, www.blairgowrieguesthouse.co.uk, DZ 60 £; *Cranleigh,* 159 Newbridge Hill, Tel. 01225-319197, Fax 423143, www.cranleighguesthouse.com, DZ 90 £.
- **Jugendherbergen:** *Bath Youth Hostel,* Bathwick Hill, Tel. 0845-3719303; *Bath Backpackers Hostel,* 13 Pierrepont Street, Tel. 01225-446787.
- **Camping:** Newbridge Caravan Park, Brassmill Lane, Tel. 01225-428778, an der A 46 ca. 3 km nördlich von Bath gegenüber von Newbridge Park.

Pubs und Restaurants
- **Wood's,** 9 Alfred Street, Tel. Tel- 01225-314812, ausgezeichnete Küche, um 20 £.
- **Hole in the Wall,** 16 George Street, eines der besten (Nichtraucher-) Restaurants von Bath mit sehr guter Weinkarte, Gerichte zwischen 18 und 22 £.
- **Popjoy,** Sawclose, direkt neben dem New Theatre Royal gelegen, gutes Restaurant mit einem Drei-Gänge-Menu für 23 £; in dem Haus wohnte einmal Beau Nash mit seiner Lebensgefährtin Juliana Popjoy (s. o.).
- **Nr. 5 Restaurant,** 5 Argyle Street, sehr gutes Lokal der Pulteney Bridge, Gerichte 17–20 £.
- **Sam Wellers,** Union Street/Ecke Upper Borough Walls, Pub, datiert aus dem 18. Jh., benannt nach einer Figur in *Charles Dickens* „Pickwick Papers", preisgekrönter Pub Grub.
- **Pizza Express,** Sawclose, am Theatre Royal, preiswerte Pizzen und Pastas zwischen 7 und 9 £.
- **Raphael's,** Upper Borough Walls, Bar and Restaurant, Gerichte zwischen 8 und 14 £.
- **Loch Fyne Restaurant,** Milsom Street, Tel. Tel. 01225-750120, hervorragendes, sehr zu lobendes Seafood Restaurant mit guten Weinen, Krabbe (Taschenkrebs) 13 £.
- **All Bar One,** High Street, sehr gemütliche Weinbar mit trinkbaren Rebensäften, guten Snacks und kleinen Gerichten.
- **Coeur de Lion,** Northumberland Place, eine Passage zwischen High Street und Union Street, schöner, gemütlicher Pub mit alten Bleiglasfenstern.
- **The Roundhouse,** Stall Street/Ecke Cheap Street, Pub mit Restaurant, um 6 £.

„Beide Geschlechter tanzen hier gleichermaßen miserabel. Es geschieht ohne jegliche Grazie und ohne eine Spur von rhythmischem Gefühl. Die Frauen schieben dabei den Kopf weit vor, und die Männer versuchen allerlei plumpe Beinbewegungen. Kurzum, es ist ein wenig erfreulicher Anblick, Engländer tanzen zu sehen."

François Armand Frédéric Duc de la Rochefoucauld, „Verschiedenes über England", 1784

- **Flann O'Brien,** Westgate Street/Ecke Sawclose, schöner, großer irischer Pub mit Guinness-Ausschank sowie den Konkurrenzprodukten Beamish Stout und Murphy's, irisches Harp Lager und Bushmill Whiskey, angenehmster Pub von Bath. Wie es sich gehört, sind die Toilettenbezeichnungen in gälisch, *Fin* = Herren, *Mna* = Damen.
- **The Garrick's Head,** Sawclose, benannt nach dem berühmten Schauspieler *David Garrick*, der hervorragend Charaktere von Shakespeare darstellte. Der Pub ist abends voll mit Besuchern vom daneben gelegenen Theatre Royal, jüngst renoviert.
- **Vault's Restaurant,** off Sawclose, am Theatre Royal, um 12 £.
- **Café Rouge,** Milsom Street, freundliches Lokal einer Restaurant-Kette mit gutem Preis-Leistungs-Verhältnis, teuerste Gerichte um 13 £.
- **Crystal Palace,** Abbey Street, Georgian Bar, gute Bar-Snacks, mit Biergarten.
- **Internet-Café Click Café,** 19 Broad Street.

Verbindung

- Im **Intercity-Netz.**
- **regionale Züge** von Bristol und Exeter.
- **Bahnhof:** am südlichen Ende der Manvers Street.
- **Busbahnhof:** Railway Street, abseits der Manvers Street.

Longleat ⌕ XVII/D3
– Großbritanniens schönstes Stately Home

Bath eignet sich gut als Standquartier für Ausflüge in die Umgebung, denn mit Freude fährt man nach einem erlebnisreichen Tag wieder in das angenehme Ambiente der Stadt zurück.

Erstes Ziel ist eines der bedeutendsten *Stately Homes* von ganz Großbritannien, **eines der prachtvollsten Herrenhäuser** im gesamten Königreich – Longleat (April bis Okt. tgl. 10–17 Uhr), nur zu vergleichen mit Wilton House, Kingston Lacy und Petworth. Der mächtige dreistöckige Prachtbau entstand ab 1567 und war der erste große architektonische Gesamtentwurf in der elisabethanischen Ära. Auftraggeber war *John Thynne*, der den riesigen Komplex zusammen mit dem Steinmetzen *Robert Smythson* plante und umsetzte. Als der Palast dann nach 13 Jahren Bauzeit fertig war, konnte sich der Auftraggeber nicht mehr so recht daran erfreuen, *Thynne* starb im gleichen Jahr.

Beeindruckt durchschreitet man die Räume, über eine ganze Flucht zieht sich die mit 50.000 Bänden bestückte **Bibliothek,** eine der wertvollsten privaten Buchsammlungen weltweit; hier liegen die ersten Folioausgaben von *Shakespeares* Werken ebenso wie der Band „History of Troy", das erste Buch, das 1475 in die englische Sprache übersetzt wurde.

Von den hohen Fenstern schweift der Blick auf den **Landschaftsgarten,** der, wie könnte es anders sein, um das Jahr 1757 von *Lancelot „Capability" Brown* angelegt wurde.

Hochherrschaftlich ging es in Longleat immer zu, doch die zweite Hälfte des 19. Jh. bildete ganz zweifellos das Goldene Zeitalter – Longleat war von allen Adelshäusern das herausragendste. Hier war der britische Hochadel zu Hause! Der unbekannte Autor des Buches „The Foreign Resident" schrieb 1886: „Lord and Lady Bath have little intercourse with those of their fellow creatures who move on a lower plane. They are finished and noble specimens of the English nobility, patrician to the tips of their fingernails." („Lord und Lady Bath pflegen keinen Verkehr mit denjenigen Mitmenschen, die sich auf einem niedrigeren Niveau bewegen. Sie sind vollendete und edle Spezies der englischen Aristokratie, herrschaftlich bis in die Spitzen ihrer Fingernägel.")

Gigantische Ausmaße hatten die **Feste,** die in Longleat gefeiert wurden. Zur Geburt ihres Sohnes im Jahr 1862 ließen die stolzen Eltern Alexander und Frances beispielsweise gleich mehrere tausend Gäste laden. Obwohl die Stallungen nicht gerade klein dimensioniert waren, wurde zusätzlich ein Pferdezelt errichtet, das 300 Rosse aufnehmen konnte. Für das freudige Ereignis komponierte ein Musiker die Hymne „Bright Star of Longleat, Hail! Hail to thy Coming", die drei stark besetzte Musikkapellen an verschiedenen Orten des ausgedehnten Parks in regelmäßigen Abständen intonierten. Das Fest kostete an die 1200 £, nach heutiger Kaufkraft sind das rund 150.000 €.

In der zweiten Hälfte des 19. Jh. war Großbritannien die reichste Nation der Welt, beutete Kolonien in der ganzen Welt aus und schwang sich mit der beginnenden Industrialisierung vollends zur unschlagbaren *Glorious Nation* empor. In dieser Zeit florierte die **Landwirtschaft auf Longleat,** bei hohen Preisen und billigen Löhnen explodierten die Gewinne. 1883 erwirtschaftete der Herrensitz 68.000 £, was heute 8,7 Mio € entspricht. Da konnte man schon einmal für ein paar tausend Gäste alle fünfe gerade sein lassen. Die eigene Reputation stärkte das allemal.

Ein Gärtner verdiente auf Longleat zur gleichen Zeit 12 Schilling pro Woche, das machte im Monat 2 £ 8 s, nach heutiger Kaufkraft ca. 300 €. Dafür ackerte der Familienvater im Sommer von sechs Uhr morgens bis 17.30 Uhr und im Winter bis zum Sonnenuntergang. Es gab zwei unbezahlte Tage „Urlaub", wo er Feuerholz sammeln konnte, und zwei bezahlte, um auf der Parzelle um sein Cottage Kartoffeln zu ernten.

In dieser Zeit hatte Longleat eine **Domestikenschar** von sage und schreibe 264 Personen, die für die 118 Räume (!) und für den Haushalt des Marquess of Bath zuständig waren – und der zählte acht Personen, die Eltern Alexander und Frances und ihre sechs Kinder! Hinzu kamen die vielen Gäste, die fast Tag für Tag geladen und bewirtet wurden. Für den extremen Luxus waren von morgens bis abends 50 Hausangestellte auf den Beinen, weiterhin 30 Gärtner, 50 Farmarbeiter, 14 Kutscher und Stallburschen, 50 Waldarbeiter, 20 Wildhüter und 50 Schreiber in der Administration.

Vita Sackville-West, aufgewachsen in Knole, einem weiteren bedeutenden Landsitz Englands (vgl. S. 441), hat in dem Roman „Schloß Chevron" das Leben des Adels und das ihrer Bediensteten unnachahmlich geschildert: „Jedermann bekam genau das, was er wollte. Man brauchte nur zu verlangen, und der Wunsch wurde erfüllt wie durch Magie. Das Haus war in der Tat mit allem so versehen wie eine kleine Stadt; die Zimmermannswerkstatt, die Malerwerkstatt, die Schmiede, die Sägemühle, die Treibhäuser, das alles war dazu da, um zu beschaffen, was irgendwann gebraucht wurde. (...) In den Ställen striegelten Männer die Pferde; in den Werkstätten flogen die Späne unter des Zimmermanns Hobel; der Diamant des Glasers kreischte über das Glas; in der Schmiede dröhnte der Hammer auf dem Amboss, und die Blasebälge stöhnten gebläht; im Schlachthaus hängte der Forstgehilfe ein an seinen vier Füßen zusammengebundenes Reh auf, im Schuppen spaltete ein alter Mann Kleinholz. Sebastians Gedanken wandten sich dem Haus zu und fanden auch dort ihre Genugtuung, denn auch dort war Tätigkeit: der Stößel stampfte in der Küche; die Ente drehte sich brutzelnd am Spieß; die Wäschemädchen schlugen die Wäsche in den Kupferkesseln; der Gärtnerjunge leerte einen Korb Früchte auf die Kredenz, und im Wirtschaftsraum rührte ein Mädchen einen Kessel mit Marmelade über dem Feuer; Mrs. Wickenden zählte die Betttücher im Leinenschrank und legte zwischen jedes ein Lavendelbeutelchen; Vigeon räumte das Silbergeschirr fort und drehte den Schlüssel in der Tür der Schatzkammer herum."

Das Leben des Adels im ausgehenden 19. Jh. war von unvorstellbarem Luxus und gigantischem Reichtum geprägt; im Gegensatz dazu standen die Massen auf den Feldern, in den Bergwerken und Manufakturen vor der Verelendung.

Obwohl es zu Beginn des 20. Jh. mit den Einkünften der Herrschaft bergab ging, hatte Longleat 1902 noch immer 43 Hausangestellte, von Gärtnern, Kutschern, Forstaufsehern etc. ganz zu schweigen.

Nach dem Ersten Weltkrieg begann sich die britische Gesellschaft rapide zu verändern, und die Klassenschranken brachen auf. Die Löhne stiegen an, und der Staat, immer in notorischen Finanznöten, erfand die Erbschaftssteuer – der **Untergang der prachtvollen Landsitze** wurde damit eingeläutet. Eine gewisse *Lady Newton* lamentierte über die neue Abgabe: „Und was geschieht mit den herrschaftlichen Anwesen von England? Wie viele werden diese grausame und rücksichtslose Besteuerung überleben? Warum haben wir nicht das Recht auf unser Leben? Warum soll es ein Verbrechen sein, dass wir Häuser, die zu groß für die heutigen Anforderungen sind, erfolgreich über die Jahrhunderte gebracht haben."

1923 hatte Longleat noch über 20 *Indoor Servants*. Bis zum Ausbruch des Zweiten Weltkriegs musste immer wieder Grund und Boden verkauft werden, um den Landsitz zu finanzieren. 1939 gab es nur noch 14 Dienstboten im Haus: 1 Hausmeister, 1 Koch, 1 Butler, 3 Waschweiber, 3 Hausmädchen, 1 Küchenjunge, 2 Mechaniker, 2 Gelegenheitsarbeiter.

1946 erbte *Henry Thynne*, 6. Marquess of Bath, Longleat – und stand vor einer Katastrophe. Auf sage und

schreibe 700.000 £ beliefen sich die Erbschaftssteuern, in jenen Tagen umgerechnet rund 2 Mio. €; seit über 40 Jahren war nichts mehr an der Bausubstanz gemacht worden, es regnete durchs Dach, zwei Kamine drohten zusammenzustürzen, am schlimmsten aber waren die Holzwürmer, die sich an den tragenden Balken labten, darunter der unerquickliche, weithin gefürchtete und daher treffend bezeichnete *Death-Watch Beetle*. Henry dachte darüber nach, wie er das Haus im Familienbesitz halten konnte. Nur unkonventionelle Ideen würden den Landsitz retten, für dessen Erhaltung pro Jahr 30.000 £ (1947) nötig waren. Von den 6500 Hektar Land wurden 2200 verkauft, um die Steuern zu zahlen. Mit dem Geld, das übrig blieb, ließ Henry das Gelände aufforsten, das während des Krieges abgeholzt worden war (in Zeiten knapper Geldmittel eine weitsichtige Entscheidung; heute liegt Longleat wieder wunderschön eingebettet im grünen Samt). Dann begann er zu restaurieren und zu renovieren, aus den Magazinen holte er alte, kostbare Möbel, Gobelins, Porzellan und vieles andere mehr; auch diese Sachen mussten erneuert werden. Der Garten wurde wieder instandgesetzt und bepflanzt, im Westflügel brachte man ein Café unter, und Henrys Frau schrieb ein kleines Büchlein über die Geschichte von Longleat.

Longleat

LONGLEAT

Im April 1949 wurde Longleat, *The Treasure House of the West*, als erstes *Stately Home* im Familienbesitz **der Öffentlichkeit zugänglich** gemacht! Natürlich schnappte der britische Hochadel nach Luft, selten hatte jemand die Standesetikette so nachhaltig verletzt, indem er den Pöbel in die heiligen Hallen ließ; pikiert sprachen allerhöchste Blaublüter vom *Mad Marquess*.

Familienmitglieder übernahmen Führungen durchs Haus, Henry begrüßte die Besucher von der Freitreppe aus, und der 17 Jahre alte Sohn Alexander sorgte für Ordnung auf dem Parkplatz. Der grandiose Erfolg von Henrys Idee übertraf alle seine Erwartungen. Neun Monate nach der Eröffnung, am Ende des Jahres 1949, hatte die unglaubliche Zahl von 135.000 Gästen das Haus gesehen, und ein jeder von ihnen hatte – das war das Schönste – 2 s 6 d Eintritt bezahlt. Heutzutage hat ein englisches Pfund 100 Pence. Bis 1970 bestand ein Pound (£) aus 20 Schilling (s) und jeder Schilling aus 12 Pence (d).

So billig kommt man heutzutage nicht mehr davon; fährt man die kilometerlange Auffahrt zum Hause entlang, so verzeichnen große Schilder die **Eintrittspreise.** Entweder man zahlt 24 £ pro Person und hat freien Eintritt zu allen Sehenswürdigkeiten oder man begnügt sich mit dem Adelshaus für 12 £. Wem der Garten und die Außenanlagen reichen, der zahlt 4 £ und für das Labyrinth, eines der größten weltweit, ist noch einmal der gleiche Betrag fällig.

Henrys Beispiel machte Schule, und eine ganze Anzahl Erben des verarmten Hochadels folgten seiner Idee, *they jumped on the bandwagon*, wie Henry sich auszudrücken pflegte. Als man ihn fragte, warum er zu so ungewöhnlichen Maßnahmen gegriffen hat, antwortete er: „People put me down as a bit mad, but the situation is simply that I love this place so much that – although I'm basically shy – I force myself to do things to attract people to Longleat and so make money to preserve it." („Die Leute halten mich für ein bisschen verrückt, aber die Situation ist nun einmal so, dass ich mich in diesem Haus wohlfühle, und obwohl ich eigentlich ein schüchterner Mensch bin, zwinge ich mich, Dinge zu tun, um Longleat für Besucher attraktiv zu machen, damit Geld zu verdienen und das Haus so zu erhalten.")

Zwischen 1949 und 1964 öffneten sage und schreibe 600 weitere Besitzer von *Stately Homes* ihre Pforten für die Öffentlichkeit, ein völlig neuer Fremdenverkehrszweig war entstanden. Bis zum Jahre 1973 hatten 43 Mio. Besucher die britischen Landsitze bestaunt.

Jahr für Jahr musste auf Longleat **weiter restauriert** werden; der Schaden, den besagter *Death-Watch Beetle* im Gebälk angerichtet hatte, summierte sich auf rund 80.000 £; damit so etwas nicht wieder vorkommt, sind zwei Zimmerleute das Jahr über damit beschäftigt zu erhalten und auszubessern. Zwischen 1947 und 1957 investierte Henry 300.000 Pfund in die Ausgestaltung und Renovierung des Hauses und der Möbel. In der Bibliothek mit ihren unersetzbaren Büchern hatten sich papierfressende Motten niedergelassen, das säurehaltige Papier löste sich auf. Ein Bibliothekar sorgt mit etlichen Helfern dafür, dass Seite für Seite restauriert und haltbar gemacht wird. Heute hat Longleat wieder so viele Angestellte wie Anfang des 20. Jh., nur sind sie nicht mehr für die Annehmlichkeiten der Familie zuständig, sondern halten das Haus auf Vordermann.

In der Mitte der 1960er Jahre verlor sich jedoch das Interesse der Briten an den Adelspalästen, und **neue Attraktionen** mussten gefunden werden. Henry dachte darüber nach, wie er das zahlende Publikum einen ganzen Tag lang auf dem Gelände halten konnte. Der Dompteur *David Chipperfield* hatte dann die Idee eines Safari-Parks, in dem 50 Löwen nicht in Käfigen, sondern frei durchs Unterholz streifen sollten, bestaunt von den Insassen der Autos. Henry und David stellten also einen Antrag „To erect a fence to restrict the movement of certain animals". Dem Antrag wurde stattgegeben, und niemand fragte, was wohl die *certain animals* sein mochten. Als dann herauskam, dass es sich um 50 Löwen handelte, ging ein Aufschrei der Entrüstung durch die Öffentlichkeit; der *Mad Marquess* hatte wieder zugeschlagen! Die Times legte ungewöhnlich wenig geistige Flexibilität an den Tag, als es in einem Artikel über die neue Attraktion von Longleat hieß: „Cattle, sheep and deer ought to be good enough for a Wiltshireman."

Der **erste Safari-Park Europas** öffnete dennoch im April 1966 seine Pforten, der Eintritt kostete 1 £ pro Auto; lange Staus bildeten sich auf der Zufahrt zu Longleat House, und am Ende des Jahres hatten sich alle Investitionen bereits amortisiert.

Mittlerweile ist die Vision von Henry Wirklichkeit geworden, und die Besucher verbringen tatsächlich einen ganzen Tag auf dem *Longleat Estate*. Nachdem sie durch den Safari-Park gefahren sind, der nun auch von Elefanten, Giraffen, Nashörnern und Tigern bevölkert wird, lassen sie sich auf den ausgedehnten Rasenflächen nieder und picknicken, besuchen dann das Haus, staunen wieder einmal über den Luxus vergangener Tage und inspizieren neugierig die überall ausgestellten privaten Fotos, verirren sich dann im größten Heckenlabyrinth der Welt mit einer Gesamtlänge von 2,72 km und trinken ein Bier, während die Kleinen auf dem Abenteuerspielplatz toben oder in der Mini-Eisenbahn ihre Runden drehen. Zwischen 250.000 und 300.000 Besucher kommen jährlich, haben ihre Freude und helfen dem Marquess, eines der bedeutendsten *Stately Homes* Großbritanniens im Familienbesitz zu halten.

„Hier auf dem Landsitz hat sich eine bunt gemischte Gesellschaft eingefunden: Diplomaten, Minister, hübsche Frauen, eifersüchtige Ehemänner und parfümierte Dandies. Der Hausherr ist ein winziges Männchen mit ellenlangem Kinn. Seine Gemahlin hat viel Geld, große schmachtende Augen und ein Pferdegebiss."

Dorothea Fürstin Lieven, „Briefe an Fürst Metternich", 1820

Stourhead
– Ein Garten wie ein Paradies

↗ XVII/D3

Wohl kein Garten in England reicht an die Prachtentfaltung und Schönheit des Landschaftsparks von Stourhead heran, der ohnehin zum Inbegriff des Englischen Gartens geworden ist. Stourhead atmet eine elegante Natürlichkeit, sodass man Mühe hat, die ordnende Hand des Gärtners im Gesamtensemble wahrzunehmen.

Urvater dieser unnachahmlich ansprechenden Umgebung war der Bankier *Henry Hoare d. Ä.*, der 1717 das Grundstück kaufte und sich darauf ab 1721 von dem Architekten *Colen Campbell* einen im damals so beliebten palladianischen Stil gehaltenen Landsitz erbauen ließ. Nach dem Tode des Vaters 1725 vollendete **Henry Hoare II.,** aufgrund seines erlesenen Geschmacks auch *Henry der Prächtige* genannt, das Haus und legte die Kunstsammlung an. Als Mittdreißiger, im besten Alter, um das Leben zu genießen, verließ *Henry the Magnificent* die Alltagsarbeit im Bankhaus, „wandte sich den Büchern zu und erlangte die Fähigkeiten, die einen Gentleman vom vulgären Manne unterscheiden." Er kannte *Ovid* und las *Virgil*, ging auf die Kavaliersreise, die Grand Tour, nach Italien, kaufte dort Kunstwerke, bewunderte die Bauten der italienischen Renaissance und übte sich im Mäzenatentum, indem er den Poeten *Alexander Pope* unterstützte.

Ab 1741 dann machte er sich an die **Ausgestaltung des** 36 Hektar umfassenden **Parks,** wobei ihn – wie andere Landschaftsarchitekten seiner Zeit auch – *Claude Lorrains* Bild „Aeneas in Delos" inspirierte und ihm konkretes Vorbild war. Henry folgte damit dem sage und schreibe vierbändigen Lehrgedicht „Der englische Garten" von *William Mason*, der seinen Lesern empfahl, die umgebende Natur nach den Bildern von *Lorrain* zu gestalten.

Henry ließ das Flüsschen Stour aufstauen und überflutete damit ein kleines Tal; die wichtigste Voraussetzung, ein **künstlicher See,** war damit geschaffen. Der Uferverlauf wurde bewusst „kurvig" angelegt, sodass kleine Buchten und Landzungen entstanden, von denen immer wieder neue Eindrücke gewonnen werden können. Geschickt arrangierte Baumgruppen und Haine leiten das suchende Auge in die richtige Richtung, verbergen, wo nötig, oder sind so licht gesetzt, dass ein Gebäude hindurchschimmert – so steigert sich die Spannung!

In jenen Tagen kam in England der **Begriff des Picturesque** auf (der nur

ungenügend mit dem deutschen pittoresk zu übersetzen ist), um eine ganz bestimmte landschaftliche Szenerie adäquat zu beschreiben; dessen Elemente waren *Roughness* und *Irregularity*. So gedachte man, Natur am ehesten „schaffen" zu können und sie als gestaltete Wirklichkeit so natürlich wie möglich erleben zu lassen, wenn die ordnende Hand des Gärtners hinter der scheinbar echten Fassade nicht mehr spürbar war.

Eine solche Anlage hatte aber auch einen **philosophisch-soziologischen Hintergrund:** „Denn der Landschaftsgarten steht im Spannungsfeld zwischen Arkadia und Utopia, zwischen der Sehnsucht nach dem verlorenen Paradies und dem Wunschbild einer wahrhaft humanen und liberalen Gesellschaft." Insofern ist er die Natur gewordene Form der ein Jahrhundert zuvor begonnenen Aufklärung und verkörpert in schönster Art und Weise ihre Inhalte: die Vereinigung von Kultur und Natur."

Auf einem 3,5 km langen Weg umwandert man den künstlichen See und hat alle paar Schritte immer wieder aufs Neue **überraschende Aussichten.** Da schmiegt sich ein gotisches Cottage ans malerische Ufer, da spa-

Überraschende Ausblicke: Flora-Tempel

Wie ein Gemälde der Romantik: die Gartenanlage von Stourhead

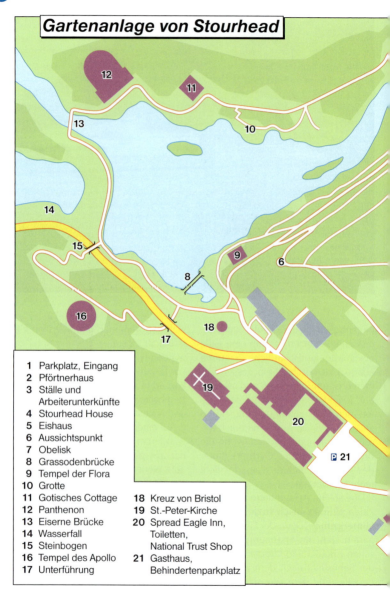

ziert der Besucher durch eine Grotte, durch die das Wasser des River Stour plätschert, und der Blick umschmeichelt die Figur der schlafenden Ariadne; ein Höhlenteil weiter verteilt der Flussgott Gerechtigkeit an die Nymphen, die seinen Strom bewohnen. Weiter passiert der staunende Besucher am Ufer des spiegelnden Sees den Tempel der Flora, dessen Figuren Marc Aurel und Alexander den Großen darstellen. Man spaziert vorbei an einem Obelisken (der Stein, der die Wolken ritzt) und an einem sich in den Himmel reckenden mittelalterlichen Marktkreuz, überquert auf einer anmutig geschwungenen Steinbrücke, eine Kopie von *Palladios* Brücke in Vicenza, das Wasser und sieht oben auf dem Hügel den Tempel des Apollo weit über die Landschaft grüßen. Der runde Säulentempel wurde einem in Baalbek ausgegrabenen Heiligtum nachempfunden; die Statuen, die einst die Nischen schmückten, schauen heute vom Stourhead House auf die Besucher herab. Dann, noch während man weit entfernt ist, schimmert es hell durch die Bäume, und sobald der Blick ungestört über die Wasserfläche streifen kann, trifft er auf das weiße, sich im Wasser spiegelnde und „ganz auf Fernwirkung berechnete Tempelgebäude mit dem sechssäuligen Portikus und der monumentalen Flachkuppel." In diesem Pantheon findet man Herkules, Diana, die Göttin der Jagd, Flora, Göttin des Gartenbaus, und die schöne Isis, die als Muttersymbol und Verkörperung des fruchtbaren Niltals gilt.

STOURHEAD

Herkules ist in Gärten eine sehr beliebte Göttergestalt, das liegt an seinem elften Abenteuer, zu dem Eurystheus ihn schickte. Gaia, die Mutter Erde, hatte einen Garten geschaffen, in dem ein Baum goldene Äpfel hervorbrachte, die von den Hesperiden, den vier anmutigen Jungfrauen, den Töchtern der Nacht, und von dem hundertköpfigen Drachen Ladon, der nie Schlaf brauchte, bewacht wurden.

Johanna Schopenhauer fehlte irgendwie die richtige Bewunderung, denn, obwohl sie den Park „lieblich" nannte und die Landschaftsarchitekten als „eigentliche Künstler der Nation" lobte, so fand sie doch, dass die Gärten, „ein paar Spielereien abgerechnet, ... einen in diesem Lande seltenen, kleinlichen Geschmack verraten."

Unternimmt man dann einen Rundgang durch Stourhead House, so wird die **Bibliothek** überraschen, eine der schönsten im ganzen Land; die Regale sind in die Wände eingelassen, durch die hohen Fenster flutet reichlich Licht herein, das von der weißen gewölbten Kassettendecke reflektiert wird, und in den Deckenbogen der Stirnseiten finden sich idyllisierende Malereien. Das Mobiliar stammt von Chippendale persönlich.

Öffnungszeiten: Garten tgl. 9–18 Uhr bzw. Sonnenuntergang; Haus Mitte März bis Okt. Fr–Di 11–17 Uhr.

> „Die Britinnen tanzen, als wenn sie auf Eseln ritten."
>
> *Heinrich Heine,* Gedanken und Einfälle

Lacock ♪ XVII/D1
– Geburtsort der Fotografie

> „Ich bilde mir manchmal ein, ich röche jene Langeweile, welche Albions Söhne überall ausdünsten."
>
> *Heinrich Heine, „Ludwig Börne", 1830*

Rund 18 km westlich von Bath liegt an der A 350 Lacock, ein sehenswertes, vom Zahn der Zeit angenagtes Dörflein. Wenngleich ein solches Ambiente schon ausreichen würde, um das Örtchen aufzusuchen, so kommen die Besucher doch aus einem anderen Grund. Alle Hobbyfotografen, und das ist im Urlaub ja fast jeder, wollen den Ort sehen, an dem *Henry Fox-Talbot* (1800–1877) 35-jährig und annähernd zeitgleich mit dem Franzosen *Daguerre* die Fotografie erfunden hat. Von *Daguerre*, der den flüchtigen Augenblick auf einer Metallplatte festhielt, unterschied sich das Verfahren von *Fox-Talbot* dadurch, dass er von einem Glasnegativ ein beliebig oft zu kopierendes Positiv auf Papier herstellen konnte. Damit war die moderne Fotografie eingeführt!

Der National Trust hat in der ehemaligen Scheune des Anwesens von *Henry Fox-Talbot* eine kleine **Gallery of Photography** eingerichtet, wo man etwas über das Leben und die Arbeit dieses Mannes erfährt, die ersten Fotografien, die es überhaupt gab, sein Privatleben zeigen und wo alte Kameras ausgestellt sind.

Einen Steinwurf nur entfernt ruht **Lacock Abbey,** der einstige Stammsitz der Talbots, im grünen Wiesengrund. Schauen Sie sich die drei Erker in der Südfassade an; der mittlere mit der Tür darunter zierte das erste Foto der Menschheit.

Öffnungszeiten: März bis Okt. tgl. 11–17.30 Uhr.

Castle Combe
– Englands Postkartendorf
♪ XVII/D1

Eine halbe Stunde Autofahrt von Bath nach Nordosten bringen den Besucher in Englands Puppenstuben- und Postkartendörflein Castle Comb. Die 300 Einwohner leben ausnahmslos vom Besucherstrom und vom malerischen Image und halten demzufolge ihren Weiler proper und ordentlich. Eingebettet in ein kleines Tal, rundherum bestanden mit hohen grünen Bäumen und durchzogen von einem Bach, zeigt sich das Dorf bezaubernd. Von der Burg, die martialisch im Namen mitschwingt, ist außer einigen bröckelnden Ruinen nicht mehr viel zu sehen; ohnehin ist es den Anwohnern lieber, der Gast erlebt die Wohnzimmeratmosphäre der eigenen Teestube oder kauft erlesenen Schnickschnack in Antiquity Shops.

Elegische Landschaft,
auch wenn die Sonne nicht scheint

Die weißen Pferde von Wiltshire

♪ XVIII/B1

Der Riese von Cerne Abbas und der lange Mann von Wilmington, diese beiden rätselhaften Kreidefiguren wurden in diesem Buch ja schon erwähnt; nun gilt es, die fünf weißen Pferde von Wiltshire zu entdecken.

Das erste findet man bei der sympathischen Marktstadt **Marlborough,** die für ihre exzellente wie teure *Public School* bekannt ist; die Umrisszeichnung entstand erst im 19. Jh. und dürfte – wie alle anderen Wiltshire-Pferde auch – auf den weißen Zossen von Uffington in der Grafschaft Oxforshire zurückgehen, der von den Archäologen auf ein Alter von 2600 Jahren geschätzt wird.

Rund 15 Kilometer nördlich von Marlborough strahlt das **Ross von Hackpen Hill** vom grünen Hügel, das ebenfalls im 19. Jh. in den Kreidestein geritzt wurde. Zwischen Calne und Avebury kann man von der A 4 das **Pferd von Cherhill** schon von weitem erkennen.

Zwischen Trowbridge und Warminster findet der Besucher das nächste Ross; diese Figur wurde 1778 angefertigt, geht aber auf ein weitaus älteres Pferd zurück, das sich einmal hier befand. Dieses wiederum hatte eine Figur, vermutlich aus der Eisenzeit, zum Vorbild.

Jung nimmt sich dagegen einige Kilometer südlich von Marlborough der **Zosse von Pewsey** aus, der von den Bewohnern des Ortes 1937 modelliert wurde.

Stonehenge und Avebury
– Geheimnisvolle Steinkreise

Stonehenge ♪ XVIII/B3

Stonehenge, der bekannteste Steinkreis Europas, ca. 15 km nördlich von Salisbury, wird jährlich von weit über einer Million Besuchern angefahren, und während der Hauptreisezeit im Hochsommer kann es in der Umgebung auch schon einmal zu Staus kommen.

Zum Wiehern: Dieses Pferd ist aus neuerer Zeit, aber trotzdem einen Blick wert

Ausgrabungen rund um die Steinblöcke und die Altersbestimmungen der Funde nach der C-14-Methode haben ergeben, dass Stonehenge während verschiedener Perioden errichtet und erweitert wurde; man spricht daher von den Phasen I, II, III a, III b, III c und IV.

Stonehenge I entstand während des Neolithikums (Jungsteinzeit) um etwa 2800 v. Chr. und war von einer kreisrunden Erdaufschüttung umgeben. Den Zugang zu diesem Rondell flankierten zwei senkrecht aufragende Steinblöcke, vor diesen stand der **Fersenstein** (*Heel Stone*) der – befand man sich im Zentrum der Anlage – den exakten Punkt des Sonnenaufgangs zur Tag- und Nachtgleiche im März und September markierte. An der Innenseite des Erdwalls reihten sich 56 ca. 1 m tiefe Gruben aneinander, die so genannten **Aubrey-Löcher** (nach ihrem Entdecker *John Aubrey* benannt), deren Zweck unbekannt ist. Sicher weiß man nur, dass sie nicht der Aufnahme von Pfosten oder Blöcken dienten; bei ihren Untersuchungen fanden die Archäologen menschliche Knochenreste, wahrscheinlich wurden also Bestattungen in den Gruben vorgenommen. Die vier so genannten Stationssteine (*Station Stones*, einer liegt, einer steht noch, und zwei sind verschwunden) an der Innenseite des Walls bezeichneten wohl einmal die Himmelsrichtungen.

700 Jahre später begannen die Stämme der Glockenbecherkultur (so benannt, weil man als Grabbeigaben Tonbecher in Glockenform gefunden hat) mit der Erweiterung der Anlage (Stonehenge II). Parallel zum Erdwall hoben die frühen Arbeiter einen Graben in der Richtung des Sonnenaufgangs aus, die so genannte **Avenue**, die Prozessionsallee, und stellten im Zentrum des Rondells zwei kreisförmig angeordnete Reihen von senkrecht stehenden **Blausteinen** auf. Diese Felsen wurden von den frühen Baumeistern von den Preseli-Bergen in Südwest-Wales herangeschafft, die 225 km entfernt liegen. Der zentrale Doppelkreis wurde aus unbekannten Gründen nicht fertiggestellt.

Zwischen Beginn und Ende der Frühbronzezeit, also um 2000 v. Chr. bis 1550 v. Chr., datieren die Phasen III a bis III c. In hufeisenförmiger Anordnung entstanden nun in der Mitte der kreisrunden Umwallung eine Anzahl von **Trilithen** (griech. drei Steine, zwei senkrecht stehende Monolithe, denen ein dritter aufliegt). Mit rund 50 Tonnen Gewicht sind dies die größten und schwersten Blöcke, die in Stonehenge verbaut wurden; sehr wahrscheinlich stammen sie aus der 30 km nördlich gelegenen Gegend von Avebury und wurden auf Schlitten nach Stonehenge gebracht. Rund um diese hufeisenförmige Trilith-Anordnung errichteten die frühen Baumeister einen geschlossenen Kreis, der ebenfalls aus Trilithen bestand.

Um 1100 v. Chr. **verlängerte** man die **Prozessionsallee** bis zum Ufer des Avon (Stonehenge IV). Eine weitere Bautätigkeit fand danach nicht mehr statt. Stonehenge war also mindestens für 1700 Jahre, von 2800 v. Chr. bis 1100 v. Chr., in Gebrauch.

Stonehenge und Avebury

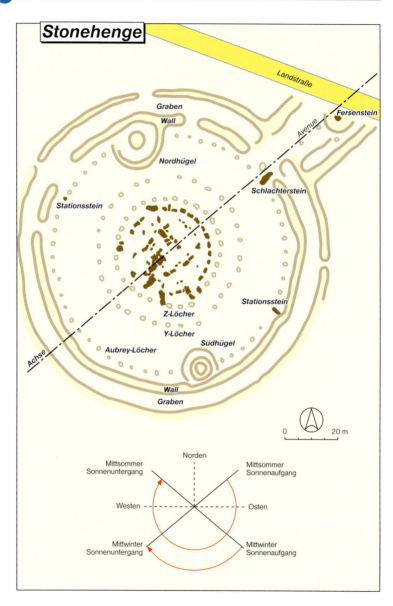

Obwohl die Archäologen recht genau über die Entstehungsgeschichte von Stonehenge Bescheid wissen, kennen sie den genauen **Zweck der Anlage** nicht und sind bis heute auf Spekulationen angewiesen. Stonehenge war sehr wahrscheinlich ein Tempel, obwohl man nicht weiß, welche Gottheit verehrt wurde und welche kultischen Rituale im Innern des Steinkreises stattfanden.

Möglicherweise diente das sakrale Areal der Sonnenanbetung, da man exakt den Sonnenaufgang und -untergang zum Mittsommer sowie Sonnenaufgang und -untergang zum Mittwinter bestimmen konnte; auch Mondauf- und -untergang sowie eine Mondfinsternis konnten mit Hilfe der Anlage errechnet werden.

Weit verbreitet ist die Ansicht, dass in Stonehenge **Druiden,** keltische Priester, ihre rituellen Handlungen ausübten. *John Aubrey,* der als erster im 17. Jh. die Anlage beschrieben hat, äußerte diese Vermutung, die seitdem immer wieder durch die Köpfe der Besucher spukt. Wie jedoch schon *Julius Cäsar* überliefert hat, praktizierten Druiden ihre Kulte auf Waldlichtungen und nicht in steinernen Tempeln. Zurzeit des Chronisten *Cäsar* war Stonehenge zudem seit über 1000 Jahren verlassen, somit nicht mehr in Gebrauch und dürfte längst eine Ruine gewesen sein.

Das hält die Esoteriker nicht ab! Jedes Jahr zur **Mittsommernacht** sperrt die Polizei das Areal weitläufig und lässt niemanden durch die Postenkette schlüpfen. Schon Tage vorher hat aus ganz Großbritannien eine Völkerwanderung von selbsternannten Druiden und Artus-Abkömmlingen eingesetzt, die ihren Zauber vor Ort ausprobieren wollen; aufgrund der Präsenz mehrerer Hundertschaften Bobbies wird daraus jedoch nichts.

Öffnungszeiten: Apr. bis Mitte Okt. tgl. 9.30-18, Juni bis Aug. tgl. 9-19, Mitte Okt. bis Mitte März tgl. 9.30-16, Ende März tgl. 9.30-18 Uhr, 6,90 £.

Neolithische Baukunst

Wie nun wurde Stonehenge gebaut? Exakte Aussagen dazu können mangels Überlieferungen nicht getroffen werden. Nach heutigem Kenntnisstand könnten unsere Vorfahren etwa folgendermaßen vorgegangen sein. Der Boden für die Gräben und die Löcher für die Gerüstpfosten oder Steinsetzungen wurde mit Hacken aus Rotwildgeweih aufgekratzt und mit den Schulterblättern von Rindern in Bastkörbe geschaufelt.

Die rund 80 Blausteine aus Wales hatten zusammengenommen etwa ein Gewicht von 100 Tonnen. In den Preseli Mountains von Südwest-Wales liegen solche Wackermänner überall herum, sodass keine Steinbrucharbeiten nötig waren. Auf Schlitten, die über runde Stämme gezogen wurden, brachte man die Steine in den Naturhafen von Milford Haven und verfrachtete sie dort auf Flöße, war doch der Transport zu Wasser wesentlich einfacher als über Land – gutes Wetter und keinen Seegang vorausgesetzt. Dann ging es entweder mit Ruderkraft oder möglicherweise schon mit Se-

STONEHENGE UND AVEBURY

geln die Südküste von Wales entlang. Auf der Höhe des heutigen Bristol, dort, wo der Avon mündet, wurden die Steine auf Boote umgeladen, da die Flöße auf dem seichten und schmalen Strom zu unhandlich waren. Über drei miteinander vertäute Einbäume kam ein gemeinsames Deck aus Stämmen, auf das man den Stein legte. Die Boote wurden dann entweder getreidelt oder gestakst. Kurz vor Stonehenge ging es wieder mit Schlitten bis zur Baustelle.

1954 ließ man in einem Experiment vier Schuljungen einen eine Tonne schweren Betonblock auf drei Kanus den Avon gegen die Strömung vorwärtsstaken; es ging zwar langsam voran, machte aber keine sonderliche Mühe. Ebenso war es bei dem Transport über Land; 14 Knaben zogen einen Block auf Schlitten und Rollen problemlos einen leicht ansteigenden Hügelhang hoch.

Schwieriger gestaltete sich der Transport der zwischen 25 und 50 Tonnen schweren Sandsteinmonolithe, die über eine Strecke von 30 km herangeschafft werden mussten. Jeder der riesigen Findlinge lag auf einem

Bautechnische Meisterleistung:
Trilithen in Stonehenge

mächtigen Schlitten, der über eine Rollenbahn gezogen wurde. Hatte der Schlitten eine solche Rolle passiert, waren sechs Männer notwendig, um einen solch runden Stamm von hinten wieder nach vorne zu bringen. In der Ebene benötigten die frühen Ingenieure 50 Personen, um einen 25 Tonnen schweren Block fortzubewegen. Am Redhorn Hill, einige Kilometer nördlich von Stonehenge, geht es jedoch steil bergauf, und dort waren über 1000 Männer erforderlich, um einen der schweren Steine hochzubekommen.

Nur über Hebelbewegungen wurden die Steine aufgerichtet. Man grub ein Loch, brachte den Wackermann auf Rollen heran, setzte einen langen Stamm unter sein Ende und hebelte ihn in die Grube. Mit weiteren Hebelbewegungen – wobei man den Hebel auf langsam erhöhten Lagen von Stämmen aufsetzte – brachte man den Stein annähernd in die Senkrechte und zog ihn zum Schluss mit Seilen in die aufrechte Position; dann wurde das Loch mit Steinen und Sand geschlossen.

Die Decksteine, also der obere Abschluss eines Trilithen, kamen wahrscheinlich über ein Gerüst nach oben. Unsere frühen Bauarbeiter legten rund um die beiden Ständersteine kreuzweise Lagen von Vierkanthölzern hoch, die mit Planken bedeckt waren, auf denen der Abschlussstein ruhte. Oben dann angekommen, wurde die Oberschwelle mittels Hebelkraft auf die beiden Ständersteine gelegt; Zapfen in den stehenden Steinen und Löcher in der Oberschwelle sorgten dafür, dass alle Monolithe zusammenhielten.

Anfahrt

● **Ab Salisbury** von der Busstation in der Endless Street verkehren öffentliche Busse nach Stonehenge tgl. 9.45 bis 16.45 Uhr zu jeder Stunde.

Avebury ⟨XVIII/B1

Avebury, der größte Steinkreis Europas, liegt 30 km nördlich von Stonehenge bzw. 10 km westlich von Marlborough und durchschneidet das gleichnamige winzige Dörflein. Rund um die schweren Monolithe grasen die Schafe, und die Farmer gehen ihrer Beschäftigung nach. Schöner können die Monumente nicht präsentiert werden, wenn sie eingebunden sind in das heutige Alltagsleben.

Die mächtigen **Sarsen Stones,** Sandsteinblöcke von bis zu 50 Tonnen Gewicht, bilden einen Steinkreis von ca. 300 m Durchmesser, in dessen Mitte zwei **kleinere Kreise** mit einem Radius von 100 m liegen. Der große Ring enthielt ursprünglich einmal 98 Steine. Umgeben ist die gesamte Anlage von einem hohen **Erdwall** und einem Graben.

Richtung Süden führt eine so genannte **Avenue,** eine Prozessionsallee, die von Steinsetzungen gesäumt ist, auf den Overton Hill, wo noch einige Reste ein **ehemaliges Heiligtum** erkennen lassen. Welche Riten hier zelebriert wurden, wissen die Archäologen nicht. Ebenfalls südlich ragt weithin sichtbar der **Silbury Hill** auf, ein 50 m hoher, künstlich aufgeschütteter Hügel. Auch hier liegt der Zweck im Dunkel der Geschichte; nach Bohrungen weiß man nun, dass der Hügel aus

STONEHENGE UND AVEBURY

der gleichen Zeit datiert wie der Steinkreis. Die **Entstehungszeit** datieren die Archäologen auf den Zeitraum zwischen 2000 und 2500 v. Chr., Erbauer waren ebenfalls die schon aus Stonehenge bekannten Glockenbecherleute.

Nicht weit entfernt befindet sich das fast 100 m lange Ganggrab **West Kennet Long Barrow,** die größte Kammergrabanlage Großbritanniens. Die Archäologen fanden hier Keramik und Menschenknochen.

Ein Teil des Avebury-Kreises außerhalb des Ortes

Zwei Kilometer nordwestlich von Avebury ragt der **Windmill Hill** auf; hier haben die Erbauer der Grabstätte in drei von Erdwällen und Gräben geschützten Ringen ab 3500 v. Chr. gelebt. Nach dem Hügel ist die frühe Phase des britischen Neolithikums als Windmill-Zeit benannt.

Nicht versäumen sollte man einen Besuch des **Weilers Avebury;** beim genauen Hinsehen erkennt man den ein oder anderen Monolithen, der im Hausbau Verwendung fand. Unbedingt lohnt ein Besuch im **Alexander Keiller Museum** (EH, April bis Okt. tgl. 10–18 Uhr, Nov. bis März tgl. 10–16 Uhr). Hier sind die Funde zu sehen, die der Namensgeber in den 1930er Jahren zu Tage gefördert hat.

Vom **Pub Red Lion,** der an der zentralen Straßenkreuzung liegt, hat man bei schönem Wetter vom Biergarten gute Ausblicke auf die gewaltigen, 4500 Jahre alten Monolithe.

Anfahrt

● Mit öffentlichen Verkehrsmitteln ab dem Marktstädtchen Marlborough.

Wilton House ⚔ XVIII/B3
– Schmuckkästchen mit Brücke

Kurz vor den Toren von Salisbury findet der Besucher das kleine Dorf Wilton, an dessen Ende das hochherrschaftliche Anwesen Wilton House seit 450 Jahren im Besitz derer *von Pembroke* ist.

Geschichte

William, der Stammvater des Geschlechts, hatte 1534 Anne Parr geheiratet, die Schwester von Catherine, der letzten Frau von Heinrich VIII., und war daher mit dem Herrscher verwandt. Das zahlte sich aus, und 1551 wurde William zum 1. Earl of Pembroke ernannt.

Mary, die Frau des Nachfolgers, war eine Liebhaberin der schönen Künste, und so kam es, dass Ben Jonson und William Shakespeare öfter am Ort waren. Im Jahre 1605 führte Shakespeare auf dem Grundstück von Wilton House vor dem Herrscher Jakob I. erstmalig seine Komödie „As you like it" (Wie es euch gefällt) auf. Philip Massinger, Shakespeares Co-Autor, verbrachte seine Kindheit auf dem Anwesen.

Für William, den dritten Earl, übernahm Königin Elisabeth I. die Patenschaft; 1626 wurde er Kanzler der Universität Oxford. Drei Jahre zuvor war die erste Folio-Ausgabe der Werke Shakespeares erschienen, und die Widmung darin ehrte William und seinen Bruder Philip, „the most noble men and incomparable paire of brethen William, Earl of Pembroke and Philip Earl of Montgomery".

1647 verwüstete ein Brand das gesamte Anwesen, und unverzüglich wurde der berühmte Baumeister Inigo Jones, ein Meister des Palladianismus, beauftragt, ein neues Haus zu bauen. Doch Bauherr wie Architekt starben vor Fertigstellung, und John Webb, eine Neffe Inigo Jones', stellte unter dem 5. Earl, Philip, das Anwesen 1653 fertig.

Ein unerquicklicher Bursche war der 7. Earl of Pembroke, zweimal klagte man ihn des Mordes an, dann kam er wegen Totschlags in den Tower, wo er erfreulicherweise schnell verstarb. Viele Kunstschätze des Hauses mussten verkauft werden, um seine horrenden Spielschulden zu begleichen.

Sein Bruder Thomas, ein Mann von Weitblick und den Künsten zugetan,

> „Unermüdlich versucht der Engländer seine Frau davon zu überzeugen, dass er es für seine vornehmste Pflicht hält, Langeweile zu verbreiten."
>
> *Marie-Henry Beyle (Stendhal),* „Memoiren eines Touristen", 1821

erbte den Titel. Neben verschiedenen öffentlichen Aufgaben widmete er sich dem Ausbau seiner Kunstsammlung und legte die Bibliothek an. Er war es auch, der zwei französische Teppichweber nach Wilton holte, die die englischen Weber in dieser Kunst unterrichteten, und die berühmte, in ganz England bekannte Wilton-Teppichmanufaktur ins Leben rief; schon nach wenigen Jahren erfreute die exquisite Arbeit den König so sehr, dass sich das Unternehmen Royal Wilton Carpet Factory nennen durfte.

1737 erbaute der 9. Earl, The Architect Earl, wie er auch genannt wurde, die wunderschöne palladianische Brücke über den River Nadder, der nahe am Haus vorbeifließt. Das Brücklein erlangte eine solche Berühmtheit, dass es gleich zweimal kopiert wurde: einmal in Stowe/Buckinghamshire und dann auf dem Landsitz Prior Park von Ralph Allen bei Bath (siehe dort).

Henry, der 10. Earl of Pembroke, beschäftigte den berühmtesten Porträtmaler seiner Zeit, Sir Joshua Reynolds, und ließ von ihm seinen Haushalt „ablichten".

Der 12. Earl ging in die Politik und wurde im Alter von 35 Jahren Kriegsminister, ein Amt, das er einige Jahre später noch einmal übernehmen sollte. Mit seiner Unterstützung ging die Krankenschwester Florence Nightingale auf die Schlachtfelder der Krim und rief den ersten Sanitätsdienst ins Leben.

Henry, der heutige 17. Earl of Pembroke, ist in England weit bekannt als exzellenter Dokumentarfilmer und als Autor verschiedener Fernsehspiele für die BBC. Bei solchen Anlässen firmiert er unter dem Namen Henry Herbert.

Sehenswertes

In der Eingangshalle von Wilton House steht auf einem Tisch eine sehr ansprechende und sympathisch anzusehende **Statue von William Shakespeare;** der Dichter hat den Ellbogen auf einen Stapel seiner Bücher gelegt, die Faust stützt das Kinn, die Beine sind übereinandergeschlagen, lässig trägt der Meister den Mantel über der Schulter und blickt gedankenversunken in die Ferne. Der Bildhauer *William Kent*, der auch die Möbel im Single und Double Cube Room entwarf, hat die Statue für den 9. *Architect Earl* gearbeitet. Der Preis 1743: die gewaltige Summe von 100 £ 18 s 4,5 d.

Zwei Räume ragen besonders aus der ohnehin schon prachtvollen Inneneinrichtung heraus. Da ist einmal der **Single Cube Room** von *Inigo Jones* mit den Ausmaßen 30 x 30 x 30 Fuß, also 9 m hoch, 9 m breit, 9 m tief, eine perfekte Proportion. Bilder von *van Dyck* und *Lely* zeigen Familienangehörige, die Deckenmalerei gibt den unglücklichen Flug von Ikarus und Daedalus wieder. Das Mobiliar wurde in den Werkstätten von *Chippendale* hergestellt.

Höhepunkt der Prunkentfaltung ist dann der **Double Cube Room** in den Maßen 60 x 30 x 30 Fuß, also 18 m lang, 9 m breit und 9 m hoch. In früheren Tagen nutzten die Pembrokes den Raum als Esszimmer, danach als Ball-

WILTON HOUSE 421

saal. Während des Zweiten Weltkriegs war in Wilton House ein militärisches Hauptquartier untergebracht, und der Double Cube diente als Operationsraum; dort wurde die Invasion in der Normandie geplant.

Die Decke ist fantastisch bemalt, alle Bilder, die im „Doppelkubus" hängen, stammen von *van Dyck* und wurden extra für diesen Raum in Auftrag gegeben. Die Stirnseite schmückt ein Riesengemälde in den Maßen 5,10 x 3,30 m, das den 4. *Earl von Pembroke* im Kreise seiner Familie zeigt; *van Dyck* hat nie ein größeres Bild gemalt.

Weitere Gemälde in den anderen Räumen stammen von Rubens, Tizian, Breughel, Reynolds, Lely, Tintoretto und Rembrandt.

Wer sich ein kindliches Gemüt bewahrt hat, den wird sicher die **Teddybärsammlung Wareham Bears** von Wilton House erfreuen.

Öffnungszeiten: Mai bis Aug. So–Do 11.30–16.30 Uhr.

Im typischen Palladianismus: die Brücke im Park

Highclere Castle
– Ein Muss für Ägyptologen
⌖ XIX/C2

Ca. 20 km nordöstlich von Andover und auf halber Strecke entlang der A 343 nach Newbury liegt der Weiler Highclere mit dem gleichnamigen Castle. Um das Jahr 1830 hat *Sir Charles Barry*, während er in London an den Houses of Parliament baute, auch Highclere Castle für die Familie *Carnarvon* entworfen und hochziehen lassen. Parlamentsgebäude wie Burg gleichen sich ziemlich, beide sind von *Barrys* Lieblingsstil geprägt, der Neogotik. Trotzdem wäre das alles noch nicht so sonderlich interessant, hätte nicht **George Herbert,** der *5. Earl of Carnarvon* (1866–1923), zusammen mit *Howard Carter* in Ägypten das Grab des Tut-anch-Amun im Tal der Könige bei Luxor entdeckt, einen der größten und sensationellsten Funde in der Archäologie.

In Highclere sind eine ganze Reihe von Beigaben aus dem **Grab des Tut-anch-Amun** ausgestellt, die Lord *Carnarvon* für sein hohes finanzielles Engagement während der Ausgrabungen überlassen wurden.

Öffnungszeiten: Mitte März bis Okt. So–Do 11–16.30 Uhr.

> „Der düstere, phlegmatische Brite verschlingt mit Heißhunger die Sonnenstrahlen, welche die beste Arznei gegen seinen Spleen sind."
>
> *Nikolai Karamzin,* „Briefe eines reisenden Russen", 1790

Guildford
– Wo Lewis Carroll begraben ist
⌖ XX/B2

Guildford, am Rande der Megalopolis London, ist ein schmuckes kleines Städtchen mit 50.000 Einwohnern, Verwaltungskapitale der Grafschaft Surrey und Sitz einer Universität, deren Studenten auf angenehme Weise das Straßenbild prägen.

Guildford eignet sich sehr als Standquartier, wenn man für zwei oder drei Tage die Metropole London erkunden möchte; hier sind die Unterkunftspreise um zwei Drittel billiger als in der Hauptstadt. Großbritanniens Metropole ist von Guildford aus im 30-Minuten-Takt schnell mit dem Zug zu erreichen, der in Waterloo Station einläuft.

Die atmosphärereichste Straße von Guildford ist die leicht ansteigende **High Street,** die von schönen alten Gebäuden gesäumt ist, in denen Geschäfte des gehobenen Einzelhandels auf die Kunden warten. Hier findet sich auch die Guildhall, deren mächtige Uhr weit auf die Straße hervorragt. Schon *Charles Dickens* lobte in einem seiner Romane „die ungewöhnlich attraktive High Street" – und das ist die katzenkopfgepflasterte Straße in der Tat.

Im Jahre 1861 suchte **Lewis Carroll** ein Haus für seine sechs unverheirateten Schwestern und mietete The Chestnut in der Quarry Street an. Während der Semesterferien kam er regelmäßig von Oxford – wo er als Mathematikprofessor arbeitete – zu den Schwestern und schrieb in dem Haus viele seiner Geschichten von

Alice in Wonderland. Am 14. Januar 1898 starb er und wurde auf dem Mount-Friedhof von Guildford zur letzten Ruhe gebettet.

Das Heimatmuseum in der Quarry Street zeigt eine Reihe von Ausstellungsstücken zu *Lewis Carroll*, dessen richtiger Name übrigens *Charles Lutwin Dodgson* lautete.

Praktische Hinweise

Tourist Information
- 14 Tuns Gate, Tel. 01483-444333.

Unterkunft
- **The Angel Posting House and Livery,** 91 High Street, Tel. 01483-564555, Fax 533770, www.angelpostinghouse.com, DZ 150 £.
- **The Manor** Newlands Corner, Tel. 01483-222624, Fax 211389, www.manorhouse-hotel.com, DZ 109 £.
- **Bed and Breakfast:** *Matcham's,* 35 Boxgrove Avenue. Tel./Fax 01438-567643, DZ 60 £; *Littlefield Manor,* Littlefield Common, Tel. 01483-233068, Fax 233686, www.littlefieldmanor.co.uk, DZ 70 £.

Pubs, Cafés und Restaurants
- **The Star,** Quarry Street, off High Street, alter, gemütlicher Pub in einem Fachwerkhaus.
- **The Angel Hotel,** High Street, eine ehemalige Postkutschenstation mit Gasthof, Pub und gutem Restaurant, um 14 £.

„Der trockene, einsilbige Engländer besitzt einen ungeduldigen Widerwillen gegen alles und jedes, sein eigenes Leben mit einbegriffen."

Antoine de Rivarol, „Rede über die Universalität der französischen Sprache", 1784

„Die Mode ändert sich hier fast so oft und so schnell wie das Wetter. Weder Satiren in den Zeitungen noch lächerliche Abbildungen auf Kupferstichen, die in den Bilderläden ausgestellt sind, vermögen das modische Publikum von seinen Torheiten zu kurieren."

Gebhard Friedrich Wendeborn, „Beiträge zur Kenntnis Großbritanniens", 1779

- **The Three Pigeons,** High Street, schöner, alter Pub mit zur Straße hinausragendem Giebel.
- **Caffe Uno,** 260 High Street, Pizzen, Pastas zwischen 7 und 9 £.
- **Café Rouge,** 8 Chapel Street, Lokal einer Restaurant-Kette mit gutem Preis-Leistungs-Verhältnis, teuerste Gerichte um 12 £.

Verbindung
- **Züge** im Network Southeast.
- **Bahnhof:** Station Approach, westlich vom Zentrum.
- **Busbahnhof:** westliches Ende der North Street, nahe am Bahnhof.

Polesden Lacy

♪ XXI/C2

Einige Kilometer östlich von Guildford sollte man einen Besuch des herrschaftlichen Polesden Lacy nicht auslassen. In den 1920ern ging hier die Prominenz aus und ein, und die Empfänge, die *Lady Greville* gab, gehörten zu den feinsten überhaupt – kamen doch die Spitzen der Gesellschaft und der König selbst. Die *Queen Mum* verbrachte hier mit ihrem Mann ihre Flitterwochen.

Sheffield Park Garden

Sheffield Park Garden

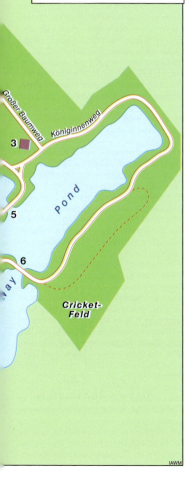

1. Parkplatz
2. Eingang
3. Sommerhäuschen
4. Top Bridge und Wasserfall
5. Lower Bridge und Wasserfall
6. Cascade Bridge
7. Arbeitsbereich

Im 18. Jh. war das Anwesen im Besitz des Dichters und Politikers *Richard Brinsley Sheridan* (1751–1816): „ein Ort der Gesundheit und des Glücks, wo wir zirpten wie die Vögel, sprangen wie die Rehe und fett wurden wie die Ferkel."

1947 fiel das Haus mit allen Kunstschätzen an den National Trust.

Öffnungszeiten: Mitte März bis Okt. Mi–So 11–17 Uhr.

Sheffield Park Garden XXI/D3

Ungefähr 14 km nördlich von Lewes, an der A 275, darf der Gartenfreund Sheffield Park auf gar keinen Fall auslassen. Im Frühherbst, wenn die Blätter sich färben, ist Sheffield Park wunderschön anzusehen.

So, wie sich das Gartenareal heute präsentiert, geht die Anlage auf *Arthur G. Soames,* den 3. *Earl of Sheffield*, zurück, der von 1909 bis zu seinem Tod 1934 stetig um seinen Park besorgt war. Um 1775 hatte *Lancelot „Capability" Brown* bei der Ausgestaltung seine Hand im Spiel.

Leider haben die verheerenden Herbststürme der Jahre 1987 und 1990 viele der großen, alten Bäume entwurzelt.

Vier miteinander über Wasserfälle verbundene, auf unterschiedlichen Niveaus liegende **Seen** sind die Attraktion des Gartens. Von ihren Ufern aus ergeben sich immer wieder neue und

William Morris in Standen

„Die Luft rein und die Flüsse sauber zu halten und einige Mühe darauf zu verwenden, dass sich das Ackerland in einem Zustand befindet, der vernünftige Nutzung gestattet ..."

William Morris, 1883

Rund 10 km nördlich von Sheffield Park Garden und 3 km südlich von East Grinstead liegt abseits der A 22 das **Anwesen Standen,** in dem *William Morris,* der Designer, Maler, Drucker, Schriftsteller, Typograf, Ökologe, Sozialreformer und Kommunist, lebte und das er nach seinen Ideen und Entwürfen einrichtete. Der große Kunsthistoriker *Nikolaus Pevsner* bemerkte 1963 über *Morris:* „So sagt Morris zum Beispiel – um Ihnen eine Blütenlese zu geben –: ‚Schlagt die Bäume nicht ab, wenn ihr anfangt, Siedlungen zu bauen ... Werft keinen Unrat, kein Papier weg ... Seht zu, dass der Ruß und der Kohlenstaub nicht die Häuser schmutzig macht ... Restauriert keine Gebäude, sondern erhaltet sie.' Diese letzte Forderung von Morris steht übrigens in der Tat am Anfang der modernen Denkmalpflege."

Und *Wilhelm Liebknecht,* der Morris utopischen Roman „News from Nowhere" („Kunde von Nirgendwo") ins Deutsche übersetzte, schrieb über ihn: „Und wer William Morris noch nicht kennt, der lernt ihn kennen aus seinem Nirgendheim. Da ist er wie er leibt und lebt, mit seiner romantischen Liebe zum ‚präraffaelitischen Mittelalter', mit seinem romantischen Hass gegen die Maschinen und seiner etwas ‚anarchistischen' Freiheit und Selbstherrlichkeit des Individuums." Wer also war dieses Universaltalent?

William Morris wurde am 24. März 1834 in eine **begüterte Familie** hineingeboren. Der Kleine ist ein aufgewecktes Kind und liest schon mit vier Jahren die Abenteuerromane von *Sir Walter Scott.* 1853 beginnt er auf Wunsch seiner Eltern, in Oxford Theologie zu studieren, bricht jedoch zwei Jahre später das ungeliebte Studium ab. Da ihm mit Erreichen der Volljährigkeit eine jährliche Leibrente von 900 £ zusteht, ist die Suche nach einem Broterwerb nicht die vordringlichste Aufgabe des jungen Mannes. Beeinflusst von dem Dichter *John Ruskin* richtet Morris sein **Augenmerk auf das Schöne,** auf das Ästhetische im Alltag und sucht nach Auswegen aus der Hässlichkeit der beginnenden Industrialisierung.

„Ich fand heraus", so sollte er später schreiben, „dass die Gründe für die Vulgaritäten der Zivilisation viel tiefer lagen, als ich gedacht hatte. Schritt für Schritt wurde ich zu der Schlussfolgerung getrieben, dass diese Hässlichkeiten der Ausdruck einer unserer Moral innewohnenden Schwäche sind, die uns durch die gegenwärtige Gesellschaftsform aufgezwungen wird, und dass es nutzlos ist zu versuchen, lediglich von außen mit diesen Hässlichkeiten zu Rande zu kommen."

So macht sich *Morris* also die Forderung seines Vorbilds *Ruskin* zu eigen, Kunst als „the expression of man's pleasure in labour" dahingehend umzusetzen, dass er mit nicht entfremdeter Arbeit die **Schönheiten des Alltags schafft.** Also erarbeitet er Dinge des täglichen Gebrauchs aus Ton, Holz, Stein, beginnt mit Glasmalereien, färbt und webt, entwirft Stoffe- und Tapeten und schreibt Gedichte und 20 Fantasy-Romane.

Jemand, der nicht gleichzeitig weben und ein Sonett verfassen kann, so hat er einmal erklärt, könne nicht für sich in Anspruch nehmen, künstlerisch begabt zu sein. Besonders seine **Gedichte** machen ihn beim Publikum bekannt, und er hat Chancen, als Hofpoet nominiert zu wer-

William Morris in Standen

den; einen Lehrstuhl für Dichtkunst, der ihm von der Universität Oxford angeboten wird, schlägt er aus.

Zusammen mit den präraffaelitischen Malern *Edward Burn-Jones* und *Dante Gabriel Rossetti* gründet *Morris* eine Firma, die sich auf das gesamte Feld der **Inneneinrichtung** spezialisiert und von der Tapete über das Mobiliar bis hin zum Teelöffel die Entwürfe und ihre Umsetzung liefert.

Ab 1876 wird *Morris* **politisch aktiv** und arbeitet zuerst für die Ziele der Liberalen; diese sind ihm jedoch nicht radikal genug, und so gründet er 1885 seine *Socialist League*, aus der ihn einige Jahre später die Anarchisten ausbooten. 1890 ruft er die *Hammersmith Socialist Society* ins Leben und hält hier Vorträge über Kunst und Politik. Nebenbei – seine Arbeit als Designer für die Firma stellt er keineswegs zurück – gibt *Morris* eine sozialistische Zeitschrift heraus.

1890 gründet er auch die **Kelmscott Press**, einen Verlag, in dem er mit einer kleinen Handpresse bis zu seinem Tod im Jahre 1896 über 50 Titel mit einer Gesamtauflage von 18.000 Exemplaren auf den Markt bringt. „Ich begann Bücher zu drucken mit der Hoffnung, etwas herzustellen, das einem bestimmten Anspruch von Schönheit genügen, gleichzeitig aber auch leicht zu lesen sein sollte. Es sollte die Augen nicht flimmern machen noch den Intellekt des Lesers durch die Ausgefallenheit der Buchstabenformen beunruhigen. Als ich von diesem Standpunkt aus mein Abenteuer plante, fand ich, dass ich hauptsächlich an die folgenden Dinge zu denken hätte: das Papier, die Buchstabenformen, den Zwischenraum zwischen Buchstaben, Worten und Zeichen und letztlich an den Stand des Schriftblocks auf der Buchseite."

Morris **entwirft eigene Schriften**, wobei ihm die Typen aus dem 15. und 16. Jh. Vorbild sind. Es entstehen die *Golden Type*, die *Troy*, benannt nach den „Histories of Troy", eine Geschichte, die Englands erster Drucker *William Caxton* auf seiner Presse hergestellt hatte, und die *Chaucer*, benannt nach dem Autor der „Canterbury Tales". Da verwundert es nicht zu hören, dass Morris' größtes Projekt eine Ausgabe der Werke von *Geoffrey Chaucer* ist, die von *Burn-Jones* illustriert wird.

1896, durch die rastlose Arbeit erschöpft und ohne sich je Ruhe gegönnt zu haben, **stirbt** *William Morris* 62-jährig an – wie sein Arzt feststellte – *being William Morris*.

Unter dem Eindruck der Industrialisierung im viktorianischen Zeitalter, mit einer völlig verdreckten, stinkenden Themse, die die Parlamentsabgeordneten zwang, mit parfümierten Taschentüchern vor der Nase ins House of Parliament zu eilen, den Tausenden von Schloten, die mit ihren Rauchschwaden die Sonne verdunkelten und die Luft verpesteten, und den unglücklichen Manufaktur- und Bergwerksarbeitern, die mit ihren großen Familien in winzigen, endlosen Reihenhäusern vegetierten, schrieb *Morris* 1874 an einen Freund: „Stell Dir vor, die Menschen lebten in kleinen Landgemeinden zwischen Gärten und grünen Feldern, sodass man mit einem Spaziergang von fünf Minuten in offener Landschaft ist, stell Dir vor, sie hätten wenig Bedürfnisse, fast keine Möbel zum Beispiel, und dächten über die – schwierige – Kunst nach, sich des Lebens zu erfreuen. Stell Dir vor, sie würden wirklich versuchen herauszufinden, was sie eigentlich wollten. Dann, so denke ich, bestünde Hoffnung, dass Zivilisation tatsächlich begonnen hat."

überraschende Blicke auf Baumgruppen, Buschwerk, blühende Hecken und letztendlich auf das am höchsten Punkt liegende Sheffield House (nicht zu besichtigen).

Öffnungszeiten: (NT) Juni bis Sept. Di–So 10.30–17.30 Uhr, Mai und Okt. tgl. 10.30–17.30 Uhr.

Hever Castle ⚑ XXI/D2
– Wo Anne Boleyn zu Hause war

Von East-Grinstead geht es einige Kilometer nach Nordosten zum ansehnlichen Tudor-Schlösschen Hever Castle, das auf das Engste mit dem frauenmordenden Wüstling *Heinrich VIII.* in Verbindung steht, der Unglück und Leid über die hier lebende Familie brachte.

Im Jahre 1489 wurde *Geoffrey Bullen*, Vorfahre von **Anne Boleyn,** Lord Mayor, also Bürgermeister von London. Diese Position brachte ihm Wohlstand und Ansehen, und so kaufte er das nahe bei London gelegene Schlösschen. Hier wurde *Anne* 1507 geboren.

Zwei Jahre später bestieg *Henry Tudor* als *Heinrich VIII.* den Thron von England (siehe Exkurs). Nachdem *Heinrichs* erste Frau, *Katharina von Aragon*, dem König keinen männlichen Erben gebar, ließ er die Ehe mit ihr annullieren und heiratete die schon schwangere *Anne Boleyn*. Am 1. Juni 1533 wurde sie zur Königin gekrönt, am 7. September gebar sie ein Mädchen, die spätere *Elisabeth I.* – *Heinrich* tobte! Ein Jahr später hatte *Anne* eine Fehlgeburt, ein weiteres Baby starb kurz nach der Geburt, danach hatte Anne wieder eine Fehlgeburt.

Heinrich suchte mittlerweile erneut nach einer Frau und ließ *Anne* am 2. Mai 1536 unter der Anklage des Hochverrats und des Ehebruchs verhaften. Siebzehn Tage später starb sie im Londoner Tower unter dem Schwert des Henkers. An ihrem Hinrichtungstag wurde die neue Eheurkunde von *Heinrich* mit *Jane Seymour* unterzeichnet.

Zwei Jahre nach *Annes* Hinrichtung starb ihr Vater. *Heinrich* riss das Schlösschen an sich und gab es als Scheidungsdomizil – geschmacklich lag der König immer daneben – *Anna von Kleve*, seiner vierten Frau.

In den folgenden Jahrhunderten wechselte Hever Castle mehrfach den Besitzer, 1903 dann erwarb der steinreiche **William Waldorf Astor** das baufällige Anwesen. Die Dynastie derer von *Waldorf Astor* ging auf einen Metzgerjungen namens *Johann Jakob Astor* zurück, der von dem kleinen Dörfchen Walldorf bei Heidelberg 1783 nach Amerika ausgewandert war. Dort baute er rasch einen schwunghaften Pelzhandel auf, und als sich das Jahrhundert dem Ende zuneigte, gehörten ihm bereits ein Dutzend Handelsschiffe, die Pelze nach Fernost lieferten und von dort mit Waren aller Art zurückkamen. Als *Johann Jakob* 1848 starb, war er der reichste Mann Amerikas.

HEVER CASTLE

Johanns Urenkel **William** hatte eine romantische Vorliebe für Europa und war als Botschafter von 1882 bis 1885 in Italien. 1890 erklärte er öffentlich, dass Amerika ein Land sei, in dem kein Gentleman leben könne, und folgerichtig nahm er die Kleinigkeit von 100 Mio US$ und übersiedelte nach England, wo er 1903 Hever Castle kaufte. Als er 1919 starb, hatte *William* das Schlösschen nach seinen romantischen Vorstellungen restaurieren lassen. Sein Sohn *John Jacob* übernahm den hochherrschaftlichen Besitz. *John* war verheiratet mit der Amerikanerin *Nancy Langhorne*, die als erste Frau in das Unterhaus einzog und unter dem Namen *Lady Astor* eine erbitterte Gegenspielerin von *Winston Churchill* wurde (siehe Exkurs).

Nachdem *William Waldorf Astor* das Schlösschen gekauft hatte, ging es erst einmal ans Renovieren und Modernisieren; *William* wünschte sich das Ambiente der Tudorzeit, verbunden mit allen Annehmlichkeiten des 20. Jh. Erst einmal stellte er fest, dass Hever Castle zu klein für seine Bedürfnisse war. Also ließ er hinter dem Schloss ein **Tudor Village** nachbauen, dessen Cottages

---

Des Wüstlings Trutzburg: Hever heute

Leben und Regierungszeit von Heinrich VIII.

Zumindest zwei Episoden aus seinem Leben weiß jeder zu berichten: dass er sechs Frauen geheiratet hat, von denen er zwei hinrichten ließ, und dass er die katholische Kirche von Rom loslöste und die Anglikanische Staatskirche begründete. Wer war und was tat *Heinrich VIII.* sonst noch?

Im Jahre 1509, im Alter von 18 Jahren, bestieg *Heinrich* kurz nach dem Tod seines Vaters den Thron. Kurz zuvor hatte er die sechs Jahre ältere **Katharina von Aragon,** die Tochter des spanischen Königs, geheiratet; wenngleich diese Eheschließung natürlich ein politischer Schachzug war, so heißt es doch, dass *Heinrich* seine Gemahlin aufrichtig liebte.

Kaum gekrönt, setzte der junge König ein deutliches Zeichen seiner Macht: Er ließ die beiden im Volk wie beim Adel ungeliebten **Finanzkommissare seines Vaters** vor Gericht stellen. Obwohl sich zeigte, dass die beiden völlig schuldlos an den hohen Ausgaben von *Heinrichs* Vorgänger waren, verurteilte das Gericht die beiden auf Druck des Königs als Hochverräter zum Tode. Diese Maßnahme fand in der Bevölkerung breite Zustimmung, man hoffte auf neue und bessere Zeiten.

So blutrünstig, wie die Historie den Herrscher zeichnet, nahmen ihn seine Zeitgenossen nicht wahr; *Heinrich* war zuallererst der Prototyp eines **Renaissance-Fürsten,** dem in bester machiavellistischer Manier die Staatsräson über alles ging! *Pasqualino,* ein venezianischer Diplomat, beschrieb ihn kurz nach seiner Thronbesteigung als den bestaussehendsten Fürsten, den er je zu Gesicht bekommen habe. Er sei ein Gebildeter von exzellenten Fähigkeiten, spräche Französisch, Englisch, Latein und ein wenig Italienisch, spiele recht gut auf der Laute und dem Virginal, könne vom Blatt singen. Er sei ein guter Tennisspieler und Bogenschütze. Sehr fromm sei er auch, höre drei Messen an Jagdtagen und manchmal fünf, wenn er zu Hause bliebe. Äußerst friedliebend sei er, ansprechbar und gnädig.

Das sollte sich rasch ändern! Im Gegensatz zu seinem Vater, der bis ins Detail die Regierungsgeschäfte mitentschieden hatte, war *Heinrich* der alltägliche Kleinkram zuwider. Er genoss es, als Herrscher dazustehen und damit vor allem Macht zu demonstrieren. Da während der Tudor-Ära jedoch eine Vielzahl von autonomen Institutionen am Hofe agierte, verlangte dies eine zentrale **Entscheidungs- und Integrationsfigur.** Wenn der König diese Aufgabe nicht wahrnahm, so bedurfte er eines Vertrauten, der für ihn dieses Amt ausfüllte.

Eine solche Zentralfigur konnte nur der *Lord Chancellor,* der Lordkanzler, der oberste Minister des Königs sein. Während der ersten Regierungsjahre saß **Kardinal Wolsey** auf diesem wichtigen Amt. *Wolsey,* aus armen Verhältnissen stammend, war von brennendem Ehrgeiz und Machtbesessenheit ergriffen. Doch er galt als ungeheuer fleißiger Arbeiter und ideenreicher politischer Lenker. *Heinrich* vertraute ihm fast blind, und *Wolsey* stand loyal zu seinem Monarchen. Innerhalb weniger Jahre hatte der Lordkanzler alle einflussreichen Persönlichkeiten am Hof entmachtet, eine ganze Reihe weiterer Ämter übernommen und einen immensen Besitz zusammengerafft. *Wolsey* ließ sich Hampton Court errichten, den größten Palast der Tudor-Zeit, und residierte dort wie ein zweiter König (*Heinrich* zwang ihn später, das Anwesen an ihn abzutreten).

Ein Mann mit einem derlei exzentrischen Charakter konnte jedoch über die Jahre keine auf Kontinuität ausgerichtete Politik betreiben. Wie erwähnt, beruhte das Regierungssystem der Tudors auf einer Vielzahl von weitgehend autonom agierenden Gremien; erfolgreiche politische Entscheidungen kamen nur dann zustande, wenn es gelang, diese Einrichtungen zu einer Zusammenarbeit zu bewegen. *Wolsey* wurde

Heinrich VIII.

jedoch ausnahmslos abgelehnt, durchgängig alle opponierten gegen den mächtigen Lordkanzler. 1529 setzte *Heinrich* ihn ab und entschloss sich, den Kardinal als Hochverräter anzuklagen. *Wolsey* starb auf dem Weg zu seinem Prozess und entging so der Schmach, auf dem Schafott hingerichtet zu werden. Seine Ablösung hatte noch einen weiteren Grund: Es war ihm nicht gelungen, die Scheidung zwischen *Heinrich* und *Katharina von Aragon* beim Papst in Rom durchzusetzen.

Heinrich benötigte, um das Haus Tudor ungefährdet auf dem Thron halten zu können, unbedingt einen männlichen Nachkommen. Zwar war Katharina während der Ehejahre fast ununterbrochen schwanger gewesen, doch hatte sie nur ein Kind zur Welt gebracht: *Maria*, die spätere *Bloody Mary*. *Heinrich* setzte die Tochter als Thronerbin ein, hielt jedoch die **Nachfolgefrage** für nicht zufriedenstellend gelöst; der Thronanspruch weiblicher Nachkommen war nicht gesichert und konnte besonders dann sehr leicht torpediert werden, wenn deren Ehe mit einem ausländischen Fürsten eingegangen worden war.

Als *Katharina* aufgrund ihres Alters keine Kinder mehr bekommen konnte, wollte *Heinrich* die Ehe mit der kränkelnden und bigott-frommen Frau auflösen lassen. Zudem hatte sich Heinrich unsterblich in die junge Adlige **Anne Boleyn** verliebt. Mit Duldung der Königin hatte *Heinrich* schon immer Beziehungen zu anderen Frauen unterhalten, so auch mit der älteren Schwester von *Anne Boleyn*. Auch besaß er bereits einen Sohn, jedoch einen unehelichen. Den erhob er zwar zum *Duke of Richmond*, eine Thronanwartschaft war jedoch von vornherein ausgeschlossen. Die Anerkennung eines unehelichen Kindes war noch problematischer als die von weiblichen Nachkommen.

Heinrich und *Wolsey* reichten also einen **Antrag auf Annullierung der Ehe** beim Papst in Rom ein. Normalerweise machte die päpstliche Kurie – vor allem bei einer so hochrangigen Persönlichkeit – keine Schwierigkeiten. *Heinrich* galt zudem als frommer Katholik und hatte von Rom den Ehrentitel *Fidei Defensor*, Verteidiger des Glaubens, bekommen. Der König und sein Lordkanzler waren sicher, dass die Formsache nach wenigen Monaten positiv entschieden sein würde – doch beide hatten die Machtverhältnisse im Europa des 16. Jh. sträflich außer acht gelassen.

Papst Clemens VII. konnte nicht uneingeschränkt entscheiden, denn nach der Eroberung Roms durch die Truppen des Habsburger Kaisers *Karl V.* im Jahre 1527 war der Heilige Vater praktisch ein Gefangener und abhängig von *Karls* Gnaden. Und *Karl* wiederum war der Neffe von *Katharina* und dachte gar nicht daran, seine Tante einer ungewissen Zukunft auszusetzen.

Gegen Ende des Jahres 1532 war *Anne* schwanger, *Heinrich* musste nun schleunigst handeln, zumal die Hofastronomen einen Jungen prophezeiten. Im Januar 1533 heiratete *Heinrich Anne Boleyn*, im März passierte das Gesetz, das ausländischen Institutionen Eingriffe in englische Rechtsfälle verbot, das Parlament, im Mai annullierte eine Kommission unter dem Vorsitz des Erzbischofes von Canterbury die Ehe mit *Katharina*, im Juni krönte man **Anne zur Königin**, und am 7. September 1533 wurde *Elisabeth* (die spätere *Elisabeth I.*) geboren. *Heinrich* war seinem Ziel, einen männlichen Thronfolger zu bekommen, kein Stück näher gerückt.

Der päpstliche Stuhl konnte eine solche Demütigung natürlich nicht hinnehmen, *Clemens* erklärte die neue Ehe für nichtig und *Elisabeth* als unehelich. *Heinrich* tobte und machte einem Rundumschlag: Die Abgaben an Rom wurden sofort eingestellt, dem Papst entzog er das Recht, bei Bischofswahl und -weihe zu entscheiden, die gesamte kirchliche Verwaltung kam unter königliche Order, und sich selbst ernannte er zum *Supreme Head of the Church of England*, zum **Oberhaupt der katholischen Kirche** in England. Proteste in der Bevölkerung gegen diese einschneidenden Maßnahmen gab es kaum.

Heinrich VIII.

Nachdem *Anne Boleyn* eine Totgeburt gehabt hatte und der König nicht mehr auf einen männlichen Nachfolger von ihr hoffte, ließ er **Anne den Prozess** machen. 22 Peers sprachen sie ohne jegliche Beweise des Ehebruchs mit fünf Männern und damit des Hochverrats schuldig, und im Mai 1536 wurde *Anne* hingerichtet.

Am Tag der Exekution ehelichte *Heinrich* **Jane Seymour,** die 1537 nun den lange ersehnten Sohn *Eduard* gebar (der kränkelnde und schwache Knabe sollte nur sechs Jahre regieren). *Jane* starb bei der Geburt.

1540 heiratete *Heinrich* **Anna von Kleve,** die Schwester des amtierenden Herzogs von Kleve, ohne seine Braut je gesehen zu haben. Der Hofmaler *Hans Holbein* hatte – wie bei solchen Anlässen üblich – zuvor ein Gemälde von der Dame angefertigt. *Heinrich* war entsetzt, als er seine zukünftige Ehefrau sah. „Mein Gott, eine flandrische Stute", soll er ausgerufen haben.. Gegen Zahlung einer beträchtlichen Summe an *Anna* holte man ihre Zustimmung zur Annullierung der Ehe ein.

Kurze Zeit später gab **Catherine Howard** dem Schlächter das Ja-Wort, was sie zwei Jahre später bitter bereuen sollte, denn auch sie ließ ihr Leben als angebliche Ehebrecherin auf dem Schafott.

Ab 1543 pflegte dann **Catherine Parr,** die sechste Ehefrau des Königs, den kränkelnden *Heinrich* bis zu seinem Tod im Jahre 1547.

zusammen weit über 100 Räume haben. *William* legte Wert darauf, dass sein „Dorf" so natürlich wie möglich aussah und dass jedes Cottage ein individuelles Aussehen bekam, sodass man glauben konnte, dass dies ein über Jahre gewachsenes Gemeinwesen war. Und in der Tat, das Tudor Village ist gut gelungen, nicht ein Haus gleicht dem anderen. 800 Arbeiter bauten drei Jahre am Dorf, während 748 weitere Handwerker das Schlösschen renovierten und den Garten anlegten. Ein Rundgang durch Hever Castle offenbart dem Besucher deshalb höfisches Leben aus der Zeit von *Heinrich VIII.*

Nach der Besichtigung sollte man einen Spaziergang durch den italienischen **Garten** bis zur Loggia am See nicht auslassen, und sich am **Heckenlabyrinth** erfreuen.

Öffnungszeiten: April bis Okt. Garten tgl. 10.30–18 Uhr, Schloss tgl. 12–18 Uhr.

Winston Churchill in Chartwell ↗ XXI/D2

Von 1924 bis zu seinem Tod 1965 lebte *Winston Churchill* zusammen mit seiner Frau *Clementine* („Clemmie") auf Chartwell beim Örtchen Westerham, ca. 10 km westlich von Sevenoaks. Hier schrieb er die meisten seiner 48 Bücher, hier malte er, entwarf seine Reden, bewirtete Besucher, vor allem aber schöpfte er hier seine Kraft, über Jahrzehnte ununterbrochen Machtpolitik zu betreiben. Chartwell ist ein wichtiger Schlüssel zum Verständnis dieses Mannes.

Zum ersten Mal sah *Churchill* das Haus 1921, als es mit 324 Hektar Land zum Verkauf stand. Weniger das Anwesen, als vielmehr die **Aussicht** faszinierten ihn sofort. Von Chartwell schweift der Blick über die sanft geschwungenen grünen Hügel der Wealds of Kent, wie diese anmutige Landschaft genannt wird. Auch *Clemmie* war begeistert – vom Ausblick wohlgemerkt, nicht vom Haus, das sie *irredeemably ugly* fand. *Churchill* hat mehrfach betont, dass er Chartwell nur wegen der Aussicht gekauft hatte. Neben dem ansprechenden Blick mögen ihn vielleicht auch die historischen Reminiszenzen eingenommen haben, denn es heißt, dass *Heinrich VIII.* hier nächtigte, wenn er auf Hever Castle um die Gunst von *Anne Boleyn* buhlte. Wichtiger aber war, dass Chartwell nur 37 km von Westminster, von den „Korridoren der Macht", entfernt lag.

Doch was nützte das alles, *Churchill*, sein Leben lang in Finanznöten, hatte kein Geld. Ende des gleichen Jahres jedoch machte er eine **Erbschaft**, die ihm ein Einkommen von 4000 £ jährlich sicherte. Chartwell stand immer noch zum Verkauf, jetzt gehörten jedoch nur noch 32 Hektar Land dazu, was den Kaufpreis stark drückte; *Churchill*, nun 48 Jahre alt, zahlte 5000 £, wenig im Vergleich zu den noch anstehenden **Renovierungskosten.** Der Architekt *Philip Tilden*, spezialisiert auf die Modernisierung alter Landsitze, baute unter ständigem Druck von

Churchill und *Clemmie* das Haus aus. „Keiner meiner Kunden hat mir je soviel Probleme bereitet und mit so viel Interesse am Fortgang der Arbeiten teilgenommen wie Mr. Churchill", stöhnte der Architekt noch Jahre später. Um zusätzlichen Platz zu schaffen und um möglichst viele Räume mit der Aussicht auf den Weald auszustatten kam ein großer, neuer Flügel hinzu, den der stolze Hausbesitzer – um Übertreibungen nie verlegen – sogleich *my promontory*, mein Vorgebirge, nannte.

Doch Chartwell erwies sich als ein Fass ohne Boden, von geschätzten 7000 £ konnte schon bald keine Rede mehr sein, die Summe stieg rasch auf das Doppelte, und erst als schließlich 18.000 £ aufgelaufen waren, konnte *Churchill* am 17. April 1924 an *Clemmie* schreiben: „Dies ist der erste Brief, den ich in diesem Hause in Angriff nehme, und es gehört sich so, dass ich ihn an Dich schreibe."

Churchill war von seinem Heim begeistert, nirgendwo fühlte er sich wohler. Steht man einige Meter entfernt im Garten, so steigt von einem kleinen Plateau ein ziegelroter Bau mit vielen Ecken, Kanten und Kaminen in die Höhe, dessen Farbe angenehm mit dem Grün des Rasens und dem Blau des Himmels kontrastiert. Verständlich der berühmte Satz von *Churchill*: „*A day away from Chartwell is a day wasted*", („Ein Tag ohne Chartwell ist ein vergeudeter Tag.").

Trotz der Anspannung in der Politik und seinen schriftstellerischen Tätigkeiten, mit denen er dringend benötigtes Geld in den Haushalt brachte, vergaß *Churchill* nie seine **Kinder** und verbrachte soviel Zeit wie eben nur möglich mit ihnen. *Winston* selbst hatte eine unglückliche Kindheit gehabt, so tat er alles, um Diana, Randolph, Sarah und Mary glücklich zu sehen. Beim Essen imitierte er gerne einen Gorilla, was die vier Kleinen mit freudiger Angst erfüllte, nach dem Dinner führte er oft ein spontanes Ein-Personen-Stück auf, das er sich beim Dessert ausgedacht hatte. Für die drei Älteren baute er ein Baumhaus, Mary bekam ein winziges Steinhäuschen, genannt Marycot – es steht noch immer.

Churchill liebte den **Luxus und die Bequemlichkeit,** und um beides zu haben, benötigte man Domestiken. So gab es im Haushalt acht Dienstboten, dazu drei Gärtner, einen Chauffeur, einen Pferdeburschen und einen Gutsverwalter. Die monatlich zu zahlenden Gehälter stürzten *Clemmie* mehr als einmal in tiefe Sorgentäler. Mit Geld konnte *Churchill* nicht umgehen, und er musste Zeit seines Lebens schreiben, um die hohen Ausgaben ausgleichen zu können.

Aufgrund irgendeiner Schnapsidee kaufte er Schweine, Rinder, Enten und Gänse und versuchte sich in der Landwirtschaft als Hobbyfarmer. Natürlich wurde daraus nichts, seine **ausgeprägte Tierliebe** ließ das Schlachten eines Schweines nicht zu, und so wurden alle Tiere besonders von den Kindern und von Winston sehr geliebte und geknuddelte Spielkameraden. Als *Clemmie* einmal im Zuge ihrer Sparmaßnahmen eine Gans über die Klin-

WINSTON CHURCHILL IN CHARTWELL

ge springen ließ und auf den Tisch brachte, reichte ihr *Winston* mit feuchten Augen die Geflügelschere: „Zerteil Du sie, Du weißt ja, sie war meine Freundin!"

Regelmäßig war **Besuch im Haus;** *Lawrence von Arabien* kam öfter mit seinem Motorrad – wie gewöhnlich in atemberaubendem Tempo – von seinem Refugium Clouds Hill angerast; dann legte er sich ein Tischtuch um den Kopf und spielte sehr zum Vergnügen der Kinder einen Beduinen. Auch *Charlie Chaplin* kam, wenn er in England war, griff sich dann einen der vielen Spazierstöcke aus der Eingangshalle und gab private Kostproben seines Talents zum Besten, wobei sich die Mitglieder der Familie *Churchill* vor Quieken den Bauch hielten.

Seine **Reden,** die er im Unterhaus oder sonstwo hielt, diktierte er, und er ging nie ohne einen solchermaßen vorbereiteten Text ins Parlament. In jungen Jahren hatte es ihm einmal mitten im Satz die Sprache verschlagen, er wusste nicht mehr weiter und brach seine Rede ab. Einen solch peinlichen

Chartwell, vom Garten aus gesehen

Winston Leonard Spencer Churchill – Ein Politikerleben

Winston Churchill erblickte am 30. November 1874 in der Damengarderobe von Blenheim Palace als erster Sohn von *Jenny* und *Randolph Churchill* das Licht der Welt. Der Ort war angemessen, denn im Palast von Blenheim residierten seit Jahrhunderten die Herzöge von Marlborough, zu deren Verwandtschaft *Winston* zählte.

Die Mütter der feinen Gesellschaft nährten ihre Kinder natürlich nicht selbst, dies war die Aufgabe einer Amme. So trat *Mrs. Elizabeth Anne Everest* in das Leben von *Winston* und sorgte mütterlich für ihren Ziehsohn.

Mit sieben Jahren kam *Winston* in ein Internat. Seine **Schulzeit** war eine reine Katastrophe. Er gehörte zu den schlechtesten Schülern und wehrte sich vehement gegen den stupiden Unterricht. Die Lehrer verprügelten ihn, und auch seine Altersgenossen brachten ihm wenig Sympathie entgegen.

Zweimal fiel *Winston* durch die Aufnahmeprüfung der Militärakademie Sandhurst, erst beim dritten Anlauf schaffte er die Hürde (immer noch recht knapp) und trat als **Kadett** in die Kavallerie ein, und dieses Leben sagte Winston zu.

1895 kam *Winston Churchill* zu seinem **ersten militärischen Einsatz,** ging als Beobachter zur spanischen Armee nach Kuba und berichtete als Sonderkorrespondent für den Daily Graphic. Nach England zurückgekehrt, wurde *Winston* nach Indien versetzt. Hier nahm er als **Kriegsberichterstatter** des Daily Telegraph und der indischen Zeitung Pioneer an den Kämpfen gegen die Afghanen teil und trat durch mutige Aktionen hervor. Im März 1898 erschienen seine gesammelten Artikel als Buch unter dem Titel „The Story of the Malakand Field Force"; am Ende des Jahres waren 8500 Exemplare verkauft, und *Winston* hatte innerhalb weniger Monate 382 £ verdient – das war mehr als sein Leutnantsgehalt für vier Jahre. Der junge Kavallerist stellte erstaunt fest, dass er vom Schreiben leben konnte. Im Laufe seines Lebens sollte er noch weitere 47 Bücher schreiben.

In jenen Tagen versuchte *Herbert Kitchener*, den **Sudan** nach dem Mahdi-Aufstand wieder dem Britischen Empire einzuverleiben. *Winston* kam als Kriegsberichterstatter in das Nil-Land, und hier nahm er 1898 an der letzten großen englischen Kavallerie-Attacke teil. Über den Feldzug schrieb *Winston* das zweibändige, fast tausend Seiten dicke Werk „The River War", das in dem angesehenen Verlag Macmillan herauskam und trotz des abschreckenden Volumens sogleich ein Bestseller wurde.

Der Autor war nun bekannt genug, dass er sich seiner eigentlichen Ambition widmen konnte: *Winston* wollte natürlich in die Politik, und die Konservativen stellten ihm einen Wahlkreis zur Verfügung. Doch trotz aller Anstrengungen gewann er keinen Parlamentssitz. Der junge Karrierist ging also statt dessen als Kriegsberichterstatter der „Morning Post" nach **Südafrika**, wo die Briten gegen die Buren kämpften. So bekannt und als Journalist geschätzt war er nun, dass die Zeitung dem 25-jährigen die Reisespesen sowie 250 £ monatlich zahlte – nach heutiger Kaufkraft ca. 4000 €.

In Südafrika geriet *Winston* in die Gefangenschaft der Buren, konnte aber fliehen und galt in Großbritannien fortan als **Held.** Sein Buch „From London to Ladysmith via Pretoria" verkaufte sich bestens und machte ihn noch bekannter. So war es nicht verwunderlich, dass der junge Held bei der kommenden Wahl einen **Parlamentssitz** erringen konnte. Anfang des Jahres 1901 wurde *Winston* im Unterhaus vereidigt. Danach „nahm Churchill seinen Sitz auf einer der hinteren Bänke ein, rückte sich den Zylinder in die Stirn, beugte sich in der Haltung des erfahrenen Parlamentariers lässig vor, steckte die Hände in die Taschen und beobachtete aufmerksam die Vorgänge in diesem Raum, der für die folgenden 63 Jahre die Arena seines politischen Wirkens sein sollte." Er war 26 Jahre alt.

Winston Leonard Spencer Churchill

Churchill machte sich sogleich an den weiteren Ausbau seiner Politikerlaufbahn, und viele empfanden seinen **starken, ungebremsten Ehrgeiz** als abstoßend. Nach Ansicht eines Zeitgenossen war er „frech, rechthaberisch, egozentrisch, interessiert sich nur für sich selbst und seine Karriere und scheut sich nicht, auf jede nur mögliche Weise voranzukommen." 1904 verließ *Churchill* die Konservativen und trat der Liberalen Partei bei. Ein Jahr später bekam er ein **erstes Regierungsamt** und avancierte zum Unterstaatssekretär für die Kolonien. Im April des Jahres 1908 avancierte *Churchill* zum **Handelsminister** und zog damit – was er lange herbeigesehnt hatte – im Alter von 33 Jahren in das Kabinett ein.

Fünf Monate später **heiratete** *Amber Pug*, der bernsteinfarbene Mops, das 10 Jahre jüngere Kätzchen *Clementine Hozier* (so nannten sich die beiden ein Leben lang).

1910 stieg *Churchill* in der Regierungshierarchie weiter auf und wurde mit 35 Jahren zum **Innenminister** ernannt. Es galt als sicher, dass er in absehbarer Zeit zum Premierminister berufen würde.

Im September 1911 – bei der britischen Kriegsflotte fehlte ein starker Mann an der Spitze – avancierte *Churchill* zum Ersten Lord der Admiralität, zum **Marineminister**. Es war seine Aufgabe, dafür zu sorgen, dass Großbritannien die Überlegenheit zur See behielt. *Churchill* erkannte die Zeichen der Zeit, modernisierte die englische Flotte, indem er beispielsweise alle Schiffe von Kohle- auf Ölfeuerung umstellen ließ. In die verkrusteten Strukturen des Offizierskorps brachte er neuen Schwung und scheute sich nicht, seine Admiräle derbe anzufahren. Als er beschuldigt wurde, gegen die Traditionen der königlichen Flotte zu handeln, erwiderte er: „Und was sind diese Traditionen? Ich werde es Ihnen mit drei Worten sagen. Rum, Sodomie und die Knute. Guten Morgen, Gentlemen!"

Am 4. August 1914 trat Großbritannien in den Krieg ein. Die Front erstarrte bald im Grabenkrieg; auf *Churchills* Initiative gingen die Entwicklungen der ersten Panzer zurück, die als einzige in der Lage waren, den erstarrten Frontenkrieg aufzulösen. Doch konnte die britische Rüstungsindustrie nicht genügend Tanks zum Einsatz bringen.

Um die deutsche Westfront nachhaltig zu schwächen, entwickelte Churchill einen Plan für einen Zweifrontenkrieg. Das Kabinett billigte zwar *Churchills* Strategie, überließ ihm aber nicht die Durchführung. Uneinsichtige und wenig entschlossene Admiräle verpatzten die Aktion, 40.000 Briten kamen ums Leben – das Scheitern des Plans jedoch wurde *Churchill* angelastet, er musste seinen Hut nehmen und zurücktreten. Auf eigenen Wunsch kommandierte man ihn **in die Gräben Flanderns** ab – sein Fall war tief: Vom Ersten Seelord und potentiellen Premierministerkandidaten zum kleinen Offizier! Noch vor Kriegsende jedoch schied er aus der Armee aus und nahm seinen Unterhaussitz als einfacher Abgeordneter wieder ein.

Nach Kriegsende wurden Neuwahlen ausgeschrieben, und *Churchill* siegte in seinem Wahlkreis mit überwältigender Mehrheit; man musste ihm wieder einen einflussreichen Kabinettsposten anbieten: Sehr zum Ärger seiner Feinde avancierte er zum **Kriegs- und Luftfahrtsminister**. Ende 1920 bat *Churchill* den Premierminister um einen anderen Kabinettsposten, und der ernannte ihn zum **Kolonialminister**.

In der Parlamentswahl vom 15. November 1922 verlor *Churchill*, sehr zur Freude seiner vielen Feinde, sein Unterhausmandat. Für eine kurze Zeitspanne war er kaum politisch tätig. Er widmete sich der **Schriftstellerei** und begann eine fünfbändige Geschichte des Ersten Weltkriegs.

1924 erhielt *Churchill* das Amt des **Schatzkanzlers** und war damit wieder mit einer gewichtigen Stimme im Kabinett vertreten. Ein hochrangiger Konservativer nannte ihn einmal den „lustigsten Steuereinnehmer seit Robin Hood."

Churchill war ein brillanter Rhetoriker, besaß Humor, Schlagfertigkeit und eine **ver-

Winston Leonard Spencer Churchill

nichtende Boshaftigkeit. Eine Parlamentsabgeordnete beschimpfte *Churchill* einmal auf einer Abendgesellschaft und schloss ihre Tirade mit den Worten: „Mr. Churchill, außerdem sind Sie ja völlig betrunken." „Und Sie, Madame", gab *Churchill* zurück, „sind sehr hässlich. Aber ich werde morgen wieder nüchtern sein." *Lady Astor*, eine der wenigen Frauen im Unterhaus, war eine seiner schärfsten Kritikerinnen. Bei einem offiziellen Abendessen fauchte sie ihn einmal an: „Winston, wenn ich Ihre Frau wäre, würde ich Ihnen Gift in die Suppe tun." *Churchill* antwortete: „Nancy, wenn ich Ihr Mann wäre, würde ich sie essen." Den amerikanischen Außenminister *John Foster Dulles* nannte *Churchill* den „einzigen Elefanten, der seinen eigenen Porzellanladen mitbringt."

Ende der 1920er Jahre kam es zwischen dem Premierminister und *Churchill* zu tiefgreifenden Differenzen in der Indienfrage. *Churchill* – kein Mann des 20. Jh., sondern im Geiste der viktorianischen Ära verhaftet – bekämpfte vehement die Unabhängigkeitsbestrebungen in Indien. 1931 kam es zum Bruch mit seiner Partei, und Churchill reichte seinen Rücktritt vom Amt des Schatzkanzlers ein. Er schien **politisch am Ende.** Ein Jahr später besuchte eine englische Delegation die Sowjetunion, und *Stalin* fragte *Lady Astor* nach ihm. „Churchill?", antwortete sie fragend, als müsste sie sich erst an den Namen erinnern, „der ist erledigt!"

Die folgenden neun Jahre bekämpfte Churchill die Politik seiner eigenen Partei, war er der einzige, der unermüdlich vor dem Größenwahn *Hitlers* warnte, wurde aber nicht ernst genommen. Mit glänzenden Analysen und ätzenden Attacken ging er gegen die *Appeasement* (Beschwichtigungs-) Politik *Chamberlains* vor.

1940 hatten die Deutschen die englische und die französische Armee vernichtend geschlagen und in Dünkirchen zusammengetrieben. *Hitler* bereitete die Invasion Großbritanniens vor, und nichts und niemand schien ihn aufhalten zu können. In dieser Situation ernannte *Georg VI.* den 66-jährigen *Winston Churchill* zum **Premierminister.** In einer ersten Radioansprache hörten die Briten die berühmten vier Worte, die noch heute jedes Schulkind kennt: „Ich habe Ihnen nichts anderes zu bieten als Blut, Mühsal, Tränen und Schweiß."

Nach Kriegsende wählten die Engländer überraschend die Labour Party, und *Clement Attlee* wurde Premierminister. Noch während der Potsdamer Konferenz trat *Churchill* zurück. Den Frieden zu managen, das trauten die Briten ihm nicht zu. Doch 1951 kehrte er in die Downing Street zurück, 81-jährig gab er aus Altersgründen das Amt auf, blieb aber als Abgeordneter im Unterhaus. 1953 erhielt *Churchill* den **Nobelpreis für Literatur.**

Am 24. Januar 1965 starb *Churchill* im Alter von 90 Jahren in London.

Winston Churchill in Chartwell

Vorfall wollte der eitle *Churchill* nicht ein zweites Mal erleben. Dennoch brauchte er seine abgetippten Redeentwürfe nie, er sprach sein ganzes Leben weiterhin frei, und mit seiner Wortgewalt entwarf er große Bilder und Visionen, er war einer der besten Rhetoriker, die je im Unterhaus gesprochen haben. Seine Reden waren berühmt, und es gab Abgeordnete, die nur ins Parlament kamen, wenn er sprach.

Während des Krieges kamen die *Churchills* kaum nach Chartwell, das Haus wurde regelrecht eingemottet. Als alles vorbei war, nahm *Winston*, jetzt nur noch einfacher Unterhausabgeordneter, seine gewohnten Tagesabläufe in Chartwell wieder auf.

Wieder einmal gab es **Geldprobleme.** Dienstboten waren kaum noch zu bezahlen, das große Haus konnte jedoch nicht ohne sie auskommen. Darüber hinaus verschlangen allein die Instandhaltung und die laufenden Kosten ein Vermögen. Die *Churchills* waren kurz davor, ihr geliebtes Heim verkaufen zu müssen. Doch da sprang eine Gruppe anonymer Bankiers ein und übernahm den gesamten Unterhalt von Chartwell. (Nach dem Tod von *Churchill* sollte das Haus dann an den National Trust fallen. Die Namen der Spender finden sich heute in eine Metallplatte an der Terrassenmauer eingraviert.)

Mit einer großen Sorge weniger machte sich *Churchill* wieder an seine Buchprojekte und an seine **Malerei** – eine weitere Profession, in der er es weit brachte.

Im Alter von 41 Jahren, mitten in einer tiefen Depression, hatte er auf Anregung von Freunden mit dem Malen angefangen und schnell festgestellt, dass er sich vor einer Staffelei physisch wie psychisch außerordentlich schnell erholen konnte. Andere Künstler gaben ihm Hinweise, leiteten ihn an oder stellten ihm für einige Zeit ihre Bilder zur Verfügung, damit er sie kopieren und dabei lernen konnte. *Churchill* verließ das Haus bald nicht mehr ohne seine Pinsel und Farben. 1947 hatte er einen großen Erfolg; unter dem Pseudonym *David Winter* schickte er drei Bilder an die Royal Academy; alle drei wurden akzeptiert. Kurz danach nahm man ihn als *Honorary Academician Extraordinary* in die Royal Academy auf, und wie alle anderen Akademie-Maler stellte er bei den jährlichen *Summer Exhibitions* einige seiner Werke aus. 1959 ehrte ihn die Royal Academy mit einer Einzelausstellung.

Über 500 **Bilder von Churchill** sind erhalten, davon befinden sich 125 in Chartwell.

Versäumen Sie also nicht, nach der Besichtigung des Hauses einen Blick in *Churchills* Atelier zu werfen.

Öffnungszeiten (NT): Haus, Atelier und Garten Mitte März bis Okt. Mi–So 11–17 Uhr, Juli/Aug. auch Do geöffnet.

Knole und Sissinghurst
– Vitas und Harolds Zuhause

Einige Kilometer östlich von Chartwell liegt das verschlafene Landstädtchen Sevenoaks, in dem 1894 **H. G. Wells** lebte; hier beendete er seinen berühmtesten Roman, der ihn bis in unsere Tage bekannt gemacht hat und der in fast alle Sprachen der Welt übersetzt wurde: „Die Zeitmaschine".

Eigentlicher Grund eines Besuchs ist jedoch eines der größten englischen Herrenhäuser in der Umgebung – Knole, eine Stadt im Kleinen. Hier wuchs **Vita Sackville-West** auf, von der schon in Verbindung mit *Virginia Woolf* und den Häusern Charleston Farmhouse und Monk's House die Rede war.

Geschichte

Knoles frühe Geschichte liegt im Dunkeln, doch nimmt man an, dass bereits Ende des 12. Jh. ein erstes Haus auf diesem Grund stand. Gesichert immerhin ist, dass ein gewisser *William Fiennes* am 30. Juni 1456 das Anwesen für 266 £ 13 s 4 d an *Thomas Bourchier,* Erzbischof von Canterbury, verkaufte. Der baute an und um und vermachte es dann an seinen Nachfolger im Amt.

Vier weitere Erzbischöfe residierten in Knole, da fiel das Auge von *Heinrich VIII.* auf das Herrenhaus, und er zwang den Kirchenmann *Thomas Cranmere,* das Anwesen an ihn abzutreten. Auf die gleiche Art und Weise hatte sich Heinrich bereits den Palast Hampton Court seines Lordkanzlers *Thomas Wolsey* einverleibt. Es bedeutete nie etwas Gutes, wenn der Blick dieses Schlächters auf etwas oder auf jemanden fiel. Heinrich investierte immerhin große Summen in den weiteren Ausbau, ohne je lange in Knole verbracht zu haben.

In den folgenden Jahren wechselte der Palast in rascher Folge mehrfach den Besitzer, bis ihn schließlich 1566 **Elisabeth I.** ihrem Cousin *Thomas Sackville* zum Geschenk machte; ein Jahr später ernannte sie ihn zu Lord Buckhurst, und 1604 stieß **Jakob I.** den Glücklichen weiter die Adelsleiter hoch; aus Lord Buckhurst wurde der **1. Earl of Dorset.** Seit jenen Tagen leben ununterbrochen die Sackvilles auf Schloss Knole, und in jeder neuen Generation wurde angebaut, modifiziert und renoviert – Knole wuchs und wurde immer größer. Es heißt, dass dem Haus – „ein mittelalterliches Dorf mit seinen viereckigen Türmchen und grauen Mauern, seinen hundert Schornsteinen, die blaue Rauchfahnen in den Himmel sandten" – eine astronomische Zählweise zugrunde liegt; danach gibt es sieben Innenhöfe, die für die sieben Tage der Woche stehen, 52 Treppen, für jede Woche des Jahres eine, und 365 Räume, einen für jeden Tag.

Seit 1946 ist das Anwesen im Besitz des **National Trust,** doch selbstverständlich haben die Sackvilles ihr Wohnrecht behalten.

Vita Sackville-West in Knole ⤴ XXI/D2

Während alle großen Herrensitze, die bisher vorgestellt wurden, aus einem einzigen Gebäude bestanden, so hat es bei Knole den Anschein, dass es sich um eine ganze Reihe von verschiedenen, miteinander verbundenen Häusern handelt; so umfangreich ist das bebaute Areal, dass es fast so aussieht, als hätte man ein kleines Dorf vor sich.

Vita Sackville-West lässt in ihrem Roman **„Schloß Chevron"** (= Knole) den Protagonisten *Sebastian* vom Dach auf das Anwesen schauen: „Weite Flächen rotbrauner Dächer umgaben ihn, in Stein gehauene heraldische Ungeheuer hockten an jeder Giebelecke. Über dem großen Hofplatz wehte die Fahne rot und blau und schlaff von einem Turm herab. Unten im Garten, auf einem leuchtend grünen Rasenplatz, konnte er die verstreuten Gestalten der Gäste seiner Mutter sehen; einige saßen unter den Bäumen, einige streiften umher; er konnte ihr Lachen und den Aufschlag der Krockethämmer hören. Rund um den Garten breitete sich der Park aus; ein Rudel Rehe stand, mit den kurzen Schwänzen schlagend, im Schatten der Buche. Alles das konnte er von der freien Höhe des Daches aus sehen" – und das alles kann man heute auch noch sehen!

Knole

In solch einem Haus also wurde am 9. März 1892 *Vita* geboren und wuchs hier als Einzelkind und als rechter Wildfang auf. „Immer schmutzig und zerzaust", tobte sie über Wiesen und Felder, schmierte anderen Kindern Klebstoff in die Nasenlöcher oder prügelte sie mit Brennnesseln – mit anderen Worten, eine verzogene Göre. Allerdings muss man der Kleinen zugute halten, dass ihre neurotische Mutter nicht müde wurde, der Tochter zu erzählen, wie hässlich sie sei und ihr Anblick daher unerträglich. Wie ihr Leben gezeigt hat, war *Vitas* psychische Konstitution kräftig genug, sodass keine traumatischen Narben zurückblieben.

1913 heiratete sie den Diplomaten *Harold Georg Nicolson,* und es begann eine ungewöhnliche Ehe, denn beide hatten eine Reihe von gleichgeschlechtlichen Beziehungen. Ihr Sohn *Nigel Nicolson* hat über die ungewöhnliche Partnerschaft seiner Eltern den Band „Portrait of a Marriage" publiziert; hier ist ein geheimes Tagebuch von *Vita* wiedergegeben, das ihre Beziehung zu *Violet Trefusis* offenlegt. Die weiteren Kapitel stammen von *Nigel*, in denen er die Ehe seiner Eltern beschreibt; sein Buch ist, wie er zu Recht sagt, „a document unique in the vast literature of love". Es ist ein lesenswerter Band! Auch die Briefe seiner Eltern hat *Nigel* herausgegeben.

1929, nach *Vitas* Liebschaft mit *Virginia Woolf,* begann sie mit den Arbeiten an ihrem Roman „The Edwardians" (1930, dt. „Schloß Chevron"), der ein Jahr später in der Hogarth Press von *Leonard Woolf* erschien und der in Knole spielt. „Vitas Buch ist ein derartiger Bestseller, dass Leonard und ich im Geld schwimmen, wir verkaufen jeden Tag ungefähr 800 Exemplare", konnte *Virginia* schon nach wenigen Wochen ihrem Neffen und späteren Biografen *Quentin Bell* berichten. Auch in den USA war der Titel ungewöhnlich erfolgreich und wurde zum *Literary Guild Book of the Month* gekürt, Übersetzungen in andere Sprachen folgten, und irgendjemand erarbeitete gar eine Bühnenadaption. *Vita* selbst sah völlig zu Recht den Band nicht als eine besondere schriftstellerische Leistung an, aber es ist eine gut erzählte Geschichte über die in ihren letzten Zügen liegende, verkommene edwardianische Gesellschaft im ausgehenden 19. Jh. Der prätentiöse *Leonard Woolf* schrieb in seiner Autobiografie über *Vita,* dass sie „eine aufrichtige, einfache, sentimentale, romantische, naive und fähige Schriftstellerin" sei, und weiter heißt es wenig schmeichelhaft: „Als sie diese Fähigkeiten in den Roman über die große Gesellschaft legte, schrieb sie mit Schloss Chevron einen Zeitroman und einen Bestseller. (...) Romane ernsthafter Schriftsteller werden zuweilen auch Bestseller, aber die meisten der erfolgreichen Bücher werden heute von zweitrangigen Schriftstellern geschrieben, deren psychologisches Gebräu ein wenig Naivität, Sentimentalität, die Veranlagung zum Geschichtenerzählen und eine rätselhafte Zuneigung zu den Tagträumen der einfachen Leute enthält. *Vita* gehörte beinah zu diesen Autoren, es fehlte ihr lediglich genug der dritten und vierten Zutat des Gebräus."

Unnötige Worte für eine gut komponierte Geschichte, die *Vita* in einer Zeit schrieb, als es ihr in ihrem Leben am besten ging. Sie war Ende 30, hatte ihr Verhältnis mit *Mary*, der Frau des Dichters *Roy Campbell*, beendet und gerade eine Liebschaft mit der BBC-Direktorin *Hilda Metheson* begonnen. *Harold*, dem der Zeitungsmagnat *Lord Beaverbrock* eine 3000-Pfund-Stelle offerierte, war nach langem Drängen endlich bereit, den langweiligen diplomatischen Dienst an den Nagel zu hängen und sich endlich ganz dem Schreiben zu widmen, und es war in diesen Tagen, dass sich die beiden entschlossen, Sissinghurst Castle zu kaufen (s. u.).

Das zweite Buch, das von Knole und *Vita* erzählt, ist „Orlando" von *Virginia Woolf*, das ein Jahr vor „Schloß Chevron" auf den Markt kam. Als Vorlage diente ihr das von *Vita* 1922 gründlich recherchierte Werk „Knole and the Sackvilles", in dem *Vita* die Geschichte des Anwesens und ihrer Familie erzählt. *Vita* fühlte sich zu Knole stark hingezogen und beteuerte oft, dass sie nichts so sehr auf der Welt liebe wie Knole (Ehemann *Harold* ausgenommen, wie sie anschließend immer hinzufügte).

Virginia, die „Orlando" ihrer Liebesbeziehung mit *Vita* gewidmet hat, begann 1927 mit der Arbeit, nachdem sie ihren schwierigen und arbeitsintensiven Titel „To the Lighthouse" (1927, dt. „Die Fahrt zum Leuchtturm") fertiggestellt hatte. Sie wollte sich mit diesem Titel auch eine geistig-kreative Schaffenspause gönnen, und so notierte sie in ihrem Tagebuch: „Denn ich spüre wirklich das Bedürfnis nach einer Eskapade nach diesen ernsthaften, poetischen, experimentellen Büchern, deren Form immer so genau durchdacht ist. Ich glaube, es wird großen Spaß machen, es zu schreiben; und es wird meinem Kopf eine Ruhepause verschaffen, bevor ich das sehr ernsthafte mystische, poetische Werk in Angriff nehme, das als nächstes für mich ansteht (nämlich ‚The Waves')." Und ein Jahr später heißt es: „Ich habe dieses Buch schneller als irgendein anderes geschrieben: & es ist ein einziger Witz; & doch heiter & schnell lesbar, glaube ich; Ferien eines Schriftstellers." Zwei Tage später schreibt sie in einem Brief an *Vita*: „Ich habe alle diese Monate in Dir gelebt – wenn ich herauskomme, wie bist Du wirklich? Existierst Du? Habe ich Dich erfunden?"

„Orlando. A Biography" kam in der Hogarth Press in einer Auflage von 5080 Exemplaren heraus, schon wenige Tage später mussten weitere 3000 Bücher nachgedruckt werden, gleichzeitig gingen in den USA 6350 Exemplare in die Buchhandlungen. Der Titel wurde ein großer finanzieller Erfolg für *Virginia*. Das Originalmanuskript schenkte sie *Vita*; es kann heute in der Great Hall von Knole besichtigt werden.

Als Frau durfte *Vita* ihr heißgeliebtes Knole nicht erben, nach der Hochzeit zog sie deshalb mit *Harold* nach London. Doch nichts ist der Engländer ohne ein Haus auf dem Land, und bei

Spaziergängen in der Umgebung von Sevenoaks entdeckten sie **Long Barn** (lange Scheune), ein altes Bauernhaus aus der zweiten Hälfte des 14. Jh. Wie es hieß, soll *William Caxton*, der erste Drucker Englands, hier um 1422 geboren worden sein. Die beiden erweiterten das alte Gemäuer, indem sie eine Scheune umbauten, und verbrachten nun die Wochenenden und Ferien hier. In Long Barn begann 1918 auch die lange Liebesbeziehung mit *Violet Trefusis*, die die moralgeschwängerte nachviktorianische Gesellschaft völlig aus dem Häuschen brachte. 1925 übersiedelten *Harold* und *Vita* ganz nach Long Barn; als das umliegende Gelände als Bauland ausgeschrieben wurde, war es jedoch vorbei mit der Ruhe, und die beiden mussten auf die Suche nach einem neuen Refugium gehen.

Sissinghurst ⤢ XXII/B3

1930 kauften *Harold* und *Vita* das heruntergekommene **Sissinghurst Castle** rund 30 km südlich von Knole und Long Barn. Der Begriff Castle ist missverständlich, denn Wehranlagen sind keine mehr vorhanden. Lediglich ein freistehender elisabethanischer Turm, ein langgestrecktes, niedriges Gebäude *(Main Cottage)*, ein kleines Häuschen *(Priest House)* und das so genannte *South Cottage* bilden das Gebäudeensemble von Sissinghurst. Die Bibliothek ist zu besichtigen, und im Turm kann man durch ein Türgitter einen Blick in *Vitas* Arbeitszimmer werfen. Es ist so, als wäre *Vita* gerade mal nach draußen gegangen, alles ist so erhalten wie in ihren Tagen. Dass man das Zimmer nicht betreten darf, hat seinen Grund – Vita wollte es nicht und schrieb kurz vor ihrem Tod über den Raum: „Oh stranger wander everywhere / Within the garden that I made / But come not here, oh come not here / Where I am shy but unafraid."

Die Gebäude lagen fast in Ruinen, als *Harold* und *Vita* Sissinghurst übernahmen. Es gab keinen Strom und kein fließend Wasser, kein Hausteil war bewohnbar. In den ersten zwei Jahren kampierte die ganze Familie während der Renovierungswochenenden im untersten Zimmer des Turms. Im nördlichen Teil vom Main House, den ehemaligen Stallungen, richteten sie die lange Bibliothek ein, ein Raum, der auch als gemeinsames Wohnzimmer genutzt wurde. Küche und Esszimmer sowie die Räume für die beiden Söhne *Nigel* und *Ben* kamen ins Priest House. Im Turm richtete sich *Vita* ihr Arbeitszimmer ein, während *Harold* im South Cottage seine Bücher und Artikel schrieb. Im Main House schließlich, dort wo *Nigel* heute noch immer lebt, befanden sich die Schlafzimmer und die Bäder. Wollte man von einem Zimmer zum nächsten, so musste ein jeder aus der Familie immer durch den Garten gehen. Da der kleine Park also praktisch die Fortsetzung der Räumlichkeiten war, ist es nicht verwunderlich zu hören, dass *Harold* und *Vita* „sich einen Garten von privatem, geradezu intimem Charakter wünschten."

Sissinghurst ist der **schönste Garten** in ganz England und daher zu Recht auch der am meisten besuchte. Wäh-

rend *Harold* für die Gestaltung der Anlage zuständig war, suchte *Vita* Pflanzen und Büsche aus, um sie in Harolds Konzept einzupassen. In einem speziellen Gartentagebuch hat sie jeden einzelnen Schritt festgehalten und daraus Anregungen für ihre wöchentliche Gartenkolumne im „Observer" gezogen. **Vitas Gartenphilosophie** war einfach und wirkungsvoll: „Eine strikte Formalität in der Gestaltung, verbunden mit einem Maximum an Informalität in der Bepflanzung."

Schaut man von der Turmterrasse nach Norden in den „Weißen Garten" hinein, dann „sieht man die Beete im Juni bis August voller weißer Rosen, Königslilien, Löwenmäulchen, Pfingstrosen, Ziest, Buddleja, Callas, Fingerhüten Ehrenpreis – ein blendend weißer Juligarten, kühl und frisch im Kontrast des Weiß der Blüten zum Grün der Hecken."

Hören wir *Vita* über die grundsätzliche Anlage von Sissinghurst erzählen: „Wir stimmten vollkommen darin überein, was das Grundprinzip des Gartens sein sollte: eine Kombination aus langen, axialen Wegen, von Nord nach Süd und von Ost nach West verlaufend, gewöhnlich mit einer Statue oder einem Bogengang oder einem

Paar Wächterpappeln als Endpunkten, und der intimen Überraschung kleiner, sich von den Wegen her öffnender geometrischer Gärten, wie wenn die Zimmer eines riesigen Hauses von seinen zentralen Korridoren abgehen." Und als Pflanzen wünschte sie sich „ein Durcheinander von Rosen und Geißblatt, Feigen und Wein, es war ein romantischer Ort, und er musste, innerhalb der Nüchternheit von Harolds strenger Linienführung, auch romantisch behandelt werden. (...) Meine Vorliebe für Üppigkeit im Garten gehört untrennbar zu meiner Gartenphilosophie. Ich liebe Großzügigkeit, wo immer ich ihr begegne, ob in Gärten oder sonstwo. Ich verabscheue alles Knausrige und Schäbige. Auch der kleine Garten kann in seiner Beschränkung verschwenderisch wirken."

Vita Sackville-West starb 70-jährig am 2. Juni 1962, sieben Wochen nach einer Krebsoperation im ersten Stock von Priest House, an ihrer Seite ihre letzte Freundin *Edie Lamont*. Nach dem Tod seiner Mutter schrieb *Nigel* über seinen Vater *Harold*: „Er war nie wieder der gleiche. Er ging mit ihr." *Harold* überlebte *Vita* um sechs Jahre, geistig verwirrt starb er im Alter von 81 Jahren am 1. Mai 1968.

Öffnungszeiten

- **Knole,** April bis Okt. Mi–So 12–16 Uhr, Aug. Di–So 11–16.30 Uhr.
- **Sissinghurst,** Mitte März–Okt. Fr–Di 11–18.30 Uhr. Aufgrund des starken Besucherstromes hat der National Trust Zeit-Tickets eingeführt; dadurch können sich längere Wartezeiten ergeben, bevor man in den Garten eingelassen wird.

Leeds Castle ⚔ XXII/B2
– Eine Burg wie im Traum

Einige Minuten Fahrt von Seven Oaks gen Osten, und man gelangt ins Städtchen Maidstone, in dessen Umgebung Schloss Leeds zu finden ist, zu dem *Lord Conways* völlig zu Recht bemerkte: „Leeds an einem Herbstabend, wenn der Farn sich golden verfärbt hat und zwischen den Bäumen ein schwacher blauer Dunst schwebt. Von Wasser umgeben, ist Leeds dann das lieblichste Schloss, das es auf der Welt gibt."

Doch selbst an ganz normalen Tagen macht die Burg, so wie sie da im Wasser liegt, umschwommen von schwarzen Schwänen und schnatternden Enten, einen ausgezeichneten Eindruck.

Schon zu angelsächsischen Zeiten soll diese Region im Besitz der jeweiligen Königshäuser gewesen sein. Nach der normannischen Invasion ging die Gegend an einen gewissen *Robert de Crèvecoeur* über, der mit dem Bau eines Donjon begann. Rund 150 Jahre später gelangte dieser Bergfried in den Besitz von **Eduard I.,** der weitere Ausbauten vornehmen ließ und gerne mit seiner geliebten *Eleonore von Kastilien* vor Ort weilte. Als die Königin 1290 starb, war *Eduards* Schmerz unermesslich. „Meine Harfe trauert in wehklagendem Ton; zu ihren Lebzeiten liebte ich sie innig, und ich kann auch im Tod nicht aufhören, sie zu lieben." Nach der Beerdigungsprozession ließ der trauernde Gemahl am Wegesrand überall dort ein Eleonorenkreuz errichten, wo die Sargträger gerastet hatten, das letzte Kreuz, das Charing Cross, gab dem bekannten Londoner Bahnhof seinen Namen. Hier ist auch eine Nachbildung des Eleonorenkreuzes zu sehen.

Schloss Leeds blieb auch in den folgenden Jahrhunderten im Besitz der Krone. **Heinrich VIII.** ließ den ganzen Komplex wieder einmal umfangreich erneuern, baute an und besuchte Leeds oft und gerne mit seiner *Katharina von Aragon*. *Heinrich* war es auch, der Leeds in die Hände seines getreuen Höflings *Sir Anthony St. Leger* gab, sodass es ab nun für die nächsten Jahrhunderte nicht mehr königliche Residenz war.

Zu Anfang des 20. Jh. interessierte sich der amerikanische Zeitungsmagnat **Randolph Hearst** für Leeds Castle. „Will Schloss in England kaufen", kabelte der Exzentriker an seinen Agenten vor Ort, „ausfindig machen, was zurzeit im Angebot ist." Der Bericht, der nach der Besichtigung durch den Makler an *Hearst* abging, war nicht sonderlich günstig. „Ganz einmalig als Antiquität, erfordert aber große Ausgaben, um es bewohnbar

---

„Ich sehe hier viel mehr Stutzer als in Paris. Ihre Kopfbedeckung ähnelt einem Zuckerhute; ihr Haar hängt, dick gesalbt, bis auf die Schultern herab; das Maul ist meist aufgesperrt und ihr Gang sehr unanständig."

Nikolai Karamzin, „Briefe eines reisenden Russen", 1790

LEEDS CASTLE

zu machen; nirgends ein Bad, einzige Beleuchtung Lampen; Bedienstetenräume unten im Kerker." *Hearst* nahm Abstand.

Es war dann die angloamerikanische **Lady Baille,** die 1926 die Burg kaufte und all ihr Sinnen und Trachten daransetzte, Leeds in eines der schönsten Häuser Englands umzuwandeln. Ihr ist nicht nur die umfangreiche Restaurierung und Modernisierung zu verdanken, sie brachte das Anwesen auch in eine Stiftung ein, die nun für den Erhalt des Schlosses sorgt. Regelmäßig finden Konferenzen und Tagungen auf Leeds Castle statt, und für die Besucher der Region ist die Burg natürlich zu einer großen Touristenattraktion geworden.

Zu Leeds Castle gehören noch ein Golfplatz, ein Restaurant mit Souvenirshop, eine Vogelvoliere, ein Weingarten, ein Heckenlabyrinth und etwas seltenes, ein Hundehalsbandmuseum.

Öffnungszeiten: April bis Sept. tgl. 10–18 Uhr, Okt. bis März tgl. 10–17 Uhr.

In neuem Glanz: Schloss Leeds heute

Mord im Dom

Thomas Becket (1118–1170) war der Sohn eines wohlhabenden normannischen Tuchhändlers und wuchs in London und Paris auf. In Auxerre und Bologna studierte er Theologie und kanonisches Recht. 1155 wurde er **Lordkanzler** von *Heinrich II. Kurzmantel* (reg. 1154–1189); bis heute sind sich die Historiker dahingehend einig, dass *Becket* die beherrschende Figur bei Hofe war und mit großer Umsicht, Intelligenz und hervorragendem diplomatischem Geschick die Interessen Englands wahrte. Im Laufe der Jahre verband gar eine persönliche Freundschaft den Herrscher und seinen Lordkanzler.

Als *Thomas Becket* 1162 zum **Erzbischof von Canterbury** geweiht wurde, nahm er die Kirchengeschäfte mit gleicher Inbrunst wahr und verweigerte sich *Heinrichs* „Constitutions of Clarendon", in denen die Macht der Kirche unter die Oberhoheit des Staates und des Souveräns gestellt werden sollte. *Heinrich* ließ *Beckets* Besitztümer konfiszieren, und der Erzbischof **floh nach Frankreich**.

Zwei Jahre später stellte er sich unter den Schutz des Papstes, der ihn erneut in sein Amt einsetzte. 1170 erfolgte eine **Versöhnung** zwischen *Heinrich* und *Becket*, die jedoch nicht lange anhielt. *Becket* war weiterhin bereit, die Interessen der Kirche unter allen Umständen zu wahren, und so kam es bald zu **neuen Zusammenstößen** zwischen ihm und dem Monarchen. Der rief eines Tages, umgeben von seinen Höflingen und Rittern, zornentbrannt aus: „Who will rid me of this low-born priest?"

Die Historiker sind sich einig, dass *Heinrich* die Frage rein rhetorisch stellte und nicht ernsthaft die Absicht hatte, **dem hohen Kirchenmann ans Leben** zu gehen. Doch vier Schurken aus seiner Ritterschar, *Richard Brito*, *Hugh de Moreville*, *Reginald FitzUrse* und *William de Tracy*, wollten sich beim König einschmeicheln und machten sich nach Canterbury auf. Der Vespergottesdienst war in vollem Gange, als die vier am Dienstag, den 29. Dezember 1170, in die Kathedrale einbrachen und im Halbdunkel des Gotteshauses nach dem Erzbischof brüllten, zwischendurch Verwünschungen und gröbste gotteslästerliche Flüche ausstoßend. Im nordwestlichen Querschiff trat *Thomas Becket* den Unruhestiftern entgegen, hieß sie schweigen und verwies sie seiner Kirche. Als die vier keine Anstalten machten zu gehen, streckte *Becket Reginald Fitz Urse* mit einem kräftigen Faustschlag zu Boden, *William de Tracy* schrie: „Strike, strike!" und verletzte den Kirchenvater mit seinem Schwert am Kopfe; dann führte *Richard Brito* den tödlichen Hieb.

Schon drei Jahre später wurde der Märtyrer von Papst *Alexander III.* **heiliggesprochen.** 1174 leistete *Heinrich* öffentlich Abbitte und wurde an *Beckets* Schrein von den Mönchen der Kathedrale ausgepeitscht.

Von 1170 bis 1220 stand der Schrein mit den Gebeinen des Heiligen in der Krypta, dann war die Chorverlängerung fertig, und *Beckets* Gebeine wurden in die **Dreifaltigkeitskapelle** gebracht. Dort ließ *Heinrich VIII.*, ein weiterer König, der sich an dem Kirchenvater verging, während der Reformation 1538 den Schrein zerstören.

Heute bezeichnet ein Stein mit der Inschrift „Thomas" die Stelle, an der *Becket* tödlich verletzt zu Boden sank.

Canterbury ♪ XXIII/C2
– Die Stadt des Erzbischofs

Zu dieser Zeit geschah's an einem Tag,
Als ich im Heroldsrock zu Southwark lag,
Bereit zu ziehn mit andachtsvollem Sinn
Auf Pilgerfahrt nach Canterbury hin,
dass abends langten in dem Gasthof dann
Zusammen neunundzwanzig Leute an.
Verschiedner Volks,
durch Zufall nur gesellt;
Auf Pilgerfahrt war aller Sinn gestellt,
Nach Canterbury reiten wollten alle.

Geoffrey Chaucer, „Canterbury Tales"

Auf dem Weg nach Canterbury sollte man einen Besuch im kleinen, 10 km vor der Stadt gelegenen Örtchen **Chilham** nicht auslassen. Rund um einen Marktplatz gruppieren sich einige alte, liebliche Fachwerkgemäuer, Cottages stehen am Rand eines Dorfsträßchens, und ein Eingang führt auf Chilham Castle zu. An sommerlich warmen Tagen sitzt man recht gemütlich vor dem White Horse Pub und schaut auf das angenehme Ambiente des Marktplatzes.

Canterbury gehört mit zu den schönsten Städten im Süden Englands, in der die **Studenten der Universität Kent** neben den vielen Besuchern das Straßenbild prägen.

Geschichte

Auf den Fundamenten einer eisenzeitlichen Siedlung begannen die **Römer** kurz nach ihrer Eroberung Britanniens mit dem Bau der Stadt *Durovernum Canticorum*, die im 5. Jh. von den Angelsachsen in Cantwaraburg umgetauft wurde. Um die Wende vom 5. zum 6. Jh. kam der **Missionar Augustinus** ins Land, ließ laut den Kirchenannalen mit dem Bau eines Gotteshauses beginnen und wurde der erste Erzbischof von Canterbury.

Nach der normannischen Invasion 1066 machte sich Bischof *Lafranc* daran, die Kathedrale zu planen. Nach der Ermordung des Erzbischofs *Thomas Becket* am 29. Dezember 1170 durch einen Trupp Höflinge von *Heinrich II. Kurzmantel* avancierte Canterbury zum **Wallfahrtsort,** der so beliebt wurde, dass 200 Jahre später der königliche Zollaufseher *Geoffrey Chaucer* seine „Canterbury Tales" mit großem Erfolg veröffentlichte. In Versen wird von einigen Pilgern berichtet, die sich die Reise dadurch verkürzen, dass ein jeder von ihnen eine Geschichte zu erzählen hat. Aufgrund der frühen christlichen Bedeutung der Stadt wurde nach der Trennung von Rom der **Erzbischof von Canterbury** zum höchsten Geistlichen der anglikanischen Staatskirche.

Im 16. und 17. Jh. strömten die in Frankreich verfolgten **Hugenotten** in das Sicherheit bietende England, wo sich auch eine ganze Reihe von ihnen als Weber in Canterbury niederließ und mit ihrem Handwerk der Stadt einen wirtschaftlichen Aufschwung verlieh.

Die Kathedrale

Beherrschend im Stadtbild der angenehmen Metropole ist die Kathedrale mit ihrem Vierungsturm und den beiden Westfronttürmen, die der normannische Bischof *Lafranc* zwischen

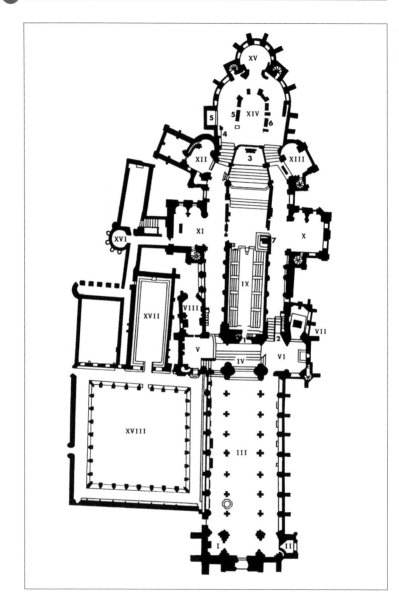

Stadtplan Seite 455, Atlas Seite XXIII

CANTERBURY

I	Nordwest-Turm
II	Südwest-Turm, Haupteingang
III	Langhaus
IV	Vierung, Bell Harry Tower
V	Nordwestliches Querschiff, Martyrium
VI	Südwestliches Querschiff
VII	Michaelskapelle
VIII	Marienkapelle
IX	Chor
X	Südöstliches Querschiff
XI	Nordöstliches Querschiff
XII	Andreaskapelle
XIII	Amselkapelle
XIV	Dreifaltigkkeitskapelle
XV	Corona
XVI	Wasserturm
XVII	Kapitelhaus
XVIII	Kreuzgang
1	Chorschranke
2	Stufen zur Krypta
3	Altar
4	Becket-Fenster
5	Grab und Votivkapelle von Heinrich IV.
6	Grabmal des Schwarzen Prinzen
7	Thronsessel des Erzbischofs

1070 und 1077 auf den Fundamenten einer angelsächsischen Kirche errichten ließ.

Nach der Ermordung *Beckets* verlängerte der Baumeister *William the Englishman* den Chor, um dem Schrein des Heiligen einen angemessenen Platz einzuräumen. Um die Wende vom 14. zum 15. Jh. wurde das Kirchenschiff im gotischen Perpendicular-Stil umgestaltet, rund 50 Jahre später kamen die Querschiffe und danach der 80 m hohe Vierungsturm hinzu.

Betritt man die Kathedrale, so endet der Blick in das Langhaus am **steinernen Lettner,** der Chorschranke, in deren Nischen sechs Statuen frühe englische Herrscher darstellen. Unter der Vierung hat man einen guten Blick in den **Bell Harry Tower** mit dem prachtvollen Fächergewölbe. Im nordwestlichen Querschiff, dem so genannten **Martyrium,** fand *Becket* den Tod.

An das Martyrium schließt sich die **Marienkapelle** an, die ebenso wie die Vierung mit einem schönen Fächergewölbe geschmückt ist. Über die Pilgerstufen gelangt man vorbei am Altar in die **Dreifaltigkeitskapelle,** wo die Wallfahrer am Schrein von *Becket* beteten. Am Nordgang der Kapelle zeigt

Das Torfhaus zur Domfreiheit

ein Glasfenster *Thomas Becket*, der – angetan mit einem grünen Messgewand und mit erhobenem rechtem Zeigefinger – recht mürrisch in die Runde blickt.

Nahebei findet sich die letzte **Ruhestätte von Heinrich IV.**, der hier zusammen mit seiner Frau *Johanna von Navarra* bestattet ist; es ist das einzige Herrscherpaar, das in Canterbury Cathedral zur Ruhe gebettet wurde. Vorbei an der Corona stößt man auf das **Grabmal des Schwarzen Prinzen** (1330–1376), Sohn von *Eduard III.* und Vater *Richards II.* Die liegende Bronzefigur zeigt den Prinzen in voller Kampfmontur. Auf seine schwarze Rüstung geht der Beiname zurück, der erstmals im 16. Jh. aufkam. Der Schwarze Prinz kämpfte seit seinem 16. Lebensjahr für Vater *Eduard* im Hundertjährigen Krieg; König wurde er nicht mehr, da er ein Jahr vor seinem Vater starb und die Krone an seinen Sohn *Richard* fiel.

Ein Stückchen weiter passiert man die **Anselmkapelle,** benannt nach Bischof *Anselm,* der als Nachfolger des Kirchenmannes *Lafranc* die Arbeiten am Bau der Kathedrale fortsetzen ließ. Dann geht es vorbei am **Thronsessel des Erzbischofs** in den Chor, dessen Gestühl von dem Architekten *George Gilbert Scott* entworfen wurde. Vom südwestlichen Querschiff führen Stufen hinunter zur Krypta.

Weiteres Sehenswertes

An die Domfreiheit schließt sich die **King's School** an, die älteste Schule Englands, die angeblich bereits von Mönchen im Jahre 598 ins Leben gerufen wurde.

Der 1564 in Canterbury geborene **Christopher Marlowe** – „der bedeutendste Dramatiker vor Shakespeare" – gehörte zu ihren Schülern. *Marlowe* war es, der als erster den Faust für die Bühne bearbeitete und die Blankverse in die englische Literatur einführte. Von *Shakespeare* und seinen Zeitgenossen ob seiner literarischen Qualitäten bewundert, war *Marlowe* selbst kein angenehmer Geselle. In den letzten Jahren seines kurzen Lebens ermittelten die Autoritäten mehrfach wegen Totschlags, Landfriedensbruchs, Gotteslästerung, Atheismus und Homosexualität gegen ihn. Im Alter von 29 Jahren wurde er bei einer Wirtshausschlägerei erstochen.

Der in Neuseeland geborene **Romancier Sir Hugh Walpole** (1884–1941) dachte immer mit Schrecken an seine Schultage hier zurück, wo die anderen Schüler dem zarten Knaben das kindliche Leben schwermachten.

Ein weiterer Literat, der die Tage in King's School in schlechter Erinnerung behielt, war der Gesellschaftsromanschreiber **Somerset Maugham** (1874–1965); *Maugham*, der stotterte, wurde ebenfalls viel und häufig von den Mitschülern verspottet und verprügelt. Die leidvollen Erfahrungen hat er in seinem Roman „Of Human Bondage" (1915, dt. „Der Menschen Hörigkeit") literarisch verarbeitet. Trotz der unerquicklichen Jahre stiftete *Maugham* der Schule Gelder für ein Bibliotheksgebäude, Tennisplätze, ein chemisches und physikalisches Labor sowie

Atlas Seite XXIII

CANTERBURY 455

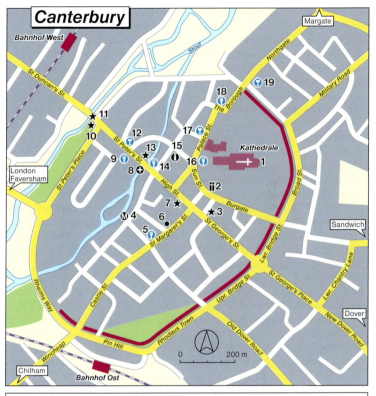

ii	1	Kathedrale
ii	2	Christ Church Gate
★	3	Römisches Stadthaus
Ⓜ	4	Canterbury Heritage Museum
🛈	5	Bistro Alberry's
●	6	Pilgrim's Way Centre
★	7	Queen Elisabeth Guest Chamber mit Café-Bar Nero
✚	8	Pilgrim's Hospital
🛈	9	Restaurant Café Rouge, Restaurant Marlow's, Pub Hobgoblin
★	10	Guildhall
★	11	Westgate
🛈	12	Pub The Cricketeers
★	13	Weaver's Houses
🛈	14	Restaurant Ask
❶	15	Tourist Information
🛈	16	Restaurant Pilgrim's Bar
🛈	17	Pub The Bell & Crown
🛈	18	Ristorante Tuo e Mio
🛈	19	Pub The Jolly Sailor

Bath – Canterbury

ein Bootshaus. Nach seinem Tod wurde die Asche des Autors auf dem Gelände der Schule verstreut.

Im Nordwesten der Stadt ließ das Westgate ehemals die Pilger in die von einer Stadtmauer gesäumte Metropole ein. Ende des 14. Jh. errichtete es der kongeniale Baumeister *Henry Yevele*, der anschließend der Kathedrale ein neues Langhaus erbaute. Mit einem Fallgitter und einer Zugbrücke, mit den mächtigen Türmen und den Pechnasen besaß es alle Qualitäten, einem Angriff standzuhalten. Neben dem Tor ragt die Guildhall auf.

Auf der St. Peter's Street, die später in die High Street übergeht, geht es nun durch das schön anzusehende Zentrum von Canterbury. Dort, wo der schmale River Stour überquert wird, findet man die **Weaver's Houses,** alte Fachwerkhäuser, in denen die aus Frankreich geflüchteten Hugenotten an ihren Webstühlen Tuch herstellten. Hier erkennt man auch einen **Ducking Stool,** auf dem man in früheren Tagen zänkische Weiber in den Fluss tauchte. Gegenüber von den Weberhäusern steht die Pilgerherberge **The Canterbury Pilgrim's Hospital of St. Thomas,** die Mitte des 12. Jh. erbaut wurde.

Biegt man hier rechts in die Stour Street ab, so gelangt man zum **Museum of Canterbury** (früher: Canterbury Heritage Museum), das in einem weiteren ehemaligen Pilgerhospiz untergebracht ist. In den ansprechend gestalteten Ausstellungsräumen erfährt der Besucher viel über die Geschichte der Stadt (Juni–Okt. Mo–Sa 10.30–17 Uhr, So 13.30–17 Uhr, Nov.–Mai Mo–Sa 10.30–17 Uhr).

Flaniert man dann weiter die High Street hinunter, so passiert man das alte, 1573 errichtete Fachwerkgemäuer **Queen Elizabeth's Guest Chamber,** dessen Name an einen Besuch der Monarchin erinnert. Hier kann man rechts in die St. Margaret's Street einbiegen und im **Pilgrim's Way Centre – The Canterbury Tales,** erfahren, wie sich in mittelalterlichen Tagen eine Wallfahrt zum Schrein des Heiligen Thomas Becket ausnahm (tgl. 9.30–17 Uhr). Hier werden die Geschichten wieder lebendig, die *Geoffrey Chaucer* (um 1343–1400) in seinen „Canterbury Tales" in Verse schmiedete, in denen er exemplarisch für die unterschiedlichen Gesellschaftsschichten jeweils eine typische Person vorstellt und uns so ein lebendiges Bild jener Tage zeichnet. So heißt es denn am Schluss des Buches auch: „Erfüllt sind mein Gebot und mein Geheiß; / Erzählt hat jeder Stand, soweit ich weiß." Durch diese lebendige Darstellung wird das Bild vom frömmelnden, ganz auf das Jenseits ausgerichteten, jeglichen Freuden entsagenden mittelalterlichen Menschen gründlich revidiert. Ja nicht einmal die vorgestellten geistlichen Personen entsprechen einem solchen Naturell. Jede Figur steht in der Blüte ihrer Zeit, strotzt vor Kraft und bekommt von *Chaucer* die eine oder andere Anzüglichkeit in den Mund gelegt, die den frühen Übersetzern moralische Probleme bereiteten.

Zurück in der High Street, geht es gleich links in die Butchery Lane hinein; dort haben die Archäologen ein **römisches Stadthaus** ausgegraben, die Funde und der schöne Mosaikfußboden können in einem kleinen Museum besichtigt werden (April bis Sept. Mo–Sa 10–13 Uhr, 14–17 Uhr, Okt. bis März Mo–Sa 14–16 Uhr).

Nur einen Steinwurf entfernt befindet sich die Gasse **Buttermarket,** beidseitig bestanden mit ihren alten Fachwerkhäusern, deren Giebel über den Köpfen so weit hervorkragen, dass sie sich fast berühren. Am Ende tritt man dann durch das prachtvolle **Christ Church Gate,** über dessen Torbogen ein Bronzerelief des deutschen Bildhauers *Prof. Klaus Ringwald* angebracht ist, auf die Domfreiheit.

Praktische Hinweise

Tourist Information
- Sun Streeet, Buttermarket, Tel. 01227-378100.

Unterkunft
- **Ebury Hotel,** New Dover Road, Tel. 01227-768433, Fax 784482, www.ebury-hotel.co.uk, DZ 110 £.
- **Victoria Hotel,** 59 London Road, Tel. 01227-459333, Fax 781552, www.thevictoriahotel.co.uk, DZ 79 £.
- **Bed and Breakfast:** *Castle Court,* 8 Castle Street, Tel./Fax 01227-463441, guesthouse@castlecourt.fsnet.co.uk, DZ 60 £; *Yorke Lodge,* 50 London Road, Tel. 01227-451243, Fax 462006, www.yorkelodge.com, DZ 80 £; *Ann's House,* 63 London Road, Tel. 01227-768767, www.annshousecanterbury.co.uk, DZ 60 £; *Clare Ellen,* 9 Victoria Road, Tel. 01227-760205, Fax 784482, www.clareellenguesthouse.co.uk, DZ 60 £.
- **Jugendherberge:** 54 New Dover Road, Tel. 0845-3719010.

- **Camping:** St. Martin's Caravan Camp, Bekesbourne Lane, Tel. 01227-463216, von Canterbury entlang der Littlebourne Road, das ist die A 257 nach Sandwich, hinter dem St. Martin's Hospital rechts ab.

Pubs und Restaurants
- **The Jolly Sailor,** North Gate/Ecke Broad Street, Pub mit preisgekrönten Lunch-Snacks und Biergarten.
- **Ristorante Tuo e Mio,** The Borough, freundliches italienisches Lokal mit Pizzen und Pastas zu 9 £, Fisch und Fleischgerichte zu 13 £.
- **Pub Cricketeer,** St. Peter's Street, gemütliche alte Taverne mit Biergarten.
- **Hobgoblin,** St. Peter's Street, Pub am mächtigen Westgate aus dem Jahr 1888.
- **Marlowe's Restaurant & Cocktail Bar,** St. Peter's Street, um 7 £.
- **The Bell and Crown,** Palace Street, gemütlicher alter Pub aus dem Jahr 1862.
- **The Pilgrim's Bar, Beau Crèperie,** Palace Street, Restaurant und Crêperie, um 6 £.
- **Alberry's,** St. Margaret's Street, Weinbar und Bistro, freundliches Lokal mit guten Gerichten um 11 £.
- **Ask,** 24 High Street, ordentliches italienisches Lokal einer Restaurant-Kette mit Gerichten bis 10 £.
- **Café-Bar Nero,** High Street, im alten Fachwerkhaus Queen Elizabeth Guest Chamber.

Verbindung
- **Bahnhöfe:** Canterbury East, Station Road East, südlich vom Zentrum; Canterbury West, Station Road West, nordwestlich vom Zentrum.
- **Busbahnhof:** St. George's Lane.

> „Die Engländer haben aus der Langeweile eine Mode gemacht."
>
> *Michail Lermontow, „Bela", 1839*

Sandwich

Sandwich ⚔ XXIII/D2
– Früher reich
und bedeutend

Die ehemalige reiche Handels- und Hafenmetropole Sandwich – **Gründungsstadt der Cinque Ports** (siehe Exkurs) – präsentiert sich dem heutigen Besucher als verschlafenes kleines, nichtsdestotrotz sympathisches Städtchen. Der Hafen ist schon seit Jahrhunderten versandet. Am Quay genannten Abschnitt gingen in früheren Tagen die Segler ab, die die Soldaten nach Frankreich in den Hundertjährigen Krieg (1338–1453) brachten, hier wurden aber auch Luxusgüter, wie Öl, Wein, Leder, Tuche, Wolle und Honig, umgeschlagen. Heute liegen hier an einem Flussarm des River Stour Segelyachten vor Anker.

Wie auch schon in Canterbury, haben sich im 16. Jh. in Sandwich eine ganze Reihe von aus Frankreich geflohenen **hugenottischen Webern** niedergelassen und wesentlich am prosperierenden Aufschwung des Örtchens teilgehabt.

Weitgehend erhalten sind die mittelalterlichen Befestigungsanlagen, darunter auch das **Barbican Gate,** eines der Stadttore am Quay. In der Strand Street, der Durchgangsstraße des Örtchens, findet sich das alte, von 1400 datierende Fachwerkhaus **The King's Lodging** mit seinen vorkragenden Giebeln. *Heinrich VIII.* logierte hier 1532 und 1539, und *Elisabeth I.* war 1572 am Ort.

Einen Blick lohnt die **Guildhall** am Cattle Market, die in der Regierungszeit *Elisabeths* erbaut wurde; hier ist auch die Tourist Information untergebracht. Wer genau hinsieht, wird das Wappen der Cinque Ports erkennen: drei Löwen und drei Schiffshecks.

Die Marktschänke in der Marktstraße

Golf-Fans werden zu schätzen wissen, dass in der ausgedehnten Dünenlandschaft einige hervorragende **Golfplätze** liegen; überdies ist Sandwich im Zwei-Jahres-Rhythmus Ausrichter der Britischen Golfmeisterschaft (zusammen mit dem schottischen St. Andrews).

Praktische Hinweise

Tourist Information
- **Guildhall,** Cattle Market, Tel. 01304-613565.

Unterkunft
- **The Blazing Donkey Country Hotel,** Hay Hill, Ham, Tel. 01304-617362, Fax 615 264, www.blazingdonkey.co.uk, DZ 110 £.
- **Camping:** Sandwich Leisure Park, Woodnessborough Road, Tel. 01304-615252.

Pubs und Restaurants
- **Magnum's Wine Bar,** The Quay, im Bell Hotel, reichhaltiges Weinangebot, mit kleinen Snacks um 6 £.
- **Fisherman's Wharf,** The Quay, Seafood Restaurant, um 12 £.
- **Tandoori Restaurant The Butchery,** Indian Village, indisch, „Good Food Award" im Jahre 1993 gewonnen, um 8 £.
- **Fleur de Lys,** Delf Street, Pub mit angeschlossenem Restaurant.
- **Market Inn,** Cattle Market, alte Marktpinte.
- **The Haven,** King Street, kleines Restaurant, um 7 £.
- **The Greyhound,** New Street, gemütlicher Pub mit Biergarten.
- **Admiral Owen,** gegenüber von The Crespin, ebenfalls alter, gemütlicher Pub.

Verbindung
- Lokale **Busse** von Dover und Canterbury.

Deal/Walmer ⤴ XXIII/D2

Die beiden Badeörtchen Deal und Walmer sind schon seit langer Zeit miteinander verschmolzen, und seit 1930 gehört Walmer ganz offiziell zu Deal. Sieht man von dem breiten **Kieselstrand,** an dem, so heißt es, *Julius Cäsar* mit seinen Truppen gelandet ist, und den beiden Befestigungsanlagen ab, so haben die Örtchen nichts Besonderes zu bieten. Nicht zu unterschätzen ist jedoch, dass wenigstens in diesem Seebädchen so gut wie **keine Rummelplatzatmosphäre** zu finden ist.

Nachgerade hässlich präsentiert sich in Deal ein eher depressiv machender **Betonpier,** der auf dünnen Stelzen ins Meer stakst. Ein Schild vermeldet, dass *Prinz Philip*, der Gatte der Königin, 1957 das Vergnügen auf sich nehmen musste, die wahrscheinlich aus Kostengründen wenig gelungene Landungsbrücke einzuweihen. Die vielen Angler, die von hier aus ihre Leinen ins Wasser lassen, werden sich weiter keine Gedanken über den Pier machen, sie sind froh, dass er da ist.

Dort, wo der Strand nicht den Badegästen dient, haben die Fischer ihre Boote auf die Kiesel gezogen und werkeln hier auch vor sich hin.

Vor Deal und Walmer erstrecken sich die bei den Seeleuten berüchtigten **Treibsandbänke,** auf denen über die Jahrhunderte Abertausende von Schiffen gestrandet sind und viele Matrosen den nassen Tod gefunden haben. Solche dramatischen Örtlichkeiten waren bei *Theodor Fontane* sehr

Cinque Ports – Die mächtigen Hafenstädte

Eduard der Bekenner (reg. 1042–1066), wie der Name schon sagt, ein äußerst frommer Monarch, förderte den **Zusammenschluss der Städte** Sandwich, Dover, Hastings, Romney und Rye, zu denen später noch Hythe und Winchelsea hinzukamen. Diese Hafenorte mussten für den König 57 vollständig ausgerüstete Schiffe zur Verfügung halten. Britannien hatte also schon in frühester Zeit zwei Flotten: eine zur Verteidigung und eine zum Angriff.

Diese Urform der heutigen Royal Navy genoss dafür natürlich **beachtliche Privilegien,** sowohl in rechtlicher wie auch in steuerlicher Hinsicht. Auch hatten die Einwohner der Städte politische Rechte und konnten Abgeordnete in das Parlament entsenden. Die Orte selbst erfreuten sich großer Beliebtheit bei den Herrschern, was zu weiteren großzügigen Geschenken Anlass gab. Regiert wurden die Städte von einem **Lord Warden,** der dem König unterstellt war, offiziell auf Walmer Castle residierte und auch der Constable der Burg von Dover war.

Ihren größten Einfluss hatten die Cinque-Ports-Städte während des Hundertjährigen Kriegs (1338–1453). In den Tagen der Tudor- und Stuart-Herrscher dann ging es mit der Bedeutung rapide abwärts, und offiziell wurde der **Status 1835 abgeschafft.** Man wäre jedoch nicht in Großbritannien, wenn auch das Amt des *Lord Warden* damit untergegangen wäre; dem ist natürlich nicht so, der letzte Lord Warden war die **Queen Mum.**

Walmer Castle, Amtssitz des obersten Wächters der Cinque Ports

DEAL/WALMER

beliebt und inspirierten ihn sogleich zu reimenden Sentenzen: „Die See ist still, die Ebb ist nah,/Mastspitzen ragen hier und da,/Und wo sie ragen in die Luft,/Da sind es Kreuze über der Gruft;/Ein Kirchhof ist's, halb Meer, halb Land,/Das sind die Bänke von Goodwin Sands".

Deal Castle und **Walmer Castle** sind zwei schöne Befestigungsanlagen, deren Grundrisse auf der Tudor-Rose basieren: In der Mitte erhebt sich ein mächtiger Bergfried, der von sechs halbkreisförmigen Bastionen umschlossen ist. Den Rundungen lag der Gedanke zugrunde, dass hier Kanonenkugeln beim Auftreffen „abrutschen" und so weniger Schaden anrichten würden. *Heinrich VIII.* ließ im Rahmen seines weitgespannten Küstensicherungsprogramms diese beiden Artilleriefestungen erbauen. Im Fall der Fälle hätten sich beide Stellungen gegenseitig verteidigen können, sie liegen in Sicht- und Schussweite. Doch ist es nie zu einem Angriff gekommen.

Walmer Castle war der offizielle Amtssitz des **Lord Warden of the Cinque Ports,** ein Amt, das auch einmal *Winston Churchill* innehatte. Der Herzog von Wellington, ebenfalls *Lord Warden*, war einer der wenigen, der tatsächlich in der Burg auch wohnte.

Hier ist er 1852 auch gestorben. Schön ist der **Garten,** der in dem ehemaligen Graben angelegt wurde.

Öffnungszeiten: Walmer und Deal Castle, EH, April bis Sept. tgl. 10–18, Okt. und März Mi–So 10–16 Uhr, Nov.–Feb. geschlossen.

Praktische Hinweise

Tourist Information
●**Town Hall,** High Street, Tel. 01304-369576.

Unterkunft
●**Royal Hotel,** Beach Street, Deal, Tel./Fax 01304-375555, www.theroyalhotel.com, DZ 100 £.
●**Bed and Breakfast:** Longfield, 203 Folkestone Road, Tel./Fax 01304-204716; www.longfieldguesthouse.co.uk, DZ 50 £.

Pubs und Restaurants
●**King's Head,** Beach Street, Pub aus dem Jahre 1564, nette, gemütliche, alte Kneipe, davor, auf einem kleinen Platz, kann man sommertags draußen sitzen und auf das Meer, den Strand und den Pier schauen, gute Bar Meals.
●**Ship Inn,** Middle Street, Free House, sehr gemütliche Pub-Atmosphäre.
●**The Three Compasses,** Beach Street, Free House, von hier schöner Blick auf die See.
●**Star and Garter,** Beach Street, auch von hier Blicke auf Meer und Kieselstrand.
●Café und Billigrestaurant **Lobster Pot,** Beach Street.

Verbindung
●**Busse** von Dover.

Bath – Canterbury

Stadtplan Seite 466

LONDON

London

Tower Bridge – wahrscheinlich
die bekannteste Brücke Londons

Die Leibwache der Queen
vor dem Buckingham Palace

Blick auf London mit der Waterloo Bridge

Spaziergang 1

Von St. Paul's Cathedral über Fleet Street und Trafalgar Square ins Viertel St. James's – Londons Presse- und Clubland

St. Paul's Cathedral

Eines der Wahrzeichen Londons ist die weit im Stadtbild sichtbare Kuppel von St. Paul's Cathedral (U-Bahn: St. Paul's, Central Line). Die Kathedrale des Bischofs von London wurde von dem kongenialen Architekten *Sir Christopher Wren* entworfen und ab dem Jahr 1675 unter seiner Bauaufsicht errichtet. Jeden Samstag inspizierte *Wren* den Fortgang der Arbeiten, und nach 35 Jahren, an seinem 78. Geburtstag, setzte sein Sohn den Schlussstein in die grandiose Kuppel ein.

Kurz bevor der Besucher das südliche Querschiff erreicht, führt eine Treppe zur Kuppel der Golden Gallery und dann weiter zur **äußeren Steingalerie,** von der man einen weiten Blick über die City von London hat. Versäumen Sie auch nicht einen Blick in die **Krypta,** zu der eine Treppe ebenfalls vom südlichen Querschiff hinunterführt. Hier liegt der Seeheld *Admiral Nelson* begraben, der 1805 in der Schlacht von Trafalgar ums Leben kam. Gegenüber von dem monumentalen Schrein zeigt eine Gesichtsmaske die Züge von *Thomas Edward Lawrence* (1888–1935), bekannter unter dem Namen *Lawrence von Arabien.*

Die Westfront der St. Paul's Cathedral

Fleet Street

Vom Hauptportal von St. Paul's führt die Straße Ludgate Hill gegen Westen und geht am Ludgate Circus in Fleet Street über. In der einstigen **Londoner Pressestraße** erinnert heute nur noch die britische Nachrichtenagentur Reuters an die ruhmreichen Tage. Links, hinter Hausfassaden versteckt, befindet sich **St. Bride's Church,** die Kirche der Journalisten, nach dem großen Brand von 1666 ebenfalls von *Wren* neu erbaut. Viele kleine Messingschilder ehren Journalisten, die bei der Ausübung ihres Berufes ums Leben gekommen sind.

Vor St. Bride's finden sich zwei alte Pubs; zum einen die **Punch Tavern,** in der 1841 der „Soziologe" *Henry Mayhew* die berühmte satirische Zeitung Punch aus der Taufe hob. Daneben lockt **Ye Olde Bell Tavern,** deren Hinterausgang auf den Kirchhof von St. Bride's führt; bei schönem Wetter stehen hier die Journalisten von Reuters mit einem Bier in der Hand zwischen den alten Grabsteinen.

Die Fleet Street ein Stück weiter abwärts passiert man rechter Hand den uralten **Pub Ye Olde Cheshire Cheese,** die Stammkneipe von *Dr. Samuel Johnson,* der auf die englische Literatur so befruchtend wie *Goethe* auf die deutsche gewirkt hat. Von hier erreicht man schnell den Gough Square Nr. 17, an dem *Johnson* lange Zeit wohnte.

Durch das ein oder andere Tor gelangt man in die **Inns of Court,** die sich links von Fleet Street bis zur Themse ziehen. In dieser anheimelnden Anlage mit ihren Innenhöfen, gepflegten Rasenflächen und den meist im georgianischen Stil errichteten Häusern finden sich Londons bekannteste Rechtsanwaltskanzleien. Es ist nichts Besonderes, hier einen Anwalt mit dicken Aktenbündeln, wehendem Umhang und krauser, gepuderter Perücke über die Wege eilen zu sehen.

Das Ende der Fleet Street markiert der weiße, im neogotischen Stil erbaute **Royal Court of Justice,** in dem die Zivilgerichtsprozesse stattfinden. Gegenüber, auf der anderen Straßenseite gibt es im Geschäft der alteingesessenen Firma Twining's ein kleines **Tee-Museum.** Zur Mittagszeit ist es im **Pub The George** recht voll von Anwälten, die dort ihren Lunch einnehmen.

The Strand

Die Fleet Street geht nun in die Straße The Strand über; auf einer Verkehrsinsel wird die Kirche **St. Clement Danes** vom Verkehr umtost. Eine kleine Statue von *Samuel Johnson* blickt von der Ostseite des Gotteshauses in Richtung Fleet Street. St. Clement – nach dem Großen Brand ebenfalls von *Christopher Wren* neu erbaut – ist die Kirche der Royal Air Force. So verwundert es den Besucher nicht, vor dem Hauptportal eine **Statue von Sir Arthur Harris** zu finden; „Bomber" Harris, wie er auch genannt wurde, war für den vernichtenden Angriff auf Dresden während des Zweiten Weltkriegs verantwortlich. Als das Denkmal am 31. Mai 1992 von der *Queen Mum* eingeweiht wurde, kam es in Dresden zu englandfeindlichen Demonstrationen.

Aldwych

Von St. Clement aus bildet die Straßenführung des Strand einen eleganten, halbkreisförmigen Bogen, der den Namen Aldwych führt. Hier lohnen die monumentalen Fassaden des **Australia House,** des **India House,** dessen Wandschmuck von indischen Künstlern gestaltet wurde, und des **Bush House,** in dem die Auslandsabteilung des BBC untergebracht ist, einen Blick. Außerdem findet man in dem Straßenbogen das 1910 eröffnete, ebenso elegante wie teure **Waldorf Hotel,** das von **Aldwych Theatre** und dem **Strand Theatre** flankiert wird. Ebenfalls auf einer Verkehrsinsel steigt der Turm der klassizistischen Kirche **St. Mary-le-Strand,** die *James Gibb* zwischen 1714 und 1717 erbaute, in den wolkigen Himmel.

SPAZIERGÄNGE

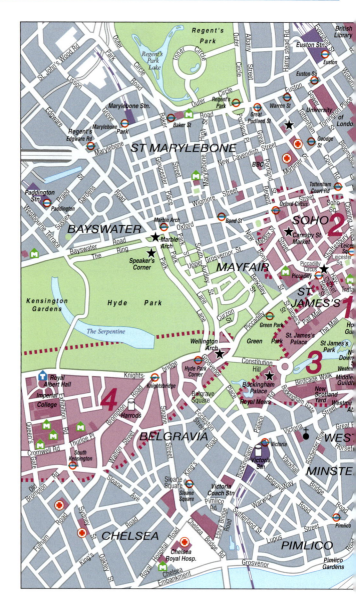

SPAZIERGÄNGE 467

Nun nähert man sich dem zwischen Strand und Themse gelegenen **Somerset House,** das in den 80er Jahren des 19. Jahrhunderts von *William Chambers* errichtet wurde. Während sich der Haupteingang am Strand befindet, ist die rund 200 m lange prachtvolle klassizistische Fassade mit den hervorragenden Steinmetzarbeiten der Themse zugewandt und sollte am besten von der Waterloo Bridge aus in Augenschein genommen werden. Das Gebäude beherbergt eine Reihe von Regierungsinstitutionen sowie das King's College der University of London.

Weiter den Strand abwärts, stößt man linker Hand auf das **Savoy Hotel** und das gleichnamige Theater und erreicht nach einigen weiteren Schritten den Bahnhof **Charing Cross.**

Trafalgar Square

Wenige Meter weiter dann öffnet sich dem Besucher der Trafalgar Square. Unentwegt schieben sich gleichzeitig 50 und mehr rote Doppeldeckerbusse um den Platz, Taxen und Privatwagen vervollständigen das **Verkehrschaos,** auf den Brunnenrändern ruhen sich erschöpfte Touristen aus, kühlen an warmen Tagen ihre heißgelaufenen Füße im Wasser und haben den Kopf in den Nacken gelegt, um die Statue von *Lord Nelson* hoch oben auf der Säule zu betrachten.

Der Besucher sollte unbedingt die vielen Taubenfutterverkäufer ignorieren und die „Ratten der Lüfte" auch nicht mit den Resten seines Sandwiches füttern. Der Platz ist von einer dicken Schicht **Taubenkot** überzogen, die sich bei Regen in eine glitschige Masse verwandelt. Überall in London warnen Hinweisschilder, dass Tauben Krankheiten übertragen und eine große städtische Plage sind. Mehrere Tonnen Taubenkot lässt die Stadtverwaltung jährlich rund um den Trafalgar Square zusammenkratzen.

Nach den Plänen von *John Nash* und unter der Bauaufsicht von *Charles Barry* entstand zwischen 1830 und 1850 zum Gedenken an **Admiral Horatio Nelson,** der 1805 in der Schlacht von Trafalgar den Briten die Vorherrschaft zur See (und sich selbst dabei den Tod) gebracht hatte, Londons größter innenstädtischer Platz. Seit diesen Tagen hält *Nelson* in Napoleon-Pose von der 56 m hohen Säule Ausschau nach feindlichen Schiffen.

Im Nordosten des Square ragt die von *James Gibb* 1722-1726 erbaute Kirche **St. Martin-in-the-Field** auf; hier werden die Obdachlosen der Stadt gespeist und an kalten Tagen mit einem heißen Tee versorgt. In der Krypta befindet sich ein großes, gemütliches Café.

Die Nordseite des Platzes beherrscht die mächtige, von *William Wilkens* errichtete und 1838 eingeweihte **National Gallery** (Sa-Do 10-18, Fr 10-21 Uhr). Hier hängen Werke der italienischen, flämischen und französischen Malerei aus der Zeit vom 15. bis zum 18. Jh. An der Ostseite der National Gallery befindet sich der Eingang zur **National Portrait Gallery** (Sa-Do 10-18, Fr 10-21 Uhr), deren Besuch man auf gar keinen Fall versäumen darf. Tausenden von berühmten Engländern kann man hier in die Augen blicken; nicht nur die Herrscher aller Epochen, auch die Konterfeis von Künstlern, Literaten, Politikern, Lebemännern und Abenteurern präsentieren sich dem Besucher.

Waterloo Place

Vom Trafalgar Square führt die Straße Pall Mall nun in westlicher Richtung in das Viertel St. James's. Nach wenigen Metern Fußweg ist Waterloo Place erreicht, wo ein Denkmal an den Krim-Krieg erinnert und eine **Statue Florence Nightingale** ehrt, die letztendlich für die Gründung eines Sanitätskorps in der Britischen Armee verantwortlich zeichnete.

Am Waterloo Place befindet sich auch Londons berühmtester Club, das **Athenaeum,** seit 1823 Treffpunkt der intellektuellen Elite des Landes. *Charles Dickens, William Thackeray, Charles Darwin, Joseph Conrad, Rudyard Kipling* und *Gilbert Keith Chesterton* waren beispielsweise Mitglieder.

An das Athenaeum schließen sich zwei weitere berühmte Clubs an: Der **Traveller's Club,** 1819 gegründet, der nur Mitglieder aufnimmt, die sich mindestens 1000 Meilen von London entfernt haben (das unwichtigste Kriterium, um Mitglied zu werden), und der 1832 von den Anhängern einer Wahlrechtsreform ins Leben gerufene **Reform Club.** In seinem Roman „In 80 Tagen um die Welt" lässt *Jules Verne* seinen Protagonisten *Phileas Fogg* hier die berühmte Wette akzeptieren.

Weiter die Pall Mall abwärts sieht man linker Hand den im Tudor-Stil gehaltenen **St. James's Palace,** in dem heute der Hofstaat der Königin untergebracht ist.

St. James's Street

Gegenüber St. James's Palace biegt man rechts in die St. James's Street ein, wo weitere berühmte Clubs, aber auch alteingesessene Geschäfte zu finden sind. Im Haus Nr. 6 hat der **Hutmacher Locke's** sein Ladenlokal; 1850 wurde hier die berühmte, heutzutage in den Straßen fast verschwundene Melone, der *Bowler Hat,* kreiert. 1797 entwickelte *Locke's* auch das Design für den Zylinder. In 3 St. James's Street hat seit rund 200 Jahren die **Weinhandlung Berry Brothers and Rudd** ihren Sitz; schon *Lord Byron* kaufte hier seinen Wein, als er einst in 8 St. James's Street wohnte.

In Nr. 69 residiert der **Carlton Club,** der 1832 von reaktionären Kräften gegen die Wahlrechtsreform gegründet wurde und damit ein Gegenstück zum Reform Club bildete. In 60 St. James's Street ist **Brooke's** seit 1778 beheimatet; in Nr. 37 findet sich Londons ältester „Männerverein", **White's,** der 1693 eröffnet und alsbald die schlimmste Spielhölle der Stadt wurde, und in Nr. 28 residieren die Mitglieder des **Boodle's Club.**

Die Clubs entstanden aus den Kaffeehäusern, die im 17. Jh. ihre Pforten in der Metropole öffneten. Da der Kaffeegenuss in jenen Tagen ein teures Vergnügen war, blieben die reichen Adligen unter sich. Als nach dem Verfall des Marktpreises auch das einfache Volk in die Kaffeehäuser drängte, zogen sich die Gentlemen in die *Splendid Isolation* ihrer neugegründeten Herrenvereine zurück.

St. James's Square

Östlich der St. James's Street liegt der St. James's Square, im 17. und 18. Jh. eine der nobelsten Adressen der Hauptstadt. In Nr. 14 befindet sich die **London Library,** 1840 von dem Historiker *Thomas Carlyle* als Konkurrenzunternehmen zur British Library ins Leben gerufen. Hier können sich Wissenschaftler die Bücher auch ausleihen, und ausländische Mitglieder bekommen die gewünschten Bände zugeschickt.

In der Nordostecke von St. James's Square erinnert ein kleines, fast immer blumengeschmücktes Holzkreuz an die junge **Yvonne Fletcher.** Im Gebäude Nr. 5 befand sich in den 80er Jahren das Libysche Volksbüro, *Gaddhafis* diplomatische Vertretung in Großbritannien. Am 17. April 1984 protestierten Exil-Libyer vor dem Haus gegen Menschenrechtsverletzungen in ihrem Heimatland. Um 10.18 Uhr wurde aus dem ersten Stock ein Schuss in die Menschenmenge abgegeben und verletzte die 25-jährige Polizistin *Yvonne Fletcher* tödlich. Der Mörder konnte bis heute nicht gefasst werden.

Pubs im Viertel St. James's

- **Red Lion,** Crown Passage off Pall Mall, nach eigenem Bekunden *London's last Village Inn* sowie *London's Oldest Beer License.*
- **Golden Lion,** 25 King Street, gegenüber vom Auktionshaus Sotheby's, daher vor und nach Versteigerungen immer voll.
- **Red Lion,** Duke of York Street, gediegenes viktorianisches Ambiente.

Restaurants im Viertel St. James's

- **Al Duca,** 4 Duke of York Street, St. James's, moderne italienische und mediterrane Küche, Fisch und Meeresfrüchte in einem sehr guten Preis-Leistungsverhältnis.
- **Wiltons,** 55 Jermyn Street, hervorragende britische Küche in edwardianischem Ambiente, 29–40 £.

Spaziergang 2

Das Westend – Rund um Piccadilly Circus, Soho und Covent Garden

Piccadilly Circus

Das Zentrum der Metropole ist ganz zweifellos Piccadilly Circus (U-Bahn Piccadilly Circus, Piccadilly und Bakerloo Line), von dem aus sternförmig fünf Straßen abgehen. In nördlicher Richtung verläuft **Shaftesbury Avenue** quer durch Soho, gen Osten führt **Coventry Street** zum Leicester Square und dann weiter nach Covent Garden. In einem anmutig geschwungenen Bogen geht in nordwestlicher Richtung

Die Häuser am Piccadilly Circus haben so Einiges zu bieten

die **Regent Street,** schon reich mit exklusiven Geschäften gesäumt, zum Oxford Circus ab und damit ins Shopping Centre der Metropole; **Lower Regent Street** bringt den Besucher ins Clubviertel St. James's, und schließlich verläuft in südwestlicher Richtung **Piccadilly** vorbei am Green Park zu Hyde Park Corner.

Den **Eros-Brunnen** mitten im Verkehrsgewühl schuf 1893 *Alfred Gilbert* im Gedenken an den Wohltäter *Anthony Ashleys Cooper, 7. Earl of Shaftesbury*. Der geflügelte Engel stellt eigentlich nicht Amor, den Liebesgott, dar, sondern ist ein Symbol für die Mildtätigkeit des Earls, und sein Pfeil trifft demzufolge nicht die Liebenden, sondern ist eine Allegorie auf den toten *Anthony Ashley Cooper, Earl of Shaftesbury: Shaft* = Pfeil, *Bury* = begraben.

Piccadilly

Nun geht es Piccadilly in südwestlicher Richtung entlang; linker Hand passiert man das kleine Gotteshaus **St. James's,** in dessen Kirchhof ein Café Tee und Kuchen sowie zur Mittagszeit auch preisgünstige Snacks anbietet. Ebenfalls auf der linken Straßenseite befindet sich die traditionsreiche, schon 1797 gegründete **Buchhandlung Hatchard's** sowie das weltbekannte **Delikatessenhaus Fortnum & Mason,** das aus einem Anfang des 18. Jh. eröffneten Kolonialwarengeschäft hervorgegangen ist. Über dem

Eingang des Hauses befinden sich eine Uhr und ein Holzkasten; zu jeder vollen Stunde treten zwei Figuren, nämlich *Mr. Fortnum* und *Mr. Mason,* heraus und erweisen sich Reverenz.

Auf der rechten Straßenseite passiert man nach einigen Minuten Fußweg Burlington House, in dem die **Royal Academy of Arts** ihren Sitz hat. Der Kunstakademie gehörten und gehören alle großen Künstler des Inselreiches an; von jeher fördert sie den Nachwuchs, organisiert Ausstellungen und finanziert eine Kunstschule. Jedes Jahr zwischen Mai und September stellt die Academy im Rahmen der Summer Exhibitions in Burlington House viele Gemälde aus.

Neben dem herrschaftlichen Sitz der Kunstakademie verläuft die reizvolle, 1819 eröffnete **Burlington Arcade,** eine überdachte Ladenpassage mit vielen exklusiven Geschäften, und führt den Besucher in das vornehme und sehr teure Wohnviertel **Mayfair.** Hier finden sich eine Reihe guter Restaurants und Pubs (s. u.).

Gegenüber der Burlington Arcade, auf der anderen Straßenseite, findet der konsumfreudige Besucher zwei weitere Ladenpassagen: **Prince Arcade,** etwa gleichzeitig eröffnet wie Burlington's, und **Piccadilly Arcade** aus dem Jahre 1910. Diese beiden Ladenpassagen verbinden Piccadilly mit der Jermyn Street, wo weitere exklusive Geschäfte des gehobenen Einzelhandels auf den Besucher warten.

Weiter Piccadilly abwärts passiert man bald das Ritz Hotel, der Blick schweift über die weiten Rasenflächen des **Green Park,** und bald ist **Hyde Park Corner** erreicht, wo Hamburger-Fans rasch ins Hard Rock Café eilen können.

Marble Arch

Rechts ab entlang der vielbefahrenen Park Lane und vorbei an den Edelhotels wie dem Dorchester, dem Hilton oder dem Grosvenor geht es zum Marble Arch. Der marmorne **Triumphbogen** schmückt die Verkehrsinsel seit 1851. An dieser Ecke des Hyde Park ist die berühmte **Speaker's Corner,** wo jeden Sonntag jedermann öffentliche Reden halten kann, jedes Thema in jeder Variation ansprechen darf, solange er das Königshaus nicht beleidigt. In früheren Tagen hieß diese Ecke *Tyburn,* und bis zum 18. Jh. standen hier die Galgen für die öffentlichen Hinrichtungen.

Oxford Street

Vom Marble Arch kann man die Oxford Street, eine der Hauptgeschäftsadressen Londons, entlangflanieren. **Läden aller Art** säumen die vielbefahrene Straße und lassen keine Kundenwünsche offen. Hier ragt auf der linken Straßenseite **Selfridge's** auf, nach Harrod's Londons zweitfeinstes Kaufhaus.

Regent Street

Am Oxford Circus geht es dann rechts in die Regent Street hinein, auch hier finden sich wieder viele alteingesessene Geschäfte, so z. B. **Liberty's,** das weltweit berühmt ist für feine Stoffe und edles Tuch. Entlang des elegant geschwungenen Straßenbogens, **Quadrant** genannt, erreicht man wieder Piccadilly Circus.

Pubs in Mayfair

- **Ye Grapes,** 16 Shepherd Market, Free House, charaktervolle Kneipe aus viktorian. Zeit mit einer Einrichtung aus dem Jahr 1882.
- **Guinea,** 30 Bruton Place, versteckt in einer Mayfair Mew gelegen, datiert aus dem Jahr 1423.
- **Rose and Crown,** 2 Old Park Lane, berühmter Geister-Pub Londons, viele der zum Tode Verurteilten verbrachten die letzte Nacht in den Kellergewölben, bevor sie in Tyburn (heute Marble Arch) gehenkt wurden.
- **Running Footman,** 5 Charles Street, vollständiger Name *I am the Running Footman*, eine Tafel klärt über die Aufgaben eines Footman auf: dem Herrn eine Kutsche zu besorgen, die Straße für selbige freizuhalten und Mautgebühren zu bezahlen.

Restaurants in Mayfair

- **Maroush III,** 62 Seymoor Street (U-Bahn Marble Arch), beste arabische Küche in Europa, bis 40 £.
- **Mulligan's of Mayfair,** 13 Cork Street (U-Bahn Piccadilly), anglo-irische Küche vom Feinsten, oben ein irischer Pub, unten das Restaurant, um 35 £.
- **Le Gavroche,** 43 Upper Brook Street (U-Bahn Marble Arch, Hyde Park Corner oder Piccadilly), Londons einziges Restaurant, das im Michelin mit drei Sternen ausgezeichnet wurde, französische Küche, eines der besten Restaurants in ganz Großbritannien, Sakko- und Krawattenzwang, teuerste Gerichte knapp über 100 £.

Soho

Soho gilt bei manchen Besuchern als die sündige Meile der Metropole, diese Seite kann man jedoch getrost außer Acht lassen. Soho ist das **Zentrum der Musik- und Medienbranche.** In den Gassen reihen sich CD- und Instrumentenläden, Musikverlage, Ton- und Fotostudios, Fernsehproduktionsgesellschaften, Pubs, Cafés und Theater aneinander, und in der Berwick Street findet täglich (außer So) ein Straßenmarkt statt. In den vielen Pubs verkehren die Medienmacher, Theaterpublikum und viele Touristen. Berühmt sind die Restaurants des Viertels.

Im Westen von Soho verläuft parallel zur Regent Street die Ende der 1960er, Anfang der -70er Jahre beliebte **Carnaby Street.** Auf dem **Soho Square,** im Norden des Viertels und nahe am Oxford Circus, steht in der Mitte eine kleine Statue von *Karl II.* Bei schönem Wetter verbringen die Angestellten der Medienbranche hier ihre Mittagspause.

Unweit von hier erreichen wir das Britische Museum, eines der bedeutendsten Museen der Welt (U-Bahn Tottenham Court Road).

Pubs in Soho

In Soho soll es angeblich an die 60 Pubs geben; hier eine kleine Auswahl:
- **Argyll Arms,** 18 Argyll Street, nahe am Palladium Theatre, daher immer voll mit Theaterpublikum, angenehmes viktorianisches Ambiente.
- **Bath House,** 96 Dean Street, besteht seit 1738, im ersten Stock die Naked Grape Wine Bar.
- **Coach and Horses,** 1 Great Marlborough Street, das Gebäude datiert aus dem Jahr 1739, der Pub ist nur elf Jahre jünger, im ersten Stock die Horse Box Wine Bar.
- **Crown and Two Chairmen,** 32 Dean Street, der Name geht auf Königin *Anne* (= *Crown*) zurück, die von zwei Sänftenträgern (= *Two Chairmen*) zu einem Maler getragen wurde, der gegenüber vom Pub sein Ate-

lier hatte und eine Porträtstudie der Königin anfertigen sollte.
- **Devonshire Arms,** Denman Street, großes Free House, seit über 200 Jahren im Dienste der Durstigen.
- **Dog and Duck,** 18 Bateman Street, seit 1734 wird hier Ale und Bitter ausgeschenkt, Sohos kleinster Pub.
- **All Bar One,** 36 Dean Street, sehr gemütliche Weinbar mit guten Rebensäften und akzeptablen kleinen Gerichten zu vernünftigen Preisen.
- **George's,** 1 D'Arblay Street, bevorzugte Kneipe vieler Medienleute.
- **Glassblower,** 42 Glasshouse Street, Free House, zweistöckig und sehr groß.
- **Break for the Border,** Argyll Street, Restaurant und Late Night Bar, neben dem Palladium Theatre, daher viel Theaterpublikum vor und nach den Aufführungen.
- **John Snow,** 39 Broadwick Street, *Dr. John Snow* vermutete den Erreger der Cholera-Epidemie von 1850 im Trinkwasser, und nachdem über 700 Personen in Soho an dieser Krankheit gestorben waren, legte er die Wasserpumpe still, die neben dem Pub aus dem Boden ragte, die Seuche kam alsbald zum Erliegen, der Wasserhahn ist noch immer vorhanden.
- **King's Arms,** 23 Poland Street, Sohos ältester Pub, das Haus datiert aus dem Jahr 1706, der Pub von 1718.
- **Leicester Arms,** 44 Glasshouse Street, Free House, ansprechendes viktorianisches Ambiente.
- **Nellie Dean,** 89 Dean Street, einer der kleinsten Pubs von Soho, gemütliches Trinken in Hautkontakt mit den Nachbarn.
- **Old Coffeehouse,** 49 Beak Street, wie der Name schon sagt, ein ehemaliges Kaffeehaus aus dem 18. Jh.
- **Pillars of Hercules**, 7 Greek Street, ansprechender Pub hinter alter Tudor-Fassade.
- **Red Lion,** 14 Kingly Street, großer Pub auf mehreren Etagen.
- **Shakespeare's Head,** Great Marlborough Street, beliebt bei Carnaby-Street-Käufern.
- **Ship,** 116 Wardour Street, viele Medienleute feiern viktorianisches Glasfenstern.
- **Star and Garter,** 62 Poland Street, das Gebäude ist von 1706, der Pub von 1825.
- **Sun & Thirteen Cantons,** 21 Great Pulteney Street, der seltsame Name geht auf Schweizer Wollhändler zurück, die als gute Kunden vom Wirt einen eidgenössischen Namen für ihr Lokal verlangten.
- **Three Greyhounds,** 25 Greek Street, in einem früheren Farmhaus aus dem Jahr 1724.

Restaurants in Soho

- **Alistair Little,** 49 Frith Street (U-Bahn Piccadilly oder Tottenham Court Road), *Alistair Little* ist einer der bekanntesten englischen Köche, hier gibt es britische Küche vom Feinsten zu Preisen zwischen 27 und 64 £.
- **French Dining Room,** 49 Dean Street (U-Bahn Piccadilly), über dem Pub French House befindet sich ein „cosy and romantic dining room" mit guter französischer Küche, 20–30 £.
- **Gay Husar,** 2 Greek Street (U-Bahn Piccadilly), alteingesessenes und beliebtes Restaurant, ungarische Spezialitäten, 22–38 £.
- **Leoni's Quo Vadis,** 28 Dean Street (U-Bahn Piccadilly), alteingesessenes, weithin beliebtes italienisches Restaurant, in dem Haus wohnte *Karl Marx* für einige Jahre, um 30 £.

Das Londoner Theaterland

Bevor nun vom Piccadilly Circus aus das Londoner Theaterland entdeckt wird, sollte der konsumwillige Besucher einen Blick ins **Trocadero** werfen; in diesem mehrstöckigen Geschäftszentrum sind auf fast 20.000 m² Geschäfte aller Art zu finden.

Leicester Square

Coventry Street führt zum Leicester Square (U-Bahn Leicester Square, Piccadilly & Northern Line), in dessen Mitte eine Statue *Charlie Chaplin* ehrt und weitere **Statuen** an den Ecken so berühmte Leute wie den Maler *William Hogarth*, den Porträtisten *Sir Joshua Reynolds* und den Physiker

Isaac Newton. Geduldig belagert von Schlange stehenden Briten ist der Kiosk, an dem es **Theaterkarten** für den gleichen Tag zum halben Preis gibt und in dem sich das **London Information Center** befindet.

Covent Garden

Nur einen Steinwurf vom Leicester Square entfernt liegt Covent Garden (U-Bahn Covent Garden, Piccadilly Line) – hier steht Londons berühmtes **Opernhaus**. Bis 1974 fand auf dem Areal der nicht minder berühmte **Obst- und Gemüsemarkt** statt. Gegen den Abriss der alten **Markthallen** formierte sich vehementer Bürgerprotest; mit Erfolg, wie man an den schön renovierten gusseisernen Konstruktionen sehen kann. Kunsthandwerksgeschäfte, Cafés, Restaurants (auch hier gibt es ein vegetarisches Lokal von Crank's) und Pubs sind hier nun untergebracht.

Covent Garden ist heute eine der großen Attraktionen Londons, ein **urbanes Freizeitgebiet** sondergleichen: Straßenmusikanten sorgen für die rechte Tonkulisse, Gaukler bringen Kinder wie Erwachsene zum Lachen, Feuerschlucker, Zauberer und Akrobaten halten die Zuschauer in Atem. Überall wird gegessen, gelacht, ge-

Ein Akrobat zeigt sein Können auf der Covent Garden Piazza

trunken, applaudiert, zugeschaut, Tag für Tag erfreuen sich Besucher wie Einheimische gleichermaßen im Covent Garden. An sommerlich warmen Tagen kann man sich kaum seinen Weg durch die riesige Menschenansammlung bahnen. Einen zusätzlichen Anreiz für den ausländischen Besucher bietet das **London Transport Museum** (Sa–Do 10–18, Fr 11–18 Uhr) an der Ostseite des Platzes.

Die meisten Spaßvögel im Covent Garden treten vor der **St. Paul's Church** auf, der Kirche der Schauspieler und Künstler. Im Innern sind viele Theaterleute bestattet, so u. a. *Vivian Leigh*. Berühmt geworden ist das kleine Gotteshaus sowie das Areal von Covent Garden durch das Musical

„My Fair Lady", in dem die cockney-sprechende Blumenverkäuferin *Eliza Doolittle* vor St. Paul's Church von Professor *Higgins* Sprachunterricht erhält: „Es grünt so grün, wenn Spaniens Blüten blühen!"

Von Covent Garden aus entwickelte sich die reiche **Theatergeschichte** des Westends. In der Regierungszeit von *Karl II.* öffnete in der nahegelegenen Drury Lane das Theatre Royal seine Pforten, 1732 dann begann das Theater am Covent Garden seine erste Saison. Heute hat das **Covent Garden Opera House** Plätze für 2000 Besucher und ist das Stammhaus der Royal Opera Company und des Royal Ballet.

Pubs in Covent Garden

- **Kemble's Head,** 61 Long Acre, benannt nach *John Kemble,* einst Manager des Theatre Royal in der Drury Lane.
- **Lamb and Flag,** 33 Rose Street, ein Stückchen zurückversetzt von der Straße, früherer Name The Bucket of Blood, da hier im oberen Stock verbotene Boxkämpfe ausgetragen wurden; der Literat *John Dryden* schrieb hier Schmähgedichte gegen die französische Mätresse von *Karl II.* und wurde dafür von gedungenen Schlägern vor der Taverne schlimm verprügelt.
- **Opera Tavern,** 23 Catherine Street, wie der Name schon sagt, immer voll mit Theaterpublikum.
- **White Hart,** 191 Drury Lane, angeblich der älteste Pub in Covent Garden.
- **All Bar One,** 19 Henrietta Street, gemütliche Weinbar mit trinkbaren Weinen und essbaren Gerichten zwischen 4 und 11 £.

Restaurants in Covent Garden

- **Rules,** 35 Maiden Lane (U-Bahn Covent Garden), laut Eigenwerbung eines der ältesten Restaurants Londons, schon *Charles Dickens* tafelte hier, britische Küche vom Feinsten, 35 £.
- **Porter's,** 17 Henrietta Street (U-Bahn Covent Garden), gute englische Küche zu erschwinglichen Preisen, 15 £.
- **Luigi's,** 15 Tavistock Street (U-Bahn Covent Garden), beliebtes Restaurant mit italienischer Küche, bis 30 £.

Spaziergang 3

Westminster – Parlament, Paläste und Corridors of Power

Houses of Parliament

Allererste Attraktion von Westminster sind natürlich die Houses of Parliament (U-Bahn Westminster). Es empfiehlt sich, die Themse auf der Westminster Bridge zu überqueren, um von der anderen Flussseite die unvergleichliche Skyline auf sich wirken zu lassen.

Die **Ursprünge des englischen Parlaments** datieren zurück ins 13. Jh. Schon damals beriet sich der Monarch mit seinen Lehnsträgern. Seit 1215, dem Jahr der Unterzeichnung der **Magna Charta** durch König *Johann Ohneland (John Lackland),* musste auch der Monarch sich dem herrschenden Recht unterordnen, und geistliche wie weltliche Würdenträger hatten für die damalige Zeit bedeutende Befugnisse. 1265 rief *Simon de Montfort* erstmals Vertreter des Adels, des Bürgertums und der Städte ohne den König selbst zusammen. 1295 wurde das **Model Parliament** ins Leben gerufen, ein beratender Gedankenaustausch zwischen *Eduard I.,* dem

Adel und dem Klerus sowie den Ständevertretern aus Grafschaften und Städten. Der Herrscher benötigte nun das Einverständnis der Lords und Bischöfe sowie der *Commons*, wenn er Kriege führen oder Steuererhöhungen durchsetzen wollte. Etwa ab 1375 wurde das Amt des „Sprechers" eingerichtet, dieser **Speaker** teilte die Entscheidungen der *Commons* mit. Bis auf den heutigen Tag gibt es dieses Amt, der Speaker ist eine Art Vorsitzender des Unterhauses. Um 1450 hatte der Herrscher die Standesvertretungen der Lords und Commons endgültig anerkannt, und seit jenen Tagen nun gibt es ein **Ober- und ein Unterhaus.**

Am 5. November 1605 trug sich in den Kellergewölben des Oberhauses der **Gunpowder Plot** zu. *Guy Fawkes*, ein konvertierter Katholik, wurde in letzter Minute dabei erwischt, wie er mittels einer großen Menge Schwarzpulvers *Jakob I.* samt seinen Ministern und Lords in die Luft sprengen wollte; nach dem Anschlag sollte ein katholischer Herrscher auf den Thron kommen. Es geht das Gerücht, der Geheimdienst selbst habe den Plan ausgeheckt, um die Katholiken in Misskredit zu bringen. *Guy Fawkes* und seine Mitverschwörer wurden hingerichtet. Jedes Jahr nun werden vor der Parlamentseröffnung die Keller des Gebäudes nach einem festgelegten Ritual untersucht.

1642 stürmte **Karl I.** in den Sitzungssaal des Unterhauses und verlangte herrisch, die Verhaftung von fünf unbotmäßigen Abgeordneten zu veranlassen. Aufgebracht wollte er vom Speaker Auskunft über die Parlamentarier, doch der ließ den König mutig abblitzen: „Ich habe weder Augen, um zu sehen, noch Ohren, um zu hören, mit Ausnahme dessen, was mir das Haus anzuweisen beliebt." So gedemütigt, musste *Karl* seinen Rückzug antreten. Fortan war es jedem Monarchen verboten, das Unterhaus zu betreten.

Im Oktober 1834 brannten die Parlamentsgebäude bis auf die Grundmauern nieder, und nach einem Architektenwettbewerb erhielt *Charles Barry* mit seinem neogotischen Entwurf den Zuschlag für den **Neubau.** 1840 begannen die 20 Jahre dauernden Bauarbeiten; 1847 konnten die Lords ins Oberhaus einziehen, 1852 hatten auch die Commons ihren Sitzungssaal, und 1858 war schließlich der **Uhrturm Big Ben** fertig. Weltberühmt und eines der Wahrzeichen Londons, ist er nach der Glocke benannt, die mit ihren allseits bekannten Tönen die Uhrzeit verkündet; das Glockenspiel ist auch den Sendungen der BBC vorangestellt und gibt eine Klangfolge aus *Händels* „Messias" wieder. Brennt nach Einbruch der Dunkelheit oberhalb der Uhr eine Lampe im Turm, dann tagt noch immer das Parlament.

Der **Besuchereingang** befindet sich neben dem Victoria Tower, der 1860 vollendet wurde. Nur wenn die Abgeordneten tagen, ist die Öffentlichkeit zugelassen. Wer dabei sein möchte, sollte sich an Sitzungstagen ab 14.30 Uhr in die lange Schlange einreihen.

Gegenüber vom Victoria-Turm steht die aus dem 16. Jh. stammende Kirche

St. Margaret's; 1618 trug man hier den hingerichteten *Sir Walter Raleigh* zu Grabe, und 1908 heiratete *Winston Churchill* vor dem hiesigen Altar *Caroline Hozier*.

Westminster Abbey

Unmittelbar hinter St. Margaret's erhebt sich die gewaltige Westminster Abbey – mit 400 Grabdenkmälern und über 3000 Gedenktafeln eines der bedeutendsten historischen Bauwerke Großbritanniens, zudem ein Meisterstück der englischen Gotik. Seit den Tagen *Wilhelm des Eroberers*, den man zu Weihnachten 1066 in der Abtei zum König ausrief, fanden die **Krönungsfeierlichkeiten** für alle englischen Monarchen in Westminster Abbey statt. Bis hin zu *Georg II.* (1760) wurden auch die weitaus meisten Herrscher in diesem Gotteshaus bestattet. Über **4 Mio. Besucher** bestaunen Jahr für Jahr die Grabdenkmäler, Statuen, Gedenksteine und Sarkophage – hier kann britische Geschichte unmittelbar erlebt werden! Aber auch dem deutschen Theologen *Dietrich Bonhoeffer,* der 1945 dem Naziregime zum Opfer fiel, wird hier gedacht. Seine Statue befindet sich über dem Hauptportal.

Schon im 7./8. Jh. soll an dieser Stelle eine Kirche gestanden haben. Der angelsächsische König *Eduard der Bekenner* ließ dann um 1050 mit dem **Bau des neuen Gotteshauses** beginnen. Um für den heiliggesprochenen *Eduard* eine angemessene Grabstätte zu errichten, beauftragte *Heinrich III.* den Baumeister *Henry von Reyns* mit den Arbeiten. Der nahm die französischen Kathedralen von Reims und Amiens zum Vorbild und gestaltete innerhalb von zehn Jahren Chor, Querschiffe und Teile des Hauptschiffes. Für rund 100 Jahre ruhten dann die Arbeiten, die anschließend von *Henry Yevele*, dem kongenialen Architekten der Kathedrale von Canterbury, weitergeführt wurden. *Yevele* war souverän genug, nun nicht im vorherrschenden *Decorated Style* fortzubauen, sondern er hielt sich strikt an die Pläne

Big Ben – eines der bekanntesten Wahrzeichen Londons

Die sehenswerte Westminster Abbey gegenüber den Houses of Parliament

von *Reyns*, die der Early-English-Gotik verhaftet waren. In den folgenden Jahrhunderten befassten sich u. a. *Sir Christopher Wren* und *Nicholas Hawksmoor* mit der weiteren Ausgestaltung der Abtei.

Westminster Abbey ist 156 m lang, 61 m breit, und die Bogenhöhe beträgt mehr als 30 m. Gleich hinter dem Hauptportal ehrt eine schlichte schwarze Grabplatte im Boden **Winston Churchill,** der hier am 24. Januar 1964 in einem großen Staatsakt beigesetzt wurde. Direkt dahinter ruht in einem schlichten Grabmal ein in französischer Erde bestatteter **unbekannter Soldat,** der am 11. November 1920, am englischen Volkstrauertag *(Remembrance Day),* zur letzten Ruhe gebettet wurde.

Versäumen Sie nicht, neben den Grabmälern der vielen Herrscher und Königinnen die Poet's Corner, den **Poetenwinkel,** im südlichen Querschiff zu besuchen; hier liegen die ganz Großen der englischen Literatur (oder es wird an sie erinnert). *Geoffrey Chaucer, Robert Browning, Alfred Lord Tennyson, John Dryden, T. S. Eliot, Lewis Carroll, Dylan Thomas, Charles Dickens, Rudyard Kipling* ... Nahebei ehrt eine Statue *William Shakespeare;* der Historiker *Thomas B. Macaulay,* der Shakespeare-Darsteller *David Garrick* und der Hofkomponist *Georg Friedrich Händel* liegen hier ebenfalls zur letzten Ruhe gebettet.

Parliament Square, gegenüber von Westminster Abbey gelegen, ist mit den Statuen bekannter Politiker geschmückt. So erkennt man *Winston*

Churchill, Premier *Palmerstone* und den amerikanischen Präsidenten *Abraham Lincoln*, dessen Konterfei amerikanische Bürger stifteten.

Whitehall

Vom Parliament Square geht es nun in die Straße Whitehall hinein; der Name wird häufig als Synonym für die britische Regierung benutzt. Gleich links ragt der gewaltige Komplex der **New Government Offices** auf, in dem das Finanzministerium *(Treasury),* das Commonwealth Office sowie das Außen- und das Innenministerium *(Foreign Office, Home Office)* untergebracht sind.

Inmitten der Straße steht der im Jahre 1919 von *Sir Edwin Lutyens* geschaffene **Kenotaph** und gedenkt der Toten der beiden Weltkriege. Alljährlich am Volkstrauertag legt die Königin hier einen Kranz nieder.

Hinter dem Home Office stößt man auf ein kleines Gässchen, das erst seit einigen Jahren auf Anweisung von *Margaret Thatcher* durch ein hohes Gitter verschlossen wird: **Downing Street!** Seit dem Amtsantritt von *Robert Walpole* (1721) haben alle britischen Premierminister in 10 Downing Street ihre Dienstwohnung gehabt. Der Schatzkanzler hat sein offizielles Domizil in dem Haus mit der Nr. 11.

An Downing Street grenzt das alte **Schatzamt,** gefolgt vom **Dover House,** in dem das Ministerium für Schottische Angelegenheiten untergebracht ist.

Nun gelangt man zu einer weiteren touristischen Attraktion Londons. Umlagert von fotografierenden Besuchern lassen die Soldaten der königlichen Kavallerie die Publikumsmassen stoisch über sich ergehen. Durch die drei Torbogen, die von den **Horse Guards** flankiert werden, gelangt man auf den großen Exerzierplatz, auf dem die Königin alljährlich zu ihrem offiziellen Geburtstag am 10. Juni die prachtvolle stundenlange Parade *Trooping the Colour* abnimmt.

Gegenüber den Horse Guards findet sich eines der architektonisch bedeutsamsten Bauwerke Londons, das **Banqueting House.** Entworfen wurde das Bankettgebäude 1619 von *Inigo Jones,* der damit seiner Zeit weit voraus war. Schon drei Jahre zuvor hatte der kongeniale Baumeister in Greenwich das Queen's House in dieser klassischen Linienführung der italienischen Renaissance errichten lassen. Erst ein Jahrhundert später sollten andere Architekten in London diesen Architekturstil beherrschen. Die großartigen Deckengemälde im Innern von Banqueting House schuf *Rubens.* Am 30. Januar 1649 köpfte man Karl I. vor dem Gebäude (Mo–Sa 10–17 Uhr).

Weiter Whitehall abwärts ist nun der Trafalgar Square erreicht, wo es nach links durch den Bogen **Admirality Arch** auf die Straße The Mall geht, die schnurgerade auf den Buckingham Palace führt und als Prachtstraße für Königin *Victoria* angelegt wurde. Links vom Admirality Arch verläuft die **Horse Guard Road** und trennt die rückwärtigen Fassaden von Whitehall vom St. James's Park ab.

Vorbei an dem großen **Exerzierplatz der Horse Guards** und einer Statue von *Lord Louis Earl Mountbatten of Burma,* der aus dem deutschen Fürstengeschlecht derer *von Battenberg* stammte und 1979 von der IRA auf seinem Boot in die Luft gesprengt wurde, sind nun an der Rückseite des Finanzministeriums die **Cabinet War Rooms** erreicht. Unbedingt sollte man sich die unterirdische und bombensichere Befehlszentrale von *Winston Churchill* ansehen. Während des Zweiten Weltkriegs war hier der Kommandostab des Premierministers untergebracht; alles ist originalgetreu erhalten und vermittelt ein realistisches Bild jener düsteren Tage, als Großbritannien befürchten musste, vom deutschen Faschismus überrollt zu werden (tgl. 9.30–18 Uhr).

The Mall

Auf einem Spaziergang durch **St. James's Park** ist die Mall wieder erreicht, an deren Anfang die schneeweiße, 140 m lange Häuserzeile **Carlton Terrace** wie ein Sperrgürtel liegt. Der begnadete Stadtarchitekt *John Nash* konzipierte diese einstigen Privathäuser; in Haus Nr. 12 hat das **Institute of Contemporary Arts** (ICA, Mo–Mi 12–23, Do–Sa 12–1, So 12–21 Uhr) seinen Sitz. Das Kunstzentrum besitzt drei Galerien, ein Kino, organisiert Vorträge und Seminare sowie Kunstausstellungen, hat einen gutbestückten Buchladen, ein kleines Restaurant und eine Bar; über Mittag isst man sehr gut und billig im ICA. In Nr. 6, Carlton House, hat die **Royal Society,** weltweit die älteste Naturwissenschaftliche Gesellschaft, ihren Sitz.

Am Ende der Mall steht das schneeweiße **Marmordenkmal für Queen Victoria.** Mit trauerndem Gesichtsausdruck schaut die Königin, die als 18-jährige auf den Thron kam und 64 Jahre lang (1837–1901) regierte, auf den Betrachter. Nie verwunden hat die Monarchin, die länger als jeder andere englische Herrscher auf dem Thron saß, den frühen Tod ihres über Alles geliebten Gatten *Alfred* im Jahre 1861. Mit der tiefen Trauer, die sie ihr restliches Leben mit sich herumtrug, prägte sie den puritanischen Viktorianismus, der auf das Lebensgefühl der gesamten Nation ausstrahlen sollte. Das 27 m hohe Monument wurde 1910 von *Sir Aston Webb* geschaffen, die gewaltige Bausumme von 250.000 £ kam durch Spenden zusammen. Wenig respektvoll bezeichnen die Londoner das Denkmal auch als Hochzeitstorte.

Buckingham Palace

Hinter dem Victoria Memorial erstreckt sich das Areal des Buckingham Palace. Ist die Queen daheim, weht vom Dach des Palastes der Union Jack. Zu Beginn des 18. Jh. hatte der *Duke of Buckingham* ein hochherrschaftliches Gebäude errichten lassen; rund 70 Jahre später erwarb die Krone das Haus, und *Georg IV.* beauftragte *John Nash* mit der prachtvollen Umgestaltung des Anwesens. *Wilhelm IV.*, entsetzt über die ins Uferlose gewachsenen Baukosten, feuerte den Architekten und ließ nur noch das Nötigste vollenden. 1837 dann zog die junge *Victoria* als erste Monarchin in den neuen Palast ein.

Vom **Balkon des Ostflügels** zeigt sich die königliche Familie bei offiziellen Anlässen und nimmt die Jubelrufe der Untertanen huldvoll entgegen. Täglich um 11.30 Uhr findet unter der begeisterten Anteilnahme Abertausender von Touristen die Wachablösung, **The Changing of the Guard,** im Vorhof des Palastes statt (bei Regenwetter fällt das Ereignis schon einmal aus, ebenso im Winter).

Pubs in Westminster

● **Buckingham Arms,** 62 Petty France, schönes viktorianisches Ambiente, sommertags kann man auch draußen sein Bier trinken.
● **Clarence,** 53 Whitehall, Free House, neben den vielen Biersorten gibt es ein regelmäßig wechselndes Guest Beer, außerhalb der Touristensaison voll mit den Angestellten des Verteidigungs- und des Landwirtschaftsministeriums.

- **Old Star,** 66 Broadway, hier bechern die Abgeordneten des Unterhauses, die Detectives von New Scotland Yard und die Angestellten des Home Office.
- **Red Lion,** Whitehall, traditionsreicher Abgeordneten-Pub nahe am Parlamentsgebäude mit so genannter *Division Bell*, d. h., dass die Klingel, die die Abgeordneten zur Abstimmung ruft, bis in den Pub verlegt ist.
- **Silver Cross,** 33 Whitehall, Pub in einem Gebäude aus dem 13. Jh., außerhalb der Touristensaison traditionell die Schänke der Journalisten, die aus Whitehall berichten.
- **Westminster Arms,** 9 Storey Gate, Free House, traditioneller Abgeordneten-Pub, ebenfalls mit *Division Bell*, immer auch voll mit Journalisten, im Keller die **Big Ben Bar,** im ersten Stock die **Queen Anne Bar** sowie eine Weinbar.

Restaurants gibt es nicht in Westminster, alle Pubs servieren aber guten Pub Grub zur Mittagszeit.

Spaziergang 4

Hyde Park, Kensington und Knightsbridge – Parks, Museen und High Society

Hyde Park

Der Spaziergang beginnt an **Hyde Park Corner** (U-Bahn Hyde Park Corner, Piccadilly Line) und verläuft in westlicher Richtung entlang dem See **The Serpentine.** Wer möchte, kann ein Ruderboot mieten.

Kensington Gardens

Hyde Park geht nach einiger Zeit in Kensington Gardens über, wo eine

liebliche **Peter-Pan-Statue** steht. Der Teich **Round Pound** ist traditionell das Gewässer der Modellboot-Enthusiasten, die hier ihre Schiffchen durch die Wellen stechen lassen.

Am westlichen Ende erstreckt sich das Anwesen von **Kensington Palace,** in dem am 24. Mai 1819 die spätere Königin *Victoria* geboren wurde. Am südlichen Ende von Kensington Garden ragt das von der trauernden *Victoria* in Auftrag gegebene und von *Gilbert Scott* 1876 errichtete neogotische **Albert Memorial** in den Himmel auf. Das Abbild des Prinzen *Albert von Sachsen-Coburg*, der 1861 an Typhus starb, ruht unter einem hohen, spitzen Baldachin, eine Vielzahl von allegorischen Figuren symbolisieren unter anderem Wissenschaften, Künste, Kontinente ...

Kensington

Auf *Alberts* Initiative ging die Große Weltausstellung von 1851 zurück, die der Welt den hohen industriellen Standard und die nationale Glorie Großbritanniens demonstrativ vor Augen führte. 186.000 £ an Einnahmen konnte das Festkomitee verbuchen, und mit dem Gewinn machte sich *Albert* daran, das Bild des kleinen Dörfchens Kensington entscheidend zu verändern; bedeutende wissenschaftliche, pädagogische und kulturelle Institutionen öffneten alsbald ihre Pforten.

Beginnen wir mit der **Albert Hall,** die gegenüber dem Memorial liegt und von den Londonern respektlos als „Suppenschüssel" betitelt wird. 8000 Personen fasst die Halle, deren allabendlichen Sommerkonzerte berühmt sind. In unmittelbarer Nähe reihen sich nun folgende Sehenswürdigkeiten aneinander: das Royal College of Art, das Royal College of Music, das Royal College of Organists, das Imperial College of Science and Technology, die Royal Geographic Society, das Institute of Geological Science, das Museum für Naturwissenschaft, das Museum für Naturgeschichte, das Geologische Museum und das Victoria & Albert Museum.

Im **Naturwissenschaftlichen Museum** (Science Museum, tgl. 10–18 Uhr), vergleichbar etwa dem Deutschen Museum in München, werden dem technischen und physikalischen Laien mittels ausgeklügelter Apparaturen naturwissenschaftliche Phänomene erklärt. Für zusätzliche Erläuterungen sorgen eine Vielzahl von Ausstellungsstücken und originalgetreu angefertigten Modellen. Alltäglich bevölkern Hunderte von Schulklassen die fünf Etagen des Museums, und neben dem Zischen, Krachen, Pfeifen und Dröhnen der Apparaturen ertönt lautes Kindergeschrei.

Das **Geologische Museum** (Geological Museum, tgl. 10–17.50 Uhr) macht den Betrachter mit der Entstehung und Geschichte der Welt vertraut, darüber hinaus gibt es eine Fossilien- und Mineraliensammlung; ein weiterer Schwerpunkt der Ausstellung ist der menschlichen Vor- und Frühgeschichte gewidmet.

Der Londoner Wohnsitz der Queen: Buckingham Palace

Im selben Gebäude zeigt das **Museum für Naturgeschichte** (Natural History Museum, tgl. 10–17.50 Uhr) botanische, mineralogische, paläontologische und zoologische Exponate.

Und zu guter Letzt bietet das **Victoria & Albert Museum,** kurz nur V & A genannt, einen Querschnitt durch das Kunstschaffen verschiedener Nationen (tgl. 10–17.45 Uhr).

Am V & A, an der Brompton/Cromwell Road befindet sich auch das marmorne **Ismail Cultural Centre,** ein von der Aga-Khan-Stiftung finanziertes muslimisches Kulturzentrum.

Nördlich vom Museumsareal und westlich vom Hyde Park verläuft die **Kensington High Street,** die zentrale Einkaufsstraße von Kensington (U-Bahn High Street Kensington, Circle & District Line).

Berühmt ist nahebei der **Portobello Road Market** (U-Bahn Notting Hill Gate mit Circle, District & Central Line, Ladbroke Grove oder Westbourne Park mit Metropolitan Line), Mo–Fr ein Obst- und Gemüsemarkt, an Wochenenden dann ein „exklusiver" Flohmarkt. Am letzten Wochenende im August feiert die westindische Bevölkerung hier ihren **Karneval,** die Gegend um Notting Hill Gate gilt als das karibische Viertel von London. In den Straßen wird Samba getanzt, allerorten sieht man farbenprächtige Kostüme, Steel Bands spielen u. v. m. Auf keinen Fall versäumen!

Knightsbridge

Das Viertel Knightsbridge, östlich vom Museumsareal gelegen, ist ein teures und exklusives Wohnviertel, das auch mit einer Reihe von **Luxusgeschäften** aufwarten kann. Vor allem am Beauchamp Place und entlang der Walton Road reihen sich neben Pubs, Restaurants und Cafés auch Antiquitätengeschäfte und Boutiquen aneinander.

An der Brompton Road hat das berühmteste Kaufhaus der Welt seinen Sitz: **Harrod's** (U-Bahn Knightsbridge, Piccadilly Line). In diesem Konsumtempel kann der Kunde alles erstehen, was gut und teuer ist. Versäumen Sie auf keinen Fall einen Gang durch die Delikatessabteilung! Kein Geschäft weltweit führt mehr Käsesorten als Harrod's, es sind genau 500. Über 200.000 Kundenkonten hat Harrod's in seinen Computern; wer möchte, dem wird die gekaufte Ware stilvoll mit einem Pferdefuhrwerk vor die Haustür gefahren.

Pubs

- **Bunch of Grapes,** 207 Brompton Road, beliebtes Free House mit viktorianischem Ambiente.
- **Churchill Arms,** 119 Kensington Street, viele Bilder von amerikanischen Präsidenten und britischen Premierministern, wie der Name schon sagt, vor allem von *Churchill*.
- **The Beauchamp,** Beauchamp Place, beliebt bei den Kaufwilligen der vielen Geschäfte ringsum.
- **Grenadier,** 18 Wilton Row, angeblich einst die Offiziersmesse für *Wellingtons* Soldaten.
- **Sun in Splendour,** 7 Portobello Road, mit kleinem Innenhof, an Markttagen immer voll.

Restaurants

- **Paper Tiger,** 10 Exhibition Road, einst Londons erstes Sechuan-Restaurant, gute chinesische Küche, um 15 £.

- **St. Quentin,** 243 Brompton Road (U-Bahn South Kensington), gute französische Küche um 30 £.
- **Montpeliano,** 13 Montpelier Street, (U-Bahn South Kensington), gute und teure italienische Küche, um 35 £.
- **Shezan,** 22 Cheval Place (U-Bahn South Kensington), indische Spezialitäten, gute Küche aus dem Punjab, um 15 £.
- **San Lorenzo,** 22 Beachamps Place (U-Bahn Knightsbridge), exklusive italienische Küche um 50 £.
- **Mr. Chow,** 151 Knightsbridge (U-Bahn Knightsbridge), feinste chinesische Küche um 30 £.

Spaziergang 5

Rund um den Tower von London

Der Tower von London (U-Bahn Tower Hill, District & Circle Line) ist nicht nur wegen der hier aufbewahrten Kronjuwelen eine touristische Attraktion ersten Ranges; um die berühmte, berüchtigte und gut erhaltene Festungsanlage ranken sich wahrhaft blutrünstige Ereignisse, Geschichten und Legenden, hier hat sich ein großer Teil der politischen Historie des Landes abgespielt.

Geschichte

Im Jahre 1066 ließ der bei Hastings siegreiche Normanne *Wilhelm der Eroberer* an dieser Stelle Londons auf die Schnelle ein erstes Holzfort errichten. Zwölf Jahre später entstand der steinerne und damit sicherere White Tower. Ende des 12. Jh. erweiterte *Richard Löwenherz* die Festung; der König, der sich dem Verrat seines Bruders *Johann* ausgesetzt sah, benötigte eine geschützte Residenz. *Heinrich III.* und *Eduard I.* gaben dem Tower im wesentlichen seine heutige Gestalt. Bis Anfang des 17. Jh. regierten die englischen Monarchen in dieser Trutzburg; außerdem hatte hier eine Münze ihren Sitz, es gab ein Observatorium, einen Zoo, selbstverständlich ein Waffenarsenal, ein Staatsarchiv und eine Schatzkammer.

Der Tower als Gefängnis

Für Aufregung und Dramatik im Laufe der Jahrhunderte sorgte der Tower als Gefängnis, Mordschauplatz und Hinrichtungsstätte. Der **erste Gefangene,** *Ralf Flambard*, Bischof von Durham, kam 1101 noch glimpflich davon. Ein in einem Weinfass verstecktes Seil ermöglichte ihm die Flucht über die Mauern; die Wachen lagen im Vollrausch, hatte der Bischof ihnen doch freimütig vom Rebensaft angeboten. Während des Hundertjährigen Krieges (1339–1453) schmachteten an die 1000 **französische Gefangene** in den weitläufigen Kellerverließen. Mit komplettem Hofstaat lebte **Charles d'Orléans,** ein Neffe des französischen Königs, im 15. Jh. 25 Jahre lang in der Festung. Doch auch das klingt alles noch harmlos im Vergleich zu dem, was die folgenden Jahrhunderte brachten.

Es begann mit dem unerquicklichen **Richard II.** (1367–1400), der im Tower seine adligen Gegenspieler hinrichten und ermorden ließ. **Eduard IV.** brachte 1471 – das heißt in der Zeit der Rosenkriege (1455–1485) – *Heinrich VI.* im Wakefield Tower um. 1483 schmiedete der spätere **Richard III.** ein Mordkomplott. Nach dem Tod von *Eduard IV.* übernahm dessen zwölfjähriger Sohn als *Eduard V.* die Krone. *Richard, Duke of Gloucester*, Protektor und Onkel des jungen Monarchen, lockte den Knaben in den Tower und setzte wenig später auch den jüngeren Bruder *Eduards*, den Herzog von York, dort fest. Dann rief sich der Machtbesessene zum König aus. Einige Wochen später waren die Knaben spurlos verschwunden; gedungene Mörder sollen die beiden Prinzen mit Kissen erstickt haben – seither heißt der Garden Tower Bloody Tower. Rund 200 Jahre nach diesem gewalttätigen Ereignis fanden Arbeiter im White Tower eine Kiste mit zwei Kinderskeletten, die man als die Gebeine der beiden unglücklichen Prinzen identifizierte.

Im 16. Jh. tobte der Schlächter **Heinrich VIII.** im Tower. Seinen Lordkanzler, den berühmten Gelehrten und Humanisten *Thomas Morus*, hielt er ebenso im Bell Tower gefangen wie Bischof *John Fisher*. Beide hatten ihre Zustimmung zur Suprematsakte verweigert, mit der sich *Heinrich* nach der Trennung von Rom zum Oberhaupt der Anglikanischen Kirche gemacht hatte. Die beiden Standhaften ließ er auf Tower Hill hinrichten. *Anne Boleyn*, die zweite Frau von *Heinrich* und des Ehebruchs schuldig befunden, beendete ihr Leben am dritten Krönungstag unter dem Schwertstreich des Henkers in Tower Garden. *Catherine Howard*, die fünfte Gemahlin des Schlächters und ebenfalls des Ehebruchs schuldig gesprochen, wurde an gleicher Stelle vom Leben zum Tode befördert.

Bloody Mary, die erste Tochter von *Heinrich VIII.*, war ähnlich blutrünstig wie ihr Vater. Sie ließ ihre Halbschwester *Elisabeth* im Tower einkerkern und *Lady Jane Grey* – für neun Tage Gegenregentin – und deren Mann *Lord Guildord Dudley* hinrichten.

Der nächste, den das Schicksal ereilte, war der Seeheld, Entdecker und Abenteurer **Sir Walter Raleigh,** der Pirat der Königin. 13 Jahre lebte er mit Frau und Kind im Bloody Tower und schrieb dort seine „History of the World". 1617 schickte ihn *Jakob I.* nach Guayana; die Mission scheiterte und brachte zudem noch erhebliche diplomatische Verwicklungen mit Spanien. 1618 wurde das 15 Jahre alte Todesurteil – allerdings in Westminster – an *Raleigh* vollstreckt.

Im **Zweiten Weltkrieg** richtete man im Tower Hochverräter und Spione hin, der letzte prominente Gefangene, der hier einsaß, war *Hitlers* Stellvertreter *Rudolf Hess*.

Hinrichtungen

Die meisten Gefangenen brachte man per Themseboot durch das mit einem Fallgitter gesicherte Traitor's Gate (Verrätertor), ein Wasserdurchlass, in ihr Gefängnis. Zwei Hinrichtungsstätten hatte der Tower; einmal **Tower Green,** hier fanden Mitglieder der kö-

Mittägliche Ruhepause in einem kleinen Amphitheater vor der London City Hall gegenüber vom Tower

niglichen Familie den Tod (ein Holzblock markiert den Ort, wo früher das Richtscheit des Henkers stand), zum anderen **Tower Hill,** hier trennte der Henker die Köpfe des Adels vom Rumpf. Gemeines Volk wurde in Tyburn, am heutigen Marble Arch, vom Leben zum Tode befördert. Das englische Klassensystem machte auch vor dem Schafott nicht halt.

Die Hinrichtung gestaltete sich äußerst qualvoll für die unglücklichen Delinquenten, denn das **Beil des Henkers** war mehr als stumpf. *Anne Boleyn,* wohl wissend um diese Tatsache, bat um die Gnade, mit einem scharfen Schwert geköpft zu werden. Sie gehörte zu den wenigen, die einen schnellen Tod fanden.

Rundgang

Man betritt die Festung durch den **Middle Tower,** ein Torhaus, das aus dem 14. Jh. datiert. Hinter einem breiten Graben folgt der **äußere Mauerring** mit mehreren Wachtürmen: Bayard Tower, St. Thomas Tower, in dem eine Kapelle an den 1170 in Canterbury ermordeten *Thomas Becket* erinnert, weiter Cradle Tower, Well Tower und Develin Tower. Die Bastionen Brass Mount und Legge's Mount sicherten die Anlage im Nordosten wie im Nordwesten.

Zum **inneren Mauerring** gehören der Bell Tower, in dem *Thomas Morus* auf seine Hinrichtung wartete, Bloody Tower, in dem *Richard III.* die kleinen Prinzen ermorden ließ, und Wakefield

Tower, der bis 1967 die Kronjuwelen beherbergte. Es folgen Lanthorn Tower, Salt Tower, an deren Innenwänden die Graffitis unglücklicher Gefangener zu lesen sind, Broad Arrow Tower, Constable Tower, Martin Tower, Brick Tower und Bowyer Tower, wo man alte Folterwerkzeuge betrachten kann, mit denen Schuldige wie Unschuldige „hochnotpeinlichen" Verhören unterzogen wurden. Im Beauchamp Tower, benannt nach *Thomas Beauchamp, Earl of Warwick*, der hier im 14. Jh. schmachtete, finden sich weitere Mauerinschriften von Gefangenen, u. a. der Schriftzug „Jane", den wohl *Lord Dudley* in Seelenqualen und in Sorge um seine Frau *Jane* dort eingeritzt hat.

Im **Queen's House,** einem von *Heinrich VIII.* für *Anne Boleyn* in Auftrag gegebenen Fachwerkgebäude (dessen Fertigstellung die Königin allerdings schon nicht mehr erlebte), ist heute die Amtswohnung des Kommandanten eingerichtet. In den **New Armories,** dem aus dem 17. Jh. datierenden Zeughaus, kann man Waffen aus aller Herren Länder besichtigen, und das **Royal Fuseliers Museum** zeigt Uniformen, Orden und Ehrenzeichen.

Größte Attraktion des Festungskomplexes aber ist das **Jewel House,** Aufbewahrungsort der Kronjuwelen und eines der bestbewachten und -gesicherten Gebäude der Welt. Fast alle der hinter Panzerglas ausgestellten Exponate stammen aus der Zeit nach 1660, da *Oliver Cromwell* während des Bürgerkriegs die Pretiosen verkaufen und die Schmuckstücke einschmelzen ließ.

Von unschätzbarem Wert ist beispielsweise die **St. Edward's Crown,** 1660 für *Karl II.* aus purem Gold geschaffen. Die **Imperial State Crown,** 1837 für die Krönungsfeierlichkeiten von *Queen Victoria* angefertigt, soll mit 3000 Edelsteinen besetzt sein, darunter ein riesiger Rubin, sowie mit dem 317 Karat schweren Diamanten *Star of Africa*; der zweite noch größere „Stern von Afrika" funkelt am königlichen Zepter. Königin *Elisabeth* trägt *Victoria's Crown* bei jeder Parlamentseröffnung. 1937 schufen die Goldschmiede die **Queen Elizabeth Crown** und setzten den legendären Koh-i-Nur, einen aus Indien stammenden Diamanten, in die königliche Kopfbedeckung.

In der **Chapel of St. Peter and Vincula** wurden viele der Hingerichteten zur letzten Ruhe gebettet, z. B. *Thomas Morus, Anne Boleyn, Catherine Howard.*

Der **Wardrobe Tower** steht auf alten römischen Fundamenten, und der **White Tower,** im Zentrum des Komplexes gelegen, beherbergt eine umfangreiche Waffensammlung.

Nahe dem Haupteingang des Towers befindet sich das wenig interessante **Museum The London Pageantry,** in dem man eine Zeitreise durch die Geschichte Londons machen kann; der Besucher sitzt in einem kleinen Wägelchen und wird an Dioramen vorbeigezogen, die wichtige Ereignisse der Stadtgeschichte zeigen.

St. Catherine's Dock

Nicht versäumen sollte man einen Besuch im St. Catherine's Dock an der nördlichen Flussseite unterhalb der Tower Bridge. In diesen Ende der 1970er Jahre renovierten Hafenanlagen liegen heute Segelyachten vor Anker, und in die Magazinhallen sind Geschäfte, Restaurants und Pubs eingezogen.

Tower Bridge

Londons brühmteste Brücke wurde 1894 eingeweiht, für Entwurf und Bauleitung zeichneten Sir *Wolfe John Barry* und Sir *Horace Jones* verantwortlich. Die beiden **Zugbrücken** können – wenn es sein muss – innerhalb von nur 90 Sekunden geöffnet werden. Seit 1982 sind die Brückentürme sowie die technischen Anlagen im Fundament des Südturms der Öffentlichkeit zugänglich, auch der Verbindungssteg hoch über der Fahrbahn kann begangen werden und bietet eine atemberaubende Aussicht auf den Fluss und die Stadt (Apr.–Sept. tgl. 10–18.30 Uhr, Okt.–März tgl. 9.30–18 Uhr).

Während des Zweiten Weltkriegs und der Luftschlacht um England diente die Tower Bridge den nazideutschen Bomberpiloten als Orientierungspunkt für den Anflug auf die Stadt. Die Brücke wurde deshalb nie bombadiert.

Am Themseufer

Hat man die Themse nun kurzweilig überquert, steigt man am östlichen Ende der Tower Bridge die Stufen hinunter und stößt auf das Sträßchen Shad Thames, das durch die ehemaligen Speicheranlagen von **Buler's Wharf** verläuft. Alles ist bestens renoviert, und in den einstigen Magazinhallen sind teure Wohnungen untergebracht.

Am Anfang der Shad Thames lockt rechts die **Tower Bridge Piazza.** In der Mitte des kleinen Platzes lädt bei schönem Wetter ein Brunnen zum Verweilen ein. Damit man sich am Wasserrand niederlässt, hat der Künstler *Anthony Donaldson* eine Reihe von Alltagsgegenständen modelliert, die auf dem Brunnenrand liegen: ein Walkman, eine Kamera, einige Bücher, ein paar Ballettschuhe ... Eine schöne Idee!

Von der Tower Bridge Piazza gelangt man zum **Brewery Square;** bei schönem Wetter sitzt man hier vor dem Pub Anchor Tap und genießt ein Lager oder Bitter.

Weiter Shad Thames ostwärts, passiert man die beiden Restaurants **La Pont de la Tour** und **Cantina;** im Sommer sitzt man sehr schön am Themseufer und blickt auf die andere Seite, wo sich St. Catherine's Dock erstreckt, ebenfalls bestens renoviert. Am Ende der Shad Thames ist das **Design Museum** erreicht, dessen Besuch man auf gar keinen Fall versäumen darf (tgl. 10–17.45 Uhr).

Zurück zur Tower Bridge und weiter flussaufwärts, ist schnell **HMS** *(Her Majesty Ship)* **Belfast** erreicht. Der 1938 in Dienst gestellte Kreuzer ist seit 1971 der Öffentlichkeit zugänglich und zeigt das Leben an Bord eines Schiffes der Royal Navy.

Nicht weit von der „Belfast" entfernt, lohnt **Hay's Wharf** einen Besuch. In den ehemaligen Magazinhallen locken Geschäfte, Restaurants, Pubs und Cafés. Hier finden sich auch zwei Museen. Zum einen das Gruselkabinett **London Dungeon,** wo die Folterungen im mittelalterlichen England recht drastisch dargestellt sind (tgl. 9.30–18 Uhr), und das **Winston Churchill's Britain at War Experience** (Apr.–Okt. tgl. 10–17, Nov.–März 10–16.30 Uhr). Wer sich ernsthaft über die Kriegsjahre und *Winston Churchill* informieren möchte, der sollte für die Hälfte des Eintrittspreises die Cabinet War Rooms besuchen (siehe Spaziergang 3).

Spaziergang 6

Durch die Docklands nach Greenwich

Entweder vom U-Bahn-Knotenpunkt Bank oder vom Kopfbahnhof Tower Gateway, nur einen Steinwurf von der Tube-Station Tower Hill entfernt, gelangt man mit der **Docklands Light Railway (DLR)** durch das ehemalige Londoner Hafengelände und die in einem Bogen der Themse liegende Isle of Dogs (so benannt, weil während der Tudor-Ära die hier Monarchen ihre Jagdhunde hielten). Endstation ist der Bahnhof Island Garden, von wo ein Fußgängertunnel unter der Themse nach Greenwich führt. Diesen Spaziergang sollte man nur wochentags machen, da die DLR sonntags nicht fährt und die Docklands an Wochenenden völlig ausgestorben sind.

Geschichte

Ab dem Ende des Zweiten Weltkriegs war es mit dem Londoner Hafen stetig bergab gegangen. Die Docks konnten nicht mehr von den großen Ozeanriesen angelaufen werden. Und als das Container-Terminal in Tilbury, 26 Meilen flussabwärts, eröffnet wurde, war dies das endgültige Aus. Grabesruhe breitete sich auf dem Riesenareal aus.

Dann, Ende der 1970er Jahre, sanierte der Architekt *Thomas Telford* das am Tower gelegene St. Catherine's Dock, und der unmittelbar einsetzende ökonomische Erfolg erzeugte **Aufbruchstimmung** und hektische Betriebsamkeit. Kapitalstarke Privatleute und mächtige Firmenkonsortien, Stadtverwaltung und Regierung erinnerten sich an das vor sich hin schlummernde einstige Hafengebiet. In unmittelbarer Nähe zur City, zur Banken- und Börsenzentrale Europas, gab es auf einmal Baugrund in Hülle und Fülle. Mit der Gründung der **London Dockland Development Corporation** begann dann die gezielte Sanierung auf der Isle of Dogs. Geschäfts- und Firmenzentren, Industrie- und Bürokomplexe, Hotels und Wohnungen sind in den letzten zehn Jahren dort in den Himmel geschossen, ausnahmslos alle Verleger haben ihre Zeitungsverlage von der Fleet Street in die Docklands verlegt, und Hightech-Branchen produzieren im einstigen Hafengebiet.

Postmoderne Architektur in den Docklands

Beherrschendes Element ist der 244 m hohe **Canary Wharf Tower,** eines der höchsten Gebäude Europas, der von der kanadischen Immobilienfirma Olympia & York für 12 Mrd. £ gebaut wurde.

Um die Jahrtausendwende setzte ein **neuerlicher Aufschwung** in den Docklands ein, wie man an der überwältigenden Beschäftigung in den Docklands sehen kann. Offenbar ist die Rezession endgültig vorbei, und die Docklands sind mit öffentlichen wie mit privaten Verkehrsmitteln gut zu erreichen und in das U-Bahn-Netz mit einbezogen. Ein Grund, der Firmen lange Zeit davon abhielt, in die Docklands zu ziehen, waren die **miserablen Verkehrsanbindungen;** heute ist die Docklands Light Railway (DLR) an den U-Bahn-City-Knotenpunkt Bank angeschlossen. Der tägliche An- und Abtransport tausender Pendler funktioniert mittlerweile reibungslos.

In einem ehemaligen Speicherhaus aus dem 19. Jahrhundert am West India Quay befindet sich das **Dockland Museum.** Das Ausstellungsgebäude macht mit der Geschichte des Londoner Hafens vertraut, der einmal der größte der Welt war (tgl. 10–18 Uhr).

Auf Erkundung mit der Docklands Light Railway

Erkunden wir nun mit der Docklands Light Railway – die übrigens nicht von einem Fahrer gesteuert, sondern von einer Computerzentrale auf Kurs gehalten wird – das alte Hafengebiet und fahren in Richtung auf die Endstation Lewisham. An der Station Canary Wharf sollte man den Zug verlassen und das Areal genauer erkunden. Im Untergeschoss des riesigen Canary Wharf Tower fänden zwei Fußballfelder Platz, alles ist mit feinstem Marmor verkleidet. Eine Ausstellung informiert über die Entwicklung der Docklands. Überall finden sich Cafés und Läden. Schaut man durch die großen Glasscheiben nach draußen, so erblickt man sprudelnde Brunnen, sieht auf grüne Rasenfelder und hohe, mächtige Bäume.

Empfehlenswert ist es, von Canary Wharf aus einen Spaziergang in Richtung der DLR-Station **Crossharbour** zu machen; nur einen Steinwurf entfernt vom Crossharbour-Bahnsteig überspannt die kleine **Glengall Bridge** ein ehemaliges Hafenbecken. Von dort hat man einen prachtvollen Blick auf den futuristischen Wolkenkratzer.

Greenwich

Von dem DLR-Bahnhof Crossharbour geht es dann weiter in Richtung der Endstation Lewisham, der Zug unterquert die Themse und bei der Station Maritime Greenwich/Cutty Sark steigen wir wieder hoch ans Tageslicht und blicken auf die in einem Betondock liegende **„Cutty Sark".** 1869 wurde der schnittige Segler in Dienst gestellt – für den Teetransport zwischen China und Großbritannien.

Gleich neben der „Cutty Sark" konnte lange Zeit die **„Gipsy Moth"** besichtigt werden, mit der 1966/67 der damals 60-jährige *Francis Chichester* als Einhandsegler die Welt umrundete. Bei seiner Rückkehr, begeistert begrüßt von Abertausenden, adelte *Elisabeth II.* den mutigen Segler. Die Zeremonie knüpfte an ein historisches Ereignis an; im Jahre 1581 hatte *Elisabeth I.* den Weltumsegler *Francis Drake* an gleicher Stelle und mit dem gleichen Schwert zum Ritter geschlagen.

Neben der „Cutty Sark" erstreckt sich das Gelände des **Royal Naval College;** gegenüber der Ausbildungsstätte findet man das schneeweiße Queen's House, mit dem *Inigo Jones* 1616 den palladianischen Stil in Großbritannien einführte. Hier ist das **National Maritime Museum** untergebracht, eines der schönsten und größten Marinemuseen der Welt, dessen Besuch man sich auf gar keinen Fall entgehen lassen darf (tgl. 10–17 Uhr).

Hinter dem Ausstellungsgebäude breitet sich der **Greenwich Park** aus, seit jeher ein beliebtes Picknick- und Ausflugsziel der Londoner Bevölkerung. Mitten im Gartenareal liegt auf einem Hügel das berühmte königliche **Observatorium,** das 1675 von *Christopher Wren* für den Astronomen *John Flamstead* errichtet wurde. Astronomischer Instrumente und Teleskope sowie natürlich der **Nullmeridian,** verdeutlicht durch einen schmalen Metallstreifen im Gebäudehof, gehören zu den Attraktionen der kleinen Sternwarte.

Der Canary Wharf Tower

Themse-Barriere

Wer möchte, kann nun zur „Cutty Sark" zurückkehren und am danebenliegenden Greenwich Pier ein **Ausflugsboot** zur Themse-Barriere besteigen. In den Jahren 1975–1982 baute man für 500 Mio £ dieses **gewaltige Wehr,** um London vor einer möglichen Sturmflut zu schützen. 20 m hoch ragen die zehn silberfarbenen und fantastisch geschwungenen Dammteile aus den Fluten des Flusses hervor; im Innern der Edelstahlbehälter befinden sich die hydraulischen Anlagen, mit denen jede einzelne Barriere in den Fluss geschwenkt werden kann, alle zusammen bilden dann einen Damm. Die gesamte Anlage überspannt auf 520 m die Themse; nahebei zeigt ein Informationszentrum die Entstehung des Wehrs.

Für den **Rückweg zum Stadtzentrum** sollte man nun wieder ein Boot besteigen, vorbei an Greenwich, den Docklands und hindurch unter Londons Brücken bis zum Westminster Pier schippern, um die Metropole einmal von der Flussseite her zu erleben.

Pubs in Greenwich

- **The Mitre,** Greenwich High Road, schräg gegenüber vom Greenwich Theatre, voll mit Theaterbesuchern vor und nach den Vorstellungen, mit Biergarten und einfachem Restaurant.
- **The Spanish Galleon Tavern,** College Approach/Ecke Greenwich Church Street, einen Steinwurf entfernt von der „Cutty Sark", gemütliche, alte Kneipe aus dem Jahr 1787.
- **The Trafalgar Tavern,** Park Row, neben dem Naval College, direkt am Flussufer, gute Aussicht auf die Themse, viele alte Navigationsinstrumente schmücken die alte Taverne.

- **King's Arms,** King William Walk, mit Restaurant und kleinem Biergarten.

Spaziergang 7

Southwark und Bankside – Shakespeare und die elisabethanischen Theater

Southwark erstreckt sich rund um das südliche Ende der **London Bridge,** die ja über die Jahrhunderte hinweg die einzige Themseüberspannung der Hauptstadt darstellte. Durch dieses Nadelöhr strömten die Händler, Bürger und Warenkolonnen ins Herz der Metropole; von Southwark aus, von jeher nur *The Borough* genannt, da dieses Viertel **Londons erster Vorort** war, verliefen die Ausfallstraßen an die Südküste und zu den Häfen, die wichtig waren, da sie England mit dem Kontinent verbanden.

The Borough beherbergte Postkutschenstationen, viele Tavernen und die Gasthöfe, in denen das fahrende Volk Unterkunft fand, bevor der Gang in die City angetreten wurde oder die Reise durchs Land begann. Und wer nach anstrengender und gefahrvoller Fahrt hier sein Ziel erreicht hatte, den verlangte es nach Müßiggang, Erholung, **Klamauk und Unterhaltung.** Dass solches möglich war, dafür hatte die Reformation gesorgt. Die ausgedehnten Ländereien am südlichen Flussufer gehörten einst der katholischen Kirche und gingen im Zuge der Klosterauflösungen an die Anglikanische Staatskirche über. Damit unterstand Southwark dem Klerus und nicht der Gerichtsbarkeit der Stadt. Der Borough entwickelte sein Markenzeichen, **die vier „P's":** Pubs, Prisons, Prostitutes, Playhouses.

Hier war der rechte Ort für das **Globe Theatre,** an dem Shakespeare beteiligt war und in dem seine Stücke aufgeführt wurden. In den letzten Jahren ist es originalgetreu wieder aufgebaut worden.

Südlich der London Bridge

Der Spaziergang beginnt am Südende der London Bridge (U-Bahn London Bridge Station, Northern Line), die in die Borough High Street mündet. Nach wenigen Metern geht linker Hand die St. Thomas Street ab. Zu Shakespeares Zeiten befand sich hier das **St. Thomas Hospital.** 1956 entdeckte man den ehemaligen Operationssaal, der eine Reihe von Zuschauerplätzen besaß, damit angehende Medizinstudenten die martialischen chirurgischen Eingriffe verfolgen konnten. Heute befindet sich hier das Guy Hospital.

Hinter der St. Thomas Street zweigen linker Hand von der Borough High Street eine Reihe von so genannten Yards ab. Hier befanden sich früher die Gasthöfe und Tavernen für das fahrende Volk. Nur im **George Inn Yard** hat eine solche Taverne die Zeiten überdauert und gibt eine Vorstellung von den Gasthöfen der damaligen Zeit: Im Erdgeschoss befand sich der Schankraum, die mit Galerien versehenen oberen Stockwerke beherbergten die Gästezimmer. Im George Inn Yard führte Shakespeare seine ersten Stücke auf; dann drängten sich die Zuschauer auf den Galerien des Gasthofes, um zu verfolgen, was sich im Innenhof tat. Als man wenig später daranging, professionelle Theater zu errichten, nahmen die Baumeister die übereinandergestaffelten, umlaufenden Balkone der Inns als Vorbild für die Gestaltung der Theaterränge.

Wieder entlang der Borough High Street zurück, erkennt man kurz vor der London Bridge links im Häusergewirr **Southwark Cathedral,** neben Westminster Abbey eine der schönsten gotischen Kathedralen Londons. Shakespeares Bruder Edmund und seine Co-Autoren John Fletcher und Philip Massinger sind in dem Gotteshaus begraben, wenngleich man nicht weiß, an welcher Stelle. Im südlichen Seitenschiff erinnert das 1911 eingeweihte **Shakespeare Monument** an die Verbundenheit des Dichters mit Southwark. Begraben ist der große Dramatiker in seinem Geburtsort Stratford-on-Avon. Die Alabasterfigur des großen Literaten liegt lang ausgestreckt auf der Seite, dahinter erkennt man in einem Relief die Southwark-Kulisse, vom Globe Theatre bis zur Kathedrale, wie sie sich während der elisabethanischen Zeit dem Betrachter dargeboten hat.

Verlässt man den Kirchhof durch das nördliche Tor, sieht man rechter Hand die Masten der „Golden Hind", die hier im **St. Marie Overie Dock** vor Anker liegt. An dem kleinen Kai konnten die Bewohner von Southwark einst ihre Waren zollfrei umschlagen. An der Themsefront ist in einem renovierten Lagerhaus der Pub **Thamesside Inn** untergebracht, nahebei gibt das **Southwark Heritage Centre** Auskunft über das Viertel.

Zwischen Pub und Heritage Centre führt eine Gasse vorbei an den Resten des Winchester-Bischofspalastes in die Clink Street. Hier befand sich früher ein Gefängnis; so berüchtigt waren die Zellen, dass der Name in die englische Umgangssprache einging: *Clink* bedeutet Knast! Das **Clink Prison Museum** (Juli–Sept. tgl. 10–21, Okt.–Juni Mo–Fr 10–18, Sa/So 10–19.30 Uhr) versucht die Schrecken darzustellen, denen die Insassen damals ausgesetzt waren.

Die Clink Street mündet auf Bankend und gleich linkerhand finden Weinliebhaber das Ausstellungsgebäude **Vinopolis, City of Wine** (Do–Sa 12–22, So 12–18 Uhr), in dem man nicht nur unterschiedliche Rebensäfte kosten kann, sondern das auch umfassend über dieses jahrtausendealte Getränk informiert. Die **Cantina Vinopolis** hat die Kleinigkeit von 190 Rebensäften auf ihrer Weinliste.

Um die Ecke herum, direkt am Flussufer der Themse, steht der **Anchor Pub** – dies ist eine der ältesten Kneipen Londons, und mit Sicherheit hat hier schon *Shakespeare* sein Ale getrunken. Der Anchor hält zur Mittagszeit eine große Palette an Snacks bereit.

Shakespeares Globe Theatre

Zurück zur Clink Street, lässt man diese links liegen und biegt in die Park Street, die erste Straße rechts, ein. Zu *Shakespeares* Zeiten hieß die Gasse Maid Lane. Auf der linken Straßenseite sieht man nach einigen Metern eine Gedenktafel, die daran erinnert, an welchem bedeutsamen literarischen und kulturhistorischen Ort man sich befindet: Hier stand einmal *Shakespeares* Globe Theatre.

Wann immer eine Aufführung anstand, zog man als Werbemittel eine große **Fahne auf dem Dach** hoch. So informierte eine schwarze Flagge die potenziellen Besucher, dass eine Tragödie gegeben wurde, eine weiße flatterte im Wind, wenn eine Komödie auf dem Spielplan stand, und ein rotes Tuch signalisierte, dass ein historisches Stück zur Aufführung kam.

Das **erste Schauspiel,** das in dem außen achteckigen und innen runden

Theater mit den übereinandergestaffelten Rängen der Öffentlichkeit dargeboten wurde, war „Heinrich V.", und im Prolog nahm *Shakespeare* Bezug auf die Bauweise, auf das „Wooden O", das hölzerne Rund: „Doch verzeiht ihr Teuren, den schwungvoll seichten Geistern, die es gewagt auf dies unwürdige Gerüst zu bringen, solch großes Stück. Diese Hahnengrube, fasst sie die Ebenen Frankreichs? Stopft man wohl in dies O von Holz die Helme nur, wovor bei Azincourt die Luft erbebt?"

Unbeschreiblich, was sich **vor, während und nach den Vorstellungen** tat. Schon kurz nach Mittag strömte das Volk in die Maid Lane, alle umliegenden Straßen waren verstopft – schließlich konnte das Globe 3000 Besucher fassen. Heftiges Gedränge und Geschiebe herrschte vor dem Eingang, unter Zuhilfenahme der Ellbogen und mit heftiger Pöbelei kämpften sich die Schaulustigen an die Kasse vor. Der billigste Platz, auf dem die *Groundlings*, die Gründlinge, sich niederließen, kostete einen Penny; zur damaligen Zeit immerhin ein Zehntel des durchschnittlichen Tagesverdienstes; in den überdachten Galerien hatte man zwei Pennies zu zahlen, und hoch oben in den Logen war man mit drei Pennies dabei.

Während der Aufführung wurde gegessen, mehr aber noch getrunken, und die schwer alkoholisierten Gäste rülpsten in die Menge. Schmetternde Fanfarenstöße zeigten den Beginn eines neuen Aktes an und versuchten, die Aufmerksamkeit der Massen auf das Stück zu ziehen. Jede Szene, jeder Satz wurde vom Publikum lautstark kommentiert, sprachgewaltige Zuschauer und schlagfertige Bühnenakteure lieferten sich Redeuelle und feuerten sich gegenseitig an. Fußgetrampel, das Gejohle, aber auch tränenreiches Geschluchze und nicht minder eine entsetzte Stille, wenn das Drama seinem Höhepunkt zustrebte, müssen in weitem Umkreis wahrgenommen worden sein. Während der Pausen sorgten Gaukler und Spaßvögel für die Kurzweil der Gäste und ließen rüde Beschimpfungen, aber auch die abgenagten Knochen von Hühnerbeinen auf sich niedergehen. War die Vorstellung dann vorbei, stürmte das Volk in die umliegenden Kneipen und Bordelle, die Bankside Stewes, vergnügte sich und machte die Nacht zum Tage.

Am 29.6.1613 hatte *Shakespeares* Stück „Heinrich VIII." Premiere. Während einer besonders packenden Szene feuerten die Bühnenarbeiter zur Steigerung der Spannung eine Kanone ab. Der dabei entstandene Funkenflug erhob sich bis ins Dach und setzte das trockene Gebälk in **Brand.** Innerhalb von nur zwei Stunden brannte das Globe bis auf die Grundmauern nieder. Glücklicherweise kam niemand zu Schaden. Wie der Augenzeuge *Sir Henry Wotton* überliefert hat, „fingen nur bei einem Mann die Pluderhosen Feuer, und er wäre gegrillt worden, hätte nicht ein vorsorglicher Witzbold den Brand mit dem Inhalt einer Flasche Ale gelöscht." Unverzüglich ging man daran, ein **neues Globe** zu errichten. 1644 dann kam aber unter der Herrschaft des puritanischen *Lord Protectors Oliver Cromwell* das endgültige Aus für das Theater. Zwei Jahre später riss man es ab, um Platz für Wohnhäuser zu schaffen.

Nur wenige Meter vom einstigen Standort entfernt, am Ufer der Themse, in Bankside, ist das **Globe Theatre** originalgetreu wieder aufgebaut worden, und am 21.8.1996 fand die erste Vorstellung statt.

2000 wurde neben dem Globe Theatre in der alten Bankside Power Station die **Tate Gallery of Modern Art** eröffnet (So–Do 10–18, Fr/Sa 10–22 Uhr). In London firmiert das Museum kurz und knapp unter dem Namen **Tate Modern.** Der gesamte Kraftwerksbau wurde entkernt, und auf fünf Etagen sind nun die gesamten Bestände der Tate zur zeitgenössischen Kunst zu sehen. Mit viel Respekt vor der gestalterischen Leistung des Architekten der Power Station, *Sir Giles Gilbert Scott,* haben die beiden Schweizer *Herzog* und *de Meuron* das einstige Kraftwerk umgebaut. Die ehemalige 100 m lange und 30 m hohe Turbinenhalle ziert eine 8 m hohe, für die Eröffnung in Auftrag gegebene Spinnenskulptur. Der riesige Saal soll den Besuchern als zentrale Piazza dienen. Über Rolltreppen erreicht man dann die Ausstellungsräume und was hier an moderner Kunst des 20. Jahrhunderts zu finden ist, das gibt es weltweit kaum noch ein zweites Mal.

Von der nördlichen Themseseite führt eine elegant geschwungene Fußgängerbrücke auf den Haupteingang der Tate zu. Das Design dieser so genannten **Millennium Bridge** entstand im Büro von *Sir Norman Forster* (der auch den Reichstag in Berlin umgebaut hat). Leider entpuppte sich die Brücke als veritable Blamage für den weltbekannten Architekten, denn zwei Tage nach der Eröffnung musste die Themse-Überspannung geschlossen werden. Als die ersten Besucher auf der Brücke Richtung Tate marschierten, geriet das Bauwerk in derartige Schwingungen, dass die Sicherheit der Fußgänger nicht gewährleistet war. Umfangreiche Untersuchungen sollen klären, wie die Millennium Bridge „schwingungssicher" gemacht werden kann.

Das Globe Theatre –
Theater wie zu Shakespeares Zeiten

South-Bank-Kulturzentrum

Wer noch weiterspazieren will, erreicht nach wenigen Minuten Fußweg das South-Bank-Kulturzentrum. Der Komplex besteht aus einer ganzen Reihe von grauen Betongebäuden und beherbergt das **National Theatre** mit seinen drei verschiedenen Bühnen. Auf dem Areal befindet sich weiterhin das **National Film Theatre** mit Kinosälen und einem Filmmuseum, die **Queen Elizabeth Hall** und der **Purcell Room,** die für Konzert- und Opernaufführungen genutzt werden, sowie die **Hayward Gallery,** in der wechselnde Kunstausstellungen gezeigt werden. Die **Royal Festival Hall** schließlich ist weltweit für ihre hervorragende Akustik bekannt, und im **Museum of the Moving Image** (MOMI) wird die Geschichte der bewegten Bilder erzählt.

Weiter die Themse aufwärts ist die nächste Attraktion unübersehbar in Sichtweite, das **Riesenrad London Eye** (Okt.-Apr. tgl. 10-20, Mai, Juni, Sept. tgl. 10-21, Juli/Aug. tgl. 10-21.30 Uhr). Mit einer Höhe von 135 m ist es das größte der Welt und an klaren Tagen soll der Blick über eine Strecke von 40 km schweifen können. Jede der 32 Kabinen fasst 25 Personen, die Rundreise dauert 30 Minuten. Als das Riesenrad, das von British Airways in Auftrag gegeben wurde, Ende 1999 aufgerichtet werden sollte, hatten die Ingenieure arge Probleme damit, es in die Senkrechte zu bringen; mehrere Versuche scheiterten und die Londoner machten sich über die *Erection Problems* von British Airways lustig. Um Spott und Hohn auf die Spitze zu treiben, ließ die englische Billigfluglinie Virgin einen Heißluftballon über der Baustelle treiben mit der Aufschrift: *British Airways can't get it up!* In der ehemaligen County Hall zu Füßen des Rieserades hat das **London Aquarium** (Mo-Do 10-18, Fr-So 10-19 Uhr) sein Domizil gefunden. Wer sich für die Unterwasserwelt der Ozeane interessiert, kommt an einem Besuch nicht vorbei.

Weiter flussaufwärts geht es dann vorbei am **Lambeth Palace,** der seit acht Jahrhunderten der Londoner Sitz des Erzbischofs von Canterbury ist, zur winzigen Kirche **St. Mary's.** Hier sorgt ein Café dafür, dass man Hunger und Durst stillen kann; im Hof des Gotteshauses ist *William Bligh* bestattet, jener ehrgeizige und grausame Kapitän, der die Meuterei auf der „Bounty" provozierte.

Lambeth Bridge führt nun hinüber nach Westminster, auf die andere Seite der Themse.

Praktische Informationen

Anfahrt

Zwei wichtige Hinweise vorab: Jedem Besucher kann nur dringend geraten werden, **nicht mit dem Auto nach London** hineinzufahren! Man steht stundenlang im Stau, findet keinen Parkplatz, und zu guter Letzt wird vielleicht das Auto gar von Dieben geknackt, dieses gilt laut einem Leserbrief auch für den Stadtrand! Seit 2003 ist das Befahren der Londoner Innenstadt mit dem eigenen Auto **gebührenpflichtig.**

Sie sollten auch **nicht in London übernachten;** suchen Sie sich ein Städtchen in der näheren Umgebung und fahren Sie mit dem Zug in die Metropole! Sie sparen einen astronomischen Betrag an Übernachtungskosten, den Sie besser in einem guten Restaurant ausgeben sollten. Nehmen Sie beispielsweise Quartier in Reading (westlich von London), Woking (südwestlich), Guildford (südwestlich), Dorking (südlich), Tonbridge (südöstlich), Royal Tunbridge Wells (südöstlich) oder Maidstone (östlich).

Alle genannten Orte haben **Direktverbindungen nach London,** während der Hauptverkehrszeiten fahren die Züge teilweise im Minutentakt, und nach spätestens 30–45 Minuten sind Sie in der Metropole. Ein Fahrplanheft für das *Network Southeast* bekommen Sie für 30 Pence an jedem Bahnhof.

Auskunftstellen in London

- Im **London Information Center** kümmern sich 20 mehrsprachige Mitarbeiter täglich von 8 bis 23 Uhr darum, dem Besucher ein adäquates Quartier zu besorgen und helfen bei Reisebuchungen, Ticketkäufen und der Planung von Stadttouren. Leicester Square (im Kiosk für verbilligte Theaterkarten), Tel. 72922333, U-Bahn Leicester Square.
- Das **Britain and London Visitor Centre** mit seinem vielsprachigen Personal vermittelt Unterkünfte, Stadtrundfahrten und vieles mehr. 1 Lower Regent Street, Mo 9.30–18.30 Uhr, Di–Fr 9–18.30 Uhr, Sa/So 10–16 Uhr, U-Bahn Piccadilly Circus.
- In Victoria Station finden Sie das **London Transport Office.** Kaufen Sie hier für die Tage, die Sie in London sind, die *One Day Travel Card* (7,20 £) oder die *Three Day Travel Card* (22 £) für zwei Zonen; alle Londoner Sehenswürdigkeiten lassen sich damit besuchen. Die Karte gilt auch für die Busse. Die öffentlichen Nahverkehrsmittel der Hauptstadt haben exorbitant hohe Preise.
- Etwas Ähnliches bietet die **Leisure Pass Group** mit *The London Pass,* der für 1, 2, 3 oder 6 Tage Eintritt zu über 60 Aktivitäten sowie Fahrten mit öffentlichen Verkehrsmitteln ermöglicht. Der *London Pass* kostet für sechs Tage 131 £. Für weitere Informationen siehe www.londonpass.com.

Autofahren

- **Automobilclubs:** Automobile Association (AA), 119–121 Cannon Street EC4, 09905 00600; Royal Automobile Club (RAC), RAC House, 1 Forest Road, Feltham TW13 TRR, 0990722722.
- Beide Clubs haben einen 24-stündigen **Pannenhilfsdienst.** AA: 0800-887766; RAC: 0800-828282.
- Sollten Sie doch mit dem Wagen nach London hineinfahren, so **parken** Sie auf keinen Fall falsch; durch das gesamte Stadtgebiet streifen die *Traffic Wardens,* die ausländische Falschparker entweder rigoros abschleppen lassen oder mit einer Radkralle blockieren. Ziert eine solche *Clamp* Ihren Wagen, so zahlen Sie zuerst die Strafe (genaues Verfahren steht auf dem Bußgeldbescheid). Gehen Sie dann zu ihrem Wagen zurück und warten Sie, bis das *Clamp Removal Unit* kommt und das Auto freigibt. Die Wartezeit kann bis zu fünf Stunden betragen!

Busse

- Im innerstädtischen Bereich verkehren die berühmten **roten Doppeldeckerbusse** Mo–Sa 6–24 Uhr und So 7.30–23.30 Uhr. Die exakten Zeiten sind an jedem *Bus Stop* angeschlagen. Je nach Verkehrsaufkommen kann es zu erheblichen Verspätungen kommen, die U-Bahn ist auf alle Fälle schneller, allerdings sieht man bei der Busfahrt etwas von der Stadt. Die Linien 6, 88 und 159 führen an allen Sehenswürdigkeiten vorbei.
- **Stationsschilder** mit dem Zusatz *Request* weisen darauf hin, dass man beim Nahen eines Busses heftig zu winken hat, sonst hält der Fahrer nicht.
- Unbedingt besorgen sollte man sich die **One Day Travel Card** oder **The London Pass** (siehe „Auskunftsstellen").
- **Überlandbusse** des *National Express* fahren hinter dem Victoria-Bahnhof ab: Victoria Coach Station, 164 Buckingham Palace Road. Vorausbuchungen sind ratsam. Busse sind billiger als die Eisenbahn.
- Übrigens: **Bus** bezeichnet einen Bus im öffentlichen Nahverkehr, Überlandbusse heißen nicht *Bus,* sondern **Coach.**

Einkaufen

- Die bekanntesten **Londoner Einkaufsareale** erstrecken sich vor allem entlang der Oxford Street und in deren Nebenstraßen wie etwa der Bond Street, weiter entlang der Tottenham Court Road, Carnaby Street, Charing Cross Road, Regent Street, Piccadilly, Jermyn Street, Kensington High Street, Kensington Church Street, Knightsbride und King's Road.
- Die weltberühmten **Kaufhäuser Harrod's** und **Selfridge's** befinden sich in Knightsbridge und in der Oxford Street.
- Drei edle Ladenpassagen finden sich entlang des **Piccadilly** (Spaziergang 2).

Fundbüros
- Lost Property Office von **London Transport,** 200 Baker Street.
- Lost Property Office der **Taxigesellschaften,** 15 Penton Street.
- Fundbüro von **British Rail** in jedem Kopfbahnhof.

Stadtmagazine

- Unbedingt sollte sich der interessierte Besucher, kaum dass er in London eingetroffen ist, mit einem Stadtmagazin ausrüsten. Für jeden Tag der Woche gibt es eine Fülle von Hinweisen jeglicher Art, dazu viele nützliche Adressen. Zwei Magazine stehen zur Auswahl: „What's on" und „Time Out", beide erscheinen jeweils mittwochs.

Taxen

- Taxen hält man in London per Handzeichen an. Einen freien Mietwagen erkennt man an dem beleuchteten Schild *For Hire*. Für jeden weiteren Passagier, wie auch für sperrige Gepäckstücke, gibt es Zuschläge. Ebenfalls einen Aufpreis kosten Fahrten in der Zeit von

20 bis 6 Uhr. Diese Zuschläge zeigt das Taxameter nicht an.

Theater und Musical

London ist eine der berühmtesten Theater- und Musicalstädte der Welt. Große Aufführungshäuser konzentrieren sich im Westend. Auf keinen Fall sollte der Besucher ein Bühnenereignis versäumen. Doch vor dem Kulturgenuss heißt es, sich rechtzeitig mit Karten auszurüsten, da viele Stücke schon im voraus ausgebucht sind – dies vor allem während der Touristensaison von April bis Oktober.
- Schon vor Beginn der Reise kann man bei **West End Theatre Tickets,** Auf der Schmitt 14, 56626 Andernach, Tel. 02632-496745, Fax 496747, www.westendtickets.de, die aktuellen Spielpläne bekommen und Tickets bestellen.
- Täglich (außer So) öffnet am **Leicester Square** um 14 Uhr ein Kiosk, wo man Karten mit 50%iger Ermäßigung für den gleichen Tag bekommt. Empfehlenswert ist rechtzeitiges Erscheinen vor Öffnung, denn die Schlange der wartenden Käufer ist recht lang.
- Auch an den **Abendkassen** der einzelnen Theater kann man häufig mit Erfolg nach der Stand-by-Methode noch Karten bekommen.

U-Bahn (Tube)

- Das Londoner U-Bahn-Netz ist in **fünf Tarifzonen** eingeteilt; es gibt **keine Einheitspreise,** zwischen den einzelnen Stationen gelten unterschiedliche Tarife, die man den Auflistungen an den **Ticket-Automaten** entnehmen kann. Bei vielen dieser Automaten muss man den exakten Fahrpreis einwerfen, da sie kein Wechselgeld herausgeben (Aufschrift *No Change*).
- Die **U-Bahn** hat außerordentlich hohe Tarife; es gibt **Travelcards** für einen, drei und sieben Tage. Letztere nennt sich **Oyster Card** besteht aus Plastik und kann beliebig oft aufgeladen werden. Für den Besuch fast aller Sehenswürdigkeiten reichen Karten für zwei Zonen aus (ansonsten kauft man sich am Schalter eine Extension für die weiteren Tarifzonen). Eine **One Day Travelcard** für zwei Zonen kostet 7,20 £, eine **Three Day Travelcard** schlägt mit 22 £ zu Buche.

Eine Besonderheit ist die **Oyster Card,** mit der man automatisch den niedrigsten Preis pro Fahrt zahlt; die Karte ist immer wieder aufladbar, das Guthaben verfällt nicht. Das maximale Guthaben beträgt 90 £, die Karte ist in 5 £ Schritten aufladbar. Die Oyster-Card funktioniert mit einem „Touch-Pad-System". Am U-Bahn-Eingang berührt man mit der Karte einen mit dem Oyster-Logo gekennzeichneten Scanner, schon öffnen sich die Schranken (natürlich vorausgesetzt, die Karte ist gültig). Dies spart viel Zeit, was sich vor allem während der berüchtigten Londoner Rushour auszahlt. Dieses System wurde mittlerweile auch in den Stadtbussen eingeführt.
- Ein- und Ausgänge der U-Bahn-Stationen sind durch **automatische Sperren** vor Schwarzfahrern geschützt; man steckt sein Ticket vorn in den Schlitz dieser Sperren und nimmt es oben wieder heraus, gleichzeitig öffnet sich die Sperre. Auf die gleiche Weise verlässt man am Zielbahnhof die Station. Auch Einmal-Tickets also immer bis zum Verlassen des Bahnhofes aufbewahren!
- Die ersten **Züge** fahren Mo–Sa bereits ab ca. 5 Uhr, die letzten verlassen das Stadtgebiet dann zwischen 23.30 und 24 Uhr, sonntags fährt die U-Bahn erst ab 7.30 Uhr. An jeder Station hängt für die betreffende Linie ein exakter Fahrplan aus.

Ein klassischer Londoner Doppeldeckerbus

Anhang

Fischerboote am Strand von Cadwith

Am Hafen von Hastings

Im Örtchen Rye

Literaturhinweise

- Bankes, Viola, **The Story of Kingston Lacy,** London 1990.
- Baumer, Franz, **König Artus und sein Zauberreich,** München 1993.
- Bell, Quentin, **Virginia Woolf – Eine Biografie,** Frankfurt/Main 2003.
- Bell, Quentin (et al.), **Charleston – Past and Present,** London 1993.
- Bohrer, Karl-Heinz, **Ein bißchen Lust am Untergang – Englische Ansichten,** Frankfurt/Main 1982.
- Chaucer, Geoffrey, **Canterbury Tales,** Darmstadt 1986.
- Doyle, Arthur Conan, **Der Hund von Baskerville,** Zürich 2001.
- Drabble, Margaret (ed.), **The Oxford Companion to English Literature,** Oxford 2000.
- Du Maurier, Daphne, **Mein Cornwall,** Frankfurt/Main 1997.
- Eagle, Dorothy/Stephen, Meic (eds), **The Oxford Illustrated Literary Guide to Great Britain and Ireland,** Oxford 1992.
- Fabian, Bernhard (Hrsg.), **Die englische Literatur, Band 1: Epochen, Formen; Band 2: Autoren,** München 1997.
- Garnet, Angelica, **Freundliche Täuschungen – Eine Kindheit in Bloomsbury,** Berlin 1993.
- Glendinning, Victoria, **The Life of Vita Sackville-West,** London 2001.
- Hildesheimer, Wolfgang, **Zeiten in Cornwall,** Frankfurt/Main 1991.
- Kowa, Günter, **Architektur der englischen Gotik,** Köln 1990.
- Lawrence, T. E., **Die sieben Säulen der Weisheit,** München 1991.
- Lord, Tony, **Sissinghurst,** Köln 2002
- Manchester, William, **Churchill – Der Traum vom Ruhm 1874–1932, Band 1,** Gütersloh 1989.
- Manchester, William, **Churchill – Allein gegen Hitler 1932–1940, Band 2,** Gütersloh 1990.
- Mattingly, Garret, **Die Armada,** München 1988.
- Nicolson, Nigel, **Portrait of a Marriage,** London 1994.
- Pepys, Samuel, **Tagebuch,** Stuttgart 1997.
- Sackville-West, Vita, **Schloß Chevron,** Frankfurt/Main 1985.
- Sackville-West, Vita, **Sissinghurst – Portrait eines Gartens,** Frankfurt/Main 1997.
- Schabert, Ina (Hrsg.), **Shakespeare-Handbuch,** Stuttgart 2000.
- Shakespeare, William, **Sämtliche Werke in vier Bänden,** Berlin 2000.
- Standop, Ewald/Mertner, Edgar, **Englische Literaturgeschichte,** Heidelberg 1992.
- Stewart, Desmond, **Lawrence von Arabien,** Düsseldorf 1983.
- Suerbaum, Ulrich, **Das elisabethanische Zeitalter,** Stuttgart 1998.
- Walter, Kerstin, **Gärten in Südengland,** Köln 2000.
- Williamson, Henry, **Tarka the Otter,** London 1995.
- Woolf, Virginia, **Orlando,** Frankfurt 1990.

Vergriffene Bücher können unter www.zvab.com oder www.abebooks.com bestellt werden.

Kauderwelsch?
Kauderwelsch!

Die **Sprechführer der Reihe Kauderwelsch** helfen dem Reisenden, wirklich zu sprechen und die Leute zu verstehen. Wie wird das gemacht?

● Die **Grammatik** wird in einfacher Sprache so weit erklärt, dass es möglich wird, ohne viel Paukerei mit dem Sprechen zu beginnen, wenn auch nicht gerade druckreif.

● Alle Beispielsätze werden doppelt ins Deutsche übertragen: zum einen **Wort-für-Wort,** zum anderen in „ordentliches" Hochdeutsch. So wird das fremde Sprachsystem sehr gut durchschaubar. Ohne eine Wort-für-Wort-Übersetzung ist es so gut wie unmöglich, einzelne Wörter in einem Satz auszutauschen.

● Die **Autorinnen und Autoren** der Reihe sind Globetrotter, die die Sprache im Lande gelernt haben. Sie wissen daher genau, wie und was die Leute auf der Straße sprechen. Deren Ausdrucksweise ist häufig viel einfacher und direkter als z. B. die Sprache der Literatur. Außer der Sprache vermitteln die Autoren Verhaltenstipps und erklären Besonderheiten des Landes.

● **Jeder Band** hat 96 bis 180 Seiten. Zu fast jedem Titel ist eine begleitende **Audio-CD** („AusspracheTrainer") erhältlich.

● **Kauderwelsch-Sprechführer** gibt es für über 100 Sprachen in **mehr als 220 Bänden**, z. B.:

Englisch – Wort für Wort
Band 64, 160 Seiten

Scots, die Sprache der Schotten
Band 86, 128 Seiten

Britisch Slang – das andere Englisch
Band 47, 80 Seiten

REISE KNOW-HOW Verlag, Bielefeld

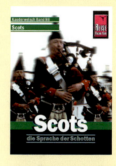

REISE KNOW-HOW
das komplette Programm fürs Reisen und Entdecken

Weit über 1000 Reiseführer, Landkarten, Sprachführer und Audio-CDs liefern unverzichtbare Reiseinformationen und faszinierende Urlaubsideen für die ganze Welt – *professionell, aktuell und unabhängig*

Reiseführer: komplette praktische Reisehandbücher für fast alle touristisch interessanten Länder und Gebiete **CityGuides:** umfassende, informative Führer durch die schönsten Metropolen **CityTrip:** kompakte Stadtführer für den individuellen Kurztrip **world mapping project:** moderne, aktuelle Landkarten für die ganze Welt **Edition REISE KNOW-HOW:** außergewöhnliche Geschichten, Reportagen und Abenteuerberichte **Kauderwelsch:** die umfangreichste Sprachführerreihe der Welt zum stressfreien Lernen selbst exotischster Sprachen **Kauderwelsch digital:** die Sprachführer als eBook mit Sprachausgabe **KulturSchock:** fundierte Kulturführer geben Orientierungshilfen im fremden Alltag **PANORAMA:** erstklassige Bildbände über spannende Regionen und fremde Kulturen **PRAXIS:** kompakte Ratgeber zu Sachfragen rund ums Thema Reisen **Rad & Bike:** praktische Infos für Radurlauber und packende Berichte außergewöhnlicher Touren **sound)))trip:** Musik-CDs mit aktueller Musik eines Landes oder einer Region **Wanderführer:** umfassende Begleiter durch die schönsten europäischen Wanderregionen **Wohnmobil-TourGuides:** die speziellen Bordbücher für Wohnmobilisten mit allen wichtigen Infos für unterwegs

Erhältlich in jeder Buchhandlung und unter www.reise-know-how.de

www.reise-know-how.de

Unser Kundenservice auf einen Blick:

Vielfältige Suchoptionen, einfache Bedienung

Alle Neuerscheinungen auf einen Blick

Schnelle Info über Erscheinungstermine

Zusatzinfos und Latest News nach Redaktionsschluss

Buch-Voransichten, Blättern, Probehören

Shop: immer die aktuellste Auflage direkt ins Haus

Versandkostenfrei ab 10 Euro (in D), schneller Versand

Downloads von Büchern, Landkarten und Sprach-CDs

Newsletter abonnieren, News-Archiv

Die Informations-Plattform für aktive Reisende

REISE Know-How online

Register

A
A la Ronde 249
Abbotsbury 239
Aldwych 465
Alfriston 132
Alkohol 18
Alum Bay 182
Anreise 29
Architektur 90
Ärmelkanaltunnel 29, 113
Arundel 152
Arundel Castle 152
Ausreisebestimmungen 19
Ausrüstung 14
Austen, Jane 98
Auto 15
Autofahren 14
Autopanne 17
Avebury 58, 417
Avon 58

B
Bacon, Francis 96
Bahnnetz 47
Bank Holidays 25
Bankes, William John 215
Barret Browning, Elisabeth 99
Barwick 232
Baskerville, Hund von 256
Bateman's 124
Bath 58, 386
Bath Abbey 393
Bath Festival 393
Battle 121
BBC 82
Beachy Head 55, 132
Beardsley, Aubrey 212
Beaulieu 210
Bed & Breakfast 44
Bell, Vanessa 134
Bembridge 169
Bevölkerung 88
Bier 23
Big Ben 477
Bignor 155
Bill of Portland 238
Bill of Rights 78
Billigfluglinien 32

Bishop Rock 305
Blackgang Chine 179
Bodiam Castle 123
Bodmin Moor 347
Bognor Regis 155
Boleyn, Anne 428
Bonchurch 177
Boscastle 345
Botschaften 17
Bournemouth 211
Brading 170
Brighstone 180
Brighton 144
Bristol 59, 377
British Rail 50
BritRailPass 47
Broadlands, Herrenhaus 194
Brontë-Schwestern 99
Browning, Robert 99
Bryher 311
Buckfast 262
Buckfast Abbey 266
Buckingham Palace 481
Buckland Abbey 257
Bude 349
Burchett's Wood 263
Burg Drogo 276
Burg Tintagel 344
Burgess, Anthony 105
Burgh Island 278
Burnham-on-Sea 376
Burns, Robert 97
Busse 47, 499
Butterdon Hill 262
Bysshe Shelley, Percy 97

C
Cadgwith 318
Cairns 257
Calbourne 184
Camelford 346
Camping 46
Canterbury 451
Carlyle, Thomas 98
Carroll, Lewis 422
Castle Combe 411
Cerne Abbas 229
Chale 179
Chalk Ford 262
Charleston Farmhouse 134
Chartwell 433

Chaucer, Geoffrey 94
Cheddar Gorge 375
Chesil Beach 56, 238
Chesterton, Gilbert Keith 104
Chichester 156
Chichester, Sir Francis 280
Chilham 451
Christie, Agatha 253
Churchill, Winston 433, 436, 479
Cinque Ports 460
Clouds Hill 221
Clovelly 353
Coleridge, Samuel Taylor 97
Combe Martin 357
Combe Sydenham 364
Conrad, Joseph 100
Cook, James 280
Corfe Castle 220
Cornwall 60
Cross Furzes 262
Culver Cliffs 171

D

Dartmoor 256
Dartmoor-Nationalpark 60
Dartmouth 60, 254
Day Pack 14
Deal 459
Defoe, Daniel 96
Devon 60
Dickens, Charles 98
Diplomatische Vertretungen 17
Disraeli, Benjamin 98
Ditchling 151
Donne, John 96
Dorchester 56, 227
Dorset 56
Dover 108
Dover Castle 108
Dryden, John 96
Dunkery Beacon 361
Dunster 364
Durdle Door 56
Durrell, Lawrence 105

E

Early Closing Day 18
East Cowes 184
Eastbourne 128
EC-Karte 26
Eden Project 288
Einkäufe 18
Einreisebestimmungen 19
Eisenbahn 29, 47
Elektrizität 20
Eliot, George 99
Eliot, T.S. 104
Erholung 41
Esoterik 366
Essen 20
Eurostar 29
Excalibur 347
Exeter 244
Exmoor Forest 356
Exmoor-Nationalpark 59, 359

F

Fähren 29
Fahrrad 39
Falmouth 291
Farringford 180
Fauna 63
Feiertage 25
Feiertage, offizielle 26
Ferienhäuser 46
Fernglas 14
Fernsehen 82
Fernsprecher, öffentliche 37
Feste 25
Fielding, Henry 97
Fishbourne 158
Flora 63
Flughäfen 30
Flugpreise 31
Flugzeug 30
Follies 127, 232
Forster, E. M. 105
Fowey 287
Fowles, John 105
Fremdenverkehrsamt 33
Freshwater Bay 180

G

Galsworthy, John 100
Gastronomie 23
Geld 26
Geschichte 72
Gesellschaft 71
Gesundheit 28
Gewichte 34
Glastonbury 59, 366
Glastonbury Festival 368

Glyndebourne 138
Godshill 175
Goldsmith, Oliver 97
Golf 42
Golfstrom 63
Grafschaften 54
Greene, Graham 105
Greenwich 492
Greenwich Mean Time 43
Guest Houses 44
Guildford 422

H
Hampshire 56
Handy 38
Hangershell Rock 260
Hannover 74
Hardy, Thomas 99, 227, 230
Harford 259
Hartland Point 60, 352
Hastings 118
Haustiere 19
Heinrich V. 192
Heinrich VIII. 430
Hepworth, Barbara 315
Her Majesty Prison 257
Herstmonceux Castle 126
Hever Castle 428
Highclere Castle 422
Hinreise 29
Hobbes, Thomas 96
Höchstgeschwindigkeiten 14
Hockmoor Head Junction 266
Hotels 45
House of Lords 78
Houses of Parliament 476
Huxleys, Aldous 104
Hyde Park 482
Hyde Park Corner 472
Hythe 110

I, J
Industrie 83
Informationsstellen 33
Internet 33
Isle of Portland 238
Isle of Purbeck 220
Isle of Wight 56, 167
Isles of Scilly 302, 306
Ivybridge 258
James, Henry 99, 116
Johnson, Dr. Samuel 97
Jonson, Ben 96
Jugendherbergen 46

K
Kanal 113
Kanaltunnel 29, 113
Kathedrale, Canterbury 451
Kathedrale, Chichester 156
Kathedrale, Exeter 244
Kathedrale, Salisbury 202
Kathedrale, Wells 369
Kathedrale, Winchester 196
Keats, John 97
Kensington 483
Kent 54
Kimmeridge Bay 221
Kinder 35
Kingston Lacy 215
Kipling, Rudyard 99, 124
Klamm des Teign 276
Klassensystem 88
Kleidung 14
Klima 62
Knightsbridge 484
Knole 440
Kompass 14
Konfektionsgrößen 34
König Artus 343
Konsulate 17
Krankenversicherung 28
Kreditkarten 27, 51
Kreisverkehre 14
Kriminalität 41
Küstenwanderungen, Cornwall 318
Kynance Cove 318

L
Lacock 411
Lamorna 300
Lamorna Cove 329
Lancaster 73
Land's End 60, 297
Land's End, Wanderung 333
Landstraßen 14
Landwirtschaft 84
Lawrence von Arabien 221, 224
Lawrence, D. H. 104
Lebensstandard 85
Leeds Castle 448
Leicester Square 474

REGISTER

Lernen 35
Lessing, Doris 105
Literatur 94
Literaturhinweise 504
Lizard Point 318
Logan Rock 300
London 463
- Admirality Arch 480
- Albert Hall 483
- Albert Memorial 483
- Aldwych 465
- Aldwych Theatre 465
- Aquarium 498
- Athenaeum 469
- Australia House 465
- Banqueting House 480
- Big Ben 477
- Brewery Square 489
- Buckingham Palace 481
- Buler's Wharf 489
- Burlington Arcade 472
- Bush House 465
- Busse 499
- Cabinet War Rooms 480
- Canary Wharf Tower 491
- Carlton Terrace 481
- Carnaby Street 473
- Changing of the Guard 481
- Charing Cross 468
- Clink Prison Museum 495
- Covent Garden 475
- Covent Garden Opera House 476
- Coventry Street 470
- Cutty Sark 492
- Dockland Museum 491
- Docklands 490
- Dover House 480
- Downing Street 480
- Dungeon 490
- Einkaufen 500
- Eros-Brunnen 471
- Fleet Street 464
- Geologisches Museum 483
- Globe Theatre 494-495
- Green Park 472
- Greenwich 492
- Harrod's 484
- Hay's Wharf 489
- HMS Belfast 489
- Horse Guards 480
- Houses of Parliament 476
- Hyde Park 482
- Hyde Park Corner 472
- India House 465
- Inns of Court 464
- Institute of Contemporary Arts 481
- Ismail Cultural Centre 484
- Kenotaph 480
- Kensington Gardens 482
- Kensington High Street 484
- Kensington Palace 483
- Knightsbridge 484
- Leicester Square 474
- Library 470
- London Bridge 493
- London Eye 498
- Marble Arch 472
- Mayfair 472
- Millennium Bridge 497
- Museum für Naturgeschichte 484
- Museum of the Moving Image 498
- National Gallery 468
- National Maritime Museum 492
- National Portrait Gallery 468
- Naturwissenschaftliches Museum 483
- Oxford Street 472
- Parliament Square 479
- Piccadilly 471
- Piccadilly Arcade 472
- Piccadilly Circus 470
- Portobello Road Market 484
- Regent Street 471, 472
- Riesenrad London Eye 498
- Royal Academy of Arts 472
- Royal Court of Justice 465
- Royal Naval College 492
- Royal Society 481
- Selfridge's 472
- Shaftesbury Avenue 470
- Shakespeare Monument 495
- Soho 473
- Soho Square 473
- Somerset House 468
- Southwark Cathedral 494
- Southwark Heritage Centre 495
- Speaker's Corner 472
- St. Bride's Church 464
- St. Catherine's Dock 489
- St. Clement Danes 465
- St. James's Street 469
- St. James's 471
- St. James's Palace 469

- St. James's Park 481
- St. James's Square 470
- St. Marie Overie Dock 495
- St. Martin-in-the-Field 468
- St. Mary-le-Strand 465
- St. Paul's Cathedral 464
- St. Paul's Church 475
- St. Thomas Hospital 494
- Strand Theatre 465
- Tate Modern 497
- Tee-Museum 465
- The Mall 481
- The Strand 465
- Themse-Barriere 493
- Tower 485
- Tower Bridge 489
- Trafalgar Square 468
- Transport Museum 475
- Trocadero 474
- U-Bahn 501
- Victoria & Albert Museum 484
- Waterloo Place 469
- Westminster Abbey 478
- Whitehall 479
- Winston Churchill's Britain at War Experience 490

Long Man of Wilmington 134
Longleat 58, 400
Lord Byron 97
Lowry, Malcolm 137
Lulworth Cove 56, 221
Lychway 272
Lydford 274
Lydford-Klamm 274
Lyme Regis 241
Lynhurst 209
Lynton/Lynmouth 357

M

Macaulay, Thomas M. 98
Maestro-Karte 26
Magna Charta 77
Mahlzeiten 20
Marazion 295
Marlborough 412
Marlborough Downs 58
Marlowe, Christopher 95
Marmor 220
Maße 34
Maugham, William Somerset 104
Mayflower 280

Medien 80
Menschen 88
Merlin's Cave 344
Merry Maidens 331
Mevagissey 288
Middle Class 88
Milton Abbas 223
Milton, John 96
Minack Theatre 298
Minstead 211
Mobiltelefon 38
Mole The Cobb 241
Monarchie 77
Monk's House 139
Montacute House 233
More, Thomas 95
Moreton 221
Morris, William 426
Morwenstow 350
Mottisfont Abbey 195
Mountbattens 194
Mousehole 300
Möwen 65
Murdoch, Iris 105
Musical 501

N

Nachtleben 37
Nationalpark Exmoor 59, 359
Nationalpark Dartmoor 60
Naturschutz 67
Needles 182
Nelson, Lord Horatio 159, 164
Nether Stowey 365
New Forest 56, 209
Newport 184
Newquay 340
Niton 179
Notfallrufnummer 17
Nullmeridian 492

O

Oast Houses 54
Öffnungszeiten 37
Old Sarum 208
Orientierung 37
Orwell, George 104
Osborne House 186
Osborne, John 105

REGISTER

P
Padstow 342
Parkplätze 16
Peers-Würde 78
Penzance 295
Pepys, Samuel 96
Petworth House 152
Piccadilly 471
Piccadilly Circus 470
Piddle-und-Puddle-Land 221
Pinter, Harold 105
Pistol Meadow 319
Pkw 14
Plymouth 60, 280
Polesden Lacy 423
Polperro 286
Pope, Alexander 97
Porlock Weir 362
Porthcurno 297, 337
Porthgwarra 338
Portland Heights 238
Portsmouth 55, 159
Post 37
Pound 26
Presse 80
Private Hotels 44
Pub-Besonderheiten 24
Pubs 23

R
Rad fahren 41
Radio 82
Raleigh, Sir Walter 234
Rassismus 89
Regierung 77
Reisezeit 39
Reiten 42
Richardson, Samuel 97
Rick Stein, Seafood Restaurant 342
Ripe 137
River Dart 267
Romney Marsh 112
Romsey 194
Rospletha Cliff 337
Rossetti, Dante Gabriel 99
Roundabout 14
Routenplanung 39
Rückreise 29
Rucksack 14
Ruskin, John 99
Ryde 168
Rye 112

S
Sackville-West, Vita 440
Salisbury 57, 202
Sandown 172
Sandwich 458
Schiffskatastrophen 306
Schuhwerk 14
Schwäne 239
Scott, Robert Falcon 280
Scott, Sir Walter 98
Seaview 169
Seevögel 65
Selworthy 364
Seven Sisters 55, 132
Shakespeare, William 96, 100, 495
Shakespeare's Cliff 108
Shanklin 172
Shaw, George Bernard 104
Sheffield Park Garden 425
Sherborne 231
Shopping 10
Sicherheit 41
Sir Francis Drake 280, 282
Sissinghurst 444
Slaughter's Bridge 348
Smollet, Tobias 97
Soho 473
Somerset 59
Southampton 55, 188
Spanische Armada 282
Spark, Muriel 105
Speaker's Corner 472
Spenser, Edward 95
Sperrstunde 25
Sport 41
St. Agnes 311
St. Catherine's Point 178
St. Ives 313
St. Just 301
St. Martin's 311
St. Mary's 309
St. Mawes 289
St. Michael's Mount 294
St. Paul's Cathedral 464
Staat 71
Sterne, Lawrence 97
Stevenson, Robert Louis 99
Stiles 257

Stonehenge 58, 412
Stourhead 58, 406
Straßenatlas 37
Straßenhinweise 15
Straßenkarten 37
Strom 20
Stuart 74
Sugar Loaf 127
Surfen 340
Sussex 55
Swanage 220
Swannery von Abbotsbury 56
Swift, Jonathan 96
Swinburne, Charles 99

T
Tankstellen 16
Tate Gallery of Modern Art 497
Tauchen 42
Taxen 48
Telefon 37
Tennis 42
Tennyson, Lord Alfred 99
Thackeray, William Makepeace 98
Theater 475, 501
Thomas, Dylan 105
Tiere 19
Tintagel 343
Titanic 190
Torquay 60, 251
Touristeninformation 33, 499
Tower 485
Tower Bridge 489
Trafalgar Square 468
Trafalgar, Schlacht von 164
Tresco 310
Trinken 20
Tropfsteinhöhlen 375
Truro 290
Tudor 73
TV 82
Two Bridges 267

U
U-Bahn 501
Uhrzeit 43
Umweltschutz 67
Unterkunft 43
Upper Class 88

V
Ventnor 176
Verkehrshinweise 15
Verkehrsmittel 47
Versicherungen 51

W
Währung 26
Waldorf Astor, William 428
Walmer 459
Walpole, Horace 97
Wandern 41
Wanderungen, Cornwall 318
Wanderungen, Dartmoor 256
Wareham 221
Wasserqualität 69
Weald 55
Wells 59, 369
Wells, Herbert George 100
West Cowes 184
West Lulworth 221
Western Beacon 262
Westminster Abbey 478
Westward Ho! 356
Weymouth 236
White Cottage 137
White-Lady-Wasserfall 274
Wilmington 134
Wilton House 58, 419
Wiltshire 57, 412
Winchelsea 117
Winchester 56, 196
Windsor 74
Winsford 362
Wirtschaft 83
Wistman's Wood 267, 269
Woolf, Virginia 104, 139
Wordsworth, William 97
Working Class 88
Wren, Christopher 93
Wyndham, George 153

Y, Z
Yarmouth 183
York 73
Zeitungen 80
Zennor 323
Zinn 301
Zug 29, 47

Der Autor

Hans-Günter Semsek studierte Soziologie und Philosophie, einige Zeit auch in London. Danach arbeitete er mehrere Jahre als wissenschaftlicher Angestellter an der Universität Bielefeld, war lange Zeit Lektor in einem Verlag und ist heute als freier Journalist und Autor tätig.

1967 kam er zum erstenmal nach London und besuchte in den folgenden Jahren alle Regionen der Britischen Insel. Nach vielen Reisen in außereuropäische Länder wandte er sich in der letzten Zeit wieder stärker England, Wales und Schottland zu.

Der Autor hat Zeitschriftenartikel, Bücher und Radiobeiträge über Ägypten, London, Irland, Schottland und Süd-England publiziert, darunter die Reiseführer „Irland", „Cornwall" und „London", die ebenfalls bei REISE KNOW-HOW erschienen sind.

HILFE!

Dieser Reiseführer ist gespickt mit unzähligen Adressen, Preisen, Tipps und Infos. Nur vor Ort kann überprüft werden, was noch stimmt, was sich verändert hat, ob Preise gestiegen oder gefallen sind, ob ein Hotel, ein Restaurant immer noch empfehlenswert ist oder nicht mehr, ob ein Ziel noch oder jetzt erreichbar ist, ob es eine lohnende Alternative gibt usw.

Unsere Autoren sind zwar stetig unterwegs und versuchen, alle zwei Jahre eine komplette Aktualisierung zu erstellen, aber auf die Mithilfe von Reisenden können sie nicht verzichten.

Darum: Schreiben Sie uns, was sich geändert hat, was besser sein könnte, was gestrichen bzw. ergänzt werden soll. Nur so bleibt dieses Buch immer aktuell und zuverlässig. Wenn sich die Infos direkt auf das Buch beziehen, würde die Seitenangabe uns die Arbeit sehr erleichtern. Gut verwertbare Informationen belohnt der Verlag mit einem Sprechführer Ihrer Wahl aus der über 220 Bände umfassenden Reihe „Kauderwelsch".

Bitte schreiben Sie an:
REISE KNOW-HOW Verlag Peter Rump GmbH, Postfach 140666, D-33626 Bielefeld, oder per E-Mail an: info@reise-know-how.de
Danke!

Strecken und Fährgesellschaften

Fährverbindungen

Die wichtigsten Strecken und Reedereien zwischen Großbritannien und dem Kontinent.

1 DFDS Seaways, www.dfdsseaways.de
2/6 Norfolk Line, www.norfolkline.de
3 Stena Line, www.stenaline.de
4/5/7 P & O Ferries, www.poferries.de
7 Seafrance, www.seafrance.com
8/9/10/11/13 Brittany Ferries, www.brittanyferries.de
12 Condor Ferries, www.condorferries.co.uk

II EASTBOURNE, BATTLE, HASTINGS, WINCHELSEA, RYE,

Romney Marsh, Hythe, Folkestone, Dover

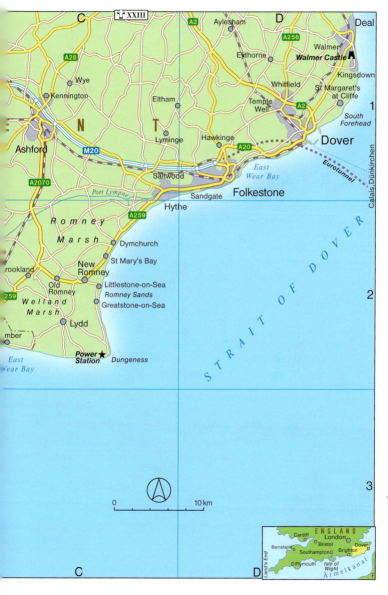

IV PORTSMOUTH, CHICHESTER, BOGNOR REGIS, ARUNDEL,

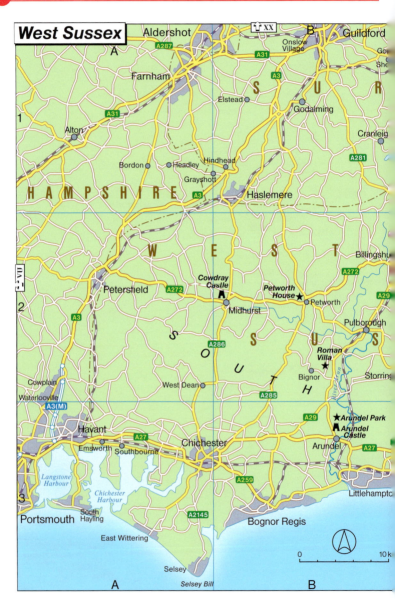

BIGNOR, PETWORTH, WORTHING, BRIGHTON

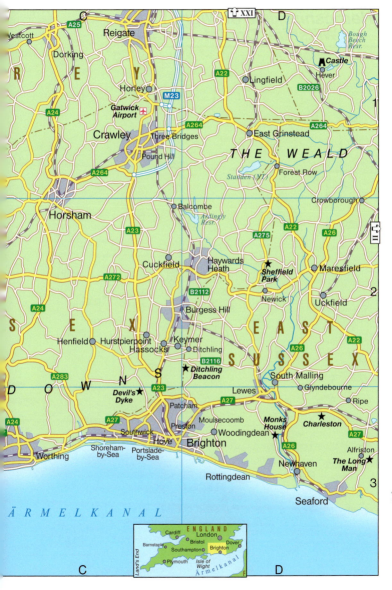

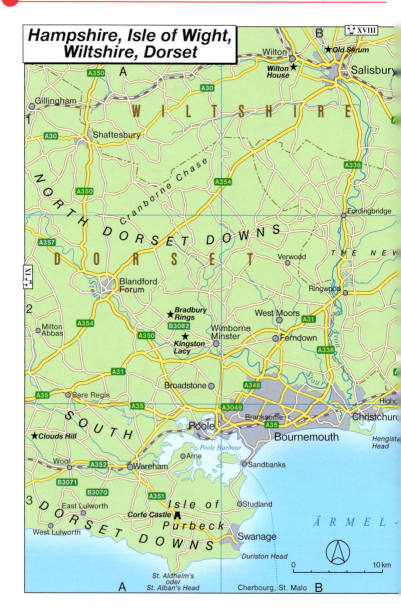

SOUTHHAMPTON, WINCHESTER, ISLE OF WIGHT

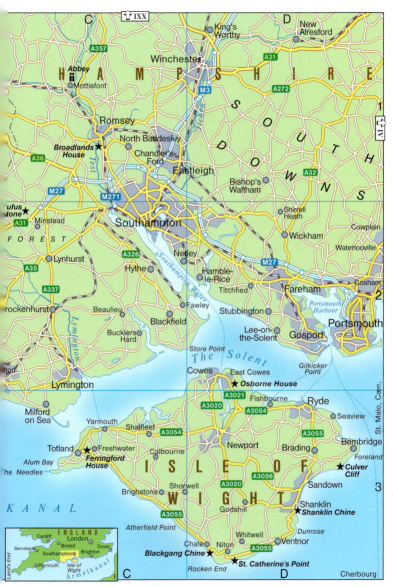

VIII Exmouth, Taunton, Lyme Regis, Yeovil, Barwick,

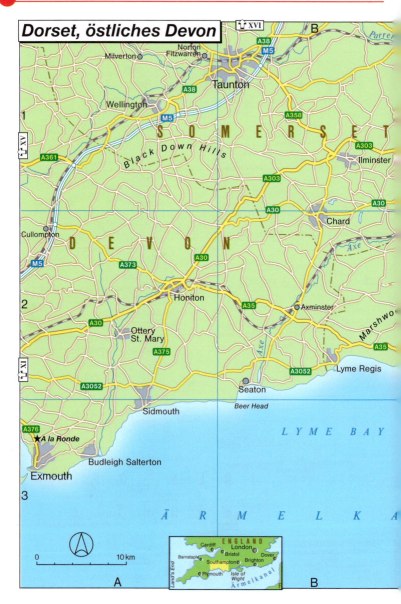

DORCHESTER, WEYMOUTH, ISLE OF PORTLAND

X BODMIN MOOR, POLPERRO, PLYMOUTH, DARTMOOR,

Dartmouth, Torquay, Exeter

XII ISLES OF SCILLY, PADSTOW, CAMELFORD, BODMIN MOOR

Newquay, Truro, Falmouth, St. Ives, Penzance — XIII

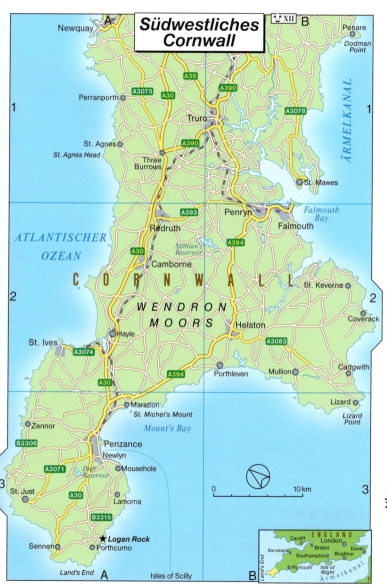

XIV Bude, Morwenstow, Clovelly, Barnstaple,

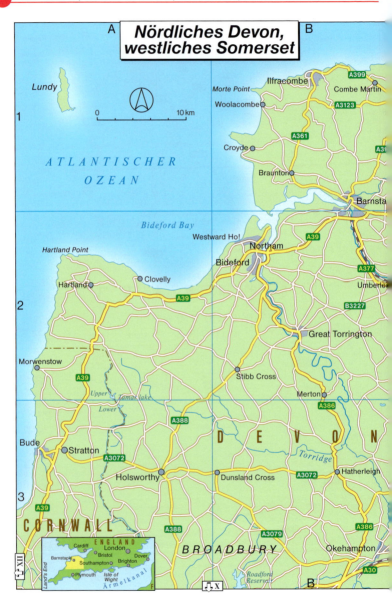

Exmoor, Minehead, Exeter

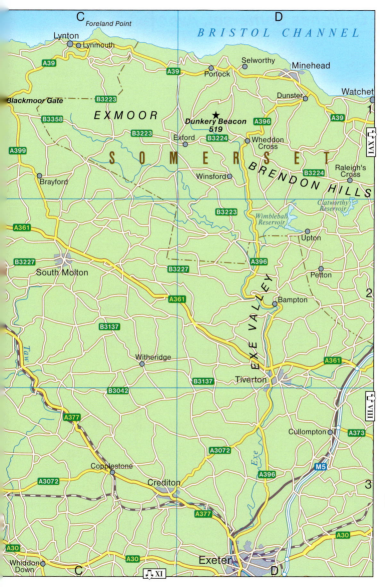

XVI CARDIFF, BURNHAM-ON-SEA, CHEDDAR, GLASTONBURY,

Bristol, Bath, Chippenham

XVII

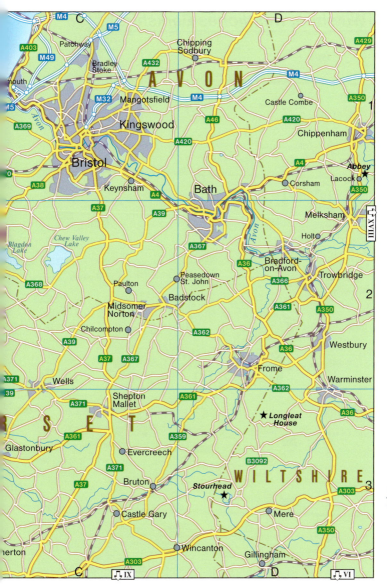

XVIII Swindon, Lacock, Stonehenge, Wilton, Andover,

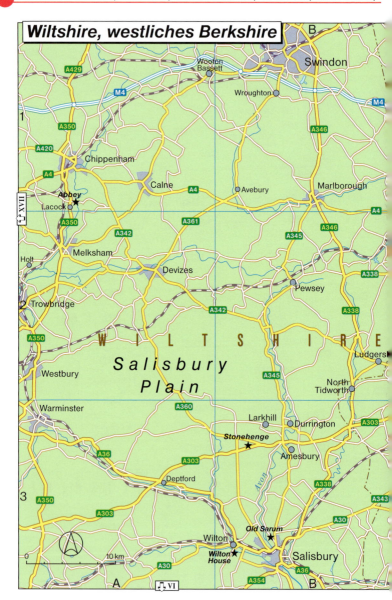

BASINGSTOKE, READING XIX

XX READING, GUILDFORD, LONDON, CRAWLEY,

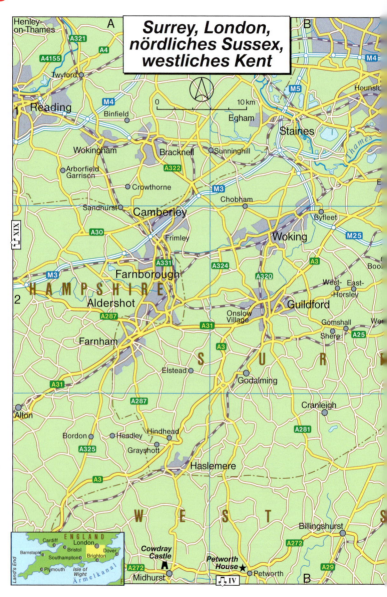

SEVENOAKS, ROYAL TUNBRIDGE WELLS

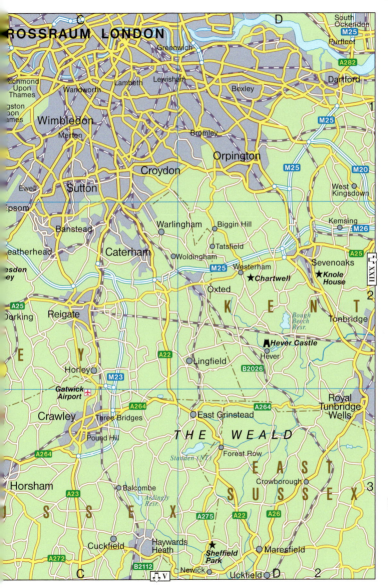

XXII Gravesend, Sheerness, Sissinghurst, Ashford,

Canterbury, Sandwich, Deal, Walmer, Dover — XXIII

Kartenverzeichnis

Avon	XVI
Bath	391
Berkshire	XIX
Bristol	378
Canterbury	455
Cornwall, östliches	X
Cornwall, südwestliches	XIII
Cornwall, zentrales	XII
Cornwall, Wanderung 1	319
Cornwall, Wanderung 2	324
Cornwall, Wanderung 3	330
Cornwall, Wanderung 4	334
Cornwall, Wanderung 5	338
Dartmoor, Wanderung 1	260
Dartmoor, Wanderung 2	264
Dartmoor, Wanderung 3	268
Dartmoor, Wanderung 5	277
Devon, nördliches	XIV, XV
Devon, östliches	VIII
Devon, südliches	X, XI
Dorset, östliches	VI
Dorset, westliches	IX
East Sussex	II, V
Exeter	246
Fährverbindungen	I
Grafschaften	54
Hampshire	VII
Isle of Wight	VII
Kent	XXII, XXIII
Kent, südliches	III
Kent, westliches	XXI
Kingston Lacy	218
London	XXI, 466
Portsmouth	161
Scilly Isles	XII, 312
Sheffield Park Garden	424
Sissinghurst	446
Somerset, östliches	XVI, XVII
Somerset, westliches	XV
Southampton	189
Stonehenge	414
Stourhhead Gartenanlage	408
Surrey	XX, XXI
Südost-England (mit Blattschnitt)	Umschlag hinten
Südwest-England (mit Blattschnitt)	Umschlag vorn
West Sussex	IV, V
Wiltshire	VI, XVIII
Winchester	200

Legende zu den Stadtplänen

- ❶ Tourist-Information
- 🏠 Hotel
- 🏠 Jugendherberge
- ⛺ Camping
- 🍺 Pub/Bar
- 🍴 Restaurant
- ★ Sehenswürdigkeit
- Ⓜ Museum
- 🏰 Burg
- ⛪ Kirche
- ✉ Post
- ✚ Krankenhaus
- Ⓑ Busbahnhof
- 🅿 Parkplatz
- ✈ Flughafen